2002

YEARBOOK OF CHINA AGRICULTURAL PRODUCTS PROCESSING INDUSTRIES

中国农产品加工业年鉴

科学技术部农村与社会发展司
中国农业机械化科学研究院 编
中国包装和食品机械总公司

中 国 农 业 出 版 社

DYNASTY
王朝
中法合营王朝葡萄酿酒有限公司
SINO-FRENCH JOINT-VENTURE DYNASTY WINERY LTD.
王朝干红葡萄酒采用天津葡萄产品的世界名种解百纳红葡萄品种，以法国波尔多传统红葡萄酒工艺酿制而成。
呈宝石红色，澄清透明，光泽绚丽，具高雅的品种香及醇厚的酒香。口味醇和，柔顺适口，酒体丰满，有立体感，回味绵长，具典型的法国波尔多风格。
王朝半干白葡萄酒采用优质麝香型葡萄和贵人香、佳利酿等世界名种葡萄，运用国际最先进的酿造白葡萄酒的工艺技术和设备，经过精选原料、软压取汁、果汁净化、控温发酵、除菌过滤、隔氧操作、恒温瓶贮、典雅包装等八个工艺环节，精工酿制而成。
色微黄带绿，澄清透明似晶体；果香浓郁，酒香怡雅；酒味舒顺爽口，纯正细腻，有新鲜感，酒体丰满，典型完美，突出麝香型风格。
DYNASTY
此酒为佐餐酒，饮用时最佳温度16～18℃。在食用烧烤煎炸肉类时，配以此酒最为相宜。在欧洲高规格而壮重的宴会上是贵族绅士们不可缺少的高雅饮品。
此酒为佐餐酒中佳品，饮用最佳温度为8～10℃。食用海味（鱼、虾、蟹等）时佐以此酒，更增佳肴美感，也体现出该酒的最佳特色。
此酒以德国莱茵型瓶盛装，配以金黄色塑帽及新颖典雅的标签，别具风采。
此酒为首批“绿色食品”，是“王朝”系列葡萄酒的荣誉产品。
DYNASTY
RED WINE
A light and fruity red wine made from grapes grown in the Tianjin region of China.
750mL
Produce of China
PRODUCED AND BOTTLED BY THE SINO-FRENCH JOINT VENTURE DYNASTY WINERY LTD. TIANJIN P.R.C.
DYNASTY
MEDIUM DRY WHITE WINE
Produce of China
地址：天津市北辰区兴淀公路 邮编：300402 电话：8622-26998888 26990838 传真：8622-26990996

国基实業
GUO JI INDUSTRIAL

四川国基实业有限公司

四川国基实业有限公司位于“三总”故乡的南充市嘉陵工业开发园区，坐落在212、318国道主干线旁，毗邻成南高速公路。公司占地10.67hm^2，总投资规模1.84亿元人民币，年目标销售额10亿元人民币。

公司为专业从事现代农业产业化和食品精深加工的综合性大型食品企业，拥有自营进出口资格，已逐步发展成为集红薯绿色食品、红薯保健食品、以红薯为原料的生物制药为一体的实业集团。首期推出的产品“扁担姑娘”牌红薯方便粉丝得到了国际马铃薯研究中心首席科学家迈克尔·赫曼博士的高度赞扬，并建议向全世界推广。现已经开发出4个系列、18个品种，形成了产值近3亿元，年产1.2万t的生产能力。产品既完整地保持了红薯的自然风味，而且低糖、低脂肪、纯天然、口味好，比传统粉丝更爽滑、柔腻、筋道。目前产品销售网络已覆盖全国，远销加拿大等国外市场，深受消费者青睐。

企业管理先进，已导入ISO质量管理体系和CIS管理系统。现有员工500名，其中具大专以上学历的占46%，管理人员38名，中高级职称的技术人员35名，博士2名，硕士8名。2001年公司被评为南充市重点骨干企业、四川省农业产业化重点龙头企业；2002年12月四川省人民政府已将公司申报为国家农业产业化重点龙头企业。2001年11月“扁担姑娘”牌红薯方便粉丝被中国质量检验协会授予“质量合格好产品”称号，并通过国家绿色食品认证，获国家绿色食品证书；2002年被评为“国家权威达标品牌”。

董事长：蒲永富　　总　裁：汉勃

地　址：四川省南充市嘉陵区工业开发园

电　话：0871-3662000　　传　真：0871-3661959

http：//www.do-doo.com　　E-mail:sc-gjshy@sohu.com

长江 CHANG JIANG 注册商标

泰兴粮油机械有限公司

（原国营泰兴粮油机械厂）

我公司是集科研与制造一体化的粮油机械集团，国家中型企业，具备一、二类压力容器制造资格，有雄厚的制造力量和先进的制造工艺。各种检测手段齐全、精良，率先通过 ISO 9002 质量体系认证。生产的榨油机、蒸炒锅、烘干机、软化机、吸式比重去石机畅销全国，并出口泰国、马来西亚、意大利等十多个国家和地区。

经江苏省粮油机械产品质量监督检验站 2002 年度质量跟踪抽查合格率为 100%。

公司油脂研究所拥有一支技术过硬的专业施工队伍。自1980年以来，先后在国内外承建了近百套油脂预榨、浸出、精炼“交钥匙”工程，均得到好评。

ISO 9002 质量体系认证

中国大型榨油设备生产基地

YZ-390 榨油机处理量：250～300t/d

YZ-360 榨油机处理量：180～220t/d

YZ-330 榨油机处理量：140～160t/d

YZ-204 螺旋预榨机

处理量：70～80t/d

202-3 预榨机

产量：50t/d

200-3 榨油机

产量：一次压榨 10t/d

ZCL 系列蒸炒锅

产量：20～320t/d

TQSF 系列重力分级去石机

产量：5～25t/h

QSX 系列吸式比重去石机

产量 2.5～10t/h

中国江苏长江粮机

国家中型企业

YPH 系列平板烘干机

产量：30～400t/d

PHT 系列卧式软化机

产量：100～1200t/d

TQLZ 系列振动清理筛

产量：5～28t/h

TQLM 系列平面回转筛

产量：5～24t/h

油脂加工“交钥匙”工程

- 50～2000t/d 油料预处理、预榨成套设备
- 30～500t/d 油脂浸出成套设备
- 10～200t/d 油脂间歇、连续精炼成套设备

提供工艺设计、设备制造、安装调试、人员培训及优良的售后服务

典型成套项目

- 南通宝港油脂集团 1200t/d 菜籽生产线
- 宜兴油厂 450t/d 菜籽、300t/d 大豆生产线
- 山东东平光大油脂公司 650t/d 棉籽生产线
- 宁夏百乐开色拉油公司 150t/d 葵花籽生产线
- 天津王稳庄油厂 150t/d 蓖麻籽生产线

地址：江苏省泰兴市大庆东路 29 号　邮编：225400　传真：0523-7639468　http://www.ccjgroup.com　E-mail:cjg@ccugroup.com

董事长　总经理：蔡金贵　电话：0523-7631472　013801435898　市场营销部经理：陆洗尘　电话：0523-7633870　7632325

华英集团
河南华英农业发展股份有限公司
innova
international
ent
华英集团是20世纪90年代初在中原大地迅速崛起的一家利用外资兴建，以鸭加工为主，集种鸭、种鸡繁育孵化、屠宰冷冻加工、熟食加工、饲料生产、羽绒加工等系列化生产以及包装制品、机电装璜、药业生产等于一体的综合外向型企业。短短10年，一跃成为全国质量管理先进企业、全国农业产业化重点龙头企业和省、市重点企业。集团已于1996年4月取得了自营进出口权，主导产品“华英”牌樱桃谷鸭肉系列产品出口到日本、韩国、英国、新加坡、马来西亚等国家和香港特别行政区。集团总资产现已达到5.9亿元，员工发展到3 000余人，实现产值40亿元、利税3.6亿元，成为一个具有国际竞争力、跻身世界食品工业先进行列的超大型企业集团。
地址：河南省潢川县跃进东路308号
电话：0379-3119966　3119902
传真：0379-3931030

愿我们的刊物为行业的健康发展
托起成功与喜悦
统一刊号：CN23－1298/S
邮发代号：14－184
定　　价：每册5.00元　全年60.00元
饲料 FEED REVIEW SLBL 博览
将专业化与差异化进行到底
2002.6
2002.5
饲料 SLBL 博览（月刊）
《饲料博览》杂志社
通讯地址：哈尔滨市东北农业大学
邮政编码：150030
编辑部：（0451）5190639
广告部：（0451）5190739 5135700
网络部：（0451）5111440
E-mail：slbl@public.hr.hl.cn
http：//www.feedworld.com.cn

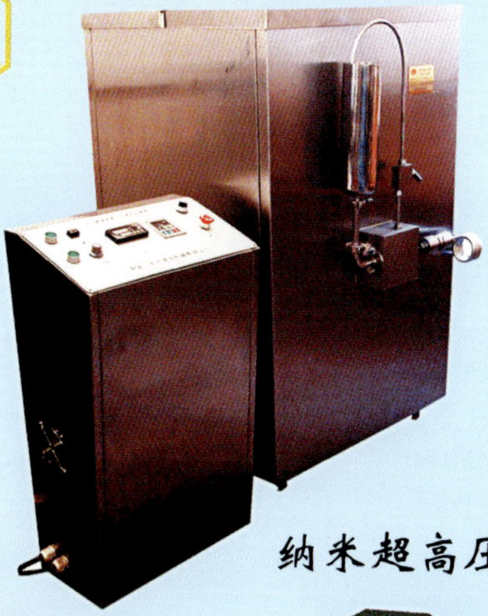

纳米超高压均质机

均质机

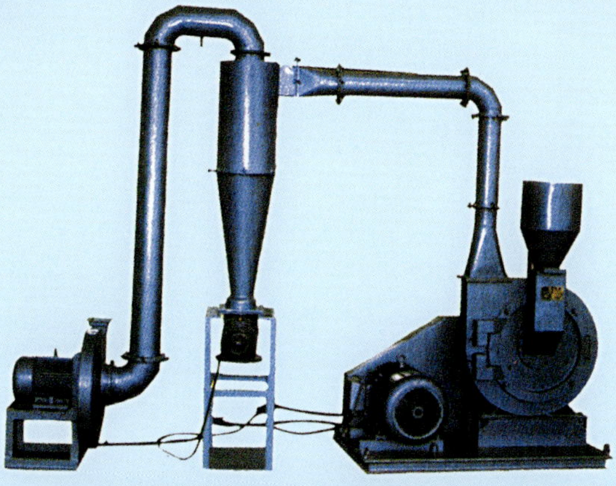

粉碎机

廊坊通用机械有限公司

胶体磨

我公司系原国家机械工业局生产超微粒加工机械重点骨干企业。1996年经国家外经贸部批准，获得进出口权，1999年通过ISO 9001国际质量体系认证。主要产品包括：JM系列胶体磨、JJ系列均质机、粉碎机系列产品、CWM-250超微磨机、XC-70万能洗菜（脱盐）机、GNM骨泥磨、YLH系列液料混合机等。产品畅销全国，并远销美国、阿根廷、南非、马来西亚、泰国、俄罗斯等30余个国家。

地址：河北省廊坊市光明西道39号　　邮编：065000

电话：0316-2685581　2682379　2683912　　传真：0316-2680574　2682249

E-mail ：hjlftyjx@heinfo.net

汕头粤东机械厂有限公司

本企业通过ISO9001国际质量体系认证
部分产品已通过欧盟CE产品安全认证

我公司系中国食品和包装机械工业协会常务理事、中国塑料机械工业协会、中国乳制品工业协会会员单位。自创建以来，专心致力于食品、饮料、乳品、包装、塑料机械的设计制造，采用国内外先进技术，配套德国、日本电器及气动元件，产品质量得到保障，多项产品荣获国际博览会、国家科委新技术、新产品金奖。产品畅销国内二十多个省、直辖市，出口到东南亚、中东、欧美等三十多个国家和地区，深受国内外用户的信赖。

本企业通过ISO 9001国际质量体系认证，部分产品已通过欧盟CE产品安全认证。运用科学的管理模式，奉行"以可靠质量求生存，以周到服务求发展"为宗旨，以创造力去满足市场的需求，向您提供高品质的售前、售后服务。粤东企业愿与国内外各界朋友携手前进，共创辉煌。

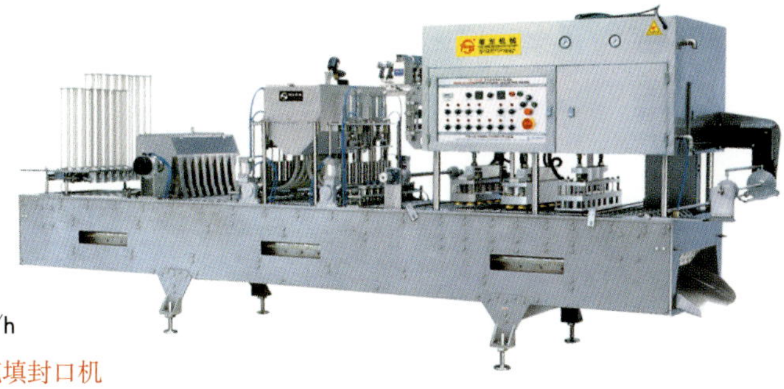

产量：2 800～24 000 杯 /h

大杯、盒装系列全自动充填封口机

全新设计节膜型，专用于果奶、酸奶、牛奶、豆奶、灭菌奶、果汁饮料等的充填与封口。

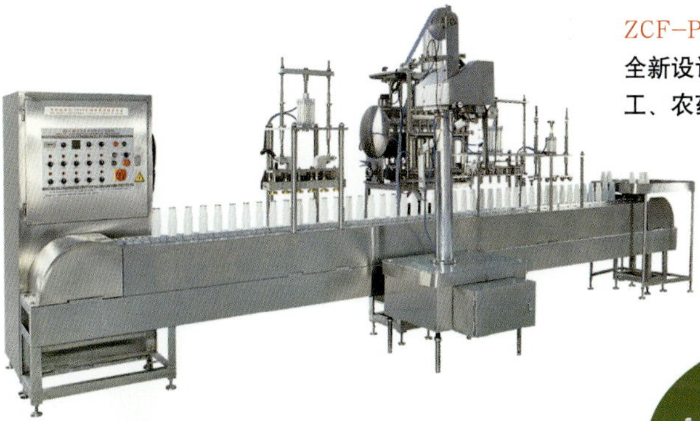

ZCF-PZ 瓶装节膜直线式系列自动充填封口机

全新设计节膜型，专用于特浓酸奶、鲜乳酪、豆奶、果汁饮料、日用化工、农药等的充填封口机。

充填量：250～1 500ml

产量（瓶 /h）：3 600～7 200

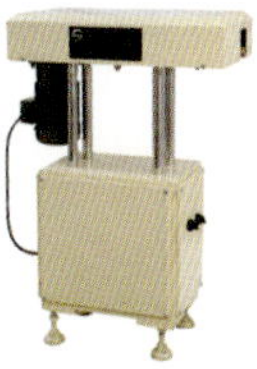

产量：1 600～2 400 瓶 /h

ZLCP 系列全自动吹瓶机组

适合生产各种规格的乳制品瓶、软管、化妆品瓶、医药瓶、农药瓶等。性能稳定，操作方便。

适用原料：PE、PP、PS 等。

产量：2 500～3 600 袋 /h

ZCX-4DX 型自立袋自动充填旋盖包装机

全新设计，专用于袋装可吸果冻、奶制品、果汁、饮料、日用化工及其他制品的充填与旋盖。

地址：广东省汕头市潮汕路金园工业城 2 片区　邮编：515021

电话：0086-754-8107755　8107766　8107777　传真：0086-754-8107722

E-mail:yue_dong@21cn.com　http://www.yuedong.org

中国包装和食品机械总公司行业办公室

该办公室的职能和任务是开展农产品加工业、包装和食品机械行业的发展战略研究，制定和起草行业发展规划，承担行业相关的软科学研究，为行业提供发展依据、科学决策、技术咨询和行情分析等；依托部门优势，面向行业、服务行业和指导行业。负责对中国机械工程学会包装和食品工程分会、中国农机学会农副产品加工工程分会、中国淀粉工业协会淀粉机械专业委员会、公司经济技术协作办和科技发展研究中心、包装与环保工程技术中心等行业机构的运作指导与协调。近期已承担多项国家有关部委的相关软科学研究；《中国农产品加工业年鉴》编辑部和《农产品加工杂志》编辑部北京总部分别设在该办公室，负责每年一卷《年鉴》和每月一期《杂志》的编辑、出版和发行工作。我们愿与各界同仁和朋友加强联系和广泛合作。

地　址：北京德胜门外北沙滩1号82号信箱
邮　编：100083
联系人：王国扣、孙淑琴、徐景珩
电　话：010-64882617　64882509　64862460

草业先锋

ISO9001　国家重点高新技术企业　牧羊集团 MUYANG GR

牧羊“大力神”压块机

草业作为一个新兴的产业，在中国有广阔的发展前景。作为牧草加工环节中关键设备大型牧草压块机，一直依赖进口，牧羊最新推出的“大力神”压块机，以其成熟独有的技术和新颖结构，再次成为行业先锋，为草业的发展提供了有效装备。

- 采用经典独特的双马达分步骤传动结构，令传动力更大，传动更平稳。
- 国际质量标准制造，采用变频调速喂料，特种无堵塞的结构。
- 配有测速报警装置，运行更安全，更可靠。
- 压制室结构简单坚固，容积大。
- 配置多个液体喷头，可添加糖蜜、水等液体。
- 适用范围广。对物料的粉碎粒度要求低，特别适合压制纤维高、比重轻的牧草、秸秆等。

主要技术参数：

型　号	产　量 (t/h)	功　率 (kW)
MYYK 560	2～4	45×2/55×2
MYYK 800	4～8	75×2

牧羊集团还竭诚为用户提供相关配套设备，牧草加工“交钥匙工程”服务，欢迎来电来函咨询。

牧羊集团
MUYANG GROUP

总部地址：江苏省扬州市解放北路 83 号（225003）
电　　话：0514-7205888 7202888 7234861
传　　真：0514-7227504 7240799
工程电话：0514-7216988 7020188 7020288
http://www.muyang.com　E-mail:muyang@public.yz.js.cn

MUYANG GROUP

农产品、水产品干燥加工设备

60型蒸汽热源干燥设备

RG-350型热泵干燥机

RG系列热泵干燥机（冷风干燥机）是广东省优秀新产品，其主要特点是：能耗低，噪声小，操作简便；作业温度15～35℃，比任何传统干燥设备更有效地保护干燥物的色、香、味、个体形态和有效成分，在鱼类、海珍品、高蛋白食品、果脯果干、药材药品、各类种子和专用木材等物料的干燥加工中都表现出卓越的特性。本机无需任何加热设备，既不污染干燥物，也不污染环境。

GH系列热风循环干燥机可按用户要求配置以蒸汽锅炉或间接加热燃煤（油）热风炉为热源，热风循环利用。可广泛应用于荔枝、龙眼、桂圆肉、水产品、脱水蔬菜、薯片等农副产品的干燥加工。

本中心拥有先进的测试仪器和完善的实验装置，可为用户作物料的干燥特性和干燥机理的测定和研究，进行干燥工艺和设备的优化设计和选择。

广东干燥
www.gddrying.com

广 东 省 农 业 机 械 研 究 所

农 产 品 加 工 干 燥 设 备 研 究 开 发 中 心

地　　址：广州市天河区石牌五山路261号　　　　邮编：510630
电　　话：020-38481399　38481287　38481529　38481579　38481766
传　　真：020-38481694　38481287
E-mail：webmaster@gddrying.com

集装箱式热泵干燥机

内 容 简 介

本年鉴较系统地记述了有关农产品加工业的方针、政策、法律、法规与规划的贯彻执行情况；有关领导、专家对发展我国农产品加工业的论述；本行业的发展综述；介绍了农产品加工业中驰名骨干企业、各行业经济运行情况及名、优、特、新产品；介绍了我国西部地区农产品加工业发展现状；登载了农产品加工业的国内外统计资料；记载了相关的国家标准、行业标准、专利以及本行业的大事记。本年鉴资料新颖、准确、科学、翔实，内容丰富，可供管理部门、生产企业、科研教学单位的管理和科技工作者参考。

地　　址：北京市德胜门外北沙滩1号82信箱

邮　　编：100083

电　　话：010－64882617　64882509

传　　真：010－64878271　64862459

E－mail：cpfmchy@caams. org. cn

编辑出版说明

一、《中国农产品加工业年鉴》由国家科技部、国家计委、国家经贸委、农业部、国家林业局、国家粮食局、中华全国供销合作总社、中国机械工业联合会、中国轻工业联合会的有关主管部门及农产品加工业相关协会、学会、科研院所、大专院校等，与中国农业机械学会、中国农业机械化科学研究院，于2001年联合编辑出版了首卷。2002年此年鉴改由中国农业机械化科学研究院、中国包装和食品机械总公司，联合上述部门和单位继续编辑出版了第二卷。

科学技术的日新月异，为农产品加工业的发展提供了广阔的空间。一些发达国家的农产品加工业产值远远超过了电子工业、汽车工业、化学工业，成为近些年发展最快的产业之一。我国农产品加工业虽然刚刚起步，但已显现出良好的产业前景。不少地区的农产品加工业已成为当地的支柱产业。农产品加工业和我国农业的可持续发展、人民生活质量的提高、农民收入的增加紧密相连，这一产业在新世纪必将展现出强大的生命力。

二、为保持与首卷编辑工作的连续性，第二卷《中国农产品加工业年鉴》保留了首卷8个部分的基本框架，仅对“农产品加工业行业专著、论文选”与“农产品加工业相关单位介绍”两部分内容做了适当调整。前者增加了一部分部门领导对农产品加工业的论述，以增强对本行业的指导。后者，为贯彻中央关于西部大开发的战略决策，被新开辟的“西部大开发”栏目取代。这个栏目包括有关领导和专家对西部大开发的相关论述及西部11个省、市、区（西藏无资料）农产品加工业发展现状介绍，使读者对我国西部地区农产品加工业的发展有一个全面了解。原栏目“农产品加工业相关单位介绍”的内容，因短期内变化不大，故移到以后续编。

三、《中国农产品加工业年鉴》记述了相关方针、政策、法律、法规与规划的贯彻执行情况；记述了有关领导、专家对发展我国农产品加工业的论述；记述了本行业的发展综述；介绍了农产品加工业中驰名骨干企业、各行业经济运行情况及名、优、特、新产品；介绍了我国西部地区农产品加工业发展现状；登载了农产品加工业国内外统计资料；记载了相关的国家标准、行业标准、专利以及本行业的大事记。年鉴既述事，也记人，每年编辑、出版一卷。若干年后，不但可以见证我国每年的农产品加工业发展情况，而且将是系统、全面、可靠、翔实的史册和工具书。由于年鉴的权威性和正式的连续出版发行，将有益于国内外各界了解和研究中国农产品加工业现状与发展等情况，促进相互交流与合作；有益于各部门借鉴现实和历史经验，掌握全局，运筹帷幄，制定政策和发展规划，指导本行业健康发展；有益于社会各界沟通行业信息、产品信息，互相学习，取长补短，推动我国农产品加工业的发展和国民经济的腾飞。

四、本年鉴各部分所列数据，因来源渠道不同，不尽一致。全面的数据均以国家统计局提供的为准。本年鉴全国性统计数据均不包括香港、澳门两个特别行政区和台湾省。两区一省的相关数据，在年鉴的附录中列出。

五、为系统、准确、科学、翔实地反映我国农产品加工业现状，并力争办出本年鉴的特色，我们在编辑中继续突出了综述文章以当年国家重点抓的农产品加工业中的有关行业为主，全书内容以农产品加工科学技术为主，国标、行业标准与专利以加工工艺、设备和相应的产品为主，统计数据以国家统计局经济行业分类为主，国外的统计数据以部分发达国家和少数发展中国家为主等。

六、本年鉴的编辑、出版、发行等工作，得到了中央及各级有关部门、协会、学会、科研院所、高等院校、生产企业、社会团体的大力支持和帮助，谨此表示衷心的感谢。

七、限于我们的经验和水平，本年鉴存在不足之处，诚请读者指正。我们将坚持把它办下去，逐步改进工作，把这本年鉴办得更好。

依靠科技创新
推动我国农产品加工业的跨越式发展

(代前言)

国家科学技术部副部长 李学勇

历经 20 多年的不懈努力，中国农业完成了突破性的历史任务，开始进入一个新的发展阶段。在新阶段，农产品深加工已成为农业发展面临的重大课题，其对中国农业未来发展的综合性影响和带动性作用日益突出。科学技术如何更有效地促进和引导农产品加工产业的发展和进步，是当前农业科技工作的重要任务。

一、加快发展农产品加工业具有重要的战略意义

改革开放 20 多年来，我国农业和农村经济取得了举世瞩目的伟大成就，基本解决了 13 亿人口的温饱问题，已经进入了主要农产品供求基本平衡、丰年有余、部分农产品相对过剩的新的发展阶段，这是中国农业的历史性突破，也是我国政府及 13 亿中国人民对世界和平与稳定做出的重大贡献。我们有理由因此而自豪。但更为重要的是，我们必须清醒地认识到，这种相对过剩还是低水平的、脆弱的，需要我们持续不断的努力巩固和提高农业的生产能力和发展水平。尤其重要的是加快农产品加工产业的发展步伐，以农产品深加工带动农业种植业的稳步增长，带动农民收入的稳步增长，带动农业综合生产能力的持续提高，这是突破当前农业发展“瓶颈”的关键一环。同时，我国加入 WTO 后，尽快增强我国农业的综合竞争力，迎接挑战，化解面临的风险，加强农产品深加工的技术创新，加快农产品加工产业的持续健康成长都具有十分重要的战略意义。

江泽民总书记明确指出：“要积极发展农产品加工业，使之成为农村新的经济增长点，成为国民经济的一大支柱产业”。国务院于 2001 年 4 月发布了《农业科技发展纲要》，指出我国新阶段农业科技发展的方向要从主要追求农产品数量向更加注重农产品质量和农业效益转变；从单纯为农业生产服务为主，向为生产、加工与生态协调发展服务转变；从以发展资源开发技术为主，向发展资源和市场两种技术并重转变；从主要面向国内市场，向面向国内、国际两个市场转变。这将是今后较长一个时期提升我国农业竞争力的重要方向和主要任务。在未来 5～10 年要重点组织实施优质高效畜牧业、农产品加工、节水农业、绿色农业、区域农业、生态农业、农业高新技术等十大科技行动，力争解决一大批关键农业技术问题，而农产品加工技术创新的研究与开发首当其冲。

农产品加工业的发展已成为事关我国农业全局和可持续发展的战略重点，大力提高农产品加工业是实现我国农业和农村经济又一次飞跃的有效途径之一，是实现农业“两个根本转变”和国民经济“三步走”伟大战略目标的一项重要举措，对促进农村经济与社会的可持续发展，并从根本上解决农业、农村与农民问题，均具有十分重要的战略意义和现实意义。

二、我国农产品加工业科技创新的潜力与基本政策

经过长期的努力和建设，特别是20世纪80年代以来，随着农产品总量的不断攀升，农产品加工业的发展也随之加快，初步形成了立足我国国情的农产品加工业的生产体系。虽然农产品的加工能力与发达国家相比有很大差距，但近年来成长很快，每年的增长幅度都在15%以上。特别令人可喜的是，一批具有较强加工能力的农产品加工企业集团正在茁壮成长，已经成为我国农产品加工业的先导力量，也是技术创新的重要基地，对粮、棉、油、茶、菜、肉、蛋、奶等大宗农产品已具备了初加工或部分深加工的技术支撑能力，设备制造业也有了长足的发展。从科技发展角度上，已初步形成了一批农产品深加工研究的学科和较高水平的科研队伍，研究与开发能力得到了很大加强。近年来。我们高兴地看到，作为加快农产品加工技术创新的两个重要力量，企业和研发机构都呈健康、加快发展的态势，呈现出勃勃生机和活力。预期在未来的5～10年，我国的农副产品加工产业和科技创新能力将会有长足的进展。

当我们看到我国农产品加工产业成长的大好形势与良好前景的同时，我们也要清醒地看到，在农产品加工领域我们与发达国家存在很大差距。目前我国粮食总产近5亿t，肉类总产6 300多万t，奶类总产1 100多万t，水果6 600多万t，蔬菜4.8亿多t，均居世界前列。但农产品加工业产值与农业产值之比为0.85∶1，远低于发达国家的2.2～3.7∶1；我国深加工用粮不到总产量的8%，大宗果品的商品化加工低于10%，发达国家一般都在70%以上。总体上看，我国农产品加工业的差距主要在以下几个方面：

第一，加工能力薄弱；

第二，加工技术水平较低，主要是工艺与设备落后、机电一体化程度不高；

第三，产品单一，档次较低，整体水平仍以初（粗）加工为主；

第四，加工企业规模小、资源的综合利用率有待提高；

第五，产品标准不健全，质量控制体系亟待完善。

有差距并不可怕，问题在于我们如何看待差距。我们认为，差距蕴涵着发展和成长的潜力，它不是不可逾越的鸿沟，我们应充满自信并坚定地承担起缩小差距、发挥潜力，尽快提升我国农产品加工业整体水平和技术创新能力的重要责任，为这个具有综合作用和强烈影响力的产业的成长贡献力量。要不断提高我国农产品加工业的科技创新能力，促进科技与产业的紧密结合，为推动我国农产品加工业的快速、健康发展提供强有力的科技支撑。

为尽快提高我国农产品加工业的科技创新能力，我们将遵循以下基本政策和要点：

1. 从促进经济结构调整、持续增加农民收入和切实强化我国农业综合竞争力的战略高度，把强化农产品加工的科技创新能力建设摆在农业和农村科技工作的突出位置。从产业技术结构配置、研发队伍建设、资源投入等方面强化农产品加工科技创新能力建设并注重农产品加工技术进步与农产品加工产业的紧密结合。

2. 农产品加工创新能力建设要立足于产业进步的实际需要，以企业为主体进行。推动产、学、研结合，促进科技与产业的有机衔接。鼓励农产品加工企业，尤其是已经具有较大规模和实力的集团企业建立研发机构，或与相应的大学、院所以及各种具有研发能力的科技组织合作共同开发农产品加工技术。重点培育一批具有较强科技创新实力的农产品深加工企业集团，以带动农产品加工业竞争力的较快提升。

3. 加强优势技术的集成，以技术的集成带动与农产品加工产业成长相关的各类资源的集成。当前主要通过已有先进技术的组装配套提升农产品加工业的产业成长能力和技术的产业化

水平，着力解决农产品加工业遇到的实际问题。对与农产品加工业发展相关的高新技术的研究和应用，从研究开发经费以及政策上要给予重点支持和鼓励。要克服“见物不见人”的弊端，立足产业，依托项目，吸引人才，锻炼队伍，加快农产品加工领域科技队伍的建设。

4. 加快建立以企业投入为主体的多渠道、多层次的投融资体系和机制，大幅度增加农产品加工领域的科技投入。企业投入主要用于解决其自身发展的技术创新问题，对农产品加工行业有重大影响的共性技术国家给予必要的支持。国家将在科技规划、科技计划中增加对农产品加工领域的投入，主要用于重大的突破性技术创新，以及对产业发展具有重大影响的共性技术创新。

5. 贯彻“有所为，有所不为”的精神，坚持重点突破，带动全局的重要原则。抓住严重制约我国农产品加工业发展的重点、难点问题，集中精干力量，聚集优势资源，集中安排资金重点攻关。

三、依靠科技创新，推动我国农产品加工业的快步发展

“十五”期间，为适应农业发展新阶段的要求，推动农产品加工业的快速发展，提高农业效益，增加农民收入，科技部进一步加大了对农产品加工业的研发力度和科技投入。除在农业科技攻关、星火计划、农业科技成果转化资金、科技基础性工作专项等科技计划中对农产品加工项目继续给予了重点支持之外，科技部在重点启动实施的 12 个重大科技专项中，安排了“农产品深加工技术与设备研究开发”、“食品安全关键技术研究”、“奶业重大关键技术研究与产业化示范”3 个有关农产品加工科技发展与创新的研究开发重大科技专项，经费的投入达到 5 个亿，带动地方政府和企业配套资金 15 个亿。

通过对有关农产品加工科技工作的整体部署，将重点解决农产品加工科技发展的关键技术难题，增强农产品加工业的创新能力和核心竞争力，使我国农产品加工技术与设备在一些重大关键技术领域达到世界先进水平；与产业部门和地方、企业相应的工作密切衔接和配合，带动全国农产品转化能力由现在的 20%～30%提高到 40%，使我国农产品加工业总产值与农业总产值之比提高到 0.85∶1 以上，显著提高我国农产品加工企业的国际竞争力和农业的可持续发展能力，为构建我国农业产前、产中、产后一体化发展的“现代农业产业体系”起到积极的推动和示范作用。

为促进我国农产品加工产业与科技的全面发展，本着“突出重点、有限目标”的原则，“十五”期间，我国农产品加工业科技发展将加强以下几个方面的研究与开发工作：

1. 加强粮油、果蔬、肉制品等大宗农产品加工关键技术研究与产业化开发。针对目前我国大宗农产品加工转化不足、品种结构单一、产品科技含量低、缺乏国际竞争力等问题，重点开展粮油、果蔬、肉制品等主要农产品的深加工关键技术与设备的研究与开发，攻克一批农产品深加工关键技术难题；开发一批在国内外市场具有较大潜力和较高市场占有率的名牌产品；建设一批科技创新基地和产业化示范生产线；培育一批具有较强创新能力的农产品深加工企业和科学家队伍；储备一批具有发展潜力和市场前景的技术。培育新的经济增长点，迅速提高我国农产品加工业的原始创新能力和核心竞争力。

2. 加强奶业重大关键技术研究与产业化技术集成示范。针对我国奶业发展面临的主要问题和奶业发展对高新技术的迫切需求，重点围绕乳品加工与质量监测，以及奶牛良种快速繁育、奶牛营养调控与饲养管理、奶牛优质饲草高效生产、奶牛疫病防治等制约原料奶生产数量及质量的共性关键技术问题开展攻关研究。在我国“三北”及大城市郊区等奶业重点发展地区，以

大型乳制品加工企业为主体，产、学、研紧密结合，大规模开展奶业现代先进适用技术的组装集成及产业化示范，通过辐射带动，推动全国奶业的快速发展。

3. 积极开展食品安全方面的研究与开发；针对我国食品安全存在的关键问题和入世后所面临的挑战，研究开发食品安全检测技术与相关设备、建立食品安全监测与评价体系。通过项目实施，研制出一批检测技术和方法，建立食品安全生产示范区，初步构建我国食品安全科技支撑体系，满足对食品安全保障和食品进出口贸易的需要。

4. 加强农产品加工质量标准的研究与示范。针对目前我国农产品标准体系不完善、与国际不接轨，以及缺乏全程质量控制体系等问题，开展技术标准战略、重点领域技术标准及检测手段的研究。借鉴国外推行的 GMP、HACCP、ISO9000 族系质量管理规范的先进经验，构建我国农产品加工标准体系框架，提出与国际接轨的、且适合中国国情的粮油产品、果蔬产品；肉制品、乳制品等主要农产品加工全程质量控制技术规程，并建立产业化示范样板，为我国农产品加工业的快速发展提供有力保障。

（本文摘自李学勇副部长在中国国际农产品深加工—食品发展战略研讨会上的发言）

目 录

第四部分　国内综合统计资料

第五部分 农产品加工业西部大开发专题

第六部分 农产品加工业标准、专利

第七部分 农产品加工业大事记

第八部分 附 录

Contents

Part Ⅲ Policies, Regulations and Important Documents with Regard to Agricultural Products Processing Industry

Part Ⅳ Domestic Comprehensive Statistics

Part Ⅴ Special Topics on Developing the Western Part with Great Efforts and Agricultural Products Processing Industry

Part Ⅵ Standards and Patents of Agricultural Products Processing Industry

Part Ⅶ Chronicle of Events of Agricultural Products Processing Industry

Part Ⅷ Appendix

1 第一部分

农产品加工业专题论述

积极发展食用菌产业
促进农民增收致富

全国人大常委会副委员长　姜春云

应中国食用菌协会的邀请，在北京市的安排下，我们参观了朝阳区楼梓乡的玉雪阿魏菇公司的生产基地、将台乡的绿色产业发展带，刚才又听取了食用菌协会的汇报和专家们的意见。有机会同食用菌行业的同志见面感到很高兴。

北京市委、市人大、市政府，朝阳区委、区政府的负责同志很重视食用菌产业的发展，也一同参加这次活动。通过看、听、座谈，使我们对食用菌的科研、生产、销售以及协会的工作有了新的了解，学到了不少有关食用菌方面的知识，很有收获。

近些年来，我国食用菌产业有了很大的发展。目前已有 1 500 万人从事食用菌生产，2000 年产量已达到 663 万 t，占世界产量的 65%，出口创汇 6 亿多美元，占世界食用菌贸易额 80%左右。

食用菌产业在我国既是一个传统产业，又是一个新兴产业，也可以说是朝阳产业。我国具有发展食用菌的许多有利条件。首先是资源丰富。食用菌的原料是农林业的副产品和秸秆资源，例如木屑、棉籽壳、玉米芯、稻草、麦秸等，现在不少地方把秸秆烧掉，既浪费资源，又污染环境，把这些秸秆资源利用起来，栽培食用菌，就可以变废为宝，把不能吃的秸秆转化成可食用的各种菇类，其效益可观，种完菇的下脚料菌糠还可以加工成生物有机肥料，实现良性循环。第二，广大农民有很高的积极性。栽培食用菌是属于劳动密集型的农家副业，家家户户、男女老少都可以干，许多富余劳动力有事可做，一年增收上千元、上万元，投资不多，效益较大，是农民脱贫致富的好路子。第三，有很好的发展基础。食用菌的食用和生产在我国历史悠久，食用菌资源近 900 种，50 多种可以人工栽培，在农业产业中仅次于粮、棉、油、果、菜，占第六位。特别是在生产方面，广大农民和科技工作者积累了丰富的经验。第四，国内外市场需求大。据统计，我国食用菌的消费量折成鲜品人均只有 1kg，而发达国家人均消费高得多，如德国、日本达 5kg。由于食用菌营养丰富，有一定的保健功能，随着人民生活水平的提高，食用菌的消费日益增长，已成为菜篮子工程的组成部分。在不少城市，以食用菌为主要菜肴的饭店越来越多，生意很好，深受青睐。同时，食用菌的出口数额也相当可观。可见食用菌发展潜力很大，前景广阔，我们应该把这个产业做大、做强。

当前，在食用菌的发展过程中存在着生产规模小而散、产业化经营程度低，菌种混杂、质量档次不高，标准化生产、加工、包装、保鲜、运销跟不上，科技开发力量薄弱，生产方式落后等问题。要尽快解决好食用菌发展中存在的主要问题。这些问题如不及时加以解决，不利于食用菌产业的更快发展，也影响我们食用菌产品在国际市场上的竞争力。希望有关部门，特别是科技、农业、财政、经贸等部门要从调整优化农业结构、增加农民收入、扩大出口创汇能力、改善人民生活的水平予以高度重视，从资金、技术、人才等方面统筹考虑，给予实实在在的支持。

要充分发挥行业协会的指导、协调和服务等作用。中国食用菌协会自 1987 年成立以来，在有关方面的关心和支持下，为食用菌产业的发展做了许多有益的工作，取得了显著成绩，要给予充分肯定。在市场经济条件下，行业协会的作用越来越明显。世界上一些市场经济发达的国家一般都通过行业协会制定行业规约，通过自我管理、自我监督、自我约束，对行业的生产、加工、销售质量等进行指导、协调和服务，有着不可替代的重要作用。我国的行业协会建设还很不够。日本管理经济的部门只有一个通产省，而协会却有 2 000 多个，大量的工作靠协会来做。中国食用菌协会共有 1 000 多个会员，160 个团体会员，已有一定的基础和规模，有关行政主管部门要适应市场经济的需要和加入世贸组织的要求，在科研推广、信息交流、技术培训、产品销售、出口贸易以及参与解决国际贸易争端等方面，充分发挥食用菌协会的积极作用。

同时希望中国食用菌协会在已有工作的基础上，发扬成绩，加强同有关部门的密切联系和协作，团结组织广大会员，总结经验，与时俱进，为推动我国食用菌行业的更快发展做出新的更大的贡献。

（本文摘自全国人大常委会副委员长姜春云同志在听取中国食用菌协会汇报后的讲话）

围绕农业和农村经济结构战略性调整 开创农产品加工业发展新局面

农业部部长 杜青林

一、我国农产品加工业发展的主要成就

改革开放以来，特别是"九五"以来，党中央、国务院十分重视农产品加工业的发展，采取了一系列扶持政策和有效措施，形成了良好的发展环境，有力地促进了农产品加工业的持续发展，取得了显著成就。农产品加工业由小到大、由弱到强、由量的扩张到质的提升，为我国国民经济和社会发展做出了重要贡献。

（一）农产品加工业已经成为国民经济中最具有发展活力和后劲的重要产业之一

"九五"以来，我国农产品加工业保持较快增长，在国民经济中的比重不断提高，是我国经济发展的一大增长亮点。据国家统计局对全国年销售收入500万元以上的规模企业统计（以下同），这个期间农产品加工业增加值年均增长8.5%。到2001年底，农产品加工企业实现增加值6 968亿元，占全部工业增加值的24.6%，比1995年提高了1.1个百分点；出口交货值5 090亿元，占全部工业产品出口总额的31.3%，比1995年增加1.9个百分点；实现利税总额2 718亿元，占全部工业利税总额的26.4%，比1995年提高了0.5个百分点。农产品加工业是同期国民经济中增长最快的产业之一。

（二）农产品加工业正在形成具有一定竞争力的产业产品体系

到2001年底，全国规模以上农产品加工企业达到56 000多家，涉及食品、饮料、纺织、服装和皮革业等12个行业，具有多层次、多特色、多样化的特点，在质量、档次、品种、功能等方面基本满足了市场需求。许多加工品品质优良，风味和工艺独特，享誉国内外，是我国的传统出口产品，在国际市场上具有较强的竞争力。生物工程、超高温杀菌、冷冻速冻、分子蒸馏等一大批高新技术在加工企业中得到推广应用。饮料、乳品等行业中较先进的技术装备，已接近发达国家20世纪90年代中期的水平，大幅度地提升了企业的技术水平和竞争实力。

（三）农产品加工业的发展促进了农业资源的合理配置和优势农产品产业带的构建

各地立足农产品资源条件，发挥区位优势和市场优势，积极发展农产品加工业，全国范围内形成了一批特色鲜明的农产品加工产业带。农产品加工业的发展，带动了农产品资源的充分利用，促进了优势农产品产业带的形成和发展。如浙江、福建、广东、山东的水产品加工，河北、河南的优质专用小麦加工和肉类加工，吉林的玉米加工和牛肉加工，黑龙江的优质大米和大豆加工，湖南、四川等省的水稻和饲料加工，内蒙古的乳品加工和羊绒加工，河北的皮革加工和羊毛加工，江苏、浙江等省的羽绒制品，安徽、江西、福建、浙江等省的茶叶加工，山东、陕西的果品贮藏与加工，新疆的棉花、葡萄和番茄加工等等。很多地方出现了由众多农产品加工企业按照专业化分工组成的特色县、特色乡和特色村。

（四）农产品加工业的发展对于创造就业机会和农民增收发挥了不可替代的作用

目前，全国规模以上农产品加工企业从业人员1 513万人，占全部工业从业人员的27.8%，其中规模以上乡镇农产品加工企业安排农民就业571.6万人，占全部规模以上乡镇工业企业从业人员的24.8%。如再加上收购运输销售等环节，增加的就业机会更多。2002年上半年北京郊区农产品加工企业发展到470家，职工人数由2001年同期22 000多人，发展到43 000多人，增长了近1倍。内蒙古呼和浩特市通过奶业加工龙头企业的带动，在牛奶的收购、加工、销售等环节，吸收了数以万计的农民就

业。2001年奶业产值7亿元，乳品加工产值36亿元，利税4.4亿元，奶农户均增收4 000元。

在充分肯定农产品加工业所取得成就的同时，我们也应该清醒地认识到，我国农产品加工业发展仍处于起步阶段，还存在一些亟待解决的问题：加工水平和技术装备与国外先进水平比有较大差距，国际竞争力强的企业不多；一些农产品加工企业与农户没有形成紧密的利益联结机制，对农民增收的带动能力不强；原料生产的品种品质结构不适应加工要求，分散生产与集中加工的矛盾突出；区域优势发挥不充分，产业和产品结构不够合理，发展不足与结构趋同并存。因此，我们既要看到农产品加工业取得的成就，又要正视存在的问题，坚定发展信心，积极做好工作，努力开创新的局面。

二、当前农产品加工业发展面临的形势和任务

我国农业和农村经济发展进入新阶段后，农业和农村经济发展的环境发生了很大的变化，调整农业结构、提高农业增长的质量和效益、增加农民收入都遇到了一些新情况和新问题，我国农产品加工业发展面临的形势更为复杂，任务更加艰巨。

（一）加快农业和农村经济结构战略性调整，迫切需要农产品加工业的带动和推进

农业和农村经济结构调整不是单纯的农业生产调整，而是在提高农业综合生产能力的基础上，大力发展农产品加工业和农村二、三产业，这是结构调整的重要内容。当前农产品加工和市场营销发展滞后，严重制约了农业结构调整。许多地方由于加工转化不足，瓜果蔬菜等大量鲜活产品集中上市后造成供过于求，价格暴跌；一些粮食主产区粮食转化没有解决，仍存在农民卖粮难问题。相反，凡是加工业比较配套，市场营销网络健全，农民种养的产品能够及时进入加工流通领域的地方，农业结构的调整就比较成功。实践证明，发展农产品加工业是农业结构战略性调整的重要带动力量，在农业和农村经济发展新阶段应该有更大的作为。

（二）提高我国农业的国际竞争能力，迫切需要加快农产品加工业发展来克服劣势整合优势

我国加入世贸组织后，农业面临的竞争已主要不是初级农产品和单个生产环节的竞争，而是包括农业产前、产中和产后诸环节在内的整个产业体系的竞争。从总体看，我国农业资源人均较少和农业生产的物化成本较高，但劳动力资源丰富，具有明显优势。这种优势如果只是出口原字号的初级农产品，是无法充分发挥出来的。因此，必须强化农产品加工环节，以我国劳动力成本低的优势弥补自然资源条件较差和农产品生产成本较高的劣势，提高我国农产品加工品的国际竞争力。

（三）解决我国农村劳动力就业问题，迫切需要农产品加工业有更快的发展

2001年，我国农村劳动力4.82亿人，比上年增加267万人。其中，农村外出劳动力8 961万人，占农村劳动力总量的18.6%。近年来，传统农业容纳的农村劳动力日趋饱和，不可能继续增加。农村一般加工工业由于技术进步原因，资本和技术替代劳动的趋势越来越明显。在农村劳动力就业空间狭小的情况下，发展劳动密集型的农产品加工企业，具有增加农村劳动力就业和发挥农业资源优势的双重功效。同时由于农产品的集散地往往在小城镇，农产品加工业的发展，又可以推动小城镇建设，带动各项服务业的发展，安排更多的劳动力就业。事实表明，农产品加工业发展比较快的地区，农村劳动力转移的渠道就多，数量就大。

（四）乡镇企业的发展和“二次创业”，迫切需要农产品加工业发挥优化产业结构的作用

乡镇企业与农业、农民有着天然的密切联系，贴近农民，靠近原料基地，容易形成利益共同体，具有发展农产品加工业的巨大优势。新形势下，乡镇企业必须尽快完成根据市场需求变化，加快产业结构调整和升级的紧迫任务。现在已有很多乡镇企业开始向农产品加工业转移和延伸，农产品加工业成为乡镇企业实现“二次创业”的主要产业之一。江西、湖南两省有四成以上的乡镇企业从其他行业转向农产品加工业，取得了良好的效果。引导乡镇企业发展农产品加工业和储藏、保鲜、运销业，促进农业产业化经营，正在成为乡镇企业结构调整的方向。

（五）拓展农业发展新领域，迫切需要通过农产品加工业扩大市场对农产品的需求

我国已经进入了加快现代化建设和全面建设小康社会的新阶段，城乡居民消费已从数量增长向质量提高转变，消费需求正在变化和升级，人们对农产品及其加工品的消费需求出现了追求安全、营养、方便、快捷和多层次、多样化的趋势。发展农产品加工业，就是要立足需求，引导和刺激消费，增加多品种、多样化加工产品的供给，有效地满足人们不断发展的消费需求。

（六）促进农业增效和农民增收，迫切需要农产品加工业发挥转化增值的作用

解决农业增产不增收的问题，重要的出路就是延长农业的产业链条，引导农民按照加工业要求安排农

业生产，实现在生产、流通、加工等各环节的增值，使农民得到产业链条各个环节的平均利润，增加农业的整体效益和农产品的市场竞争力。这实际上是转变农民单纯作为原料供应者的角色，降低农民纯粹从事农业生产的风险，增加收入来源。很多地方就是靠一个产品，一条产业链，多次增值，发展了一方经济，富了一方百姓。各地的成功经验充分证明，新阶段的农业增效和农民增收，必须大力发展农产品加工业，只有农产品加工业得到长足发展，农业的后续效益才能有大幅度提高，农民的收入才能实现稳定增长。

根据农产品加工业面临的新形势，当前和今后一个时期发展农产品加工业的总体要求是：紧紧围绕农业和农村经济结构战略性调整，以提高农业整体素质和竞争能力、扩大农民就业与增加农民收入为出发点，以市场为导向，因地制宜，合理布局，依靠科技进步，努力提高农产品综合加工利用能力，推进初级加工向高附加值精深加工转变，由资源消耗型向高效利用型转变，加快农产品加工原料生产基地化，农产品及其加工制成品优质化，产、加、销经营一体化，实现经济效益、社会效益和生态效益的统一，促进农业和农村经济协调发展。到 2005 年，农产品加工业增加值占全国国内生产总值、工业增加值、农村社会增加值的比重、主要农产品初加工和二次加工的转化率稳步提高，发挥区域资源优势和适应市场需求的农产品加工业体系初步形成，新型的参与国际竞争的主体不断发展壮大，农产品加工业综合竞争能力明显增强。

实现上述目标，要立足现有的发展基础，优化整合和正确引导各个方面的投入，努力改善发展环境，进一步明确发展重点和工作思路，在努力构建农产品加工业五大体系上下功夫。

第一，加快构建农产品加工业原料保障体系

原料基地和储运网络是原料保障体系的主要内容，是农产品加工业发展的基础。原料保障能力差，是目前我国与国外发达国家在农产品加工业发展水平上的主要差距，也是我国农产品加工业发展的主要限制因素。要在优势农产品区域布局的基础上，尽快在全国形成专业化、标准化、优质化的大宗农产品原料基地体系。逐步形成原料基地和加工企业、加工企业和销售市场之间布局合理、畅通便捷的储藏运输网络。依托目前的农业商品基地和储运设施，新建设一批各种类型的商品基地和仓储运输设施。按照与农产品加工企业形成配套生产能力的要求，调整项目内容，加强良种繁育、技术推广、基础设施、运销服务等方面的建设。创新生产经营组织方式，提高生产经营的组织化程度，形成公司加合作组织加农户的农产品加工原料生产格局。

第二，加快构建我国农产品加工企业体系

加工企业是农产品加工业发展的主体。大力发展壮大加工企业，加快形成科学布局、大中小企业并举、高中低技术搭配的企业体系。着重培植一批有自主知识产权、产业关联度大、带动能力强、有国际竞争力的大型农产品加工骨干企业。尤其要大力发展贸工农一体化的龙头企业。立足于现有企业基础，走发展、改造、改组和提高并重的路子，加强对现有企业的技术改造，更新设备，改进工艺，提高产品质量和管理水平，提高企业的竞争能力。按照靠近市场、靠近原料基地的要求，在粮食等大宗农产品主产区、农产品加工业发展比较滞后的中西部地区、特色农业资源的地区，扶持发展一批加工企业。采取各项有效措施，强化政府部门为企业服务的职能，降低企业的生产经营成本，减少自然和市场风险，使投资者得到较高的收益率。通过建立健全信息服务体系，完善企业决策机制，帮助企业解决发展中的问题，指导企业发展适销对路的产品。通过扶持农产品基地、科研、保鲜、包装、储运等方面的建设，为企业发展提供必要的配套服务，改善企业的发展环境。

第三，加快构建农产品加工业的质量安全标准体系

质量安全是我国农产品加工业与国际接轨和产品进入国际市场的通行证。要借鉴国外制定农产品质量安全标准的经验，加快制定符合我国实际和国际惯例的农产品原料和加工制品的质量安全标准，尽快形成完善的农产品加工业质量标准体系。把推行农产品和加工品质量安全标准与建设各类农产品生产基地结合起来，逐步建立标明产品的产地、质量、标准的等级标识制度。加强农产品和加工品质量检测体系建设，逐步建立全过程的动植物检疫、农药、兽药、渔药残留检测、环境质量检测和产品质量控制体系。建立农产品加工的质量标准、检测标准、技术规程和管理规范体系。同时，建立对世界有关标准组织动态跟踪的制度，鼓励和积极采用国外的先进标准，推进我国农产品加工标准与国际标准接轨。加强农产品加工质量安全综合类质检机构的建设，新建一批急需的农药、兽药、渔药残留检测、环境检测、转基因农产品、农产品加工机械设备等安全质检中心。积极推进农产品加工品特别是食品等质量认证进程，开展危害分析与关键点控制（HACCP）、良好操作规范（GMP）、绿色食品等多种形式的质量认证工作和等级标识制度。

第四，加快构建农产品加工业的创新体系

体制创新和技术创新，是农产品加工业发展的源动力。要在乡镇企业改制的基础上，进一步深化企业改革，健全高效灵活的经营机制，建立现代企业制度，为农产品加工业发展创造良好的体制条件。科技是加快农产品加工业发展的第一要素。要从解决影响加工业发展的紧迫技术问题入手，全面提升以企业为主体的农产品加工业技术创新能力，逐步缩小我国与国外先进技术水平的差距。技术创新要主攻良种、新产品和加工装备三个方面，加快培育推广专用、优质的品种；加快研究开发适应市场需要、营养、卫生、安全的加工产品；采取引进、消化、吸收和自主开发相结合的方式，研发高新农产品加工技术装备。组织实施“产、学、研”对接工程，建立企业研发机构，培养管理和技术人才，提高企业的自主技术创新能力。

第五，加快构建符合世贸规则的农产品加工业政策扶持保障体系

要根据世贸组织规则和我国加入 WTO 的承诺，认真分析和研究我国农产品加工业的竞争力，制定对策措施，形成在世贸组织规则框架下向农产品加工业倾斜的政策扶持体系。改善企业发展环境，尽量减小自然和市场双重风险的影响，吸引更多的投资者进入农产品加工业。鼓励发展外向型农产品加工企业，吸引国外资金、技术和管理经验发展农产品加工业，加强对农产品加工品出口的协调服务和政策支持。对农产品加工企业，只要有市场、有效益，能够增加农民收入，都要一视同仁，给予扶持。参照国际通行的做法，对农产品加工业重点龙头企业出口创汇给予积极的政策支持。

三、加大推动我国农产品加工业发展的工作措施

当前和今后一个时期，要统筹兼顾，精心组织，与有关部门密切合作，全力抓好以下几个方面的工作。

（一）坚持规划先行，加强对农产品加工业发展的指导

发展农产品加工业，要按照市场需求、资源条件和产业政策科学规划，合理布局，充分利用现有的加工企业示范项目，通过技术改造，扩大生产加工能力，防止盲目发展和重复建设。2002 年，农业部制定了《全国主要农产品加工业发展规划》，明确了今后几年农产品加工业发展的指导思想、目标任务和产业、产品、地区发展重点和主要措施。各级农业部门要根据这个规划，结合实际，制定出本地区的农产品加工业发展规划并认真组织实施。要特别重视对县级农产品加工业发展规划编制工作的指导。在全国和省级规划的指导下，协调县域之间产业和产品的分工，选准各地的主导产业。同时把来自各个方面的扶持措施通过区域规划整合，提高项目和政策的实施效果。

（二）加大项目推进力度，组织实施农产品加工业发展行动计划

从 2002 年开始，农业部在全国组织实施农产品加工业发展行动计划。通过建设一批农产品加工一体化示范项目，发展一批上规模加工企业，促进优势农产品产业带的建设。示范项目建设主要是在优势农产品产业带上选择一批加工企业，在基地建设、科研开发、技术改造、营销服务等方面给予重点扶持，使其形成与优势农产品生产规模相适应的配套加工能力。加工布局的安排是：黄淮海地区优质专用小麦产业带加工示范项目，东北及内蒙古东部玉米、大豆产业带加工示范项目，长江流域优质油菜产业带加工示范项目，中原地区牛羊肉产业带加工示范项目，东北、华北、西北地区奶业产业带加工示范项目，环渤海湾地区和西北黄土高原苹果产业带加工示范项目，中南、西南地区柑橘产业带加工示范项目，沿海及重点江河湖泊流域优质水产品产业带加工示范项目，茶叶主产区优质茶叶产业带加工示范项目。

（三）提高技术创新能力，努力提高农产品加工业科技进步水平

组织编制和实施农产品加工业科技进步规划，明确科技发展的目标任务和工作重点，把研究开发任务落实到项目，落实到科研单位和人员，调动各个方面的力量，争取早出成果，多出成果。加强科技项目和资金的整合，在农业部与有关部门正在实施的科技攻关计划、科技引进计划、跨越计划、成果转化与产业化和丰收计划等项目中，加大农产品加工业的科研经费投入。密切关注和向企业推荐科教部门和其他研究机构在农产品加工业方面的新成果，国家在成果转化方面给予必要的扶持。鼓励和扶持农产品加工企业设立科技发展基金，增加新产品开发费用和风险调节基金的提取，建立科技开发中心，开发具有自主知识产权的技术和产品。培养农产品加工业方面的技术、管理、贸易及应对国际贸易争端的专业人才，开展不同层次的职业技能教育和培训，逐步推行“先培训，后就业”的劳动用工制度。

（四）继续抓好基地建设，为农产品加工业提供优质专用的原料

按照构建农产品原料保障体系的要求，今后的商品基地建设，要加强配套协作，把农业商品基地建设、农业综合开发、种子工程、无规定疫病区等方面的项目建设与原料基地建设结合起来，把政府投入和

其他方面的投入结合起来，增强建设合力。要大胆创新、积极探索，在农户家庭经营的基础上，鼓励农户、专业合作经济组织与农产品加工企业通过订单等多种合同、合作方式，形成稳定的利益联结关系。鼓励农产品加工企业通过定向投入、定向服务、定向收购等方式，兴办稳定的农产品原料基地。

（五）进一步搞好促进农产品加工业发展的社会化服务

在农业信息体系建设的整体框架内，建立“农产品加工信息网”，积极支持和鼓励各地农产品市场信息网络和农产品加工的大型骨干企业上网。加强农产品加工信息的综合利用工作，充分发挥各种媒体的作用，以开放共享的形式及时提供国内外最新的信息。同时切实抓好中介组织和行业协会建设。农业部将积极配合有关部门，认真抓好农产品加工业的中介组织、行业协会及各类专业协会的建设。充分发挥各类行业协会和中介组织的作用，加强规范管理，使其遵从市场规则，贴近企业需要，转变服务内容和工作方式，成为农户（基地）－加工企业－市场之间有效衔接渠道，维护农产品生产加工贸易中各个方面的利益。

（六）切实加强对农产品加工业发展的组织领导

各级农业部门和乡镇企业行政管理部门要积极争取党委、政府对农产品加工业的领导和支持。通过广泛宣传，不断提高社会各界对新形势下加快发展农产品加工业重要性和紧迫性的认识，坚定树立发展农产品加工业就是发展农业和农村经济，扶持农产品加工业发展就是扶持农民增收、农业增效和农村经济发展的思想观念，形成全社会重视和发展农产品加工业的氛围。结合本地实际，主动研究并向地方政府提出扶持农产品加工业发展的政策措施建议。要积极争取有关部门的支持，动员协调社会各方面的力量支持农产品加工业发展。

近几年来，各级经贸部门在农产品加工企业的技术改造、企业管理、安全生产等方面，做了大量卓有成效的工作，为农产品加工业的发展做出了重要贡献。国家计委、国家经贸委、财政部、卫生部、外经贸部、国土资源部、科技部、人民银行、证监会、国家质检总局、国家税务总局、国家工商总局、国家环保总局等部门，对农业部的农产品加工业工作给予了多方面的大力支持。农业部在此表示衷心的感谢。在今后工作中，希望各级农业部门主动争取各级有关部门的支持，共同抓好农产品加工业的各项工作。

发展农产品加工业是推进农业和农村经济结构调整的战略重点，是提高农业后续效益、转移农村劳动力、增加农民收入的主攻方向。当前发展农产品加工业的基本条件已经具备，有关部门和社会各界支持农产品加工业的合力已经形成。我们一定要抓住机遇，扎实工作，努力开创农产品加工业发展的新局面。

（本文摘自杜青林部长2002年8月18日在全国农产品加工业工作会议上的讲话）

办好国民经济第一大产业

国家发展计划委员会副主任　张国宝

2001年几位专家给温家宝副总理写信，呼吁政府重视农村产业深加工业的发展，温家宝副总理作了重要批示，要求计委牵头进行认真研究。一年多来，国家计委、经贸委、农业部、科技部对这项工作都十分重视，拟定了我国“十五”食品工业发展规划，已报请国务院批准发布，又决定共同发起主办“中国国际农产品深加工—食品工业发展战略研讨会”，在召开研讨会的同时，还将在北京展览馆举办中国国际农产品深加工—食品工业成果展览。各部门、各省市对这项工作倾注了很大的热情，有20多个省、区领导亲自带队参加。

召开本次研讨会的主要目的是：我国有13亿人口，是世界最大的农产品生产国和消费国，目前加工深度还不高，为了认真总结我国改革开放20年来特别是近10年食品工业取得的成就，学习借鉴国外先进经验，深入探讨我国食品工业的发展战略，以及食品工业带动农业产业化的新思路。这次研讨会的召开，充分体现了我国政府对发展农产品深加工、特别是食品工业的高度重视。下面，就我国农产品深加工—食品工业的发展问题谈几点看法。

一、发展农产品深加工—食品工业在我国有特殊重要意义

我国是一个农业生产和农产品消费大国。改革开放20多年来，在党中央和国务院的正确领导下，亿万农民迸发出巨大的积极性，农业和农村经济发展取得了举世瞩目的伟大成就，综合生产能力不断提高，我国农产品的供求关系已从以往的长期短缺转为总量基本平衡、丰年有余，农业发展由此进入了一个新阶段。随着农产品供求关系的根本性变化，市场需求对农业发展的约束显现出来，由此带来农产品卖出难、价格下跌、农民收入增长缓慢等一系列新问题。加入世贸组织，也使中国农业面临积极参与国际竞争的新的机遇和挑战。为此，必须对农业和农村经济结构进行战略性调整。推进战略性结构调整的中心任务和基本目标是全面优化农业结构，提高农业效益，增强我国农产品的国际竞争力；千方百计增加农民收入，努力提高农村购买力水平。

我国城乡居民温饱问题已经基本解决，对食品的市场需求正在向营养、多样、便捷、安全转变，进而对农产品加工业的发展提出了新的要求。目前我国农产品加工业的基础比较薄弱，加工增值链条短，农产品加工转化能力滞后，不仅难以满足市场需求的变化，而且制约了农产品市场的开拓，不利于提高农业竞争力，不利于农业增效、农民增收。我国农产品加工产值与农业产值之比为0.85∶1，而发达国家为3∶1；我国深加工用粮不到总产量的8%，而发达国家在70%以上；我国农产品的加工程度为45%，而发达国家在80%以上。加快农产品加工业的发展，事关我国农业可持续发展的全局，是实现农业“两个根本转变”和国民经济“三步走”伟大战略目标的一项重要举措，对促进农民增收、农村稳定，具有十分重要的战略意义和现实意义。

食品工业作为农产品面向市场的重要后续加工产业和先导型产业，在农产品加工业中占有最大比重，且投资少，见效快。食品工业与农业之间的关联性强，它的发展不仅能够带动农产品中间需求的扩张和最终消费的增长，还会带动农业增长方式的转变，使农业发展更好地走上以市场需求为导向的轨道，促进农业提高整体素质和竞争力。

江泽民总书记指出“努力发展食品工业，满足人民生活需要。”食品工业是人类的生命工程，其产值和销售额位于世界工业各行业之首，在我国亦为各行业之最。目前，我国人民生活在总体上已经达到了小康水平。工业化、城镇化、现代化的潮流，正日益影响着城乡居民的消费需求和消费结构。从国际经验来看，这一阶段往往是食品消费结构加快变化、加工食品需求迅速上升的阶段。社会对食品工业的消费需求将迅速增长；食品消费将由追求数量转向追求质量、营养、多样、安全、方便。因此，食品工业市场空间广阔，在国民经济中容易成为重要的支柱产业和相对旺盛的增长点。在一些发达国家，虽然恩格尔系数已经下降到40%以下，但食品工业占据市场份额仍位居前列。

以市场为导向，大力加快农产品深加工—食品工业的发展，发展农产品深加工特别是食品工业，全面提高人民的生活质量和水平，是实现人民生活向更加富裕和更加丰富多彩的小康生活过渡的首要任务；对调整农业产业结构，提高农产品附加值，实现农民增收，扩大内需，推动农业产业化进程，进而在参与全球经济的形势下，提高我国农业的国际竞争力，具有重要的战略意义。我国西部地区农业可食资源丰富，加快发展食品工业，可较快地提高西部地区的造血功能，为西部大开发做出贡献。同时，发展食品工业对增加劳动就业机会、繁荣城乡市场、拉动内需、带动小城镇建设、扩大外贸出口等均具有十分重要的作用。

二、科学筹划食品工业发展规划

改革开放以来，特别是近10年来，我国食品工业取得了很大成绩，在总体满足城乡居民基本生活需求的基础上，产品结构调整取得较大进展，新产品、名优产品不断涌现；企业组织结构有所改善，市场集中度不断提高；大中型企业技术装备水平有了较大提高；超临界萃取、膜分离、分子蒸馏、生物工程技术等高新技术近些年来在食品工业中得到广泛应用，有力地促进了食品工业生产技术水平的提高和产品的更新换代；许多食品企业建立了现代企业制度，各种所有制经济形式共同发展，其中不少企业已成为上市公司。食品骨干企业以公司加农户和“定单农业”等多种组织形式，积极参与农业产业化经营，发挥骨干企业的带动作用，促进了农产品的加工转化与增值，带动了农村经济的发展以及农民增收。但与国外发达国家相比，还有较大差距，如食品工业结构不够合理；食品企业总体规模仍然很小、生产集中度尚不够高；食品技术水平相对落后；食品工业标准体系和质量控制体系不完善、食品安全和环境污染问题较多；与食品工业配套的食品装备发展相对滞后等。

党的十五大明确提出21世纪第一个十年实现国

民生产总值比2000年翻一番，使人民的小康生活更加宽裕。今后五至十年，是实现国家第三步战略目标的重要时期。21世纪国内外经济发展的新形势和我国加入WTO给我国农产品深加工—食品工业既带来了机遇，又带来了严峻的挑战。今后，为了更好地利用机遇、迎接挑战，需要在坚持市场为导向的前提下，科学筹划食品工业的发展战略。

我国食品工业在国民经济中涉及第一、二、三产业，具有产业链长、行业跨度大的特点。长期以来，食品企业除主要分布在轻工部门外，在商业、农业等系统中也有不少食品工业企业，在行业管理、宏观调控方面没有形成统一、有效的监督、协调机制，对食品工业的健康发展带来了不利影响。因此，从战略上统一进行科学筹划，对我国食品工业的持续、健康、快速发展至关重要。自2000年3月始，国家计委即组织有关部门、行业协会和专家进行《全国食品工业“十五”发展规划》（简称《规划》）的基础研究和编制工作，并多次听取有关部门和专家意见。在较长时间集思广益、反复修改的基础上，2002年3月，国家计委会同国家经贸委、农业部联合向全社会公布了《全国食品工业“十五”发展规划》（2001—2005）。根据《规划》，“十五”期间，我国食品工业应遵循以下发展战略：

第一，明确我国食品工业发展的指导思想。从食品工业实际出发，以市场需求为导向，以改善、提高人民生活水平为中心，以促进农业产业化为契机，以提高食品工业技术水平、经济效益和确保食品质量与安全为目标，深化改革，加大结构调整和企业技术创新，加强食品质量安全体系建设，合理进行产业布局，加快食品工业的调整和发展，并使之成为新的经济增长点，以满足人们由小康向比较宽裕生活过渡时期对食品消费的需求，初步建立现代食品工业生产和市场体系，建立新型工农关系，促进食品工业和农业共同发展。

第二，坚持我国食品工业发展的基本原则。一是要紧紧围绕市场发展食品工业；二是紧密结合农业产业化经营发展食品工业；三是加大投资力度，紧紧依靠科学技术，促进食品工业的产业升级，促进具有自主知识产权的产品开发，实施品牌战略；四是食品工业的发展要适应国民素质提高的要求；五是切实加强食品质量安全监督；六是坚持食品工业的可持续发展；七是合理进行产业区域布局；八是发展食品工业要继续坚持改革开放政策，鼓励多种经济成分共同发展；九是加大产业结构和产品结构调整力度，努力培育和发展贸科工农相结合的大型食品企业集团和新型市场主体；十是要把食品工业的发展与小城镇建设相结合，实现相互促进、协调发展。

第三，突出我国食品工业发展的重点行业。食品工业的发展要“有所为，有所不为”，既要统筹规划，又要突出重点，择优扶强。量大面广、对农民增收带动作用强和市场潜力大的行业，应当重点优先发展。“十五”期间，我国食品工业将重点发展大豆加工业、玉米加工业、马铃薯加工业、乳品加工业、肉类加工业、制糖工业、果蔬采后贮运加工业、饮料工业、方便食品和功能性食品、水产加工业、食品加工与包装机械业等12个行业，并对小麦加工业、稻谷加工业、油脂行业、制盐行业、罐头食品工业、酿酒行业、发酵制品行业、食品添加剂行业、调味品行业和烟草加工业等进行结构调整。

三、锐意进取，全面落实加快发展农产品深加工—食品工业的具体举措

为了促进农产品深加工—食品工业的持续快速和健康发展，国家计委将以江泽民总书记“三个代表”的重要思想统揽全局，适应新情况、解决新问题，与时俱进、锐意进取，重点抓好以下工作：

第一，积极贯彻落实《全国食品工业“十五”发展规划》。这次《规划》涵盖了全部食品工业领域，是多年来第一次由三部委联合发布的对全国食品工业发展起到宏观指导作用的重要文件，具有权威性、指导性、全面性、创新性和可操作性。各有关部门和地方要根据《规划》，因地制宜地制定本部门本地区发展食品工业的具体规划及政策，加强协调，形成合力，共同推进《规划》的实施。各地要根据本地区农产品资源优势、传统工艺优势、技术设备能力、市场及区位优势，确定本地区食品工业的发展重点，建立与之相配套的农业产业化体系。国家计委将适时对《规划》的实施进行调研和协调。

第二，继续组织实施好农产品深加工—食品工业专项工程。为对全国食品工业的发展起到示范、带动作用，实现产业升级，国家计委自2001年9月份开始组织实施以食品工业为龙头的农产品深加工－食品工业专项工程工作。此次专项工程采取了选择一批食品工业的重点行业，重点省市区和重点项目，通过采取以点带线、点线面结合、整体部署、分步实施的办法予以推进。要求项目做到产品有很好的现实市场和市场发展前景；有良好的规模优势；原料资源优势明显，具有较好的原料基地发展空间，并采取“公司+农户”、“定单农业”的组织形式；项目技术层次属国内先进水平；经济效益和社会效益显著；项目实施单

位综合实力较强，同时体现对西部地区和经济转型省区的支持等。经过近一年的努力，目前，国家计委已完成了粮油加工、乳品、肉制品加工、果蔬及特色资源加工等五个行业的111个项目的立项批复工作。这些农产品加工项目综合加工能力为800多万t，总投资160多亿元，建成后预计年可新增销售收入500多亿元，实现税利120多亿元，出口创汇10余亿美元。项目的实施约可直接解决就业人数近15万人，使500多万农户受益，农民年户均增收3000余元，经济效益和社会效益将十分显著。今后，国家计委将继续组织实施好农产品深加工—食品工业工程：一是对拟建项目，进一步加强实地调研和可行性研究的论证工作，保证项目实施的合理性、科学性；二是对在建项目，进行全面监控，切实保证工程质量，使之尽快建成投产，发挥效益；三是选择重点行业中具有国际竞争力的大型企业，建设若干市场需求旺盛且具有国际先进水平，经济效益和社会效益明显的食品工业大型项目或综合加工工业园区，起到以点带面的作用；四是根据食品工业发展的新情况、新需求，开辟对带动农业产业化有重要作用的新的建设领域。

第三，加快建立现代企业制度，积极培育食品工业骨干企业。产业化经营是农业和农村经济工作中一件带全局性、方向性的大事。发展产业化经营，骨干企业是关键。龙头企业承担着带动农户生产、帮助农民增收的任务，龙头企业的兴衰关系大批农民的生产和收入。所以说，扶持产业化就是扶持农业，扶持龙头企业就是扶持农民。“十五”时期，要引入市场机制，积极推行企业股份制改造，继续扶持现有大中型骨干企业发展，加快规模经济发展的步伐，加大破产、兼并和资产重组力度，加快培育有优势、有特色、有基础、有潜力的重点龙头企业或资本结构多元化、产品科技含量高、名牌效应强，并已形成技术创新体系的具有国际竞争力的大型企业集团，使其成为我国食品工业提升产业竞争力，参与农业产业化经营的骨干力量。

第四，发展农业产业化经营，鼓励食品骨干企业建立稳定的原料基地，促进农业结构调整。“十五”期间，要改变长期以来农业生产什么、工业就加工什么、市场就销售什么的传统发展模式，按照市场和食品工业发展的需求，充分发挥区域比较优势，围绕食品骨干企业，建立一批与企业需求相配套的粮油、蔬菜、水果、畜禽和水产品优质原料基地。要积极发展小麦、高淀粉高含油玉米、双低油菜、优质糖料、果蔬和瘦肉型猪、优质肉牛、高产奶牛、禽类、高附加值的水产品等种植、养殖基地。要大力提倡发展生态农业和绿色食品，建立农业标准化示范区和无公害生产示范基地，为食品工业提供优质、安全的加工原料。要引导农民按照加工企业所需的品种进行标准化生产，通过龙头企业把千家万户分散的小规模经营联结起来，形成“小规模、大群体”的格局，提高农产品规模效益。

第五，强化对食品工业的宏观调控力度。一是加强政府的有效监管。国家计委要发挥综合部门的协调作用，与有关部门一起按照国务院确定的职能分工，各负其责，相互配合，切实履行好政府部门的职责，大力加强对食品工业的管理、监督、指导和协调。二是发挥信息的引导作用。建立食品工业信息集成系统，利用互联网络优势，积极推动包括全国性食品行业生产、技术、市场销售及食品质量安全监控网络和重大产业政策信息网络系统的建立，以有效指导食品行业及企业的健康发展。三是积极发挥食品工业行业协会的作用。

第六，尽快制定并实施促进以食品工业为重点的农产品加工业发展的政策措施，建立良好的政策环境。加快以食品工业为重点的农产品加工业的发展，需要政府的支持，这不仅是食品工业发展的需求，也是政府扶持农业的要求。一是积极协调有关部门，完善与食品工业发展相关的法律、法规和条例，逐步将食品工业发展纳入法制管理的轨道，实施依法监管。二是要在有关扶持政策上形成合力。目前一些部门对食品工业有不少扶持政策和措施，但政出多门，缺乏总体的指导、协调和沟通。今后，国家计委作为国家综合宏观调控部门，在制定政策措施及实施的过程中，要加强与有关部门的沟通和协作，加大协调力度，争取在项目建设、资金及技术等方面相互补充，形成合力。三是拓展融资渠道，多形式利用国内外资金。对科技含量较高、有良好的市场发展前景、经济效益好的食品骨干企业和西部地区食品工业优势项目，促进金融机构积极提供融资支持，积极合理利用国外优惠贷款和国际商业贷款，继续鼓励外商与我国企业合资、合作，鼓励和吸收民间资本和其他行业资金投向食品工业，促进食品工业投资主体的多元化。四是配合有关部门研究更加合理的税收政策。如适当提高食品企业购进农产品原料的增值税进项抵扣税率，以减轻其负担，促进其发展。五是抓紧研究食品工业科技发展相关的优惠政策等。

加快发展农产品深加工—食品工业，促进农民增收，不断改善城乡居民生活，安定社会团结，是我国政府工作的首要任务，也是在经济工作中认真贯彻江泽民总书记“三个代表”重要思想的具体体现。中国农产品深加工—食品工业前程似锦，市场广阔，生机无限，后起勃发。我们要抓住机遇，齐心协力，不遗余力，全力推动农产品加工业特别是食品工业的快速、持续、健康发展，加速推动农业产业化进程。中国的食品工业必将在“十五”期间开拓更广阔的市场空间，获得更快的发展，再创更新的辉煌。

（本文摘自作者于2002年8月21日在“中国国际农产品深加工——食品工业发展战略研讨会”上的讲话）

大力发展农产品加工业提高我国农业经济整体水平和国际竞争力

国家经贸委副主任　欧新黔

2002年年初召开的中央农村工作会议明确提出：当前和今后一个时期，要坚定不移地推进农业和农村经济结构的战略性调整，提高农业整体素质和效益，把增加农民收入作为农业和农村工作的重点任务，放在整个经济工作的突出位置。中共中央、国务院《关于做好2002年农业和农村工作的意见》也明确提出：要调整农村产业结构，继续发展乡镇企业和农村二、三产业，加快发展农产品加工业，大幅度提高农产品的附加值。农业、农村和农民问题是关系我国改革开放和现代化建设全局的重大问题。农产品加工业是直接关系增加农民收入，改善人民生活和促进经济发展的重要产业。当前，我们要认真贯彻江泽民同志“三个代表”重要思想，从全局和战略的高度，充分认识解决我国农业、农村和农民问题的重要性，充分认识发展农产品加工业的重要性，面对入世，抓住机遇，应对挑战，积极推动我国农产品加工业快速发展。

下面就大力发展农产品加工业，提高我国农业经济整体水平和国际竞争力问题发表几点意见。

一、制、修订国家产业政策，支持农产品加工业发展

按照党中央、国务院关于农业工作的重要指示精神，国家经贸委近年来在制定和修订国家产业政策、加强宏观经济调控、整顿和规范市场经济秩序、推进企业科技进步和技术创新、增强企业综合竞争能力等各方面加大了对农产品加工业的支持力度，有效地推进了农业产业化和农产品加工业的发展。

在产业政策方面：2000年6月，国家经贸委同国家计委和外经贸部公布的《中西部地区外商投资优势产业目录》中，中西部20个省、自治区、直辖市都包括了“粮食、蔬菜、水果、禽畜产品的贮藏、保鲜和加工”以及“林木营造及林木良种引进”等农产品加工业和农业项目。除此之外，根据各地具体情况，中西部外商投资目录还列出了当地利用外资方面具有比较优势的农业项目。如大豆、玉米深加工及其制品开发、生产，优良农业作物和畜禽品种繁育基地建设和经营，农作物副产品、竹资源的综合利用，中药材种植和加工，水产品养殖及深加工，花卉及栽培技术引进、开发和经营，天然香料、食用菌的种植和加工，优质酿酒葡萄基地建设，马铃薯淀粉和玉米淀粉深加工，蚕养殖及蚕茧丝加工，优质番茄种植及深加工等。该目录中的项目均享受《指导外商投资方向暂行规定》中鼓励类项目的各项政策和《国务院办公厅转发外经贸部等部门关于当前进一步鼓励外商投资意见的通知》〔国办发（1999）73号〕中的有关优惠政策。

为推进经济结构的战略性调整，促进产业升级，提高竞争力，国家经贸委同国家计委于2000年8月联合公布了《当前国家重点鼓励发展的产业、产品和技术目录（2000年修订）》，其中包括：农产品加工、储藏、保鲜、加工及综合利用、动植物优良品种繁育、经济林树种、花卉、中药材良种繁育及储藏、大中型灌区改造及配套设施建设等涉及农产品加工业及农业的项目。对符合该目录的国内投资项目，在投资总额内进口的自用设备，除有特殊规定外，免征关税和进口环节增值税。

2002年，国家经贸委会同国家计委和外经贸部公布的《外商投资产业指导目录（2002年修订）》中，鼓励外商投资农、林、牧、渔业涉及农田改造、蔬菜水果、糖料果树、花卉苗圃、秸秆还田、药材种植、林木营造、天然橡胶、种畜种禽、水产养殖、植

树种草等 11 个方面。

在技术改造方面：为促进我国农产品加工业的科技进步和技术创新，国家经贸委已将农产品加工业检测技术、装备列为国家重点技术创新项目予以支持；通过《国家级重点新产品开发指南》，引导农产品加工业开发新品种；将高附加值的农产品加工业新产品列为国家重点新产品试产计划；将农产品加工业技术装备改造工程列入国债贴息的重点技术改造项目之中，以支持农产品加工业上规模和上水平。

国家法律法规和产业政策为农产品加工企业的发展创造了良好政策环境，特别是在引导农业经济结构战略性调整，改善农业投资结构，鼓励中西部地区利用外资，引进先进技术、设备，发展中西部地区农业产业等方面起到了积极作用。各地经贸委配合农业部门根据本地情况，结合地方经济结构调整，大力支持和发展适合本地区条件和市场需求的农副产品加工业，以达到提高农副产品附加值、满足国内外市场供应、增加农民收入和发展农村经济的目的。

广西壮族自治区经贸委结合当地糖业结构调整，为充分发挥广西糖业生产对地方财政收入和农民脱贫致富的重要作用，研究确定了以提高糖业国际竞争力为目标，妥善处理好市场配置资源与政府宏观调控及企业与农户三个方面的关系，以定单农业、建立蔗价与糖价挂钩联动为手段，培育产供销一条龙、农工贸一体化的产业体系，促进了广西制糖业的发展，并带动了甘蔗种植业的发展。在具体实施过程中，他们从自治区掌握的结构调整资金中专项拨出了 1 000 多万元支持龙头企业贵糖集团改进制糖生产工艺，提高了企业的经济效益，增加了农民的收入。他们还通过订单农业试点，建立了原料甘蔗“合同订购、预付定金、兑付保本价、糖蔗价格联动”市场化机制，形成农、工、贸协调体系。通过实施产业政策和在更新改造资金中加大对原糖技改项目、精炼糖技改项目的支持力度，推进原糖、精炼糖、综合利用产品规模生产、专业化分工；通过选择有条件企业集团试行“制糖 + 糖料经营公司（或蔗农合作社） + 农户”三大板块相互联系、相互促进的集约化生产经营方式，带动了农业产业化、规模化经营，提高了广西糖业的整体水平和国际竞争力。

二、充分认识我国农产品加工业面临的形势，发挥比较优势，积极应对入世后的挑战

20 多年前中国农业的改革，突破了传统体制的束缚，推动了农村经济的快速发展，带动和促进了中国经济体制改革的全面展开，有力地支持了中国经济的高速增长。进入 20 世纪 90 年代中后期以来，随着农产品供求关系发生根本性变化，我国农产品供给已经实现了由长期短缺到总量基本平衡、丰年有余的历史性转变，面临着进行农业结构战略性调整的新任务。农产品加工业经过几年的发展已经成为我国工业的重要力量，初步形成了具有区域特色的产业体系，涌现了一批规模大、效益好的优势企业，在带动各地农业经济发展的同时探索和创造了丰富的经验，为农产品加工业的发展和农业经济结构调整起到了积极的促进作用。但我国农产品加工业发展过程中还存在一些问题和差距。主要是劳动生产率和科技水平较低、生产成本高、企业经营规模小、管理水平低、附加值低、科技含量低、技术装备落后、产品品种和质量在国际市场上缺乏竞争力；在农产品加工程度上也与发达国家的差距较大，例如，我国粮食、油料、水果、豆类、肉类、蛋类、水产品等产量均居世界第一位，但产后加工能力仅为 25% 左右，而发达国家农产品产后加工能力达 80% 以上。这些问题严重影响了我国农产品加工业的健康发展，影响了我国农产品加工业在国际市场上的竞争能力，也影响了我国农业经济结构的调整，必须予以充分重视，并采取有效措施加以解决。

农业问题一直是重点问题。我们已承诺执行世贸组织农业协定，降低农产品关税，取消非关税措施，开放农产品市场，约束国内农业补贴，取消出口补贴，规范动植物卫生措施等。同时，加入世贸组织后，将使我国农产品的竞争从国内市场竞争转向国内、国际两个市场的竞争，应充分发挥中国农业比较优势，促进有优势的农产品出口。入世将进一步推动中国农业的对外开放，创造更为宽松、透明、稳定的投资环境，有利于吸引更多的国外资金、技术和管理经验。加入世贸组织既带来新的发展机会，也给中国农产品加工业带来了严峻的挑战，我们应积极参与国际化进程，加快战略转移、体制改革和政策调整步伐，全面提升农产品加工业国际竞争力。近期应着重从以下几方面做好应对工作：

1. 发挥比较优势，积极参与国际竞争　从中国劳动力丰富、土地资源稀缺的基本国情出发，对粮食、油菜籽、棉花等不具优势的土地密集型产品，要努力提高土地生产率；对畜产品、水产品、蔬菜、水果、花卉等劳动密集型高价值产品，要提高质量，培育名牌，积极开拓国际市场，提高国际竞争能力。

2. 发挥区域优势，优化布局结构　东部沿海地区和大中城市郊区要大力发展高科技农产品、高附加值农产品和外向型农产品加工企业，努力扩大农产品

出口；中部地区要发挥粮食生产优势，发展优质专用和无公害农产品；西部地区和生态脆弱地区要加快发展有利于保护生态环境的特色高效农业、生态农业和旱作节水农业。

3. 发展农产品精深加工，全面提高农产品质量　目前农产品加工业发展滞后是制约农产品竞争力提高的主要因素。应加快农产品保鲜、储运技术和设备的引进、开发，发展农产品精深加工，提高农产品附加值。同时要从根本上解决农产品疫病、农药化肥残留等问题。

4. 深化农产品流通体制改革　进一步搞活农产品流通，尽快形成开放、统一、竞争、有序的农产品市场体系。加快农产品购销企业的市场化进程，加强内、外贸协作；重点抓好农产品产地批发市场和市场信息网络建设，完善农产品市场体系。

5. 调整国内支持政策，用好“绿箱政策”　一方面要调整农业补贴方向和支持结构，由现在补贴流通环节，转向补贴农产品生产者，把国内支持的重点转到提高农产品竞争力上；另一方面要加大对农业科研、推广、病虫害防治、市场信息服务、基础设施建设、农业结构调整等“绿箱政策”的支持力度。

6. 建立农产品产业安全保障体系　要采取各种措施减少市场开放所带来的冲击，建立农产品进口监测与产业损害预警系统和快速反应机制。要提高监管水平与效率，坚决打击和防范农产品走私。应有效地利用世贸组织保障措施机制，充分发挥行业协会的协调作用，指导对反倾销应诉工作，为企业提供法律支持和援助。

三、努力做好经贸工作，加快我国农产品加工业的发展

农业要迎接加入世贸的挑战，要在激烈的国内外市场竞争中求发展，必须对农业和农村经济结构进行战略性调整，推动传统农业向现代农业转变，大力发展农产品加工业，以推动我国农业经济的健康发展。

农业部研究提出的《农产品加工业发展行动计划》，明确了今后一段时期我国农产品加工业的发展目标、任务和指导原则，确定了发展农产品加工业的重点领域、工作内容和保障措施。这一行动计划的实施，将对我国发展农产品加工业和全面提高我国农业和农产品在国际上的竞争能力起到积极的促进作用。

各地经贸部门要从全局和战略的高度充分认识“三农”问题的重要性。在研究确定今后一段时期的经贸工作内容时，应着重从以下几个方面做好支持农产品加工业发展和农业产业化经营工作。

1. 加强政策引导，为农业产业化经营和农产品加工业的发展创造良好的外部条件　各地经贸部门要切实转变职能，用经济、法律等手段指导农业结构调整、产业化经营和农产品加工业的发展。通过产业政策和信息服务等对农业产业化经营和农产品加工业的发展予以积极扶持，遵循市场经济规律，从本地区的比较优势出发，防止搞低水平的重复建设。要加强政策调控，结合实际研究制定政策，深化改革，积极发挥政府的引导和服务功能，认真研究和解决农业产业化经营和农产品加工业发展中存在的问题。各地要积极引导和鼓励农民，围绕当地的主导产业来创办种植养殖企业、加工企业。要重视兴办各类农产品加工企业，尽快解决农产品加工率低、销路差、效益低的问题。要提高社会化服务水平，加强对农民的技术指导和服务，抓好示范性工作，创造可持续发展的条件和公平竞争的环境。

2. 大力培育以农产品加工和贸易为主的龙头企业，带动农产品加工业的发展　农产品加工企业在大中小企业并举、各种所有制共同发展的基础上，各地要以市场为中心，培育和扶持名牌产品和龙头企业，引导产业链的延伸和优化，发展农产品加工业及相关产业。重点加快农产品加工、保鲜、储运技术和设备的研究开发，发展农产品精深加工，提高农产品附加值。在政策指导和结构调整过程中，应加大对农业部等八部委确定的151家重点龙头企业的支持力度。引导龙头企业与农民建立比较稳定的利益关系，发展“定单农业”，规范合同契约，并通过这种“公司+农户”的方式，使分散的农户成为龙头企业的原料基地和生产车间，成为整个产业链条中的一个基础环节，实现专业化生产、区域化种植、集约化经营、企业化管理，推进农业的现代化进程。通过建立风险基金、实行最低收购保护价、返还一定利润等方式，使企业与农户建立比较紧密的利益连接机制。积极探索兴办农民专业合作经济组织，实行农民用土地使用权、产品、技术和资金入股等多种形式，使农民与企业结成利益共享、风险共担的利益共同体。

3. 通过政策引导和宏观调控，发展“特色农业”　建设具有区域经济特色的农业主导产业和农产品生产基地，加快农业科技示范园区建设，发展高效农业和创汇农业。以提高农产品质量为中心，推进农业标准化和食用农产品安全生产体系建设，实施“无公害食品行动计划”，大幅度增加绿色安全食品生产，引导特色农业发展。

4. 扩大对外开放，建立农产品出口创汇基地　要加大吸收外资力度。利用外资，促进农村结构调整

和农业投资的优化，提高农产品在国际市场上的竞争力。要鼓励外商投资农业生产和农产品加工业，鼓励乡镇企业利用外商投资进行改组改造，扶持农产品出口企业发展，鼓励各种所有制形式的企业投资开发外向型农产品加工企业，为农产品出口企业快速发展创造良好的外部环境，通过扩大优势农产品出口，提高农产品的国际竞争力。

5. **大力推进农产品加工业的科技创新，提高农产品附加值，促进产业升级**　利用国债技术改造等国家政策，重点支持国家级龙头企业农产品加工技术改造项目和名、特、优、新农产品加工技术改造项目，提高农产品加工转化率，加大农业产业化经营和农产品加工业的科技含量，加快农产品加工领域高新技术成果转化，促进农业结构战略性调整，推动农业向集约化、效益型的方向发展，以增加农民收入，提高农产品加工业的市场竞争力。

6. **加强农产品安全工作，全面提高农产品加工质量**　根据我国加入世贸组织的承诺，入世后三年内采用国际标准技术法规比例要达到50%。要参与国际竞争，必须建立与国际标准接轨的农产品加工质量标准体系，加大制定、修订、完善农产品标准工作的力度。建立健全各类农产品加工制品的标准、各级检测机构和农产品加工业安全评价机构，完善检测手段，加强农产品加工业质量监督工作，确保农产品的安全。经济发达国家对建立农产品标准体系是很重视的。如日本对进口大米有114项检查指标，进口鸡肉检查40多项，进口苹果汁检查80多项。我国要借鉴这些国家的做法，完善农产品加工质量标准体系，把好原料、加工、流通直至消费者的每一个安全关，逐步建立严格而周密的食品安全保障体系，保证食品安全，向消费者负责，并利用世贸组织规则抵制入世后外国农产品大量进口的冲击。

7. **规范农产品加工企业管理，建立现代企业制度**　各地经贸部门要加强对农产品加工企业规范管理和建立现代企业制度工作的指导。要指导企业按照《公司法》和产权明晰、责权明确、政企分开、管理科学的要求，建立规范的法人治理结构，形成多元化投资主体，努力建立适应市场经济和竞争环境的现代企业制度。一是深化企业内部劳动、人事、分配制度方面的改革；二是加强财务、资金和成本管理，确保财务会计报告真实、完整；三是建立健全质量责任制，完善售后服务体系，运用连锁经营、代理配送等现代营销方式开辟营销渠道、提高营销效率；四是严格贯彻执行《安全生产法》，建立健全安全生产规章制度，明确和落实安全生产责任制，改善安全生产条件，及时发现和消除事故隐患，防止重特大事故发生；五是切实把科技进步和技术创新作为增强企业竞争力的关键措施，加大技术改造力度，加强现代信息技术的应用，提高企业自主开发能力。

我们要进一步贯彻党中央国务院关于做好农业和农村工作的指示精神，围绕进一步促进农业结构调整，优化农村经济结构，增加农民收入这一当前农业和农村经济工作的重点，统一认识，明确目标，研究措施，部署工作。各地和各部门要按照江泽民总书记“三个代表”重要思想和“5·31”重要讲话精神的要求，以对党的事业和人民高度负责的态度，进一步加强入世后对农产品加工业的政策研究，加强对农产品加工业宏观指导和调控，加大对农产品加工业发展的支持力度，积极主动、扎扎实实地做好各项工作。在各有关部门的共同努力下，有效地推动我国农产品加工业的快速发展，提高农业经济整体水平和国际竞争力，促进国民经济持续、稳定、健康发展。

（本文摘自作者2002年8月18日在全国农产品加工业工作会议上的讲话）

大力发展粮油加工业
提高人民生活质量

国家粮食局副局长　郄建伟

粮食是人类最基本的食物来源，是关系国计民生的重要商品。我国是世界上人口最多的国家，是粮食生产消费大国，吃饭问题至关重要。粮油加工业作为粮食再生产过程的重要环节和食品工业的基础性行业，与人民生活密切相关，与农业、农村和农民问题密切相关。发展粮油加工业，对于提高人民生活质量，调整优化粮食生产结构，促进粮食流通，实现粮食增值、农业增效、农民增收，促进农村经济和国民经济持续快速健康发展，都有十分重要的作用。在搞好粮食流通体制改革和宏观调控，稳定粮食市场，保障国家粮食安全的同时，大力发展粮油加工业，为广大人民群众提供更多更好的粮油食品和深加工产品，繁荣粮食市场，始终是国家粮食局和各级粮食部门的一项重要任务。

一、改革开放以来我国粮油加工业所取得的成就

改革开放以来，我国的粮油加工业有了很大的发展，取得了显著的成就，主要表现在：

（一）质量不断提高，品种不断增加，产品结构调整取得较大进展

各类粮油产品在质量、档次、品种、功能以及包装等方面基本上适应了城乡居民生活水平提高和不同消费层次的需要。油脂产品从单一的二级油为主发展到以一级油、高级烹调油、色拉油以及食品工业专业油等为主。高级烹调油、色拉油等高档精炼油脂在城市居民消费中逐步占据主导地位，并开始进入部分农村地区消费。除大豆油、花生油、菜籽油等大宗油脂品种外，米糠油、玉米胚油、红花籽油、橄榄油等营养丰富的功能性油脂的需求量开始增加，受到消费者的喜爱和欢迎。面粉产品从以标准粉为主，发展到以特制粉、专用粉为主，特二级以上精度的面粉已占总产量的70%，专用粉的品种已达几十种。大米产品从以标二米为主发展到以精米为主，标一米以上的精制米已约占大米总产量的85%，各种小包装的精制米如营养米、免淘米、珠光米等越来越多。为适应现代社会生活节奏加快，消费者追求膳食方便化、营养化、多样化的需要，粮油主食品工业化进程正在加快，方便面、方便米粉、方便米饭、速冻食品、主食面包以及工厂化生产的馒头、花卷、豆包等各种米面食品大量出现，进入居民的日常消费，方便了城乡居民的生活，增加了居民的闲暇时间。

（二）粮油深加工综合利用有了很大的发展，开发出多种多样的高附加值产品

如利用稻谷加工大米后的副产品生产谷维素、维生素E、角鲨烯、肌醇、杂聚糖、膳食纤维等；利用小麦生产谷朊粉、小麦淀粉、小麦胚芽油、维生素E等；利用玉米生产各种变性淀粉、高果糖、丙酮、丁醇、柠檬酸、味精、黄色素、玉米胚芽油、酒精等；利用大豆制油后的副产物生产功能性蛋白、活性肽、大豆磷脂、甾醇、异黄酮、低聚糖、皂甙、各种脂肪酸等，通过深加工和综合利用，提高了粮油资源的利用率和经济效益。

（三）企业组织结构有所改善

建设和改造了一批现代化的粮油加工企业，关停并转了一批落后的小企业，在激烈的市场竞争中涌现出一批具有较强经济实力和市场竞争优势的骨干企业和企业集团，并产生了一批知名品牌，产业规模化、集中化程度有所提高。油脂加工业日处理油料1 000t以上的大型油厂已达50多家，最大的日处理能力达5 800t；面粉加工业日处理小麦400t以上的大型面粉厂已达近百家，最大的面粉企业年加工量已达40万t左右；大米加工业也产生了一些年加工量10万t以上的大企业；玉米淀粉加工厂由过去年产3 000～5 000t规模为主发展到以年产10万t以上规模为主，粮油加工业正在朝规模经济方向发展。

（四）高新技术在粮油加工业中正在得到推广应用，取得了一批重要的科研成果，企业的技术装备水平有了较大提高

如靠粉加工中的光辊碾磨制粉、强化物料分级与磨撞均衡出粉、小麦剥皮制粉；大米加工中的稻谷低温烘干、糙米精选及调质、大米分级及配制；油脂加工中的膨化浸出技术、负压蒸发及二次蒸汽利用技术、低温脱溶技术、分子蒸馏技术等高新技术的推广应用，促进了粮油加工业生产技术水平的提高和产品的升级换代。通过消化吸收和科技攻关，我国粮油加工机械设备的制造水平不断提高，主要设备已接近或达到世界先进水平，改变了过去的主要设备依赖进口的局面，基本上满足了粮油加工业发展和技术改造的要求。

（五）企业改革和所有制结构调整有了重大进展，企业活力进一步增强

随着经济体制改革的深化和对外开放的扩大，私人资本、外国资本、港澳台资本纷纷进入粮油加工业，并占有越来越重要的地位，形成了多种所有制形式共同发展的局面。特别是民营企业发展很快，已成为粮油加工业的主体，改变了国有企业一统天下的局面。国有粮油加工企业积极进行改革、改组，加快建立现代企业制度，转换经营机制，增强了企业活力。

我国粮油加工业虽然取得了很大成绩，但从总体上看，与发达国家相比仍存在较大差距，还不能适应“入世”后参与国际市场竞争的需要，主要存在以下问题：一是从总体上看，单个企业规模太小，数量过

多，经营分散，生产集中度不高。现有面粉厂和米厂大部分是日处理几十吨的小机组，油脂加工厂日处理能力也大都在200t以下，规模小、成本高、缺乏竞争力。二是产品总体质量水平和档次不够高，结构不够合理，精深加工、综合利用的产品少，附加值低，如玉米的深加工量仅占玉米产量的10.8%左右，资源没有得到充分利用。三是科技投入少，研究开发力量弱，企业自主开发创新能力低，技术储备不足，科技成果转化慢，许多科研成果没有转化成产品实现产业化。四是产品标准和质量控制体系不完善，标准水平偏低，不能适应我国入世后发展国际贸易的需要。例如作为面粉增白剂的过氧化苯甲酰，许多国家都已禁止使用，我国目前仍允许限量使用，致使大多数面粉厂尤其是中小型厂普遍使用，给人们的健康带来危害。

二、新时期我国粮油加工业的发展战略

进入21世纪后，我国粮油加工业将面临一个新的发展时期。

一是党中央、国务院十分重视发展农业和农产品加工业，《中共中央关于制定国民经济和社会发展第十个五年计划的建议》提出要大力调整农产品结构，提高农产品加工水平和效益。

二是粮食生产的发展和综合生产能力的提高，迫切要求加快发展粮油加工业，实现粮食转化增值。经过长期的努力，我国的粮食生产已经达到了一个新的水平，综合生产能力达到5 000亿kg左右，解决了长期困扰我们的粮食短缺问题，而且出现了阶段性、结构性、区域性的过剩。与此同时，粮食种植结构开始进行调整，优质粮油品种不断增加，从而将为粮油加工业提供更多更好的原料。

三是人民群众收入的增加和生活水平的提高，为粮油加工业提供了更大的市场空间。现在消费者不满足于吃饱，而且要求吃好，要求能够提供花色品种更多、质量更好、营养更丰富、更加安全卫生的粮油食品。

四是市场经济体制的完善和粮食流通市场化改革的深化，为粮油加工业的发展提供了更好的政策环境和市场环境，为企业增加了更多的活力和机遇。

五是加入WTO后，我国的粮油市场与国际市场进一步接轨，进口粮油对国内市场将产生一定的冲击，来自外国大企业、跨国公司的竞争压力也将大大增加。与此同时，我国粮油加工业利用两个市场、两种资源，引进资金和技术，出口粮油加工产品的机会也相应增加。

面对经济全球化和世界性科技革命的蓬勃兴起，粮油加工业必须紧跟时代发展步伐，适应形势发展的需要，抓住机遇，加速发展。在发展战略上，要以加入WTO和粮食购销市场化改革为契机，以市场为导向，以结构调整、技术创新为重点，以满足人民生活由小康向富裕过渡时期对粮油食品的需求为目标，加快改革改组步伐，推进企业之间的联合、兼并和重组，发展集约化、规模化、产业化和贸工农一体化经营，大力推广高新技术，开发新产品，实施名牌战略，提高行业的整体技术水平和产品的质量水平，增强企业参与国际竞争的能力。在发展重点上要突出抓好以下几方面：

（一）大力推广高新技术，加快科技成果转化步伐，推进粮油工业的科技进步

科学技术是第一生产力，粮油加工业的发展，必须建立在科技进步的基础上。要加强产、学、研联合协作，鼓励具有经济实力的大型企业建立、健全企业技术研发中心，加速形成和完善技术创新机制。要充分利用现有科技成果，大力开发新技术、新产品，加速科技创新和产业化步伐。

（二）调整优化产品结构，提高产品档次和整体质量水平，大力发展精深加工和综合利用，提高经济效益

1. 稻谷加工业要开发精米加工新产品，发展免淘米、营养强化米，合理利用米糠资源，提高综合利用水平。积极开发米蛋白、米糠营养油、米糠多糖、膳食纤维以及谷维醇等功能食品。

2. 小麦加工业要积极发展食品专用粉和营养强化面粉，开发谷朊粉和小麦胚芽、麸皮深加工制品。大力推广面制主食品工业化生产，方便城乡居民日常生活。

3. 玉米加工业要积极开发进入一日三餐的方便营养玉米食品，突出主食粗细搭配，使居民的膳食结构更加合理。要大力发展玉米蛋白、玉米油、淀粉糖、酒精及其他各种深加工综合利用产品，提高玉米的附加值和经济效益。

4. 大豆加工业要着重发展豆奶、豆奶粉、分离蛋白、浓缩蛋白、组织蛋白等新兴大豆食品，加快传统大豆食品的工业化进程。积极开发大豆磷脂、皂甙、低聚糖、异黄酮、食用纤维等功能性食品，加快研制高质量、高附加值、高效益的具有特殊营养功能的新产品。

5. 油脂加工业要重点发展专用油生产，推广色拉油、高级烹调油、煎炸油、起酥油、人造奶油等产品。要加强综合利用，利用油脂精炼副产物生产卵磷脂、甘油、脂肪酸等高附加值产品。开发各种油料蛋白产品，扩大油料蛋白在食品工业中的应用。

(三)调整优化企业组织结构,提高粮油生产加工的规模化和集中化程度,改变目前存在的“小而散”的状况,实现规模效益

要积极扶持大中型骨干企业发展,培育大型企业和企业集团,推进联合,加大兼并破产和资产重组力度,培育一批资本结构多元化、各项经济指标名列行业前茅、产品科技含量高、具有名牌产品和已形成技术创新体系的、具有国际竞争力的大型企业集团。同时,要限制低水平的重复建设和盲目增加生产能力。

(四)发展粮食产业化经营,推进贸工农一体化

粮油加工业要积极向两头延伸,延长产业链。一是向上游的种植业延伸,与广大农民联合起来,推广公司加农户、订单农业等多种方法,实行贸工农一体化经营,培育一批辐射面广、带动力强的龙头企业,提高粮食生产经营的市场化和组织化程度。二是向食品加工、运销领域延伸,将米面油产品变成各种各样的食品,形成从田间到餐桌的完整的产业链。

(五)建立和完善质量标准安全监督检测体系,确保粮油食品质量和安全

要适应粮油加工业发展和人民生活提高的需要,抓紧建立和完善粮油产品质量标准体系。积极采用国际标准和国外先进标准,研究和借鉴美国、欧盟、日本等发达国家质量安全监管的模式和措施,切实加强监督管理,建立起一套完整的质量安全控制体系,从生产加工源头上确保粮油食品质量安全。要督促企业建立健全质量保证体系,积极贯彻 ISO9000 和 HACCP(危害分析与关键控制点)、GMP(良好操作规程)等与国际接轨的质量管理系列标准,严格执行《产品质量法》、《食品卫生法》等法律法规,从生产加工各个环节上加强质量把关,严禁不合格产品出厂销售。要进一步加强监督检查,整顿和规范粮油生产加工经营秩序,严厉打击制售假冒伪劣产品和“毒米”、“毒油”的违法犯罪行为。

国家粮食局作为主管全国粮食流通和宏观调控的行政管理机构,将认真行使职能,加强对粮油加工业的行业管理和规划指导,组织制定和实施粮油加工业的发展规划和产业政策,合理进行产业布局,并配合有关部门加强市场和产品质量的监管。要充分发挥行业协会等中介组织的作用,实行行业自律,实施“放心粮油”工程,确保广大消费者吃上优质、安全的粮油食品。

建立和完善食品质量卫生安全市场准入体系

国家质量监督检验检疫总局副局长 王秦平

食品工业是人类的生命工业,也是永恒不衰的工业。食品工业现代化是反映人民生活质量高低和国家文明程度的重要标志。我国国民经济和社会发展第十个五年计划明确提出,21 世纪第一个十年实现国民生产总值比 2000 年翻一番,使人民的小康生活更加宽裕。江泽民总书记最近指出:“进入新世纪,我国进入了全面建设小康社会,加快推进社会主义现代化的新的发展阶段”。加快食品工业的发展,提高食品质量,确保食品卫生安全,对建设小康社会意义重大。下面重点谈两方面问题。

一、食品工业的发展与当前存在的主要问题

1. 改革开放 20 多年来,我国食品工业取得了持续快速的发展　食品工业总产值年均递增 13.1%。目前已发展成为门类比较齐全,既能基本满足国内市场需求,又具有一定出口竞争能力的产业。食品工业在总体满足城乡居民基本生活需求的基础上,产品结构调整取得较大进展。各类食品在质量、档次、品种、功能等方面已基本满足不同消费层次的需求。名优产品得到较快发展,产品质量稳定,产量不断增加,产品市场占有率不断提高。

食品工业的基础工作不断得到加强。如食品标准化工作取得长足进展。我国食品工业已形成了由国家标准、行业标准、地方标准、企业标准等四级标准构成的标准化体系。目前,已制定 1 050 项食品国家标准,1 145 项食品行业标准,近万项食品地方标准,几十万项食品企业标准。其中食品国家标准中有 200 余项采用了国际标准和国外先进标准,采标率达到

20%以上；食品生产加工企业质量管理水平取得较大提高。400余家食品企业获得HACCP认证，9 000余家食品企业获得出口卫生注册证书，近万家食品企业通过ISO9000质量体系认证或产品质量认证。

2. 食品质量卫生安全是影响食品工业发展的一个关键因素　随着人民生活水平的日益提高，人们在饮食上已不仅仅满足于温饱和食品数量的简单增加，而是希望食品更加卫生安全，更加营养。我国食品工业取得了很大成绩，但也存在许多不容忽视的问题，食品质量卫生安全问题便是其中之一。针对食品质量卫生安全问题，质量监督系统每年对近70万家食品生产企业进行了监督检查，出入境检验检疫系统每年对30万余批次进出口食品进行了检验。从近几年监督检验检疫的情况看，目前食品质量卫生安全主要存在三方面的问题：一是食品污染对人类的健康、安全带来的威胁。主要有生物性污染，如食物的霉变；化学性污染，如食品中农药、激素、兽药的残留，重金属超标等。随着我国工业的发展，食品的化学污染有越来越严重的趋势，很可能成为21世纪食品污染的重点问题。二是食品工业新技术所带来的问题。如食品添加剂的研制和大量使用、转基因食品的开发等等。这些食品工业新技术多数引自化工、生物等生产技术领域。采用这些技术生产加工出来的食品对人体有什么影响，需要一个认识的过程。不断发展的食品生产加工技术会不断带来新的食品质量卫生安全问题，必须引起我们的重视。三是食品标识滥用的问题。如伪造食品标识，夸大食品标识展示的信息，用虚夸的方法展示食品本不具有的功能或成分，进口食品只有外文标识致使消费者无法辨认等。

食品质量卫生安全问题同样已经引起国际社会的广泛关注，随着食品工业化程度的加深，食品质量卫生安全问题在欧美等发达国家也有逐渐增多的趋势。从二恶英乳粉事件、葡萄酒事件、雪印牛乳污染事件到疯牛病、口蹄疫等等。食品质量不安全因素增长之快、危害之大，已成为影响食品工业健康快速发展的一个关键因素，已经成为人类文明社会发展中的一个不容忽视的问题，必须引起全社会高度重视，要采取相应措施，切实加以解决。

3. 解决好食品质量卫生安全问题意义重大　第一，由于食品质量卫生安全与每个人息息相关，涉及千千万万百姓的切身利益。食品的生产、加工必须做到以人为本，切实解决好食品质量卫生安全问题，让广大百姓吃的放心、喝的放心。这是落实与实践江泽民同志“三个代表”重要思想最直接的体现。第二，食品在人们日常消费中所占比重大，解决好食品质量卫生安全问题，有利于拉动内需、促进消费等经济政策顺利实施。第三，解决好食品质量卫生安全问题，还关系到食品工业本身的发展。只有解决好食品质量卫生安全问题，才能逐步增强我国食品工业的国际竞争力，才能使我国食品工业快速、健康、稳定地发展。

4. 食品质量卫生安全问题的源头是食品生产加工企业　2001年，国家质检总局对全国米、面、油、酱油、醋等五类60 085家食品生产加工企业进行了专项抽查和专项调查，结果显示，五类食品存在一定的质量卫生安全问题。抽样合格率较低的主要原因是部分企业不具备保证食品质量卫生安全的基本生产条件，设备陈旧，工艺落后，内部管理混乱，不按标准组织生产。少数企业甚至见利忘义，违法使用不合格的原辅材料生产伪劣食品，假冒名牌产品，给广大人民群众的身心健康造成严重威胁。从生产加工源头确保食品质量卫生安全已成为我们当前的重要任务。食品质量卫生安全已成为一个必须引起高度重视的重大问题。

二、以人为本，尽快建立和完善食品质量卫生安全市场准入体系

作为政府部门，在市场经济建设中，其主要任务是培育市场，监管市场。食品市场是一个具有很大潜力和发展优势的市场，市场主体涉及食品生产者、经销者和消费者。为了培育好这个大市场，解决目前的食品质量卫生安全问题，最有效的办法是严格食品和食品生产企业的市场准入，建立起一套完整的食品质量卫生安全市场准入条件，对进入食品市场的生产企业和食品严格管理，形成一套食品质量卫生安全市场准入体系。

食品质量卫生安全市场准入体系的核心作用就是确保食品质量必须符合国家有关法律法规要求，食品必须无毒无害，食用后不得对消费者健康、卫生、安全造成任何不利影响。在食品质量卫生安全市场准入体系中，政府部门应起主导作用，其主要职责：一是制定法规。规范食品质量卫生安全管理的规则，依法行政。二是监管。对不同食品要突出重点，实施分类监管，不符合生产条件的企业不准生产食品，不合格的食品不准出厂，从源头上确保食品质量卫生安全。三是引导。引导企业完善自律机制，自觉提高食品质量，保证食品卫生，保障食品安全。四是培育。培育好食品的消费市场，提高消费者的鉴别能力和消费水平，大力宣传质量好、卫生安全的食品；曝光质量不合格、卫生安全有问题的食品，使广大消费者知道可

以放心购买哪些产品。同时也要支持消费者、媒体等社会各方面力量对食品质量卫生安全问题的监督。

为了建立和完善我国的食品质量卫生安全市场准入体系，当前需要着重做好以下几方面工作：

一要加强食品质量卫生安全监管制度的建设，强化政府监管力度。目前针对食品质量卫生安全监管的制度有质量监督抽查制度、生产许可证制度、产品质量国家免检制度、产品质量认证制度、质量体系认证制度等。这些制度在提高食品质量方面发挥了重要作用，在继续发挥这些制度作用的前提下，国家质检总局已开始在全国范围对食品实施了一套更加严格的从源头抓起的市场准入制度，这套制度包含三个内容：一是企业生产条件审查，即对食品生产加工企业的环境条件、原材料进厂把关、生产设备、工艺流程、产品标准、检验设备与能力等方面进行审查。不具备条件的企业不准生产。二是强制检验，即对拟出厂进入市场销售的食品进行强制性的检验。对于具备食品出厂检验能力的企业，可以自行检验；对于不具备食品出厂检验能力的企业，必须委托具有法定资格的检验机构进行检验。不合格食品不准出厂。三是加贴市场准入标识，经检验合格即将进入市场销售的食品必须由生产企业加印或加贴规定的质量卫生安全市场准入标志。使消费者可以识别。

同时，要进一步强化对食品企业的监管力度。对于进入市场销售的食品，要加强监督检查，发现存在质量卫生安全问题，直接危及人身健康安全的食品，实行强制收回制度，责令企业收回已出厂销售的该种食品；责令经销企业撤下货架，严禁继续销售；对收回的食品要监督销毁或作必要的技术处理，严禁重新流入市场。食品是国家质检总局重点监控的产品之一，今后要进一步加大监督检查力度，对不合格食品生产企业将依法严加惩治。质检总局已于近期以米、面、油、酱油、醋五类食品作为重点，率先实施保证产品质量必备条件审查、强制检验以及市场准入标识制度。2003 年，还将针对肉制品、奶制品、饮料、调味品、茶叶等食品实施保证产品质量必备条件审查、强制检验及市场准入标识制度，争取通过几年的努力，改变目前食品质量卫生安全状况，真正做到让百姓安全消费。

二要加强对进口食品的监管。对于进口食品，国家质检总局将在现有基础上进一步完善有关监管的法律法规，建立健全进口食品安全标准，加强对进口食品质量卫生安全的监控，严格进口食品的市场准入。采取的措施有以下几点：首先，要加强进口风险分析和风险评估工作，制定科学的检验、检疫措施；其次，要严格口岸查验，明确检测项目；第三，统一管理检验检疫审批，开展国外预检、监装和指定入境口岸工作；第四，加大对不合格食品处理力度，发挥好风险预警及快速反映机制的作用；第五，对进口食品企业实施卫生注册制度；第六，积极推行“HACCP”、“GMP”等先进的食品质量卫生安全控制模式。同时，国家质检总局还将加强进口食品标签管理，加强食品情报信息系统建设、检测实验室建设及专家队伍建设。

三要不断完善企业自律，加强对社会监督的引导和培育。企业是保证食品质量卫生安全的第一责任人。国家质检总局将充分利用质检系统的优势，积极引导企业完善自律机制，建立健全标准化体系、企业计量检测检验体系和企业质量保证体系。采用中国名牌、国家产品免检、原产地地域保护等扶优扶强的措施，引导企业自觉提高食品质量，保证食品质量卫生安全。

消费者对食品质量卫生安全问题的投诉、举报，媒体等社会组织对存在质量安全问题的食品进行曝光，是社会对食品生产、经销企业的有效社会监督，这也是食品质量卫生安全市场准入体系的重要组成部分。今后要重视和支持社会监督力量，通过宣传、讲座等手段努力提高消费者的质量卫生安全意识，鼓励消费者对质量违法行为进行投诉、举报，国家质检总局将通过质量公告、新闻发布等手段对质量好的食品及其生产企业大力宣传，对存在质量卫生安全问题的食品及其企业进行曝光。通过政府、消费者、媒体等社会力量的共同努力，形成社会对食品质量卫生安全问题有效的监督。

四要加强基础性建设。首先要做到有法必依。目前与食品质量卫生安全有关的法律有《产品质量法》、《商检法》、《食品卫生法》等。有关的法规、规章有《工业产品生产许可证试行条例》、《产品质量国家监督抽查管理办法》等。这些构成了食品质量卫生安全监管的法制基础。我们必须严格执行这些法规的要求，做到有法必依，执法必严。同时看到食品质量卫生安全问题已成为一个影响千家万户的社会问题，还需要补充制定和修订一些法规，并针对不同食品存在的问题，制定相应的市场准入监管办法及实施细则，使得食品质量卫生安全监管工作法制管理的基础更加厚实。

要加强食品质检网络和食品质检队伍的建设。目前，在质检总局系统，全国 31 个省（自治区、直辖市）、15 个计划单列市和副省级市、381 个地（市、州）以及绝大部分县及县级市都建立了具备食品检验能力的检验机构。全国各个进出口口岸均建立了进出口食品检验检疫机构。目前具备食品检验能力的各级质检机构达 5 000 余个，全国质检系统从事食品质量监督检验检疫工作的人员有 10 多万人，经过多年的建设，我国的产品质量监督检验网络已经基本形成。今后，国家质检总局将继续加大对食品质检网络建设的投入力度，并逐步推行食品质量检验人员职业资格制度，以提高食品检验队伍的素质。

五要加强协作配合，共同做好食品质量卫生安全工作。做好食品质量卫生安全工作，国务院许多部门都负有一定职责。质检总局一定在尽职尽责做好本职工作的前提下，密切配合各个部门的工作，共同做好食品质量卫生安全工作。

加强食品质量卫生安全监管，建立食品质量卫生安全市场准入体系，既符合国家和人民的利益，也符合国际上的通行做法。我国市场经济体制正在逐步完善，食品质量卫生安全市场准入体系正是需要完善的内容之一。

中国食品工业要跳跃式发展

中国食品工业协会顾问　杜子端

中国共产党第十六次全国代表大会提出了全面建设小康社会的宏伟目标，实现这一目标的关键之一是农副产品的深加工，而食品加工又是其中的重中之重。我国食品工业总产值 1952 年为 82.8 亿元，1981 年为 640 亿元，在这期间食品工业产值增长了 7 倍多。2001 年全年完成食品工业总产值为 9 260.7 亿元（现价），与 1981 年相比，增长约 15 倍。预计 2002 年全年完成食品工业总产值约为 10 000.5 亿元（现价），增长速度为 8%。

1980—2000 年，全国食品工业总产值年均增长速度达 13.1%，提前实现了（全国食品工业 1981—2000 年发展纲要）翻两番的目标。这个速度不是常规速度，而是跳跃式发展，是超常规发展速度。

一、食品工业要跳跃式发展

食品工业要实现跳跃式发展，首先要进行农业结构调整，实现农业产业化。通过调整农业结构，加大对农业生产投入力度，发展农村经济，提高农民收入，才能为食品工业提供丰富的原料资源，进一步推动食品工业的发展。而食品工业又是实现农业产业化的龙头，食品工业发展了必将促进农业的发展，更加有利于我国“三农”问题的解决。因此农业产业化和食品工业是相辅相成的关系，是相互促进和激励的关系。处理好两者的关系，才会取得双赢的结果。

其次是做好食品工业布局的结构调整。发展食品工业要到产地去加工，面对一日三餐食品这个大市场和农产品深加工来进行。食品工业生产本身需要调整，通过调整产品结构和产业结构，对传统落后的经济体制进行改革、改造、改组，建立新型的商品经济体制。县乡政府要面向乡村食品工业实际，加大支持和服务力度，通过组织专业协会提供信息和技术，使他们的经济发展起来，农村负担才会降下来。

第三，我国加入 WTO 后，为食品工业带来新的发展机遇。我们要加快食品工业的发展，扩大出口，这样才能加快引进技术、人才、设备的速度，进一步提高我国食品工业的装备水平。我国食品工业具有扩大出口的优势，因为我国企业多为劳动密集型企业，到国外办厂，与国外几十万个中餐馆相结合，将会创造更多的商机。

第四，借助西部大开发的形势，也要求食品工业加快发展，使其成为西部地区的经济支柱，成为扶贫的重要内容。

第五，国民经济要持续、健康、稳定发展，要靠扩大内需拉动市场，而食品工业却是拉动国民经济发展的重要力量。它可以带动农业、建筑业、包装、机械、制造业等。国内食品市场大，也要求食品工业加快发展，以满足人们多方面的需求。

二、新世纪我国食品工业跳跃式发展已具备充分的条件

第一，政治条件。党和政府关心人民生活，重视“三农”，扶植龙头企业，对发展食品工业给予了多种优惠政策、优惠贷款、贴息贷款，带动了产业发展。

第二，食品市场大。首先国内市场大，最大的市场是餐桌，城市人一天吃一份菜，全国每个县若能建成一个日产 10 万份的加工厂，就可以把这个县的经

济带动起来。国外市场也很大，国外食品工业农产品加工产值达3万多亿美元，我们不到1 000亿美元，仅占3.3%，人口却占了世界人口的1/4。发达国家食品工业产值是农业产值的2～5倍，而我国仅占40%左右，可见市场潜力很大。

第三，原料潜力。我国特色、特种农产品多，能开发利用的资源也较多（包括海洋资源、野生资源等），但现有农业资源加工比例却很小。如我国的熟肉加工仅占6%，发达国家熟肉加工水平达到80%，我们如能达到产量的一半即3 000万t，产值约有7 000多亿元，几乎赶上当前食品工业总产值；现在我国米、面、肉、禽、蛋、淀粉、油基本上是半成品，加工比例低；我们吃的基本上是新鲜水果、蔬菜，如果将其加工成餐桌食品，原料市场的潜力将会更大。

第四，我国中医、中药具有明显优势。我国山区多，草原面积大，内陆与沿海水面积大，有各种野菜3 000多种，蜂产品、食用菌资源丰富，同时还有充裕的各种水产资源。借助我国中医、中药的优势，若开发具有营养保健功能的食品，非常适应国际发展保健食品的潮流。像我国的蜂产品作为一种传统的营养保健食品，可以在现有的开发基础上增加10倍。这一开发前景将是极为可观的。

第五，科技成果和人才的优势。改革开放以来，各项技术的开发，食品生产、机械制造等各方面取得了多项科研成果和发明专利。许多综合大学都设立了食品专业，培养了大量人才。这些已成为我国的宝贵财富。

第六，我国有着充裕的劳动力优势，发展食品工业可安置大量的剩余劳动力。

三、我国食品工业应实施新一轮的跳跃式发展

为了实现这一目标，我们应积极开展以下工作：

第一，贯彻江泽民主席“三个代表”的精神，解放思想，转变观念。首先要转变自然经济的消费观念，好像认为吃饱了就不用发展食品工业，食品工业饱和了，不需要再发展。没有认识到我国自炊自食还占很大比重这一现实。经济学家费孝通曾提出我国的经济发展需经三级两跳的观点。现在我国已从农业经济逐步发展到工业经济，最后还要跳跃到知识经济时代。食品工业是永恒的朝阳产业，发展没有止境，因为人们对生活的追求没有止境。还有一种就是安于现状的思想表现，有些地区抱着金饭碗要饭吃，不求进取，没有看到食品工业对农业的带动作用。如温州食品工业产值不到1%，但他们却满足了，认为无需再发展了。其实这个地方潜力巨大，山上有树、有竹子，有丰富的野生资源，还可以养水产，有山有水，可他们却认为没有原料。还有人认为城市里食品工业没法发展，可北京市不这么看，这个城市食品工业今后5年要以15%的速度发展。有些城市企业看不上食品工业，认为食品工业产值低、利润低，这种认识是错误的。实际上食品工业是一个投资少、见效快的产业，这两种认识上的反差，应通过学习贯彻“三个代表”重要思想加以解决。

第二，加快改革调整步伐。农产品要进行深加工，开发产品的功能，淀粉国外有2 000多种用途，我们只有几种。面粉、油脂也都有几十种功能，像面粉有专用面粉、饺子面粉、面条面粉等很多种，我们要在开发多种功能上下工夫。食品工业最大的潜力是综合利用资源，过去抓主产品，对副产品的加工有所忽视。

企业要向一日三餐食品调整，向保健食品调整，这是两大方向。特别是城市的食品企业，要走出去，到原料产地去，东部到西部去，带上产品和技术优势、管理优势、市场优势与当地企业结合，发挥各自的优势，推动西部地区食品工业的发展。老企业要进行技术改造，采用新技术，开发新产品，开发功能性产品，进行营养组合，提高营养价值，向这些方面调整，唤起老企业的青春。

第三，向农业种养和食品加工、餐饮、消费一条龙发展。实现产业化，关键是加工，突破口是餐饮。一条龙是指原料产地搞加工，城市搞配送，餐馆、饭店连锁经营，工厂按要求提供产品，这是个发展趋势。

农民要与公司结合起来，原料实行专种专养，形成两张网，即加工网和配送网。在农村吸收农民就业，在城市帮助下岗职工再就业。

第四，食品工业要与文化结合起来，发挥文化的作用，提高文化价值。用文化提高企业的整体素质，提高职业道德。把给人民送健康、送安全作为自己的使命和职责。

实行综合创新，包括产品创新、体制创新、技术创新、管理创新，创新是无止境的。企业要满足人民的需要，让消费者满意，研究不同人群、不同季节、不同时间、不同健康水平、不同地点的各种不同要求，来满足消费者的生理需要和心理需要。还要满足食风、食趣的需要，企业要向这些方面靠拢，把人们满足作为标准。树立形象，发展品牌。

第五，加强行业管理。在企业、行业之间立规、立法、立约，国家定法、定规，企业之间定约，解决重复建设、生产、科研的问题。通过立约，让企业自

己管理自己，联合起来反对恶性竞争，联合起来搞创新，联合对外。

第六，企业要把科技作为主体。不能光靠国家，要像做广告那样下大力气投资搞科研。也可以委托搞科研，联合搞科研，自己建立科研队伍，提高竞争力。美国食品协会会长、纳贝斯克公司总裁说过，该公司在美国不是最大的，但每年投资科研的经费高达3亿美元，比我们全国轻工系统的科研经费加起来还要多。另外，对已经引进来的技术要消化、吸收，组织大专院校、科研部门进行改进，形成具有自主知识产权的产品，并超过外国。避免重复引进，浪费国家的外汇资源。

第七，食品企业要办成学习型企业，职工要成为学习型的职工。现代社会知识更新速度加快，近30年创造的知识，等于原来几千年创造的，到2008年，现在的知识只占当时的1%。学习型的企业要定期组织培训，请专家讲课，要积极提倡导读这种方式。这里的学习，不是一般的岗位练兵，而是举办专门的培训班，各种研讨会，培养专门的管理人才。还要提高人员的整体素质，包括道德、科技和文化等方面，最主要的是企业管理。现在党中央提出“以德治国，以法治国”，因此，道德、法律、科技要全面提高。

第八，食品要安全、卫生、营养，不仅要建立一支营养师队伍，还要为产品制定营养标准，普及营养知识，让每个消费者都懂得不同人群对营养的不同要求。从农业原料到食品，一直到餐饮，各个环节都要有营养标准。在加工中，不仅保持营养，减少营养的损失，产品还要通过不同的组合提高营养成分。

第九，加强各种形式的联合、东西联合、城乡联合、内外联合，形成合力，以扩大发展。

第十，在发展大企业的同时，还要加快中小企业的发展，让多种所有制企业共同发展。我国劳动力多，农业原料分散，食品加工企业基本上是劳动密集型企业，应就地加工。发挥中小企业的威力，以适合中国国情。

食品工业要为居民提供方便、营养膳食

中国食品工业协会秘书长　黄圣明

膳食营养是人类生存的基础，是提高人口素质措施的重要组成部分。食品工业的根本任务是要为城乡居民一日三餐膳食的方便化和营养服务，提高居民的身体健康和智力水平，从而为经济发展和综合国力的提高创造条件。

一、当前我国居民的营养状况

20世纪90年代以来，全国居民摄入能量比较稳定，摄入的蛋白质总量中，动物性蛋白质所占的比重有了一定增长，膳食质量显著改善。通过90年代后期部分地区典型监测表明，居民人均每日摄入能量9 987.2kJ，蛋白质70.5g，脂肪54.7g。其中，城镇居民人均摄入能量9 426.5kJ，蛋白质69.2g，脂肪72g；农村居民人均摄入能量10 250.8kJ，蛋白质71.1g，脂肪46.7g，基本达到了营养素供给标准。

但是，营养不足和营养过剩仍是当前居民营养面临的双重挑战。奶制品、豆制品等优质食品消费明显不足，城乡居民营养水平差异较大。人群营养不良问题仍然十分突出，贫困农村与一般农村，东部与西部有着较大的差异。2000年，城市5岁以下儿童低体重率和生长迟缓率分别为3.0%和2.9%，而农村分别高达13.9%和20.5%；城市7岁男、女生低血红蛋白检出率分别20.7%和23.4%，而农村分别达到25.8%和27.8%。在膳食矿物质中钙的缺乏最为突出，平均每人每日摄入钙在341～474mg之间，只达到供给标准量的39%～52%，中小学生钙的营养状况就更差些。铁缺乏也是一个普遍存在的营养问题，缺铁性贫血是各年龄人群中普遍存在的营养缺乏病。维生素的摄入量以视黄醇当量和核黄素较低，城市学生稍好，达到供给量标准的59%～76%，农村学生只达到48%～57%，同时，由于营养摄入过度而出现的肥胖症和成年人的心血管病、脂肪肝、糖尿病等疾病呈上升趋势。城市7～18岁男生肥胖检出率由

1995年的5.9%上升为10.1%，女生由3.0%上升为4.9%。北京市2001年中小学生肥胖率高达15%～17%。学生身体素质呈下降趋势，2000年与1995年相比，学生的速度、耐力、柔韧性、爆发力和力量等素质指标均有下降。由此可见，我国居民的营养与健康状况，并没有随着经济发展和收入的增加，自然而然地增加或提高。

充足的食物和合理的膳食营养是人的体格和智力发育的基础，是维持人体健康的物质保障。我国的研究结果表明，儿童的早期营养状况会影响其一生的智力发育及劳动能力。儿童时期，蛋白质——能量营养不良，可使智商降低15分，导致成年时期劳动生产率下降10%。儿童铁缺乏可以使认识测验分低0.5个标准差，听力、视力减弱，学习成绩不佳。有资料分析认为，如果纠正了发展中国家妇幼营养不良，可以使儿童总体智商增加15分，增加约一半的劳动能力。美国由肥胖造成的直接经济损失是4 508亿美元,间接经济损失2 300亿美元,占卫生费的2.6%。我国居民膳食相关慢性病的花费已占到国民生产总值的2.4%。这就为食品工业的发展提出了新的任务，除了加大营养宣传、营养干预的力度和加快营养立法外,食品工业应该通过营养设计、合理配方,采用先进的加工制造技术和保鲜技术,为居民提供食用方便,营养合理的膳食,改善营养不良和营养过剩状况。

二、食品工业持续稳定发展

改革开放20多年来,食品工业以较快的速度持续、稳定发展,成为关系国计民生及关联农业、工业、第三产业的大产业,成为永不衰败的长青产业。

根据国家统计部门提供的资料,2001年全国规模以上食品生产企业完成工业总产值(现价)9 260.7亿元,比上年同期增长12.12%,比全国工业增长速度高0.93个百分点。值得一提的是乳品行业继续保持高速发展态势,乳制品产量比上年增长24.9%,液体奶产量增长41.67%。在20世纪80年代后期至90年代,啤酒行业也是这样高速增长发展起来的。

以销售收入分析食品企业各经济类型的所占比例,食品工业已初步形成国有食品企业、股份制食品企业和“三资”食品企业三足鼎立的态势,这一变化表明股份制企业和“三资”企业得到了较快的发展,企业转制工作进展顺利。

2001年食品工业实现利润总额441.22亿元,比上年同期增长23.93%,比全国工业利润增长高出15.82个百分点,说明经济效益水平继续大幅增长。利税总额实现1 666.18亿元,同比增长15.19%,高出全国同口径利税增长速度6.65个百分点。

食品工业的销售收入已经连续7年高于电子及通讯设备制造业、电力、蒸汽、热水的生产和供应业、交通运输设备制造业、化学原料及化学品制造业,位居第一位,是国民经济的重要支柱产业。

受“9·11”事件和世界经济形势动荡等因素影响,2001年全国进出口增长速度减缓。食品产品进出口总值为201.87亿美元,其中,出口金额为126.01亿美元,比上年同期下降3.63%,进口金额为75.86亿美元,同比下降3.23%。2001年出口数量增长较多的是冻鱼、冻鱼片和冻虾仁,以及鲜、冻牛肉和鲜、冻猪肉。出口下降主要是受谷物原粮出口大幅度下降的影响,降幅超过35%。由于原粮关税大幅下降,国外谷物原粮在价格上有优势,今后谷物原粮出口形势将进一步发生变化。

总之,通过这些年的发展,食品工业的产业结构、产品结构得到了调整,企业结构调整和资产重组取得了重大进展,技术创新、新产品开发得到了加强,满足了不同层次消费者多方面的需求。尤其是龙头食品企业的兴起,食品强县的发展,不仅为食品工业的发展注入了新的活力,而且有效地带动了农业结构的调整和农民收入的增加。

当前,食品工业存在的主要问题是:①行业结构与扩大内需,提高人民营养健康水平的要求不相适应。食物资源粗加工多,深加工和精加工少,烟酒等嗜好食品所占比重大,特殊人群食用的食品发展不够。2001年食品工业总产值中,以粗加工为主的食品加工业的产值占44%,而食品制造业的产值只占17.5%,而烟草加工业的产值却占到了18.1%。在饮料制造业的产值中,饮料酒占到了64%,软饮料只有26%。②居民一日三餐的食品基本没有实现工业化生产。据不完全统计,全国方便主食品的产量只有1 265万t,人均约10kg。发达国家加工食品约占饮食消费的90%,而我国仅为25%左右。③从产品结构看,产品品种花色少,档次低,包装差,产品更新换代慢,不能适应需求变化。④食品安全方面存在问题较多。

三、加快食品工业发展，提高人民营养、健康水平

当前,食品工业的发展出现了难得的机遇。

发展食品工业是解决“三农”问题的有效途径之一,中央和各级政府比以往任何时候都重视食品工业的发展。

2001年底召开的中央经济工作会议和2002年中共中央、国务院《关于做好2002年农业和农村工作的

意见》(中发[2002]2号文件)都突出地提到了发展食品工业的问题。

国务院批准了国家计委关于以食品工业为龙头，加快发展农副产品深加工有关问题的请示。据此，国家计委、国家经贸委、农业部等联合发布了《全国食品工业“十五”发展规划》，对食品工业今后的发展方向、目标、重点、措施提出了具体要求。

国务院有关部门如国家计委、国家经贸委、科技部、农业部等都加大了对食品工业的投入。有关部门还相应提出了若干优惠政策。

浙江、陕西、山东、河南、北京等省、直辖市相继提出了加快食品工业发展的意见。食品工业受到各方面如此重视的大好形势，是近10多年以来所没有过的。

从新世纪开始，我国城乡居民生活由总体达到小康并向全面建设小康社会迈进，这正是食品的消费结构迅速变化和营养水平不断提高的重要时期。这一时期居民对一日三餐制成品水平和饮食方便化的需求将越来越高，这就为食品工业发展提供了新的机遇，并且有利于居民养成良好的饮食习惯，有利于居民食品消费和营养水平的提高。

农业的发展、农业结构的调整和农产品的日益丰富，为食品工业发展提供了较充足的优质农产品原料，使食品质量的提高和品种多样化成为可能。

总体来说，食品工业发展的形势是非常好的，出现了难得的机遇，抓住机遇，乘势而上，就能开创一个新的局面。

1. 大力发展各类主副食方便食品、提高居民一日三餐的制成品水平　随着人民生活水平的提高，人们在饮食上已不满足于食品数量的增加，而是希望食品更加安全、卫生、营养保健和方便快捷；食物消费行为将呈个性化、多样化趋势，对优质品牌的消费意识将普遍增强；农村消费渐现城市化倾向，自给型消费结构将进一步向商品型消费结构转化，这将使工业化的食品消费有较大的增长。2000年我国城乡居民的口粮消费为2.38亿t，而工业化主食品大约只占口粮总量的5.3%，差距甚大。除了继续发展方便面、面包、饼干等方便食品外，要发展馒头等中国传统特色的米、面食品以及像烧鸡、板鸡、风鹅、盐水鸭、五香猪蹄等传统禽、肉制品和中国特色的菜肴。传统食品的方便化是食品工业发展的一项重要内容。要从原料的品种、品质抓起，采用科学、先进、合理的工艺技术和装备，按一定的规模进行标准化生产，用现代的保鲜、包装技术，延长保存期，方便群众消费。这是一片广阔的领域，大有文章可做。

速冻食品制造业是食品工业中发展较快的新兴行业。在大城市速冻食品已经开始进入寻常百姓家。除现有的速冻饺子、汤圆等产品外，速冻面条、速冻炒饭具有较好的发展前景。还有各种菜肴类方便食品和速冻烘焙食品、微波系列食品也受到市场欢迎。速冻食品除向小包装、多品种、调理简单方便的家庭化方向发展外，要重视与食堂、餐馆和学生午餐紧密结合，扩大集团消费速冻食品的份额。

2. 重点发展乳品加工业、大豆加工业、肉类加工业、水产品加工业，增加优质蛋白质的供应

(1) 乳品加工业：提高乳品的消费可以明显改善国民的身体素质。发展乳品加工业可以带动养殖业的发展，促进农牧业结构调整，增加农牧民收入。乳品工业要调整企业结构，优化产品结构，提高产品质量，从总体上降低奶粉生产比例，增加液体奶产量。重点发展灭菌奶、配方奶、酸奶；发展配方奶粉、功能性奶粉、婴幼儿食品；适当发展干酪、奶油等。到“十五”末，乳制品产量达到130万t，年递增速度在10%左右；液体奶产量达到450万t，年递增速度在20%左右。

(2) 大豆加工业：发展大豆食品对优化居民膳食结构具有重要作用。传统大豆食品量大面广，深受我国居民的喜爱，要加快传统豆制品的工业化进程，力争在保鲜技术方面有重大突破，方便群众消费；要大力发展豆奶、豆奶粉、分离蛋白、浓缩蛋白、组织蛋白等新兴大豆食品；积极开发大豆磷脂、低聚糖、异黄酮、食用纤维等功能性食品。如果每人每天能消耗20g大豆制品，将对居民的健康发生重要影响。

(3) 肉类加工业：发展肉类加工，对促进国民经济发展，提高居民生活质量和营养水平都十分重要。目前，肉制品产量占肉类总产量的比例过低，高档优质产品、低温制品、中式制品和新产品等都比较少。要大力发展冷却肉、分割肉和直接食用的各类熟肉制品，逐步提高熟肉制品在肉类消费中的比重。要积极发展禽肉、牛羊肉等制品，提高牛羊肉、禽肉及其制品的比例。同时，要逐步建立完善肉制品卫生安全方面的有效保障机制，提高国际竞争力。

(4) 水产品加工业：水产品是重要的优质蛋白食品，脂肪含量又低，提高水产品消费比例，有利于居民健康；水产品的出口额达38亿美元，位居各类食品出口额的第一位，具有一定的国际竞争优势。但是目前加工比例低，产品技术含量低，高附加值产品少，综合利用水平不高。要努力开发速冻和即食性水产品、调味品，解决鱼腥味难题，保留新鲜味感和营养，进一步提高精深加工和综合利用水平。

3. 重点发展水果加工业、蔬菜加工业和饮料制

造业，增加居民维生素、矿物质和膳食纤维等营养素的摄入量

（1）果蔬加工业：要积极调整果蔬品种结构，提高品质，逐步适应国内外市场需求，使果蔬业由数量型向质量效益型转变。重点发展果蔬贮运保鲜、果蔬汁、果酒、果蔬粉、速冻蔬菜、脱水蔬菜和果蔬脆片等。近年来，果汁消费已呈现快速增长趋势。

（2）饮料工业：饮料工业是食品工业中发展最快的行业之一，随着居民消费水平的提高，饮料工业在食品工业中所占比重将越来越大。要积极发展有我国资源优势的饮料，鼓励发展瓶装饮用水和电解质饮料；重点发展茶饮料、果汁及果汁饮料、蔬菜汁饮料和植物蛋白饮料，降低碳酸饮料的比重，加快产品的升级换代。

4. 重点发展粮、油加工业，提高食品原料的专用化水平，保证居民基本能量的需要

（1）玉米加工业：我国玉米产量已超过1亿t，占全国粮食产量的22%以上。但玉米加工量仅占玉米总量的10%左右，70%直接用于饲料，与发达国家相比差距明显。要积极开发各种方便玉米食品；发展淀粉、淀粉糖和发酵制品；积极采用玉米提胚技术，开发玉米油系列产品、积极发展玉米蛋白深加工，提高综合利用水平。

（2）马铃薯加工业：马铃薯富含淀粉、蛋白质、维生素和钙、磷、铁、锌等元素，是理想的食品加工原料，我国总产量居世界第一位。由于受传统食用习惯、加工技术和品种的限制，我国马铃薯加工利用率仅为5%，而且多为粗淀粉及粉丝、粉条等简单加工食品。要重点发展马铃薯全粉、马铃薯淀粉、专用淀粉和变性淀粉，开发薯条、薯片、膨化食品等各类马铃薯食品，使马铃薯加工业成为食品工业中一个新的增长点。

（3）面粉加工业：我国小麦消费量约在1.16亿t左右，而规模以上面粉加工企业的小麦粉产量只有2 300多万t，多数企业规模小，布局分散，生产效率不高。要提高面粉加工企业的规模和技术水平。重点发展适应食品工业生产需要的各种专用粉，现有的强力粉、中力粉、薄力粉等品种还不够，要细分到不同食品品牌和产品的不同需要。要重视小麦胚芽的提取和利用。

（4）油脂加工业：要改变目前部门地区分割、布局分散、企业规模小、产品老、效益低的状况，提高综合利用水平，推广米糠灭酶和玉米提胚技术。现有930万t米糠资源，可制油170多万t；880万t玉米胚芽，可制油200多万t。而现在两者相加方制油3万t，利用率仅为2%。还要重点开发利用油料蛋白质，加大各种专用油脂的开发力度。

5. 根据营养平衡原则，采用先进的工程技术，对原料进行合理组配，必要时强化某些营养素，满足人体对营养的需求　2001年，国家公众营养改善项目组在西部开发中，结合退耕还林发放粮进行食物营养强化试点，这是一个很好的契机，应该逐步推广。在食品生产过程中进行营养强化：①补充天然食物中某些营养素的不足；②弥补食品在加工过程中营养素的损失；③提高食品的营养价值，满足不同人群对特定营养素的需求。美国在1915年出现了商品化碘盐；1936年在牛奶和人造奶油中强化维生素A和维生素D，消灭了幼儿佝偻病；1941年立法必须在白面和面包中，强化维生素B_1和维生素B_2、尼克酸和铁，消灭了癞皮病。20世纪40年代以后，加拿大、日本、菲律宾等国家纷纷对食品进行营养强化。

同任何事物一样，从不同的角度观察，会有不同的态度。在第十七届国际营养大会上，对强化食品进行了辩论。陈君石教授归纳了正、反双方的主要论点。正方认为：

（1）为了满足营养素的RDA。某些地区、年龄组、特殊生理需要人群往往达不到RDA。

（2）预防营养素缺乏以外的目的。已证明某些微量营养素与慢性病的预防有重要关系。

（3）约有50%的消费者不能遵循膳食指南和食物金字塔。

（4）RDA是以人群为基础的，作为个体有很大的差异性。

（5）有很多人群趋向减少膳食的能量摄入，其结果是需要提高膳食的微营养素密度，而通过选择适当的食物来达到这一需要往往是困难的。

（6）不需要改变消费者的饮食习惯，如为了补钙而多吃奶制品，为了增加可利用铁而多吃肉。

（7）不会造成安全问题，因为大多数营养素是很安全的，而只有少数营养素（如维生素A、维生素B、硒）的安全范围较小，但是可以避免的，实际上发生问题的例子也很少。

（8）对消费者进行食物选择的教育需要时间。

反方认为：

（1）RDA的制定已考虑了在平均人的基础上加上2个标准差，只要达到RDA，就应可以满足营养素的需要。目前认为的每个人都有营养素不足的危险性是不确定的。

（2）会干扰营养平衡，而且不符合膳食指南。

（3）安全性问题不可不考虑，如果同时摄入各种强化食物，往往可达到240%～390%的RDA。

（4）主要是商业利益的驱动，会改变人们对饮食

的态度。

实际上这不是一个黑与白的问题，两种观点不一定需要完全统一。而是在实践过程中如何把问题考虑得更加周全，更加符合实际。

我国碘盐推广，牛奶中添加维生素A和维生素D、钙等都取得了较好的效果。今后，应继续提倡在面粉中强化维生素 B_1、B_2；在牛奶、奶粉中强化维生素A、D和钙；在酱油中强化铁；在食油中强化维生素A；重视发展配方奶粉，婴幼儿营养辅助食品。食品强化的未来取决于人们观念的不断更新和科学技术的进步。食品强化体现了食品营养成分重组或组合的概念，既然可以强化营养素，其他具有功能性的组分也能够强化或添加，这将大大提高功能性食品的质量和水平。

论农业产业化和结构调整

·中国农业大学副校长 李里特

一、我国农业发展已经迎来新的阶段

世纪之交我国迎来了前所未有的农产品丰足时代，然而，农业严峻的形势，使人们难以喜悦。农产品销路不畅、价格下跌、乡镇企业发展速度和效益下滑、农民收入增加困难等等新的问题，促使我们必须对农村、农民和农业发展要有新的思路。

首先，我国农业的生产能力是否已进入供过于求的时代，还是出现了农产品结构性和相对性过剩，换句话说我国到底需要多少粮食？成为制定农业发展战略不能回避的重要问题。

数年前我国农产品产量和人均主要食品消费量除乳品外，均超过世界平均水平，许多甚至与发达国家比较接近。国务院《中国食物结构与发展纲要》提出，到2000年，我国每人每天摄入热量达到10 878.4kJ，但早在1996年，我国每人每天摄入热量已达11 568.8kJ。1996年的数字还表明，当年我国粮食、肉类、蔬菜等人均消费量均大大超过《纲要》要求。我国居民实际粮食消费，迄今没有准确的预测和统计。从人体营养角度和参考以往的粮食定额进行估算，如表1所示。

表1 我国人均月粮食定量回顾与近年预测计算参考

单位：kg/（人·月）

	粮食	植物油	肉类	蔬菜
普通大学生	16～18	0.25	0.5	无定量
男性职工	15	0.25	0.5	无定量
女性职工	14	0.25	0.5	无定量
1997年市民平均	7.5	0.7	2.4	
1997年农民平均	20	0.5	1.2	

表中普通大学生、男性职工、女性职工的粮食定量参照了20世纪60～80年代我国国家规定的较高粮食定量标准，除60年代初的特困灾害时期，这一标准基本满足需要。从表中也可以看出，近年由于肉类、油料的消费增加，城市居民消费粮食降到7.5kg/（人·月），农村虽然多一些，但农村常住人口比例，比过去大大减少。

参考以上情况，按全国人口平均，每人月消耗口粮15kg，即180kg/（人·年），加上肉类消耗（按人均2kg/月）折合饲料粮120kg/（人·年），人均总需要粮食300kg/年，即可满足营养需要。也就是说按我国13.3亿人口，每年需要粮食约3.99亿t。然而我国粮食产量自1997年以来已经达到5亿t左右，也就是说已连续数年人均粮食拥有量超过400kg，大大高出世界人均消费量的263kg。豆类、油料、果、蔬的生产量还没有在粮食生产中统计，而这部分营养也能替代相当多粮食需要。作者认为我国人均粮食供应安全的警戒线应在300kg/（人·年）左右，需要线应为350kg/（人·年）左右。根据日本1995年统计其人均每日需要营养按热量算为8 368kJ，折合粮食570g，即208kg/（人·年）。而我国1992年这个数字就达到9 740.4kJ/（人·日），难怪许多有出国经历的人发现，即使发达国家，人们的餐桌比我们简朴得多。从农业经营角度讲，过剩的生产（生产成本上升，产品价格下降）成为农业、农民最大的负担。

必须看到我国农业已经发生了历史性转折，这些年的“丰收”已经不是过去所说因风调雨顺的偶尔现象，而是生产力进步的必然结果。我国农业生产水平已经发生了质的变化，经过数千年“饥饿时代”的中国，已经进入“饱食时代”。这是现代农业科技进步的必然结果，是中国历史上农业发展的重大转折，也是全党、全国广大农民、农业科技工作者多年奋斗的结果。国外学者早就指出：美国在20世纪30年代，欧洲、日本等发达国家也相继在60年代实现了这一历史性跨越。因此，把“卖粮难”的原因全部归结为“农产品加工跟不上”，是不确切的。事实上许多食品加工业很先进的发达国家也存在农产品“卖难”的问题。当然，我国农产品加工业需要提高和发展，但“卖粮难”的根本在于不适宜加工的农产品生产量过剩。对于饥饿记忆犹新的人们来说，这是一个难以接受的概念，然而事实如此。

可以看出，我国食物仅靠追求产量，对农业经济的推动力已十分有限。我国2001年反映消费水平的恩格尔系数为44%，2005年据预测为42%，实际上根据我国的饮食习惯，其时的恩格尔系数恐怕更低，加之人口随经济增长会进一步缓慢，因此，国内食物消费增量的发展余地不会很大。

农产品价格连年低势，农业效益下降，“走出困境要靠农产品加工转化”，农产品加工增值成了人们的希望。然而，很少有人想到即使把所有农产品都加工成商品，甚至是高附加值的食品，真的就会解决“卖难”问题么？假设把所有小麦都加工成蛋糕、面包，就能热销？农民就会增收？农产品要通过加工转化，提高附加值，使其增值，达到农民增收，这是对的。但必须冷静客观地分析和科学地理解提高转化率和附加值问题。且不说提高了附加值是否一定好卖，提高了附加值是否农民能赚到钱，单纯看提高附加值即使使加工者赚钱，它还意味着作为产品的食物对人体可提供的单位热量所消耗的能源会增加，意味着消费者购买食品的费用会增加，同时意味着农业资源的负担会加重。不考虑实际需要，片面提高附加值，是我国许多“新型”食品昙花一现的主要原因。此外，大多数农产品，尤其是粮食属非弹性商品，消费者的营养吸收量有限，虽然他们可以选择食品种类，但消耗总量不会有多少变化。我国的大多数粮油食品企业，早已陷入实际生产量大大低于生产能力的困境。以果汁加工为例，1998年我国约有60个厂家，70条生产线，其中十多条是世界最先进的，生产能力达19万t，可是生产量仅9万t，开工率只有50%。

从另一角度看，由于我国人均能源、水资源和土地资源都相对匮乏，为了拉动农业，而盲目推动对生物资源的“高消费”，并不适合我国国情。单从能量转化角度讲，农业本身是将太阳能转化为生物能源——食品的产业，在化石能源开发以前，它几乎是人类社会活动的惟一能源。从可持续发展角度看，农业的这一重要使命不会减弱，更需加强。可是如果忽视这一点，农业甚至会成为耗能的产业。所谓的附加值实际上50%以上来自能源的消耗。如果农产品的“附加值”给人们带来的并非是健康和便利，甚至只是浪费和奢侈，后果不堪设想。当前一个普遍的现象是：许多地方一味追求将粮食加工成高档食品或礼仪食品，甚至靠“高科技”开发千奇百怪的所谓“滋补品”和“保健品”，更有甚者还企图把珍稀动植物转化为产品。这些愚昧观念可能会给我国环境和资源带来灾难。

值得注意的是，还有一种观点认为我国人均年消费粮食距美国的800多kg，还有相当大的差距，因此不承认我国粮食总产已满足要求，甚至提出粮食高消费的对策，即：要把大米等粮食大量转化为饲料，主张大幅度提高动物性食品比重。其实，这个想法忽视了两个事实，其一，从营养学看人类并非食肉动物，“五谷为养”这一古训，已经得到甚至包括发达国家营养学者的确认，当欧美等地在反省自己动物性食品比例过大，要向东方国家学习健康饮食习惯时，我们岂能丢掉优良习惯，重演“邯郸学步”；其二，我国事实上畜产品也已经连续数年出现“卖难问题”。从“养地、养草、养畜”的原则出发，“因地制宜，以秸秆转化肉，以草换奶”是对的。但不顾我国国情和饮食习惯，一味提倡畜牧民族的饮食结构，则不仅不会摆脱“粮贱伤农”的局面，更会加重农业资源和环境的负担。

我国人均土地资源、水资源和能源都远低于世界平均水平，据统计1995年美国人均消费能源按石油换算达7 905kg/（人·年），而我国只有707kg/（人·年）。据估计，若我国人均消费如达到美国水平，那么需要数个地球来养活。从资源角度看，不允许我们单纯与发达国家比人均消费量。尤其是西部地区，环境的破坏和脆弱现状已不容许掠夺式的开发。我国居民的生活质量和发达国家相比还有很大差距，但主要差距不再是饮食生活方面的差距，而是“住”、“行”和劳动、生活、娱乐的条件及环境方面的差距。

一些贫困地区“未解决温饱问题”，并非我国粮食总量不够，而是这些地区“缺钱”，即缺乏发展经济的人才和自然资源，更深层次看问题，是那里农业经营体制和观念的落后。因此农业经营体制的改革，农业向产业化的转变才是农业发展的当务之急。

二、推动农业产业化的三个基本点

食物紧缺和国家补助是迄今我国农业发展的动力，然而，在新的形势下农业如何进一步发展？农民如何切实走上富裕之路？农村如何实现现代化？成为迫切要解决的问题。于是走产业化经营道路，成为人们对农业发展的共识。

然而，什么是产业化？如何才能实现产业化？这个问题，至今尚未完全解决。虽然有人把农业产业化归纳为“龙头企业加农户”、“产加销一条龙”等说法。然而，这些看法只是一般的现象论，未经科学、严谨的论述，不能普遍指导我国农业的产业化转变。从本质上讲产业化农业的三个基本点应该是：经营企业化、生产集约化、产品规格化标准化。18世纪的工业化大革命，使得纺织、机械制造及许多用品的制造，都实现了从手工、到作坊、到产业化的变化。发达国家的农业也随之实现了产业化经营。这些变化的本质无不归结为以上三个基本点。

1. *经营企业化是现代农业发展的基本条件* 当前农民之所以解决了增产问题，却迟迟不能增收，很大一个原因就是农民普遍缺乏经营者意识和市场营销素质。农民无论从他的社会存在，还是经济地位来看都应该首先是一个经营者，其次才是生产者。农民一般不被雇佣，不领工资，且拥有自己的土地等生产资料，像企业一样，经营的好坏是产业发展的最关键要素，这一点在农业生产能力进入供过于求的时代尤显重要。发达国家的农民历来把经营能力视作合格农民最重要最基本的素质。许多发达国家家庭农场本身就是企业，家庭成员按企业组织分工，按企业制度管理，按企业运营分配。农场之间，农场与社会也按照企业形式协作和联系。也只有企业化经营管理，才能使农民的生产、生活活动积极有序的融入现代社会的生产、市场、金融、流通、信息、社会福利等活动中去，农民才会摆脱旧生产方式下愚昧、落后、宗族、迷信、孤立、分散的羁绊。马克思早就说过：产业化以前的农业是“最陈旧最不合理的经营方法”，指出“大工业在农业范围引起的最有革命性的一件事，是剿灭旧社会的堡垒——农民（Bauer）——而用工资劳动者去代替他们”。

我国农民正是因为经营意识的淡薄，市场营销知识的缺乏，虽然有着世界少有的优秀农业生产传统和技能，但总没有摆脱贫困的困扰。近年，从种粮热到种菜热，从种果热到种花热，从蟹、鳖、虾、鳝到鹌鹑、驼蛋，农民们以自己辛勤的汗水和优秀的技能，使每一种市场需要的农产品迅速饱和，然而致富的路却越走越艰难，究其原因正是忽视了经营意识的培养和发挥。长期以来对农民只重视生产技能的培训，缺乏经营、营销、管理知识的教育，是我们对农业教育的一大失误。无论是送科技下乡，还是办农民训练班，甚至培养农业人才，过去都忽视了农民最需要和最基本的知识——产业经营知识的普及。美国、日本、韩国都把优秀农业经营人才培养当成加强本国农业或振兴本国农业的最重要战略措施。我国应当尽快从根本上抓好这件有战略意义的大事。

2. *生产集约化是产业化农业发展的动力* 任何现代产业都必须在竞争中生存和发展，农业也不例外。我国农业不仅存在国内市场饱和的压力，而且已加入WTO的事实，也使它面临前所未有的世界范围竞争。不容乐观的是我国农产品价格已经很少有竞争的优势。虽然少数农产品还可以出口，但许多却是以牺牲农民的利益为代价的。由于许多农民缺乏企业化经营意识，往往在生产成本中没有计入自己为维持现代人体面生活而应得的工资，也没有计算培养教育下一代（劳动力再生产）的费用，更没有发展和老、病、灾害保险所需的基金，甚至牺牲了自然环境因而以低廉的、从某种意义上讲是亏本的价格和别人竞争，到头来总难摆脱“得不偿失”的处境。

我国农业面临的形势是：人均土地资源缺乏（如表2所示），劳动力资源基本不变，生产增加只能靠生产资料投入，势必会增加农产品成本。要降低成本必须扩大经营规模，即：推进集约化生产。也只有这样才能使现代化农业技术手段发挥作用，提高效率，保证产品的品质。

表2 中国和发达国家农业劳动力人均经营面积比较

	美国	日本	德国	英国	法国	意大利	中国
劳均面积（hm^2）	53	1.1	12.7	12	17	5.7	0.29

据1995年日本农业综合研究所分析，针对日本能够抵御国际竞争的农户最小经营规模为“稻作农户：耕作面积不低于50 hm^2；酪农：挤奶成牛100头以上；肉牛农户：（繁育）牛200头；养猪：育肥猪2000头；养鸡：肉鸡30万只”。列宁曾指出：“劳动生产率，归根到底是保证新社会制度胜利的最重要最主要的东西”。我国面临迎接加入WTO的挑战，如何推进农业集约化转变，提高生产效率是一个非常现实的课题。

3. *产品规格化、标准化是农业产业化的基础* 农业产业化是生产方式的变革过程，除了要求企业化经营、集约化生产等条件外，产品的规格化、标准化是其重要特征和基础。

（1）农产品规格：所谓规格是对产品的内在使用性能和档次的要求，和工业品一样农产品也应有自己的规格。许多国家通过立法来保证规格化实施，例如日本农林水产省（即农业部）对于农产品制定了“农林物资规格化及正确表示品质法律”（简称JAS法）。依照JAS法，日本对393种农、林、水产及食品制定了相应规格。例如JAS规格中面类有8种规格，油脂有6种规格，肉制品有20种规格。规格的内容一般包括：适用范围、用语定义、等级档次、测定方法、合格认证、合格标签、注册标准、生产许可证认定技术标准等。

(2) 农产品标准：标准是对产品品质的要求，它是品质的保证。例如农产品中食品的品质包括基本特性要求和功能特性要求。基本特性主要指营养特性（化学成分、可食性）和安全卫生特性（微生物指标、污染程度等）。食品的功能特性通常指嗜好特性、外观特性、加工特性、流通特性和简便性等。对于不同规格的各类食品，针对以上特性要求，都有其相应的质量标准。为了保证标准的实施，有的国家实行严格的食品标签制度。例如日本无论该食品是否通过JAS规格认证，都要求产品必须注明表示其品质的标准。

需要指出的是，国外规定对于食品包装袋上印刷的标签性文字不许有类似“优质”、“优良”、“特上等”、“最高品质”、“精选”、“味道第一”等等容易引起误解的用语。

(3) 实施规格化、标准化的意义：

①规格化、标准化是质量的保证。工业制品为了保证产品合格，必须要有形状、尺寸、精度等规格，而食品的规格标准，例如安全卫生标准等，对保证消费者的健康，乃至生命都是至关重要的。

②食品工业需要规格化、标准化原料。产业化生产的农产品，需要加工增值；工业化食品的增长趋势，也需要越来越多的规格化、标准化原料。因此，作为食品工业原料，农产品再也不是原来意义上的“口粮”，而是有严格规格要求的工业原料。例如加工面包和加工饼干的小麦规格要求不同；酱用番茄和鲜食用番茄、豆腐用大豆与榨油用大豆等规格要求都不相同。

③农产品规格化、标准化也是农业进入国际经济一体化的必然趋势。国际贸易强烈要求农产品规格化、标准化，它是物商分离的条件。随着世界农产品贸易的扩大，各国都在强化自己的贸易地位，制定完善的标准和质量评价体系。除国际标准化机构（ISO）外，1962年FAO和WHO还成立了FAO/WHO联合食品规格委员会，加强国际食品规格的制定、协调、推进工作。发达国家往往会利用自身在规格化、标准化方面的优势，控制贸易技术壁垒，影响国际标准，获取国际贸易中的有利地位。我国不仅是食品生产大国，也是食品消费大国，理应以我国饮食消费特点，影响农产品国际贸易标准的形成，这也是我国加入WTO后，保护我国农业生产发展的重要任务。同时，我国农产品规格标准只有尽快和国际接轨，才能在国际贸易中占据优势。

④规格化、标准化是农业产业化经营和农产品进入现代化市场营销系统的基础。许多发达国家的经验证明：农产品规格化、标准化，正是农业产业化经营的关键和基础。在现代流通体系中，公平、公正的交易，不仅是市场法则，也是引导良性竞争的保证，它不仅可以保证消费者的权益，更能够按照消费者的合理要求，鼓励优秀的农业企业家，指导农产品生产向优质、高产、高效进步。显然，公平、公正交易的前提是农产品的规格化、标准化生产。我国农产品流通交易中假冒伪劣猖獗，市场秩序混乱，污染、掺假严重，而农产品规格化、标准化正是制止这一混乱局面，减少中间环节损失，提高农民收益的重要手段。同时，随着超市、物流、信息化等现代市场流通系统在我国的发展，规格化、标准化更成了农产品流通的必要条件。

三、农业产业化与结构调整

结构调整是推进农业产业化的重要战略措施。农业结构调整应包括：种植结构按市场要求调整，生产量按经营效益调整，劳动力配置按经济和社会发展需求调整。

市场需求无非是品种和质量两个问题。近年虽然人们明白了农产品不仅要高产，而且要提高质量的道理，但什么是质量、如何提高质量、怎么建立保证质量体系等基本问题并未解决。出于重视质量问题，曾提出发展所谓“优质农产品”、“专用农产品”。正如前文所述“优质农产品”是一种含糊爱昧的概念，在国外食品表示中甚至禁止使用这样的字眼。

首先，对于任何产品都不应允许劣质品生产。“发展优质农产品”的提法与发展“优质纺织品”、“发展优质钢铁”、“发展优质电器产品”一样，难以成为指导产品结构调整的指南。就如棉纱有120、60、30支纱的不同规格，它们之间没有优劣之分，各有用途和市场份额，品质也只能用合格不合格判断。问题是规格不明，标准不清，任何产品都会失去商品价值，农产品也一样。飞机设有“头等舱”、“经济舱”，如都搞成“优质的”头等舱，也未必不滞销。各等级的产品生产成本必然不同，市场份额也未必一定优者最大，问题是只有规格化、标准化，才能保证生产者和消费者双方的权益。

在当今生产相对供大于求的形势下，农业结构的调整重点应该是生产量的调整，即按经营效益调整生产量。量的调整是发展经济的重要手段，国际上石油输出国组织主要靠限产保护自身利益，我国纺织行业靠压锭恢复了发展。我国农民正是因为缺乏经营意识才维持了一个落后的生产力。真正的产业化经营，首先要考虑效益，以效益为中心规划生产量。当然，出于农民的小规模、分散经营，做到生产量有效控制非常困难。正因为如此才需要农民学会经营、协作经营、规模经营。

值得注意的是，当前在“卖粮难”压力下，农民这种自发、无序、盲目的土地撂荒、毁坏良田、耕地转用等不是积极意义上的结构调整，因为它会严重破坏农业生产力。调整生产量的目的是保护农业，促进农业生产能力和水平的提高。

农村劳动力就业结构的调整，即劳动力配置按经济和社会发展需求调整，是实现农业产业化的关键。英国、法国、德国、日本人均土地资源并不比我国多，尤其是日本，山多地少，人口密度大于我国，然而，那里的山区大多山清水秀，环境优美，关键是他们在大约40～100年前逐步实现了人口从农村向城市的转移。日本的许多山区甚至出现了“人口过疏现象”，然而其人口的将近20%集中在东京横滨和大阪神户两大都市圈。可以说日本、韩国40～50年前总人口中农业人口比例和我国相近，然而现在分别下降为3.8%、9.7%左右。为了提高竞争力，他们计划近期还要把这一比例分别降到2%、5%。马克思在《共产党宣言》中早就对产业化的意义评价到：“它创立了巨大的城市，使城市人口比农村人口大大增加起来，因而使很大一部分居民脱离了乡村生活的愚昧状态”。

人口从农村向城市的转移是社会进步的必然趋势，然而绝非自然而然可以实现。实现这一目标除了改革户籍制度外，最切实和可靠的措施应该是发展教育。如果农村同龄人青少年中有50%经过教育可以考取大学或社会需要的各类职业专科院校，那就意味着只要20年左右，农村劳动力可以减少一半。如果放宽对其配偶、父母户口进城的限制，城市化进程不仅可大大加快，而且也平稳得多。同时对农民经营人才的教育，也是推动农业产业化的可靠保证。

农村劳动力和人口的转移,土地流转制度等一系列的变革,是一项复杂艰巨的系统工程。然而,只有作好这件大的调整,农民才能真正摆脱当地环境和条件带来的贫困和落后,才能真正实现农业产业化经营。

总之，农业必须走产业化经营道路，结构调整是农业产业化发展的关键，而农民和农村青少年的教育是实现结构调整最可行的手段。相信随着农业向经营企业化、生产集约化、产品规格化、标准化进步，我国农村将迎来新的辉煌时代。

中国农产品加工业应对加入WTO的策略分析

郑州工程学院经济贸易系　赵予新

WTO农业框架协议的基本精神将对中国农产品生产、消费和贸易产生巨大而深远的影响。作为连接农业和工业的农产品加工业必将面临全新的发展机遇和严峻的挑战。深入分析农产品加工业的发展前景及其面临的问题，并选择有效的应对措施，不仅对农产品加工业的发展具有重要作用，而且对整个国民经济发展也有着深远影响。

一、WTO框架下中国农产品加工业发展的有利条件

1. 降低农产品关税水平，将有助于增强国内农产品加工业的产品竞争力　在《中美农业合作协议》中，中国政府承诺谷物（除了大麦）进口实行关税配额制和准国家经营制，对配额内进口征收低关税（谷物1%，谷物加工物10%），配额外进口征收76%的高关税（至2004年，当谷物进口配额显著增加时降至65%）。加入WTO以后，取消大麦进口配额，代之以9%的关税。随着关税水平的降低，进口国内比较劣势原料可以直接降低农产品加工企业的生产成本。以小麦为例，进口关税的下降将有效降低以小麦为原料的加工企业的生产成本。大麦的关税降至9%以后，有助于中国啤酒行业进口优质廉价大麦，为在国际市场上占据有利地位创造了重要条件。进口其他各类资源密集型农产品，也是当前国内农产品加工企业遇到的难题，质量好但价格也较国内同类产品高，

但为了保证生产需要，有些原料必须以高价位进口。加入WTO后，有助于利用国外资源密集型原料提高农产品加工品的质量和档次，有效降低生产成本，改善原料结构。

2. 加入WTO以后，随着国际贸易环境的改善，中国农产品加工品的出口将获得更大的市场空间　近年来，中国粮食、棉花等大宗农产品的生产成本平均每年以10%左右的速度递增；但水果、蔬菜等经济作物和水产品、畜产品在国际市场上具备一定的竞争优势。尤其是以加工蔬菜、水果、水产品等为对象的农产品加工业在国际贸易中具有相当的比较优势。中国农产品加工原料较为丰富，而且农产品加工业劳动密集程度高，进一步增加农产品加工制品的出口，特别是加工食品、饮料、纺织品和服装等产品的出口，具有相当大的市场潜力。因此，正确引导和发展农产品加工业将会带动整个加工业乃至国民经济的发展，也将推动农村经济结构和产业结构的优化和升级，提高农产品加工制品的国际市场占有率。

3. 加入WTO有利于农产品加工业的对外开放，加快国外先进技术及管理经验的引进和吸收　中国加入WTO以后，外商来华投资的环境逐渐宽松，中国对外经济合作的进程将进一步加快。这对于国内农产品加工企业来说，有助于企业结构的调整和产品结构的优化，加大引进国外先进技术和设备的力度，逐步淘汰落后的产品和工艺，给农产品加工业技术和设备的升级换代带来了一个良好的发展机会。当然，外资企业进入的增加会挤垮国内一些小型的、经营能力差、产品落后的农产品加工企业，短期内会造成一些负面影响，如下岗职工增多、企业经济效益下滑等。但是，这些冲击将像一剂“强心剂”，促使国内农产品加工企业转变观念，向国外先进企业学习，改进管理，提高产品质量，增强企业对市场经济的适应能力。

二、WTO框架下中国农产品加工业面临的主要困境

1. 中国大宗农产品价格居高不下和农业资源的紧缺，是制约农产品加工业发展的重要因素　当前，中国小麦、玉米、稻谷等大宗农产品的国内价格已高于国际市场价格二至七成，在国际市场上失去了竞争优势。中国农产品加工业主要以国内农产品为原料，国内大宗农产品成本高、价格贵的现实，将直接削弱农产品加工业在国际市场上的价格竞争力，甚至会影响农产品加工企业的生存和发展。与此同时，中国人均农业资源紧缺，特别是耕地资源、森林资源和水资源比较匮乏，人均耕地、林地、草地和水资源仅分别是世界平均水平的1/3、1/8、1/3、1/4，农产品缺乏充足的供给保障。而人口的持续增长，人均农产品需求的不断增加与资源短缺构成了尖锐的矛盾。资源不足所导致的农产品供给体系不健全将直接影响农产品加工业的发展。

2. 农产品品质不能满足加工需要，专用加工原料基地建设严重滞后　农产品品质状况是决定加工产品品质和企业效益的重要因素。国外先进国家用于加工的原料都有专用的加工品种并建有固定的原料基地。长期以来，中国农业发展强调数量和高产，对提高农产品品质和发展加工专用型农产品的研究、开发和生产的投入严重不足，使得农产品品种类型单一，适宜加工的优质、专用品种缺乏。如小麦、苹果、柑橘等都缺乏相应的加工品种，专用基地建设在一些地区刚刚起步。油料作物中，高芥酸、高硫苷的油菜籽品种种植比例过大（95%），从而使加工成本增加，油品质量不高。大麦作为啤酒业的主要原料，中国长期依赖进口，且依赖程度越来越高，1998年的进口已占耗用量的2/3，主要原因是国产大麦品质不好。更为突出的是，农产品收购缺乏健全的品质标准，长期实行不同质量等级的混收、混储和混销，很难满足加工企业的要求。

3. 中国农产品加工业的质量标准与国际质量标准体系脱轨，限制了农产品加工制品的出口　国际上许多国家要求农产品加工业采用国际统一标准或较高的国家（地区）标准进行生产和经营。一些国家的食品工业实行“良好生产操作规程”（GMP），在安全控制上普遍实行“危害分析与关键控制点”（HACCP）体系和ISO9000质量认证体系。而中国国内5万多个食品加工企业中，只有100多家企业达到国家二级企业标准，HACCP体系和ISO9000体系的建立和应用更为薄弱。中国现在是国际标准、国家标准、行业标准和企业标准并用，而现行的国家标准有56%与国际标准有显著差距，按此标准生产的农产品难以达到发达国家的要求，必然影响农产品加工制品的出口。与此同时，中国农产品加工制品的出口认证体系也不完善，已经出口的加工制品大部分是外国公司在中国投资、生产并进行认证的，而通过自己认证的出口产品不多。主要原因是中国的认证标准和体系与欧盟的“榜样标准”不吻合而未得到欧盟、日本和美国的认可，从而阻碍了中国农产品加工制品向上述国家和地区的出口。

4. 农产品加工业技术水平落后，技术创新能力低，精深加工的发展很不充分，中国农产品加工业的科技进步率只有35%左右　农产品加工领域的技术

储备严重不足。许多企业设备陈旧，技术人员数量少、水平低，企业缺乏技术创新能力，有些企业仍停留在手工操作和土法生产，精深加工很不充分。以粮食加工业为例，全国年加工面粉6 500万t左右，精加工仅占面粉总量的37%。大米精加工能力只有1 400万t，仅占大米生产量的11.7%。农产品加工深度不够还表现在经过加工的农产品产值所占比例很小。中国农产品加工业产值与农业产值之比为0.85:1，而发达国家这一比例达到2.2～3.7:1，并且中国农产品加工业多数仍停留在低层次的初级加工水平上，精深加工水平不高，综合利用程度更低。如中国食品工业1元食品原料可生产1.6元的食品，而这一比例美国为1:3.5，日本为1:2.4。

5.中国农产品加工业的企业结构和地区布局不合理，使整个产业的效率和效益难以提高 中国农产品加工业分属于轻工、农业、农垦、乡镇等十几个部门管理。加工企业数量多、规模小，生产能力重复分散，缺乏地区和企业之间的分工协作。许多企业，特别是国有和集体企业产权制度不健全，导致企业无法按照规范的公司制建立现代企业制度。企业结构不合理造成的直接后果是大多数企业缺乏市场开拓能力，难以建立自己的优秀品牌，只能在低层次运行。此外，受现有行政区划和部门管理体制的影响，农产品加工业区域布局不合理的问题也十分突出，难以体现区域特色和比较优势。1997年我国东、中、西部农产品加工业产值占全国的比重分别为65.8%、24.1%和0.1%。全国约70%的农产品加工企业集中在东南沿海地区，与农产品原料产地相分离，而既有原料又有市场潜力的中西部地区农产品加工企业则为数不多，严重失衡的区域布局使农产品加工业总体优势不能发挥，整个行业的效率和效益难以提高。以方便面生产为例，全国共有方便面生产线1 800多条，生产能力达360万t，而全国方便面销售量每年仅150万t，一半以上的生产线闲置。

三、中国农产品加工业发展的应对策略

1.将农业结构的战略性调整与发展农产品加工业有机结合，为农产品加工业提供丰富的原料 农业是农产品加工原料的供应者。鉴于中国目前农产品的品质和质量不能适应加工业要求的现状，应将农业结构调整与农产品加工业的发展结合起来，使农业结构调整适应农产品加工业发展的需要，重点推进农产品品种结构的改进和优化，大力开发和推广加工专用品种和加工性能好的农产品品种。建议在全国选择一些关系国计民生的重要农产品如稻谷、小麦、玉米、大豆、苹果、柑橘等，在生产区采取多元化的投资方式，建设一批农产品加工技术创新及产业化发展基地，逐步实现农产品加工原料规格化、质量标准化、品种专业化和生产规模化。在农业结构调整中，将加工业原料作物向适宜种植区合理集中，实现区域化布局和专业化发展。对于粮、饲、加兼用型的加工业原料作物，应根据规划，在集中产区建设饲料加工或工业加工企业，形成产加销一体化的产业化经营模式。对于小宗加工业原料作物，也应在优势区集中发展，形成局部富有特色的种植和加工优势。

2.将农产品加工业发展与推进农业产业化经营有机结合，把乡镇企业推向农产品加工的"主战场" 实践证明，实施产业化运营是农产品加工业发展的必由之路。必须将农产品加工业的发展与推进农业产业化密切结合起来，构建以市场为导向，以科技为先导，以企业为"龙头"，以农户为依托，以"公司+农户+科研院所"为基本模式的产业化运营体制，形成农户、农产品加工企业和销售企业之间利益共享、风险共担的产业化发展和利益分配机制。

乡镇企业应该成为发展农产品加工业的主要力量。农业的快速发展已经从多方面为乡镇企业从事农产品加工业创造了天时地利的优越条件。通过重点扶持和培育，有条件的乡镇企业完全可以成为农业产业化的"龙头"企业。

3.将大力推进科技进步和农产品精深加工有机结合，努力提高农产品加工业的科技含量 中国农产品加工业要实现由初加工向深加工、由粗加工向精加工的转变，关键在于科技进步。许多农产品都可以加工成多种工业加工品。例如棉花、油料除了加工成棉纤维、油脂等主产品外，还可以开发生产高蛋白饲料、多种维生素和卵磷脂等产品。玉米可以加工成食品、饲料、化工、医药、造纸、纺织品等产品达500种之多。玉米加工成葡萄糖、果葡糖浆、酒精、赖氨酸、味精、木糖醇、山梨醇、环化糊精、胶化淀粉等多种变性淀粉，其加工增值率可达96%～210%。当务之急是扭转农业产后科技投入不足问题。政府应结合当地实际情况，全面部署农产品加工业的科技发展规划，确定重点发展领域和技术方向，定期组织各部门、各行业专家对农产品加工业重大关键技术进行联合攻关，加大高新技术研究和应用力度，加快传统企业技术改造步伐。与此同时，采取优惠政策鼓励国际资本实行独资、合资、合作等多种方式从国外引进先进技术和工艺设备，促进国内农产品加工业的升级换代。

4.将优化农产品加工业的企业结构和区域布局

结合起来，实现“产品运作型”向“资本经营型”的转变 农产品加工业的结构调整应通过产权制度的改革，推进企业的改组和改造。应支持农产品加工企业在发挥自身优势的基础上，通过收购、兼并、联合、控股等方式，实现跨地区、跨行业、跨所有制的联结和重组，促进存量资产的优化组合，打破以往以产品为中心的经营模式，实现从产品到资本，从“产品运作型”向“资本经营型”的经营模式的转变，促使一批上规模的企业集团尽快成长起来。在区域布局的调整上，要以现有生产能力为基础，按照国家产业政策，贯彻东部与西部并重，产区与销区并重的原则，加速推进中西部地区农产品加工业的发展；调整重生产、轻加工、轻流通的农业投资结构，选择生产条件好、交通运输方便、有出口前景的销区和部分产区建立若干个大宗农产品的出口加工贸易区。构筑起沿海地区与内陆地区梯度推进、高新技术与传统技术有机结合的农产品加工业的基本格局。

5. 政府支持与加强管理相结合，为发展农产品加工业构建一个稳定、开放的政策环境 农产品加工业的发展离不开政府的支持和管理，尤其是针对中国行业管理“婆婆”过多的现实，政府应采取切实有效的措施，打破部门和地区界限，通过“超部门”的协调组织，加强对农产品加工业的引导和调控，制定相应的制度和法律，为农产品加工业的发展建立一个稳定和开放的宏观经济环境，指导农产品加工业的快速、健康发展。

发展蜂业产业化经营
促进蜂业持续健康发展

中国蜂产品协会会长 罗梦传

一、蜂业产业化经营的内涵

蜂业产业化经营的内涵：蜂业产业化经营是农业产业化经营的重要组成部分。它是在市场经济条件下，在家庭承包经营的基础上，本着不侵犯蜂农的财产权益，不改变蜂业企业的隶属关系，不受部门、地区和所有制限制的原则，把蜂业生产的产前、产中、产后诸环节紧密连接起来，实行科技、工业、贸易、农业一体化，养蜂生产、加工、销售、服务一条龙经营，蜂农与中介组织和龙头企业采取合同、契约、股份制等形式进行经济合作、风险共担、利益共享，第一、二、三各产业有机结合，资源合理优化配置的组织形式、运作方式、经营机制，是实现我国蜂业市场化、专业化、标准化、现代化的现实有效途径。

江泽民总书记指出：“引导农民进入市场，把千家万户的农民与千变万化的市场紧密联系起来，推动农业产业化，这是发展社会主义市场经济的迫切需要，也是广大农民的迫切需要”。发展蜂业产业化经营不仅是广大蜂农提高组织化程度、规模化水平、联合开拓国际国内市场的需要，是蜂业加工、经营、出口企业建立优质稳定原料基地、向广大用户和消费者提供优质安全蜂产品的需要，同时也是提高蜂农收入、提高蜂业企业科学技术和经营管理水平、规范全国蜂业市场竞争秩序、提高蜂业的质量效益、经济实力和国际、国内市场竞争力的迫切需要。各涉蜂单位、广大蜂业界同仁对引导和推进蜂业产业化经营应给予特别关注和高度重视。

二、蜂业产业化经营的运作模式

蜂业产业化经营，首先要选准切入点，狠抓蜂业示范基地建设和养蜂生产载体的培育，实现合理化布局、科学化饲养、规范化管理、规模化经营、区域化发展；其次要延伸服务点，狠抓蜂业中介组织（包括蜂业协会、蜂业合作社、蜂业综合服务站等）建设，培育服务载体，为蜂农提供产前、产中，产后社会化、系列化、全方位、多功能服务；第三要发展着力点，狠抓蜂业龙头企业建设，培育蜂业加工、营销载体，以市场为导向，以经济效益为中心，按国际、国内市场需求进行蜂产品精深加工，提高产品质量档次、技术含量和附加值，提高蜂业商品化、专业化、现代化水平，提高龙头企业市场竞争能力，提高蜂农收入，壮大蜂产品行业的经济实力。

蜂业龙头企业加蜂业中介组织联结蜂业基地带动蜂场蜂农，是蜂业产业化经营的重要运作方式和发展模式。

中共中央关于农业和农村工作若干重大问题的决定指出："发展农业产业化经营，关键是培育具有市场开拓能力、能进行农产品深度加工、能为农民提供服务和带动农户发展商品生产的'龙头企业'"。蜂业龙头企业在蜂业产业化经营各环节处于重要地位，它一头连着千变万化的国际、国内市场，一头连着千家万户蜂农，它在市场发育中形成，按市场需求确定蜂业生产、加工、经营规模，在市场竞争中不断壮大。蜂业龙头企业与蜂农结成风险共担、利益共享的经济利益共同体，在带动蜂业经济发展、促进蜂农科学饲养、增收致富中发挥着关键作用。在我国蜂产品行业中的南京老山制药有限公司、北京市蜂业公司、广州宝生园有限公司等一批蜂业龙头企业的实践证明，蜂业龙头企业具有以下五大功能：

一是引导功能。向蜂农提供及时、准确的市场信息，按优质优价原则同蜂农签订蜂产品生产、购销合同，引导蜂农按龙头企业要求和国际、国内市场需要，生产优质、安全、无公害、绿色、有机蜂产品。

二是开发功能。同大专院校、科研院所结合，建立企业新技术、新产品研制开发中心，不断推出拥有自主知识产权、适合市场需要的高技术含量、高附加值的产品，提高企业的市场竞争能力。

三是增值功能。实施名牌战略，强化科学管理，重视质量、环保体系（ISO14000 系列）和食品"危害分析与关键控制点"体系（HACCP），采用先进适用的高新技术，进行精、深加工，积极发展蜂业新品、精品、名品，扩大经营规模，降低消耗、降低成本，提高质量档次，提高企业信誉和社会、经济效益。

四是带动功能。建立蜂业示范基地，带动蜂农发展养蜂生产，逐步将具有一定技术和经营管理水平、一定经济规模、符合国家质量安全标准要求的蜂业示范基地（蜂场）变为蜂业龙头企业的第一车间，从源头把好蜂产品质量安全关，为企业提供优质安全、无公害、绿色、有机蜂产品原料，并通过示范基地对蜂农进行科学繁育、饲养、用药和蜂产品先进生产技术培训，指导蜂农什么时间应该做什么，如何做好，不断提高蜂农的素质。

五是服务功能。向蜂农提供产前、产中、产后包括信息、技术、资金设备、收购、加工、包装、储藏、运输、销售等全过程、全方位社会化、系列化服务，真正同蜂农结成风险共担、利益共享的经济利益共同体，使各方不但能获得养蜂生产的收益，而且可获得加工、流通环节取得的效益，同时建立风险基金，共担市场风险，实现蜂农、蜂业中介组织、蜂业龙头企业三赢之目的。

蜂业中介组织（蜂业协会、蜂业合作社等）下面连接蜂农，上面接通蜂业龙头企业是实现蜂业产业化的桥梁与纽带。蜂业中介组织肩负为蜂农提供产前、产中、产后多功能、全方位服务的重任，是千家万户分散蜂农的组织者、管理者、监督者、服务者，也是蜂农合法权益的维护者。对蜂业的组织化程度和规模化水平，提高蜂农素质发挥着不可替代的重要作用；蜂业中介组织，既要组织、管理、监督蜂农使蜂业龙头企业与蜂农签订的合同保质、保量、按时兑现，对龙头企业负责，又要检查、督促蜂业龙头企业按优质优价的原则兑现承诺，切实保护蜂农的合法权益；蜂业中介组织与蜂农、蜂业龙头企业结成经济利益共同体，风险共担，利益共享，共同发展，不仅解决了蜂农卖难、好产品卖不了好价钱的问题，也较好地解决了蜂业龙头企业稳定的优质、安全、无公害蜂产品原料供应问题，同时，蜂业中介组织的协调、监督、服务作用也得以充分发挥，活动经费问题也迎刃而解。例如，杭州灵芝蜂场（蜂业龙头企业）与缙云县蜂业技术协会（中介组织）结合带动 150 多户蜂农，实施蜂业产业化经营，在产区生产蜂蜜初期，缙云蜂协与会员（蜂农）协调合适的结算价，保证蜂协有适度活动经费。缙云蜂协与灵芝蜂场签订合同，实行优质优价，确保生产成熟蜜、优质蜜的蜂农收入稳定增加。据统计，养蜂户均饲养 59.47 群，年户均纯收入 19 093 元，年人均纯收入 9 092 元。对不按协议规定要求生产不成熟蜜，甚至制假的蜂农，缙云蜂协不但不予收购，而且严厉批评教育，情节严重者开除会籍。生产成熟蜜、优质蜜在缙云蔚然成风。灵芝蜂场将优质蜂蜜高于一般同品种蜂蜜价格在杭州市场销售，相应提高了企业经济效益。有一定购买力的消费者可以购买到货真价实的优质成熟蜜，可谓一举四得。

温家宝副总理指出："发展有竞争优势、带动力强的龙头企业，建立与国际市场相适应的农产品质量标准和检测检验体系，提高农业生产的组织化程度，是提高农业产业化水平和增强国际竞争力的三个重要环节"。前面已谈了两个环节，建立与国际市场相适应的蜂产品质量标准和检测检验体系是提高蜂业产业化水平和国际竞争力的第三个重要环节。2001 年 4 月下旬，秦皇岛检验检疫局检测中心受国家质量监督检验检疫总局委托，制定了 12 项蜂产品检测方法国家标准。7 月 25 日农业部公布了一批"无公害食品"

行业标准，蜂蜜、蜂王浆与蜂王浆冻干粉、蜂胶、蜂花粉、蜜蜂饲养兽药使用准则5个标准列在其中。在国家标准化管理委员会下发的国标委计划中由国家蜂产品质检中心承担的蜂产品国家标准占13项。受国家有关部门委托浙江省江山市养蜂产业化协会起草了《国家级无公害蜂产品安全要求》、《国家级无公害蜂产品产地环境要求》国家标准。国家质量监督检验检疫总局、全国供销合作总社、农业部、外经贸部建立了国家和部委蜂产品质检中心，为提高蜂业产业化水平、提高蜂业标准化水平、提高蜂产品质量创造了极为有利的条件。

浙江省江山市养蜂产业化协会在实践中总结的推行标准化建设，促进蜂业产业化发展经验中列举了标准化和检测体系在蜂业产业化中有五个作用：一是有效地推动了蜜蜂产业发展，取得了明显的社会效益与经济效益，全市蜂群数达25.812万箱，蜂业产值达2.39亿元，养蜂规模与蜂业经济效益位于全国县和县级市榜首；二是通过建立国家级蜂业标准化示范基地和省级蜂业标准化示范基地，为全市的蜂业标准化和名牌战略实施奠定了良好的基础；三是由于制定并实施了严于国家标准的内控标准，全市的蜂产品品质有了明显提高，市场竞争力明显增强；四是通过实施蜂业标准化和产业化经营，大大延伸了产业链，不仅推动了养蜂生产，而且带动了加工、贮藏、运输、经营各环节和食品、保健品、日用化工、医药等相关产业的发展；五是随着蜂业产业化、标准化推进，蜂业效益占全市经济效益的比重提高，蜂农收入增加。

2001年江山市全市蜂业新增效益1 375万元，在全市新增效益中占有较大的比重，蜂王浆年均单产从2.36kg/箱提高到2.79kg/箱，增长16.53%，蜂农人均收入大大增加。

三、切实加强领导，大力推动蜂业产生化经营

各蜂业协会和企业要统一思想认识，加强领导，认真落实江泽民总书记关于“扶持农业产业化，就是扶持农业，扶持龙头企业就是扶持农民”的指示精神，切实抓好蜂业产业化经营，从源头把好蜂产品质量安全关，突破一些国家设置的贸易技术壁垒，提高蜂业国际竞争力，促进我国蜂业持续健康发展。

各蜂业协会和企业要根据“政府调控市场、市场引导企业，企业带动农户”的指导思想，因地制宜，实事求是，积极培育和发展本地蜂业龙头企业，发展“龙头企业＋中介组织＋蜂农”蜂业产业化经营，带动蜂农增收致富。

各级蜂业协会和企业要坚持总体规划、合理布局、因地制宜、重点扶持、典型引路、循序发展的原则，规划协调处理好各链条、各环节的联系与存在的问题，解决好各方面的利益关系。要主动向当地政府和有关部门汇报有关情况、经验和问题建议，争取各方面的关心、理解和支持，为推进蜂业产业化经营创造良好的外部环境。江苏、浙江、上海、北京、四川、广东、湖北、安徽等地做得比较好。

中国蜂产品协会将在总结南京老山制药有限公司、北京市蜂业公司、广州宝生园有限公司等蜂业龙头企业和浙江省江山养蜂产业化协会、浙江省缙云县蜂业技术协会等中介组织的典型经验基础上，会同各省级蜂业协会拟于明年在全国蜂产品行业开展评选全国蜂业产业化经营龙头企业、先进中介组织(蜂业协会、蜂业合作社)和示范基地活动，加大这方面的宣传推广力度，以点带面，积极推进蜂业产业化经营发展。

近期主要农产品加工与包装机械发展趋势及市场需求分析

中国包装与食品机械总公司总工程师　徐景珩

一、农产品加工技术与装备

农产品加工技术与装备是为农产品加工业服务的重要领域，随着我国农产品加工业的迅速发展，这一领域已成为国民经济新的经济增长点，成为农产品加工业中的一个新兴行业。

（一）国外农产品加工技术装备发展趋势

农产品加工业是农业产业化的主导产业，是实现农业现代化的重要组成部分。农产品加工业快速发展离不开先进的农产品加工技术和装备，而农产品加工业必须适应农业产业化快速发展的新形势。综观国外农产品加工技术和装备的基本形势，其发展趋势主要有如下几个方面：

1. 发达国家总体水平高　以美国、德国、意大利、法国、日本、丹麦、荷兰、瑞士、瑞典等为代表的发达国家，农产品加工机械技术先进，形成了独立完整的农产品加工机械工业体系，技术水平高，出口量大。这些国家的农产品加工转化率一般在80%以上，有的高达92%，其农产品加工业产值在工业总产值中所占比例一般在10%以上，最高的达20%，是农业总产值的2～3.7倍。发达国家的农产品加工技术装备产品品种齐全，单机生产能力高，生产线配套性好，自动化程度非常高，产品质量可靠。20世纪80年代兴起的以电子技术、信息技术为标志的新技术革命浪潮，对农产品加工技术与装备的发展起到了极大的促进作用，目前这一行业正在向信息化、智能化、集成化方向发展。

2. 品种多、生产能力强　发达国家农产品加工机械品种繁多，能够极大满足农产品加工业的需求，提供的高生产率农产品加工成套设备，大大降低了加工产品的成本，增强了市场竞争力。如德国的平转浸出器、美国的蓝斗式和环形浸出器，其日处理植物油能力达3 000～4 000t；瑞典TETRA－PAK公司盒式无菌包装机的生产能力达6 000盒/h以上，美国和意大利的大袋无菌包装机生产能力在250袋/h以上。

3. 生产线自动化程度高　发达国家除继续发展适于各种用途的间歇式生产设备外，还能为农产品加工业提供大量连续式生产设备。其设备的专业化、连续化、自动化程度很高，机、光、液、气技术相结合，采用计算机控制、自动检测、自动调整，显著提高了生产效率，改善了劳动条件，提高了产品质量，降低了加工成本，增强了产品竞争力。

4. 新技术应用广泛　发达国家对新技术应用较为广泛。现在膜分离技术不但有以压力为推动力的超滤和反渗透技术，而且发展了以电力为推动力的电渗析技术。对半透膜开展了材料和构型的研究，出现了工业上实用的板式膜渗分离、管式膜渗分离装置。反渗透和超滤技术在食品浓缩和提纯中得到了很好的应用，酪乳清、果汁的浓缩已有大中型设备。电渗析技术已大规模用于乳清的加工。最近国外又推出了核微孔技术和设备，用以去除残留的酵母和杂菌，完全实现了冷消毒。

国外除通用粉碎设备外，最近又出现了气流粉碎设备、微波粉碎设备，配合冷冻粉碎技术的发展，出现了喷气冻结法、液氮速冻法、液化天然气冻结法及设备。

在干燥方面广泛兴起利用红外线、远红外线或介电作能源的辐射干燥法及设备。除热风干燥外，又增加了冷冻干燥装置。食品杀菌除加热外，高压电场、高压磁场也得到应用。

乳化设备除高压均质机、胶体磨外，又推出了超声波乳化器。

超临界流体萃取技术应用日益广泛，如农产品风味成分的萃取，动植物油萃取分离，农产品加工某些特定成分的萃取，农产品脱色、脱苦、脱臭、灭菌、防腐等。

真空冷冻干燥技术也广泛应用于生物制品、生化制药、天然香精、中药材、调味品、海产品等领域，可大幅度提高农产品的附加值。

为尽可能多地保留食品中的营养成分，在农产品加工中尽可能采用低温、低压工艺。如真空输送、真空过滤、真空冷却、真空蒸发、真空浓缩、真空结晶、真空膨化等。

生物技术与农产品加工机械结合，使农产品加工机械发展前景更为广阔，如细胞和酶的固化技术、酶的载体开发利用技术及发酵工程技术的应用，必将扩大农产品加工机械服务领域，有可能产生新一代食品加工机械。

5. 节能、高得率　农产品加工机械向节能、节水、省汽、高得率、无污染的方向发展。为了节能，大都使用多效蒸发器。在农产品加工中尤其是粮、油、淀粉、果汁等加工，注意提高得率，充分综合利用加工中的副产品，既有利于环保，又减少了污染。这方面国外做得很突出，如玉米淀粉及副产品的回收率为99%，损失仅为1%。

6. 重视食品安全生产技术和设备　基于全球性的食品安全日趋严峻，发达国家对食品安全生产技术与装备的研究与应用十分重视，如液态奶的无菌包装技术与装备，大型肉制品加工企业的连续化、自动化和近似无菌化的生产技术与装备；与食品安全有关的新技术、新材料、新原料的安全性研究；生产制造过程新污染源的预防和治理研究；转基因食品的安全性评价；食品工业排放中有害物质的除去技术；确保食品安全性的分析检测技术等，以上这些食品安全生产技术与装备的研究和应用，有效地保障了食品生产过程中的安全性。

（二）我国农产品加工技术装备现状与发展趋势

1. 现状　我国农产品加工装备作为一个行业始建于20世纪70年代，跨国内农业、轻工、纺织、机械、粮食、内贸、供销合作总社等多个部门，主要为农产品加工业中的食品加工、食品制造、饮料制造、烟草加工、纺织、服装及其他纤维制品、皮革毛皮及其制品、木材加工、家具制造、造纸及纸制品、印刷、橡胶加工等12个领域服务。经过80、90年代的快速发展，为提升我国农产品加工业装备水平和生产能力做出了突出的贡献。据2000年初步统计，主要为农产品加工业中的食品加工、食品制造、饮料制造、烟草加工业服务的食品加工与包装机械行业总产值已达325亿元，其中食品加工机械产值200亿元，而食品加工后包装机械产值150亿元。属食品加工与包装机械行业企业已有6 000多家，这些企业生产的主要专用设备有22大类，通用设备10大类，产品品种已达2 500多种。在短短的20年里取得了很大的进步，技术水平有了很大的提高，可以向上述四个领域提供一大批水平较高的成套设备或单机，如微波干燥（杀菌）设备、10t/h处理量的高压均质机、100m^3喷射泵式高效低耗真空冷冻干燥成套设备、FC节能粉料气流干燥机、YLZ振动排渣过滤机、SWWF200系列低温升超微粉碎机、植物油料制油预处理膨化设备、1 500盒/h砖型复合无菌包装饮料生产线等，近年来有一些新技术也逐步应用到食品加工与包装机械中。虽然与自身相比这一行业的技术水平有了一定提高，但因我们起步晚、基础差，与发达国家相比仍有较大差距，目前达到或接近世界先进水平的食品加工与包装机械仅占5%～10%，整个行业落后20～25年。从总体来看，我国农产品加工企业的技术装备水平80%处于20世纪70～80年代的世界平均水平。15%左右处于90年代水平，只有5%左右达到了国际先进水平，总之全行业情况与我国食品加工与包装机械行业基本雷同。

2. *发展趋势* 我国农产品加工技术及装备与发达国家的差距，已引起国内主管部门的极大关注，这些部门已把农产品深加工技术与装备的科技进步提到重要议事日程。国家科技部将“大力开展大宗粮油产品、果品、蔬菜、畜产品等主要农产品深加技术、工艺、装备、标准体系等方面的研究开发”，列入“十五”国家科技攻关计划。通过这一项目的实施，将使我国农产品加工业整体科技水平达到国际20世纪90年代中期水平，从而带动我国农产品加技术与装备行业的技术进步，促进农业结构优化，提升农产品加工业整体水平，增强我国农产品加工制品的国际竞争力。这个项目的招标及评审工作已于2001年12月完成，17个课题分别由62家单位组成的各竞标联合体竞取。

2001年度，国家计委和科技部共同发布了《当前优先发展的高技术产业化重点领域指南（2001年度）》，确定了当前应优先发展的10个产业的141个高新技术领域，其中有关农产品加工业的有8个领域。

2002年农业部为了推动我国农产品加工业的快速发展，制定了《全国主要农产品加工业发展规划》。规划中预计2005年全国规模以上企业农产品加工业产值可达到34 000亿元，年均递增10%。主要农产品加工转化率（粗加工以上）由目前的30%左右提高到55%以上。主要产品总体质量达到工业发达国家当前水平，部分特色产品达到国际先进水平。

以上由国家主管部门出台的举措，代表了我国农产品加工业与加工技术装备的科技发展动向。我们应紧紧把握住这一领域的科技发展脉搏，确定我们的发展方向，加快发展步伐。

二、包装技术与装备

（一）国外包装技术与装备发展趋势

发达国家的包装机械产品发展历史较长，积累了丰富的设计和制造经验，技术水平先进。包装机械对提高食品包装化率十分重要。美、日和欧洲食品包装化率分别为90%、80%和70%。其发展趋势除了具备前述国外农产品加工技术与装备发展趋势的几个特点外，还体现在以下几个方面：

1. *微机技术和光机电一体化技术普遍应用* 通过提高微机控制、检测、补偿、调整、显示、在线检测等技术在包装机械中的应用，来提高包装机械的智能化程度、运行的可靠性和稳定性。例如在啤酒灌装设备方面，已普遍采取了可编程控制器（PLC），变压变频无级调速技术，在线检测技术等，使灌装生产线的技术性能、质量控制、运行可靠性和稳定性等都得到提高。德国KRONES公司制造的贴标机，可同时贴顶标、颈标、身标、背标等四道标，还可将漏标和缺标的酒瓶分拣出来。

2. *设备功能从专业化向柔性化方向发展* 包装机械功能的专业化特点非常明显，对不同产品的包装或对不同包装制品的加工都有专业化的机械，随着新技术的发展和应用，人们已不满足这种现状，在一些领域开始为包装机械注入更多的功能，诸如增加机械柔性化的功能。例如意大利西帕公司研制的中空容器“一步法”成型设备，就由两条相互独立的制瓶线构成，既能同时生产规格相同的PET瓶，又能生产两种规格及形状不同的PET瓶，还可以在两条线上同时生产两种种类完全不同的PET瓶。如一边生产1.5L热灌装瓶，另一边则可生产供碳酸饮料用的

PET瓶，还可以做到一条线正在生产，另一条线更换模具或进行检修保养，整个生产线具有很强的柔性。

3. 向建立组合化或模块化方向发展　近年来，现代包装机械结构体系一个重要的发展方向，其基本设计思路是，按照给定包装产品的应用范围，选择和设计出一系列具有独立的单元，然后根据实际需要拼合成为不同用途的包装机，国外发达国家已普遍采用这一设计思路。它的优点是，包装品种多而又容易换产，参数范围宽而又便于调整，自动化水平高而又工作可靠，从而在很大程度上体现了具有一定柔性的自动换型多功能包装及其自动包装线的演进过程。采用这一结构体系，可以大大减少设计工作量，利于组织生产、缩短研制周期、降低成本。

（二）我国包装技术与装备的现状和发展趋势

1. 现状　改革开放20年来，我国包装机械技术水平有了很大的提高，产品品种不断增加，产品的外观和内在质量都取得了明显的进步。现在我国包装机械产品门类已发展到18类，约1 700种产品。据2000年统计，包装机械行业企业已有近3 000家，创工业产值约150亿元。

包装机械行业的发展彻底改变了我国商品包装“一等产品、二等包装、三等价格”的落后局面，极大的丰富和提升了我国商品流通领域的形象。对推动我国农产品加工业、食品工业、包装工业的发展起到了重要作用。虽然如此，但总体水平与国外发达国家还有较大的差距，在产品的种类上还有不小的缺口，一些大型、技术含量高的设备还需从国外进口。

2. 发展趋势　为满足我国，农产品加工业、食品工业与包装工业的发展需求，这一行业的发展趋势主要有如下几个方面：

(1) 制袋—充填—封口包装机械。目前，我国生产制袋—充填—封口包装机械企业有100多家，约有75%为小包装的机型，在这一范围内已较好地解决了颗粒、膏体和粉状料的包装问题。国内该类产品的机型以单列、三边封袋型为主，应向多列式高速方向发展。现有中袋成型—充填—封口包装机生产企业5家，目前，国内中袋粉料的自动成型包装机尚无完全过关的产品。我国缺少适用于奶粉、食盐、绵白糖、洗衣粉、蛋白粉等物料包装的专用机型。

专家指出，今后制袋—充填—封口包装机械的发展趋势为模块式结构。向多列、高速、高稳定性、传动机械简单、自适应封闭控制等方向发展。

(2) 无菌包装机械。无菌包装是将经过消毒的食品在无菌环境中装入消过毒的容器中，可最大限度地保持食品的天然风味、品质和营养，确保产品质量等优点。20世纪90年代以来，无菌包装已成为食品包装的主要方向，应用范围日益扩大。无菌包装机主要分无菌袋式大包装和无菌小包装。无菌袋式大包装一般在原料产地用于果蔬浓缩汁包装。无菌小包装通常用于包装饮用品，以供市场零售。无菌小包装又分杯（瓶）式、盒式和袋式成型充填密封小包装三种类型，随着人们对食品包装崇尚“安全、卫生、回归自然”，无菌小包装受到消费者的青睐，因此无菌包装机的需求越来越大。由于无菌包装机械制造工艺和技术比较复杂，多年来我国一直依靠进口。近年来，我国一些企业努力攻关，先后研制出几种类型的无菌包装机，如上海轻工装备（集团）公司研制出屋顶式纸盒无菌包装机，广东远东食品包装机械有限公司研制出砖型纸盒包装机、杭州中亚有限公司研制出小袋无菌包装机，并陆续投放市场。我国无菌包装机主要应用于牛奶、豆奶、果汁及果汁饮料等领域，市场需求日益扩大。

(3) 瓦楞纸板、制箱（盒）、印刷成套设备。瓦楞纸板箱具有轻便美观，适合大规模机械化生产，特别是回收再利用方便的特点，因此在传统包装材料上一直占据重要地位。目前瓦楞纸箱不仅可作为包装物品，由于更兼有减震、隔潮等作用，应用日益广泛。近十年来，国内瓦楞纸箱机械发展很快，已有几十家设备生产企业，水平较高的有湖北京山轻工机械厂、首都机械厂、肇庆嘉隆包装机集团、辽宁丹东轻工机械厂等。我国已能生产三层、五层、七层瓦楞纸板加工设备，幅宽达1.6～2.5m，生产线速度已提高到180m/min，稳速工作时达到100～200m/min。计算机技术已开始应用到生产线，方便了生产管理和规格调整，提高了整线技术水平。目前，虽然国产设备进步很大，但在瓦楞辊的加工技术和使用寿命，中低速、中轻型瓦楞纸板生产线的综合指标如能耗等方面还有较大差距。因此进一步完善设备的成套性，拓展计算机技术的应用深度和广度，提高性能和可靠性是今后这类成套设备的发展方向。

(4) 啤酒灌装成套设备。随着国内啤酒行业向规模化和集约化经营方向发展，啤酒灌装成套设备要重点发展年产5万t以上的中型灌装成套设备，适度发展10万t/年以上的大型灌装成套设备。目前我国广州轻工机械厂已能生产4万瓶/h、6万瓶/h的啤酒灌装成套设备。今后应注意发展高速、低耗、计量精确、自动检测、多功能、全自动大型化成套设备，特别应重点解决多功能全自动贴标机的研发和生产。随着纯生啤酒日益受到消费者的欢迎，要抓紧开发国产纯生啤酒灌装成套设备。

(5) 真空包装机械。目前国产真空包装机主要品种有单室、双室、输送带式、插管式、旋转真空室式、热成型等，以半自动操作为主，全自动、连续式、大真空室式及适应液体包装的真空包装机较少，缺乏高效、专用的真空包装机。

我国真空充气包装机是在引进技术消化吸收的基础上发展起来的，主要存在配件质量差、整机使用可靠性低等问题，有些品种如行列式真空包装机还处于空白。近期国家将大力发展冷却肉、小包装肉、分割肉的加工技术和设备，通过改变包装内的气体成分，使冷却肉在0～4℃条件下货架期可达20d。这是一个巨大的市场空间，有着较广阔的发展前景。

(6) 塑料中空容器加工机械。随着塑料原料工业的发展，塑料中空吹塑成型技术也在不断地更新换代。

塑料中空容器在食品、饮料、医药、农药、化妆品及化工品等领域应用广泛。目前，我国已能制造挤吹、注吹、注拉吹等设备，在品种和规格上尚有较大缺口。今后应继续开发新的机型，提高产品的技术含量，提高设备的自动化程度和可靠性。

(7) 纸浆模塑加工设备。近年来，发泡塑料餐盒给生存环境造成的“白色污染”，已引起全社会的广泛关注。为治理“白色污染”，保护生态环境，纸浆模餐具作为替代品被人们日益认可，纸浆模设备及制品的开发和生产已成为环保产品的新热点。

我国从20世纪90年代初开始研究纸餐具、纸浆模塑餐具和可降解塑料的工艺。因可降解塑料工艺还在研究中，加之降解塑料制品成本偏高，因此尚未大量进入市场。我国纸餐具加工设备从90年代初开始研制，现有加工设备企业50多家。随着大、中型生产线的出现和不断改进餐具制品的加工工艺，目前纸浆模餐具成本只稍高于发泡塑料餐具，在国家政策的支持下，纸浆模餐具替代发泡塑料餐具的时代已经到来。今后纸浆模餐具加工机械应在降低成型加热模具造价、改进加热方式、降低电耗成本、改进制品工艺配方、提高生产线生产能力等方面继续攻关，争取更大的技术创新和突破。

三、国内外市场需求分析

(一) 国内市场需求分析

21世纪，是我国重点实施比较优势战略的重要时期，由于“九五”期间我国农产品加工业的年均增长速度达到9.2%，高于国民经济的增长速度，2000年农产品加工业产值与农业产值之比达到0.85∶1，进一步缩小了与国外发达国家在这方面的差距，有力地拉动了国民经济的发展，因此这一产业有着强劲的比较优势，所以近期这一产业继续快速发展已成为必然。据农业部颁布实施的“全国主要农产品加工业发展规划”中所述，要求到2005年全国规模以上企业农产品加工业产值达到34 000亿元，平均递增10%，主要农产品加工转化率提高15个百分点以上。其中：粮食由目前的45%左右提高到70%左右；水果由5%提高到8%；蔬菜由1%提高到2%；肉类由3%～4%提高到8%；水产品由20%提高到30%。主要农产品深加工比例由目前的20%左右提高到35%以上。农产品的加工及制成品向多样化、营养化、方便化、安全化、优质化方向发展，主要产品总体质量达到发达国家当前水平，部分特色产品达到国际先进水平，从而向农产品加工装备行业提出了光荣而艰巨的任务。若实现上述宏伟目标，没有农产品加工装备行业这一强有力的技术支撑，没有这一行业的快速发展，没有这一行业提供更多品种、更多高质量的技术装备是不可能的。因此，《全国主要农产品加工业发展规划》为我国农产品加工装备行业的发展提供了巨大的市场空间。

据国家颁布实施的“国民经济和社会发展第十个五年计划纲要”指出：到2005年我国人口将控制在13.3亿人以内；经济年均增长率为7%左右；城镇居民人均可支配收入年均增长5%，从2000年的6 280元提高到8 020元；农村居民人均纯收入年均增长5%，从2000年的2 253元提高到2 880元。随着居民收入水平的提高，尤其是广大农村农民收入的增加，对农产品的消费已从温饱型进入小康型，大部分地区将向富裕型过渡，居民的营养水平将不断提高。预计到2005年，因格尔系数将下降到46%或更低，到2010年，全国人均每日摄入能量为9 623.2kJ，蛋白质77g（其中30%来自动物性食品），脂肪70g。由于恩格尔系数不断降低，居民消费结构的改善和生活质量的提高，必将拉动国内农产品加工制品市场。为满足居民对消费品从注重“量”的需求，转变为注重“质”的需求，农产品加工装备行业必须向农产品加工业提供更多高水平、高质量的产品，才能确保农产品制品市场的快速发展。由此可见，未来国内农产品加工业装备市场发展空间极大。

此外，国家实施西部大开发战略，无疑也为农产品加工业的发展提供了良好的机遇。西部要发展，必须首先让西部农民富起来。而通过农产品加工增值是使西部农民富起来最直接最有效的增收手段。把西部的资源优势转化为经济优势，大力发展农产品加工业也是西部改变贫穷和落后面貌最直接最有效的途径。因此，西部大开发战略的实施，也为农产品加工装备的发展，提供了又一个市场空间。

另外，从2001年我国食品加工和包装机械进出口这一局部情况，也可以看出国内市场对食品加工和包装机械的需求。2001年进口额为5.3亿美元，比2000年增长20.45%。进口金额较多的设备有油脂加工、肉类加工、谷物磨粉及加工、种子加工、谷物清选及分级、果蔬加工、乳品加工机械等，这些进口设备均属于技术含量较高的单机或成套设备。进口量这样大，说明国产设备品种、数量与技术水平尚不能满足国内市场的需求，致使这类设备进口呈逐年上升态势。这一点已反映出我国食品加工与包装机械行业总体技术水平与发达国家的差距。从长远发展看，这部分国内市场肯定是我国食品加工与包装机械行业未来的潜在市场。随着我国科学技术的进步，这一行业技术水平的不断提高，这类设备的国产化水平将随之提高，国内市场占有率也将随之增长。

（二）国外市场需求分析

20世纪80年代初，国际农产品出口一般均以初级产品为主；进入80年代中期，国际农产品市场的制成品、半成品等中、高附加值产品不断替代初级产品，农产品加工增值出口已成为世界潮流。进入90年代国际农产品市场，对产品的规格、质量尤其是安全标准的要求越来越高，高规格、高品质、高安全度的农产品加工制品备受青睐。进入21世纪后，初级农产品在国际市场上的份额还将不断下降，取而代之的是种类繁多的半成品及制成品、无公害食品、绿色食品、有机食品及绿色包装。这些将成为农产品制品贸易中的主角。

随着国际农产品贸易市场的变化，我国农产品加工品出口额也在变化。进入20世纪90年代以来，虽然国际农产品加工品市场竞争激烈，我国原具有比较优势的大宗农产品小麦、玉米、大米、棉花、油料、糖料和奶业已失去了成本低廉的竞争优势。但是一些劳动密集型的农产品，诸如茶、羊绒、蜂蜜、蚕桑、菌类、蔬菜、水果、花卉、水产品、畜产品等由于仍具备国内资源成本低的特点，因此，在国际市场上继续保持着较强的竞争优势。尽管受到国际市场竞争冲击和东南亚金融危机的影响，但我国农产品加工品出口额仍保持着稳步增长的势头。2001年我国农产品加工出口交货值达615亿美元，占当年我国全部工业产品出口额的31.3%，这一产业为国家出口创汇做出了很大贡献。近年来，我国食品加工与包装机械，在满足国内市场需求的同时，也在积极开拓国外市场并取得了可喜成绩，出口额逐年增加，2001年出口金额达14.6亿美元（见本年鉴第四部分表165、表166），比上年增长13.18%。虽然食品加工与包装机械出口额度仅占全国农产品加工品出口额的1.91%，但由于我国具有传统优势特色农产品加工业的快速发展，必将推动食品加工与包装机械的发展，这一比例也将随之增长。同样我国农产品加工业的全面快速持续发展，也将拉动我国农产品加工装备行业的发展。这种相互促进和拉动的作用，使得我国农产品加工装备行业未来的国际市场前景，充满了无限希望。

2 第二部分

农产品加工业发展概况

粮油食品加工业

一年来，粮油食品业总的状况是：粮食购销市场化改革取得成效；主要粮油供应总量平衡，市场稳定；粮油工业重组和改造加速走新型工业化道路；科技进一步受到重视，粮油深加工水平得到提高。具体分述如下：

一、粮食购销市场化改革取得成效

一年来以市场化为取向的粮食流通体制改革继续向前推进，主要表现在：①粮食主销区的粮食市场全面开放，市场在粮食资源配置方面发挥基础性作用；②粮食产销平衡地区，根据本地实际，采取“宜放则放，不宜放则不放”的政策取向，积极稳妥确定原有粮食收购政策；③粮食产区在继续实行“三项政策、一项改革”的前提下，进一步调整粮食保护价范围、保护品种、数量，进行本省内主销区放开的试点。以上政策对促进农业结构调整，保护生产者利益，维护市场稳定，产生了如下成效：

1. 农业结构调整趋向合理　主要粮食品种的生产进一步向优势产区集中，农业区域的布局、专业化分工越来越明显。长江流域的水稻面积已占全国的65.7%，黄淮海平原的小麦面积占全国的60%，东北地区和冀鲁豫三省的玉米面积占全国的55%，主销区特色农业逐步成为当地的支柱产业，同时，为主产区粮食腾出了市场空间。

2. 粮食流通格局发生了新的变化　随着西部开发和退耕还林还草政策的贯彻，西部粮食缺口扩大；东南沿海随着种植结构调整和市场进一步开放，粮食的供求将依托国内国外两个市场；因此，我国粮食生产供给的重心将进一步向中部和北方地区转移，“南粮北运”逐步转变为“北粮南运”、“中粮西进”或“北出南进”的新势态。

3. 市场主体向多元化发展　随着粮食购销市场化改革的推进，粮食市场主体将由单一的国有粮食系统垄断经营向国有资本、国际资本、民营经济、私有经济多元化结构方向发展。多种所有制经济主体的参与，粮食区域流通数量逐步增加，对促进经济发展起了积极作用。

4. 企业改革向纵深发展　主销区粮食购销企业真正走向市场，不再承担政策性任务，迫使企业通过改组、改制、联合，谋求新的生存与发展空间，主产区为了确保不出现新的亏损挂账，着力强化企业内部管理体制改革，实行定员、定岗、定责，进一步推进减负分流，搞活内部的用工机制，健全现代企业制度。

5. 粮食产销将融为一体　主产区在坚持按保护价敞开收购农民余粮的同时，还组织国有粮食购销企业、经批准入市收购的用粮企业，发展“订单粮食”，特别是对优质畅销品种实行“订单收购”。主销区为适应市场经济和现代生产方式对粮食流通的新要求，通过到产区建立粮食基地、经营承包土地等多种形式，与主产区结合形成利益共同体，走产业化经营的路子。

6. 粮食法制体系逐步健全　粮食购销市场化，并不意味粮食流通可以放任自流，政府将出台一系列与市场经济相适应的市场准则，建立完备的粮食法规体系，不断规范粮食流通秩序。例如，推进市场准入制度。

二、粮油供求总量平衡，市场稳定

“根据国家统计局发布的调查结果显示，2002年我国的粮食种植面积预计1.06亿hm^2，比2001年提高0.3%。”2002年粮食总产量可望维持在4.6亿t左右。

1. 稻米　供给方面：根据有关资料报道，我国大米仍然供大于求。2002年水稻产量17 579万t，折合大米12 305万t，加上预计进口70万t，本年度大米供给总量为12 375万t，比上年度减少0.7%。2002年我国继续优化水稻生产结构，早稻面积有所减少，但优质早稻播种面积达410万hm^2以上，占早稻面积69%以上，比上年提高约9%，体现了种植结构调整的成效。需求方面：总消费量为13 899万t，比上年度增长1.1%，其中：口粮消费11 744万t，比上年增长0.2%，占总消费量85.2%；种子用粮158万t，比上年增长1.3%，占总消费量1.1%左右；饲料用粮881万t，比上年增长11%，占总消费量5.8%左右；工业用粮190万t，比上年增长5.6%，占总消费量1.3%左右；损耗及其他消费666万t，比上年减少8.8%，占总消费量5.3%；出口预计为250万t，比上年增长49.4%，占总消费量1.2%。在总消费量中，国内消费13 639万t，比上年增长0.5%，占总消费量98.2%。从上面供给与需求分析可知，当年新增供给量不能满足当年消费量，缺口为1 513万t。2002年是我国加入世贸组织的第一年，根据有关协议，大米进口配额为399万t，而据海关统计，前三季度进口大米仅为15.92万t，而我国大米出口130.3万t，由于国际市场大米价高，所以未出现大米大幅度进口局面，大米供求缺口主要由库存弥补。

2.小麦 供给方面：据有关资料报道：2002年全国小麦种植面积为2 373.33万hm^2，减少92.67多万hm^2；产量9 000万t，减少270多万t，虽面积和产量有所下降，但从结构看，优质专用小麦仍保持持续增长态势，种植面积比上年扩大近133.33万hm^2，预计增产600万t左右。2002/2003年度由于国际市场小麦价格上涨幅度较大，进口受阻，预计在100万t左右；这样，2002年度供给总量在9 100万t左右(不包括期初库存量)。

消费方面：预计2002/2003年度小麦消费总量大约11 714万t，比上年度增加84万t。其中，食用消费大约10 288万t，增加61万t；饲料、工业、种用消费量约1 326万t；出口约100万t，增加18万t。从供求平衡关系看，2002年度要消耗约2 500万t左右库存，以满足消费需求。

3.玉米 据有关方面预测："今年我国玉米播种面积预计为2 450万hm^2，较2001年增加218万hm^2，玉米总产量将达到1.255亿t，较2001年增产1 143万t，增幅为10%"。2002年我国玉米进口配额是585万t，但2002年国际市场玉米价格高于国内价格，1～9月实际上只进口1万t，同比减少76.7%，预期中的"南进北出"局面并未出现。"根据国家粮油信息中心分析测算，目前，国内玉米年度消费量没有达到12 000万t,"。近年来，"我国的玉米消费，主要用于饲料，约占总消费量75%～78%（即8 000万t至9 360万t)，用于食用消费量占9%～10%(约1 080万t至1 200万t)"，2002/2003年度我国玉米市场，供求平衡有余。据海关总署统计，2002年1～9月份我国累计出口玉米714.87万t，如果玉米出口低于1 000万t，库存压力难以得到有效缓解。

4.大豆 据有关资料报道：2002年我国大豆总产量将达到1 700万t，同比增长10%。2001/2002年度的大豆进口量为980万t，同比下降26%，该年度油用大豆加工总量为1 840万t，同比下降9%，其中含进口大豆1 040万t。2002/2003年度大豆进口总量将达到1 200万t，该年度油用大豆加工总量将恢复到2 000万t，其中包括800万t国产大豆和1 200万t进口大豆。2002/2003年度大豆供给相对宽松，大豆期末库存将增长27万t，从而导致豆油豆粕供求趋于平衡，并最终使油粕价格回落。

5.油料 据有关资料报道，"2002年全国油料总产量仍有可能达到5 300万t（含大豆和棉籽)，比上年的5 186万t略有增加，其中：大豆1 570万～1 600万t，菜籽1 150万t，花生1 500万t，棉籽900万t，葵花籽200万t，亚麻籽80万t。2002年可供油源约980万t，接近1 000万t"，"加上预计进口的480万t，食用油总量是1 460万～1 480万t"。另据报道：目前我国油脂年消费量在1 250万t左右，随着经济发展和人民生活水平的提高，国内油脂消费仍呈增长趋势，据此分析，国内食用油市场仍将是供求平衡有余。

三、粮油工业重组和改造，加速走新型工业化道路

党的十六大报告中指出："实现工业化仍然是我国现代化进程中艰巨的历史任务"。粮油工业是与人民生活息息相关的古老产业，国有粮油加工企业长期以来处于小型分散、点多面广、经济效益低、科技投入少、技术改造慢、资源综合利用率低的状况，必须深化改革，加速企业重组和改造，走新型工业化道路。

一年来粮油工业的重组和改造，步伐加快，"通过发展订单农业，建立适应市场机制的产销衔接，以公司联基地，基地加农户的模式，促进优质粮油产品的产业化"，形成了以粮食购销企业、加工企业为龙头，带动粮油深加工发展，通过加工、转化、增值，提高企业经济效益，带动粮油产区经济发展，增加农民收入，一批新型的粮油工业企业集团不断涌现，如河南金象集团、白象集团、南街村集团、湖南金健米业集团、吉林德大、金玉集团等粮食加工企业，都为粮食工业化的发展做出了示范。

1.依靠科技进步，加快新技术的推广 稻谷加工方面，为了提高大米产品的质量，发展优质大米的加工。"黑龙江省农垦总局先后投资1亿多元，引进日本佐竹46条日加工能力为100t的精米生产线，发展绿色大米加工，年加工稻谷达238万t，生产大米138万t，出米率提高2%～3%，2002年签订外销合同120万t，并开发出高硒米，并使产品系列化"。

面粉加工方面，依靠科技创新，推广不同需求专用粉生产使企业获得较好的经济效益，"如深圳南海粮食工业有限公司、深圳南顺面粉公司以生产高档食品专业粉为主，经济效益一直较好"；河北廊坊雪花面粉公司、鹏泰面粉公司、辛集市面粉厂等企业利用

国产优质小麦，生产适销对路的中档食品专用粉也使企业取得较好的经济效益。

2. 调整优化企业组织结构，提高粮油加工的规模化 目前我国面粉行业的结构正在朝着适度规模化方向发展，据有关报道："1998年底统计，我国日产50t以上面粉厂近万家，其中日处理200t小麦面粉厂约500多家；日处理100t小麦面粉厂7 000多家；日处理小麦400t以上的面粉厂75家"。近几年来通过改革、改造和重组，一批日处理小麦1 000t以上的大型面粉厂蓬勃兴起。例如海南洋浦海法面粉有限公司，投资8.6亿元建设日处理小麦2 000t大型面粉厂，年可加工小麦50万t，主要解决进口TCK小麦的加工；另外，一批日处理1 000t小麦的面粉厂，如天津利达、山东新龙亚洲食品制粉有限公司、河南金苑面粉公司、河北五得利面粉集团、河南莲花味精集团、沈阳香雪海公司、大连三发面粉公司相继投产，正在根据当地原料与形成的市场营销优势，加速规模化发展。

油脂工业方面，据有关报道："1955年全国日加工1 000t大豆的企业最多5家，现在约有70多家。仅2001年全国就增加了约1 400万t大豆加工能力，与2000年相比增幅达50%，目前国内大豆年加工能力已经超过4 000万t。""从2000年开始许多大型大豆加工厂在华东、广东地区兴建，据不完全统计，广东建成、新建的大型大豆加工厂达6家，日加工能力在11 000t以上"，"在我国畜牧业集中地——山东、江苏等地也新建了一些依靠进口大豆为原料的大型油厂，其中张家港东海油厂是国内第一家大型现代化大豆加工厂，日加工大豆能力达到5 200t。"

"目前全国的花生加工龙头企业共5个，其中山东占有4个，山东鲁花年加工花生米能力36万t，吸纳12万hm^2农田的产品，位居全国第一"。湖北、安徽加快现有国营油脂加工企业改革进程，实行资产重组和制度创新，积极引导支持重点油脂企业加强联合，加速技术改造、设备更新，扩大生产规模，通过国家农副产品深加工食品工业示范工程的支持，建立"双低"油菜籽大型加工企业，提高企业的现代化水平。

3. 用信息化提高企业核心竞争力，加速粮油食品产业的技术改造 在过去一年里，①覆盖全国的粮油市场信息服务网络已经形成，初步建立了全国粮油市场行情监测系统，对小麦、玉米、稻谷等主要粮油食品实施有效的市场监测工作。建立了分级市场监测站和信息采集点，形成了快速的市场监测网络，定期向社会提供市场监测报告，为粮食经营活动提供信息服务。②通过信息化加强了国际粮油市场的研究分析，从国际、国内两个市场的角度，对我国粮食市场进行总量平衡研究，为粮食宏观调控，提供了信息支持。③利用电子商务开展网上交易，并在全国主要粮食批发市场和大型粮油购销、加工企业试行推广，减少了供需之间的环节，缩短了途径距离，降低了交易成本。④信息化提高了企业的技术能力和管理能力，采用计算机辅助设计与制定产品生产规划，已在一些建立现代企业制度的大型粮油食品加工企业、专业研究设计院所推广，使设计与产品生产规划的出错率降低到1%，工效提高6～8倍。

4. 充分利用粮油资源，发展粮油食品加工业，加速农业产业化 例如华农集团是河北省的一个产业化的龙头企业，以当地小麦为主要原料，集面粉、方便面、饼业、包装、彩印、调味品、运输等于一体，拥有九大分公司，总资产达30亿元，每年转化小麦50万t，蔬菜30万t，牛肉5 000t，为周围农村创造了6 000多个就业机会，使周围农民获得直接收入2 000万元以上，集团上缴的税金占当地政府财政收入的1/3，带动了当地经济的发展。

四、粮油的精深加工得到发展，新产品不断涌现

1. 稻谷深加工 "特制米和标一米的生产，已占总量的40%以上，各种小包装营养米、免淘洗米、精制米和米制食品数量以年5%以上速度递增"，利用大米加工的副产品生产米糠油、米糠营养素、米糠膳食纤维、米糠多糖；利用糠蜡生产28碳醇；利用碎米生产米蛋白、营养米粉、果葡糖；利用稻壳生产活性炭、煤气发电、纤维板、餐盒等，已在一些地区和加工企业得到推广。

2. 小麦深加工 全国2 000多家挂面厂年生产5 000t以上的100多家，1万t以上的20～30家。近年来，挂面市场发展迅速，国内挂面消费总量稳定在200万t以上。方便面加工已形成较大生产规模，"现有300多家方便面生产企业，近2 000条生产线，年生产能力360万t，市场竞争激烈，年产量只达153万t"。"近年来采取速冻保鲜技术生产的方便食品如饺子、馄饨、包子、春卷、汤丸等进入百姓家庭，速冻食品的产量以年平均25%的速度增长，全国已有2 000多家速冻食品厂，年速冻食品产量超过1 000万t"。应用先进适用技术改造传统产业，加速主食品工业化，提高人民的生活质量，节约资源消耗已初见成效。

3. 玉米深加工 我国大中型玉米深加工企业400多家，其中日加工玉米600t以上的有20多家，全国

年产玉米淀粉250万t，食用与工业用酒精300万t。淀粉深加工主要包括淀粉糖及其衍生物、变性淀粉、淀粉发酵产品三大类。几年来，淀粉糖生产有较大突破，果葡糖浆、功能性低聚糖、高麦芽糖的需求有较大增长。变性淀粉的应用，市场需求预计在109万t以上，主要应用造纸（20万t左右）、食品（20万t以上）、纺织（17.5万t以上）、特种饲料（10万t以上）、农业播种、花卉种植、农药喷洒和医疗卫生用超吸水剂（20万t），此外，还有石油钻井、建材、铸造、医药、精细化工、包装材料等领域用变性淀粉，未来发展空间广阔。随着高油、高赖氨酸、糯性玉米和高直链淀粉优质玉米品种的推广，玉米方便食品、早餐食品将得到快速增长。

4. 大豆深加工　目前国内日处理1 000t以上大中型加工企业有30多家，各种豆奶粉、豆粉、传统豆制品、新兴大豆蛋白制品不断增加，大豆蛋白加工业发展迅速，规模不同的大豆分离蛋白生产线已有30多条。大豆磷脂、天然维生素E、植物甾醇、低聚糖、异黄酮和皂甙等工业性开发亦取得成果，产品进入市场。

5. 油料深加工　高级烹调油、色拉油发展迅速，已占总产量1/3左右，随着食品工业的发展，各种专用油脂（煎炸油、起酥油、人造奶油、沙拉酱、风味性凉拌油以及各种稀有特种油脂等）需求日益增加，油脂制备业向油脂加工业延伸，油脂精炼的副产物诸如各种脂肪酸及其衍生物、类脂化合物、蜡、维生素E的开发备受关注。

“安全、营养、方便、美味”是进入小康社会人们对食品工业的普遍要求，一年来，粮油食品业一方面大力开展了“放心粮油”活动，在2001年基础上再一次推荐并评出“放心粮油”351种，“粮油销售放心店”（试点）单位45个，大力促进了粮油产品质量管理的提高和加强，有效地防止了不合标准和卫生要求的粮油食品进入流通领域，另外，ISO9000、HACCP已在一批大中型粮油食品生产企业得到推广。

五、科技进步受到重视，粮油食品加工水平得到提高

“从2002年开始，国家实施农产品加工发展行动计划，计划在今后3年内主要农产品加工转化率将从目前的30%提高到55%以上，初步建立发挥区域资源优势和适应市场需求的农产品加工体系，增强农产品加工业的国际竞争力”。

“未来两年中国政府将投入30亿元用于发展粮油加工业，进行大豆、玉米、水稻、大米等农产品深加工。这批深加工项目共18个，分布在全国各重点产区。这些项目的实施和竣工，将有望实现粮油深加工产品产量每年增加209万t，解决了万人就业，并使45万个农户收入得到提高”。

另外，“十五”期间，科技部投入1.5亿元，开展粮油、果蔬、畜产品、林产品等大宗农产品的深加工关键技术和设备，全程质量管理控制体系和农产品快速检测技术与设备等研究。其中，有关粮油深加工的项目有：①玉米变性淀粉与酒精加工技术研究与产业化：该项目以专用玉米淀粉为原料，在分子结构水平上进行改性；改良湿法新工艺；用玉米颗粒吸附法生产无水酒精；用纤维素酶法水解生产发酵酒精；②大豆精深加工系列产品研究及关键设备开发：该项目主要攻克大豆蛋白膜分离技术，功能性大豆蛋白的后修饰技术；大豆功能因子的高效分离技术；③小麦精深加工技术研究开发：该项目主要研究谷朊粉高效分离及干燥技术、高乳性谷朊粉生物降解与精制技术；麦淀粉高效糖化技术；高产酸菌种驯化与选育技术；专用粉配麦、配粉技术；添加剂修饰技术；日产千吨专用粉自动控制技术与在线监测技术；胚芽高效分离与高活性胚芽蛋白提取利用技术。④水稻深加工技术研究开发：该项目主要研究利用膜分离、超微粉碎、挤压膨化、喷雾干燥等技术，进行米糠稳定化处理；米蛋白提取；米糠营养素开发；米糠膳食纤维提取、活化；米线、水饺抗老化保鲜等产品开发；⑤农产品加工标准与全程质量控制体系示范，重点对大豆分离蛋白、面粉、大米、食用油脂生产推行ISO9000和HACCP全程质量控制技术，建立健全企业质量管理规程，提高粮油食品加工的安全水平。

六、2003年展望

在新的一年里，粮油食品业要在党的十六大精神指导下，认真贯彻“三个代表”的重要思想，以全面建设小康社会为目标，把粮油食品业的科技进步与行业发展提高到一个新的水平。主要任务：

1. 推进粮食生产结构调整，深化国有粮食企业改革　继续推进粮食购销市场化，在保护种粮农民利益的前提下，通过市场机制引导农业尤其是粮食生产结构的调整，建立优质、高效的粮食生产结构，增加农民收入；继续深化国有粮食企业改革，进一步探索公有制，特别是国有制的多种有效实现形式，大力推动企业的体制、技术和管理创新；不断完善改革的政策措施，加强产销情况、供求变化的调研，搞好市场预测和宏观调控，确保粮食安全与市场稳定；要通过推动粮油产业化、粮油产品的精深加工，发展相关服

务业，增设各种服务配送网点，做到减员增效，扩大再就业。

2. 加快粮食市场体系建设 加快粮食市场建设，发展现代流通方式，形成以批发市场为中心，以集市贸易为基础，直销配送和超市连锁经营为补充的营销体系，逐步形成统一、开放、竞争、有序的粮食市场体系。

3. 以粮食购销企业、加工企业为龙头，发展定单农业，建立适应市场机制的产销衔接关系 以公司联基地、基地加农户的模式，促进优质粮油产品的产业化生产，带动粮油食品精深加工，通过粮食、油料加工、转化、增值的形式增加农民收入。

4. 调整优化产业结构，提高产品档次和整体质量水平 ①要开发精米加工新产品，发展免淘米、营养强化米，合理利用碎米、米糠资源；②发展食品专用粉和营养强化面粉生产，发展谷朊粉和小麦淀粉、小麦胚芽、麸皮深加工制品；③开发方便玉米食品，大力发展玉米蛋白、玉米油、淀粉糖、酒精及其他各种深加工综合利用产品；④发展豆奶、豆奶粉、功能性分离蛋白、浓缩蛋白、组织蛋白等新兴大豆食品；加快传统大豆食品的工业化进程；发展专用油生产，推广色拉油、高级烹调油、煎炸油、起酥油、人造奶油等产品。此外，逐步继续调整优化企业组织结构，提高粮油生产加工的规模化和集约化程度，改变当前存在的小而散的状况，实现规模效益。

5. 大力推广高新技术，加快科技成果转化步伐，推进粮油食品业的科技进步 ①要加强产学研联合协作，鼓励具有经济实力的大型企业建立、健全企业技术研发中心，加速形成和完善技术创新机制。②大力发展粮油食品科研事业，加强粮油食品基础性的科学研究和基础设施建设，特别是粮油储运、加工、标准、质量、信息等方面的科学研究要给予加强、充实和提高，努力建设一支适应小康社会要求的粮油食品科研队伍。

6. 建立和完善粮油食品质量标准安全监督检测体系，确保粮油食品质量和安全 要督促企业建立、健全质量保证体系，积极贯彻 ISO9000 和 HACCP（危害分析和关键控制点）、GMP（良好操作规范）等与国际接轨的质量管理系列标准，严格执行《产品质量法》、《食品卫生法》等法律法规，从生产加工各个环节上加强质量管理。

（中国粮油学会 刘兴信 于衍霞 于英威）

棉花加工业

一、棉花加工情况

概括地讲，2001 年度棉花加工业总的特点是：棉花收购经营放开、棉花价格由市场形成、收购资金紧缺、籽棉加工量大、加工质量要求高、棉花销售难，棉花加工和经营难度大。尽管如此，由于供销社棉花加工企业积极参与棉花收购加工工作，因此取得了较好的成绩。主要体现在以下几个方面：

1. 棉花收购情况 截止到 2002 年 4 月 30 日，供销社棉花加工企业收购加工棉花 325.45 万 t，占社会加工总量的 70%左右。

2. 按国家标准加工棉花，确保产品质量 严格按照棉花国家标准加工棉花，确保产品质量。根据中国纤维检验局组织的多次检查结果，2001 年棉花收购、加工质量同上一年度相比有明显改善。棉花回潮率得到有效控制，“超水棉”基本杜绝；挑拣异性纤维的措施普遍加强，危害性物质明显减少；棉花加工质量有较大提高，包装及标识有较大改进；掺杂使假违法行为得到有效遏制。棉花加工企业为确保全社会棉花质量起到了把关的作用。

3. 积极配合有关部门做好棉花加工企业资格认定市场准入工作 从各省反映的情况看，大部分供销棉花加工企业都通过了资格认定。据统计，供销社系统通过棉花加工企业资格认定的企业有 3 144 个，还有部分企业因所在省份的资格认定工作开展得比较晚未获得资格认定，只有极少数企业因为不合格而未通过认定。

4. 狠抓管理工作，向成本、资金、质量和安全生产管理要效益 2001 年度由于棉花严重供过于求，纺织品销售疲软，贷款资金少，质量要求高，使我们的棉花经营出现很大困难。但绝大多数棉花加工企业，通过狠抓管理，挖潜力，努力降低成本，想办法筹集资金，提高棉花加工质量，严防出现重大安全问题，做好做活了 2001 年度的棉花加工和经营工作。

5. 积极注册商标，争创优质品牌，提升竞争力据棉麻局加工处统计，现全系统已注册商标119个。其中有的品牌已成为知名品牌，创出了知名度。这说明我们企业的市场经济意识大大加强，在乎名声和信誉了。有品牌与无品牌其市场销售效果和竞争力度是不一样的。即使在2002年棉花供过于求的情况下，优质品牌棉花也是抢手的，而且知名品牌棉花的价格也比一般棉花每吨高出200元左右。

6. *积极捕捉和分析市场信息，及时调整营销策略* 2001年度的棉花市场情况可以说是最难把握的一年。尽管如此，多数加工企业却能在如此捉摸不定的市场态势下准确收集、分析市场供求信息，采取以销定收，以销定加，勤进快销的经营策略，在变化无常、充满风险的营销活动中，取得较好的经济效益。这充分说明，我们供销社系统棉花加工企业是经得起考验的，能够在竞争越来越激烈的棉花市场中取得成绩，站稳脚跟。

7. *打造具有较强抗风险能力的大中型企业，增强竞争能力* 加快调整优化轧花厂布局，整合落后分散的棉花加工企业，通过技术设备的更新升级和人员的重新优化组合，集中优势力量和优质资源，积极探索走产业化经营的道路，扩大规模效益，打造具有较强抗风险能力的大中型企业，增强竞争能力。如由中棉工业有限责任公司、河南扶沟县棉麻公司和全国棉花交易市场北京棉花配送公司三家联合组建的扶沟中棉棉花产业化公司；山东省供销社系统6个县进行产业化试点，搞得也不错。

二、棉机制造情况

1. *生产发展情况* 据不完全统计，2001年全国棉花加工机械产品生产厂家有48家，比2000年增加了10家。其中上报统计数据的有18家，这18家棉机企业总人数为5 555人，其中：工程技术人员716人；固定资产原值2.83亿元，固定资产净值1.74亿元。全年完成工业总产值4.48亿元，比去年增加了1.36亿元，实现利税4 451万元。

2001年，这18家棉机企业生产锯齿轧花机1 489台，皮辊轧花机200台，打包机624台，皮棉清理机1 046台，籽棉清理机364台，剥绒机1 514台，清弹机286台，铣齿机108台，总集棉机63台，烘干机19台，棉花加工成套设备11套，轧花肋条14.6万件，轧花锯片293.8万件。为老企业设备更新、改造和新建企业，提供了必要的装备和配件。

2. *体制改革* 2001年，国家为了进一步深化棉花流通体制改革，打破经营垄断，鼓励公平竞争，规范市场秩序，提高调控效率，建立适应社会主义市场经济要求的棉花企业经营机制和管理体制，促进棉花生产和纺织工业健康发展，先后出台并实施了国发〔2001〕27号文《国务院关于进一步深化棉花流通体制改革的意见》、国务院令（第314号）《棉花质量监督管理条例》和国办发〔2001〕65号文《棉花收购加工和市场管理暂行办法》。在完善市场准入制度、规范市场秩序、加强质量管理和宏观调控的前提下，放开了棉花的收购和经营，棉花储备与棉花经营分开，即一放、二分、三加强。

3. *市场发展情况* 2001年度，我国的棉机市场呈现三大热点：一是由于棉花流通体制的进一步深化改革，打破经营垄断，放开棉花收购，其他各行各业积极介入棉花行业从事棉花的收购加工和经营，尤其是介入棉花的加工环节，如民营资本、纺织企业、乡镇企业等，新增了不少棉花加工企业，形成了对棉花加工新旧设备的需求热潮。二是在国家产业政策、相关法规、标准的要求下，以及面对加入WTO后的市场竞争态势，一些老的正规的具有良好发展势头的棉花加工企业，积极地进行技术改造，形成了对高品质、规模化、高效率棉机产品的需求热潮。三是由于上述两大热潮的推动而形成的棉机销售热潮。棉机市场出现了多年未有的供不应求的局面，使棉机企业的销售和效益普遍好于上年度，仅前述列入统计的18家棉机企业工业总产值就增加了1.36亿元，利润总额增加了1 666万元。

4. *科研与新产品开发* 2001年度，棉机行业为了适应加入WTO后国际国内市场对棉花加工质量和节能降耗降低加工成本的更高要求，在棉机产品的工艺、技术含量和质量上挖掘潜力，对原有产品进行了工艺和技术的改进和提升，实施了一批新产品开发项目（表1）。如为适应棉花加工企业实现集约化、规模化的经营需要，山东棉花机械公司推出了国内超大型化的MY－171锯齿轧花机及相应的配套设备；邯郸棉机公司推出了大型智能化MY－168锯齿轧花机及相应配套设备；南通棉花机械有限责任公司则推出了适应大型高效轧花机的具有高打包效率的MDY-400A快速液压棉花打包机；供销总社郑州棉麻工程设计研究所研发了新型除尘机组，籽棉烘干机，开发了信息化的IC卡技术和条形码技术等信息处理手段以及电子式175气流仪、MJQS－154型束纤维强伸度仪等棉花检验仪器。这些设备、仪器的开发成功，大大地提高了现有棉花加工企业的装备水平。

5. *行业管理* 随着棉花流通体制的深化改革，行业管理的职能也逐步转变为为企业服务。为提高棉机产品质量，规范棉机产品销售市场和改进棉机企业内部运行机制，我们制订了相关的国家标准和行业标准。2001年组织制订和发布了《棉花包装》、《棉花加工企业基本技术条件》和《棉花加工机械安全要求》3项国家标准及《棉花打包用镀锌钢丝》1项行业标准。上报了《锯齿衣分试轧机》国家标准，现该标准已列入制定计划，正在起草中。向国家质量监督检验检疫总局提出了对主要棉花加工机械产品实行生产许可证制度的申请，国家质量监督检验检疫总局已批准对部分棉花加工机械产品实行生产许可证制度。这对整顿全国棉机市场秩序，清除非法棉机生产经营企业起到了积极的作用。

表1　中华全国供销合作总社新产品项目（2001）

序号	新产品名称	研制单位
1	MY-168　智能锯齿轧花机	邯郸棉机有限公司
2	6MZQ-12　倾斜式籽棉清理机	邯郸棉机有限公司
3	6QL-12　籽棉清铃机	邯郸棉机有限公司
4	6MHZQ-12　回收式籽棉清理机	邯郸棉机有限公司
5	6MHT-200　籽棉烘干机	邯郸棉机有限公司
6	MY171　锯齿轧花机	山东棉花机械公司
7	MY96　锯齿轧花机	山东棉花机械公司
8	MQZX-10　倾斜式籽棉清理机	山东棉花机械公司
9	MQZX-5　倾斜式籽棉清理机	山东棉花机械公司
10	MQZXH-10　回收倾斜籽棉清理机	山东棉花机械公司
11	MQZT-5　提净式籽棉清理机	山东棉花机械公司
12	MQZT-10　提净式籽棉清理机	山东棉花机械公司
13	P600×3000　锯齿式皮棉清理机	山东棉花机械公司
14	P600×2000　锯齿式皮棉清理机	山东棉花机械公司
15	MDY－200BK　快速液压棉花打包机	江苏南通棉花机械有限公司
16	MDY-400　液压棉花打包机系统	江苏南通棉花机械有限公司
17	MQP400×2000A　皮棉清理机	江苏大丰市供销机械厂
18	MDDY-63　液压棉包断丝打包机	中棉工业公司
19	MCGZ-1　籽棉干燥机	郑州棉麻工程技术设计研究所
20	MCEF　除尘机组	郑州棉麻工程技术设计研究所

（全国供销合作总社棉麻局加工处　康玉国）

油料加工业

一、油料与油脂生产

2002年我国油料种植面积1 750万hm^2，比上年增加1.4%，全年油料产量为3 000万t。我国制油用油料总量5 000万t，大豆产量1 600万t，进口大豆1 500多万t，花生产量1 500万t，油菜籽产量达到1 270万t，棉籽产量850万t。油脂社会总消费量为1 300万t，植物油人均年消费量8.7kg。食用油总产量为850万t。其中，菜籽油350万t，棉籽油180万t，豆油185万t，花生油200万t，葵花籽油20万t，胡麻油15万t，芝麻油10万t，米糠油和玉米胚油5万t。

我国是世界上油菜籽产量最大的国家，种植的油菜籽既有传统的高芥酸油菜籽，也有经过改良的“双低”油菜籽，近几年双低油菜籽的播种面积不断增加，2002年“双低”油菜籽的播种面积占油菜籽总播种面积的66.7%。油菜籽的产量比2001年增长5%～8%。我国的油菜籽加工区主要集中在长江流域一带的四川、湖北、安徽、江浙、湖南、江西等地。

我国大豆消费的增长趋势是显著的，其根本原因是城乡人民生活水平的提高，刺激了畜牧业、养殖业的发展。人们生活水平提高的两个显著标志：一是食用油的消费大大提高；二是肉禽蛋奶的消费迅速增加。大豆的两个直接主副产品是植物油及用于饲料的豆粕。由于我国人口众多，全国平均消费水平稍有增长，总需求量就增加较大。

我国农业咨询团组织多位农业专家、农经专家、营养学家及大企业决策人在北京举办了“中国花生产业论坛”。与会专家一致认为：加入世贸组织后，花生是具有国际价格优势的大宗农产品，我国政府有关部门应积极推动建立北方花生加工产业带。随着西部大开发战略的实施，应着手建立从新疆到沿黄河 8 省区横跨西、中、东部地区的花生产业带。目前花生加工业已有了大型龙头企业，如山东省莱阳鲁花公司年产花生油 10 万多 t，年可吸纳 10 万 hm^2 农田的花生，可向农民投放收购资金 10 多亿元。

二、国内外油脂市场

为响应欧盟 6 月份开始的对美国 201 条款的报复措施，按照 WTO 相关程序规定，中国已于 2002 年 5 月 17 日向 WTO 货物贸易理事会递交了对美国部分产品中止减让产品清单，大豆油列在其中。

2001 年 6 月我国颁布了农业转基因生物安全管理条例，2002 年 1 月我国颁布了该条例的执行细则。规定转基因的农产品进口均须获得转基因安全证书，否则不得进口。在油脂油料产品中，大豆、大豆油、大豆粕、油菜籽、菜籽油和菜籽粕均属于转基因标识管理范围之内。从该条例出台的目的来看，国家意在保护国内的压榨企业和国内农民的利益，针对的主要是大豆这一油料品种，但对油菜籽的进口同样会有影响。目前世界上惟一种植非转基因油菜籽的国家是澳大利亚，我国进口油菜籽的主要来源国之一的加拿大的油菜籽属于转基因油菜籽，如转基因条例执行严格，肯定会对我国的油菜籽的进口造成影响。转基因条例实施细则的执行情况对大豆、油脂市场和粕类市场会有影响，如转基因条例实施减少大豆的进口量，则国内大豆粕和大豆的价格可能上涨，在一定程度上将支撑菜籽粕和油菜籽的价格。

2002 年是我国加入 WTO 的第一年，国内农产品市场将进一步对外开放。两种油的配额为豆油 170 万 t，菜籽油 60 万 t。2002 年马来西亚棕榈油呈减产的趋势；我国 240 万 t 棕榈油配额也将对棕榈油价格构成支撑，同样我国大豆油和菜籽油配额的发放，也将对世界大豆油和菜籽油起到利多的支撑作用。

棕榈油进口成为我国继毛大豆油、毛菜籽油进口外的第三大食用油脂进口品种，棕榈油进口具有用期短、时间紧、批次多、批量小等特点。根据对外贸易经济合作部规定，油脂进口目前国内仍由 6 大公司主营。即中国粮油食品进出口总公司、中国土产畜产进出口总公司、中国华润总公司、中国南光进出口总公司、中国良丰谷物进出口公司、中谷粮油集团公司及一部分特批的企业（包括易货贸易、加工贸易和三资企业等）。

2002 年国内油料油脂市场发展环境比较宽松。现在我国已成为世贸组织的正式成员，根据我们承诺的条件，国内已开始降低关税，开放市场，消除国营垄断，农产品国内市场与国际市场逐步接轨，在这个大环境下，国内油料油脂市场无疑会受到一些影响，主要影响因素是国际市场油料、油脂价格和国内油料、油脂进口量。我国进口的油料品种主要有油菜籽和榨油用大豆，我国大豆的进口关税为 3%，进口数量取决于国际市场大豆价格和国内市场需求量，没有配额限制。油菜籽的进口管理类似于大豆，也是完全按国内的需求意愿进口，目前的进口关税为 12%，关税调整的空间不大。油脂方面，主要进口品种为豆油、菜油、棕榈油。由于其配额的增加，大量进口油脂会影响国内油料油脂市场。但承诺的配额量并不是实际的进口数量，进口多少取决于国际、国内市场油脂价格和国内需求量。近两年随着国内市场油脂价格的逐渐下跌，国际市场的油脂价格和国内的价格差距逐渐在缩小。

三、油脂科技与应用

改革开放以来，我国油脂工业与科学技术事业发生了巨大的变化。我们依靠自主创新和研究开发，借鉴国外先进管理经验和消化吸收引进的先进技术装备，使我国的油料加工能力、生产过程的机械化、自动化程度大大提高，植物油脂产品花色品种增多，质量不断提高。制油过程中副产物的综合利用不断发展，油料中具有高附加值的生物活性物质的研究开发初见成效。随着我国社会主义市场经济体制的建立和逐步完善，粮油市场逐步放开，国有企业、股份制企业、民营企业、合资及独资企业多种经济成分并存，相互竞争的局面，给油脂工业带来生机与活力。目前我国油脂工业的发展已经接近国际先进水平，一批具有国际、国内先进水平的项目，通过了省级鉴定，并先后应用于生产。

由武汉工业学院、哈尔滨科华航天技术有限公司、四川省新都希望粮油有限公司共同承担，由武汉工业学院刘大川教授主持的“油菜籽脱皮、挤压膨化、浸出制油新工艺研究”及国内首条生产线通过了湖北省科技厅组织的鉴定。鉴定专家一致认为：该项目建成了国内第一条油菜籽脱皮、挤压膨化、浸出制油工业化生产线，新工艺使菜籽饼粕蛋白质含量由原来的38%提高到45%，有效地改善了菜籽饼粕的品质、外观及适口性，属国内首创，达到国际先进水平。

由武汉工业学院和湖北嘉禾粮油有限公司共同主持的“双低油菜籽脱皮、冷榨新工艺技术”科技项目，通过了湖北省科技厅组织的鉴定。鉴定委员会认为：该新工艺经过两年多的技术攻关，建成了中试车间，并进行了工业化批量生产，各项指标达到预期效果，改变了我国现行油菜籽加工的单一模式。这项新工艺属国内首创，达到国内领先水平，而本课题采用的加水调质、冷态压榨工艺属国际创新。

由天津粮油科学研究院研制出了小麦胚芽油胶丸，这是一种很好的保健药品。小麦胚芽油是天然的维生素供应源，其维生素含量250～520mg/hg，小麦胚芽通过制油过程，油中的维生素含量与原料相比高出10倍以上。小麦胚芽油中还含有抗疲劳成分二十八醇。

国内浸出油厂规模已向大型化发展。以大豆浸出加工为主，在建及已建成的1 000～2 500t/d大型油厂近80个，最大的达5 000 t / d。浸出制油占整个制油能力的优势明显上升。全国油料加工能力达5 000万 t。大型浸出成套设备可自行设计、制造及安装。膨化浸出、混合溶剂浸出、液态烃浸出、超临界流体浸出等先进制油工艺已有不同规模的应用。

国内自行设计与引进的油脂全精炼生产线逐渐增多，规模逐渐增大。油脂精炼能力达700万 t。其中全精炼能力占120万 t，物理精炼、混合油精炼等技术也相继采用。食用油脂品种从不同油料生产的普通食用油发展到高级烹调油、煎炸油、色拉油、营养及风味调和油、人造奶油、起酥油及其他专用油脂，可以说琳琅满目。富含生物活性成分的特殊油料加工不断取得进展，如谷类胚芽、沙棘、紫苏籽、葡萄籽、月见草及番茄籽等加工。

油料资源综合利用受到高度重视。全国有分离大豆蛋白厂30余座，其中最大的年生产能力达5 000t；有粉末大豆磷脂厂近10家，其中年生产能力最大的达600t。特别是油料中含量少、附加值高的生物活性物质的开发更成为热点。制取磷脂、脂肪酸、甾醇、生育酚、蜡、谷维素、棉酚及其他类脂物；制取植物蛋白粉、浓缩蛋白、分离蛋白、组织蛋白、氨基酸、异黄酮、皂甙、低聚糖及食用纤维等，已形成一定的生产能力。在油脂产品开发及生产中，超临界流体浸出、分子蒸馏、膜分离、柱层析、微胶囊化、挤压膨化、化学及生物改性技术、生物分离技术等高新技术都有不同程度的应用。其他如发酵法生产γ-亚麻酸及花生四烯酸、化学或酶法合成共轭亚油酸、微生物油脂提取、酯交换生产类可可脂等也都在研究开发中。

武汉市东方红生物食品有限公司研制出新一代产品——纳米脱磷剂，该产品呈白色固体细粉，不与油脂起化学反应，加入量为油重的1%～2%，不需升高温，搅拌时间短，经过滤达到去除磷脂的目的，特别对于浓香花生油产品的生产具有重要的作用。

河南省滑县粮机厂在有关科研单位的协助下，成功开发出从豆粕中提取大豆异黄酮成套设备，并于近日通过国家发明专利申请（专利号：02116380.4）。

河北省南皮机械制造有限公司致力于榨油机技术性能的研究和攻关，研制的特殊合金深表层处理耐磨榨螺，使用寿命较普通榨螺延长1倍，技术先进、成本低。

浙江省农业科学院于2002年研制出高含油脂的油菜籽新品种，为提高我国专用油菜籽品种水平做出了贡献。这一品种大面积推广后，必将获得明显的经济效益。

目前国内油脂工程专业技术队伍已具备较强的实力，科学家及工程师的数量越过万人。全国有江南大学、郑州工程学院、武汉工业学院等3所高等院校专门培养油脂专业高级人才及从事油脂科研和工程实践人员，一批中等专业学校从事培养中级人才，4所国家级研究院和一批省级科研所的科技人员承担着油脂科学研究和工程设计任务，他们对我国油脂工业及科技的发展做出了重大的贡献。《中国油脂》、《中国粮油学报》、《粮食与油脂》等专业杂志，已成为科技人员学术交流的园地，中国粮油学会及油脂专业分会为科技人员提供了活动舞台，同时成为有关部门与企业之间联系的桥梁与纽带。总之，科学技术的进步，有力地推动了我国油脂工业的发展。

四、油脂学术交流与标准化工作

（一）油脂学术交流

2002年1月23日由中国包装和食品机械总公司油脂工程中心主办的关于油脂行业发展方向研讨会在北京中国农业机械化科学研究院召开。中国粮油学会副会长王瑞元、中国粮油学会油脂专业分会副会长李志伟、中国植物油行业协会秘书长王俊籽、中国农机院副院长李树君、中国包装和食品机械总公司以及部分油脂界专家等参加了此次研讨会。

2002年6月25～27日在四川省成都市召开了中国粮油学会第二届学术年会，来自全国粮油科技届的350多位代表出席了这次盛会。

《中国油脂》杂志编辑委员会会议于2002年8月13～15日在陕西宝鸡汤峪召开，来自全国各地的《中国油脂》杂志编辑委员会的新老编委及部分油脂加工企业、粮油机械设备制造企业、部分油脂专业分会常务理事等共66人参加了会议。会议通报了《中国油脂》从2003年起，由双月刊改为单月刊。

2002年8月30～31日，由农业部主持召开的"全国大豆产销衔接会议"在我国大豆主产省黑龙江省哈尔滨市隆重召开，来自我国各大豆主产省区和主销省市区的近200多位代表出席了会议。农业部刘竖副部长在会上表示，面对加入WTO给国产大豆带来的冲击，我国将以东北和内蒙古自治区为突破口，用5年时间使我国大豆的单产和含油率达到或接近世界水平，使绿色、有机及特种大豆出口初具规模，以全面提升我国大豆在国际市场的竞争力。农业部已制定了《东北高油大豆优势区域发展规划》，目前正在组织起草《中国大豆品质区划》，这两个规划确定了我国大豆生产的总体布局，创造了推行大豆专一品种区域规模种植，提高产品质量和档次的基础条件。

2002年10月10～11日，由中国农村技术开发中心UNDP项目管理办公室、湖北省科技厅、武汉工业学院共同主办，由湖北天颐科技股份有限公司、中国农业科学院油料作物研究所、德国凯姆瑞亚斯凯特公司承办的"2002年UNDP双低油菜国际技术研讨会"在武汉工业学院科学报告厅成功举办。来自国内外农业育种、油脂加工、粮油机械等行业的130多名代表参加了此次研讨会。联合国UNDP首席专家Busta博士作了"美国双低油菜的生产及应用情况"报告，中国工程院院士、华中农业大学傅廷栋教授作了"中国油菜生产的现状与展望"报告，德国凯姆瑞亚．斯凯特公司B.Emerslcben博士作了"双低油菜籽脱皮冷榨技术"报告。武汉工业学院刘大川教授向大会作了"油菜籽脱皮、挤压膨化、浸出制油新工艺"报告，中国农业科学院油料作物研究所所长王汉中研究员作了"入世后的中国油菜产业"报告，德国凯姆瑞亚．斯凯特公司H－J.Rasehorn博士作了"植物油制备生物柴油技术"报告，武汉工业学院胡健华教授作了"双低油菜籽加工工艺的研究"报告，JICA项目组长中岛一成作了"中国油菜产业的发展和品质"报告。此次会议是在中国举办的首次UNDP双低油菜国际技术研讨会，是一次高水平的国际技术研讨会，必将促进我国双低油菜籽的生产、加工和利用，且具有划时代的意义。

2002年11月7～9日在北京召开经国家粮食局、中国科协和科学技术部批准，由中国粮油学会（CCOA）和美国油脂化学家协会（AOCS）共同组织的"2002年北京国际大豆技术及开发合作研讨会暨展示会"。此次会展是邀请国别与地区最多、涉及学科最全的一次全球性大豆产业国际会展，参加会（展）的外国企业有40多个国家和地区的200多人，收到中外论文400篇。本次大豆国际会（展）涵盖了大豆产业中育种、遗传改良、大豆生产及害虫管理、生物技术、大豆油脂加工、大豆蛋白加工与应用、大豆副产品、大豆的营养、保健功能、信息技术在大豆产业中的应用等内容。

2002年12月经国际油菜研究咨询委员会同意，报国务院批准，武汉已获得2007年第12届国际油菜大会举办权，该会每4年举行一次。

（二）质量标准工作

2002年5月26～28日由国家粮食局标准质量管理办公室组织的"8个食用植物油产品国家标准和5个方法标准审定会"在山东省烟台召开，参加审定会的有来自中国粮油学会、国家粮食局标准质量中心、农业部、国家粮食局科学研究院、郑州工程学院、武汉工业学院、国家粮油质检中心、国家粮食储备局西安油脂科学研究设计院，国家粮食储备局无锡、武汉、成都科学研究设计院（所），湖北省粮油质检中心、青海粮油检测防治所、北京油脂公司等单位的17位专家及28个单位的代表。对国家粮食局标准质量中心和国家粮食储备局西安油脂食品及饲料质量监督检验测试中心负责起草制定的食用植物油产品标准：花生油、大豆油、菜籽油、棉籽油、葵花籽油、油茶籽油、米糠油、玉米胚芽油及相应的检验方法标准进行审定。我国24个大中型油脂企业如山东鲁花、上海福临门、青岛嘉里、深圳南海、深圳南顺、黑龙江九三油脂、湖北天颐、广东丰源、青岛长生等参与了标准的制订。这次修订的标准从框架上理顺了原油脂产品质量标准过于分散的状况，使油脂标准形成一个完整的体系，对于规范我国油脂生产、贸易起到积极的指导作用。标准起草参照了ISO、CAC国际标准，与国际标准接轨，具有先进性、科学性。特别是增加了转基因标识的内容，对促进我国油脂贸易、保护消费者利益更将起到积极的推动作用。2002年10月在郑州工程学院召开由国家粮食局标准质量管理办公室组织专家对大豆、油菜籽两个食用油原料国家标准进行了审定。

五、油脂加工业

我国农村改革开放以来，随着农业生产的发展，商品粮的增加，乡镇企业的兴起，农村粮油加工业蓬勃发展，加工能力已向城镇扩展。由于成品粮、油、饲料产品进城，使得国有粮油加工业加工量日益下降，加以外资和独资企业的进入，造成国内粮油加工业的市场竞争日趋激烈。

随着WTO关贸总协定的签订，进出口粮油贸易扩大，我们的应对措施：首先应有计划地安排在港口城市利用现有的国有企业进行重组改造，建立库厂结合的联合企业，进行精深加工、产品配送。我国进口的食油主要为大豆油和棕榈油，前者最好进口原料——大豆，这有利于弥补国内饲料——豆粕的短缺，发展国内的油脂加工业。后者进口原油，在港口利用现有油库进行改造、扩建，建立1 000～1 500t/d的油厂，以满足进口棕榈油毛油精炼的需要。这类油厂应配套建立人造奶油、调和油、脂肪酸、甘油、肥皂等车间，以便综合利用副产物，发展油脂化工产品。其次对于县级及以下的粮油加工企业，应面向农业、面向农村和乡镇企业的联合，通过改制、参股、联合等方式改变目前基层粮油加工的分散状况，实现贸易农、产供销一体化，加速农村经济的发展，提高农民的收入。这类地区加工厂的规模，应立足于当地的粮油资源、消费市场和消费水平。县级及小城镇的油厂规模拟以100～200t/d为宜，以适应目前生产与消费水平的过渡规模。

目前我国制油业发生了很大变化，一方面油脂产品品质得到了很大改善，生产设备的自给能力也在不断加强，生产规模、技术水平得到了突飞猛进的发展，全国较具规模的制油厂已达2 000多家。一批大型现代化、大规模生产的制油企业已逐步建立，如山东省德州天马粮油食品集团有限公司，是集粮油购销储存、粮油食品加工、货物中转于一体的综合性大型企业，正在建设年产20万t大豆深加工及产业化示范工程项目；厦门中盛粮油企业公司是福建省农副产品深加工龙头企业，已建成年生产能力10 000t食用油白皮花生深加工及产业化示范工程项目；广西柳州万佳花生油厂是广西农副产品深加工龙头企业，已建成年生产能力15 000t油菜籽加工及产业化示范工程项目；陕西石羊集团年产36万t大豆制油生产线已经运营。另一方面大多数油脂厂还停留在低水平的重复生产上。所谓低水平重复生产就是将原料简单制油，而不对其进行延伸一步的研究开发，从而使制油业陷入了一片困境。究其原因我们认为主要有两点：一是受部分走私油的冲击；二是我国制油业的产品定位、产品结构不对路。

多年来我国制油业一直把目光盯在如何提高出油率，降低生产成本上，而忽略了对油饼粕和制油下脚料的开发利用，将潜在的“经济能量”低价出售。实际上油饼粕和制油下脚料是宝贵的营养资源，如大豆饼粕可以生产高附加值的大豆蛋白，应用于生产冰淇淋、肉类食品、面包或直接添加到面粉中增加其营养，提高全民族身体素质。另外，还可以从油脂厂水洗下脚料中提取卵磷脂，卵磷脂是具有较高营养价值的保健品，可以减低血脂、抗衰老、增强记忆力，是市场上深受老百姓欢迎的保健品。只要加大下脚料的综合利用，提高其附加值，就可以提高经济效益。这是现时油脂厂新的出路。

加大油脂后续产品的研究，开发功能性营养油脂产品，提高产品附加值，就能创造更高的经济效益。如在油脂产品中添加维生素E、胡萝卜素、钙、锌、硒等制成营养保健油、调配脂肪酸平衡的调和油等，这是我国今后制油业的开发方向。为制油行业提供装备和技术的制油机械制造行业和油脂研究单位应及早开发研究，先行一步作好这方面的技术积累和储备。

目前我国油脂行业面临着严峻挑战，随着入世后进口市场的放开，进口油配额的取消，将对我国油脂行业产生较大冲击。入世后如果国外将这部分大豆转化为油脂产品后再进入我国，我们的油脂行业不仅面临着国外优质产品的冲击，而且将面临着原料短缺的挑战，从而导致原料涨价，生产成本加大，失去与国外产品竞争的能力。所以，国内的油脂厂必须上升到一个新的层次才能立于不败之地。企业在经营生产中不仅要密切关注市场，而且应关注国家相关政策，遵守入世规则，预测市场，及时调整产品结构，指导企业生产。由于我国的油厂多为小而分散，形不成龙头企业，因此势必要进行资产重组，应鼓励有实力的企业收购兼并一些面临倒闭或遇到困难的企业，或实施强强联合，然后在此基础上组建集团化公司，或形成在全国范围内的连锁经营式的集团企业，统一商标，统一管理模式、统一价格和统一服务，打造我国植物油行业的“航空母舰”，大力发展油脂产品的深加工和下脚料的综合利用，增强企业和产品的竞争力。

应加大高新技术在制油工业中的应用，如低温脱溶技术、分提技术（液态混合物的分提）、膜技术（在炼油工艺上的应用研究）、分子蒸馏技术（提取维生素E）、节能技术、生物技术、酯交换技术及计算机技术（在生产自动化与管理现代化中的应用）等等。加强功能性油脂产品的研制与开发，在油脂产品中添加营养素和微量元素，如维生素 E、茶多酚、胡萝卜素及硒、钙、锌等，调配脂肪酸平衡的调和油，生产营养保健油等产品。

六、要解决好油脂流通与环境污染

流通与环境是油脂加工业中两个关键环节。

我国加入 WTO，使国内油脂行业全面融入世界油脂市场，真正参与内外大流通已成为必然。随着国际贸易的广泛开展和跨国物流公司的进入。国内油脂运输业面临的将是一轮更大规模、更加激烈、更高层次、更加复杂的竞争。若仍沿用分散经营、小规模运作的经营模式，将采取何种经营策略来应对新的挑战，以确保在竞争中不失去生存发展空间，已是十分现实紧迫的问题。使企业内部的运输部门向自主经营的运输企业转化，并通过运输企业间的相互联合，集合优势资本，扩大经营规模，增强竞争力，是新形势下油脂运输业顺应市场需求变化，求生存、图发展的根本出路。开展多元物流服务，向现代物流业转化，则是运输企业的最终发展方向。交通运输虽然也是物流活动，但这只是物流服务全过程的一个组成部分，单纯的交通运输无法满足产品从生产者向使用者转移全程多元化服务的要求。以物流理念推动运输业的发展。就是将服务对象从托运人和收货人延伸到产品的生产者和消费者，将运作流程从运输过程延伸到产品的生产过程和流通过程；在经营过程中，不但要满足客户的服务要求，还要激发客户对物流服务的需求、为商品的经销者提供经营手段，与其结成策略联盟。油脂运输企业向现代物流业转化，关键在于找准同物流服务结合的切入点，企业要因势利导，结合自身的情况，制订采取适宜的经营策略。在具体运作中，有两种经营模式可以分别予以考虑：一是向专业运输发展，以油脂运输的专业化、高效化、规模化融入物流；二是以运输为依托，向多元服务转变，为客户提供高质量的物流服务。对于地处港口或公路、铁路交通枢纽地段，拥有专线码头，具备油脂油料仓储、装卸、运输条件的运输企业，就比较适宜发展专业化、高效化、规模化的物流产业。

实行可持续发展战略是 20 世纪末全人类作出的明智抉择，也是迈入 21 世纪门槛之际全球必须共同解决的紧迫问题，然而油脂加工过程中产生的废水、废气、废物及噪音造成的污染也是不容忽视的。在浸出工段，每处理 1t 油料就会产生 60L 的废水；在碱炼脱酸中，每处理 1t 油会产生 100L 含油和碱的污水；在脱臭工艺中每处理 1t 油也产生约 100L 的轻度污水。目前油脂加工厂使用的生产锅炉大多属于燃煤型，在生产供汽过程中产生大量烟尘和二氧化硫，这是一个很大的污染源。油厂的副产品利用起来是个宝，处理不好就会造成资源浪费和污染源。如以前精炼工段产生的废白土一般都作为垃圾扔掉，近年的一些研究成果为废白土的合理利用找到了途径。油厂使用的溶剂由于各种原因产生的泄漏会污染水、空气，会发生燃爆事故危害人身安全。近几年发生的火灾爆炸事故中，设备老化、管理不严、违规操作等是导致事故发生的重要原因。总之，油脂加工业中的污染只有得到有效的治理，这一产业才会大有作为。

油脂是人类生存不可缺少的营养组分之一，油脂工业有着长久不衰的前景。中国油脂工业是否能融入这一行业的世界经济主流之中，还有待于可持续发展战略的实施，有待于我们的共同努力。油脂行业是一个朝阳工业，不管外来的冲击有多大，只要我们坚持团结协作，开拓创新，扎实工作，必将创造油脂工业的新辉煌。

（湖北武汉工业学院食品学院　何东平）

大豆加工业

一、基本情况

（一）资源概况

1. 世界大豆生产情况　目前全世界大豆种植已遍及 50 多个国家和地区，主产国有美国、巴西、阿根廷和中国等（表 1）。从表 1 可以看出，美国大豆生产在世界上的地位占有绝对优势，产量最高；而南美国家（如巴西、阿根廷、巴拉圭）的大豆产量合计所占世界比重也比较大，其中 2000 年为 38.58%，2001 年为 38.64%，直逼美国所占比重。表 1 中 7 个国家的大豆总产量，2000 年和 2001 年分别占世界总产量的 99.53%和 96.28%，足以影响世界大豆产量、市场份额和市场价格的变动。

2. 我国大豆生产情况　新中国成立以来，全国共培育大豆品种约 750 种，目前主栽品种约 200 余种。与2000年相比，2001年我国大豆播种面积有所增加，单产有所减少，总产量基本持平，产量最多的省份为黑龙江、吉林、河南、山东、安徽、内蒙古、江苏、河北、辽宁（表2），其中黑龙江的大豆产量占全国比例32.2%，居全国第一位。

表1 2000—2001年世界大豆主产国生产情况

国 别	收获面积（khm^2）		单产（kg/hm^2）		总产量（万 t）		占世界比例（%）
	2000	2001	2000	2001	2000	2001	
世 界	**74 102**	**75 540**	**2 176**	**2 338**	**16 123**	**17 664**	**100.00**
美 国	29 303	29 542	2 561	2 663	7 506	7 867	44.56
巴 西	13 640	13 935	2 400	2 704	3 273	3 768	21.33
阿根廷	10 280	10 700	2 580	2 520	2 650	2 700	15.29
中 国	9 307	8 700	1 656	1 776	1 541	1 545	8.75
印 度	6 153	6 000	826	933	509	560	3.17
巴拉圭	1 176	1 209	2 533	2 965	298	358	2.03
加拿大	1 061	1 010	2 548	2 020	270	204	1.15

注：表中数据来自于联合国粮农组织（FAO）。

表2 2000—2001年我国大豆主产区生产情况

主产省区	播种面积（khm^2）		单产（kg/hm^2）		产量（万 t）		占全国比例（%）
	2000	2001	2000	2001	2000	2001	
黑龙江	2 868.3	3 326.3	1 569.2	1 491.7	450.1	496.2	32.2
吉 林	539.0	432.6	2 231.9	2 554.3	120.3	110.5	7.1
河 南	564.7	563.5	2 050.2	1 909.6	115.8	107.6	6.9
山 东	458.2	395.4	2 281.9	2 301.4	104.6	91.4	5.9
安 徽	682.2	679.7	1 341.2	1 315.2	91.5	89.4	5.8
内蒙古	793.9	755.0	1 080.7	1 104.6	85.8	83.4	5.4
江 苏	249.2	244.4	2 687.1	2 745.8	67.0	67.1	4.4
河 北	423.7	379.2	1 485.3	1 485.9	62.9	56.3	3.6
辽 宁	301.9	333.1	1 593.2	1 627.3	48.1	54.2	3.5

注：表中数据来自于《2002年中国农村统计年鉴》。

（二）加工业概况

我国大豆加工业主要包括传统大豆加工业、豆油加工业和大豆蛋白加工业三大部分。其中传统大豆加工业主要有发酵豆制品（如腐乳、臭豆腐、豆瓣酱、酱油等）、非发酵豆制品（如水豆腐、干豆腐、卤制豆制品、油炸豆制品、熏制豆制品等）及其他大豆食品等加工；豆油加工业主要是大豆食用油加工（含榨油、浸出和精炼等），豆油再经加工后，可制成大豆卵磷脂、起酥油、人造奶油、甘油、油漆等产品及其重要原料，广泛用于食品、医药、造纸、制革、化工等行业；大豆蛋白加工业主要以脱脂大豆为原料，加工制品有豆粕、大豆粉、大豆蛋白（包括浓缩大豆蛋白、大豆组织蛋白、大豆分离蛋白等）。

据不完全统计，我国现有大豆加工企业4 300多家，分属于23个不同的管理部门。其中豆油加工企业为3 000多家，蛋白质加工企业约30多家，大豆食品加工企业约1 000家左右。2001年全国大豆蛋白年总产量约5万 t左右，豆制品年总产量约500万 t左右（产品种类约100余种），各种豆油年总产量为341万 t（全精炼油产量已占油脂总产量的30%左右）。大豆油脂加工是我国大豆加工利用的最大领域，全国大豆月压榨量平均为157万 t，年压榨量为1 884万 t。从加工能力看，山东省年加工能力为900多万 t，占全国年加工能力的60.8%，居全国首位；黑龙江省年加工能力为400万 t，居全国第二位；吉林省年加工能力为250万 t，居全国第三位。山东省拥有年加工能力30万 t以上的企业10家，黑龙江省2家，吉林省2家。主要的大豆加工企业包括河北三河汇福食品公司大豆年加工能力60万 t、吉林德大年加工能力40万 t、黑龙江九三油脂有限公司年加工能力30万 t、大连日清制油有限公司年加工能力22万 t等。随着我国“入世”后对大豆加工业带来的严重冲击，国内一些规模小、设备陈旧的加工企业难以适应激烈的市场竞争，将面临停产、倒闭或被兼并的局面。国内大豆加工企业正在经历一场优化重组的新形势和行业结构的大调整，规模大、加工工艺与设备先进、管理完善的企业将在市场竞争中得以生存。

二、科研、新产品、新技术

近年来，我国大豆加工技术在许多方面取得了很大进步，新产品、新技术在大豆加工业中发挥了显著作用。一是在全脂豆制品加工方面改变了传统的加工技术，在传统豆制品加工过程中运用了现代化科技手段。二是大豆蛋白加工工艺有所提高，使大豆蛋白广泛应用于粮食、饮料、食糖、肉制品、糕点、医药等领域。三是豆油的加工技术不断完善，浸出技术、精炼技术及设备不断得到改进和提高，豆油深加工产品不断得到开发。四是大豆加工过程中广泛应用新技术（如微胶囊技术、膜分离技术、挤压膨化技术、生物工程技术、大孔树脂吸附技术等）生产出了许多重要产品，如用大豆粉生产塑料、聚氨酯、油墨以及涂料等；用大豆油生产润滑剂、燃料油、粉末油脂以及军用烟雾剂等；运用大豆制造防治癌症的保健品与药品等。目前我国正在积极开发具有特色的现代大豆蛋白，其中大豆分离蛋白的蛋白质含量在90%以上，具有凝胶性、乳化性、保油性、持水性等性质，可改善食品的加工性能和风味，进一步提高了食品加工的经济价值。

国家科技部已把“大豆精深加工系列产品研究及关键设备开发”列入国家“十五”重大科技攻关计划，主要包括三大部分：一是大豆蛋白高效分离技术及功能性大豆蛋白产品开发。开展大豆蛋白膜分离技术与设备研制，利用后修饰技术对大豆蛋白进行改性或修饰，开发乳用、凝胶性、分散性、面制品用大豆分离蛋白产品。二是大豆功能因子提取和纯化技术研究与产品开发。重点进行大豆磷脂、皂甙、异黄酮、低聚糖等生理活性物质提取和纯化技术研究开发，完成产业化生产的关键工艺参数、工艺流程、分析检测方法和配套设备的开发。三是特用型大豆加工特性研究及新产品开发。选择特用大豆进行蛋白质的提取及功能性研究、脂肪氧化酶作用机理及抑制技术研究、高异黄酮提取技术及功能特性研究，开发高蛋白食品无腥味大豆食品、高异黄酮制品等系列产品。2001年12月，“国家大豆深加工研究推广中心中试基地”完成了大豆功能因子——异黄酮、皂甙、核酸蛋白、低聚糖及浓缩蛋白连续提取工艺的中试验收，中试阶段生产的浓缩蛋白、异黄酮、低聚糖等产品大部分出口日本、韩国、欧共体、荷兰等国，现在浓缩蛋白以每月200t的订单全部出口。

三、国内外市场概况

（一）国内市场

1. 市场消费

（1）大豆：近年来，我国大豆消费量总体上处于上升趋势，其中年度供给量（是指期初库存、生产和进口之和）、榨油消费量和需求总量均呈快速增长的态势，食用及工业消费占总消费的比例不断缩小（1997/1998—2000/2001年度分别为38%、36%、28%、26%），种用量的消费量增长比较缓慢（表3）。

（2）豆粕：随着我国豆油需求量和饲料行业的快速发展，大豆压榨数量增长较快，豆粕产量每年都在显著增加。其中黑龙江、山东、江苏三省的豆粕产量占全国总产量的58%。近年来，我国豆粕市场的供给量、需求总量和消费总量均增长较快（表4），特别是饲料工业的消费量最大。

（3）豆油：我国城乡居民多年来形成了以大豆油为主的食用油消费习惯，所以豆油在我国食用油市场上占有较大比重。豆油的稳定供给，对我国食用油市场的稳定和发展起着越来越重要的作用。我国豆油消费主要是食用消费和工业用消费，其中食用消费远大于工业用消费（表5）。

表3 近年来我国大豆市场供需平衡情况 单位：万t

年度		1997/1998	1998/1999	1999/2000	2000/2001	2001/2002.2
年度供给量		1 767	1 901	2 435	2 865	2 845
种用量		31	32	36	34	34
食用及工业消费量		630	660	680	740	760
榨油消费量		976	1 096	1 640	2 022	2 122
其中	国产大豆	682	711	710	762	772
	进口大豆	294	386	930	1 260	1 350
损耗量		28	30	35	20	25
年度国内消费量		1 665	1 818	2 391	2 816	2 941
年度需求总量		1 682	1 837	2 413	2 836	1 966
年度结余量		85	64	22	29	-121

表 4 近年来我国豆粕市场供需平衡情况 单位：万 t

年 度	1997/1998	1998/1999	1999/2000	2000/2001	2001/2002.2
生产量	795	887	1 320	1 620	1 699
年度供给量	1 202	1 027	1 383	1 630	1 709
饲料消费	1 050	1 100	1 250	1 450	1 600
其他消费	40	45	50	55	58
年度国内消费	1 090	1 145	1 300	1 505	1 658
年度需求总量	1 092	1 146	1 303	1 513	1 708
年度结余量	110	−119	80	117	1

表 5 近年来我国豆油市场供需平衡情况 单位：万 t

年 度	1997/1998	1998/1999	1999/2000	2000/2001	2001/2002.2
生产量	151	176	271	341	359
年度供给量	301	270	327	361	459
食用消费量	225	240	250	275	300
工业消费量	40	44	49	52	54
年度国内消费	265	284	299	327	354
年度需求总量	297	289	304	331	360
年度结余量	4	−19	23	30	99

注：表 3、表 4、表 5 中的年度均为当年 10 月至次年 9 月；年度结余量是以当年度新增供给量与消费量相比较而得出的差值，它反映了库存水平的增减变动情况。

2. 进出口贸易 近年来，我国大豆、豆粕和豆油的进出口贸易中，进口量远大于出口量（表 6）。其中大豆进口量明显增加，出口增幅缓慢；豆粕进口量大幅度下降，出口量快速增长；豆油的进出口贸易从高峰走向低谷后，目前呈现上升的趋势。大豆主要进口国别及数量见表 7，其中 2001 年美国占全年进口量的 41%，阿根廷占 36%，巴西占 23%。

表 6 近年来我国大豆、豆粕、豆油进出口量 单位：万 t

年 度		1997/1998	1998/1999	1999/2000	2000/2001	2001/2002.2
大 豆	进口量	294	386	1 010	1 324	1 300
	出口量	17	19	22	20	25
豆 粕	进口量	407	140	63	10	10
	出口量	2	1	3	8	50
豆 油	进口量	150	94	56	20	100
	出口量	32	5	5	4	6

表 7 1997—2001 年我国大豆分国别进口数量表 单位：万 t

国家	1997	1998	1999	2000	2001
美国	228.6	175.2	244.5	541.4	572.6
巴西	44.0	94.1	86.0	212.0	316.0
阿根廷	0	39.1	96.4	278.4	502.0
加拿大			3.8	5.5	1.5
其他	6.6	11.2	0.8	4.4	1.5

(二) 国外市场

1. 国外大豆消费　2001年国外主要大豆消费国有美国、巴西、阿根廷、欧盟、印度、墨西哥、日本、泰国、加拿大、韩国和印尼等（表8）。

表8　2001年世界主要大豆消费国消费量和压榨量

单位：万t

国家	消费量	压榨量	国家	消费量	压榨量
世界	**17 964**	**15 459**	日本	516	381
美国	4 989	4 518	墨西哥	472	468
巴西	2 504	2 330	印尼	280	
阿根廷	2 009	1 910	加拿大	200	155
欧盟	1 833	1 687	泰国	193	175
印度	560	480	韩国	164	118

2. 亚洲大豆消费　亚洲是世界最大的食用大豆消费地，主要有中国、日本、印度、中国台湾省、泰国、韩国和印度尼西亚，而世界五大大豆食用国或地区都在亚洲，即中国、日本、印度尼西亚、韩国和中国台湾省。2001年整个亚洲的食用消费量为1 183万t，而世界大豆食用量为1 250万t，亚洲占世界比重为98%（表9）。其中中国总食用量为670万t，印度尼西亚为276万t，日本为102万t，韩国为43万t，中国台湾省为29万t。

表9　近年来亚洲大豆消费量及其占世界比重

年份	消费量（万t）	比重（%）	食用量（万t）	比重（%）	压榨量（万t）	比重（%）
1997	3 415	22.44	1 012	97.86	2 176	16.73
1998	3 974	24.89	1 017	98.20	2 685	19.74
1999	4 264	26.69	1 118	97.84	2 883	21.22
2000	4 724	27.43	1 150	98.20	3 333	22.52
2001	5 105	28.42	1 183	98.15	3 674	23.77

3. 主要出口国情况分析　世界大豆主要出口国为美国、巴西、阿根廷和巴拉圭（表10）。其中美国的出口量从1997年的2 411万t增加到2001年的2 722万t，但从出口相对量来说，美国从1997年的57.89%降到现在的47.66%，所以出现这种状况，这是由于巴西和阿根廷大豆出口量占世界出口量的份额在不断上升造成的。巴西的大豆绝对出口量由1997年的833万t增加到2001年的1 510万t，几乎增加了2倍，出口相对数量由1997年的22.75%增加到2001年30.20%；阿根廷的大豆绝对出口量由1997年的323万t增加到2001年的725万t，相对量由1997年的7.87%增加到12.95%。巴拉圭占世界比重比较稳定，一直是5%左右，没有大的波动。南美在2000年所占世界份额为44.96%，美国为50.21%，2001年南美增加到46.84%，而美国为47.66%。虽然南美单个国家还不能和美国相抗衡，但是整个南美的出口量之和则与美国旗鼓相当，表现了整个南美在决定世界大豆出口价格方面的强大实力。美国、巴西、阿根廷三国产量在2001年所占世界比重之和为90.81%，如果加上巴拉圭则所占世界比重之和达到94.50%，完全可以决定世界大豆的供给和价格。

表10　世界大豆主要出口国情况分析

国别	美国		巴西		阿根廷		巴拉圭	
	出口量（万t）	占世界比重（%）	出口量（万t）	占世界比重（%）	出口量（万t）	占世界比重（%）	出口量（万t）	占世界比重（%）
1997	2 411	57.89	833	22.75	323	7.87	239	5.82
1998	2 376	56.23	934	23.04	340	8.73	235	6.03
1999	2 190	56.06	897	24.93	410	8.68	212	4.49
2000	2 649	50.21	1 178	27.86	675	12.45	252	4.65
2001	2 722	47.66	1 510	30.20	725	12.95	252	4.50

四、质量管理与标准化工作

2001年，结合“入世”的相关要求，国家十分重视大豆加工业的质量管理和标准化工作，使人们对产品的质量意识和规范意识比以往都有了明显增强，大豆品质有了新的提高，进口产品质量检验得到严格控制，加工企业的生产环境、卫生管理和产品质量有了较大改观和提高。

为了解决大豆原料的品种质量问题，一些大豆主产区加强了品种培育工作，制定了大豆专用质量标准，现已培育出高油和高蛋白优质专用品种，有力地促进了大豆加工业的发展。如黑龙江大豆质量有了新变化，取消了过去的合同定购经营方式，全部实行市场化经营，新制订的大豆质量标准基本分为四类，即商品豆、交割豆、油用豆和混等豆。其中商品豆主要用生豆芽、加工各种豆制品等，质量能达到国标一等或高于一等。交割豆主要用于大连商品交易所期货交割，质量要求为国标三等，其中对水分要求比较严格。油用豆主要用于豆油、豆粕加工，一般不分等级，主要检验杂质、水分和青豆含量。混等豆主要是未经清杂过筛整理的大豆，杂质多，质量差，主要用于油脂加工。

2001年9月开始，国家质检总局在北京召开了专门会议，采取比以往更加严格的措施加强对进口大豆的质量检验。对于转基因大豆的进口，按照转基因条例实施细则进行，由国内大豆加工厂商向国家农业部申请进口安全证书。国际供货商（即境外公司）欲向中国出口转基因大豆，需要提供出口资格，包括输出国已允许该转基因产品作为相应用途并投放市场；输出国已验证和检测确认对人类、微生物、动植物和生态环境无害及不存在危险；有相应的安全管理和防范措施。供应商获得上述安全证书后，双方可签订转基因大豆进口合同，并转入质检局管理范围（非转基因大豆进口例外）。进口大豆到港后，须经两次检验过程，才能准予购货商提货等等。

国内一些大豆加工企业加强了生产质量管理，积极采用先进标准或国际相关规范指导生产和质量控制；许多企业通过了ISO9000的有关体系认证；一些企业结合“入世”要求，积极探索与国际接轨的内容、方法和措施，在机械设计与制造、厂房设计与施工、生产与质量管理等方面引入GMP规范，在生产过程控制方面引入HACCP体系，在卫生操作方面引入SSOP程序，使产品质量较以往具有较大提高。不过，我国大豆加工业与国际全面接轨的实质性工作尚未展开，但已引起政府和企事业单位的高度重视和关注。

五、行业管理

2001年，国家政府主管部门和大豆主产地区纷纷出台政策和规划，将大豆加工业作为我国特色经济的一项重要产业来抓。国家计委、国家经贸委和农业部分别把大豆加工业列入食品工业、轻工业和农产品加工业“十五”发展规划。例如，国家计委、国家经贸委、农业部联合发布的《全国食品工业“十五”发展规划》指出：“十五”期间，大豆加工业将着重发展销路广、市场潜力大的豆奶、豆奶粉、分离蛋白、浓缩蛋白、组织蛋白等新兴大豆食品，使总产量得到较大幅度增长；加快传统大豆食品的工业化生产进程；充分发挥我国优质大豆资源的优势，在大豆资源的综合利用上，积极开发大豆磷脂、皂甙、低聚糖、异黄酮、食用纤维等功能性食品，加快研制高质量、高附加值、高效益的具有特殊营养功能的新产品。大豆食品加工业的发展，要在巩固提高东北及内蒙古自治区、黄淮海生产区产品产量的同时，积极开发西部和南方红黄壤地区的大豆生产与深精加工。

加强转基因大豆的安全管理，是我国大豆加工业非常敏感和十分重要的问题。2001年5月23日，我国颁发了《农业转基因生物安全管理条例》，2002年1月7日，我国正式出台了与之配套的实施细则，并于2002年3月20日实行。转基因细则的公布已引起国内外政府机构及相关行业的高度关注。从2002年3月20日到8月8日，我国农业转基因生物安全管理办公室共收到美国、加拿大、新加坡以及香港特区等50家公司临时证明申请474个，国内131家贸易公司标识审查认可申请859个，5家境外研发公司用作加工原料的安全证书申请19个，32家国内外科研教学单位及研发公司在境内进行试验和生产应用的安全评价申请83个。经审查批准，已先后7次发放各类批准文件1365个。其中，进口转基因农产品临时证明434个，涉及美国、巴西、阿根廷的转基因大豆、大豆油、豆粕等；进口标识审查认可批件857个，主要是大豆和豆油。

2000年国家启动的“大豆振兴计划”，于2001年加快了深入实施的步伐。黑龙江在落实“大豆振兴计划”中取得阶段性成果，编制和推广了高油、高产大豆生产技术规程，实行产业化经营，使优质大豆生产基地与加工企业实现有效对接；2002年初，黑龙江垦区全面启动了“国家大豆发展计划”项目建设，按照调早、调优、调特的原则，垦区大豆生产全部实行统一供种，实行区域化栽培、专品种生产、纯品种销售和产业化经营。垦区还加大了大豆产业化经营力度，着力扶持龙头加工企业实现技术进步，发展高科技深加工项目，新增天然维生素E、大豆异黄酮等项目，提高大豆生产加工的综合效益，带动垦区农业结构的战略性调整。为了充分发挥我国东北大豆优势区域，目前农业部已制定了《东北高油大豆优势区域发展规划》，推进我国东北及内蒙古4省区60多万 hm^2 高产大豆示范区的建设，使目前大豆的单产和含油率达到或接近世界平均水平。

（中国包装和食品机械总公司行业办 王国扣）

马铃薯加工业

我国马铃薯资源非常丰富，是位于小麦、水稻、玉米之后的第四种主要作物，在国民经济中占有重要位置。随着我国加入WTO、全球经济一体化加快和实施西部大开发战略，为我国马铃薯加工业的发展既提供了难得的机遇，又面临着严峻的挑战。虽然我国具有一定的资源优势，但由于存在原料品种、加工技术装备水平、产业化系统运作和运行机制等问题，导致加工能力不足、产品质量差、技术含量低，缺乏市场竞争力。面对新形势，如何适应入世后市场经济发展的新需求，是摆在我国马铃薯加工业深入发展的新课题。目前，各级政府及马铃薯产区均认识到马铃薯加工业的重要性，一些产区依托区域资源发展龙头加工企业，使资源优势转化为经济优势，不断推进马铃薯加工产业化进程，开发生产了适销对路的马铃薯加工制品约20余种，具有比较优势的有马铃薯精制淀粉、变性淀粉、油炸薯片、速冻薯条、膨化食品、马铃薯全粉等。特别是“九五”和“十五”期间，国家把马铃薯加工业作为一项重要产业来抓，极大地带动了马铃薯产区的经济发展和农民增收。

一、基本情况

（一）资源概况

根据世界粮农组织（FAO）统计，2001年我国马铃薯收获面积为4 202khm²，比上年减少11%；单产为15.242t/hm²，比上年增加8.6%；总产量为6 405万t，占世界总产量的20.78%，居世界第一位，比上年减少3.44%。产量较大的省区有内蒙古、贵州、云南、甘肃、四川、重庆、黑龙江、山东、陕西、山西等地，约占全国总产量的80%左右。

到2001年底，我国共培植、引进和选育出马铃薯品种170多个，市场比较热门的有四大系列约30余个品种，主要为：①高产型品种：包括台湾红皮、紫花白、内薯5号、底西瑞、高原7号等。②早熟型品种：包括费乌瑞它、早大白、郑薯5号、中薯3号、春薯1号等。③油炸型品种：包括大西洋、斯诺登、夏波蒂、铃田99、铃田100、内薯3号、布尔斑克、紫花白等。④高淀粉型品种：包括陇薯3号、勘内贝克、内薯7号、内薯5号、铃田200、晋薯7号、坝薯10号、高原7号等。目前这些品种正在逐步向马铃薯产区推广，有的已被多家公司用作加工原料，如美国辛普劳食品公司利用紫花白作为炸薯条原料，百事可乐公司选用内薯3号、大西洋和紫花白作为加工原料，日本Calbee公司选用内薯3号、紫花白作为加工原料等等。

（二）加工概况

据不完全统计，2001年我国马铃薯加工业共消耗原料约220多万t，其中加工马铃薯淀粉、变性淀粉及粉丝、粉条、粉皮等产品约30万t，消耗原料为180万t；加工速冻薯条1万t，消耗原料为3万t；加工油炸薯片4万t，消耗原料为20万t；加工全粉1万t，消耗原料为5万t；其他加工制品消耗原料约20万t。马铃薯加工转化率为20%，深加工转化率为10%。

马铃薯加工业是我国发展快、效益高的重要产业，一些企业注重发展规模化生产，不断扩大生产规模，向规模生产要效益。在薯条加工方面，20世纪80年代我国薯条加工还是空白，目前加工企业已发展为6家左右，生产规模由过去的百吨级发展为现在的千吨级。在淀粉加工方面，“九五”初期，我国符合国家一级标准的马铃薯精淀粉厂不足10家，年生产能力为2万t左右；到2001年，我国符合国家一级标准的马铃薯精淀粉厂已发展为30家左右，生产能力为20多万t，其中企业数增长2倍，生产能力增长10倍；马铃薯淀粉的生产规模由过去的千吨级发展为现在的万吨级。在薯片加工方面，通过技术装备的引进和仿制，我国研制和推广了一批中小型薯片加工设备，到2001年底我国开工的薯片生产企业约20余家（含进口设备），生产规模由过去的百吨级发展为现在的千吨级。在全粉生产方面，我国20世纪90

年代开始建成投产1～2家生产企业，到2001年底我国已投产的马铃薯全粉加工企业约7家，生产规模约1万多t。目前正在开工建设或扩建改造的全粉生产规模约2万余t；还有20余家企业正在加紧立项、招商或筹建，生产规模约5万余t。

二、科研、新产品、新技术

（一）一批国家重点项目完成鉴定验收

1. 国家计委下达由中国农业机械化科学研究院承担的“马铃薯薯条加工成套技术与设备”、“马铃薯淀粉全旋流关键技术与装备”、“高品质α淀粉工业化生产技术与关键设备滚筒干燥机”等项目，分别于2000年12月、2001年10月通过原国家机械局和中国机械工业联合会组织的鉴定验收。其中，“马铃薯薯条加工成套技术与设备”项目的主要研究成果为“薯条加工工艺、关键单机（切条机、振动分级机、烫漂机、油炸机和脱油机）和300kg/h成品薯条示范生产线”；“马铃薯淀粉全旋流关键技术与装备”项目的主要研究成果为“马铃薯淀粉全旋流工艺与装置研制，建成年产3000t精制马铃薯淀粉示范生产线”；“高品质α淀粉工业化生产技术与关键设备滚筒干燥机”项目的主要研究成果为“高品质α淀粉生产工艺研究，GT20/40滚筒干燥机研制，组建年产3 000t成品示范生产线”。以上项目均填补了国内空白，各项性能指标均达到了20世纪90年代国际先进水平。

2. 由河北省围场县承担的国家星火区域性支柱产业项目“马铃薯产业化”，于2001年6月通过承德市科委组织的专家验收，其产业化内容是：①实施良种工程，建立优质种薯繁育体系。从美国、荷兰、秘鲁、墨西哥、俄罗斯等国家先后引进优良品种150个，通过筛选培育出适合本地应用的品种30余个。②应用高新技术，建立示范推广体系。研制出马铃薯生长调节剂，使产量提高20%～30%；研究开发了马铃薯丰产栽培技术、贮藏技术和田间管理技术；建立了病虫害防治体系，实行病虫害预测预报微机化管理。③壮大龙头，建立生产、加工、销售体系。本着高科技含量、高附加值、高市场竞争力的原则，建立了双九马铃薯淀粉有限公司、山湾子精淀粉厂等重点加工企业，形成了龙头带基地、基地连农户的马铃薯生产、加工和营销体系，组建了中国北方马铃薯批发中心。

（二）国家“十五”立项情况

2001年，国家科技部把“马铃薯深加工技术与设备开发”项目列入“十五”国家科技攻关重大项目，主要内容有三大部分：①马铃薯系列食品加工关键技术与设备的研究开发，开展马铃薯复合薯片、薯饼、薯丸、薯泥等产品生产工艺和关键设备研究，确定生产工艺条件和工艺参数。②马铃薯变性淀粉生产新工艺的研究与设备开发。开发马铃薯变性淀粉生产新工艺，确定生产工艺参数和配方，研制出马铃薯变性淀粉生产专用及配套设备。③马铃薯淀粉厂废渣利用及环境治理技术的研究与开发。开展马铃薯淀粉厂废渣利用及环境治理技术的研究，利用生物技术提高废渣的蛋白质含量，生产优质饲料，确定生产工艺条件和工艺参数，完成工程配套。

在完成上述任务外，同时应建设1～2条年产1 000t复合薯片生产示范线；2～3条年产1 000t马铃薯饼、薯丸、薯泥生产线；2～3条年产500t变性淀粉示范生产线；3～5条年产5 000t淀粉厂的废渣利用及环境治理示范生产线等工程配套项目。此外，国家科技部还把“马铃薯加工产业化”项目列入“十五”星火计划科技燎原行动方案。

（三）新技术应用

2001年，一批新技术在马铃薯加工产业中得到有效应用。在育种方面，杂交技术、生物工程技术、实生种子利用技术等得到一定的应用，在高产育种、抗病育种、品质育种等以及改良马铃薯不良性状方面均取得突破性进展，并培育出部分优质专用马铃薯加工型新品种。在种植方面，实行脱毒化种植、合理化轮作、高垄化栽培及地膜覆盖等，推动了马铃薯生产向高产、优质、高效方向发展，如采用脱毒种薯种植，可有效抑制种薯退化及病虫害产生，一般增产40%～50%。在加工方面，马铃薯淀粉加工已部分采用了线速度为50m/s、60m/s和100m/s的刨丝机（有国产设备也有进口设备），提高了淀粉的游离率和提取率；广泛采用逆流洗涤（鲜薯洗涤、渣浆分离、淀粉洗涤等）工艺技术，有效降低了工艺过程用水量；采用高效分离技术，提高了淀粉质量。这些先进技术经综合应用后，淀粉游离率由80%（或以下）提高到90%以上；淀粉提取率由原来的不足80%提高到84%～86%，比传统工艺提高6%～8%；薯条、薯片、全粉加工的去皮工序，有些企业采用了蒸汽去皮技术，具有去皮率高、薯肉损失少等特点；薯条加工的切条工序，有些企业采用了水力切条技术，具有薯条表面光滑、平直、内应力分布均匀等；马铃薯全粉加工的制泥工序，有些企业采用了高挤压低剪切制泥技术，使制泥后的马铃薯细胞尽量完整，游离淀粉较少，保证了产品质量。

据全球马铃薯新闻网站统计申请专利的情况，1997—2001年的5年中，世界各国共申请有关马铃薯的专利186项，内容涉及马铃薯贮藏、去皮、炸片、炸条、淀粉加工等（表1），其中欧美国家申请了182项，占世界总数的97.8%。根据中国专利文摘数据库资料统计，自1985年9月至2001年9月底为止，所有申请发明专利和实用新型专利的统计中，与马铃薯相关的专利有41项，其中有6项是外国人申请的，与马铃薯种植、收获相关的小型机械专利22项，真正涉及马铃薯加工、贮藏的专利却很少。

表1　1997—2001年世界各国申请有关马铃薯的专利情况

单位：项

类　别	1997	1998	1999	2000	2001	合　计
油炸薯片	5	3	4	3	1	16
冷冻和油炸薯条	6	5	3	8	0	22
淀粉加工和应用	4	1	2	11	8	26
保鲜贮藏	7	4	6	4	2	23
其　他	15	18	16	30	20	99
合　计	37	31	31	56	31	186
其中：欧洲	24	13	10	14	3	64
美国	13	18	21	42	28	118

三、国内外市场概况

（一）国内市场

目前，我国马铃薯生产总量中，约有50%用做鲜食、饲用和留种，加工淀粉、粉丝粉条、全粉、薯条、薯片等约占15%，出口约占5%，还有30%有待开发利用。据世界粮农组织（FAO）统计，2000年我国马铃薯种进口量为0.29万t，进口金额99万美元；出口马铃薯量为4万t，出口金额为490万美元。速冻马铃薯进口量为6万t，进口金额为4 897万美元；出口马铃薯量为1万t，出口金额为394万美元。马铃薯全粉进口量为0.28万t，进口金额215万美元；出口量为0.033万t，出口金额为21万美元。2001年我国马铃薯人均占有量为50kg，人均实际消费35kg左右，其中50%作淀粉和饲料等，最终人均食用鲜薯和加工制品约为17kg左右。

在淀粉方面，马铃薯淀粉由于其独特性能，广泛用于食品、纺织、造纸、饲料、医药等领域。2001年我国年产马铃薯精制淀粉不足20万t，而实际年需求量为80万t以上。其中仅食品行业年需求马铃薯淀粉及其衍生物达40多万t，医药、纺织、印染、造纸、精细化工等行业年需求量达40万t左右，缺口较大。据有关行业专家预测，到2010年，我国马铃薯淀粉及其衍生物的市场需求量为180万t，其中食品行业为50万t，纺织行业为20万t，造纸行业为60万t，水产饲料为20万t，其他行业为30万t。

在食品方面，北京、上海、广州、西安等全国主要大中城市，以薯条、全粉为基本原料的麦当劳、肯德基食品已占据我国快餐市场的半壁江山，而通过各种渠道进口的其他油炸薯片、膨化食品等也非常多。据北京市12个大型超市的调查，在19种马铃薯食品中，国产品牌约占不到10%，其余的均为进口产品。也就是说，我国薯条、薯片、全粉及其他马铃薯食品的销售市场约90%以上被国外产品所占领。据市场专家分析，2001年马铃薯全粉的国内市场年需求量约3万t以上，而国内马铃薯全粉年产量只有1万t左右，与市场需求差距较大。预计到2010年我国将有5 000家以上快餐连锁店，消耗的薯条量将达到10万t左右；马铃薯全粉的市场需求量将达到15万t左右，薯片及其他马铃薯食品的市场需求量也将具有较大增长，由此可见，我国马铃薯全粉、薯条、薯片及其他马铃薯食品需求市场极为乐观。

（二）国外市场

2001年，全世界马铃薯食物量为19 625万t，其中亚洲为8 500万t，美洲为3 289万t，大洋洲为135万t，非洲为897万t，欧洲为6 802万t；俄国为1 728万t，德国为654万t，法国为399万t，荷兰为135万t，美国为1 848万t，日本为300万t，意大利为231万t，英国为652万t。全世界马铃薯食物年人均供应量为32.5kg，其中亚洲为23.2kg，美洲为76.7kg，大洋洲为45.6kg，非洲为11.4kg，欧洲为93.6kg；发展中国家为20.9kg，发达国家为74.3kg；俄国为118.8kg，英国为109.3kg，荷兰为85.3kg，丹麦为84.3kg，德国为79.8kg，法国为67.4kg，美国为65.3kg，意大利为40.3kg，日本为23.6kg。按主要产品品种类型划分，2000—2001年国外部分马铃薯加工制品产量见表2。

表2　2000—2001年国外部分马铃薯加工制品产量

单位：万t

地区和国家	冻马铃薯		马铃薯淀粉		马铃薯全粉	
	2000	2001	2000	2001	2000	2001
世　界	**209**	**210**	**218**	**218**	**176**	**176**
发展中国家	188	191			14	14
发达国家	191	191	218	218	162	162
波　兰	3	3	12	12		
荷　兰	82	82	87	87	110	110
美　国	2	2			12	12
德　国			63	63	7	7

注：上表数据来自于世界粮农组织（FAO），产量少的产品数据省略。

据统计，全世界平均40%～50%的马铃薯被加工升值，约占总产量的30%以上加工成食品后进入消费市场。在欧美发达国家，马铃薯加工数量约占马铃薯总产量的 70%～80%，加工业比较有特色的国家有荷兰、美国、英国、法国、波兰等，其中 2001 年荷兰马铃薯总产量为 770 万 t，加工总量为 693 万 t，加工数量占总产量的 90%以上；美国马铃薯总产量为 2 017 万 t，加工数量为 1 452 万 t，加工数量占总产量的 72%。在国际市场上，马铃薯加工制品的进出口贸易十分活跃，其中美国对中国出口的马铃薯制品，每年以 20%左右的速度增长。2000 年国外马铃薯及部分加工制品进出口情况分别见表 3、表 4。

表 3　2000 年国外马铃薯及部分加工制品进口情况

地区和国家	马铃薯		冻马铃薯		马铃薯全粉	
	数量（万 t）	金额（万美元）	数量（万 t）	金额（万美元）	数量（万 t）	金额（万美元）
世界	**797**	**145 983**	**317**	**208 800**	**28**	**24 352**
亚洲	74	16 452	56	46 639	7	5 727
大洋洲	3	628	2	1 793		291
美洲	104	25 926	79	56 433	2	2 073
非洲	43	13 713	1	771	2	1 642
欧洲	574	89 266	179	103 165	17	14 620
发达国家	664	108 640	265	169 708	21	18 432
德国	50	10 220	25	15 599	2	1 408
俄国	27	4 548	3	1 195	2	934
法国	33	6 334	31	18 194	1	792
荷兰	127	9 529	13	6 352		183
美国	36	8 586	55	38 147		562
意大利	50	8 074	15	8 951	3	2 202
英国	32	11 380	35	21 954	2	1 854

表 4　2000 年国外马铃薯及部分加工制品出口情况

地区和国家	马铃薯		冻马铃薯		马铃薯全粉	
	数量（万 t）	金额（万美元）	数量（万 t）	金额（万美元）	数量（万 t）	金额（万美元）
世界	**755**	**129 723**	**311**	**191 066**	**26**	**21 019**
亚洲	63	15 475	3	1 670	1	1 064
大洋洲	8	1 429	3	1 653		15
美洲	96	21 876	121	87 022	6	5 384
非洲	13	3 084	1	675	3	406
欧洲	576	87 860	182	100 046	16	14 151
发达国家	673	111 002	301	183 445	22	19 608
德国	135	11 051	10	5 422	4	3 505
法国	111	18 398	14	7 776	1	1 293
荷兰	135	25 199	91	50 787	8	7 153
美国	32	9 338	53	38 332	5	4 716
意大利	27	7 081		299		256
英国	19	5 736	4	3 563		153

四、质量管理与标准化工作

在马铃薯加工业中，人们对产品的质量意识比以往有了明显增强：许多加工企业的生产环境杜绝了脏、乱、差现象，生产卫生管理有了良好的改观；有的企业采用国外先进标准进行生产、检验，严把产品质量关；有的企业在重视质量的基础上通过了 ISO9000 等有关体系认证，如内蒙古华欧淀粉有限公司于 2001 年 10 月通过北京新世纪认证中心的 ISO9001、ISO14001 和 OHSAS18001 质量、安全和卫生三个体系的全面审核认证，使产品质量较以往有了较大提高。为了解决马铃薯加工的原料品种质量问题，一些马铃薯主产区加强了脱毒种薯的生产和质量检测，制定了脱毒种薯各级质量标准，使脱毒种薯的生产在一些地区逐步走上了规范化、标准化和制度化的轨道，保证了种薯质量与马铃薯产量的稳步提高。如内蒙古铃田公司脱毒种薯实行分级和质量标准、合格证制度、生产质量管理和营销服务体系，在产前、产中、产后各时期通过信用卡、跟踪服务卡、信息反馈卡、优惠服务卡等措施，进行全面的技术支持、产销信息服务和质量控制，塑造了企业的优质名牌形象。特别是我国加入 WTO 以后，由于政府的推动和企业认识的提高，该行业一些企事业单位积极探索与国际接轨的内容、方法和措施，寻求解决保证产品质量和食品安全这些核心问题的渠道。但是，由于我国全面实施国际通行的 GMP 和 HACCP 体系起步较晚，在马铃薯加工方面还尚未采用。就拿 2001 年肯德基马铃薯泥断货事件来说，一家美国供货商断货，使得我国 500 多家肯德基店的马铃薯泥全面告罄，其原因是我国没有一家通过 GMP 规范和 HACCP 体系认证的马铃薯泥加工厂家，因此，我国肯德基店用的马铃薯泥全部靠进口。马铃薯泥断货事件发生后，各大报纸及其他新闻媒体纷纷报道、评论、查找原因和提出对策，在全社会引起极大的反响，同时也引起政府、行业机构、相关企事业的高度重视，相信不久的将来会有越来越多的单位对全程质量控制问题进行进一步的探索，提出相应落实措施和办法，以利推动我国马铃薯加工业健康发展。

五、行业管理

2001 年，国家一些政府部门和马铃薯主产地区纷纷出台政策和规划，将马铃薯加工业作为我国区域性经济的重要产业来抓。例如，国家计委、国家经贸委、农业部联合发布的《全国食品工业“十五”规划》，把马铃薯加工业列入食品工业发展重点，规划指出："十五"期间，要积极发展马铃薯加工业，重点发展马铃薯全粉和能进入一日三餐的马铃薯淀粉、专用淀粉和变性淀粉；开发马铃薯全粉和马铃薯各类食品。同时加强优质、高产、抗逆等专用马铃薯品种的选育，培育高淀粉型、油炸型、高蛋白型等专用加工品种。到"十五"末，建立起马铃薯全粉及加工品、淀粉、专用淀粉、马铃薯方便食品等产品体系，使马铃薯加工业成为中西部地区一个新的经济增长点。与此同时，马铃薯食品及淀粉衍生物也被列入轻工业发展重点。轻工业"十五"规划指出：要大力开发马铃薯淀粉、预糊化淀粉生产工艺技术，发展全粉、精粉和适应工业化生产的变性淀粉及衍生物产品。内蒙古把马铃薯加工业列为全区"十五"产业结构调整方向和发展重点，以呼盟、乌盟为原料基地，依托龙头企业生产马铃薯淀粉、变性淀粉、薯条、薯片和全粉，提高深加工水平。

一些行业机构不断开展活动，加强研讨和交流，为行业发展进行指导和服务。例如，中国马铃薯专业委员会于2001年8月在兰州市召开了"2001年全国马铃薯学术年会"，大会结合我国马铃薯产业的现状和趋势、种薯标准化生产、育种与生物技术、栽培与病虫害防治技术、现代加工技术与装备、生产与市场开发等专题进行了深入研讨，提出了马铃薯产业的发展思路和重点。中国淀粉工业协会于2001年12月组建了马铃薯淀粉专业委员会。组委会由呼和浩特华欧淀粉有限公司、云南润凯淀粉公司、大兴安岭丽雪淀粉公司、围场三九淀粉公司、宁夏北方淀粉集团共同组成，其任务是组织行业、协调行业，开展学术和经验交流，为行业发展服务。

（中国包装和食品机械总公司行业办　王国扣）

淀粉加工业

中国淀粉加工业是近年来以较高速度持续发展的行业，在世界上的地位已举足轻重，特别是2001年全国淀粉产量已达568万t，比2000年增长了13.17%，高于世界淀粉产量年增长7.8%的速度，我国淀粉产量已占世界淀粉产量的11.7%（世界淀粉产量为4 850万t），仅次于美国，居世界第二位。淀粉制品中深加工品的发展尤为迅猛，淀粉的深加工品（变性淀粉、结晶葡萄糖、液体淀粉糖、山梨醇）的产量比2000年增长34.09%，其中结晶葡萄糖增长了42.11%，山梨醇增长39%。生产规模又有进一步的扩大，特别是玉米淀粉，年产量在3万t以上的企业有29个，生产的玉米淀粉达438万t，占全国玉米淀粉总量的86.23%。薯类淀粉的发展也很快，2001年比2000年增长了28.25%，其中马铃薯淀粉2001年比2000年增长了40.22%。生产技术水平也有很大程度的提高，半数以上的企业技术经济指标已接近世界先进水平。产品质量和品种也有较大幅度的提高，一些工厂已通过ISO9000系列认证。大型专用设备的国产化水平大大提高，碟片离心机、卧式虹吸刮刀离心机等单台设备出口量增加，而且年生产能力10万t的玉米淀粉，以及木薯、甘薯、马铃薯淀粉生产线和设备都有出口。在环保治理方面也有很大程度的改善，企业治理达标率由2000年的55%上升到2001年65%。

一、基本情况

1．全国淀粉及深加工品产量和品种情况　2001年全国淀粉产量是近年来增幅较大的一年，2000年比1999年增加6.64%，而2001年比2000年增幅为13.17%，2002年估计全国淀粉产量超过600万t。在深加工品种方面，结晶葡萄糖2001年比2000年增幅高达42.11%，特别是口服葡萄糖，因山梨醇、维生素C等需用量增加，致使口服葡萄糖产量增加过快，2001年比2000年增加55.09%，2001年一水注射葡萄糖产量比2000年有所降低，但无水葡萄糖却由2000年的1.93万t增加至2.27万t。见表1及表2。

表1　2001年全国淀粉产量及品种情况

品　种	产量（万t）	占总淀粉（%）	与2000年比较±（%）
玉米淀粉	508.96	89.56	+11.64
木薯淀粉	43.59	7.67	+29.64
马铃薯淀粉	12.16	2.14	+40.22
甘薯淀粉	0.48	0.09	+27.42
小麦淀粉	2.96	0.52	−13.56
其他淀粉	0.15	0.02	−11.76
合　计	**568.31**	**100.00**	**+13.17**

表 2　2001 年全国淀粉深加工品产量情况

主要品种	产量（万 t）	占深加工（%）	与 2000 年比较±（%）
变性淀粉	17.06	8.38	+4.18
结晶葡萄糖	36.83	18.10	+42.11
其中一水注射葡萄糖	(3.87)		-21.34
无水注射葡萄糖	(2.27)		+17.62
口服葡萄糖	(25.46)		+55.09
液体淀粉糖	126.79	62.31	+36.25
山梨醇（折 50%）	22.80	11.21	+39.02
合　计	**203.48**		

2. *淀粉产量分布及生产规模情况*　我国淀粉产量集中分布在山东、河北、吉林三省，该三省主要为玉米淀粉，其淀粉总量为 405.65 万 t，占全国淀粉总量的 71.38%，有 10 个省市淀粉产量不足 5 万 t，还有湖南、湖北、福建、天津、重庆、新疆等省、市、区没有统计上产量，广东省、广西壮族自治区主要为木薯淀粉，宁夏回族自治区、内蒙古自治区以马铃薯淀粉为主。见表 3。

表 3　2001 年全国淀粉产量分布及生产规模情况

省份及地区	淀粉产量（万 t）	占总产量（%）	生产规模情况	
			企业数（3 万 t/年）	企业最大淀粉产量（万 t/年）
山东省	194.07	34.15	7	89
河北省	116.83	20.56	8	26
吉林省	94.75	16.67	4	44
河南省	33.73	5.94	1	24
广西壮族自治区	29.48	5.19		
甘肃省	26.20	4.61	2	18
广东省	15.47	2.72	1	
陕西省	12.96	2.28	2	6
辽宁省	10.42	1.83	2	7
黑龙江省	8.20	1.44		
宁夏回族自治区	7.69	1.35	2	3(马铃薯)
内蒙古自治区	5.00	0.88	1	
其他 10 个省市	13.51	2.38		
合　计	**568.31**	**100.00**	**30**	

注：其他 10 个省市包括山西、江苏、浙江、江西、四川、贵州、云南、青海、海南、北京。

二、市场及进出口情况

2001 年总的看淀粉及其深加工品市场还是较好的，全年淀粉产量净增 66 万 t，销售渠道仍较畅通，淀粉成品价格也稍有回升。但也有的产品，扩产速度太快，降价幅度过大，影响企业效益，如液体淀粉糖连续两年均以 36% 的增幅增长，这两年共计实增液体淀粉糖 58 万 t（1999 年为 68 万 t/年），特别是 2001 年比 2000 年净增 32 万 t，致使价格大大下滑，估计 2002 年产量还会上升。无水葡萄糖和果葡糖浆目前又正在崛起，一批扩建和兴建项目纷纷形成生产能力，未来的竞争将会更加激烈。变性淀粉产量，从报表统计数看增幅不大，2001 年比 2000 年仅增加 4%，但全国实际生产量已在 40 万 t（统计数仅 17 万 t），从统计的 20 多个厂看，一般都有赢利，形势较好。

从产品进出口情况看，基本上是进口大于出口，特别是木薯淀粉、马铃薯淀粉、山梨醇，国内市场还有空间，目前有一批生产这类产品的企业还正在兴建，投产后若产品品种和质量达不到要求，则前景不容乐观。总之，如何把握住入世后的机遇，改进产品品质，增加品种，增加出口创汇，是当务之急。2001 年淀粉及部分深加工品的进出口情况见表 4。

表 4　2001 年我国淀粉及部分深加工品进出口情况

品　种	进口量（t）	与 2000 年比较±（%）	出口量（t）	与 2000 年比较±（%）
玉米淀粉	3 461	+40.24	61 714	+4.01
木薯淀粉	178 664	+70.15	396	-46.27
马铃薯淀粉	16 088	-42.93	4 370	+29.29
小麦淀粉	2 487	+90.57	5 412	+19.50
化学纯果糖	457	-40.96	1 070	-32.28
山梨醇	80 811	+11.21	5 219	+64.38
甘露糖醇	421	+61.30	1 515	+35.03
肌醇	3	+114.28	1 912	+37.55
糊精及变性淀粉	89 831	-19.66	5 373	+17.85

三、淀粉工业生产技术发展情况

1. *生产规模和装备水平向大型化发展*　目前我国淀粉、葡萄糖和液体淀粉糖的生产规模都在进一步扩大，国产关键专用设备也在向大型化发展。具体情况见表 5。

2. *新技术的采用明显加快*　依靠技术进步和创新，淀粉及其深加工品的技术水平有了很大提高。在

表 5 淀粉及部分深加工品生产规模及装备比较

项　目	2001 年	2000 年	增长情况
淀粉			
年产 3 万 t 以上企业（个）	30	23	+7
企业最高年产量（万 t/年）	89	74	+15
结晶葡萄糖			
年产 1 万 t 以上企业（个）	11	7	+4
企业最高年产量（万 t/年）	10(2002)	4	+6
液体淀粉糖			
年产 1 万 t 以上企业（个）	15	7	+8
企业最高年产量（万 t/年）	40	40	持平

注：国产淀粉主分离机：生产能力由每年 1 万 t/台增加到每年 5 万 t/台。

国产葡萄糖离心机：已能生产与国外同规模的离心机 XJZ1320－N 型产品。

淀粉糖设备也都向大型化发展：如糖化、蒸发设备单台、套能力可达 1 000t/d。

淀粉生产中推行了节能、降耗的玉米淀粉清洁生产工艺；马铃薯淀粉生产推行了无废料工艺；结晶葡萄糖生产改革、创新不断涌现，如立式和卧式连续结晶工艺和装置，无水葡萄糖结晶工艺继从日本、丹麦、英国引进后，目前国内已能自行设计，并可制造关键设备——煮糖罐；液体淀粉糖生产中新品种不断增加，如各种“F”值含量的果葡糖浆、结晶果糖、低聚果糖、高麦芽糖含量的高麦芽糖浆等；变性淀粉主要在扩大应用和增加品种方面作了大量工作，如多种复合变性淀粉的面市，并在造纸、食品工业上又有了新的推广应用。

3. 国际 ISO 认证工作正在推进　由于我国已加入 WTO，国际上竞争必将加剧，目前国内已有相当一部分企业正在建立或完善质量保证体系，而且已有一些企业取得了 ISO9000 系列认证，还有的通过了 GMP 检查。但总体上存在的问题还比较多，这是当前行业中值得关注的重要问题之一。

4. 环保治理和节能不断加强　行业环保治理已受到普遍重视，2001 年行业达标率已达 65%，新建企业基本做到三同时，项目建设时首先考虑环保，面向行业的专业环保设计、科研部门也在增多，国外环保部门也正在挤入国门，环保治理总的形势看好。在节能方面，特别是水资源的利用上正在加强，多种综合节水措施和节水设备正在推广应用。

四、值得关注的问题

目前国内淀粉业总的发展形势不错，但面临的问题仍然很多。特别是随着加入 WTO 的一系列对外优惠政策的出台，行业内外竞争加剧，国外一些同行生产企业已经和正在挤入国门，品牌竞争、价格竞争不可避免，致使国内企业，特别是一些老企业的压力加大。为了适应新形势，我们必须积极应对，大力提高自身抗风险能力，紧紧抓住机遇，努力进取，重视创新，强化名牌意识，脚踏实地开展行业管理工作，为快速、稳妥、健康地发展中国淀粉业做出应有的贡献。

注：文中使用的数字均来源于中国淀协的统计。

（中国淀粉工业协会　陈璥　董延丰）

制　糖　工　业

一、我国制糖工业基本情况

1. 2001 年与 2002 年全国糖料生产情况　2001 年全国共播种糖料 138.2 万 hm^2，比 2000 年增加 10 万 hm^2，增幅 7.8%；其中，播种甘蔗 102.9 万 hm^2，增加 5.4 万 hm^2，增幅 5.6%；播种甜菜 35.3 万 hm^2，增加 4.6 万 hm^2，增幅 14.8%；播种面积增加较多的省、区主要有广西、云南、新疆、黑龙江。2002 年全国共播种糖料 143 万 hm^2，比 2001 年增加 6.33 万 hm^2，增幅 4.6%，其中，播种甘蔗 109.24 万 hm^2，增加 1.03 万 hm^2，增幅 6.2%；播种甜菜 35.27 万 hm^2，与上年基本持平。

从 2001 年糖料收获情况看，无论是南方甘蔗产区还是北方甜菜产区，均不同程度地受到自然灾害(包括水灾、旱灾和风灾)。但在各级政府的领导下，糖料产区采取有力措施进行抗灾，使灾害损失降低到了最低限度。按收获面积计算，2001 年全国共收获糖料面积 129.27 万 hm^2，比 2000 年增加 9.09 万 hm^2，增幅 7.56%，收购糖料 7 315 万 t，平均每公顷产 56.55t。其中，甘蔗 98.4 万 hm^2，增加 3.49 万 hm^2，增幅 3.7%，共收购甘蔗 6 505.5 万 t，平均每公顷产 66.15t；甜菜 30.87 万 hm^2，增加 5.6 万 hm^2，增幅 22.16%，共收购甜菜 809.5 万 t，平均每公顷产 26.25t；甘蔗、甜菜平均每公顷产量均创造了历史最好水平。

2. 2000 跨 2001 年与 2001 跨 2002 年食糖生产销售情况　2000 跨 2001 年食糖生产销售年度（2000 年 10 月至 2001 年 9 月），全国产糖 620 万 t；国家安排 11 期国家储备糖竞卖，累计成交成品糖 124.23 万 t（包括原国家储备糖和 2001 年进口的古巴原糖）。此外，国家通过一般贸易安排进口糖 50 万 t（其中，成品糖 6.8 万 t，原糖 43.2 万 t），折成品糖 46.6 万 t；加上已安排加工的国家储备糖 21.1 万 t，总糖源为 812 万 t，与市场需求量 810 万～820 万 t 大体平衡。

由于供求总量平衡调控得当，确保了市场供应、保持了糖价平稳，实现了新、老制糖期产、销平稳衔接、平滑过渡，取得了近年来最好的生产、社会效益。主要表现为：

（1）供求大体平衡，市场供应正常，糖价相对平稳。

（2）多数制糖工业企业实现了顺价销售食糖，制糖行业经济效益全面好转；绝大多数产糖省、区和绝大多数制糖企业实现了扭亏增盈；据统计，2000 跨 2001 年生产销售年度，全行业共实现工业利润约 17 亿元、税金 30 亿元（含部分地方农业特产税），超额完成了国家对制糖行业扭亏增盈的要求。

（3）在制糖工业企业经济效益全面好转的基础上，糖农的利益得到了保障，基本消灭了当年支付糖料款打“白条”的问题，并且正在偿还历史拖欠农民的“白条”。

（4）供求平衡、糖价平稳，给商业流通企业也创造了有利的经营环境，效益明显提高。

（5）通过糖业结构调整，涌现出一批以先进制糖工业企业为龙头的大型企业集团，这些企业集团在加强科学管理，推进科技进步，提高经济效益和保障市场供应、保持糖价平稳方面发挥了主力军的作用。

（6）在东部沿海地区涌现出一批具有一定规模的原糖加工企业，月加工原糖总能力达 50 万 t，可以充分满足国内原糖加工和对外开展加工贸易的需要。

（7）通过改革国家储备糖的管理，清理了长期沉淀库底的大量存糖，补充了市场需求，减轻了国家财政负担。

2001 跨 2002 年制糖期，全国共产糖 846.2 万 t，在历史上属丰收年景（最好丰收年景为 1998 跨 1999 年制糖期，产糖量为 882 万 t），增幅较大的省、区主要有广西、广东，其他省、区也有增减，但幅度不大。

2001 跨 2002 年生产销售年度，前 9 个月平均月销售食糖为 74.45 万 t，后 3 个月用糖旺季较多，如果月平均销售食糖量仍按与前 9 个月平均数相同估计，2001 跨 2002 年食糖生产销售年度，全国销售食糖量将达到 893 万 t，加上跨入下个生产销售年度后 10 月份的销糖量（新制糖期刚开始时投产糖厂少，所以 10 月份全国产糖量估计只有 30 万 t，同期销糖量约为 60 万 t）至少需要补充 30 万 t，总需求糖量约为 920 万 t。

从可供总糖源看，本生产销售年度产糖量 849.7 万 t，加上 2001 年 10 月份投放的国家储备糖 18 万 t；2002 年非国营一般贸易进口糖 20 万 t 和从古巴进口的原糖 45 万 t，合计为 932.7 万 t，如期初、期末库存量不变，供求大体平衡。

由于期初库存糖少，销糖进度快，货款回笼快，所以糖料款兑付及时，基本上没有出现迫于资金压力竞价卖糖的情况，糖价比较平稳。虽然北方甜菜糖产区因受干旱等自然灾害影响，甜菜收获面积和产量减少，但因甜菜含糖分高，产糖量并没有减少；由于前期销糖进度快、销糖多，所以平均销售价格比较合适。在南方甘蔗糖产区，虽然 2001 年秋季以后雨水多、光照不足，甘蔗成熟期和开榨时间推迟，但产、销糖量未见减少；进入生产旺季以来，各厂甘蔗收购、加工秩序正常，各项生产技术指标都完成得比较好。

二、积极采取措施，面对入世后我国糖业出现的新情况、新问题

在国内糖业生产全面趋好的形势下，我国糖业也面临着“入世”后第一年的新情况、新问题。

自“入世”以来，因国内食糖大幅度增产、世界糖价低价位（每磅原糖接近 6 美分）运行，加上“入世”后对外低关税（2002 年食糖进口关税税率为 20%，在世界产糖国家中属偏低水平）和增大进口配额（2002 年关税配额内进口糖量为 176.4 万 t，远大于近年来我国年实际平均进口糖量 115 万 t）的承诺，给制糖企业带来了巨大的压力。由于销区的流通企业对入世后疑虑重重，因此进糖、销糖进度放慢；产区的制糖企业对“入世”后缺乏信心，从而出现市场糖价逐月下降，一度降到了南方食糖主产区平均含税生产成本以下，使部分地区、企业出现了亏损。

针对这一情况，首先国家于 2002 年 4 月下旬采取了两项宏观调控措施：一是放慢一般贸易食糖进口；二是由国家收储 30 万 t 产区的低价位糖。两项措施出台后，市场糖价回升，销售情况好转。

其次，为了保证制糖工业企业生产的正常进行和市场糖价的平稳，解决企业季产年销所需周转资金，以便企业按时兑付农民糖料款。根据国务院办公厅国

办发［1997］33号文件和国务院领导有关保证资金供应问题的指示精神，国家计委、中国人民银行于2001年11月3月发出“关于安排2001跨2002年制糖期工业短期储存食糖计划的通知”，共安排食糖主产区制糖工业企业2001跨2002生产年度短期储存食糖120万t。

第三，2002年1月30日，国家计委发布第19号令，公布自2002年2月5日起施行《农产品进口关税配额管理暂行办法》。《办法》中规定食糖为实行进口关税配额管理的农产品品种。食糖进口关税配额分为国营贸易配额和非国营贸易配额。国营贸易配额需通过国营贸易企业进口；非国营贸易配额，可以通过国营贸易企业或有贸易权的非国营贸易企业进口，有贸易权的最终用户也可以直接进口。进口关税配额为全球配额。《办法》中还规定，我国食糖生产将实施食糖《进口关税配额证》。食糖《进口关税配额证》分为A类、B类两种。《进口关税配额证（A类）》为一般贸易进口关税配额，适用于一般贸易、易货贸易、边境小额贸易、援助、捐赠等方式进口；《进口关税配额证（B类）》适用于加工贸易方式进口。进入保税仓库、保税区、出口加工区的产品，免予领取《进口关税配额证》。原糖、成品白糖，配额内关税税率为20%；配额外关税税率，最惠国为65.9%、普通为125%。2002年食糖进口关税配额量为176.4万t，其中国营贸易占有70%。食糖进口关税配额申请者的基本条件为：2002年1月1日前在国家工商管理部门登记注册；具有良好的财务状况和纳税纪录；1999至2001年无海关、工商、税务、检验检疫方面的违规纪录；企业2001年进行的年度检验合格。在具备上述条件的前提下，申请者还必须满足下列条件之一：

（1）国营贸易企业；

（2）具有国家储备职能的中央企业；

（3）2001年有一般贸易进口实绩的企业；

（4）日加工原糖800t以上的制糖企业（甜菜糖产区为日加工原糖600t以上的制糖企业）。

《管理暂行办法》的颁布实施，为我国糖业与国际贸易接轨，创造了有利条件。

第四，调整糖业结构，发展规模制糖工业。根据国务院领导关于要把规模制糖搞上去的指示精神。国家经贸委组织调研组赴广西、云南等主要产糖省、区进行调研，并采取措施，鼓励优势企业扩大规模，实现规模化、集团化经营，以提高企业在国际、国内市场的竞争力。通过近年来的糖业结构调整和改革，各地在组建大型糖业集团方面取得了显著进展。广西壮族自治区共有糖厂110家，已关停3家、列入国家破产计划12家，剩余95家，经过优化重组，形成了10个制糖企业集团，其中7家制糖企业集团（包括46家糖厂）已开始运作。这7家制糖企业集团分别是：贵糖集团、南宁糖业集团（8家糖厂）、凤山糖业集团（7家糖厂）、迁江糖业集团（4家糖厂）、农垦糖业集团（5家糖厂）、东亚糖业集团（6家糖厂，中外合资）、英糖集团（4家糖厂，中外合资）、欧亚公司（2家糖厂，中外合资）、南华公司（9家糖厂，民营）。以上7家制糖企业集团产糖能力占全自治区产糖总能力的56.5%，产糖量占全自治区产糖总量的60%以上。在集团内部实现了资产一体化和资源合理配置，企业科学管理全面加强，生产效率和效益大幅度提高，市场竞争力进一步增强。

三、加强对糖精产销管理，扩大食糖消费，确保食品安全

1. 国务院领导重视、关心糖精的限产、限销、限用工作　1999年9月24日，朱镕基总理在中国糖业协会《食糖产销情况简报》第82期有关糖精限产、限销存在问题的情况反映上批示：“必须坚决关闭和限制向国内市场销售的糖精厂，并妥为善后。一定要坚决、迅速、果断，毫不留情。此事对食糖工业、农业和农民以及全国人民都大有好处。不惜付出代价也要办成这件事。切切”。温家宝副总理批示：“完全赞同镕基同志批示”。李岚清副总理批示：“赞成镕基同志意见。食品包装上应标明糖精及其他化学合成甜味的成分，以保护消费者的权益和健康。此事应有法规落实”。

2. 委、部、局采取积极措施，狠抓糖精限产、限销、限用工作　从1992年1月至2002年，国家原轻工业部、化工部、国务院原生产办、国家计委、国家经贸委、财政部、外经贸部、卫生部、国家质量技术监督局、国家工商管理局以及海关总署等政府管理部门，先后召开了“食糖新闻发布会”，“糖精等化学合成甜味剂限产座谈会”，多次发出严格控制糖精生产能力、限制糖精产量和内销量的通知，逐年清理、整顿糖精生产企业；给企业下达严格的限产、限销计划，最后颁布实施了《关于加强糖精生产销售使用管理的规定》。经过有关政府管理部门十余年的不懈努力，使糖精限产、限销、限用工作取得了很大成效。到2002年我国糖精生产企业，由原来的16家关停了9家，只保留了5家。年糖精生产量已控制在17 500 t，内销产量已控制在3 500 t。生产企业已减少了69%，年产量略高于10年前26%，年内销产量比10年前减少了一半，达到了预期控制目标。

3. 加大检查力度，严格执行经济处罚条款，防止再次失控 2002年2月28日，国家经贸委在北京召开了“糖精限产、限销工作会议”。国家经贸委经济运行局、财政部企业司、中国医药保健品进出口商会、中国糖业协会有关负责同志和5家糖精生产企业及所在省、市经贸委的负责同志参加了会议。会议通报了2001年全国糖精产销情况；安排了2002年全国糖精生产销售计划指标；研究了对2001年违规超产、超销糖精生产企业的处罚意见；讨论了下一步加强糖精限产、限销管理工作的措施。

据2001年底对全国糖精产销情况的检查统计，2001年全国实际生产糖精27 400t（其中，包括应关闭但未关闭企业生产的4 500t），超计划生产7 900t，比2000年多生产近10 000t。国内销售8 987t，超计划内销5 987t；出口17 000t，比计划多出口500t。由于超计划生产和超计划内销情况严重，糖精内销价格已由2000年每吨2.2万元下降到1.9万元；出口价格也由2000年每吨1.95万元下降到1.7万元。造成糖精生产、内销失控的主要原因是：

(1) 违反国务院规定，该关闭的企业没有关闭，仍在继续生产销售。

(2) 保留的5户糖精生产企业大多严重超计划生产。如5户保留企业，除上海福新化工厂比计划少生产367t外，其余4户全部严重超产。

对于违规超产、超销糖精的企业，国家经贸委、财政部经国务院同意、由中央7委、部、局联合下发的《关于加强糖精生产销售使用管理的规定》（国经贸运行［2000］500号）中有关条文采取经济处罚措施。

在处理了违规超产、超销企业后，2002年3月27日，国家经贸委下达了2002年全国糖精生产及内销计划指标（国经贸运行［2002］182号）。定点糖精生产企业的计划产量分别为：

苏州精细化工集团有限公司：总产量6 000t，无内销计划。

上海福新化工有限公司：总产量2 000t，其中内销产量100t。

天津北方食品有限公司：总产量2 950t，其中内销产量1 550t。

天津长捷化工有限公司：总产量2 900t，其中内销产量100t。

开封兴化精细化工厂：总产量3 650t，其中内销产量1 750t。

4. 成立全国糖精协作组，协助落实年度指令性计划 “全国糖精生产销售工作协作组”（简称“全国糖精协作组”）于2002年3月29日在北京成立。糖精行业的5家国家定点生产企业：江苏苏州精细化工集团有限公司、河南开封兴化精细化工厂、上海福新化工有限公司、天津北方食品有限公司、天津长捷化工有限公司的法人或法人委托代表参加了会议；国家经贸委、财政部有关司局的领导出席会议。全国糖精协作组成员企业一致同意中国糖业协会为召集人，协作组办公室设在中国糖业协会。全国糖精协作组将严格执行国家关于糖精限产、限销的政策，认真落实国家下达的糖精生产指令性计划指标，加强日常的督促检查工作，使糖精限产、限销、限用工作健康进行。

四、加大协会工作力度，更好地为企业服务

遵照国务院领导同志关于糖业问题的指示精神，一年来，中国糖业协会围绕“以实现全行业扭亏增盈为目标，以努力提高经济效益为中心，以搞好制糖行业结构调整为主线，以深化企业改革和推进科技进步为动力”，配合政府做了以下诸多方面的工作：

1. 适当控制糖料与食糖生产 继续配合国家经贸委做好全国食糖总量控制工作。

2. 协助政府搞好糖业战略性结构调整 继续协助国家经贸委进行了有关制糖行业结构调整，部分企业关闭破产的组织实施、调查研究和情况反映工作。据调查，已列入破产企业名单的150户制糖企业中，有79户进入了破产程序（其中44户已破产终结），其余的71户除个别厂拟退出破产外，其他均在进行破产前期的准备。

3. 协助政府调控食糖供、需总量平衡 从2000年8月份开始，协助国家计委、国家经贸委，通过组织国储原糖加工和15期竞卖，共向市场投放国家储备糖约160万t（折合成品糖）；并根据对市场的预测向国家计委提出了进口50万t补缺糖的建议。

4. 安排工业短期储存食糖 根据国务院国办发［1997］33号文件精神，协助国家计委、中国人民银行安排了2001跨2002年制糖期工业短期储存食糖120万t的分省、区计划。

5. 协助国家经贸委研究规模制糖工业问题 为落实国务院领导同志关于要研究规模糖业问题的指示精神，结合行业调整的需要，配合国家经贸委，到全国几个主要产糖省区进行调查研究，听取地方政府部门的意见。

6. 协助国家计委起草“糖料管理暂行办法” “糖料管理暂行办法”的下发实施，将把糖料产区管理全面纳入法制化、规范化的轨道。

7. 继续控制全国糖精总产量和内销量，加强食糖质量管理 根据国家经贸委等七部委联合印发的《关于加强糖精生产销售使用管理的规定》，继续协助国家经贸委进行糖精厂关停和限产、限销执行情况的调查，并按经贸委的要求，先后于2001年2月、3月两次召开新闻发布会，公布了市场食品中添加化学合成甜味剂、防腐剂超范围、超标准限量的情况。2002年3月成立了“全国糖精协作组”，加强日常糖精产销情况监督检查工作。与此同时，中国糖业协会还加强了对食糖标准和食糖卫生标准的实施监督。

8. 协助国家计委调整、贯彻国家食糖价格政策 根据国家计委下达的调整食糖价格政策文件精神，积极推行糖料价与糖价挂钩联动，糖农与糖厂利益共享、风险共担的机制。与此同时加强了行业内部企业间、地区间、省区间食糖与糖料价格的协调。

9. 协助国家计委完成了制糖工业“十五”发展规划纲要的编制 规划纲要包括：“十五”期间制糖工业发展的基本原则、指导思想、目标任务及相关政策措施。

10. 研究“入世”后对中国糖业的影响及对策 通过组织“糖业论坛”、“国际研讨会”等多种形式，探讨了“入世”后糖业面临的机遇和挑战，研究了趋利避害、提高我国糖业国际竞争力的措施，并向国家有关部门提出了意见、建议。

11. 赴国外考察糖业管理体制 先后赴英国、比利时和泰国考察糖业管理体制，探讨在社会主义市场经济条件下，如何借鉴国外糖业管理经验，理顺我国糖业管理体制，提高糖业生产效率与效益。向国务院报告了改革我国糖业管理体制的意见和建议。

12. 加强国内糖业信息网站的工作，积极推进国际糖业信息交流与技术、经济合作 “中国糖业交易网”信息版经过一年多的运行，已发展成为国内具有权威性的糖业资讯网站；在及时、准确提供糖业信息和咨询服务方面发挥了很好的作用。

13. 与欧盟糖业协会建立了紧密联系 经中国糖业协会与欧盟糖业协会友好协商确定，两协会从2002年起，正式成为相互联系会员。双方商定将在信息、技术、管理、市场研究、扩大食糖消费以及在WTO框架内的糖业发展等方面进行充分合作。

一年来，中国糖业协会还加强了国际间糖业出访与接待工作，并通过召开“中国食糖与甜味剂国际研讨会”，促使我国糖业加速融入世界糖业竞争的大环境，以适应“入世”后的新形势。

（中国糖业协会 连学智）

林产品加工业

一、木材与林产品生产状况

1. 木材生产与林产工业

(1) 木材产量继续调减，锯材产量恢复增长。2001年全国木材产量4 552.03万m^3，比2000年下降3.64%，其中原木产量4 197.03万m^3，比2001年下降4.52%；薪材产量355.00万m^3，比2000年增长8.15%。锯材产量在连续5年下滑后开始回升，2001年达763.83万m^3，比2000年增长20.39%。

(2) 人造板产量继续保持增长势头，但胶合板产量有所下降。2001年，全国人造板产量达到2 111.27万m^3，比2000年增长5.47%。其中：胶合板904.51万m^3，比2000年下降8.87%；纤维板570.11万m^3，增长10.82%；刨花板344.53万m^3，增长20.14%；其他人造板（主要为细木工板）292.12万m^3，增长40.50%。人造板生产仍以胶合板为主，但其比重有所下降。2001年胶合板占全部人造板产量的42.83%，比2000年下降6.76个百分点，但仍高于世界35%的平均水平。目前，大多数胶合板企业（尤其是小型企业）主要集中于河北、山东、江苏、浙江、广东和福建等地，相当一部分小胶合板企业技术设备落后，产品质量差，假冒商标现象严重，对市场营销秩序产生了一定影响。

2001年，木地板产量继续快速增长，全部木地板产量4 849.06万m^2，比2000年增长46.09%。其中实木地板2 984.45万m^2，占全部木地板产量的61.55%；复合木地板428.06万m^2，占8.83%；强化木地板591.79万m^2，占12.20%；竹木复合地板765.34万m^2，占15.78%。

(3) 造纸及纸制品业继续保持增长势头。2001年，机制纸及纸板产量2 839.87万t（其中机制纸1 646.78万t，机制纸板1 193.09万t），比2000年增长14.19%。国内纸浆产量1 013.82万t，比2000年增长3.79%，其中木浆产量仍保持在200万t左右。2001年，木浆进口量仍继续大幅度增长，新闻纸、印刷书写纸、铜版纸、牛皮卡纸及箱纸板、白纸板、涂布纸板及白卡板、瓦楞原纸等进口量继续增加，其中主要以木浆为原料的胶印新闻纸、胶印书刊纸、高档办公纸、涂布纸、牛皮纸、牛皮箱纸板和高强瓦楞原纸仍是国内市场短缺和急需的产品。

(4) 家具产量继续增长。2001 年，家具产量 10 922.95万件，比 2000 年增长 18.57%，其中木制家具 4 998.55 万件，比 2000 年增长 4.34%。家具设计、生产、销售体系初步形成，并朝绿色环保和人性化设计方向发展，制造水平继续提高。随着一些大中型企业引进现代化木工机械设备和先进的生产技术与工艺，国内具有一定规模的企业已发展到 5 万家左右，家具市场逐渐成熟，产品结构日渐合理。华东、华南、华北、东北几大生产区域各具特色且品种繁多，价格具有优势，已成为全球最重要的家具生产基地。但由于依然存在缺乏独创设计、工艺落后、产品质量较差等问题。因此，与发达国家相比还有一定差距。

(5) 主要林化产品。松香类产品产量 43.99 万 t，其中，松香产量继续下降，2001 年产量为 37.78 万 t，比 2000 年下降 2.32%。主要由于松香主产区广西、贵州、福建、江西和广东等地自春节后一直低温阴雨，有些地方甚至出现洪涝灾害，使松香产量受到影响。但是，松香国际国内市场需求增势不减，为此各地厂家和商家的库存明显低于前两年。松节油产量 3.88 万 t，栲胶 9 446t，分别比 2000 年增长 11.38% 和 25.78%。紫胶产量 431t，比 2000 年下降 44.60%。

2. 速生丰产林、经济林、竹林、花卉等产业

2001 年，全年营造速生丰产林 23.17 万 hm^2，比 2000 年下降 6.15%。营林产业总产值 1 130.31 亿元，比 2000 年增长 1.83%。

林纸联合有了实质性进展。2001 年，国务院批准了国家计划委员会、财政部和国家林业局《关于加快造纸工业原料林基地建设的若干意见》，明确了造纸林基地规划、管理机构、建设形式、资金与管理、林木采伐管理等有关政策。这是我国速生丰产林基地建设中一个重要的政策性突破。

全年共新造经济林面积 106.85 万 hm^2，比 2000 年下降 20.87%。经济林产品总产量达 6 880 多万 t，比 2000 年增长 2.69%。茶、桑、果产值 1 068.19 亿元，比 2000 年增长 7.34%。经济林建设基地化、标准化水平进一步提高。如湖北省 2001 年建成了茶叶、柑橘、核桃、油桐、杜仲等 18 个名优经济林生产基地，面积 2.95 万 hm^2。尽管各地加强了经济林管理和结构调整，但是力度还不够，不少地方仍存在盲目发展经济林的现象，继续造成产品结构不合理，大路品种和中晚熟品种比例偏高，果品产后处理落后，产品档次低，果品保鲜和加工能力低，分别仅为发达国家的 30% 和 20% 左右，部分水果、茶叶农药残留量超标，影响出口创汇。各地主管部门对这些问题应给予关注。

全年新造竹林面积 10.69 万 hm^2，比 2000 年增长 33.97%；2001 年全国竹材产量 5.81 亿根，比 2000 年增长 3.49%。村及村以下毛竹、篙竹采伐量 6.02 亿根，比 2000 年下降 7.1%，小杂竹采伐量 352.61 万 t，比 2000 年增长 16.20%；竹笋干产量 22.75 万 t，比 2000 年下降 32.89%。竹胶合板 59.80 万 m^3，竹木复合地板 765.34 万 m^2，竹筷子 80.16 万标准箱。近年来，我国竹产业迅速发展。现有竹林面积已达 436.31 万 hm^2，毛竹蓄积 58.44 亿株，杂竹蓄积 517.08 亿株，竹子种类有 40 多类 400 多种，面积和蓄积均居世界之首。已形成竹质人造板、竹浆造纸、竹建筑装修材料、竹编工艺品、竹日用品、竹类食品和竹药材七大系列几十个品种。应用于运输、建筑、纺织、包装、轻工、家具、造纸和食品等行业。出口的竹花架、竹幕帘、竹沙发垫、竹床垫、竹篮、竹笔筒、竹编、竹笋干、竹笋罐头等产品畅销国际市场。特别是近年投放市场的竹拼花板、竹旋切板等制品，由于强度高、结构美观，在国际市场颇受欢迎。

2001 年，全国花卉业快速发展。花卉种植面积已达 24.60 万 hm^2，其中，鲜切花 1.13 万 hm^2，盆栽植物 3.30 万 hm^2，观赏苗木 11.64 万 hm^2，食、药用花卉 2.05 万 hm^2，草坪 2.73 万 hm^2；销售鲜切花 37.04 亿支，盆栽植物 10.47 亿盆，观赏苗木 374 656.57万株，食、药用花卉 34 466.01 t，草坪 31 662.92 万 m^2；销售额 215.84 亿元；出口额 8 003.38万美元。2001 年，我国花卉业发展呈现出以下特点：一是生产面积稳步增长，比 2000 年增长 66.76%，生产面积居世界第一位，占世界生产总面积的 1/3 以上。二是由于大力调整种植结构，发展地方特色花卉，形成了云南、上海、北京的鲜切花；广东、福建、海南的观叶植物；上海、辽宁、甘肃的花卉种苗、种球；江苏、浙江、河南的绿化苗木和商品盆景等为主产品的花卉产区。三是龙头企业迅速崛起，规模化、专业化水平明显提高。2001 年，全国种植面积在 3 hm^2 以上或年营业额在 500 万元以上的花卉大中型企业已达 32 019 个，比 2000 年增长 45.71%。四是重视流通体系建设，完善营销网络。2001 年，全国具有一定规模的各类花卉批发市场已达2 052个，为花卉产品的大流通创造了有利条件。同时由于拍卖、鲜花速递、网上购货、订单交易等现代交易手段兴起，从而逐步建立了花卉营销体系。五

是花卉内需和出口同步增长，花卉市场更加丰富。六是投资呈现多元化趋势，已基本形成了由各级政府、国有企业、外资企业、私营企业、个人投资构成的多元化投资格局。花卉业发展中存在的主要问题：一是花卉生产面积大、产量低、效益差，低水平重复建设严重；二是专业化、规模化程度低，区域布局和产品结构不合理，尚未形成产业化格局；三是经营管理粗放，生产技术落后，产品质量良莠不齐，花肥、基质等相关产品发展滞后；四是市场信息不灵，生产带有盲目性，国家宏观指导乏力；五是花卉科技滞后，花卉优良品种依赖进口；六是市场不规范，处于无序状态，检验、检测体系不健全，缺少对产品质量的监督与管理。这些问题亟待我们去研究解决，以确保这一新兴行业取得健康、稳定、快速的发展。

二、林业机械行业生产情况

2001年林业机械行业主要62家企业实现工业总产值54.1亿元，工业增加值11.8亿元，利润总额2.6亿元。山东工友集团股份有限公司，在62家企业中，各项主要经济指标均名列前茅。2001年完成工业总产值12.4亿元（不变价），比上年增长15%；实现工业增加值3.35亿元；实现利润0.63亿元，比上年增长14%。2001年62家林业机械企业中，主要经济指标前5名企业见表1。

表1 2001年林业机械行业主要经济指标前5名企业

经济指标	序号	企业名称	数量
工业总产值（亿元）	1	山东工友集团股份有限公司	12.40
	2	江苏林海动力机械集团公司	6.02
	3	常林股份有限公司	5.63
	4	威海木机集团公司	4.93
	5	山东星王集团公司	2.94
产品销售收入（亿元）	1	山东工友集团股份有限公司	10.00
	2	江苏林海动力机械集团公司	5.80
	3	常林股份有限公司	5.28
	4	威海木机集团公司	4.51
	5	山东星王集团公司	3.11
工业增加值（亿元）	1	山东工友集团股份有限公司	3.35
	2	威海木机集团公司	1.73
	3	江苏林海动力机械集团公司	1.26
	4	山东星王集团公司	1.06
	5	常林股份有限公司	0.75
全员劳动生产率[万元/(人·年)]	1	山东工友集团股份有限公司	48.90
	2	常林股份有限公司	43.23
	3	江苏林海动力机械集团公司	39.62
	4	山东星王集团公司	29.96
	5	威海木机集团公司	15.32

2001年林业机械产销量呈上升趋势。其特点是：木工机械产品数字化控制、自动化程度大大提高。拥有自主知识产权和高技术企业生产经营蒸蒸日上，产销两旺。特别是装饰市场兴旺，带动了复合地板市场，导致投资流向中高密度纤维板和复合地板制造业，形成了新一轮的中密度纤维板厂建设高潮，出现了中密度板成套设备销售攀升，二次加工贴面生产设备供不应求。低档木工机械制造企业生产经营困难，产品销售受阻，经济效益大幅滑坡，大量中小企业停产或转产。由于环境绿化事业的发展及北京申办2008年奥运会的影响，国内又有众多企业看好园林机械市场，诸如重庆隆鑫股份有限公司、安徽飞彩集团公司、山东鑫业工业股份有限公司、江苏淮阴中绿园林机械制造公司等10家大型企业进入草坪养护机械制造领域。由于市场变化，林业机械产品产量每年均有所变化。如目前在人造板设备中，中密度纤维板设备及二次加工设备比例明显上升；在木材加工机械中，小型多功能木工机床仍占最大比例，但地板加工设备比例上升幅度较大；森林采运设备市场畏缩，产品产量剧减；园林机械产品产量却逐年增长。

三、主要林产品市场特点与价格分析

1. 主要林产品市场特点 2001年，全国木材市场基本上可以概括为：需求回升，行情看涨，进口续增，稳中趋好。总的市场特点主要表现在以下几方面：

一是总量供需矛盾仍然突出。国产商品木材供给不足。我国实施天然林资源保护工程后，商品材产量逐年下降，1998—2001年各年下降幅度分别为12.2%、9.8%和3.6%。由于我国经济持续快速发展和人民生活水平的提高，使国内木材需求不断增长，木材进口逐年增加。

二是结构性供需矛盾有所缓解，小径木和针叶材需求迅速上升，木材综合利用意识增强。尽管2001年木材市场的价格走势表明，大径木材需求依然保持旺盛，价格居高不下，特别是建筑装修、人造板等行业依然是木材消耗大户，但从2001年开始，国内市场对中小径材的需求开始增长，很多人造板、家具、造纸企业综合利用中小径木比例逐年上升。由于国内各地基本建设力度的加强，西气东送、西电东输、南水北调等大工程的陆续开工，"十五"第一年建设投资明显加大，一度备受冷遇的传统建筑型用材落叶松和樟子松等针叶材在市场上有大量需求。同时也改变了装饰用材中以东南亚、非洲大径级热带阔叶材为主的结构，俄罗斯的大径级落叶松等针叶材开始在进口中占据重要位置。

三是各主要木材市场稳中渐旺。2001年东北林区一改以往局面，木材销售顺畅；南方林区虽受上半年连阴雨季困扰，但市场总体稳定，略有升势；中原和西北、西南市场则保持活跃的旺销态势，特别是西部市场更为活跃。

2. 主要林产品价格分析

(1) 原木。根据国家统计局城调队调查结果，2001年原木价格稳中微涨，平稳无明显波动。全国原木每立方米平均出厂价格482元，比2000年上涨了9.6%。其中：红松原木平均出厂价格708元，落叶松368元，马尾松437元，杉木447元，云南松492元，其他等内原木441元。国有林区重点木材采运企业每立方米原木平均销售价格，红松649元，落叶松495元，白松593元，水曲柳990元，柞木1 026元，杨木395元。竹材价格下降了7.0%。

(2) 锯材。全年平均出厂价格每立方米1 177.6元，比2000年上涨了23.3%。全年价格变化的主要特点是月际间波动幅度很大。1月份每立方米为1 157元，3月份骤升到1 973元，之后直线下跌到5月份的782元，7月份又上升到1 290元。从4月到10月中旬，锯材价格基本上是在低于年初价格的基础上上下波动，直到11月份价格又猛涨到每立方米1 808元，随后在12月份又降到每立方米1 315元。

(3) 人造板。根据全国调查统计，2001年胶合板、中密度纤维板、刨花板销售实际平均价格分别为每立方米1 032元、1 164元、1 134元。与2000年相比，胶合板价格下降幅度较大，降幅达到1倍，中密度纤维板降幅达20%，刨花板价格有所上升，涨幅达26%。这表明，人造板市场总体上仍然持续低迷，这与三板的大量进口和国产板供给与市场需求脱节有关。受销区经济发展水平的影响，各地区价格差别较大，最高与最低价格相比，胶合板相差4.1倍，中密度纤维板相差1.6倍，刨花板相差2.3倍。

(4) 松香。全年年均价格为每吨3 750元，比2000年上涨了4.0%。年初价格为每吨3 650元，之后价格一路上涨，受到南方上半年多雨的影响，松香的正常生产季节有所推迟，导致价格一度达到每吨3 850元的最高价；随着新产品的人市，松香价格逐渐跌到每吨3 600~3 700元，12月份又回升为3 800元。

(5) 木浆。全年平均出厂价格为每吨4 258元，比2000年下降了13.3%，其中机械浆5 277元，化学浆3 238元，分别比上年下降了10.66%和22.42%。受国际市场价格影响，年内木浆价格出现大幅度下降，由1月份的每吨4 886元下降到4月份的3 754元，之后又平稳地保持在每吨4 000元左右的价格水平上。

(6) 其他。2001年，橡胶、椰子油平均购进价格为每吨6 541元和3 712元，分别比2000年降低了14.3%和12.2%；柑橘平均购进价格为每吨3 204元，比2000年下降0.34%，苹果平均购进价格为每吨1 062元，比2000年上涨了1.68%。

从主要林产品年内价格走向分析可以清楚地看到，2001年主要林产品价格稳中看涨。木材价格比2000年平均增长9.6%，竹材和人造板价格分别降低了7.0%和1.9%。各类林产品中，只有竹材和纸浆各月际价格波动较大，在年中时出现较大幅度下跌，而松香由于受多雨和部分水灾的影响，其价格一直上涨。原木和锯材各月价格平稳上升；人造板和木制品的各月价格略有下降。天然林资源保护工程全面实施后，全国木材的两个主产区2001年出现了明显不同以往南方比北方林区产销形势好的特点，东北国有林区产销形势持续趋好；南方林区价格平稳，到第四季度开始逐渐进入稳中回升的阶段；华东、西北和中原地区销路顺畅，价格呈上升趋势；西南林区受天然林资源保护工程禁伐的影响，由产区变为销区，木材市场较其他地区更为活跃。

四、林业机械市场情况

2001年林业机械产销形势好于上年，62家林业机械企业共实现销售收入52.6亿元。其中常林股份有限公司主营装载机械，呈65%以上的高速增长态势，全年销售收入和产销量的增长幅度均居全国装载机行业第二，装载机的销售量在全国行业位置从上年的第7位上升至前5位。市场占有率从上年的8%提高到9.14%。公司经济运行质量得到明显提高，主导产品资金收入达5.1亿元，比上年增长1.5亿元。

2001年林业机械行业62家企业共出口创汇4 418.16万美元，其中出口木工机械及人造板设备30 693台（套），出口金额1 131.83万美元；出口割灌机及草坪修剪机102 389台，出口金额1 556万美元；出口装裁机40台，出口金额107万美元。

五、科研、新产品与新技术

林业机械行业中常林股份有限公司非常注重新产品的开发和老产品的更新换代。2001年投入的技术开发费用达1 800万元，占公司全年销售收入的3.4%，新产品的开发能力得到了进一步提高，有力地促进了科技成果向商品的转化。2001年新产品实现的销售收入占销售总额的30%以上，同时还获得两项国家专利。

上海人造板机器厂，在多年研制开发生产中密度纤维板生产设备成熟经验的基础上，吸收国外先进的防潮型高密度纤维板生产技术和设备制造工艺，攻克在纤维分离质量、均匀铺装板坯密度、提高预压板坯强度，减少预固化层等生产设备及工艺方面的难关，开发出我国第一条年产3万 m^3 层压式防潮型高密度纤维板（强化地板基材）生产线，该生产线的研制成功，改变了我国强化地板基材生产设备完全依靠国外进口的局面，为我国强化地板生产的发展提供了一条新途径。该厂还研制了国产第一条生产3万 m^3 麦秸人造板生产线。这套设备已在山东汶上中密度纤维板厂顺利完成安装调试，从而为我国农业剩余物的综合利用，提供了又一种环保型成套生产设备。该厂还完成了新型42″热磨机（M200A）的研制，第一台42″热磨机已在山东禹城贺友集团投入运行，运行情况良好，日产量可达220～240 m^3。

（国家林业局发展计划与资金管理司　刘建杰）

畜产品加工业

2001年，我国畜牧业生产呈现稳步、健康发展的态势，主要畜产品保持稳步增长，生产结构进一步优化，畜牧业继续由数量型向质量效益型转变，推动了我国肉、乳、禽蛋制品和皮革、毛皮、羽绒制品等加工业以及饲料工业的快速发展，有力地促进了国民经济的增长、城乡居民收入的增加、人民膳食结构的改善和生活质量的进一步提高。

一、基本情况

（一）畜牧业主要产品产量继续增长

2001年随着我国畜牧业改革步伐的加快，使得畜牧业生产在产业结构调整、规模化饲养与经营组织化程度、畜禽产品质量意识和区域化布局等诸多方面，取得了明显进步。现在全国已基本形成了生猪、肉牛、肉羊、奶牛、家禽四大产业带，结束了历史上“南肉北调”的格局，确保了我国畜牧业主要产品稳定增长。2001年全国肉类总产量已达6 333.9万t，比上年增长3.4%，其中猪肉产量4 184.5万t，牛肉产量548.8万t，羊肉产量292.7万t，禽肉产量1 210.3万t，分别比上年增长3.8%、3%、6.8%和0.2%。禽蛋产量2 336.7万t，奶类产量1 122.9万t，牛奶产量1 025.5万t，分别比上年增长4.2%、22.2%和23.9%。绵羊毛产量29.8万t，山羊毛产量3.42万t，分别比上年增长2%和2.9%。羊绒产量10 967.7t，比上年减产0.8%。牛皮产量128万t，羊皮产量30万t，分别比上年增长4.1%和7.1%。配合饲料产量6 087万t，比上年增长3.2%。全国肉类和禽蛋产量继续保持世界第一位的水平。由于主要畜产品产量持续增长，从而为畜产品加工业的进一步发展创造了有利条件。

（二）以畜产品为原料的加工业取得了新进展

国内畜牧业主要产品连年增产带动了畜产品加工业蓬勃发展。继去年以来我国的肉、蛋、乳和皮、毛、绒等项产品加工业以及制造业又取得了新的可喜成绩。

1．肉类加工业　据2001年统计，我国肉类食品加工业规模以上企业（指销售收入500万元以上企业）1 844家，比上年减少5家；资产总计653亿元，比上年增加28亿元，增长4.55%；完成工业总产值849亿元，比上年增加93亿元，增长12.25%；销售收入829亿元，比上年增加96亿元，增长13.09%。整体发展呈上升趋势，产销同步增长，销售增长率高于产值增长率0.84个百分点，运行情况良好，库存下降。由于工业产值的增长幅度高于GDP（7.2%）的增长幅度，所以进一步发展有比较好的基础。从分省统计数据可以看出，国内各省市肉类加工业发展并不平衡，2001年肉食工业产值比去年下降幅度较明显的有北京、上海等地；而山东、河南却是我国肉类产品最大的加工基地，是行业发展的火车头。

2001年全国肉制品总产量达230万t，较1997年增长15%，新增肉、蛋名优产品品种120多种。为了发展壮大肉制品行业中的名牌企业，中国肉制品协会于2002年9月开展了争创“中国名牌”活动。通过全行业中的专家评审，国内双汇、金锣、雨润、邦杰、德大、希望6家企业集团生产的高温火腿肠被评为“中国名牌”产品，这6家大型企业各项经济指标在全行业中处于领先地位。2001年6家大型企业工业产值平均增长速度为17.8%，高于全行业平均增速12.2%；6家大型企业火腿肠产量达73.6万t，占全行业总产量的81.6%，市场份额已占主导地位；6家大型企业创利税16.6亿元，占全行业利税总额的64%；6家大型企业新增固定资产17.4亿元，占全行业40%，企业实力发展较快。2001年双汇火腿肠日产量已达1 000~1 200t,年产30多万t,实现销售额70亿元,创利税7.4亿元,这一企业已成为全国最大的肉类加工基地,名列全国肉类食品行业50强企业第一。在行业中,由于实施了把企业做大、做强、做优的战略,因此为我国肉制品加工业积极应对WTO,增强自身国际上的竞争能力,做了充分的准备。

2.乳品加工业 2001年我国奶类产量已超过1 100万t，人均占有奶8.79kg，比上年人均增加1.53kg，增长幅度为21%。虽然我国奶类总产量世界排名第15位，但由于我国奶类总产量仅为世界奶类总产量的1.9%，人均占有奶却为世界排名第164位。因此，与发达国家和部分发展中国家相比，我国仍然是世界贫奶国之一，而奶业也是个弱质产业。

我国目前有900多家乳品加工企业，2001年据对国内401家规模以上（指全部国有及年销售收入500万元以上非国有企业）的企业统计，乳制品总产量已达105.43万t，比上年增长24.9%；液态奶总产量189.98万t，比上年增长41.7%；完成工业总产值283.03亿元，比上年增长30.8%；完成销售收入272.27亿元，比上年增长27.1%；实现利润16.51亿元，比上年增长62.4%；创利税36.39亿元，比上年增长68.5%。奶业遇到了前所未有的好形势，不少原来不从事奶业的企业，如新希望集团、维维集团、横店草叶集团等有实力的企业，也对发展奶业发生强烈的兴趣，加大了对奶业的投资力度。从发展趋势看，中国乳业将成为中国农业经济的主导产业，2001年中国乳业发展已开始驶入快车道。

自改革开放以来，由于我国乳品加工业加大了结构调整力度，大力发展“公司+农户”的规模化生产、产业化经营，一批有实力的企业通过股份制改造、兼并、重组以及强强联合等方式组建了一批奶业集团，涌现出以国有控股或纯民营为主的“公司+农户”模式的伊利、蒙牛、三鹿集团；以全民所有制为主的“公司+基地+农户”模式的以“三元”为代表的企业集团；以“一条龙+农户”模式为主以黑龙江乳业、完达山为代表的企业集团；以奶农持股为主成立持股会实现原料奶与乳制品一体化的“奶农技术协会（或奶农合作社）+农户”以“银桥”为代表的企业集团；以全国的资源做全国的市场，以“品牌+市场”模式为代表的上海光明等企业集团。这些大型企业已成为本行业中的骨干。2001年我国乳制品销售收入排名前10名企业实现销售收入122.25亿元，约占全国乳制品总销售收入的44.9%。由此可见，我国乳制品加工业企业集约化、规模化、大型化程度，已达一定水平。

我国乳制品结构，主要由液态奶、奶粉、发酵乳、冰淇淋、乳酪等六大类产品组成，目前已有276个品种。由于我国在加工干酪、发酵乳、功能性乳制品、乳粉、长货架期等奶类制品方面，存在基础研究、生产工艺与技术、生物技术、生产设备、食品安全与检测技术方面的差距，因此开发的产品品种远远不如发达国家。加之，我国人民还没有养成消费奶油、炼乳和干酪的习惯，所以近年内液态奶和奶粉仍然是我国人民主要消费的乳制品。2000年我国消费液态奶142.5万t，比上年增长50%，2001年消费增长势头仍然很强劲。导致液态奶高速增长的原因：一是人民需求的拉动；二是生产的增长；三是流通渠道的改善；四是农村城市化及中小城镇建设速度加快的拉动。随着我国全面建设小康社会步伐的加快，乳制品生产不断增长，人民生活水平的不断提高，液态奶仍然会继续保持高速增势。其他乳制品，随着人民生活质量不断提高，科学技术的进步，高新技术的应用，生产工艺与设备的不断完善，也将会大幅度增长。

3.蛋品加工业 我国禽蛋产量占世界总产量的43.1%，其中鸡蛋产量1 988万t，占世界总产量的37.9%，位居世界第一位。1998—2001年全国蛋鸡场由1 060个上升到1 250个，增长17.9%，其集约化程度达30%。全国人均占有鸡蛋15.6kg，已超过发达国家的人均占有水平。虽然我们的鲜蛋资源丰富，但由于鲜蛋质量控制水平不高，我国鲜蛋对外贸易量仅占世界鲜蛋贸易总量的2%，鲜蛋加工比例却不足鲜蛋总产量的1%，远远低于发达国家25%的比例水平。

我国蛋品加工业其传统加工历史悠久，但这一产业目前却处于培育阶段。生产的制品只有冰蛋品（包括冰全蛋、冰蛋白、冰蛋黄等）、干蛋品（包括干蛋白、全蛋粉、蛋黄粉、蛋白片）、腌制品（含咸蛋、松花蛋等）三大类，家用蛋液及其制品的生产还属空白。由于加工技术落后，加工品种单一，未形成品牌优势。总体上看，我国在蛋资源质量控制、系列禽蛋制品加工技术与设备方面还落后于美、日、法、德、意等发达国家。2001年我国蛋品加工量为6万t，仅占全国禽蛋总产量的0.26%。

4.皮革加工业 目前我国年生产猪皮8 000万张，羊皮4 000万张，牛皮2 000万张，分别占世界总产量的14%、18%和50%。我国是猪皮制革大国，猪革产量占皮革总产量70%以上，但资源利用率只有23%。由于我国猪皮资源丰富，猪皮在产量上位居第一，生产技术也处于世界领先地位。国内已形成四川、山东、湖南、浙江四大生产基地，猪革质量以这四地最好。生产的主要品种有猪正鞋面、修饰鞋面革、鞋里革、绒面革、服装革、手套革等。我国的山羊皮和绵羊皮资源也很丰富，山羊皮质量以四川路和汉口路为最好，在国际市场上享有盛名。绵羊皮以蒙古羊皮、藏古羊皮和哈隆克羊皮为最佳。我国的牛皮以山东、河南、安徽、宁夏、云贵、新疆等地为好。

我国是世界上最大的毛皮产品生产国和出口国。与北欧、美国、加拿大、俄罗斯、土耳其等国家相比，我国的裘皮业起步较晚，起点也低，但经多年的发展和经验的积累，我们已形成了自己的特色，在国际市场上越来越显重要地位。现在国内已形成五个毛皮产品生产集散中心，即河北省蠡县留史镇；亚洲最大的羊剪绒加工基地——河南省孟州市桑坡村；未来最大的皮革市场——吉林；世界最大的皮革成衣出口基地——香港；迅速成长的高档皮革加工区——东南沿海。

2001年我国皮革行业主要产品进出口金额已达130亿美元，约占世界贸易总额的32%，其中皮革产品出口金额124.8亿美元，比上年同期增长6.1%，占我国出口商品总额的4.7%，除皮面皮鞋外，其他产品出口额均有增长，详见表1和表2。

表1　2001年我国皮革工业主要商品出口量值表　　单位：千美元

主要商品	单位	出口		比上年增减（%）	
		数量	金额	数量	金额
皮面皮鞋	万双	86 809	4 343 506	4.7	−0.5
旅行用品及衣箱			3 876 561		0.8
皮革服装	万件	5 813	2 002 371	−1.6	7.9
裘皮服装	t	2 870	143 100	18.0	29.8
皮革手套	万双	66 982	720 660	−3.2	21.3
足、排、篮球	万个	5 411	77 203	17.5	10.9
皮革及生皮（毛皮除外）	t		899 459		65.6
靴鞋零件及类似品	t	100 778	419 367	6.9	9.3
总　计			**12 482 227**		**6.1**

表2　2001年我国皮革工业主要商品进口量值表　　单位：千美元

主要商品	单位	进口		比上年增减（%）	
		数量	金额	数量	金额
皮革及生皮（毛皮除外）			3 017 990		6.5
靴鞋零件及类似品	万t		288 647		−1.3
制革、制鞋机械	台	18 695	81 239	−25.4	−5.0
总　计			**3 387 876**		**5.5**

我国虽然是世界上皮革生产大国，但却不是皮革生产强国。我国的成衣出口平均单件价只有40美元/件，皮鞋出口平均价只有6～8美元/双，而国外名牌皮装单件价达到上千美元或上万美元。我国要尽快从皮革大国向皮革强国转变；从数量主导型向品质效益型转变，就要积极面对皮革强国意大利和美国的挑战，同时还要积极面对近邻韩国这个强劲的对手。因为无论是在加工质量上还是设计创意上，我们与他们整体差距相当明显。

皮革行业是依靠生物资源的产业，尽管天然皮存在许多优点，但若在科学技术上没有突破，我们仍然沿袭劳动密集、工序繁多、品质不稳、用水量大、污染严重的生产方式，我国的皮革加工业就有被淘汰的危险。若在科学技术上没有新的创意，我们就无法解决航空航天防护物不用皮革的问题；若在基因技术上没有新的突破，就不能解决未来不再养畜剥皮而是有可能直接养皮的问题；若在加工工艺技术上不能解决高污染的问题，则就不能解决皮革行业的可持续发展。因此，我国的皮革加工业今后任重而道远，在科技领域里将面临更加严峻的形势。

5. 羽绒加工业　中国羽绒加工业已成为全世界屈指可数的羽绒服装生产、出口和消费大国，羽绒服的销量份额逐年向名牌产品集中。5年前，知名羽绒服品牌企业才有150家，目前已发展到300多家，生产销售能力在10万件以上的羽绒服企业已达40～50家。在2002年9月1日的中国名牌产品评选会上，“波司登”、“雪中飞”、“雅鹿”、“雪地”、“鸭鸭”、“寒思”共6个羽绒服品牌获“中国名牌产品”的殊荣。此外,中国是国际羽绒羽毛局的6个主要成员之一,每年出口创汇近10亿美元,出口羽绒服数量为2 500万件左右,出口贸易占据世界贸易的70%份额。

二、科研、新产品与新技术

我国畜产品加工业在资源质量控制、产品品种结构、技术含量、生物技术、生产加工设备、食品安全与检测技术、标准化与质量体系等诸多方面与发达国家存在较大的差距，这方面的差距已成为我国畜产品加工业全面发展的瓶颈。自改革开放以来，为了改变这种状况，不断缩小这方面的差距，国家有关部门、地方政府以及经济、科技实力较强的企业，对此一直给予高度的关注，逐年加大了科技投入力度，加快了技术改造、科研成果推广和技术引进的进程，使得2001年在上年的基础上又创造了不少新的业绩。

1. *为畜牧业经济的稳步发展，提供了有力的技术支撑* 2001年是“十五”计划全面启动实施的第一年，国家各类科技计划，面向农牧业的支持力度大幅度增加。在基础研究“973”计划、“863”计划中畜牧业项目均做了相应安排。在“十五”攻关计划里确立农业领域5个重大专项中，安排了“禽畜规模化养殖技术与产业化示范”与“农产品深加工技术与设备研究开发”2个专项。其中对肉奶等农产品的深加工技术、工艺、装备、标准体系方面进行研究与开发。为了加大农业科技成果转化力度，经国务院同意设立了农业科技成果转化资金。2001年第一次启动资金支持额度为4亿元人民币，评选安排了809项成果转化资金,有力的推动了全国农牧业科技成果转化工作。这些涉及农牧业基础研究、攻关计划、星火计划以及科技成果转化工作的组织实施,为2001年我国畜牧业经济的稳步增长、产业结构的调整、畜牧产业市场供求关系的转变、草原生态意识与禽畜产品质量意识的增强、禽畜产品生产水平与饲料报酬的提高、农民收入的增加,提供了有力的技术支撑。2001年我国畜牧、饲料总产值接近1万亿元,畜牧业产值占农林牧渔业总产值的30.4%;畜牧业使农民人均增收35元左右,1998—2001年全国猪肉的年均增长已由1986—1996年的7.2%下降到2.5%;禽蛋产量的年均增长已由13.2%下降到4.2%,而牛肉、羊肉和奶类产量的年均增长专分别达到4.6%、7.7%和14.7%。猪肉和禽蛋生产放慢了增长速度,而牛、羊肉和牛奶产量的增幅大幅度提高,促使畜牧业产业结构调整取得了新进展。畜产品加工生产在稳定数量的基础上逐步转向提高禽畜产品质量和良种覆盖率。在禽畜生产中药物残留和疫病防治得到有效控制。人们的环保意识增强,注重了畜牧业发展与环境保护、生态建设协调推进。

2. *禽畜饲养场配套技术、养殖小区配套技术、遗传育种技术研究推广，促进了禽畜规模化饲养，区城化布局，推动了畜牧产业化* 近年来，由于各地加强了禽畜饲养场配套技术与集约化增产技术研究推广工作,系统解决了饲养中的优良品种繁育、饲料安全监控、禽畜产品质量控制、疫病防治、兽药残留控制、小环境质量的控制、设备更新改造以及节能式畜禽舍与配套技术的应用等诸多技术问题,促使全国禽畜规模化、集约化饲养比重明显提高。1995—1999年4年中生猪规模化饲养的比重从13.6%提高到24.1%;蛋鸡规模饲养的比重从24.2%提高到36.6%,肉鸡规模化饲养比重从24.2%提高到57.1%。禽畜规模化生产的发展,促进了禽畜产品生产区域的形成,国内出现了河北、山东两省的鸡蛋产量占全国1/3;四川、湖南、山东等10省市 的生猪产量占全国产量的64%;商品牛形成中原、东北和华南三个肉牛带,出栏肉牛占全国出栏量的67.3%的局面。禽畜规模化饲养、区城化布局的发展,进一步推动了畜牧产业化经营,一大批龙头企业在产业化进程中崛起。在农业部等8部委确定的全国首批151个龙头企业中,从事畜牧业产业化经营的企业就有38家,占首批龙头企业的25.2%。而在首批38家龙头企业中,山东省就占有8家,占38家畜牧业龙头企业的21.1%。在畜牧业龙头企业发展中,山东省发展迅速,全省共发展良种、饲料、兽药、养殖、产品加工,运销等畜牧业龙头企业5 000多个,产值达到600多亿元。其中各类畜产品加工企业近2 000家(含有肉类加工企业400多家,奶类加工50多家,皮革加工1 200多家),肉蛋奶加工能力400多万t,年加工畜产品280多万t,约占全省产量的40%。全省大型畜产品加工企业已发展到40多家,而其中8家已入围“151”强。

三、质量管理与标准化工作

我国的畜牧业为了实现由数量型向质量效益型的转变；实现由畜牧业大国向畜牧业强国的转变；为了提高自身的竞争能力，积极应对已进入WTO的新局面，国家加强了饲料行业法制建设，颁布实施了《新饲料和新饲料添加剂管理办法》和《进口饲料和饲料添加剂登记管理办法》，加强了饲料质量的监督检查，实施了饲料安全工程。加大了对畜产品质量的监督检测力度，先后颁布实施了《农业转基因生物安全管理条例》；国务院办公厅关于印发中国食物与营养发展纲要（2001—2010年）的通知；《兽药管理条例》；《兽药质量监督抽样规定》；《农业产业化重点龙头企业认定和运行监测管理暂行办法》以及国务院办公厅转发《农业部关于加快畜牧业发展意见》的通知。中国皮革协会组织实施了真皮标志活动，现国内已有320家企业的产品配挂上了真皮标志。这些条例、办法、意见、纲要的组织实施，进一步明确了我国畜牧业与畜产品加工业今后的发展方向和应关注的问题，提高了大家的质量意识、生态环境保护意识、生产安全和食品安全意识。

四、行业管理

1. 加强禽畜国际疫情监控，稳稳把住国门，确保禽畜安全生产　2001年为保障我国禽畜业生产安全，防止国际上发生的疫情传入我国，国家出入境检验检疫局、农业部、外经贸部，加强了国际疫情监控工作。3月份国际上发生新城疫和口蹄疫后，三个部门联合发出了禁止从瑞典进口禽鸟及其产品；禁止从英国进口偶蹄动物产品的公告。当发现法国、阿根廷、沙特阿拉伯、印度、乌拉圭等国家也发生了口蹄疫情时，随即向这些国家发出禁止直接或间接输入偶蹄动物及其产品的公告。当我国香港、澳门两特区发生禽流感疫时，三个部门联合发出紧急通知，要求全国各地切实做好防范工作。三个部门紧紧地把住了国门，确保了国内禽畜安全生产。

2. 举办国际展览，扩大影响，寻求商机　为了展示自己、扩大影响，展开广泛的国际交流，沟通信息，寻求商机。2000年先后在北京举办了“国际集约化畜牧业展览会”，中、美、英、新西兰等20多个国家204个企业参展，其中国外企业达110家。中国皮革工业协会在上海举办了第三届中国国际皮革展，同期还举办了Moda上海——国际时尚鞋类及皮具展。展览吸引了50多家意大利、西班牙、法国、泰国等国家和中国香港地区的箱包和鞋类制造商参展。展览会上展示了世界皮革工业最新发展态势。由于有意大利、西班牙、法国等皮革工业强国参展，我国受益不浅。2001年先后在北京、长春、杨凌、杭州等地举办了“中国农牧业及食品工业博览会”,“中国国际农业博览会”,“中国长春国际农业食品博览会”,“第八届中国杨凌农业高新技术成果博览会”,“中国浙江国际农业博览会”等大型综合性博览会。参展厂商在展示自己产品的同时,积极开展了贸易洽谈,收到良好效果。

3. 召开行业、专业会议，交流经验，推动工作　为推动行业工作，2000年农业部畜牧兽医局先后在重庆召开了“全国畜牧兽医总站站长会议”，总结安排了全年工作。在南京召开了“庆祝中国畜牧兽医学会成立60周年大会”，在回顾了60年的历程之后，开展了广泛的学术交流。在北京召开了“全国畜牧兽医行业职业技能鉴定经验交流会”，总结了一年来的工作，表彰了12个先进鉴定站和13位先进工作者。中国乳制品工业协会在大连召开了“中国乳制品工业协会第6次会议，总结了行业工作，举办了专题讲座。在吉林召开了“加入WTO与中国乳品工业发展研讨会”，做出了大力发展冷链销售杀菌乳、酸乳等产品，大力推广机械挤奶，加快大型企业集团发展速度，造就中国品牌产品等行业决策。中国皮革工业协会组织实施了真皮标志工作，取得了良好效果。推出了全国10家真皮鞋王企业和10家真皮衣王企业，带动了全行业产品质量水平的提高。

2001年在北京召开了“中国国际饲料新技术研讨会”和“中国农业暨高新技术招商引资洽谈会”以及在北京、长春等地举办的国际农业博览会，为国内外畜牧业与畜产品加工业方面的专家、厂商、政府官员搭造了技术交流、沟通信息、洽谈贸易、加强合作和经验交流的舞台。

4. 加强调研，掌握信息，指导工作　2001年全国各级畜牧、饲料、畜产品加工管理部门，针对疫情控制、畜产品安全、草原保护建设、饲料安全等问题重点开展了调研工作。在掌握行业运行状态和有关信息的基础上，相应提出了一系列加快我国畜牧业发展的政策、措施文件，组织制定了“十五”行业发展规划，为未来行业稳定发展提供了行动指南。

（中国包装和食品机械总公司行业办　付涛）

饲料加工业

一、发展概况

2001年，饲料工业稳步发展，全国饲料工业总产值达到1 644亿元，饲料产品双班生产能力达到15 024万t；饲料产品产量达到7 806万t，其中，配合饲料产量6 087万t，浓缩饲料1 419万t，添加剂预混合饲料300万t。饲料产品产量、配合饲料、浓缩饲料及添加剂预混合饲料分别比上年增长5%、3%、14%、19%。饲料工业生产的总体水平再创历史新记录。

在配合饲料中，猪饲料产量为 2 222 万 t，占配合饲料的 36%；蛋禽饲料 1 322 万 t，占配合料的 22%；肉禽饲料 1 694 万 t，占配合饲料的 28%；水产饲料 615 万 t，占配合饲料的 10%；反刍家畜补充饲料 123 万 t，占配合饲料的 2%；其他饲料 111 万 t，占配合饲料的 2%。与 2000 年相比，猪饲料增长 3.4%，肉禽饲料增长 5.4%，水产饲料增长 25.2%，蛋禽饲料下降 8.7%。

2001 年，鱼粉产量 46 万 t，肉骨粉产量 51 万 t，磷酸氢钙（盐）产量 133 万 t。饲料添加剂生产中，赖氨酸产量 3.4 万 t，蛋氨酸产量 1 800t，与 2000 年相比，产量增幅分别为 66%、-46%。

2001 年，饲料加工机械产量 21 104 台（套），其中成套设备 2 344 台（套），单机设备 18 559 台（套）。在成套设备中，时产 10t（含 10t）以上的设备占成套设备的 7.1%，时产 5～10t（含 5t）的设备占 14.3%，时产 1～5t 的设备占 78.6%。在单机设备中，粉碎机占单机设备 32%，混合机占 17%，制粒机占 12%，其他机械占 39%。

2001 年，全国饲料加工企业总数 11 905 个，比 2000 年减少 2.5%。配合饲料加工企业 6 761 个，其中时产 5t（含 5t）以上的企业 1 955 个，占配合饲料加工企业 29%，5t 以下 4 806 个，占配合饲料加工企业的 71%；浓缩饲料加工企业 2 539 个；添加剂预混合饲料 2 579 个；饲料添加剂生产企业 964 个；饲料原料企业 1 426 个；饲料机械加工企业 72 个。

2001 年，饲料企业年末职工人数为 45.7 万人，比 2000 年减少 12.6%。其中，博士 304 人，占职工总人数 0.07%；硕士1 127 人，占职工总人数 0.25%；大学本科 24 182 人，占职工总人数 5.30%；大学专科 48 357 人，占职工总人数 10.59%。

二、发展特点

主要表现在以下诸多方面：

1. 继续保持较快的发展速度　全年饲料产品产量的增长速度达到 5%，其中配合饲料达到 3%，浓缩饲料达到 14%，添加剂预混合饲料达到 19%。高于肉类（3%）和水产品（2.2%）的增幅。

2. 质量继续保持较高水平，违禁药品检出率大幅度下降　2001 年国家有关部门进一步加大了市场监管力度，扩大了检测范围，使配合饲料合格率达到 92%，添加剂预混合饲料的合格率达到 81%；饲料和动物饮用水中违禁药品检出率已从 2000 年的 7.1%下降到 2001 年第 4 季度的 0.66%。

3. 饲料产品结构进一步优化，高附加值的添加剂预混合饲料和浓缩饲料产品比例继续提高　配合饲料占饲料产品总产量的比重，比 2000 年下降了 1.1 个百分点；浓缩饲料占饲料产品总产量的比重比 2000 年上升了 1.4 个百分点；添加剂预混合饲料占饲料产品总产量的比重比 2000 年上升了 0.5 个百分点。添加剂预混合饲料、浓缩饲料、配合饲料的比例接近 1∶5∶19。

4. 受养殖业和饲料原料价格的影响，饲料产品价格总体有所上升，配合饲料价格平均比上年上涨 3%左右

5. 部分饲料原料价格上升，企业利润下降　例如，鱼粉价格上涨 30%以上，增加了饲料企业的生产成本。饲料工业在微利的经济环境中运行。

6. 饲料工业发展仍处于区域发展不平衡状况　2001 年，东部（北京、天津、河北、辽宁、上海、江苏、浙江、福建、山东、广东、海南）饲料产品产量占全国的 44%；中部（山西、吉林、黑龙江、安徽、江西、河南、湖北、湖南）饲料产品产量占全国的 38%；西部（重庆、四川、贵州、广西、内蒙古、云南、陕西、甘肃、青海、宁夏、新疆、西藏）饲料产品产量占全国的 18%。地区间发展不平衡，西部地区饲料工业发展速度低于东部地区。

7. 大型集团化企业稳步发展　正大集团、希望集团、通威集团、温氏集团、湖南正虹、湖南唐人神、江西正邦集团、广东华星、山东六和、辽宁大成、北京大北农、河南宏展等 20 家企业集团的饲料生产量占全国饲料生产总量的 30%以上，在行业中的影响力不断提高，在国际上的知名度增加。

8. 饲料企业人员素质进一步提高　2001 年，饲料企业职工中，大学专科以上学历的 73 970 人，占职工总人数 16.2%，比 2000 年提高了 1.4 个百分点。为提高整个行业技术和服务水平奠定了坚实的基础。

三、市场分析

1. 饲料产品市场　2001 年饲料产品市场价格保持在较稳定的低价位上运行。全年猪配合饲料平均价格为 1.60 元/kg，与 2000 年相比上升 6.7%，价格变动幅度为 ±0.03 元/kg。肉鸡配合饲料平均价格为 1.88 元/kg，上升 2.2%，价格变动幅度为 ±0.01 元/kg。蛋鸡配合饲料平均价格为 1.70 元/kg，上升 1.8%，价格变动幅度为 ±0.04 元/kg。配合饲料价格变化幅度总体很小，市场供应稳定，为养殖业的持续健康发展和农民增收做出了较大贡献。

2. 饲料原料市场　2001 年饲料原料市场起伏较大。造成原料价格变化的原因主要是供求关系的变

化。其中：

（1）玉米：2001年全国玉米总产量11 600万t，比上年增长9%。据海关统计，2000年我国出口玉米1 047万t，2001年出口玉米599.6万t，同比下降42.7%。

2001年国内玉米价格经历了先涨后跌的过程。上半年，由于玉米主产区春播和出苗后出现严重干旱，使市场上产生了“2001年国内玉米将供给不足”的不准确信息，加之又受到2001年上半年玉米出口情况良好、外贸需求增长以及清查粮食库存增强了企业的采购积极性等因素的影响，玉米价格一路攀升。下半年，市场上玉米供给紧张的预期缓解，以吉林为代表的玉米主产区压库玉米销售力度加大，市场上玉米供应增加，造成玉米市场价格下半年持续下跌。2001年玉米全年平均价格为1.17±0.06元/kg，比上年上涨25.8%。

（2）豆粕：2001年全国大豆产量为1 500万t，比2000年下降2.7%。进口大豆1 394万t，比2000年增长23%。国内豆粕生产量超过1 600万t，进口豆粕53.6万t。2001年我国豆粕出口31.5万t，比上年增长10倍，其中85%出口到日本，其他出口到马来西亚、韩国、朝鲜等周边国家。

由于我国对进口豆粕加收13%增值税，影响豆粕的直接进口。因此，国内饲料行业使用的豆粕绝大部分是国内油脂企业榨油的副产品。豆粕市场随国际大豆市场价格的变化发生变化。2001年豆粕市场价格呈现小幅振荡及有涨有跌的趋势。豆粕价格变动与政策密切相关。6月6日，大豆转基因管理条例出台，造成6、7月份大豆市场价格急速攀升，豆粕市场价格也呈现小幅反弹；但由于大豆转基因管理细则迟迟没有公布，7～8月份国外大豆继续进口我国，大豆市场价格受到冲击，导致豆粕价格回调；9月中旬，由于国家进出口产品检验局对进口大豆进行质量检查，无形中增加了大豆进口的成本，使得进口大豆减少，造成国内大豆价格上扬。豆粕价格在10～11月也呈现小幅上调。豆粕全年平均价格为2.16±0.08元/kg，比上年下降2.8%。

（3）鱼粉：由于我国多年来对鱼类的过量捕捞，渔业资源出现枯竭。2001年鱼粉大幅减产，全年产量46万t。2001年世界鱼粉产量也呈下降趋势，如鱼粉主产国秘鲁鱼粉产量下降30%，使得我国进口鱼粉货源紧缺，价格上扬，进口量减至90.1万t（据海关统计）。2001年，我国国内鱼粉总供给量不足140万t。鱼粉是饲料中优质动物蛋白的主要来源，每年鱼粉需求一般为150万t左右，由于货源相对紧张，一定程度上造成鱼粉价格的上涨。

（4）饲料添加剂：蛋氨酸、赖氨酸价格波动较大，其他品种价格比较稳定。蛋氨酸受蛋鸡生产下滑的影响，价格一路下跌，2001年蛋氨酸年平均价格为22.9元/kg，比2000年平均价格的28.7元/kg下降20.2%，全年进口蛋氨酸5.77万t。由于我国对进口赖氨酸进行反倾销调查等因素影响，赖氨酸市场价格出现较大波动。2001年平均价格为19.5元/kg，比2000年平均价格的16.2元/kg上扬20.3%，全年进口赖氨酸7.36万t。其次，维生素和矿物质原料以及矿物质微量元素，由于近年来发展较快，市场竞争激烈，价格一直处于较低水平。我国维生素C、E、B_1、B_2、A，氯化胆碱等产品，不仅能满足国内需求，而且大量出口欧美、东南亚市场，对国际市场产生了重大影响。磷酸氢钙生产企业已发展到150多家，年生产能力达200万t，产品也大批量出口，国内年需求100多万t，处于供大于求的状况。激烈的市场竞争使磷酸盐生产企业处于微利保本的状态。

2002年，国家继续实行积极的财政政策和稳健的货币政策，加强基础设施建设，规范和整顿市场经济秩序，保持国民经济持续健康发展。同时，采取综合措施增加农民收入，进一步扩大内需创造了饲料工业持续发展条件。从饲料原料供应和市场价格分析，2002年大宗原料供应充足，价格相对稳定。虽然玉米、豆粕、鱼粉等主要原料价格降价空间不大，但由于酶制剂等新型饲料添加剂的推广应用、棉籽粕的脱毒处理技术推广、小麦、稻谷替代玉米的试验成功以及无鱼粉配方日粮推行，饲料工业依靠科技进步，走内涵扩大再生产的能力强劲，饲料产品价格继续保持稳定，为养殖业的持续发展奠定坚实的物质基础。2002年，我国饲料工业继续保持较高的发展速度和水平，饲料产品总量约达到8 600万t，饲料加工业产值突破2 000亿元，实现新的更大的发展。

（农业部全国饲料工作办公室　季之华）

水产品加工业

2001年我国水产品总产量为4 382.09万t，比上年增加103.1万t，增长2.41%；其中海水养殖

1 131.5万 t，增加 70.24 万 t，增长 6.62%，是渔业各产业中增长最快的一个产业；内陆养殖 1 594.95 万 t，增加 78.02 万 t，增长 5.14%；海洋捕捞 1 440.61万 t，减少 36.83 万 t，减幅为 2.49%；内陆捕捞 214.99 万 t，减少 8.32 万 t，减幅为 3.73%。实现了海洋与内陆捕捞产量连续几年的负增长，对渔业资源保护产生了积极的影响，同时又促进了海水养殖和内陆养殖渔业的发展。

2001 年我国水产品加工企业 7 648 个，比上年增加 726 个，增长 10.49%；水产加工品总产量 690.86 万 t（折合水产品原料 1 354.09 万 t)，比上年增加 39.34 万 t，增长 6.04%；总产值 622.41 亿元，比上年增加 88.51 亿元，增长 16.58%。从企业个数、水产加工品总产量和总产值三个增长数字可以看出，2001 年我国的水产品加工业，在已经形成的冷冻冷藏、腌制、罐藏、调味休闲食品、鱼糜制品、鱼粉、鱼油、海藻食品、海藻化工、海洋保健食品、海洋药物、鱼皮制革及化妆品和工艺品等十多个产业门类后，正在向产业化和规模化方向发展，成为推动渔业生产持续发展的重要动力，但产业化和规模化以及规模效益还较差。2001 年我国水产加工品折合水产品原料占水产品总产量的比例比上年只高出 1%，仍然远远低于发达国家 70% 的比例，其中淡水鱼加工的问题依然突出。淡水鱼产量占水产品总量的 41.3%，但加工率仍约为 2%。水产加工业发展的滞后，已成为我国渔业持续、稳定、快速发展的主要制约因素。

影响我国水产品加工业发展的主要因素有：①2001 年我国从事水产品加工业的企业规模仍然普遍偏小，加工工艺和加工技术相对有所提高，但仍显落后，生产成本过高，没有过硬的产品和品牌，市场占有率普遍偏低；②产业布局不合理，生产所需的原料供应和加工企业的分布较为分散，规模偏小，影响了生产原料的供应和原料的综合开发利用，加工生产造成的环境污染不能得到有效治理；③水产品加工的新技术、新工艺、新设备、新产品等科研成果转化率偏低；④缺乏通畅的流通体系，现代物流方式没有发挥作用；⑤对国内上市的商品缺乏有效的监督管理保障机制，产品质量不能保证，影响了经营者和消费者的经营与消费欲望；⑥水产品加工企业和有关部门，缺乏对国内外消费市场深入研究和信息服务，企业生产虽说是以销定产，但盲目性仍然较大等等。

加快我国水产品加工业的发展，不仅可以增加水产品的附加值，加大水产品的综合开发与利用，减少浪费，扩大国内外水产品（含水产加工品）市场贸易，促进我国渔业持续、稳定、快速发展，还可以加快我国农（渔）业人口向城镇人口的转化过程，促进乡村城镇化。此外，由于水产品加工业对水产资源的合理开发利用，对保护水产资源、减少污染、保护生态环境和保障人民生活质量等多方面也将起积极的推动作用。

一、发展现状

“九五”期间，我国水产品加工的企业、加工能力、总产量和总产值等均逐年增长，特别是从 1998 年起，加工原料首次突破 1 000 万 t，1999 年至 2001 年继续增长，水产品加工所占的比例虽然也在逐年增加，但增幅不大，说明中国水产品仍然以鲜销为主（见综合统计资料表 69）。

水产品加工品种和产量等方面的增减幅度变化较大，其中冷冻制品、腌熏类制品、动物蛋白饲料和其他水产品继续保持增长势头，罐制品和干制品在 1998 年出现较大增幅后，1999 年有所下调，尤其是罐制品，下降幅度达 33% 左右。动物蛋白饲料中鱼粉占总产量的 96.3%。尽管如此，中国每年仍从国外进口 40 万 t 左右的鱼粉，这说明中国生产的动物蛋白饲料仍满足不了养殖业发展的需求。另外，这几年来发展速度一直较快的鱼糜及其制品在 1998 年出现了 24.9% 的跌幅后，1999 年出现了反弹，增幅达 40.3%；2001 年又出现跌幅，跌幅为 11.47%。这几年这些产品增减的交替变化和增减幅度变化之大，主要是受市场经济的影响而出现的调节。鱼粉的减产则说明海洋渔业的负增长及海洋渔业资源仍未有大的好转等原因在起作用（见综合统计资料表 70)。

中国水产品冷冻企业的发展和生产能力，冷库数在 1998 年下降后，1999 年又开始上升，而冷藏能力、冷藏总量、制冷能力则在 1998 年有较大增长后，1999 年都有所下降，2000 年和 2001 年又有不同程度的增长，而制冷能力却大幅度下滑。然而速冻能力，制冰总量则都有不同程度的连续增长，这些变化显示出捕捞和消费中冰鲜数量有所增加，对冻品中质量的要求进一步提高（表 1)。

中国沿海水产品加工产业较发达的一些省份分布情况见综合统计资料表 70。从综合统计资料表 70 可以看出，我国水产品加工业较发达地区主要集中在东部沿海的 8 个省，此外河北、江西、上海分别排在第 9 至第 11 位。从水产加工原料所占总产量比例来看，山东省最高；从加工企业平均产值看，辽宁省最高。但在 2001 年加工业发展最快的是海南省。从水产加工业总产值、各省区产值和单个企业产值分析，东部 8 个省区的平均产值比全国总值略高出 30 多万元，辽宁、山东、福建 3 省的水产加工品附加值较高，因

表 1 中国水产冷冻产业

年 份	冷库数（座）	冻结能力（万 t/d）	冷藏能力（万 t / d）	制冷能力（万 t/ d）	制冰总量（万 t）	冷藏总量（万 t/d）
1998	4 258	10.82	125.60	20.28	662.15	16 735.14
1999	4 392	10.85	121.74	10.68	770.31	15 169.03
2000	4 617	13.50	127.81	10.60	697.83	10 863.90
2001	5 772	15.4	139.65	7.85	717.17	11 535.80

而产值也高；南部部分省的水产加工品多为冻品，而且企业规模较小，所以附加值较低，因而产值也低。

此外，在水产品加工研究方面也取得了很大的成绩：①在水产品的保鲜方面，先后将冰鲜、冷海水、微冻和冷风干等方法推广到生产中，使 20 世纪 70 年代臭鱼烂虾占海产品总产 10%左右下降至 0.5%以下。水产品质量大大提高，一些名特优产品的保活技术也相继突破和推广，并得到广泛的应用，养殖和天然捕捞的海水鱼虾蟹已经广泛进入内地市场。②在产品开发方面，尤为引人注目，鱼糜、鱼片、鱿鱼、烤鳗、海藻等方面食品，不仅品种繁多，而且质量也达到世界水平。③在综合利用方面，研制出一大批新产品，有水解鱼蛋白、蛋白胨、甲壳素、鱼鳞脂、水产调味品、鱼油制品、水解珍珠液和中华鳖精，还有紫菜琼胶、河豚毒素、海藻化工产品等，其中大部分已投入生产，成为加工厂的拳头产品，创造了巨大的经济效益。④在海洋药物方面，如藻酸双脂钠（PPS）、海星代血浆和甘露醇烟酸酯等相继研究成功，有的已投入生产。目前已研究发现了 100 余种新的有活性的海洋天然化合物，下世纪初可望有一批新的海洋药物投入临床应用。⑤在加工机械研究方面，首先，我国自行设计和制造了冷冻保鲜船和冷却海水保鲜船，使海水鱼的保鲜质量得到明显改善。其次研究设计和制造了 批加工机械和设备，鱼糜、湿法鱼粉设备、平板冻结机、鱼片干生产线、烤鳗生产及其软罐头杀菌器、紫菜加工机械等，不仅改善了工人的劳动强度，也提高了产品的质量和生产效率。

二、存在的主要问题

1. *市场占有率偏低* 目前我国从事水产品加工业的企业规模普遍偏小，加工工艺和加工技术相对落后，生产成本过高，没有过硬的产品和品牌，市场占有率普遍偏低。从综合统计资料表 69 的数字说明，2001 年我国有 7 648 个水产品加工企业，水产品加工总产量 690.86 万 t，平均每个企业为 903.32t；总产值为 622.41 亿元，平均每个企业的产值为 813.82 万元。如果按国家统计局的统计数字分析，水产加工品的产值平均每吨仅为 9 009.2 元，折合到水产品原料为每吨 4 596.52 元，说明我国水产加工品的增加值极低。从综合统计资料表 70 的数字说明，我国水产加工品中冷冻制品和动物蛋白饲料两项合计为 453.54 万 t，占水产加工品总产量的 65.65%；干制品和腌熏制品等传统品种两项合计 99.11 万 t，占水产加工品总产量的 14.34%；鱼糜及其制品和罐头品两项合计 14.4 万 t，占水产加工品总产量的 2.1%。说明我国水产品加工业目前存在的这些问题是不足为奇的。

2. *产业布局不合理* 因产业布局不合理影响了生产原料的供应和原料的综合开发利用，使得因加工生产造成的环境污染不能得到有效治理。从综合统计资料表 70 的数字可以看出，2001 年我国水产品加工业严重存在着东部与中西部之间的巨大差距，仅山东、浙江、福建、广东、辽宁、江苏、广西、海南（未含河北、江西、上海、天津）8 个沿海渔业省区水产品产量占总产量的 75.59%，水产加工品产量占总产量的 96.34%，水产品加工业产值占总产值的 96.01%，水产品加工企业占总企业数的 92.52%。如果将河北、江西、上海、天津加上去，中西部地区的比例则寥寥无几。水产品加工企业过度集中在东部沿海地区，一方面加剧了企业间对原料和市场的竞争，另一方面又造成了对资源的破坏和浪费。由于企业规模偏小无法进行正常的环保设施投资，从而加大了对环境的污染。

3. *科研成果转化率偏低* 水产品加工的新技术、新工艺、新设备、新产品等科研成果转化率偏低。目前我国水产加工品的科技含量还比较低，初级加工品仍多于精加工、深加工产品。据估算，优质加工品还不足总产量的一半。国家和企业对水产品加工的科技开发和设备改造投入偏少，特别是人才的短缺，使许多水产品加工企业缺乏发展后劲。此外，对水产品加工的基础理论和应用基础科学研究的投入不足，使我们国家许多海洋生物资源没有得到充分的认识和利用。企业缺少必要的技术储备，制约了企业的发展。

4. *缺乏通畅的流通与拓展贸易体系* 目前我国的水产品批发交易市场主要集中在东部地区，中西部地区则主要在省会城市，而且尚未形成有效的物流、集散、配送、分销功能和网络体系，水产加工品主要消费市场为东部沿海的大中城市。而适应在大中小城市以及边远地区和农村消费的厨房食品和方便食品等，由于加工利润较低、销售过程中冷藏链要求较高等原因，许多企业不愿经营，影响水产品特别是淡水产品的加工生产。

5. 缺乏有效的监督管理保障机制　产品质量不能保证，影响了经营者和消费者的经营与消费欲望。目前我国水产加工品的国家标准尚不完善，监管力度不够。特别是在行业管理方面，对就业人员、企业登记和商品上市都缺乏市场准入制度的管理与年检，水产加工品“三充”现象仍较严重，生产销售严重危害人民生命安全的食品处罚过轻，严重影响了经营者和消费者对水产加工品质量的信任度。

6. 缺乏对国内外消费市场的深入研究和信息服务　目前我国对国内外水产加工品消费市场的研究较少，更没有专门的部门和机构，原料生产企业（养殖专业户）、加工企业、经营商和信息服务等相互脱节。有关专家指出，如果把水产品加工这篇文章做好，可以牵动渔业及与渔业相关的许多产业的发展，达到多赢的良性循环。

三、保障措施

1. 税赋方面给予政策性扶持　在稳定鲜活水产品销售的同时，鉴于水产加工品在减少浪费、减少废弃物对城市的污染等方面的贡献，建议国家在税赋方面给予适当减免的政策性扶持，鼓励大力发展水产品加工工业。

2. 提供相应的资金补偿和就业安排　为了保证水产品加工有稳定充足的原料资源，促进养殖业由一家一户的家庭经营方式向现代化的企业经营方式转移，国家应对农（渔）业就业人员的转移提供相应的资金补偿和就业安排，鼓励国内外大型企业投资大规模的集约化养殖项目及配套的加工项目时，在国家土地政策未进行较大调整前，给予大规模集约化养殖项目的投资者按国家对农民承包的政策对待。对在促进乡村城镇化和农（渔）业人口转移工作中做出突出贡献的企业和个人，国家应给予政策上的支持、资金上的补偿和奖励。

3. 加强职能技术培训工作　为了提高就业人员和企业质量认证内审员的素质和上岗技能，达到就业人员岗位资格准入制度的要求，国家应加强职能技术培训工作和建立水产品加工职业技能培训机构，并提供相应的经费保障。

4. 加强公益性信息服务　加强对国内外水产品加工技术信息收集、分析等政府行为的公益性信息服务。

5. 加强行业协会活动　行业协会组织的水产加工品国内外市场的拓展活动，一方面引导企业积极参与，另一方面国家也应提供必要的经费和政策支持。

6. 加强人才管理　从国家的角度，一方面促进企业重视人才资本，另一方面国家也应把人才资本作为国家的财富予以重视。凡在行政管理、科研、生产经营活动中对行业的发展做出突出贡献的个人应进行表彰和奖励。

（中国水产流通与加工协会　高永强）

蔬 菜 加 工 业

我国是世界第一大蔬菜生产国与消费国，蔬菜加工业是我国农产品加工业中具有活力和发展潜力的产业，也是我国农民增收的主要依托之一。2001 年是我国实施“十五”计划的第一年，也是我国加入世贸组织的第一年，全国许多省、市、区都把发展蔬菜产业作为农业产业结构调整、应对入世挑战的一项重要措施。

一、市场现状

1. 播种面积不断扩大，产量继续增长　2001 年我国蔬菜播种面积为 1 634 万 hm^2，比 2000 年增长 7.2%，占世界蔬菜播种总面积的 35%。总产量约为 4.8 亿 t，比上年增长 14.3%，占世界总产量的 40% 左右。从生产区域看，东部蔬菜播种面积增长最快，增幅达 13.6%，中部增幅为 6.0%，西部为 5.2%。播种面积前五位的省、区、依次为山东、河南、广东、江苏和广西，分别为 198 万 hm^2、124 万 hm^2、114 万 hm^2、113 万 hm^2 和 107 万 hm^2。

2001 年我国人均蔬菜占有量为 379kg，为世界人均占有量的 3 倍多；我国大中城市日上市蔬菜品种 50 个以上，中小城市日上市品种也达到 30 个以上。2001 年国内蔬菜总体价格平稳，比上年略有下降。蔬菜产业的蓬勃发展极大地丰富了我国居民的菜篮子，提高了人民的生活质量。

2. *出口量继续增长，平均价格有所下跌* 目前我国蔬菜出口市场已覆盖世界150个国家和地区。2001年我国蔬菜出口量为394万t，比上年增长22.9%。出口总金额23.4亿美元，比上年增长12.4%，从2001年1～9月的出口统计数据看，对日本出口97.6万t，同比增长23.9%，占全部出口数量的34%，创汇8.6亿美元，同比增长9.9%；销往香港31.8万t，同比增长2.4%，创汇0.74亿美元，同比增长2.9%；对美国出口11万t，同比增长24.7%，创汇0.8亿美元，同比增长16.8%；其中出口数量增幅较大的国家为印度尼西亚、马来西亚、俄罗斯，增幅分别为117%、74.5%、58.9%。出口数量前五位的省区依次为山东（92.5万t）、广东（51.7万t）、福建（42.7万t）、新疆（16.8万t）、浙江（16万t）；出口增幅前五位的省区依次为黑龙江（145.4%）、海南（129.5%）、新疆（112%）、宁夏（78.2%）、内蒙古（73%）；在出口增幅上，中部（31.1%）和西部（24.63%）要高于东部（24.57%）。由于蔬菜出口市场多元化进展不快，蔬菜加工企业大都在同一区域内争夺市场，造成国内竞争加剧，出口单价不断下跌。我国出口蔬菜的年平均价格从1996年的0.918美元/kg到2001年的0.593美元/kg，6年间下降了35.4%。从出口产品结构上看，从1996年到1999年，保鲜蔬菜出口价格下降幅度最大，达到了41.4%，脱水蔬菜下降了21.1%，冷冻蔬菜下降了5.4%。可见越是深加工的产品，出口价格下降越慢，越是初级加工产品，出口价格下降速度越快。因此，提高蔬菜加工深度，向高附加值方向发展是解决效益下滑的一个关键。

3. *质量管理控制体系受到空前的重视* 我国加入WTO后，从中央到地方对蔬菜生产加工中的质量管理问题受到空前的重视，开始大力推进农业标准化及农产品质量管理体系，2002年上海在全国率先颁布农产品地方标准，实行市场准入制度，北京、广州等大城市也紧随其后出台农产品地方标准，山东省政府专门从省财政拿出2 000万元，建立农产品检测体系，并计划组织制定有关农业地方标准100～150项，加强从生产到市场整个过程的监控管理，逐步推行农产品市场准入制度。2002年8月国务院发出加强新阶段“菜篮子”工作的通知，针对蔬菜在种植、加工和流通过程中，由于农业投入品的不合理使用，产地环境污染及包装、储藏、运输等设施落后和管理不善，造成有的“菜篮子”产品“污染”等质量卫生安全问题。通知要求，必须对“菜篮子”产品质量卫生安全实行“从农田到餐桌”的全过程管理。要加快“菜篮子”产品质量卫生安全标准和检验检测体系的建设，抓紧制（修）订与“菜篮子”产品相关的质量卫生安全标准，加大“菜篮子”产品检验检测工作力度，建立“菜篮子”产品质量卫生安全追溯制度，建立与“菜篮子”产品有关的认证认可和产品标识制度，对卫生安全不合格的“菜篮子”产品实行无害化处理或予以销毁，对造成危害或严重后果的，应以法予以处罚。要加强“菜篮子”产品进出口质量卫生安全管理，要加强科学技术研究、引进与推广，完善和落实各项扶持政策，加大投入力度，完善重要“菜篮子”产品储备制度。通知强调“菜篮子”工作是一项系统工程，必须加强领导，明确分工，落实责任，精心组织，统筹规划，加强配合，确保新阶段各项工作的顺利进行。

4. *国际贸易技术壁垒增加* 我国蔬菜出口的迅速增长，引起了有关进口国的重视。一些国家感到大量进口蔬菜对本国生产带来不利，因而采取相应保护措施。我国加入世贸组织后，进口国对我采取配额、关税等歧视性措施相对减少，代之以技术壁垒来限制我国蔬菜的出口。如2002年1月，日本对我国2 700t蔬菜进行检查，结果实际有问题的有9例，只占0.3%，按国际惯例这是一个很低的比例，但却被日本有关新闻媒体大肆宣扬“中国蔬菜有毒论”、把我输日蔬菜中检测出部分农药残留的事实加以夸大，宣传中国蔬菜是“毒菜”，存在严重的安全质量问题，造成了日本市民对我输日蔬菜的“恐购症”，宣布从4月1日起至10月底，对所有进口农产品实施检疫管理，以此来限制蔬菜进口。美国对我国输美蔬菜实行HACCP体系管理，日本也将实行这项管理。《欧盟有机食品法规》规定，自2002年起，出口国如果没有建立起与欧盟要求相符的有机食品保证体系，将被列入“第三国”，断绝出口途径。

二、企业现状

加入WTO，对我国蔬菜加工企业是一次良好的机遇，作为劳动密集型的我国蔬菜加工业，在国际上有着很强的成本优势。以日本为例，目前日本的人均国内生产总值约3.3万美元，是我国人均800美元的40多倍。日本的蔬菜生产不仅成本高，而且愿意从事繁重体力劳动的人越来越少。这就为我国向日本出口蔬菜提供了机会。对其他发达国家也是这样，随着蔬菜生产与消费的进一步分离，蔬菜生产由高成本的发达国向自然资源条件优越、劳动力资源丰富、生产成本低廉的发展中国家转移。我国正好利用这一契机，发挥优势，积极发展外向型蔬菜加工产业。

2001年我国蔬菜加工业取得了进一步的发展，许多地方随着农业产业结构的调整，不约而同地把蔬菜加工业放到了重点发展的位置。蔬菜加工产量继续增加，出口量继续扩大，产业资金投入继续加强，许多企业都在新上大型蔬菜加工生产线。我国蔬菜保鲜贮藏能力已达商品量的25%。我国中、西部蔬菜加工业的发展速度甚至超过了东部沿海省份的发展速度。

目前我国的蔬菜加工企业有1万多家，仅山东省就有2 000多家，其中山东省莱阳市就有各类果蔬加工企业247家。山东龙大集团是我国蔬菜加工业中的龙头企业，目前已是一个下辖10个中外合资合作企业、1个内资企业、有员工16 000余人、总资产10多亿元的大型企业，年加工以蔬菜为主的农产品9.29万t，完成销售收入11.5亿元，出口创汇6 600万美元，实现利税8 593万元。

蔬菜加工业是需要产前、产中和产后密切结合的产业，是从生产到贮藏、加工、流通的一项系统工程。为适应国际、国内市场不断提高的质量要求，近年来，许多蔬菜加工企业建起了规模化、集约化的蔬菜基地，采取企业+基地+农户的运作方式，以合同、定单形式确定企业与基地、农户的利益分配关系，控制蔬菜生产、加工、流通的全过程。加强蔬菜生产的标准化管理和环保意识，推行绿色食品蔬菜和有机蔬菜是当前蔬菜生产的发展趋势。如山东龙大集团为了生产有机食品，在莱阳及其周边地区建起了5个有机蔬菜基地，总面积达266.7hm^2，其中133.3hm^2已通过国家环保总局的检测，获得有机（天然）食品原料生产基地证书。

三、技术现状与发展趋势

目前我国蔬菜加工业是以加工保鲜蔬菜、速冻蔬菜、调理蔬菜、脱水蔬菜、腌制蔬菜、罐头蔬菜、鲜切蔬菜和蔬菜汁为主。与国际先进水平相比，我国蔬菜加工大部分仍处在粗放型的初级阶段，蔬菜加工尚未能从数量规模型向质量效益型转变，以山东省的大蒜、大葱加工为例，加工仅仅是去泥去皮就装箱出口，附加值和技术含量都很低。目前国际上对蔬菜的商品化处理非常重视，越是发达国家的蔬菜商品化处理要求越高，价格比我国加工的同类产品高出许多，有时翻倍。例如他们根据不同要求，将同种蔬菜分成不同级别、出口到不同地区。如出口鲜姜，欧盟喜欢大块（250g/块）的，而日本喜欢中等块（150g/块）的，而我们出口到日本也是大块的，结果价格上不去。在包装方面，发达国家多是小包装、装潢设计非常漂亮，价格很高，而我国廉价出口的大包装产品较多，形成很大反差。

在蔬菜加工技术方面，目前国内外都开始从使用传统的加工技术生产传统蔬菜产品向采用高新技术加工产品方向转化。蔬菜深加工不但附加值高，而且市场前景广阔。

我国蔬菜加工业目前主要采用的加工技术如下：

1. 速冻蔬菜　速冻蔬菜是将新鲜蔬菜经过加工处理后，利用低温使之快速冻结并贮藏在－18℃或以下，达到长期贮藏的目的。比其他加工方法更能保持蔬菜原有的色泽、风味和营养价值，是现代先进的加工方法。目前主要的速冻蔬菜品种有马铃薯、甜玉米、菠菜、青豆、马蹄、藕、蒜头、笋和什锦盆菜等。

国内企业目前大多数以传统的压缩制冷机为冷源，具有安全可靠、成本低等优点，但其制冷效率偏低且要达到深冷比较困难。现在已有一些企业在冷冻加工设备中引进了国外的先进制冷设备，在冷库的建设上趋于低温大型化，隔温泡沫塑料化、预制装配化、冷库内搬运机械化及控制自动化等。

2. 脱水蔬菜　目前我国脱水蔬菜的加工方法：一是常压热风干燥；二是真空冻干；三是微波干燥；四是远红外干燥；其中90%以上是采用常压热风干燥，主要设备包括热风翻板式烘干机、热风隧道式烘干机或烘房。西北地区普遍采用的烘房形式，是以燃烧煤、柴作热源，通过抽风或鼓风进行湿热传递、操作简单、成本低廉。但烘房式加工的主要缺点是受热不均，烘烤时间长、产品档次较低。

我国能打入国际市场的高档脱水蔬菜大都是用真空冻干技术生产的，传统的各种干燥工艺尚无法达到生产高品质脱水蔬菜的水平，但冻干设备造价昂贵、生产成本高，一般蔬菜加工厂多望而却步。现仅有山东、广东、武汉、江苏和宁夏等地少数几家应用生产。

我国脱水蔬菜品种大致有洋葱、大葱、蒜、胡萝卜、马铃薯、辣椒、卷心菜、菠菜、黄花菜、芦笋、蘑菇和蒜苗等。

3. 腌制蔬菜　腌制蔬菜在我国有悠久历史，人们在长期的实践中积累了丰富的经验，涌现出了许多的加工方法和品种繁多的腌制菜，如四川榨菜、泡菜，北京、山东的酱菜，扬州、镇江的萝卜干、小黄瓜，云南的大头蒜，广东的酥姜、咸酸菜，惠州的梅菜，潮州贡菜等等，均畅销国内外，深受消费者欢迎。

蔬菜腌制品主要包括泡酸菜、咸菜、酱菜、糖醋菜和盐渍菜五大类。低盐、增酸、适甜是近几年来腌制菜的发展方向。目前腌制菜正向营养化、疗效化、低盐化、多样化和天然化发展。

4. 罐头蔬菜　罐头蔬菜是将蔬菜进行预处理后装罐，经排气、密封、杀菌等措施，制成了密封、真空、无菌条件，使蔬菜能长期保存，能较好的保持蔬菜的风味和营养价值，并且便于携带，食用方便。

罐头蔬菜是我国蔬菜加工业中起步较早、发展较快的产品之一。目前常见的罐头品种有蘑菇、马蹄、芦笋、竹笋、青刀豆、甜玉米、什锦蔬菜、番茄、茄汁黄豆等。

5. 蔬菜汁　近年来我国蔬菜汁加工有了较大的发展，已建起了许多条技术先进的蔬菜汁加工生产线，采用了先进的加工技术，如高温短时杀菌技术、无菌包装技术、膜分离技术等。生产的主要品种有：番茄汁、南瓜汁、胡萝卜汁、芹菜汁、复合蔬菜汁等。市场需求证明蔬菜汁这种集天然、营养、保健于一身的植物饮料符合当今消费潮流。从资源条件上看，我国有着极为丰富的蔬菜资源，如能将旺季过剩、鲜嫩易腐的蔬菜加工成易于贮藏和方便食用的蔬菜汁，将是非常有意义的。

6. 鲜切蔬菜　鲜切蔬菜是把新鲜蔬菜进行分级、清洗、去皮、切分和包装等一系列处理后仍使产品保持生活状态的制品。具有新鲜、方便、可 100% 食用的特点。主要品种有：胡萝卜、生菜、白菜、韭菜、芹菜、菠菜和马铃薯等。目前我国许多大城市的超市中已有鲜切蔬菜上市，受到消费者的欢迎。

7. 蔬菜功能成分的提取　蔬菜中含有许多天然植物化学物质，这些物质具有重要的生理活性。如南瓜中含有环丙基结构的降糖因子，对治疗糖尿病具有明显的作用；大蒜中含有硫化合物，具有降血脂、抗癌、抗氧化作用；胡萝卜中含有胡萝卜素，具有抗氧化作用，能消除人体内的自由基；生姜中含有姜醇和姜酚等，具有抗凝、降血脂、抗肿瘤等作用；番茄中含有番茄红素，具有抗氧化作用，能防止前列腺癌、消化道及肺癌的产生；菠菜中含有叶黄素，具有减缓中老年人的眼睛自然退化的作用。从蔬菜中分离、提取、浓缩这些功能成分，制成胶囊或将这些功能成分添加到各种食品中，会有效的改善人们的健康状况。同时在经济效益方面，蔬菜功能成分产品更具有明显的效益。例如，番茄的精加工产品番茄红素，目前国际市场始终是卖方市场，每吨番茄红素售价 400 万美元，1 万 t 鲜番茄可加工制成 1t 番茄红素。如用 1 万 t 番茄生产番茄酱出口（6t 鲜番茄生产 1t 番茄酱），1t 番茄酱按 800 美元计算，能创汇 133 万美元。

8. 蔬菜粉加工　将新鲜蔬菜加工成蔬菜粉，其水分含量低于 6%，不仅最大限度地利用了原料，减少了因其腐烂造成的损失，而且干燥脱水后的产品容易贮藏，能大大降低贮藏、运输、包装等方面的费用。且此种加工对原料的大小、形状没有要求，拓宽了蔬菜原料的选择范围。蔬菜粉能应用到食品加工的各个领域，用于提高产品的营养成分、改善产品的色泽和风味以及丰富产品的品种等。主要可用于面食、膨化食品、肉制品、糖果制品、焙烤制品和方便面等。蔬菜粉现已有的主要品种有：南瓜粉、番茄粉、蒜粉、葱粉等，发展蔬菜粉加工，可以使蔬菜的食用更方便，营养更容易吸收，膳食纤维也能被充分利用，符合当今食品行业的“高效、优质、环保”的发展方向。

（山东农业机械科学研究所　孙众沛）

果品加工业

一、基本情况

2001 年我国水果总产量达到 7 218 万 t，占世界水果总产量的 15.2%，较 2000 年略有增长。其中柑橘总产量为 364 万 t，苹果总产量为 2 400 万 t，分别占当年世界总产量的 5.5% 和 38.2%。在品种结构中，仍然以鲜食品种为主，适于加工的品种仅占很少的比例。

2001 年是我国果品加工业发展较快的一年，加工产品仍然以浓缩果汁、鲜榨汁及果酒为主，其他如水果罐头、果酱、水果片等仅占极少的比例。其中浓缩果汁加工业由于受 1999—2000 年榨季果汁销售价格上扬的刺激，各加工企业纷纷增加固定资产投资，对原有生产线进行技术改造或新建生产线，扩大生产规模，至 2001 年榨季开始已全部正常运转，加工能力较上年提高 30% 以上。2001 年，烟台安德利果汁有限责任公司分别在陕西白水县和山东龙口市各投资 5 000 万元，各新建一条加工能力为 60t/h 的苹果浓缩汁生产线。国投中鲁果汁有限责任公司在山西芮城投资3 000万元，新建一条加工能力为20t/h的苹果浓缩汁生产线。汇源集团在山东沂蒙山区投资5 000万元，新建一条加工能力为60t/h的苹果深缩汁生产线。2001年全国共生产各种果汁及果汁饮料146万t，加工各种水果230万t，其中苹果约190万t，占当年全国苹果总产量的9.5%。果汁饮料品种已形成以橙汁、苹果汁为主，草莓汁、桃汁、李汁等为辅的品种结构。苹果浓缩汁出口量为23.4万t，进口浓缩橙汁14 431t。

随着果品加工业的发展和各生产企业及消费者对产品质量要求的提高，加工品种的专用化和区域化及优质加工原料基地的建设也愈来愈爱到重视。在各级政府的协调和山东农业大学、中国农业科学院郑州果树研究所、西北农林科技大学和中国农业科学院柑橘研究所的帮助下，山东、河南、陕西等地的苹果浓缩汁加工企业采用“公司+农户+基地”的方式，相继建立了一批高酸苹果生产基地，三峡库区3 333hm^{2}优质制汁柑橘生产基地正在稳步推进，其他水果种类的加工专用原料基地也在积极的筹划与建设之中。

二、科研、新产品和新技术

2001年是“十五”第一年，也是我国推行农业结构调整工作重要的一年。为了充分发挥科学技术是第一生产力的作用，依靠科技进步加速我国农业结构调整，提高农业整体效益，实现农产品转化增值，加快农产品加工科技创新体系的建立，促进农业产业化的快速发展，科技部启动了“十五”国家科技攻关计划“农产品深加工技术与设备研究开发”重大项目，其中包括“苹果深加工关键技术与设备研究开发”和“柑橘加工技术及设备研究开发”两个果品加工专题，重点对苹果浓缩汁加工关键技术、柑橘汁加工技术和功能性成分的分离提取及专用品种的筛选进行攻关研究。陕西海升果汁有限责任公司的“苹果深加工关键技术与设备”和国投中鲁果汁有限责任公司的“苹果深加工技术与设备产业化示范”也分别被列入国家星火计划和高技术产业化示范工程项目，均于2001年启动。另外，部分“九五”研究项目也于2001年结束并通过验收和鉴定。8月中旬，河南仰韶集团与江南大学共同研制开发的“仰韶苹果酒生产与工程开发新技术研究”，通过了由河南省科技厅组织的技术鉴定；由中国农业科学院郑州果树研究所等单位承担的国家计委产业化前期关键技术与成套装备项目“苹果浓缩汁加工关键技术与装备”于2001年12月顺利通过鉴定和验收；由中国农业科学院柑橘研究所等单位承担的“柑橘浓缩汁加工关键按技术与装备”也已完成鉴定和验收。为了提高资源利用率，减少环境污染，河南省三泰食品工业有限公司与西北轻工业学院合作，研制了苹果皮渣提取果胶新工艺，并建成了国内首家规模化利用苹果皮渣提取食品添加剂——果胶的现代化生产企业。上海九川公司和三门峡湖滨果汁有限责任公司分别在山东、陕西和河南建立了利用苹果皮渣生产生物活性饲料的加工企业。

三、国内外市场概况

2001年我国果汁及果汁饮料的市场销售总体上呈现出“外弱内强”的态势。国际市场上主要以浓缩果汁为主，由于受到2000年国外客商积压的果汁较多和欧洲水果丰产的影响，再加上我国一些地方和单位盲目扩大生产规模和竞相压价、恶意竞争等原因，出口果汁价格一路下滑，一些企业甚至低于成本价出售，造成总体亏损。而在国内市场上，随着人们生活水平的提高和果汁消费市场的初步形成，果汁及果汁饮料生产量及销售量大幅增长。2001年全国果汁类饮料的总产量达到146万t，比上年增长50%，居各类饮料增长率之首。预计未来几年仍会持续高速增长，市场容量将会进一步扩大。在国际市场方面，随着我国加入WTO，我国果品加工业在人力和资源方面的优势将会愈来愈突出，产品在国际上的竞争力将会越来越强，市场份额也会越来越大。

四、质量管理和标准化工作

2001年1月19日美国FDA颁布果蔬汁产品实施HACCP的最终法规，宣布将于2002年1月22日起对输美果蔬汁强制执行，小企业2003年1月21日起执行，更小企业2004年1月22日起执行。为应对这一挑战，我国的果汁加工企业纷纷加强质量管理及其认证工作，各企业在继推行GMP、SSOP和ISO9000系列管理规范之后，又积极探索在生产中推行HACCP质量管理体系的途径与方法。一些大的生产企业如国投中鲁果汁有限责任公司、烟台安德利果汁有限责任公司、三门峡秋天果汁有限责任公司、三门峡湖滨果汁有限责任公司、陕西海升果汁有限责任公司等已初步制订了苹果浓缩汁加工HACCP法规并在生产中进行验证，为进行HACCP质量管理体系认证奠定了良好的基础。

五、行业管理

为了加强对我国果蔬汁加工业的管理工作和同国

外同行的沟通与交流，经国家有关部门批准，中国饮料工业协会果蔬汁分会于2001年9月在北京正式成立。这标志着我国果汁加工业终于有了属于自己的行业协会，从此步入一个新的发展阶段。2001年，在新一轮的美国诉中国苹果浓缩汁倾销案中，中国又有11家苹果浓缩汁加工企业应诉。在中国饮料工业“十强”评选中，以果汁及果汁饮料为主要产品的汇源集团光荣入选。2001年其果汁及果汁饮料总产量达到31万t，占全国果汁及果汁饮料总产量的21.2%，产值达到20亿元，其果汁生产规模、产销量、市场占有率均居全国首位。2001年10月17～18日，第三届果蔬加工技术与产业化国际研讨会暨展览会在山东烟台成功举办，来自国内外果品加工领域的有关科研与生产单位及专家和中国工程院、联合国亚太经济社会组织及山东省的领导参加了这一盛会。

（中国农业科学院郑州果树研究所　王思新）

茶叶加工业

茶叶是我国重要的经济作物和传统的出口创汇产品,同时茶叶生产也是山区和贫困地区农民增收、脱贫致富的重要途径之一。2001年是我国茶叶生产发展较为健康的一年,茶叶生产继续得到政府和茶区广大人民群众的普遍重视,不论在生产环节还是在国内、外销售市场上,都保持着较为平稳的态势。2001年是我国正式成为WTO组织成员国的一年,当然也是我国茶叶开始迎接国际大市场挑战的一年,在新的形势下,我国的茶叶生产、加工和销售面临着严峻的考验。

一、茶叶生产和加工业的基本概况

2001年全国茶园面积、茶叶总产量及各类茶叶产量见表1。从中可以看出，2001年我国茶园总面积为114.07万hm^2，其中采摘面积为88.77万hm^2，我国有20个省、市、自治区栽培茶树，面积最大的是云南，约17.37万hm^2，其次为湖北15.56万hm^2、浙江13.10万hm^2、福建13.07万hm^2、安徽11.19万hm^2、四川8.86万hm^2和湖南7.41hm^2。上述7个省茶园面积约占我国茶园总面积的76%，为我国茶树的主栽区域。全国茶叶总产量为70.17万t，占世界茶叶总产量302.2万t的23.22%。我国茶叶产量最高的省份是福建，为13.39万t，其次是浙江12.06万t和云南8.07万t；茶叶产品种类的构成为：绿茶、乌龙茶、红茶、紧压茶、其他茶，其产量所占比例分别为73%、10%、6%、4%、7%。

除此之外，2001年液体茶饮料仍然是我国软饮料行业中增长最快的饮料种类，已被饮料行业称之为“饮料新贵”，全国总产量从2000年的185万t增长到2001年的300万t，比前一年增长62.2%。袋泡茶是英美等国家茶叶消费的主要形式，但我国近几年发展不快，2001年全国袋泡茶包装机保有量约500台，袋泡茶总产量仍保持在近2万t，接近于全国茶叶销售量的3%。

表1　2001年全国茶叶生产状况表

地区	茶园面积（khm^2）		茶叶产量(t)					
	总面积	采摘面积	合计	红毛茶	绿毛茶	乌龙毛茶	紧压茶原料	其他茶
总计	**1 140.67**	**887.72**	**701 699**	**42 949**	**513 154**	**70 062**	**25 004**	**50 530**
江苏	20.69	15.58	11 851	2 262	8 983			606
浙江	130.97	116.01	120 596	4 486	110 286	456	106	5 262
安徽	111.87	99.28	47 045	2 170	42 198	2	43	2 632
福建	130.65	110.54	133 928	1 741	75 872	54 459	90	1 766
江西	39.42	32.13	13 792	2 192	10 618	106	42	834
山东	10.10	4.81	2 752		2 752			
河南	20.98	17.77	8 260		8 260			
湖北	155.61	86.87	64 370	2 330	51 335		8 024	2 681
湖南	74.12	63.56	58 435	10 887	28 886	149	9 158	9 355
广东	43.06	34.60	41 516	1 639	19 941	14 883	46	5 007
广西	27.80	23.35	18 896	285	16 059			2 552

（续）

地区	茶园面积（khm^2）		茶叶产量（t）					
	总面积	采摘面积	合计	红毛茶	绿毛茶	乌龙毛茶	紧压茶原料	其他茶
海南	2.95	2.11	1 945	755	1 168			22
四川	88.59	65.61	58 425	528	43 350	7	7 212	7 328
重庆	23.18	17.94	14 142	2 275	8 774		22	3 071
贵州	47.14	34.54	18 504	114	11 152		70	7 168
云南	173.73	141.28	80 724	11 285	67 002	24.0	191	2 246
西藏	0.13	0.05	1		1			
陕西	38.23	21.22	6 273		6 273			
甘肃	1.45	0.47	244		244			

表 2　2001 年全国茶叶经济指标与前一年的对照

项　目	数　量		增幅（%）	2001 年占全国总量（%）
	2000	2001		
茶园面积（万 hm^2）	110.70	114.07	+3.04	
采摘面积（万 hm^2）	917.00	887.72	-3.19	
茶叶产量（t）	68.33	70.17	+2.69	
绿茶产量（t）	49.81	51.32	+3.03	
乌龙茶产量（t）	6.76	7.01	+3.70	
红茶产量（t）	4.73	4.29	-9.30	
紧压茶产量（t）	2.26	2.50	+1.06	
其他茶产量（t）	4.78	5.05	+5.65	
全国茶叶平均单价（元/kg）	13.10	13.00	-0.08	
茶叶产值（亿元）	89.29	91.22	+2.16	
名优茶产量（t）	14.37	15.50	+7.86	22.09
名优茶产值（亿元）	55.52	58.00	+4.47	63.58

2001 年全国茶叶经济指标与前一年的对照情况如表 2。从表 2 可以看出，2001 年我国茶园面积比前一年增加了 3.04%，而采摘茶园面积却减少了 3.19%，茶叶总产量提高了 2.69%，这是由于我国茶区近来重视无性系良种的推广，一些衰老茶园被淘汰而改种换植成新茶园的缘故。同时，从表 2 中还可看出，在各茶类的产量中，除红茶在前一年的基础上继续下降 9.3%外，其余茶类产量均有不同程度的增加。2001 年全国茶叶平均单价与前一年基本持平，为 13 元/kg。发展名优茶是我国茶区近年来调整农业产业结构获得最成功的产业之一，2001 年名优茶产量继续增长，比前一年增加 7.76%，达到 15.50 万 t，产值为 58 亿元，增加了 4.47%，名优茶在产量增加的同时，卖价在平稳中稍有降低。

二、科学研究和新产品、新技术的开发应用

2001 年我国茶叶行业的科学研究和新产品、新技术开发工作取得了以下几方面的成效：

1. **新型茶加工连续化成套设备的研究与设计**　在近几年研究取得成果的基础上，中国农业科学院茶叶研究所 2001 年重点对包括蒸青型炒青绿茶、烘青绿茶、颗粒绿茶和低咖啡因绿茶等新型茶在内的综合型连续化生产线进行了研究和设计，在浙江省富阳茶机总厂协助下，将于近期在生产上获得应用。

2. **我国茶树良种选育与推广工作取得了很大进展**　到 2001 年为止，全国已有审（认）定的国家级茶树良种 95 个，其中无性系品种 78 个，同时还有各产茶省审（认）定的省级良种，使我国茶树良种数量居世界前列。目前，我国已有无性系良种茶园面积约 20 万 hm^2，约占全国茶园总面积的 19%，年增长速度约为 2%，使我国茶叶加工的鲜叶原料品质逐年获得提高。

3. **茶叶产品农药残留 MRL 标准的研究**　目前，世界上的茶叶进口国特别是经济发达国家，对茶叶进口制定了非常苛刻的农药残留 MRL 标准，如欧盟 2000 年 7 月 1 日起实施的新的茶叶中的农药残留标准，受检农药品种达 100 余种，标准值普遍降至原标准的 1/100—1/2，使我国茶叶出口面临很大挑战。

为此，中国农业科学院茶叶研究所等科研和茶叶质量监督检测部门加强了对国外茶叶标准的研究，并开始进行我国茶叶相关标准的制定和修订，为我国茶叶出口提供技术支持。

4. *启动无公害茶生产* 2001年起，农业部开始在全国茶区启动“无公害食品—茶叶”生产体系，各产茶省、市、自治区对此十分重视，通过推广农药的安全合理使用、有效控制农药残留、重金属和有害微生物和茶叶的无公害加工等无公害茶生产技术，争取尽快实现全国范围内的茶叶无公害生产。据统计，2001年浙江省无公害茶园面积已达6.1万hm^2，占全省茶园面积的30%，茶叶产量5.2万t，已接近全省茶叶总产量的50%。

三、国内外市场概况

根据中国茶叶流通协会对各主要销区的调查，2001年国内茶叶销售总体上呈上升趋势，全国社会销售量约为46.5万t，销售金额85.7亿元，分别比上年的43.4万t和80.0亿元增长7.14%和7.12%，产量的增长与销售额的增长率相当。国内销售的茶叶总量中，红茶约为1.40万t，比上一年的1.48万t下降了5.41%；绿茶则保持上升的良好势头，而且在北方花茶传统销区绿茶的销售开始向农村市场延伸，加上我国名优茶市场也主要在国内，2001年的绿茶国内销售约达26.00万t，比上年的24.86万t上升4.59%；国内的花茶市场趋于平稳，销售量约为10.50万t，与上年持平；乌龙茶国内市场需求旺盛，全年销售量约为2.6万t，比上年的2.5万t增长4%，特别是中高档乌龙茶畅销，茶农手中存货较少；其他茶类销售基本稳定，市场变化不大，销售量为6万t左右。

2001年我国茶叶出口量为24.97万t，占世界茶叶出口总量138.86万t的17.98%，创汇总金额为3.42亿美元。其中红茶4.09万t，4 127.5万美元；绿茶16.32万t，19 952.5万美元；除红、绿茶以外统称特种茶4.56万t，10 127.3万美元。我国绿茶出口量约占世界绿茶出口总量的90%，绿茶处于统治地位。2001年我国茶叶出口状况与前一年的对照见表3。从表3可以看出，2001年我国茶叶出口除特种茶外，价格全部下降，总平均单价下降了9.87%，所以出口数量虽然增加了9.62%，但是创汇总额还是下降了1.52%。

表3 2001年我国茶叶出口状况与前一年对照

项目	数量（t）			创汇额（亿美元）			单价（美元/kg）		
	2000	2001	增幅%	2000	2001	增幅%	2000	2001	增幅%
合计	**22.78**	**24.97**	**+9.62**	**3.47**	**3.42**	**−1.52**	**1.52**	**1.37**	**−9.87**
绿茶	15.59	16.32	+4.68	2.17	2.00	−7.83	1.40	1.22	−12.86
红茶	2.94	4.09	+39.12	0.36	0.41	+13.89	1.22	1.00	−18.03
特种茶	4.29	4.56	+6.29	0.93	1.01	+8.60	2.17	2.22	+2.21

注：本表所列特种茶系除红茶和绿茶以外的所有茶类。

据海关统计，2001年我国红茶、绿茶、特种茶出口分国别、地区的前20位如表4、表5、表6所示。

表4 2001年我国红茶出口分国别和地区前20位

	国家或地区	出口数量（t）	出口金额（万美元）	平均单价（美元/kg）	数量同比（%）	金额同比（%）
1	美国	7 299.8	698.96	0.958	+1.19	−0.20
2	俄罗斯联邦	7 264.9	551.29	0.795	+249.84	+122.80
3	英国	4 743.4	621.72	1.311	+27.48	+13.78
4	波兰	4 481.4	532.89	1.189	+52.71	+19.92
5	巴基斯坦	3 873.5	195.80	0.505	+118.64	+76.48
6	德国	2 668.2	413.11	1.548	+35.94	+14.91
7	乌兹别克斯坦	1 717.7	107.75	0.627	+168.06	+132.74
8	突尼斯	1 097.4	137.66	1.254	−45.13	−45.15
9	中国香港	1 025.1	180.77	1.763	−23.58	−31.42
10	蒙古	700.2	222.90	0.318	+9.41	−6.76
11	伊朗	637.3	375.18	0.589	−40.13	−52.35
12	荷兰	461.5	60.90	1.320	−16.03	−6.67

（续）

	国家或地区	出口数量（t）	出口金额（万美元）	平均单价（美元/kg）	数量同比（%）	金额同比（%）
13	日本	451.6	93.23	2.064	−17.64	−13.61
14	阿拉伯联合酋长国	447.9	27.04	0.604		
15	印度尼西亚	447.2	24.72	0.553	+6.34	−2.12
16	哈萨克斯坦	410.8	53.92	1.313	+110.92	+66.24
17	法国	331.5	69.08	2.084	+18.67	+21.20
18	吉尔吉斯	329.5	21.21	0.644	+841.18	+844.78
19	缅甸	244.8	25.05	1.023	+56.96	+42.69
20	肯尼亚	239.8	11.65	0.486	+114.12	+63.56

表5　2001年我国绿茶出口分国别和地区前20位

	国家或地区	出口数量（t）	出口金额（万美元）	平均单价（美元/kg）	数量同比（%）	金额同比（%）
1	摩洛哥	38 597.1	5 703.2	1.478	−11.52	−14.16
2	乌兹别克斯坦	18 355.4	754.9	0.411	+61.54	+26.39
3	日本	11 858.9	2 738.1	2.309	+75.28	+46.24
4	马里	9 636.4	1 205.5	1.251	+25.67	+10.55
5	阿尔及利亚	7 933.6	1 262.9	1.592	+34.14	+16.39
6	塞内加尔	7 795.7	1 189.1	1.525	−33.11	−36.36
7	巴基斯坦	7 144.2	299.2	0.419	−3.14	−36.85
8	尼日利亚	6 337.0	177.2	0.280	−6.89	−16.47
9	美国	5 691.2	494.4	0.869	+89.65	+66.25
10	土库曼斯坦	5 186.0	218.5	0.421	+83.87	+46.90
11	法国	5 139.2	762.0	1.483	−46.37	−53.82
12	毛里塔尼亚	4 957.2	647.5	1.306	−9.03	−25.85
13	加纳	3 705.5	475.0	1.282	+49.67	+22.03
14	多哥	2 989.7	348.6	1.166	−33.93	−49.51
15	埃及	2 234.2	424.4	1.899	+1 722.80	+3 475.40
16	德国	2 118.7	365.7	1.726	−8.39	−19.02
17	俄罗斯联邦	2 045.6	198.3	0.969	+31.92	+21.56
18	突尼斯	1 947.0	281.0	1.443	+1.99	+7.73
19	冈比亚	1 811.6	217.1	1.198	−50.13	−62.81
20	伊朗	1 678.2	79.6	0.474	+124.25	+73.80

表6　2001年我国特种茶出口分国别和地区前20位

	国家或地区	出口数量（t）	出口金额（万美元）	平均单价（美元/kg）	数量同比（%）	金额同比（%）
1	日本	27 290.1	6 200.8	2.272	+7.59	+15.51
2	中国香港	8 277.3	1 717.0	2.074	+2.68	+2.33
3	美国	2 580.0	438.6	1.700	+6.53	−1.74
4	德国	902.7	245.0	2.714	−23.11	−19.58
5	马来西亚	877.4	185.9	2.118	−32.80	−38.42
6	新加坡	802.5	204.4	2.546	−8.59	−8.55
7	越南	757.7	110.2	1.454	+201.06	+259.41
8	波兰	498.1	83.0	1.666	+307.21	+313.85
9	法国	432.8	298.8	6.904	+2.14	−10.55
10	韩国	344.6	43.7	1.268	+23.04	+12.97

（续）

	国家或地区	出口数量（t）	出口金额（万美元）	平均单价（美元/kg）	数量同比（%）	金额同比（%）
11	芬兰	338.6	70.7	2.008	+26.68	+4.74
12	俄罗斯联邦	292.4	37.7	1.292	+54.65	+16.96
13	泰国	288.0	58.2	2.022	−14.77	−17.43
14	斯里兰卡	273.2	61.5	2.249	+53.95	+68.39
15	巴基斯坦	248.9	16.9	0.677	+44.98	+61.02
16	荷兰	224.8	49.8	2.215	−27.38	−33.75
17	英国	165.8	45.9	2.771	−38.48	−37.14
18	加拿大	165.2	56.9	3.443	+9.39	−1.17
19	中国澳门	161.0	35.8	2.222	−9.61	−1.32
20	澳大利亚	105.0	36.6	3.485	+32.77	+24.08

注：本表所列特种茶系除红茶和绿茶以外的所有茶类。

2001年我国茶叶出口显示，绿茶和包括乌龙茶、普洱茶等在内的特种茶在世界上消费继续增长，如德国人对绿茶保健作用的认识增强，因此绿茶销售在德国增长也很迅速，很快从1997年进口650多t，上升到现在的2000多t。目前全世界已发表数十篇论文研究乌龙茶的保健功能，日本尤为积极，在开发乌龙茶液体饮料后，日本2001年乌龙茶消费总量达到2.70万t，已占日本人茶叶消费总量的18.36%。此外，我国的香港、澳门茶叶消费的70%已是普洱茶。我国是世界上的绿茶大国，预计绿茶的出口今后还会处于稳定和增长状态，严格控制茶叶中的农药残留、重金属及有害微生物指标，稳定和提高我国绿茶质量，是扭转茶叶价格下滑和提高我国茶叶出口效益必须采取的措施。乌龙茶、普洱茶等特种茶是我国特有的茶类，应进一步提高茶叶品质，以利保持在世界上的特有优势。

四、质量管理与标准化工作

目前我国自下而上已建立了一系列的茶叶质量监督检验测试中心，负责茶叶质量和安全保障方面的监督和检验工作。如农业部茶叶质量监督检验测试中心，每年都根据农业部的统一部署，对广大茶区所生产的茶叶产品进行抽检，按照国家有关标准对抽检茶样的质量和卫生安全指标进行监督和检验，并将检验结果向农业部及时报告，必要时则向全国茶区公布。对需要改进者则提出措施，进行有关指导，促进了我国茶叶质量和安全保障水平的提高。2001年农业部茶叶质量监督检验测试中心在全国范围内抽查了202家企业生产的437个茶叶产品，检测结果合格样品421个，合格率96.3%，表明我国茶叶企业生产的茶叶产品质量较好。与此相反，市场监督抽查的茶叶质量却不理想，表明生产领域的茶叶质量优于流通领域；同时，农业部茶叶质量监督检验测试中心在对我国茶叶质量的监督和检测中，已发现在欧盟2000年7月1日起实施受检的100余种农药中，有14种农药已在我国茶叶中检出。如按欧盟新农药标准，2001年我国出口茶预检氰戊菊酯超标率为10.5%，三氯杀螨醇超标率为4.7%，甲氰菊酯超标率为11.9%，氯氰菊酯超标率为2.34%，优乐得超标率为9.3%。为此向农业部和国家有关部门提出了报告，此事已引起国家重视。

在我国已有炒青绿茶、红碎茶、紧压茶等国家或专业标准可供执行的基础上，2001年，我国又发布了《无公害食品 茶叶》NY/T5018-2001、《茉莉花茶》NY/T456-2001等农业行业标准，并且近几年各茶区尤其是东南沿海一些茶叶生产区，还制定了不少茶叶地方标准，如浙江省发布的《珠茶》DB33/T 286-2000、《优质茶评选技术规范》DB33/T303-2001等省级地方标准。同时，各茶叶生产企业还制定了大量的名茶生产等企业标准，使大部分企业已逐渐做到按标准进行茶叶加工。当然也还有不少茶叶生产者尤其是边远山区的分散农户，加工标准尚不完善，有的尚处于非标生产状态。

五、行业工作

据统计，目前我国约有茶叶加工企业67 000家，平均每个企业产茶10t左右，生产和经营规模很小。为了加强茶叶行业管理，各地分别组建了各类茶叶行业组织，如中国茶叶流通协会、浙江省茶叶协会和各产茶区成立的各级茶叶协会等；为了加强茶文化研究和宣传，在杭州还成立了中国国际茶文化研究会，2001年9月由该会发起在马来西亚召开了“第六届国际茶文化研讨会”；在杭州还筹建了“中国茶叶博物馆”，茶区各地也筹建了不少形式的茶叶博物馆，向群众普及茶文化与技术知识，并对外开展茶文化交流；20世纪80年代，我国名茶生产快速发展，茶区茶叶的销售模式，开始主要依赖集市贸易，后来发展成农贸市场，依靠外来客商采购进行茶叶销售，茶叶的出口则主要依赖国家和各省、市茶叶进出口公司经营；90年代以来，茶叶主产省、市的茶叶集市贸易，开始逐渐向专业性贸易市场转变，到目前为止，我国茶叶主产区的初步茶叶专业市场销售体系已经形成。据浙江省的统计，到2001年止，浙江已有茶叶销售市场99家，仅名茶年交易量就达2.9万t，年交易额达到14亿元，其中新昌县浙东名茶市场，年名茶交易额已达近2.5亿元。类似的产区茶叶销售市场规模较大的还有广西横县的花茶交易市场、福建安溪县的乌龙茶交易市场、云南昆明和广东广州等重点产茶区的茶叶销售市场等。除此之外，在一些茶叶销区如北京、上海、济南、德州等地也建起了茶叶交易市场，并且近几年发展也很迅速，如山东济南茶叶市场，营业面积达5.6万m^2，2001年的茶叶交易量达3.5万t，交易额达16亿元。

（中国农业科学院茶叶研究所　权启爱）

食用菌加工业

一、我国食用菌产业发展概况

食用菌产业既是中国农业的传统产业，又是近年发展很快的新兴产业，还可以说是朝阳产业，在我国的农业产业中占有重要的地位。在种植业中，仅次于粮、棉、油、果、菜，占第六位，从业人员达1 500多万人。2001年全国食有菌总产量已达782万t，总产值已达314.7亿元，比上年分别增长17.95%和38.71%。食用菌产品是我国出口的重要农产品，据海关总署统计，2001年出口食用菌产品18种共计45.54万t，创汇5.65亿多美元，由于受国外对我国实施反倾销或采取限制措施等因素影响，比上年分别下降5.03%和6.21%。虽然如此，由于近年来食用菌产业发展迅速，我国已成为食用菌生产大国，总产量已占世界总产量65%以上，香菇出口额已占世界贸易额的80%，因此在国际上我们有较强的竞争能力。

食用菌是劳动密集型产业，它具有占地小、投入少、产出高、见效快的特点，它可以利用秸秆资源转化为食品，又是农民发展庭院经济很好的选择。因此，在我国农村产业结构调整中，食用菌产业已成为重要支柱产业之一。

我国生产食用菌的主要品种有：香菇、平菇、蘑菇、黑木耳、金针菇、银耳、草菇、滑菇、姬菇、灰树花、白灵菇、杏鲍菇、鸡腿菇等。此外还有多种野生菌、药用菌，如羊肚菌、牛肝菌、松茸和灵芝、虫草、天麻等。

目前食用菌生产省依次是：福建、浙江、河南、四川、江苏、山东、江西、辽宁、湖南、河北等。2000年协会表彰了24个商品基地县，其中产值超过5亿元的有3个，3亿～5亿元的10个，1亿～3亿元的11个。在较大的基地县中食用菌的产值占到农业产值的30%，是县财政的重要来源。食用菌的投入产出比一般高于种粮，成为农民增加收入、脱贫致富的有效途径。

我国食用菌当前的主要生产模式是以农户（菇农）分散种植为主，主要设施是塑料大棚。目前也发展了一些龙头企业，诸如16家龙头企业，其中两家龙头企业山东九发食用菌股份有限公司和安徽黄山华山集团公司已被列入首批农业产业化经营国家重点龙头企业151家之中。这些龙头企业实现了规模化、工厂化生产，同时进行系列加工，提高了食用菌商品产业化经营程度。

食用菌的流通一般是在主产县建有专业批发市场，有比较大的辐射面。如：福建的古田、寿宁、浙江的庆元、磐安，河南的西峡、泌阳，河北的冀州、平泉，吉林的汪清等。他们积累了丰富经验，形成了各有特色的模式。

我国食用菌的消费主要集中在大、中城市，通过农贸批发市场、超市出售新鲜品和加工品，一些大城市组建有配送中心，给食用菌专业餐厅和饭店送货(有新鲜品、干品和盐渍品)。由于食用菌营养丰富，有一定的保健功能；随着人民生活水平的提高，食用菌的消费日益增长。目前我国食用菌消费量（商品量）折成鲜品人均约1kg，而发达国家人均消费量更高，如德国、日本达到5kg。

由于食用菌产业具有突出的特点，在我国农村产业结构调整中，将发挥举足轻重作用，因此这项产业已引起中央有关领导极大关注。2001年6月1日江泽民总书记到江西南昌视察工作时，参观了食用菌企业——江西远泰集团公司。2002年7月4日中共中央政治局委员、全国人大常委会副委员长姜春云同志在北京听取了中国食用菌协会关于全国食用菌产业和协会工作汇报及专家发言，在视察了北京朝阳区食用菌生产基地后发表了重要讲话。姜春云同志的讲话，肯定了中国食用菌产业的成绩，指出了今后的发展方向，提出了要按照“三个代表”的要求，努力把食用菌产业做大做强；对中国食用菌协会的工作提出了更高的要求，指出要充分发挥行业协会的指导、协调和服务等作用；对各有关部门也提出了在资金、技术、人才等方面给予这项产业实实在在支持的希望。这是对全国食用菌行业的巨大鼓舞和鞭策。

二、我国食用菌物种资源及研究应用情况

1. 中国食用菌物种资源丰富，食用历史悠久　我国早在6000～7000年前的仰昭文化时期，我们的祖先就采食蘑菇了。大约在唐代开始人工培养香菇，这比欧洲人培养双孢蘑菇早了1 000多年。1992年6月在巴西里约热内卢召开的153个国家元首参加的联合国环境与发展大会上，制定了《全球生物多样性公约》，中国被确认是世界上生物多样性最丰富的12个国家和地区之一。专家估计全世界食用菌有2 000种，最多达5 000种，而估算我国至少有1 500种。经多年考察研究统计，目前已知有980来种，是现时食用菌物种最多的国家。

2. 中国食用菌物种驯化培养情况　我国在世界上首先驯化培养成功了香菇、木耳、银耳、草菇、灵芝、猴头菌、竹荪、金针菇、茯苓、金耳等具有食药用价值的种类。近数十年又先后培养成功了灰树花、金顶侧耳、栎侧耳、黄白侧耳等60多种食用菌，其中已达商品量的30余种。现阶段被认为珍稀而又有发展前景的食用菌有白灵菇、大杯香菇、大白口蘑（金福菇）、杏鲍菇、褐鲜蘑菇（褐蘑菇）、黄伞、鸡菇、茶树菇、长根菇、牛舌菌、榆离褐伞、班玉蕈（真姬菇）以及巴西蘑菇、灰树花等10余种。

我国驯化培养的上述食用菌菌种，由于我们在食用菌育种和遗传方面的应用基础研究投入不够，导致难以选育出具有自主知识产权的高质量品种，使得我们具有自主知识产权的优良品种不多。目前生产上较大面积推广的品种多数引自国外，少数自行驯化培养的品种，因品种水平不高，品种的特异性，一致性和稳定性都不足，造成栽培效果差，效益下降。菌种的质量问题和菌种的管理问题已严重地制约了我国食用菌菌种的驯化和培养工作。随着我国已加入WTO，这个问题已经引起各级政府部门极大关注，并已采取相应措施抓紧研究解决这方面的问题，相信不久即可见到实效。

3. 我国食用菌物种资源研究应用前景广阔　我国目前已知的900来种食用菌中，仅有60来种经人工驯化培养，若包括利用菌丝体发酵培养的共计约90种，占总数的1/10，说明还有90%的物种未能驯化人工培养成子实体。这表明已知的绝大多数物种还处于野生状态，因此我国丰富的食用菌物种资源有待进一步驯化和培养。同时，对口蘑等我国特色的野生种质资源采取有效保护措施，合理开发应用数量可观的野生种类，增加出口创汇，这也是不可忽视的另一方面。

三、我国食用菌出口状况

近年来，我国食用菌产业取得了长足的发展，已成为世界食用菌生产和出口大国，食用菌产品已成为我国农产品出口创汇的主要商品。按海关统计的18种商品中，出口量增长的有10种，出口量下降的有8种，出口值增长的有8种，出口值下降的有10种，平均换汇增长的有9种，平均换汇下降的有9种。从统计数字显示18种食用菌产品的出口量和出口值有增有减，但大宗的香菇、黑木耳、蘑菇罐头、盐水蘑菇等产品均有较大幅度的减少，从而使食用菌产品的出口量和出口值呈现下降。经分析主要原因有：

①国外对我实施反倾销或采取限制措施，使我国食用菌出口受到影响。

②改革开放的深化，外国公司逐步进入我国市场，千方百计压低产品价格。

③食用菌生产和经营单位面广点多，缺乏有效的协调措施。

④产品质量良莠不齐，产品档次低、价格低，有些产品遭到国外退货、索赔。

⑤初加工产品、原料性产品出口比重仍然很大，不少是大包装、原料性干制品、盐渍品、冷冻品出口，产品附加值低。

由于我国食用菌资源丰富，食用菌产品种类很多，发展食用菌产品出口具有比较优势和广阔的前景。只要我们积极采取以下措施，克服影响其出口量和出口值下降的因素，就可以使这一产业保持持续稳定发展的势头。

1. 加强行业协调管理，增强行业自律，规范经营秩序，促进食用菌出口稳步发展。

2. 通过联合、重组、收购、兼并等方式，逐步

左右。

3.品种 我国蚕茧90%以上是桑蚕茧，除桑蚕茧外，还有柞蚕、天蚕和蓖麻蚕等野蚕茧，桑蚕茧是丝绸工业的主要原料。

（二）蚕茧加工

1.茧站规模 2001年全国蚕茧收烘站和装备情况缺乏系统的统计，基本数与2000年变化不大。据对浙江、江苏、安徽、山东、重庆、四川和陕西省的统计，2001年上述7省的茧站总数为4 470个，有茧灶、烘茧机等技术装备12 100多台(套)。

2.蚕茧质量 为促进蚕茧质量的提高，保护蚕农的利益，我国在蚕茧收购中执行“优质优价、劣质低价、按质评级、分级论价”的茧价政策。新中国建国以来我国的评茧标准和评茧方法经过了几次重大改革。国家茧丝绸协调小组、国家计委《关于1997年蚕茧价格政策和收购管理的通知》中对蚕茧鲜茧干壳量和茧层率级差差价进行了规范，目前仍按此文件精神执行。我国不同蚕区采用的评茧方法和分级标准有所差异，现行的鲜茧评茧方法主要有：干壳量分级计价、茧层率分级计价和“组合售茧，缫丝计价”等三种。

据对浙江、江苏、山东、安徽、陕西、湖北等省和新疆维吾尔自治区的调查，2001年上述7省区平均的上车茧率为79.8%，高于上年的79.2 %，茧丝长为976 m，比上年增加33m；解舒丝长为613m，比上年减少20m。

3.收购价格 2001年全国蚕茧收购均价为757元/50kg，比上年下降82元，种桑养蚕与其他经济作物的效益比较如表2。

表2 2001年主要经济作物的生产成本与收益比较

项 目	单 位	蚕 茧	稻 谷	棉 花	绿 茶	柑 橘
每667m² 产量	kg	93.8	415.1	71.3	71.5	1 288.3
每667m² 产值	元	1 552.1	429.6	738.0	1 237.5	1 583.2
每667m² 生产成本	元	938.9	319.2	517.5	740.5	894.1
每667m² 用工量	工	59.7	14.6	29.1	47.6	40.7
每667m² 减税纯收益	元	589.7	103.2	282.2	339.8	560.7
每工净产值	元	20.9	19.1	21.1	20.4	26.9
每667m² 成本收益率	%	58.3	29.6	50.7	37.8	58.8

（三）制丝

1.全国制丝生产能力 2001年制丝专业设备——桑蚕缫丝机，年末安装数为260万绪，江苏、浙江、四川分别列前三位。其中自动缫丝机有80万绪，为上年同期的102.6%；2001年技术落后、产品质量差、生产率低的立缫机数量明显减少，自动缫丝机数量增加，这是技术进步的必然趋势，也是市场经济竞争的必然结果。

2.蚕丝产量、产值、利税 2001年全国蚕丝总产量7.5万t，比上年增加1.35 %；其中桑蚕丝产量5.9万t，与上年基本持平；柞蚕丝产量1 848t，比上年增加13.3 %；绢纺丝（包括绢丝、紬丝）产量1.8万t，比上年减少14.3 %。丝织品总产量44.7亿m，同比减少4.6 %。其中桑蚕丝及其丝织品4.05亿m，比上年增加2.5 %；纯桑蚕丝织品1.6亿m，与上年基本相同。

2001年国有企业固定资产投资为11亿元，全部国有及年销售在500万元以上非国有丝绸工业销售产值（当年价）（下同）为660.32亿元，比上年增长13.24%，产销率为96%，比上年提高0.55%。其中出口交货值为156.85亿元，比上年增加26.61%，占销售总产值的23.75%；工业增加值为146.15亿元，比上年增加10.39%；产品销售收入为641.48亿元，比上年增加14.94%，利润总额16.79亿元。

3.蚕丝质量 2001年全国桑蚕丝正品率达99.58 %，比上年提高0.11个百分点，白厂丝平均等级达到3A47，比上年提高0.14级。其中浙江、陕西、山东、江苏等省分别列前4位。

（四）副产品加工

1.蚕沙综合利用产品和产量 2001年干蚕沙产量为75万t左右（不包括柞蚕蚕沙）。蚕沙干物中含有14%左右的脂溶性物质，其中叶绿素含量在1%左右，蚕沙经综合加工后的主要产品如下：

(1) 糊状叶绿素。糊状叶绿素已成为出口化工原料，2001年的产量约350 t。

(2) 叶绿素铜钠盐。叶绿素铜钠盐在食品、医药、日用化工方面均有广泛用途。尽管我国叶绿素铜钠盐的生产能力非常大，可达到200 t，但由于市场的原因，2001年叶绿素铜钠盐的产量仍为40 t左右。

(3) 果胶。蚕沙中含有15%以上的果胶。提取了叶绿素的蚕沙是提取果胶的良好原料。果胶的主要用途有：医药上用作降血脂和降低胆固醇的药物，还可作为治疗肠道失常症、止血剂等的辅助剂；食品工业上广泛用作制果冻、糖果和浓缩果汁的增稠剂，糕点的松化剂、冰淇淋和酸牛奶的稳定剂等。2001年蚕沙果胶的产量约10 t。

2. 蚕蛹综合利用产品和产量 依2001年的鲜茧产量推算，当年全国干蚕蛹的数量超过了13万t。蚕蛹是高蛋白营养物质，干蚕蛹的蛋白含量为45%～50%，氨基酸种类齐全，其中大部分为人体所必需。利用蚕蛹油和蚕蛹粕可以开发一系列产品，如环氧蛹油丁酯增塑剂、肥皂、降脂药物、蚕蛹蛋白质、蚕蛹氨基酸等。2001年环氧蛹油丁酯增塑剂的产量约15 t；蚕蛹蛋白在50 t左右；蚕蛹氨基酸为55 t左右。

3. 蚕蛾综合利用产品及产量 近年来，我国每年产蚕种量约为2 000万张，在制种过程中可收得干雄蚕蛾约60万kg。蚕蛾含丰富的蛋白脂肪及激素、维生素等，有较高的营养价值及滋补作用。作为药用的记载，有“壮阳事、止泄精，暖内脏，治暴风、金疮、冻疮、汤火疮，灭斑痕之效”。雄蚕蛾以未交尾者为佳。其制品主要是利用雄蚕蛾与中药配方，制得保健、补肾等产品。

(1) 雄蛾酒。2001年蚕酒的产量约为60 t，其中有相当部分出口国外。另外，由于部分省市的蚕蛾酒产品未获得保健品生产许可证，仍处于中试产品阶段，这部分产量约在20 t左右。

(2) 雄蛾丸。我国雄蚕蛾类产品种类较多，例如，媚宫酒、仙蛾营养酒、延生护宝液、蚕蛾金刚液等10多个产品，但除了延生护宝液产量比较大以外，多数产品产量未成规模。

4. 绢纺产品及其产量 绢纺是利用缫丝织绸、制种场的丝茧下脚以及不能用于缫丝的各类废丝、废茧作为原料，经绢纺设备加工成绢丝，再织成绢纺绸。我国绢纺织行业资源丰富，已形成了相当规模、门类齐全的生产体系。

(1) 绢纺原料品种。随着中国经济的高速发展，丝绸工业产业结构的相应调整，绢纺原料产区已向粤北、粤西山区、苏北、鄂豫皖的大别山地区、江西的赣南等新区域拓展。绢纺原料按来源可分为三类：一是湿下脚，即缫丝生产过程所产生的副产物，如长短吐、滞头、汤茧、蛹皮茧等；二是干下脚，即不能用于缫丝的茧子，如双宫茧、黄斑茧、蛾口茧等；三是丝织厂所产生的回丝、废丝。

(2) 绢纺生产工艺过程。由于绢纺原料种类多、性质差异大，且含有多丝量胶和不同数量的油脂蜡质以及其他污物，难以直接进行生产加工，因此其生产工艺比其他纺纱工艺显得更为繁复和冗长。一般分为精练、制绵和纺丝三个阶段。

(3) 产品产量及流通渠道。传统的绢纺织产品是指各种细度的纯纺、绢丝、䌷丝及由其织成的绢纺绸、绵绸等，它们是绢纺的主要产品。2001年为9 000万m左右。绢丝作为绢纺产品的半成品，一直以来以出口国际市场为主，主要销往欧美、日本及东南亚等地。

5. 茧丝综合利用产品和产量

(1) 丝氨酸。蚕丝经酸水解、脱酸、脱色、纯化、浓缩、干燥后，可制得作为抗结核病药物——环丝氨酸的原料和生化试剂的L-丝氨酸。2001年生化试剂的L-丝氨酸的产量约8 000瓶，规格有1g、2g和5g等，与上年基本持平。

(2) 化妆品材料。蚕丝经脱胶后，用稀硫酸轻度水解成分子量为5 000左右的丝素肽，用氢氧化钠溶液中和后，既可作为化妆品原料，也可将中和后的丝素肽溶液经喷雾干燥后，制成丝素肽粉末。此类丝素肽是目前我国作为化妆品原料的主流。但仍有仅仅用酸碱处理丝素，使得其变形后进行粉碎、过滤，得到丝素粉，该产品虽然有丝素原料的特性，但它的缺点是与基质的亲和性不是太好。目前更为先进的是将丝素溶解于中性盐后，脱除溶剂，干燥后得到丝素粉，可以克服与基质亲和不良的缺点。利用丝素生产的化妆品种类很多，根据市场产品的比例估计，2001年25～50ml的丝素化妆品在100万瓶以上。

二、茧丝产品市场概况

(一) 国内市场

据中国茧丝绸交易市场统计，作为丝绸工业生产资料的原料，2001年国内上干茧现货成交量为6 715 t，比上年成交量5 161t增加30.1 %；成交丝类现货3 128t，比上年的2 484t增加25.9%，成交绸缎654万m，比上年的704万m减少7.1 %；成交副产品2 765t，比上年2 350t增加17.6 %。

(二) 进出口贸易

1. 出口贸易 据海关统计，2001年我国共出口蚕茧760t，创汇684万美元，平均单价为8.97美元/kg，分别比上年增长了17.3%、20.4%、2.3 %，出口国家主要集中在日本、韩国。日本进口蚕茧主要是维持国内传统的缫丝工业，而韩国则是生产高等级生丝。因此，两个国家对进口蚕茧质量要求较高，一般要求定点供应。这几年，山东省在提高蚕茧质量方面保持着国内优势，蚕茧质量深受日、韩缫丝企业的欢迎。因此，山东省成为出口蚕茧的货源基地。此外，浙江省也有部分蚕茧出口。2001年，我国丝类出口23 162 t，4.8亿美元，同比出口量减少17.61%，出口额减少15.17%；桑蚕丝出口量10 309t，出口额2.22亿美元，分别同比减少1.78%和3.39%；绸缎出口3.55亿美元，同比减少5.7%；桑丝坯绸出口量增长1.33%，金额减少2.07%；丝绸服装和制成品出口10.22亿美元，同比增长3.92%；丝绸服装出口9 578万件套，8.34亿美元，同比出口量减少3.10%，出口额增长2.70%；蚕丝类出口主要集中在印度、意大利、日本。其中对印度出口7 900多t，占丝类出口总量的29%；其次是意大利5 500 t，占丝类出口总量的20%；对日本出口3 700多t，占丝类出口总量的14%。近几年，印度政府大力发展国内丝织业，鼓励出口，加之印度妇女对真丝的偏爱，国内消费需求增加，因而对丝类进口增加很快，已成为我国丝类商品出口的最大市场。蚕丝类出口供货地区集中在浙江、江苏、山东和四川等省。

我国的生丝产量在世界总产量中继续保持占75%的绝对优势，丝绸生产仍以出口为主导，加入WTO以后，丝绸和其他产品一样面临挑战和机遇。一方面我国将在配额及关税等方面，与其他成员国享有同等待遇，有利于扩大出口；另一方面，在国际上将面临更尖锐的竞争。据《亚洲纺织》报道，我国茧丝产品出口附加值很低，甚至于丝绸服装的出口价格低于在国内市场的原料价格，中国丝绸产品的创汇额仅为韩国的40%，意大利的8%，一条意大利名牌领带其创汇为中国同类产品的10倍以上。

2. 进口贸易　2001年受国内茧价偏高的影响，蚕茧进口425 t，比上年增加13 %；进口平均单价5.28美元/kg，比上年增加17.8%，进口国家主要来自乌兹别克斯坦和印度。蚕丝进口主要集中在废丝和绢纺纱线，其中废丝进口0.65万t，比上年增加85.7%；绢纺纱线进口0.17万t，比上年增加54.5 %。

三、标准化与质量管理

（一）标准化工作

1. 标准的修订及制订　GB1797-86生丝、GB1798-86生丝检验规则、FZ/40004-1999生丝检验实施细则等这一系列标准自1986年发布实施以来，对加强企业生产技术管理、提高生丝产品质量、加强监督检验、促进对外贸易等方面起到了积极作用。随着制丝行业生产技术的不断进步，国内外用户对生丝产品质量要求的日益提高，市场经济逐步规范，国内现有标准中某些项目、指标及检验方法已不能正确反映生丝内在质量，难以满足用户需求和行业发展的需要。根据标准化法的规定，标准应进行适时修订。为此，国家技术监督局于1998年下达了修订生丝国家标准的项目任务书。

标准修订小组于1998年4月成立，并先后到江苏、浙江、山东、四川、安徽等省主产区进行实地调研，召开专题座谈会，广泛听取各单位对现行标准的意见，对标准的分级、实验方法、指标水平、包装等各方面收集了很多有价值的意见和建议。通过大量的数据分析和试验，起草了《生丝》、《生丝试验方法》国家标准（修订）初稿，并于2000年4月19日在西安召开了标准初稿研讨会，与会代表就纤度偏差检验、生丝成批条件及抽样数量、生丝考核指标水平等主要问题进行了热烈讨论。为了提高我国生丝质量，充分满足用户要求，使我国生丝标准与国际接轨，故将生丝纤度偏差检验400回改为100回，与会代表就此达成了共识。对于其他技术指标水平等问题，标准修订小组将继续广泛征求意见。

2. 标准化工作取得不少成果　到目前为止，茧丝绸行业共制订标准41项，其中国家标准14项，行业标准27项。蚕业完成行业标准2项，丝类标准20项，绸类标准21项，另有标准实物样照4个。

（二）质量管理

国家茧丝质量监督检验中心是国家技术监督局授权的首批国家质量监督检验中心，成立于1988年4月，是国内惟一的国家级丝绸质量法定检验机构。1996年4月被中国纺织总会批准为部级科技成果检测鉴定机构。中心的主要工作：承担国家指定的丝绸产品质量的监督检验；承担全国重要丝绸新产品投产的鉴定检验和产品质量认证检验；承担或参与丝绸产品的国家标准、行业标准的制定、修订和有关标准的试验验证工作等等。“中心”自成立以来，每年定期或不定期对全国丝绸产品、真丝原料进行监督抽查；多次完成国家级、部级优质产品复查、评比检测；并接受国家、省、市法院和保险公司、工商、技监部门委托，多次完成质量仲裁检测。

出口丝类商品的检验检疫由国家检验检疫局指定的检验检疫机构，对出口丝类商品实行批批检验。为了规范出口丝、丝织物的检验检疫工作，提高检验质量和检验检疫技术水平，保证丝、丝织物检验检疫证书的信誉，国家出入境检验检疫局制定了相应的《出口丝织物检验规定》、《出口丝类商品检验检疫工作规范》等，对出口丝、绸产品进行检验检疫和监督管理工作。

四、科研与新品开发

（一）蚕丝非纤维化利用研究

重点探索蚕桑新用途，蚕桑副产物的综合开发利用。安排的主要研究项目有“雄蚕蛾胶囊规模化生产”、“桑果汁产品规模化开发”、“蚕蛹虫茸产品试产”、“柞蚕丝素肽提取方法研究”、“蚕蛹虫草的研究方法”、“柞蚕 101 品种食用型黄蛹品系培育”等。目前能够治疗糖尿病的雄蚕宝胶囊等高技术含量产品已开发生产、投入市场，并受到普遍关注和欢迎。

（二）蚕丝资源的综合开发

2001 年，浙江省丝绸科学研究院、苏州大学、浙江工程学院等单位分别开展了“丝绸服用保健功能及其机理”、“食用丝素粉产品”、“丝素蛋白作为生物医学材料的应用”、“蚕丝蛋白高技术应用”、“多孔丝素膜的研制及性能”等项目的研究开发工作。一批具有食用性和防病治病的丝素、丝素肽，具有绿色之称的丝素化妆品已投放市场。

（三）新型质丝加工技术及其产品开发

主要有“功能性真丝及含丝复合新型纤维材料的研究开发”、“真丝绸防缩抗皱整理技术及其产品的研究开发”、“丝绸印染后整理新工艺、新技术研究开发”等。真丝产品服用性能进一步得到改善，提高了真丝绸产品抗皱性和防缩性，增加了织物的悬垂性。蚕丝纤维与其他纤维混纺、交织、交并产品开发力度加大，充分发挥多种纤维各自的优势，取长补短，克服丝绸产品原有的弱点，进一步降低产品成本，提高了产品的竞争能力。

（四）新型茧丝加工设备的开发研究

自动缫丝机的比重已从 6%上升为 42.6%，实现了质的飞跃。无梭织机的比重已占 15.4%，并增添了一批技术先进的印染后整理设备。国家重点科技攻关项目——真丝重磅织物研究和真丝防缩抗皱整理技术研究顺利通过鉴定，产品已向国外市场销售，并取得较好的经济效益；ZD203 型不锈钢煮茧机、煮茧工艺专家系统、移动式回旋热风蚕茧烘干机、倍捻机、精密络筒机、高速多臂机、电子提花机、剑杆织机、真丝绸星型架精练和染色机、印花图案自动分色描稿处理系统等科技成果得到了推广。

五、行业管理

（一）宏观调控得到进一步加强和完善，有效地保持了全行业平稳运行

从 1997 年起，国家每年都制定下发桑蚕茧生产和桑蚕丝生产指导性计划，加强信息引导，防止种桑养蚕的盲目性；坚持茧丝价格政策，制定了《茧丝价格和流通管理办法》，加强价格管理，整顿和规范流通秩序，保证了蚕茧收购秩序的稳定；实行蚕丝出口最低限价和配额有偿使用措施，制止低价竞销。建立了国家蚕丝储备制度，通过储备吞吐，改善供求关系，稳定市场和价格；建立茧丝绸发展风险基金，保证国家蚕丝储备制度的资金需要，加强茧丝绸行业的基础性科研与开发，强化贸、工、农中的薄弱环节。

（二）改进和完善茧丝绸贸工农一体化经营方式，全面实行一体化

2001 年茧丝绸贸工农一体化改革进一步深化，蚕茧收购秩序和行业发展得到进一步稳定。各地采取了有力措施，因地制宜，全面推行公司（工厂）加农户经营模式，深化和完善了茧丝绸贸工农一体化的改革。

各地结合本地实际情况，根据自愿的原则，推行农民乐于接受的公司（工厂）与农民的联结模式，包括公司（工厂）加农户、公司（工厂）加蚕农合作组织加农户、公司（工厂）加基地加农户等组织形式，建立起经济利益共同体，形成了相对稳定的蚕茧产销关系和稳定鲜茧收购秩序。

农民利益得到保护，利益分配机制在不断完善。各地采取与农民签订合同、为农民提供产前产中产后系列化技术服务、向桑蚕生产环节投入技术和资金、扶持种桑养蚕、向蚕农二次返利、农民入股参与经营管理等方式，确保了农民的利益。

（三）产业结构有了较大调整，形成了新的发展格局

产业布局趋向合理。在国家宏观指导下，蚕业生产已逐步由沿海经济发达地区向经济欠发达地区转移、东部地区向中西部地区转移，出现“东桑西移”的局面。江、浙等传统主产区在提升工业优势的同时，蚕茧产量减少，重点加强了产业化、规模化发展。江苏省有蚕茧生产县 1996 年以前是 74 个，目前减少到 65 个；浙江省 1 500t 以上的 20 个主产县产量由 1996 年占全省 72%，上升到 85%。四川省 1996 年以前几乎县县有蚕茧生产，目前已调整为 37 个，主产县占全省产量的 70%以上。甘肃、宁夏等地结合西部大开发政策，养蚕业发展较快。缫丝生产已由大城市转向以蚕茧产地为依托的中小城镇，使我国的茧丝绸生产形成中西部地区优势互补、协调发展的格局。

（四）主要设备及其生产企业

1. 制丝机械　制丝机械以自动缫丝机为主机，包括混茧机、剥茧机、选茧机、烘茧机、煮茧机等前道配套设备和复摇机、刮吐机、滞头机等后道配套设备以及生丝检验设备。其中，自动缫丝机是最关键的制丝设备，也是最能体现制丝机械发展水平的设备。我国的自动缫丝机研究和制造始于 20 世纪 60 年代，以无锡第二纺织机械厂的 D101 型和杭州纺织机械厂的ZD647型为代表的第一代自动缫丝机问世以来，经过40多年的发展，目前以机电一体化为特征的杭州纺织机械厂生产的FY2000型自动缫丝机居国际领先水平，其恒速缫丝方式、智能化新茧补充及二次精理的独到设计，使自动化程度更高。此外，苏州丝绸机械厂生产的SFD507型自动缫丝机、浙江定海纺织机械厂生产的绢纺织设备都享誉国内外，浙江湖州双林丝厂、杭州新华丝厂生产的剥茧机、选茧机等都是蚕茧加工不可缺少的设备。

2．丝织准备机械　丝织准备机械是为丝织的前道工序配套的，它对织造效率和产品质量有很大影响。丝织准备机械主要包括络丝机、并丝机、捻丝机、倍丝机、整经机、卷纬机等。主要生产企业有：杭州纺织机械厂，上海第一、第二丝绸机械厂，江苏射阳纺织机械厂，江苏江阴第四纺织机械厂。

（中国农业科学院蚕业研究所　梁培生）

蜂产品加工业

蜂产品是一种传统的具有保健功能的天然产品，对人类的健康起着重要作用。我国是世界上第一养蜂大国，拥有丰富的蜜粉资源和大约700万群蜜蜂。年产蜂蜜20万t，蜂王浆2 000t，蜂花粉3 000t，蜂胶300t，其他还有数量不定的蜂毒、蜂蛹、蜜蜂幼虫等。按2001年平均收购价估算，年产值约为20多亿元。随着人们生活水平的提高，蜂蜜、蜂花粉、蜂王浆及蜂胶等保健品的开发利用，全国涌现出几百家专业工厂或公司，分别对蜂产品进行不同层次的加工后，投放市场。以其生产加工的深度不同，可分为三大类：①初级加工商品企业。这些企业对蜂产品进行简单加工包装处理后，投放市场。②中层次加工产品企业。通过一定技术手段，研制开发新配方、新口味，采用一定专用设备生产销售。③深层次研究开发企业。对蜂产品的保健功效进行研究开发，研制针对糖尿病、前列腺炎、老年痴呆等病的产品。

据了解，全国蜂产品企业大概有上千家，下属的会员单位有几百家。其中外贸进出口企业占全国蜂产品企业的1/5～1/4左右。目前，我国的蜂蜜有一半出口。蜂王浆原有70%～80%出口，现在有50%～60%出口，其中90%是向日本出口，全世界的蜂王浆中有90%以上产自中国。蜂蜡是80%～90%出口。

一、蜂产品生产及出口概况

蜂蜜是我国传统的出口产品，也是我国出口创汇的重要产品。欧盟是我国蜂蜜传统出口市场，年进口蜂蜜15万t左右，其中从我国进口3万～4万t，占其进口蜂蜜总量的27%左右。日本是我蜂蜜出口第一大国，约占全球出口量的35%，中国每年出口到日本的蜂蜜总值达60亿日元，占日本蜂蜜市场份额的89.5%。日本每年消费39 360t蜂蜜，人均食用量为300g。随着日本养蜂人数的减少，生产成本的增加，以及来自海外生产商的竞争，日本蜂蜜年产量已经由8 360t下降到5 590t。世界各国和地区蜂蜜产量见表1。

据我国海关统计，2001年我国出口蜂蜜10.6万t，出口额增加了49%，为0.96亿美元。我对欧盟出口蜂蜜4.3万t，占我国对全球出口总量的41%，创汇3 567万美元。其中英国、德国、西班牙、比利时和荷兰是进口我国蜂蜜的主要国家。2001年我国对英国出口蜂蜜约为1.1万t、创汇836万美元，出口日本3.8万t，出口加拿大约3 800t，出口沙特300t。我国对英国蜂蜜出口的数量占我国对欧盟蜂蜜出口总量的26%。总体上看，外销比前年略有增长。

表1　2001年世界蜂蜜产量统计表

国家及地区	蜂蜜产量（t）	占世界产量的百分比（%）
中国	256 000	20.27
亚洲	464 971	36.82
以色列	3 000	0.24
意大利	9 700	0.77
印度	52 000	4.12
英国	2 900	0.23
最不发达国家	104 048	8.24
中美洲国家	62 613	4.96
东欧	62 084	4.92
欧盟12国	100 700	7.97
欧洲	288 145	22.82
世界产量	1 262 812	

2001年蜂蜜市场态势总的来说不是太好，由于受不正常气候影响，尤其是中国北方地区受4月9～10日及25日寒流影响，蜂蜜减产幅度较大。洋槐、荆条、枣花等蜜种都有较大幅度的减产，山东基本没有什么产量。造成减产的主要原因是：花受冻、缺

水、大风、干旱，还有的是因为打药和蜂群等因素的影响。因寒流发生在洋槐树发芽期，树芽冻死干枯严重，部分地区洋槐树只发芽不开花，导致当年洋槐蜜主要产区绝收，只在一些山沟和避风的地方略有些产量，直接影响洋槐蜜的产量和质量，使得洋槐蜜减产80%以上。减产价格并没有猛扬，价格总体水平与2000年相比略高一些，升幅一般为5%。

2001年蜂王浆生产的特点可以说是产量增加、质量上升、收购价格下降、总体产值下降。据不完全统计，2001年全国蜂王浆产量约为2 400t，比2000年的2 000t增加400t，增加幅度20%，达到了历史最高水平。2001年蜂王浆总销量为2 100t，内销市场首次突破1 000t，外销1 098t。

国际市场逐步走向成熟。鲜蜂王浆粉在保健产品中，具有不可替代的优势，其潜在的国际市场将十分巨大。日本是我国鲜蜂王浆出口的传统市场，20世纪的70、80年代和90年代初，我对日本的出口绝对量增长并不大。但到了90年代末和21世纪初，出口绝对量大幅增长，1998年，我对日本出口总量为370t，1999年为543t，2000年为619t，2001年为688t，2001年比1998年增加了318t，增长了85.9%，占我国出口增长总量的60.6%。目前，我国对欧美、大洋洲的出口还处在一个市场培育时期，人们对产品将有一个逐步接受直至忠诚的过程，同时，也有一个逐步建立营销渠道的过程。从1998年到2001年，我国对上述几个市场的出口量从137t，增加到287t，增长了1倍还多。

专业生产厂家已成为王浆出口的主力。一些具有进出口经营权的生产厂家加入到出口经营队伍中，由于价格、服务等优势，正成为我国蜂王浆出口的主力。浙江天地保健品公司已成为我国蜂王浆出口的最大公司，出口量接近全国出口量1/6，远远高于出口总量处于第二、第三位的浙江医保与美康中药材。浙江常青、浙江江山恒亮、大连保阁、北京森峰等公司的经营也已初具规模。外贸专业公司的经营发生了很大的变化，大部分外贸公司已由收购出口改为代理出口，部分外贸公司的出口实际上是工厂成交，以外贸公司名义出口。美康中药材、浙江医保、江苏医保、天津医保仍维持着较大的出口份额。江苏国际经济合作公司由于有了原南京医保部分人员的加盟，出口进入10强之列。中华宁波由于有着较强的经营实力，出口连年上升，2001年干粉的出口已位居全国第四，鲜浆的出口位居全国第九。深圳美和康、浙江惠灵、天津喜来益等一批新军又加盟到鲜蜂王浆粉出口经营之中。出口价位下降，导致出口产值下降。据中国医保商会资料分析，2001年度鲜王浆出口平均价位为15美元/kg、蜂王浆干粉35美元/kg，分别比去年同期有所下降。实际上，大多数出口公司为了抢夺客户，以远远低于这些价位向外商供货，有些供货商甚至以鲜浆11美元/kg、干粉35美元/kg供货。由于国内供货商的无序竞争，从而导致出口量较上年增加了7t，而出口总值反而减少了35万美元，下降2%，这仅是公开数字，实际下降幅度远不止这些。

2001年度中国国内市场蜂王浆销售量首次突破1 000t，使得蜂王浆的内销量与出口量双双突破1 000t，首次基本持平。国内市场比较集中在南京、广州、北京、大连、武汉等城市，仅南京市场销售额就突破1亿元大关。这说明国内市场需求旺盛，增长迅速；同时内销产值增加，稳中有升。2001年在整个保健品行业（500亿的销售额）总体下滑20%～30%的情况下（补钙类下滑幅度最大、洋参类其次），蜂王浆内销产值反而增大，是外销产值的2～3倍。蜂王浆出口情况见表2、表3。

表2　2001年鲜蜂王浆（粉）的出口统计表

	2001	2000	同比增减（%）
鲜蜂王浆（t）	519	626	−17
蜂王浆冻干粉（t）	193	155	+24.6
浆粉合计（t）	1 098	1 091	基本持平
出口总值（万美元）	**1 652**	**1 687**	**−2**

表3　2001年蜂王浆出口市场分布情况一览表

国家及地区	出口总量（t）	同比增减（%）
亚洲	793	+13.4
日本	688	+11.1
欧洲	133	−43.8
北美洲	87	+38
大洋洲	66	+10

2001年全国生产蜂花粉1 500～1 700t左右，其中油菜花粉650t左右（基本上用于制药生产）。全国蜂胶产量300t左右，产销基本平衡。

二、蜂产品的开发、加工和应用

1.*蜂王浆加工制品*　蜂王浆含有多种生物活性物质，适口性差，直接服用，剂量不好掌握。因此，需要通过加工处理，将鲜王浆制成便于服用和保存、运输的产品；制成蜂王浆冻干粉是一种较好的加工办法，它能够保持鲜蜂王浆的全部成分，不必低温保存，而且用它可以制成各种剂型的商品。如蜂王浆片、蜂王浆胶囊、蜂王浆颗粒剂等。

2.*蜂花粉加工及制品*　食品工业把蜂花粉视为

食品的宠儿，以花粉为原料的商品种类繁多。如花粉口服液、森宝花粉、虫草花粉、人参三宝素、北京花粉精、花粉桂花汽水、花粉可乐、花粉儿童蛋糕、花粉酥、花粉长寿蛋糕、花蜜、花粉豆浆粉、巧克力花粉晶、花粉酒、花粉蜜露等，这些都是深受消费者欢迎的产品。蜂花粉作为医药品的有前列康片、花粉片、康寿灵花粉散及胶囊等。这些产品对某些疾患有一定辅助疗效。蜂花粉作为化妆品原料的开发工作已取得了满意的结果。我国投放市场的有花粉营养霜、花粉香水、花粉奶液、花粉生发水、花粉香皂、花粉营养水等。

花粉中含有的各种活性多肽、酶多糖等有较强的生理活性，具有免疫、抑菌和抗缺氧作用。用蜂花粉制成的饵料，非常适应对虾的繁殖和生长。经试验可使对虾增产30%。用于鸡、鸭、猪、奶牛和貉等经济动物的添加剂，也有很高的经济效益。

3. 蜂胶加工及制品　蜂胶含有无效的杂质较多，要得到蜂胶的精品需要进行提取。主要有冷冻粉碎、乙醇提取、乙醇乙醚精制等流程，最后获得的蜂胶乙醇液便可用来制作不同剂型的成品。投放市场的蜂胶制品有蜂胶片、蜂胶口腔膜、蜂胶蜜、蜂胶糖、蜂胶牙药水、蜂胶气雾剂、蜂胶乳膏。此外，还有蜂胶口香糖、蜂胶口洁素片、蜂胶香皂（药皂）、蜂胶牙膏、蜂胶发膏、蜂胶护肤霜等。

4. 蜂蜡的应用　蜂蜡是用于化妆品的原料，可以制作冷霜、洗浴液、护发素、润肤膏、头油、唇膏、口红、胭脂等。医药上，用蜂蜡可制作蜡丸的外壳、药膏及栓剂的基质，还可作假牙和病理模型。工业上，用蜂蜡可制作地板蜡、上光蜡、蜡烛、蜡笔、蜡纸、蜡染布等。此外，可作为金属防锈、防腐的保护剂，各种机器的润滑剂和绝缘、包装、填隙及防水材料。蜂蜡还是制作巢础、蜡像和蜡塑艺术品及教具的原料。从蜂蜡中还能提取植物生长刺激素。

5. 蜂毒　蜂毒是由工蜂毒腺分泌后，贮藏在毒囊里的毒液。蜂毒在医疗上，主要用于治疗风湿症、类风湿性关节炎、神经炎、神经痛、高血压、支气管哮喘等疾病。主要产品有蜂毒水针剂、蜂毒粉注射剂。

6. 雄蜂蛹　蜂幼虫是在封盖巢房自吐丝结茧后到羽化出房前这一变态时期的虫态，统称为雄蜂蛹。雄蜂蛹是一项急待开发并具有潜在效益的蜂产品。它营养价值极高，是餐桌上少有的美味珍品。目前雄蜂蛹主要用于食品，也有试用于小儿缺钙症的防治，有非常明显的疗效。现已开发出的系列产品有蜂蛹罐头、蜂蛹口服液、蜂蛹干粉、盐渍蜂蛹、雄蜂精口服液、冻干粉、胶囊和片剂等。雄蜂蛹体内各种酶的活性很强，新鲜雄蜂蛹中的酪氨酸酶与空气中的氧起化学反应后，很快使蛹体变黑，影响其商品的质量，山西省农业科学院园艺研究所研究采用化学物质保鲜法获得成功。采用这种方法可将雄蜂蛹（或幼虫）保存7d不变质，使养蜂者能有充裕时间将产品送交收购单位。该法采用的保鲜剂为“S”因子6%、食盐4%、柠檬酸0.1%、苯钾酸钠0.2%。

7. 蜜蜂幼虫　卵孵化后至变态化蛹前的虫态，称为幼虫。可供人们作为蜂产品利用的蜜蜂幼虫，包括蜂王幼虫、雄蜂幼虫和工蜂幼虫。临床证明，蜂王幼虫能调节中枢神经系统，既能振奋精神，增加食欲，增加体力，又能益智安神，改善睡眠。现在我国已生产的蜂王胎片、蜂王幼虫冻干粉、蜂王宝等蜂王幼虫制品，对白血球减少症、神经衰弱、风湿性月经失调、营养性水肿、肝脏病及溃疡病等都有较好疗效。雄蜂幼虫不仅可供食用，而且可用于治疗神经官能症和儿童智力发育障碍。此外，还可用它作为禽类的饲料添加剂和某些昆虫的特种饲料。

总之，在蜂产品的研究开发方面，对蜂蜜、蜂王浆、蜂花粉的研究较多，对生产、保鲜、储存、活性成分、生理功能和保健产品的开发也做了大量的研究。自20世纪80年代开始，蜂胶的研究力度逐渐加大，目前已掌握了蜂胶的生产、分离、有效成分提取工艺和除铅技术，已开发出具有保健功能的系列产品。对蜂蜡、蜂毒、蜂幼虫、雄蜂蛹方面的研究相对较少。自1996年至2001年底，经卫生部批准，我国以蜂王浆为主成分的保健食品达47种，以蜂胶为主成分的保健食品17种，以花粉为主成分的保健食品28种。

三、质量管理、标准化工作

我国蜂产品质量的安全隐患归纳起来主要存在以下几个方面：①蜂产品农兽药残留；②重金属有害物质及生物性有毒物质污染；③掺假、造假。我国在蜂产品质量控制方面主要着眼于控制蜂产品农兽药残留、重金属污染和品质问题等。其中对蜂产品农兽药残留监控主要包括对环境污染和治蜂病、杀螨虫用蜂药残留污染的监控。对环境污染监控即对农作物、树木、植物用药残留如有机氯、有机磷、六六六、滴滴涕、有机氟等监控。对治蜂病、杀螨虫用蜂药残留污染监控即对用于治蜂病的抗生素等及用于抗螨的有机物如氟氨氰菊酯、西维因、杀虫脒、甲酸、乳酸等进行监控。铁和铅等重金属污染监控包括对植物可能从污染了的土壤中摄取的铅、镉、汞和对可能从加工、包装桶中得到的铁、锌进行监控。品质监控是指对影响蜂蜜质量的各种因素进行监控。影响蜂蜜质量的各种因素分自然与人为两大方面。自然因素包括蜜源植物、天气状况、蜜蜂种类、蜜蜂健康；人为因素包括养蜂管理、病敌害控制手段、农业及地理位置、蜂箱材料、饲喂、转地、取蜜、过滤、容器材料、储存、加工等。

我国与蜂产品安全有关的法律、标准体系还不大完善，是导致蜂产品质量不符合出口要求的根源。目前，我国仅有6个蜂产品标准，生产和管理急需的标准严重不足，蜂产品无标准生产现象十分严重。国际食品法典对176种农药在375种食品中规定了2 439条农药最高残留限量标准，而我国各类农药残留量与发达国家相比普遍偏高，有关蜂产品安全的法律、标准在许多方面还是空白。

2000年以来，浙江省有关单位根据养蜂生产的实际需要，融合多年来养蜂生产的实践经验和有关蜂产品开发、养蜂技术科研成果，制定了具有较好可操作性的浙江省推荐性地方标准——“浙江蜜蜂”系列标准。这项标准包括蜂种、饲养管理、疾病防治、蜂王浆生产与质量、优质蜜生产与质量、茶花粉生产与质量、蜂胶生产与质量、蜂蜡生产与质量8个部分。该系列标准是浙江省第一个养蜂技术系列标准，在全国也是第一个。2001年7月由浙江省技术监督局、浙江省农业厅共同组织有关11位专家对该系列标准进行了审定，一致认为该标准在国内处于领先水平。这项标准的制定、实施将促进全省养蜂技术的规范和推广，促进全省养蜂业标准化和产业化的发展，对提高全省蜂产品质量、增强蜂产品在国内外市场的竞争力必将发挥积极作用。在欧盟停止进口中国蜂产品后的1个月，中国蜂蜜之乡江山市就完成了与国际蜂产品标准接轨的《无公害蜂产品安全要求》和《无公害蜂产品产地、环境要求》。两项标准的制订，为打破欧盟对我实施的“绿色壁垒”做了必要的准备工作。

四、行业管理

各地的养蜂协会为促进养蜂事业迅速发展，开展了以下工作：

1. 把养蜂协会办成蜂农之“家”　每年召开1～2次理事会议，举办经验交流会，互通情况、沟通信息、分析形势、交流经验、安排工作，热心为蜂农办实事。

2. 走“公司＋协会＋农户”互惠之路　积极与蜂业公司协调，逐步形成公司—协会—养蜂户密切联系的一体化的蜂业生产、加工、经营的格局，做到互惠互利。公司依靠蜂农、服务蜂农、让利蜂农、跟踪蜂农收购蜂产品。公司资助协会开展活动，帮助解决蜂农的困难，协会中间协调，推动蜂农把优质蜂产品售给公司，支援公司发展。

3. 有效组织蜂农联合外出放蜂　大转地放蜂，可取得较好的经济效益，但会遇到许多困难，在养蜂协会组织安排下，组成蜂农外出放蜂“联合体”，统一制定放蜂路线，安排放蜂场地，统一对外联系，做到有序外出放蜂。蜂农在生产中遇到困难，协会及时帮助解决。

4. 竭诚服务，为蜂农排忧解难　为蜂农提供技术资料，办理养蜂证件。帮助解决蜂药、蜂具、饲料糖等物资购运问题，帮助联系贷款，解决蜂农当务之急。

5. 典型引路，不断壮大养蜂队伍　协会及时宣传典型，吸收青年人加入养蜂队伍。在养蜂队伍中采取师傅带徒弟的办法传授养蜂技术，学徒两年，基本掌握生产操作技能后，即可离开师傅独立养蜂，通过这项举措不断壮大养蜂队伍。

6. 运用法律“武器”，切实保护蜂农利益　协会通过聘请律师，协同处理蜂业生产中发生的经济纠纷、侵权行为、乱收费、乱罚款以及重大伤亡事故等，用法律武器保护了蜂农正当权益。

中国蜂产品协会在我国蜂产品发展中发挥了重要作用。协会于2001年8月提出了指导全国蜂产品行业发展的“十五”发展规划和建议，其主要内容有：

(1) 指导思想。认真贯彻党的十五届四中全会精神，实施以法、以德治蜂，科教兴蜂，以市场为导向，以经济效益为中心，以调整结构、技术创新、开拓市场、提高质量为重点，以科学文明生产、绿色健康消费为目标，发展蜜蜂文化和蜂业产业化经营，促进蜂产品行业持续快速健康发展，加速实现我国蜂业的现代化。

(2) 发展目标。总体目标是：充分利用我国丰富蜜源植物资源和人才、市场、科技等优势，经过10～15年奋斗，使我国由蜂产品生产大国逐步发展为蜂产品产业经济强国。

阶段目标是：到2005年，全国蜜蜂饲养量发展至700万群左右；单产蜂蜜达30～33kg/群，年总产量达到23万t左右；蜂王浆年产量稳定在3 000t左右；蜂花粉年产量3 500t左右；蜂胶年产量350t左右。蜂蜜国内市场销售量达到10万t左右，出口量稳定在10万t左右，年创汇约1亿美元。蜂王浆国内市场销售量达到2 000t，出口量稳定在1 000t左右。蜂花粉国内市场销售量2 000t，出口量稳定在1 500t左右。蜂胶产品国内市场销售额达到10亿元，产品出口额达到4 000万美元。

(3)“十五”期间蜂产品行业发展的主要措施:

①规范蜂产品市场秩序，大力开拓国内外市场。

②依靠科技进步，走“科教兴蜂”之路。

③培育和发展“龙头”企业，推进蜂业产业化经营。

④调整优化产品结构，提高蜂业质量管理水平。

⑤尊重与培养人才，提高蜂产品行业整体素质。

⑥加强蜂协组织建设，提高服务水平。

这一“发展规划”和建议的组织实施，必将推动我国蜂产品行业取得新的业绩，从而为国民经济的进一步发展做出新的更大贡献。

(中国农业科学院蜜蜂研究所 闫继红、孙丽萍)

烟草加工业

2001年，全行业继续坚持“狠抓基础，稳中求进”的行业工作指导思想，坚持“一要规范、二要改革、三要创新”的工作重点，紧紧围绕发展这个主题，以结构调整为主线，以改革和创新为动力，突出抓了整顿和规范工作，使全行业在经济运行、专卖管理、行业改革、科技进步、精神文明建设等方面取得了新的成绩，较好地完成了年初确定的各项任务目标，实现了“十五”计划的良好开局。

一、基本情况

2001年行业生产经营继续保持良好发展态势，经济运行质量和效益进一步提高。按照年初确定的调控目标，继续严格控制“两烟”总量。我国的烟叶种植分布广、类型多、产量大。烤烟是我国目前种植面积最大的烟草类型，分布在23个省，年产量达到170万t；白肋烟的年产量在4.5万t左右，香料烟的年产量约0.75万t，马里兰烟的年产量在200t左右，黄花烟和地方名晾晒烟在我国也有种植。2001年我国种烟的地、州、市数量为139个，种烟县、市有586个，种烟乡镇有5 493个，种烟村有61 785个。烟叶生产依靠全面推行合同制，较好地落实了国家的种植和收购计划，全年种植烤烟95.27万hm^2，收购烤烟145万t(29 000万担)，全国烟叶收购等级合格率达到81.2%。上等烟和上中等烟比例依次为30%和90%，2001年我国烤烟总产值达到125亿元。

卷烟生产坚持适度从紧安排生产计划，对有各种超产瞒产现象或苗头的企业特别是地方烟厂继续实行驻厂员制度加强监控，保持了卷烟产销协调发展。全行业全年累计生产卷烟3 398.7万箱(16 993.5亿支)，比上年同期3 334.9万箱增加63.8万箱，增长1.9%；累计销售卷烟3 396.6万箱(16 983亿支)，比上年同期3 373.6万箱增加23万箱，增长0.7%。其中国内销量3 375.1万箱，完成销售计划3 352万箱的100.69%，比上年同期3 359.7万箱增加15.4万箱，增长0.5%。统计完成国内卷烟销售3 274.5万箱，比上年增加206万箱，增长6.71%。实现工商税利1 150亿元，较上年1 050亿元增长100亿元。全年共出口烟叶12.6万t，同比增长24.8%；出口卷烟130.6万箱(130.6亿支)，同比增长56%；实现出口创汇3.67亿美元。

狠抓两个“三年目标”任务的全面推进，整顿和规范市场经济秩序工作取得了阶段性成果。组织开展了对2 040户烟草商业企业的清产核资工作，基本摸清了这些企业的家底。全行业共完成审计项目15 178个，促进增收节支4.1亿元。全行业把整顿和规范烟草市场经济秩序工作作为全年工作的重中之重，明确了整顿和规范六个方面的重点任务，制定了有关实施意见、规定和措施，提出了具体的任务和目标，对重点方面、重点环节实行重点突破。

切实加大结构调整的力度，进一步促进了行业改革和企业发展。全行业抓住卷烟消费税率调整的契机，以满足市场需求和产品适销对路为前提，继续严格卷烟产品的成本管理，着力从原料、工艺、技术等方面提高产品的科技含量，积极推进产品结构的调整。国家局向全行业下发了《关于加快卷烟产品结构调整的意见》，重新修订了行业名优卷烟评选办法，评选出36个品牌为2001年度烟草行业名优卷烟，并制定了加快名优烟发展的扶持政策和措施，品牌的集中度有了提高。全行业统一思想，知难而进，在淘汰落后生产能力、关闭小烟厂方面取得了积极突破，全年有8家烟厂停产，4家烟厂正式宣布破产终结，1家烟厂进入破产程序，2家烟厂实施托管，4家烟厂被合并或兼并。并停挂杆复烤厂的工作也取得了较好成绩，截至去年年底已关闭了81家。在深化企业改革、实施减员增效工作中，全行业通过各种有效形式，共分流和安置富余人员约1.5万人。

总的看，2001年的各项工作都取得了全面进展，特别是在经济效益方面创造了中国烟草20年发展史上的最好水平，为推进烟草行业在新世纪的新发展迈出了坚实的第一步。

二、科研、新产品、新技术

大力实施科教兴烟战略，技术创新工作取得了较好成绩。各烟叶产区大力普及和推广先进适用技术，烟叶品质和等级结构进一步改善，可用性不断提高。上等烟叶比例达到29.56%，同比增长7.29个百分点；中等烟叶比例为60.4%，同比增长1.04个百分点；下低等烟叶的比例基本控制在10%左右，较好地满足了卷烟工业生产的需要。工业企业的技术创新体系建设继续得到加强，16家企业的技术中心通过国家认定或行业认定。经人事部批准，有5家企业建立了博士后流动站。继续实施“百千万人才培养工程”，2001年共组织培养研究生160人，累计培养研究生学历人员已达780多人。各类专业技术培训和继续教育的有计划开展，促进了干部职工队伍素质的全面提高。行业信息化建设进一步推进，全年完成了2个B类站和50个C类站的建设工作，并对已建成的34个B类站进行了全面验收。

烟叶生产经营管理系统软件HS-YYMIS的应用实现了烟叶生产、收购、复烤加工的全业务过程联网，实现了国家局、省公司、分公司、县公司、基层站五级烟叶生产管理部门的信息控制环节。在这个系统中，生产管理系统YYSC，供五级烟叶生产管理部门的业务人员进行统计分析；烟叶收购管理系统YYSG，供五级烟叶收购部门处理日常业务；烟叶复烤管理系统YYFK，供全国打叶复烤企业进行生产管理；烟叶调拨管理系统YYDB，是供国家局、省公司、分公司三级烟叶调拨管理部门使用的业务管理和统计分析软件；烟叶信息领导综合查询系统YYCX，是供国家局、省公司、分公司、县公司四级单位领导查询烟叶综合经营数据的系统。

烟机、烟用物资的国产化水平不断提高，造纸法烟草薄片技术的研究开发取得了突破性进展。卷烟产品质量稳步提高，降焦减害工作取得新的进展，各种降焦减害技术在全行业普遍使用，通过改造烟叶配方、采用通风滤嘴、复合滤嘴、高透气度卷烟纸和各种降焦添加剂，卷烟产品的焦油量和其他有害物质大大降低。2001年卷烟产品总合格率为99%，到年底卷烟焦油量平均值降至15mg/支，比上年下降1mg。北京卷烟厂开发出5mg、3mg的焦油量和低自由基产品，长沙卷烟厂的低侧流烟气技术的研究成功，是我国降害技术的重大突破。另外，部分卷烟厂采用中草药萃取物做添加剂来开发出新产品。卷烟销售基础软件开始在8个省推广使用，工业企业基础软件已经完成开发任务，正在进行软件测试和试点工作。中国烟草总公司郑州烟草研究院与各级烟草学会在推进科技进步方面发挥了积极作用，烟草经济研究也取得了一定成果。

三、国内外市场概况

（一）进出口情况

2001年中国烟草行业进出口方面经济运行质量和效益有了明显提高，呈现了良好的发展态势。具体表现为：进出口总值同比增长，特别是出口增幅大于进口增幅。全系统进出口商品总值为97 929万美元，比2000年同期85 940万美元增加11 989万美元，同比上升13.9%。出口商品总值36 699万美元，比上年同期29 926万美元增加6 773万美元，同比上升22.63%。烟叶出口（含烟梗）126 346t，比上年同期101 042t增加25 304t，同比上升25.04%；创汇17 180万美元，比上年同期14 601万美元增加2 579万美元，同比上升17.66%。卷烟出口1 305 587箱，比上年同期836 690箱增加468 897箱，同比上升56.04%；创汇16 820万美元，比上年同期12 141万美元增加4 679万美元，同比上升38.54%。进口商品总值为61 230万美元，比上年同期56 014万美元增加5 216万美元，同比上升9.31%。

（二）中国烟草直面WTO

中国是世界上最大的发展中国家，市场化取向改革的深入发展已使中国经济与世界日益融为一体。中国政府在充分权衡加入WTO的利弊并得出利大于弊的结论后，便致力于争取加入WTO。经过艰苦努力，中国已经实现成为WTO一员的愿望。加入WTO后，对于烟草行业而言，在得到WTO赋予的相关权利的同时，我国必须在如下几个方面承担WTO所要求承担的基本义务：

1. 降低关税　关税壁垒虽然是WTO允许成员用来保护国内产业的政策工具，但从WTO的原则和发展过程来看，不断调减关税却是必然趋势。1995年关贸总协定第28条附加第1款规定，各缔约国“在互惠互利的基础上进行谈判，以大幅度降低关税和进出口其他费用的一般水平，特别是降低那些使少量进口都受到阻碍的高关税”。为此，关贸总协定和WTO的各轮谈判都把关税减让作为重要议题。在乌拉圭回合谈判后，各国都大幅度地降低了总关税壁垒，发达国家平均降低了40%。中国目前的关税水平比发达国家的平均水平高17.3%，比发展中国家的平均水平高9%。为了争取加入WTO，中国不得不大幅度进行关税减让，政府已公开承诺到2000年将关税总体平均水平降到15%。对烟草制品的进口，中国一直采取高关税政策，如1999年进口卷烟关税为36%，进口烤烟关税为40%，进口盘纸关税为45%，远高于同期23%的全国进口商品平均关税的水平。中国政府为了实现大幅降低平均关税的承诺，势必对进口烟草制品的关税进行更大幅度的减让。以《中美WTO市场准入协议》要求为例，中国必须把从美国进口的卷烟关税由现行65.0%的实施税率降低到2004年的25.0%。可以肯定地说，在中国加入WTO后，各种烟草制品的进口关税不得不大幅减让。

2. 放松甚至取消非关税管制　WTO的一条重要原则是要消除各种非关税壁垒。根据关贸总协定第11条第1款的规定，各成员国“不得设立或维持配额、进出口许可证或其他措施，以限制或禁止其他缔约国领土的产品输入，或向其他缔约国领土输出或销售出口产品”。在WTO内，除特殊情况外或在一定时间的过渡期内，配额、许可证等非关税壁垒是不允许存在的。中国对烟草制品的生产、销售和进出口一直实行严格的计划管理和许可证制度，特别是对外国烟草商，各种管制更加严格。但在中国加入WT0之后，总量计划、许可证制度虽然还可以存在，但却不可能仅仅凭借行政手段和计划指标就把国外烟草商拒之门外。国外烟草商如果想进入中国市场，他们将根据“国民待遇”等WTO基本规则要求取得许可证，并同国内烟草企业展开平等、公正的市场竞争。因此，中国将不得不对计划和许可证制度进行相应的调整与改革，配额保护也只能维持在有限的一段时期内。

3. 渐进开放国内市场　WTO的一条重要原则就是要逐步实现成员国之间的贸易自由化，并通过自由贸易来优化资源配置和实现经济增长。为此，WTO要求所有成员国都要通过降低关税、取消非关税壁垒、扩大市场准入机会等来扩大成员国国内市场的开放程度。根据协议条件渐进开放国内市场和最终实现无贸易壁垒是WTO对所有成员国的基本要求，同时也是一国加入WTO的重要前提。烟草不可能纳入WTO的例外条款，中国烟草市场的渐进开放也是不可回避的必然趋势。虽然《中美WTO市场准入协议》在佣金代理服务、批发服务和零售服务的市场准入中都不包括烟草，但这并不意味着WTO可以让中国烟草不对外开放。中国加入WTO后，烟草业应承担的义务之一就是尽快清理限制市场竞争的制度性规则，为国外烟草商进入中国市场提供必要的政策环境。

4. 修改或重订规则　一国加入WTO，意味着该国立法机关已经批准WTO的相关协议从而使这些协议与国内立法取得了平等地位。WTO要求每一成员国应保证其法律、规章和行政程序与WTO有关协议的要求保持一致。对后来想加入的国家而言，WTO的协议和规则或多或少会与该国原先已存在的一些国内法律和相关制度规则产生冲突。在这种情况下，WTO各方首先会要求该国修改不符合WTO基本原则的国内法律，法规和其他制度规则，并把这作为接纳该国加入WTO的前提条件。而一旦加入了WTO，WTO的贸易政策审议机制将迫使该国保证其国内法律、法规等要与WTO的要求相一致。中国加入WTO后，虽然《烟草专卖法》和据此确立的相关制度规则可能还将在一定时期内继续发挥作用（这主要取决于WTO同意接纳中国的条件要求），但涉及市场准入和市场竞争的一些与WTO原则要求相距甚远的有关法律法规却必须进行清理、修改、补充或重建。比如核发许可证的具体规定、允许或限制外商进入的具体标准、对各种进口烟草制品的技术要求和限制性条件等。根据WTO的政策透明和可预见原则，这些规则还应及时公开以让想进入中国市场的国外烟草商尽早熟悉。

（三）加入WTO对中国烟草市场的冲击

中国加入WTO对烟草行业的影响，主要表现在国内各种烟草专卖品将面临国外同类产品日益强大的市场竞争。在出口能力有限的情况下，受到的主要冲击就是几乎所有烟草专卖品的国内市场份额将出现不同程度的下降。

1. 关税减让造成的市场损失

（1）烟叶。1999年进口关税税率为40%，综合税率为64%。由于税率较高，进口烟叶的国内销售价格也较高。如1999年从津巴布韦进口的烟叶国内销售价为65元/kg，而同期国内烟叶调拨价为20元/kg，不到进口烟叶价格的1/3，高关税使国内烟叶在价格方面具有明显的竞争优势。然而，如果烟叶关税降到17%，也就是中国政府承诺的到2004年的农产品的平均关税水平，那么每吨进口烟叶的价格将可以比现在下降1万元左右，即便考虑中国大量进口对国际烟叶价格的抬升作用，由于价格下降所增加的进口量也将迅速提高，从而对中国烟叶生产造成较大冲击。

（2）卷烟。中国自1997年开始就大幅调减卷烟进口关税，当年税率高达150%；到1999年，中国卷烟进口关税降为36%。在关税调减的同时，中国对进口卷烟征收的综合税率也随之下降。1999年进口卷烟的综合税率为218%，比1997年下降了26个百分点。中国政府承诺将大幅调减进口商品的总体平均关税，卷烟的高关税对实现这一承诺是十分不利的。因此，中国政府在加入WTO的谈判中，肯定还要继续降低卷烟进口关税。如果卷烟进口关税降到全国进口商品的平均水平，也就是在2000年达到15%，则现在每盒零售价为11元的外烟（相当于万宝路、555牌香烟）由于关税下调而可以降低的价格大约是2~3元，这将大大有助于外烟提高其在中国市场上的竞争力。

(3) 烟机及辅料。1999年中国进口烟机的关税为14%，丝束为12%，盘纸为20%。从这几项专卖品来看，降低关税的余地并不很大，中国加入WTO后关税减让对这类产品的冲击也不会很大，对这类专卖品的冲击主要是来自非关税壁垒的放松甚至取消方面。

2. 配额及许可证管制等非关税壁垒放松甚至取消所造成的市场损失　中国加入WTO后外烟对国内市场的冲击，从根本上来看并不是由于关税减让所致，而是由于非关税壁垒的放松甚至取消所致。即便中国烟草能争取到较长时间的过渡期，从WTO的基本规则来看，中国烟草现行十分严格的配额及许可证管制等非关税壁垒必将逐渐松动甚至取消，由此导致的外烟大量涌入将是不可避免之事。由于国内消费者对混合型卷烟存在巨大的潜在需求，由于国外烟草企业具有雄厚的经济实力和强大的市场开拓能力，加之国外卷烟制品较高的品质和吸烟所产生的较低危害，可以预见，在中国加入WTO后，外烟将大量挤占国内烟草的市场份额，特别是对高档卷烟和优质烟叶市场，肯定会产生强烈冲击。同时，烟机和辅料市场也将受到很大打击。如中美协议中规定中国进口丝束的配额为11.3万t，相当于中国目前国内需求的总量，而且配额还必须在2001年全部取消。同时，烟机进口配额将在2002年前取消。可以预见，由于没有非关税壁垒的保护，国内烟机及辅料企业除了产品价格不得不下调外，所占市场份额也将大幅下降。如果没有切实有效的应对措施，烟机行业所受的打击可能是摧毁性的，而辅料进口也将会直线上扬。

3. 当前烟草行业面临的形势和存在的主要问题　关于烟草行业面临的形势，国家局党组在2000年年初做过一个基本分析，提出烟草行业“处在内外多重压力之下、置身内部各种矛盾之中”。实践表明，这个分析是符合烟草行业实际情况的。目前这种状况并没有根本的改变。不同的在于：一是多重的压力已经变成了现实的压力。同时，世界卫生组织（WHO）制定的烟草控制框架公约将在2003年完成，2001、2002年将是非常关键的两年，需要我们高度重视并积极做好相关工作。二是行业内部的各种矛盾虽然在前进中不断得到缓解和好转，但制约和影响行业健康发展的诸多因素仍然存在，一些深层次的矛盾和问题还没有从根本上得到解决。我国加入世贸组织，能否真正做到利大于弊，关键取决于我们的工作。“入世”对烟草行业的影响不能低估，搞得不好就可能会出现被动局面。从更深层次上看，“入世”是一种冲击，是一次新的挑战，最主要的是对思想观念和政府行为的冲击。一方面，世贸组织的运行基础是市场经济，而市场经济是开放、竞争、法制、高效的经济，我们的企业将在这种开放、竞争的市场经济环境下加快参与世界经济的步伐，将在这种有序、高效的市场经济运行基础上直接面对来自国内和国际的两大竞争。加入世贸组织后，我国将采取更加开放的对外政策，政府职能将会发生很大转变，这必然会对烟草行业的管理体制、经营机制等产生冲击。面对这样一种形势，我们如何在坚持和完善国家烟草专卖制度的前提下适应入世的变化和要求，转变管理职能，深化体制改革，加快结构调整，提高整体竞争实力，是摆在全行业面前迫切需要解决的课题。从烟草行业目前的情况看，还存在着一些比较突出和不相适应的问题：一是面对形势的变化和入世要求，我们的思想观念和工作作风不适应。二是行业“散、乱、低”的问题尚未根本解决，我们的整体竞争能力不适应。三是卷烟制假售假的问题仍很突出，我们的市场环境和控制能力不适应。四是当前行业经济运行中还存在需要高度注意的问题，我们内部各项基础工作也很不适应。

四、质量管理与标准化工作

2001年度在国家烟草局科教司的统一安排部署下，各省级局（公司）和烟草质量监督检测站共同对29个省、市、自治区138家卷烟生产企业的2 230个牌次卷烟产品进行了质量监督检查。检查结果如下：

1. 感官质量前10名　中华（条盒硬盒）、中华（条盒软盒）、玉溪、红塔山（15mg条盒硬盒）、皖烟（醇和）、一品梅（特醇）、龙凤呈祥、白沙（银世界）、福（醇）、娇子（红）。平均得分列前5名的省市有：云南、上海、安徽、海南、贵州。

2. 包装与卷制质量检验前10名　老版红石狮、哈尔滨、红河（精88）、吉庆（条盒硬盒）、云烟（醇香）、桫椤（金卡）、相思鸟（特醇）、长沙（喜）、长沙（条盒软盒）、迎客松（新版）。平均得分列前5名的省市有：浙江、河南、河北、云南、广东。

3. 焦油指标监督检查结果　焦油量算术平均值为15.2mg，比2000年度的16.2mg降低了1.0mg，其中烤烟型、混合型、外香型焦油量平均值分别为15.3mg、14.0mg、15.4mg。焦油量低于15mg的有950个牌次，占42.60%，比2000年度的24.65%有明显提高。

4. 合格与不合格产品及抽样合格率　合格产品1 185个。不合格产品有9家卷烟生产企业生产的11个卷烟牌号，它们分别是合欢（桂林）、龙乡（红安）、金炉（太原）、顺航（腾州）、薪田（新田）、祝尔慷（旬阳）、精品延安（延安）、金卡延安（延安）、极品世纪龙（延安）、仙姑（枣阳）、迎宾（张家口）。2001年度监督检查抽样合格率为99.00%，比2000年度99.27%的合格率低出0.27个百分点。

五、行业管理

结构调整是“1144”跨世纪改革与发展基本思路的重点内容，也是“十五”期间行业发展的一条主线。2001年我们在进一步加大调整力度，加快调整步伐，着力做好构建大市场、扶植大企业、培育大品牌的工作方面，取得了一定的成效。构建大市场，要求我们的各级局（公司）和所有工商企业，都在采取有力措施，积极建立和形成全国统一、公平竞争、规范有序的大市场狠下工夫，反对和纠正各种形式的地区封锁行为，积极推进专卖体制下适应市场经济发展要求的烟草市场体系建设，努力提高烟草行业参与国际市场竞争的整体实力。扶植大企业，要求我们加快企业组织结构调整步伐，继续下大力气做好关闭小烟厂和“扶优扶强”的工作。四川、重庆、湖南、湖北、辽宁等省（市）局近几年关闭小厂都是很有成绩的，取得了突破性进展。对重点骨干企业已继续加大扶持力度，为他们的壮大、发展创造有利环境，鼓励和支持工业企业间的联合、兼并和重组，推进这些企业做大做强。培育大品牌，要求我们在加大产品结构调整力度的基础上，进一步压缩、精简牌号，特别是要做好名优卷烟的宣传促销工作，工商联手培育市场。国家局要求全行业要认真做好36个行业名优卷烟品牌的市场培育工作，要把“销售名优卷烟牌号省会城市不少于30个、地市分公司不少于20个、县级公司不少于10个”的规定作为硬指标加以考核和落实。通过一年的努力，我们今年在培育一批有一定规模数量、有较高技术含量、有较强市场竞争力、深受消费者欢迎的行业名优卷烟品牌上取得了较大进展。着力培育大市场、大企业、大品牌是一项具有战略意义的工作，不仅关系到今年行业经济运行的总体质量和效益，而且对行业今后更长时期的发展都有极为重要的影响，我们应给予高度重视并认真抓好落实。

认真贯彻落实“三个代表”要求，党风廉政建设和精神文明建设得到积极推进。全行业广大党员、干部和职工采取多种形式认真学习和深刻领会江总书记“七一”重要讲话，学习贯彻党的十五届六中全会《决定》，努力实践“三个代表”的重要思想，使基层党组织建设、各级领导班子建设、干部和职工队伍建设、党风廉政建设和社会主义精神文明建设都取得了积极进展。按照党中央的统一部署，组织开展了全系统工业企业“三讲”学习教育活动，收到了预期的效果。继续从源头上预防和治理腐败，特别是从规范领导干部从政行为入手，切实加强了领导干部的廉洁自律工作，严肃查处了一批违法违纪案件。全年全系统共接受群众来信、来访、电话举报3 274件（次），初步核实违纪线索709件，立案536件，结案506件，处分758人，挽回经济损失3 924.96万元。领导干部的教育培训工作取得了较好成绩，有近170名司局级和处级干部参加了国家局党校的学习，有74名司局级干部、23名大中型企业领导参加了赴澳大利亚和日本的境外培训。老干部工作和后备干部的培养、教育、使用工作得到了改进与加强。

（郑州烟草研究院　蔡宪杰）

热带、亚热带农产品加工业

我国热带、亚热带区域包括海南、广东、广西、云南、福建、湖南省南部及贵州、四川南部的河谷地带和台湾省，土地总面积约4 800万 hm^2，这里水、热资源丰富，土壤肥沃，四季常青，适宜种植多种高价值的热带、亚热带作物，是我国不可多得的宝贵资源，其开发利用前景为世人所瞩目。

这一区域资源的开发是在国家财政资金的有效引导，产业部门的宏观指导和专业人员的技术帮助下起步的。由于这一区域广大干部和群众把开发区域资源与发展农业产业化经营紧密地结合起来，到2001年该区域的加工、保鲜、包装为主的热带水果、反季节瓜菜以及以天然橡胶、剑麻、木薯、坚果为原料的加工业以初具规模，有力地推动了区域经济的发展。

一、基本情况

（一）天然橡胶和剑麻生产情况

2001年我国天然橡胶种植面积达627.72khm^2，较上年增长0.29%，居世界第四位；产量已达47.74万t较上年减少0.87%，居世界第五位；每公顷产量全国平均为1 146kg，已经远远超过东南亚橡胶条件比我国好的一些主要国家。2001年南方热作垦区虽然遭受了严重自然灾害和天然橡胶产品市场价格降至历史最低水平的影响，但通过采取增加投入、加强管理等有力措施，最后把损失降到最低，取得了干胶总产34.73万t，比上年增长0.14%的好成绩。

2001年我国剑麻种植面积达13.12khm^2，较上年增长1.71%；剑麻纤维产量达3.86万t，比上年增长5%；平均每公顷单产3.83t，比上年增长5%；出口剑麻纤维及制品5 000t以上，产量和出口量分别占世界总产量和出口总量的10%以上。

（二）热带水果与反季节瓜菜加工业

2001年我国南亚热带水果和反季节瓜菜的种植面积约397.9万hm^2（表1），两项产品总产量约4 136万t，其中热带水果种植面积267万hm^2，总产量约1 500万t；反季节瓜菜种植面积130.9万hm^2，总产量2 368万t。海南、云南、广西、福建等地热带水果产量分别比去年增长46.06%、30.55%、62.52%和22.49%。热带水果和反季节瓜菜其加工产品有各种果蔬罐头、果蔬脆片、龙眼干、荔枝干、果汁饮料、蔬菜汁、菠萝酶、速冻菜、白砂糖、红砂糖、木薯淀粉、变性淀粉、绿茶、红茶、速溶咖啡、白胡椒、黑胡椒、胡椒油、胡椒碱、速溶椰奶粉、椰蓉、椰棕垫、活性炭、腰果仁、美容保健食品等。2000年热带农产品出口量约181万t。反季节瓜菜年运销量超过1 000万t，主要销往我国北方各大中城市，解决了这些城市20%蔬菜供应缺口。湛江出产的“三叶牌”菠萝罐头直销美国；海南岛出产的“椰树牌”椰子汁列为国宴饮料，销往世界各地，该公司已成为海南省的纳税大户；荔枝保鲜后也能走出国门，运销新加坡、日本、美国和欧洲。2001年热带农产品（不含热带作物深加工制品、热带花卉、反季节瓜菜、热带林木）出口量152.4万t，出口额约9.7亿美元。反季节瓜菜50%继续销往我国北方各大、中、小城市。据有关专家估计，我国热带、亚热带农产品的加工率还很低，蔬菜加工率不到1%，水果加工率不到10%，农产品保鲜冷链贮运量也低，还有极大的发展空间。有关具体情况详见下面介绍。

表1 我国南亚热带水果与反季节瓜菜种植面积、产量及加工状况

作物名称	面积（万hm^2）	产量（万t）	面积（排序）	加工率（%）	备注
反季节瓜菜	130.9	2 368	1	1	50%外运
甘蔗	115.4	6 798	2	99	
荔枝	58.7	95.36	3	5	
其他杂果	55.2	235	4	10	
龙眼	46.7	62.07	5	20	
木薯	45.1	427	6	80	
柑橙	36.5	293	7	13	
茶叶	36.2	23	8	100	
香蕉	24.5	527.24	9	5	含大蕉
肉桂	18.5	7	10	98	
芒果	13	64	11	8	
柚子	9.5	89	12	6	
南药	6.7	5	13	80	槟榔、砂仁
菠萝	6.07	86.9	14	13	
椰子	3.9	17 271（万个）	15	50	
咖啡	2.2	0.87	16	100	
胡椒	2.1	2.04	17	100	
香料	1.3	0.067	18	100	
腰果	0.7	0.155	19	100	
西番莲	0.4	4	20	30	
澳洲坚果	0.13	0.01	21	100	

1. 甘蔗　我国作为榨糖用的甘蔗基本上种植在热带、亚热带地区，目前种植面积达 100 多万 hm^2，2001—2002 年榨季蔗糖产量 800 多万 t，主要是白砂糖，其中广西约占 53%，云南 18%，广东 12%；蔗糖占全国食糖总产量八成以上，在我国食糖供应中占举足轻重的地位。我国糖厂食糖加工成本偏高和价格波动较大，是制约糖业发展的主要因素。我国现有糖厂 500 多家，但普遍规模偏小，且多数仍采用亚硫酸法生产工艺，因而效益及产品质量仍不理想。近年采取措施对一些糖厂进行撤并。一些厂家开始采用碳酸法对原工艺进行改造。我国甘蔗平均每公顷产已接近 60t，食糖在国内市场上具有一定的竞争力。有关方面预计，加入 WTO 后对中国食糖市场不会有很大的冲击。国内糖业与国际市场相比较还具备一定的竞争力。据统计，在 1991—2001 年期间，在计入海运、保险、关税、增值税、再加工等各项进口费用之后，中国的食糖在国内市场的价格多数年份要低于国外产品。

2. 木薯　我国木薯淀粉加工业始建于 20 世纪 60 年代。开始的 20 年间，基本上采用传统的流槽工艺，设备、技术水平低。到 80 年代中后期，随着种植业的发展，加工业也有了很大的发展。1998 年全国木薯淀粉总产量约为 55 万 t，其中广西产量达 38.5 万 t，占 70% 左右。广西全区木薯种植面积达 26 万 hm^2，鲜薯产量 315 万 t，居全国第一位。木薯淀粉加工企业 150 多家，其中年产量万 t 以上的企业有 2 家，而目前全国最大的木薯变性淀粉生产企业——广西明阳生化科技股份有限公司，年生产能力达 5 万 t，主要生产木薯淀粉及其系列产品，其中木薯变性淀粉的年产销量超过了 1.6 万 t，酒精 1.5 万 t，为全国之冠。利用木薯加工的变性淀粉（如预糊化淀粉、酸解淀粉、氧化淀粉，阳离子淀粉，双性淀粉，双醛淀粉，羟丙基淀粉等）已广泛应用于酿酒、纺织、造纸、饲料、食品、医药等行业。

3. 椰子　我国年产椰子 2.2 亿个，其中海南岛占 99%。目前，海南椰子总产量中约 50% 作嫩椰果销售，50% 用于综合加工。产品有椰肉制成的饮料、椰糖、椰蓉、椰奶、速溶椰奶粉等，椰衣制成椰垫、椰壳制成活性炭原料和椰雕工艺品等 30 多个品种，生产厂家有 200 多家。椰树集团和椰风集团是海南椰子加工的龙头企业，在全国投入最大、产量最高、椰果消耗最多。椰树集团依靠科技兴厂，目前已形成年产 30 万 t 罐头的生产能力及与之配套的制罐、制盖、制瓶等辅助生产能力，产品由以往的单一产品发展到目前包括植物蛋白饮料、天然果汁饮料、茶饮料、冷冻饮品、瓶装饮用水、果酱罐头、高纤维功能食品等 60 多个品种。该公司与台资合作，利用生物工程技术生产高纤维椰果，填补了我国纤维食品的一项空白，符合目前消费趋向保健型、功能型的趋势。产品面世以来，市场反映良好。

4. 芦荟　中国于 1994 年加入国际芦荟科学协会。20 世纪 80 年代以来，中国科学院华南植物研究所、北京轻工业学院等一批科研机构参与芦荟科研，标志着我国芦荟产业正式起步。目前，我国种植芦荟 600～700hm^2，分布于海南、云南、四川、福建、吉林、上海、贵州等地。我国芦荟产值近 1 亿元人民币，以芦荟为原料的化妆品、食品、药品等产品约 50 余种。与国外相比，我国芦荟产业还处于初级阶段，但发展潜力巨大。据专家估算，如果全面发挥种植芦荟的潜力，我国可种植芦荟 4 000～5 000hm^2，5～8 年内可形成 10 亿美元的产业规模。

5. 胡椒　胡椒是古老而著名的香料，不仅有良好的药用价值，而且是烹饪及餐饮中常用的调味佳品。年总产约为 2 万 t，主要加工成白胡椒、黑胡椒和胡椒粉等。20 世纪 90 年代初一家研究所完成了提取胡椒油树脂和胡椒碱研究项目。海南一家高新技术开发公司生产的胡椒碱和胡椒油树脂，除在国内销售外，还开拓渠道出口，前景看好。

6. 菠萝　我国种植菠萝约 6.5 万 hm^2，总产量约 90 万 t，加工量约为 12 万 t。丰收集团的收获菠萝罐头厂依靠菠萝罐头产品获得部优、国优和广东省名牌产品的品牌优势，与国内进出口公司和外贸公司建立了进出口合作关系，通过这些公司提供的订单、配额，组织货源，提供出口。该厂还根据国外市场需求，研制开发了圆形片、条片、碎粒等 10 多个菠萝罐头品种。与此同时，该厂十分注重菠萝罐头质量，建立健全产品质量跟踪体系，并层层量化到每个生产环节，不断提高产品质量，使产品通过了美国 FDI 质量检测机构的检测，成为出口免检产品。

除上述热带水果外，荔枝、龙眼、香蕉、芒果等我国也具有相当的资源优势。其中荔枝和龙眼属于世界稀有名贵水果，这种稀缺性资源优势为市场的开拓和竞争创造了难得的条件，加上我国劳动力、土地及水果生产用料价格便宜，水果生产成本低，因此在国际国内市场上具有较大的竞争优势。2001 年我国荔枝种植面积达 55.81 万 hm^2，产量 95.36 万 t；龙眼种植面积超过 46.7 万 hm^2。不论是种植面积还是总产量均列世界第一位，仅广西一省区荔枝的产量就相当于泰国和中国台湾省的总和。为了发展两类水果的加工业，广东省已建成粤西 6.67 万 hm^2，的优质早熟荔枝基地和 6.67 万 hm^2 的优质龙眼基地，广西也建成了四大荔枝龙眼基地。2001 年我国的香蕉种植面积达24.5万hm^2，产量527.24万t。芒果种植面积12.7万hm^2，产量64万t，两者也位于世界前列。为了推进这些有特色水果规模化、区域化生产，广西在全区建起了三大香蕉基地和一大芒果基地。这些代表热带、亚热带地方特色的水果发展很快，而且在当地农民增收中占有相当的比重，例如广西农民收入中，有1/3是从水果业中获得的。

二、发展趋势

1.利用高新技术改造传统加工业 目前，我国热带、亚热带农产品加工业总体科技、设备和工艺水平较发达国家落后，为了尽快缩短差距，业内科研和生产部门普遍比以往更加重视基础研究与应用基础研究，为加工业的快速发展提供理论和技术支撑；同时积极引进、推广、应用高新技术（如生物技术、超临界液体萃取技术、超细微粉碎技术、新型杀菌技术、真空冷冻干燥技术等），并加强对国外先进技术的消化、吸收和国产设备的自主开发。这样，将促使加工业由普通的粗加工向深加工和精加工转化。如胡椒除黑、白胡椒粒、胡椒粉等产品外，还提取胡椒碱、胡椒油树脂等高级产品；香草兰不但作为配制香兰茶等普通饮食香料，还通过深加工提取价格昂贵的高档天然香料香兰素。

2.注重资源的充分利用及环境保护 农产品加工中的下脚料及丢弃物，往往会对环境造成污染。目前，环境保护方面规定的标准越来越严，对加工业的废物处理提出了更高的要求。有关部门和厂家不得不投入大量财力、人力来研究解决这一问题。情况表明，通过提取、转化、调配、加工等方法进行综合利用，是正确的发展方向。这不但能有效地解决环保问题，而且可以充分利用资源、创造经济效益。如收获菠萝丢弃的叶片，可收集提取纤维（一研究所的加工机械已获专利），作为高档纺织原料；菠萝加工中的下脚料皮和芯，可通过先进工艺提取高活性的菠萝蛋白酶，而渣则可加工成饲料。橙汁加工厂有大量橙皮，处理不当会影响环境，如采用合适的工艺与设备，则可提取有用的天然色素和果胶。

3.保鲜、速冻产品的贮存运输将有较快发展 随着国内经济持续增长、人民生活水平逐步提高，以及中国加入WTO，农产品加工业将面对越来越大的市场需求。因而，机械冷库、气调库、塑料帐、减压（低压）贮藏技术、辐射保鲜技术、预冷保鲜技术、高湿保鲜贮藏技术等将在我国广阔地域、自然条件差异极大的不同地区得到因地制宜的使用。湛江港是我国八大港口之一，原只从事交通运输业，现在也成立了农业公司，依托远洋运输航线，充分利用位处雷州半岛和热带、亚热带农产品资源丰富的优势，在港内建立库区，从事农产品保鲜、贮存、运输，把产品销往北方和国外。

4.开发热带果蔬风味的软饮料和脆片，会成为企业竞争的重要方面 据有关方面资料，发达国家人均果汁消耗量为40L，一般发展中国家也达到10L左右，而我国仅为0.1L。很显然，国内果汁市场有着巨大的潜在需求。因此很多企业把开发风味独特、品质优良的果蔬浓缩汁和饮料作为重要的发展计划。

此外，以真空干燥为母体技术发展起来的果蔬脆片加工工艺，20世纪80年代以来在一些地区和国家广为采用。果蔬脆片以其独特的风味、众多的品种、健康的成分正在迅速扩大市场。在中国大中城市和沿海地区，越来越多人接受并喜爱这类产品。一些企业在加工传统果蔬产品的同时，也引进技术、设备，利用菠萝蜜、菠萝、木瓜、香蕉、番薯、胡萝卜、南瓜及合适的蔬菜等生产果蔬脆片。

5.美容、保健品的开发也是加工业发展的方向之一 社会的发展和生活水平的日益提高，使人们渴望健康长寿的愿望更加强烈。希望回归大自然，使用无污染、天然的绿色食品、化妆品、药品及保健品。而科学的进步以及热带、亚热带地区优越的地理、气候环境和丰富的作物资源，则为满足人们这种需求提供了条件。食用仙人掌、芦荟等的种植及利用已颇具规模。一家公司在海南岛的一处基地就种植仙人掌50多hm^2，公司在产品加工及营销方面也有很大投入。而以芦荟为原料的饮料、食品、化妆品、保健品等，从研究、开发到产业化，都将取得长足进展。

6.农产品加工趋向标准化 我国虽然已建立起一些先进的现代化加工企业，但总体而言，热带农产品加工的标准化水平偏低。生产管理不够规范、产品缺少严格标准的情况仍很突出。这将严重制约加工业的发展，特别是加入WTO后，面对更加严峻的挑战，厂家越来越认识到只有建立高标准的全程质量控制体系，生产符合质量标准的产品，才能在激烈的竞争中求得生存和发展。因此，业内很重视ISO9000认证、HACCP认证工作，重视采用GMP进行规范管理。国家农业部正在大力开展无公害食品行动，制定规范的农产品和食品标准，建立健全检测机构和监督机制，这必将推动农产品加工标准化的进程，从而促进农产品加工业的发展上一个新台阶。

综上所述，在我国南方，农产品加工业无论从它所涉及的地域范围还是资源、产品的数量都是很大的，在经济建设中发挥着重要的作用。我们有理由相信，在现有的基础上，在更开放的经营环境中，该产业采用更先进的现代技术，必将迎来更快的发展。

（华南热带农产品加工设计研究所　黄茂芳等）

农作物秸秆加工业

一、秸秆综合利用发展概况

2001年，农作物秸秆的综合利用问题继续得到国家和社会各界的关注，从政策和资金等各个方面对秸秆的利用工作都给予了积极的扶持和支持，使我国的秸秆利用工作取得了更大的成效。

1. *开展多种学术、技术交流活动，推动秸秆综合利用向纵深发展*　2001年5月23日，中央电视台信息部《金土地》栏目举办的“科技创新大擂台”节目“秸秆综合利用大比拼”决赛在北京圆满结束。经过两个多月的紧张策划与筹备，由国家科技部、中国农学会、中央电视台信息部联合推出的“点草成金”秸秆综合利用大比拼揭晓。报名参赛项目达100多个。经过科技部、农业部、国家环保总局、中国农业科学院的多位专家评委的初评，最后有6个项目入围，他们是：华南农业大学的秸秆快速沤肥技术；西安秸秆产业开发中心的秸秆挤丝粉碎机；山东省科学院能源研究所、国家秸秆气化研究推广中心的秸秆气化集中供气技术；成都市金橙环保轻质建材有限公司的秸秆镁质水泥轻质隔墙板技术；宁夏中宁新大节能苫厂的秸秆做大棚复合节能苫技术；北京绿色开元科技有限公司的秸秆纯净纤维生产降解餐具。民建中央副主席路明、国家科技部副部长邓楠等同志，为获奖的6个项目颁奖。

10月31日至11月3日，农业和林业剩余物加工利用国际研讨会在南京召开。来自美国、加拿大、澳大利业、德国等18个国家的120多位专家学者在南京林业大学就农作物秸秆及林业剩余物资源的利用、环境和发展问题进行了广泛的研讨。这次研讨会是由南京林业大学、加拿大Fountek研究所、日本京都大学等联合主办，旨在解决资源的合理利用，探讨环境、人类和发展之间的关系，开发利用农业和林业剩余物资源，寻找合适的木材代用资源，促进经济可持续发展。

4月17日至20日，由中国农机学会农机化分会组织的第六届全国秸秆利用技术与设备研讨会在浙江临海市召开。来自全国13个省市的80多名代表参会。会议重点研讨了秸秆还田、汽化及青贮收获等问题。

11月25日，中国和埃及农业废物利用和中小企业发展研讨会在开罗展览馆举行。这次中方带去的项目是通过科技手段，将农业废弃物秸秆等制造成燃料、肥料、饲料和轻质建材等项目，变废为宝，保护环境。这些项目投资小、成本低、见效快，很适合中小企业，因而颇受埃及农业农垦部门的欢迎。研讨会由中国科技部中小企业创新基金和埃及社会发展基金联合主办。

2. *国家出台相关政策，指导、支持秸秆综合利用工作*　2001年3月，农业部提出，为了提高农机化技术在农业生产中的贡献率，“十五”期间全国农业系统将重点推广十大农机化技术，其中包括秸秆还田机械化技术及保护性耕作技术等内容。

5月，农业部在人民大会堂召开新闻发布会，隆重推出农业部在“十五”期间重点推广的50项农业技术。这50项技术共分五个部分，其中的第三部分为西部开发农业实用技术，包括保护性耕作机械化技术和第四部分农业可持续发展技术，包括农业生态良性循环利用技术、秸秆还田及利用技术等。

国家环保总局决定在全国47个环保重点城市开始划定高污染燃料禁燃区。按照新修订的大气污染防治法的有关规定，禁燃区由当地人民政府划定，禁燃区内禁止销售、使用高污染燃料，改用天然气、液化石油气、电或其他清洁燃料。对于在禁燃区内仍然使用高污染燃料的单位和个人，当地环保部门将有权处罚并责令其拆除和没收燃用高污染燃料的设施（高污染燃料主要是指原散煤、粉煤、煤泥、燃料油、各种可然废物和直接燃用的树木、秸秆、稻壳等）。

年末，国务院办公厅转发了农业部《关于加快畜牧业发展的意见》，要求继续做好秸秆养畜过腹还田工作，扩大示范，加速推广。

地方各有关部门也制定了相应的政策。如山东省当年制定了《加快山东省高速公路沿线秸秆和种草养畜示范带建设的意见》，决定首先在德州—济南—淄博高速路段及济南国际机场周围，建设一条秸秆青贮和种草养畜示范带。这条畜牧示范带全长227km，途经德州、济南、滨州、淄博的14个县市（区），沿路两侧纵深5km有乡镇79个，村庄1 806个，其中粮田面积12.33万hm2以上，年产农作物秸秆280多万t。示范带规划要求，到2005年，秸秆处理利用率要从现在的20%提高到80%以上。

上述政策措施的出台，有力地推动了秸秆综合利用工作。

3.秸秆多种实用技术开始普及应用，一些地区形成一定规模秸秆产业　秸秆实用技术包括传统的应用方法和现代技术。主要有编织技术（编织草帘、草绳、草包等）、秸秆打捆机械化技术、秸秆青贮氨化机械化技术、秸秆气化机械化技术、秸秆还田机械化技术及用秸秆沤肥技术、秸秆制造沼气等。由于各种技术在不同地区的应用，并形成了不同的秸秆产业，使秸秆利用上升到了一个新的台阶。

山东无棣县利用高粱秸秆加工工艺果盘，因其选材特殊、工艺独特而畅销日本、韩国、德国等十多个国家和地区，年出口额达200万美元。

江苏赣榆县有粮油作物8万hm^2左右，主要农作物以稻麦为主，每年可产生秸秆50万t左右。农机部门经过多年的探索和研究，组织技术人员进行科技攻关，针对不同作物秸秆的不同特点制订了不同的利用方式，走出一条解决秸秆综合利用的有效途径，基本解决了本地作物秸秆的综合利用问题，并初步发展成了4亿元的秸秆产业，形成了独具特色的“秸秆经济”，成为农业增效、农民增收的新亮点。其中全县拥有2台以上草帘编织机490多户，有5台以上编织大户21户，全县已拥有草绳编织机300余台，仅此一项秸秆综合利用机械化技术，全县每年可加工稻草75万t，销售收入2亿多元。从事草帘编织的妇女每人可收入15～20元，每667m^2水稻秸秆可为农民增收100元左右。目前，该县还建成秸秆青贮氨化池50万m^3，年青贮氨化秸秆20万t，可饲养牲畜60万头。仅加工饲养一项，就可节约数千万元，现在该技术已成为该县饲养牲畜的主要方式之一。2001年，该县在班庄镇古城村一次性投入8万元建造苏北首家秸秆气化站，利用秸秆制成生物燃气，让600多农户用上了清洁卫生的“绿色之火”。因一次性投入较大，该县现阶段推广的该项技术仍是以沼气为主。几年来，他们通过与科技、能源部门合作，在全县已建沼气池2万多个，“四位一体”的沼气池2 200多个，大中小型沼气站7座，年利用秸秆7万t，年产生沼气1 300万m^3，生产沼肥50万t，成为秸秆综合利用技术的重要补充。

云南大理白族群众用农作物秸秆编织草帽、提篮等旅游工艺品，不仅避免了焚烧秸秆所带来的环境污染，而且还靠销往东南亚的秸秆工艺品增加了收入。

2001年石家庄市玉米收获面积28.47万hm^2，产生400多万t秸秆，通过5大途径全部得到综合利用。其中75%直接还田，20%过腹还田，5%通过生物菌沤制、制作压块饲料以及其他方式加以消化。石家庄市在持续几年禁燃秸秆的同时，还培育出了一个大产业——秸秆综合利用产业。

二、农作物秸秆加工业技术与装备发展情况

1.秸秆还田技术与机具　收获时节，农民纷纷焚烧秸秆，公路两侧、机场四周“狼烟四起”，既影响了秸秆还田、污染了大气，又影响交通安全。因此，秸秆的禁烧和综合利用仍然是一个重要课题。而目前最主要的方式还是秸秆的机械化还田。由农业部组织实施的重点地区农作物秸秆机械化还田示范工程，到2000年底结束，但2001年各地农机部门仍然将秸秆机械化粉碎还用技术、保护性耕作技术推广作为农机部门的工作重点。

据农业部统计，2001年全国秸秆还田面积达14 633.22k hm^2，比上年增长1.96%；秸秆还田作业机具拥有量达31.86万台。当年全国拥有的青贮饲料收获机达1.65万台。

2001年各省市继续开展秸秆粉碎还田工作。例如，江苏省农作物秸秆机械化还田工程项目实施区包括了全省境内高速公路、铁路沿线和机场周边的57个县（市、区）、864个乡镇、1 798个自然村，总投资达2 087.9万元。其中省级财政投入800多万元，地方财政配套及自筹资金1 287.9万元；推广各类农作物秸秆还田机具2 502台套，其中反旋灭茬机2 009台，水田埋草机288台，与背负式联合收割机配套的秸秆粉碎喷洒装置192台套，秸秆打捆机13台（包括玉米秸秆打捆机6台）；项目实施区新增农作物秸秆还田面积15.97万hm^2，全省秸秆机械化还田面积达93.48万hm^2。

2001年，国家加强了对秸秆还田机械的质量监督检查工作。如北京市农业机械试验鉴定推广站，对北京市生产及流通领域中的小麦秸秆粉碎还田机械进行了安全性能检查。检查中发现，小麦秸秆粉碎机械（装置）存在诸多质量问题。在检查的通州、大兴、房山、昌平、平谷、怀柔、密云等7个区县的10个企业的7批次产品中，合格仅2批次，产品合格率为28.6%。存在的主要问题：一是重要连接部位紧固件强度等级不合格，许多没有采用等级螺栓和螺母；二是重要部位紧固力矩达不到标准规定要求；三是没有

使用说明书；四是无“三包”凭证；五是危险部位无防护装置。从检查结果可以看出，小麦秸秆粉碎机械（装置）在安全性能方面仍有很多问题，存在很大的安全隐患，如不治理，后果不堪设想。

2. 秸秆饲料化处理技术与设备　我国当前秸秆饲料化加工应用的主要技术有秸秆的调质、青贮、氨化、压块、揉搓、铡切等。

(1) 秸秆压块饲料加工技术。秸秆压块饲料是以玉米等农作物秸秆经铡切、混料、高温高压轧制而成，其营养成分高，适合牛羊饲喂，便于运输和储存。压块饲料的突出优势是，经过熟化工艺将饲料由生变熟，可添加钙等微量元素，有特别的焦香味，无毒、无菌，牲畜采食率达100%。原料除玉米秸秆外，还有稻草、麦秸秆、牧草等，可用于牛、羊、鹿、马等牲畜食用。据河北省鹿泉养殖场对50余头牛10个月的喂养试验，奶牛产奶量提高16.4%，牛奶内脂肪量增加0.2%；肥牛增肉率为15%，生长加快，出栏周期缩短。据鉴定，这种饲料富含磷、铁、钙、粗蛋白含量6%到8%，粗纤维含量34%，粗灰分低于9%。河北省科技厅对产品进行鉴定时认为这种饲料粗蛋白、粗脂肪、氨基酸等有效营养成分明显提高，该产品的体积比秸秆的体积减少6～8倍，便于贮存运输，一般可储存5～9个月。如果采用生物技术进行深加工，会进一步增加该饲料的营养价值和生物活性，提高动物免疫功能，改善肉、乳品质，提高产量和降低饲养成本。这项技术于2001年在河北省得到积极推广，当年新上马了8条秸秆压块饲料生产线。栾城县博龙达实业有限公司的秸秆压块饲料生产线，从9月1日就开始到各村预订玉米秸秆，并与农民签订协议：600元/hm^2，有多少要多少。目前，该公司已花40多万元收购了666.67 hm^2玉米地的秸秆。

其生产企业主要有：河北石潜集团金达机械厂，他们新研制成功了秸秆压块（饲料）生产技术和JG1.5型秸秆压块成套加工设备。还有石家庄市潜水电泵厂，生产的大型秸秆饲料成套加工设备，可将玉米秸秆等农作物秸秆加工成“饲料压缩饼干”。内蒙古巴彦淖尔盟征华机电液压研究所开发研制的复合秸秆饲料块加工机械——组合式秸秆饲草压块机获得国家专利。这种组合式秸秆饲草压块机适应性好，既能用电进行固定作业，又能同小四轮拖拉机配套进行流动作业，节省劳力，经济效益好，深受牧民欢迎。

秸秆压块加工技术经济效益明显、市场前景广阔。如石家庄市潜水电泵厂生产的设备每套价值60万元左右，每小时可产饲料约1.5t，每天可连续生产20h以上，日可产饲料30t，每吨饲料成本约180～190元，零售价格本地400～450元，广州1 100元，出口日本250美元，吨利润可达200元至千元以上，每年实现利润可达百万元以上，经济效益十分明显。目前，国际国内这种饲料潜在市场巨大，由于该饲料体积小，便于运输，也是用于救灾的最佳饲料。

(2) 秸秆揉搓、丝化加工技术。秸秆的揉搓、丝化加工技术不仅为农作物秸秆的综合利用提供了一种手段，而且还可弥补我国饲草短缺，为农作物秸秆尤其是玉米秸等生物资源向工业品转化开辟了新渠道。

陕西西安秸秆产业开发中心研制的玉米秸秆粗加工设备是一种新型的农业环保型机械。这种设备在秸秆加工中，已改传统的秸秆青贮技术，将收获后的玉米秆压扁并切成细丝，经短时间干燥后机械打捆，成为饲草和植物纤维工业原料直接进入流通市场。其新一代产品YJ36－60多功能饲料加工机可将秸秆类农作物进行切丝后揉搓，破坏其表皮结构，大大增加水分蒸发面积，使秸秆由3～5个月的干燥期缩短到1～3天，并且不破坏其纤维强度，保持了秸秆的营养成分。这种设备每小时可加工4t玉米秸秆。另外，该设备还可将玉米粒、豆类等颗粒状农作物加工成直径小于5mm的粉末状精饲料，达到综合利用目的。据介绍，干贮草营养物质保持较好，以玉米秸秆为例，干贮草粗蛋白为7.16%，保存率达到91.48%，无氮浸出物为63%。目前该中心研制的这种秸秆挤丝机可一次完成青玉米秸秆的压扁、纵切、揉搓、粉碎等复杂工序，直接加工出可被牛羊采食的丝状饲草。该设备既可以用电机带动，也可用柴油机带动，适合于玉米种植户、饲草加工专业户等使用。当年，陕西省农机局设点部署示范推广了秸秆拉丝揉搓干贮机械161台，可加工鲜秸秆5万多t。

陕西辰烁环保农业股份有限公司研制成功的秸秆挤丝揉碎机，经该机加工后的秸秆，每吨价值可达220元以上。从事秸秆丝化加工技术研究的还有沈阳农业大学。由沈阳农业大学研究成功的秸秆调质处理技术，使秸秆饲用率由过去的50%提高到100%。该课题组研制开发的9WJS－20型多功能微型秸秆丝化机，具有体积小、效率高、操作方便、易掌握的特点，该机采用220V照明电，能将玉米秸、高粱秸、麦秸、大豆秸等各种农作物秸秆加工成适合牛、羊等家畜饲用和消化的丝状物，利用这一设备，农民不出家门就可完成精贮饲料的加工。作为适口性极好的猪、牛、羊食用丝状饲料，牲畜的食用率可达到100%，而且干贮的饲草便于运输、保存，可以实现牧区和玉米种植区之间的资源互补。

浙江省瑞安山绿洲机械有限公司生产的多功能农作物秸秆机可用于加工农作物秸秆，如麦秸（大麦秸、燕麦秸、小麦秸）、稻草、高粱秸和玉米秸以及薯类藤等，也包括豆科作物如黄豆秸、蚕豆秸、豌豆秸、豇豆秸、羽扇豆秸和花生藤等农作物秸，将上述农作物的茎叶或藤蔓加工成柔软的长度适中的适合家畜（主要是反刍类动物）直接食用的饲草。该机加工的部分农作物秸草，如麦秸、稻草、高粱秸和玉米秸等还可用做种植蘑菇的基质料，生物产气（沼气）料，也可用做工业原料草，广泛用于人工制板业、造纸等行业。

（3）秸秆青贮技术。2001年9月，在北京市财政和北京市农办的资助下，北京市农机部门从国外引进了小型裹包青贮技术。该技术是将收割好的新鲜牧草、玉米秸秆、稻草等各种青绿植物揉碎后，用打捆机高密度压实打捆，然后用裹包机把打好的草捆用青贮塑料拉伸膜裹包起来，创造一个最佳的密封、厌氧发酵环境。经3～6周，最终完成乳酸型自然发酵的生物化学过程。这种袋式青贮技术，特别适合于玉米秸秆、牧草、高粱等的大批量青贮。可青贮含水率高达60%～65%的秸秆。一只33米长的青贮袋可灌装近100t秸秆。灌装机灌装速度每小时达60～90t。这项新技术较传统窖贮技术有如下优点：青贮饲料质量好、粗蛋白含量高，消化率高，适口性好。损失浪费极少，霉变损失、流液损失和饲喂损失可减少20%～30%。保存期可长达1～2年。不受季节、日晒、降雨和地下水位的影响，可在露天堆放。储存、取饲方便。节省了建窖、维修费用和建窖占用的土地与劳力。

虽然上述新技术具有诸多优点，由于其相关技术设备尤其是关键性技术设备进口价格昂贵，使这项技术广泛推广还有一定的难度。

（4）生物秸秆饲料加工技术。近年生物或称生态饲料加工技术开始在我国兴起，引起广泛关注。

2001年，江苏滨海县五醍浆酒业公司职工李学荣在市、县农村能源部门的扶持和指导下，自家办起了一个年产1 500t规模的酵素菌生物秸秆饲料厂，全年可消化麦秸、稻草、玉米秸等各类秸秆近50万kg。

2001年，在大连星海会展中心召开的中国畜牧业及饲料工业交易会上，来自全国各地的几十家饲料生产厂家到会参展，此次交易会最大的变化是生态饲料多了起来。饲料与其他和动物饲养有关物品的展区处处体现绿色安全理念。大连一些饲料生产企业对生产绿色饲料非常重视。此次交易会上，大连秸宝有限公司展出的玉米秸秆颗粒饲料颇受欢迎，不到1h就发出近千份资料。据介绍，这种饲料是采用当今世界处理农作物秸秆比较先进、比较科学的设备生产的反刍动物的基础食粮，不添加任何添加剂。

3．秸秆能源利用技术与设备　秸秆能源利用技术包括秸秆的生物质汽化技术和乙醇生产技术等。中国农村能源行业协会称，到2001年初，我国年产沼气量27.11亿m^3，秸秆气化集中供气1.5亿m^3，利用秸秆8万多t。

（1）秸秆汽化技术应用。在秸秆生物质能源利用中，最引人注目的是秸秆的汽化技术的推广应用，如山东能源所、四川农机院、清华大学、黑龙江农机院等都在进行设备与技术的研究开发。

2001年，陕西省咸阳市总投资580万元的10个秸秆气化站大大改变了该市的空气质量，而且每年可向2 900多农户提供生产生活用气15万m^3，为村民节约燃料开支近百万元。一直危害咸阳空气质量、屡禁不止的秸秆焚烧问题，因陆续建起了农村秸秆气化站而得到了有效治理。

哈尔滨市将筹集资金18亿元，用5年时间在全市所有农村，以村为单位建设秸秆气化站，使每户农家都能用上秸秆气，取代传统燃料。据介绍，哈尔滨市共有3 529个村屯，农户157.85万个，年产各种秸秆250亿kg。根据政策，除去市、县乡（镇）的资金投入，每户农家只要缴上300元钱用于购买气化表和燃气灶，同时投入15人的义务工，就能用上秸秆气。

北京怀柔县能源办投资110万元，在神山村建成了秸秆气化工程。从工作现场可以看到，粉碎的玉米核、树叶、玉米秆、麦秸等可燃物被投入4m高的燃烧炉内，经不充分燃烧产生出一氧化碳和甲烷，通过三道过滤装置去除气体中的灰尘和焦油等杂质，然后被压入容积300 m3的大灌内，最后经地下管道输入各户；每户都有记气表，村民可用柴火换气，不仅可以做饭，还可以烧暖气、洗澡水。

与此同时，秸秆气化装备的开发也有了新的进展。一种绿色生物能炉具由山西应县万发炉业制造集团研制成功。该炉只采用农作物秸秆压制而成的生物质能颗粒燃料，攻克了炉具燃烧结渣无法处理的难题。

由敦煌市五星墩乡吉信商留有限责任公司生产的小型秸秆气化炉，充分利用农户家中的麦草、棉花秸秆、树枝叶、树皮等作为燃料，经高温反应后形成高品位可燃性气体，经过管道通过炉具燃烧。其以柴变气、以气代煤的功效，具有清洁、环保无污染、能耗低、产气量大、气化率高等特点，日用秸秆45kg，成本仅是石油液化气的十分之一。该气化炉投入市场后，可改变农户传统炊事方式，改善农民的生活条件。

河北省永年县永洋钢铁有限公司采用先进成熟的秸秆焚烧发电技术，利用秸秆进行发电，既提高了企业的经济效益，又有效地根除了由于露天焚烧秸秆而造成的环境污染，取得了良好的社会效益。该项目每天可利用 4 hm^2 玉米的秸秆，发电 1.2 万 Kw·h，可供 800 户居民使用，并供应村办企业用电。中国科学院广州能源研究所为该项目提供了技术及设备，发电技术和设备由重庆市红岩机械厂提供。

中国科学院广州能源研究所承担的国家“九五”重点科技攻关项目“TMW 生物质气化发电系统”，其成套装置已正式投入产业化运营，2001 年实现产值 1 000 多万元，利润 200 多万元，产品出口到泰国、缅甸等东南亚国家。这标志着我国自主开发具有自主知识产权的生物质能气化发电技术，已达到国际先进水平。据介绍，生物质气化发电系统项目是国家科技部“九五”期间在可再生能源技术领域的重大研究课题。矿物能源的使用带来了环境污染、全球温室效应的恶果，生物质能是人类最早利用也是最大量使用的可再生能源，具有二氧化碳零排放、绿色环保能源的美誉。它利用木屑、玉米秸秆、谷物等废弃物经化合反应生成生物质能，可广泛用于燃气、取暖、照明、发电以及制造新型能源材料。由于我国生物质气化发电技术已达国际先进水平，联合国亚太经合组织官员考察该所在海南的气化发电装置时说，这是目前世界上惟一用于商业用途的生物质能气化发电站。世界银行对该技术在中国的迅速推广表现了极大的兴趣。

(2) 秸秆燃料技术应用。2001 年，一种以玉米、薯干、糖蜜及植物秸秆为原料生产的可再生“清洁燃料”——燃料乙醇在黑龙江华润金玉公司诞生。这是由天津大学石化中心研发并工程化的华润金玉公司国家“十五”示范工程项目。该项目成果是我国第一套年产 10 万 t 燃料乙醇生产装置，这套装置于 2001 年 3 月建成并一次开车成功。该装置采用了当今世界领先的热耦合精馏及选择性吸附等多项专利专有技术，实际操作运行状况良好，产品质量达到了国际水平，并成功地完成了 93# 乙醇汽油的批量混配工作。

4. 秸秆建材技术与设备　秸秆建材开始逐步走入市场，成为建材市场的一支新军。

2001 年，一种新型墙材——五防轻体隔墙板在秦皇岛市卢龙欣佳新型建材有限公司投产。该产品以工农业废料——锯末、秸秆（麦草、稻草、玉米秸）为主要原料，配以中碱抗碱玻纤、黏结剂、阴燃剂为辅料生产的五防轻体隔墙板，具有防水、防震、防火、防龟裂老化、隔音等诸多优点。用五防轻体隔墙板施工方便，建设周期快，增加使用面积，而且刚度强度高，体质轻。该产品在框架结构、钢结构工程中是替代其他墙体材料的一种新型建筑非承重墙，室内装修的墙体隔断，厂房、商场、厂区围墙的墙体隔断，以及活动房、农房墙体等。

由成都星河绿色建材集团生产的五防轻体隔墙板被列入 2001 年国家级新产品计划项目，成为四川建设行业第一家被列入该项目的企业。五防轻体隔墙板以秸秆为主要原料，属于国家墙改政策大力推行的新型轻质墙材。该项目经四川省科技厅和建设厅联合鉴定，认为其具有创新性与明显的经济、社会和环保效益，达到国内同类产品的先进水平，并与欧美绿色建材所采用的主要配方相同。其中，抗酸、抗碱、防水、防火、隔音、降噪等指标均超过国家规定标准。

安徽安庆市欧派格建材有限公司引进国家最新一项发明和两项新型专利生产欧派格轻体隔墙板及仿古仿欧浮雕产品，于 8 月正式投入生产。其中，100t 轻体隔墙板当年发往上海，打入上海市场。该产品利用秸秆为原料，配以黏合剂、阻燃剂为辅料，生产出的产品具有防火、防水、防震、防老化、防裂纹等特性，可应用于各类高低层房屋建筑的取代黏土实心砖的内外非承重墙体材料，是国家墙改政策大力推广的环保产品。

外经贸部中国国际经济技术交流中心了解到 ADRA（Adventist Development and Relief Agency）要在我国示范推广“利用麦秸秆和稻草建材技术”。基于对 ADRA 秸秆利用技术的兴趣，中国国际经济技术交流中心对 ADRA 提出希望愿与 ADRA 合作，在我国北方示范推广该项技术。草砖建房在北美已有百年历史，麦秸秆或稻草房是一种“超级绝缘”住房，其优点是具有极好的保温性能，冬暖夏凉，湿度高，有助于人体健康。另外，与普通砖瓦房相比，不仅可节省造价，还可以大量节约取暖燃煤，减少 CO_2 排放和家庭开支，是一种非常适合我国西北农村地区的经济适用的环保节能技术。鉴于草砖建房的经济适用性，以及有助于边远地区脱贫致富，为了推动我国西北广大农村地区的环境发展，ADRA 在我国北方地区选择黑龙江哈尔滨市、佳木斯市郊区、汤原县、辽宁本溪市、吉林白山市、内蒙古赤峰市翁旗和阿旗四省区七地，分别开展了节能草砖建房示范项目，在有关单位的积极配合和支持下，2001 年度示范工程的建设已基本完成。

2001 年 11 月，港商投资 3 000 万元在河南省西平县开始建设全国第一家玉米秸秆加工生产七彩碳砖厂。该项目由香港百盛建筑装潢集团公司、河南西平百盛能源有限公司及县人民政府合资兴建，港商占 90%的股份，县政府以土地入股的形式占股份的

10%。该厂占地 6.53 hm^2，其中 4.67 hm^2 为加工生产区，1.87 hm^2 为仓储基地，明年秋建成投产。工厂建成后，每年可吃掉 6.67 万 hm^2 玉米秸秆，既可增加农民收入，杜绝焚烧秸秆造成环境污染，又可科学利用玉米秸秆，进行秸秆纳米彩碳燃料能源的开发。

成都金橙建材公司当年研制成功一种新环保墙体材料——秸秆墙板材。该项技术以秸秆为原材料制成的板材，质量仅是一般红砖的 1/16，强度相当于 190 号混凝土，并且无毒无味，防水防火性能很好，安装非常方便。用这种材料建房其总造价可降低 8%～15%。如今，包括成都花园在内，这种新型轻质墙材已经开始大量应用于楼层建筑，与用红砖砌墙相比，建筑速度快了 10 倍以上，并具有防火和环保功能。目前，这项奇特的技术已引起了国内外客商的广泛关注，一些投资商更是反应敏捷，要求提前签合同。到 2002 年，金橙公司计划在成都上马国内第一条生产 50 万 m^3 的秸秆墙材全自动生产线，可为成都解决至少 1 666.67 hm^2 农田的废弃秸秆。

陕西精高企业（集团）公司针对木质建材向健康节能环保方向发展趋势，考虑到天然林保护工程实施后木材的供需矛盾更加突出的特点，经过一年多的市场调研和对国外相关企业考察，拟依托本地区丰富的麦秸资源优势，利用外资引进 1 条年产 5 万 m^3 均质环保麦秸人造板生产线。近日，该项目经中国国际工程咨询公司评估，获得了国家发展计划委员会的批准。均质人造板是 20 世纪 90 年代初在欧洲出现的一个人造板新品种，它具有表面光滑、结构均匀、加工装饰性能优良的特点。该产品以麦秸秆为原料，加入异氰酸酯（MDI）胶粘剂，产品无游离甲醛释放，具有密度低、强度高、机械加工性能好的特点，尤其耐水性能等指标优于采用脲胶（UF）的木质人造板。目前全世界利用农业剩余物生产人造板的产量约占人造板总产量的 15%～20%。陕西省是全国中等水平产粮省份，年小麦种植面积达约 153 万 hm^2。关中平原号称“八百里秦川”，是陕西主要的粮、油、棉高产区，也是全国商品粮的重要基地，仅西安市年小麦种植面积达到 25 万 hm^2，麦秸秆除极少数被用于造纸外，绝大部分废弃和烧掉。开发生产以麦秸为原料的产品特别是节木代木人造板产品有着广泛的物质基础和巨大的市场潜力。该项目的建设开创了西北地区秸秆利用的新途径，填补了西北地区环保均质刨花板生产的空白。项目建成投产后，每年可向社会提供 5 万 m^3 高质量环保型均质人造板产品，这些产品可替代 15 万～25 万 m^3 木材，可以很大程度满足各行业特别是建筑、轻工业及电子行业对无公害无污染环保人造板材的需求，同时又可以缓解西北地区木材需求紧缺局面，支持天然森林保护工程的实施，对开发大西北有着积极的作用。

5. *秸秆餐具加工技术应用* 在一次性发泡餐具被全面禁止后，我国的快餐市场对可降解餐具的需求加剧，这为秸秆餐具的发展带来新的发展契机。虽然由于秸秆餐具成本居高，使推广应用受到一定的阻碍，但仍然有不少单位在积极进行秸秆餐具的开发和推广。

为综合利用农业废弃物和消灭“白色污染”，东立（深圳）有限公司与中国科学院合作，研制出国内领先的保绿华一次性植物纤维餐饮具生产线及其制成品的生产技术。该项目已被认定为高新技术项目，并具有科技和扶贫的双重优势。植物纤维环保餐具的主要原料是麦秸、稻草、稻壳、玉米秸秆、苇秆、蔗渣等天然再生性植物纤维，属废弃农作物的再利用，因而成本低、安全、无毒、无污染，可自然降解为土壤肥料。深圳市采取用科技项目直接扶贫的办法，即把给贫困地区的扶贫资金直接用于安排科技项目，保绿华餐具正属于这类项目。

此外，一种采用全新材料制成的一次性餐饮具，在唐山绿源植物纤维制品有限公司诞生。这种餐饮具以秸秆为原料，没有任何化学添加剂，在生产和使用中不造成污染，是全天然绿色产品，已获得国家专利，按国家标准通过了各项检测，并被国家知识产权局确定为新千年向全国重点推广项目。

一次性植物秸秆餐具包括纸浆模塑餐具、植物纤维（稻麦壳）餐具、光生物双降解聚丙烯餐具、纸板餐具、淀粉类餐具等，其材料构成为芦苇、蔗渣、稻麦壳、秸秆、淀粉等。

秸秆餐具的工艺过程涉及化工、机械专业的综合技术。该技术是利用稻草、麦草、玉米秸、稻糠、稻壳、甘蔗渣等为主体原料，经过清洗晾晒粗粉碎和精粉碎，制成粒度合适的粉状物料，然后加入无毒黏合剂混合并在挤压中进行各种化学物理反应使秸秆粉形成一种新型材料，可根据用途不同生产各种规格的快餐盒、方便面碗、碟、盘等。

秸秆餐具的技术特点：技术先进、工艺成熟，制品具有卫生、无毒、无污染、防水、耐油、耐温、强度硬、不变形等优点。使用后可自行分解，也可作饲料或肥料，产品符合国家环保卫生要求。生产的餐具成本比国内市场已经上市的纸浆模塑餐具每只低 0.1～0.15 元，且弥补了纸质餐具比较软、易变形、适用性差的不足，该产品目前的惟一缺点是颜色较纸浆餐具深。

我国是世界上最大的一次性餐具消费市场，发展秸秆餐具等绿色餐具无疑将成为一次性餐具产业的发展方向。一次性植物秸秆餐具蕴藏着保护环境，利用可再生资源的可持续发展潜力，可称得上真正的“绿色餐具”、“环保餐具。它的生产、使用过程及用后分解都没有污染，同时它的原料利用又解决了近年来让各地政府头痛的秸秆利用问题。

关于投资情况，以年生产能力 1 000 万～3 000 万只植物纤维快餐盒生产流水线投资估算为例：设备总投资 80 万～200 万元，厂房面积 100～300 m^2，电力 200kW。

关于经济效益分析，从国内当前成本看，以 600 容量餐盒为例，植物纤维餐盒税后成本约为 0.15 元/只，预计售价可达 0.25～0.30 元/只，当年即可收回设备投资。

6. 其他秸秆应用技术

(1) 秸秆草皮基质技术。传统的培植草皮方式主要是在泥土上种植，草皮培植成功以后，要将草皮种到需要的地方，往往带走的泥土至少有 2～3cm 厚。长此下去极易造成土壤的流失和盐碱化，一般种植过草皮的土壤就无法再种其他植物。同时传统的培植方式也不适合西部水、土、气候均恶劣的环境，草皮移植到荒漠后，由于下面都是砂石，一般很难成活，造成“年年种绿年年死”。上海东华大学攻克的秸秆草皮基质技术在国内外均属领先。这种技术为种草皮不在泥土上，而是在一种基质材料上，并且可以像地毯一样卷曲和随意铺设。他们利用稻草秸秆，将其粉碎后，用特殊的纺织技术做成一层薄薄的基质毡，然后把种子、肥料直接放进去。培植时在地上先铺一层塑料布，然后把草皮毡再铺上去，浇水后草就能生长了，既不破坏土壤，成本也很低，而且一年可以生长 3 次～4 次。还可以广泛运用于园林、运动场甚至家庭绿化。该大学课题组下一步的设想尽快将这一技术运用到实际中去，为西部生态环境建设多作贡献。该项技术已在内蒙古自治区海拉尔市实验成功，2002 年计划在当地搞 1 万 m^2的实际草皮建设。

(2) 植物纤维制品。山东省潍坊宏阳植物纤维制品有限公司，近年来一直实施植物纤维制品工程，目前又开始尝试将这一高新技术产业化，研发玉米秸秆纤维系列产品并计划把它们推向市场。这个公司实施的植物纤维制品工程就是利用玉米秸秆为主要原料，生产浆粕、多用膜、植物纤维长丝、纤维素醚等系列产品，从生产废水中还可以提取经济价值很高的木糖醇。这一高新科技环保项目已被列入国家星火计划并获国家发明专利。这个公司看到绿色环保产品将拥有的广阔消费市场，于是决定把专利技术转化为产品，开发生产玉米秸秆纤维系列产品。据了解，项目一期工程拟总投资 15 000 万美元，年生产玉米秸秆纤维浆粕 5 万 t，年产多用膜 2 万 t，木糖醇 5 000t。年产值预计可达 82 600 多万元，年税金为 13 000 万元，税后利润 21 221 万元。

(3) 北京未来远景环保技术开发有限公司研制生产出一种新型环保塑木材料。该产品是通过高分子改性技术研制出的新型绿色材料。它是由农业废弃物秸秆与废旧塑料按一定比例添加特定的功能性助剂，经过特殊结构的加工设备填充改性后制成。这种材料具有耐水、耐酸碱、不被虫蛀、不长真菌、无污染、加工方便和可回收利用等多种优点，可以作为木材的替代材料，广泛应用于建筑装饰、包装等领域。该材料采用废旧塑料作原料，为固体废弃物的综合利用提供了一条新途径，对消除“白色污染”有极大的促进作用。同时，也为农作物废弃物秸秆的综合利用开辟了一条新途径。

综上所述，农业本身是一个最大的可再生资源产业，它提供了绝大多数食物和相当部分的工业原料。可持续发展战略的贯彻和落实促使部分工业产品向农业寻求替代资源。最近，粮食转化汽油醇项目被作为“解决陈粮出路、稳定粮食价格、提高农民收入、缓解石油压力、改善环境质量”的国家重点工程。秸秆等植物纤维的综合利用也已逐步展开。植物纤维还可以作为包装材料、建筑材料、一次性餐具、家具等的替代资源。这一方面减少了对森林和石油等自然资源的消耗，另一方面提高了上述工业产品的经济性、环保性和实用性。各种实用技术的开发和应用，使过去视为废弃物的秸秆成为一种极有价值的重要资源。

（天津市农业机械学会　胡伟、相俊红）

大宗谷物加工业废弃物处理

我国是一个农业大国，农产品的总产量很大，但加工水平相对低下，产业链短，大量的副产品被废弃或被低价值处理，导致农业生产成本高，农产品及其加工制品的国际竞争力差。然而恰恰有许多营养和药用价值很高的组分就包含在这些副产品中，因此如何利用好农产品加工的副产品和农业废弃物，是一个极有价值的课题。目前利用超临界萃取、膜分离、分子蒸馏、超细粉碎、生物处理等高新技术手段，从农产品加工的废弃副产品中提取活性物质或探讨高效的利用途径，然后生产出高附加值的健康产品和天然药物，是国际上的一个热门领域。农产品的领域很宽，本文仅就大宗谷物加工中产生的废弃物或副产品的利用问题予以综述。

一、小麦加工中副产品的开发利用

2001年全球小麦产量为5.76亿t，其中中国小麦产量0.94亿t。小麦麸皮是小麦面粉厂主要的加工副产品，每年加工出的小麦麸皮可达2 000万t以上。目前多数面粉厂家都是直接将麸皮卖给饲料厂，很少用于深加工和再利用。麸皮中含有较丰富的淀粉酶系、蛋白质、碳水化合物、维生素和矿物质等，如果能够充分地利用麸皮进行深加工和综合利用，将具有很高的经济效益和社会效益。大量的研究表明，麸皮可被用于麸皮多糖、膳食纤维、低聚糖、β-淀粉酶、抗氧化物的制备。

小麦胚芽是小麦磨粉后的另一种副产品，含有极其丰富而优质的蛋白质、脂肪、多种维生素、矿物质及一些尚未解明的微量生理活性组分，被营养学家们誉为“人类天然的营养宝库”。我国每年可用于开发利用的小麦胚芽蕴藏量高达28亿~42亿kg，过去小麦胚芽都被混入麸皮作饲料用，造成极大的浪费。因此，加速这一资源的研究开发，对于缓解我国十分紧缺的蛋白和油脂资源，丰富我国营养、保健与疗效食品的种类，具有十分重要的意义。

1．麸皮多糖　小麦麸皮中含有较多的碳水化合物，其质量分数在50%左右，主要为细胞壁多糖。细胞壁多糖有水溶性和非水溶性之分，它主要由戊聚糖、(1→3，1→4)-β-D-葡聚糖和纤维素组成。制备麸皮多糖常见的方法有两种：一是先从麸皮中分离出细胞壁物质，然后再从中制备麸皮多糖；另一种是从麸皮中制备纤维素，然后再制备麸皮多糖。麸皮多糖具有较高的黏性，并且具有较强的吸水、持水特性，可用做食品添加剂，作为保湿剂、增稠剂、乳化稳定剂等。

2．麸皮膳食纤维　小麦麸皮中起生理作用的主要成分为膳食纤维，含量在40%左右，具有抗衰老、减肥、通便等重要生理特性，是一种很有开发前景的功能食品资源。制备膳食纤维的方法有酒精沉淀法、中性洗涤剂法、酶法、酸碱法等。由于膳食纤维所具有的重要生理功能性质，可作为功能性食品基料添加到食品中，也可以制成胶囊、口服液的形式直接食用。

3．小麦麸皮低聚糖　小麦麸皮中富含纤维素和半纤维素，是制备低聚糖的良好资源。研究发现，小麦麸皮中的低聚糖具有系列生物活性，低聚糖具有良好的双歧杆菌增殖效果和低热值性能，可作为双歧杆菌增长因子应用于食品和糖尿病、肥胖病、高血脂等病人的理想糖源。小麦麸皮低聚糖的制备方法一般采用淀粉酶、蛋白酶和低聚糖酶逐级降解，随后进行分离、浓缩、干燥等。

4．麸皮抗氧化物　谷物中含有较多的抗氧化物，这些物质主要是一些酚酸类或酚类化合物，它们主要存在于谷物外层，总量可达500mg/kg左右，其中最主要的是阿魏酸。小麦麸皮中主要的功能性抗氧化剂为阿魏酸、香草酸、香豆酸。小麦麸皮中游离碱溶阿魏酸含量在0.5%~0.7%左右，可以将这部分物质提取出来，作为天然的抗氧化剂。麸皮抗氧化物的制备一般采取乙醇提取的方法。另外，由于抗氧化提取物中酚酸的协同效应，据报道有抗癌活性。

5．小麦胚芽油　小麦胚芽油主要的活性物质包括对人体有益的不饱和脂肪酸、可以抗衰老的维生素E、能抑制胆固醇的植物甾醇、具有软化血管作用的卵磷脂、能改善记忆力的胆碱。小麦胚芽中还含有二十三、二十五、二十六、二十八等碳烯醇，这些高级醇对改善机体基础代谢率、强化肌肉机能和机体心负荷功能、增强体力、耐力、爆发力等有一定功效，其中尤以二十八碳烯醇对人体具众多生理活性而受人瞩目。因此，近年来有关小麦胚芽油的提取与利用技术的开发得到了国内外的高度重视，导致国内小麦胚芽的价格不断上涨，高达6~8元/kg，超临界CO_2萃取所得小麦胚芽油的市场价格也升至300~500元/kg。超临界CO_2萃取和分子蒸馏等高新分离技术被纷纷用于小麦胚芽油的提取。

6．脱脂麦胚蛋白　小麦胚芽蛋白质的含量仅次于大豆，含有一种由谷氨酸、半胱氨酸、甘氨酸3个氨基酸经肽键缩合而成的含硫活性三肽——谷胱甘肽，具抗氧化延缓衰老功能。通过谷胱甘肽催化，可与过氧化物反应，还原氧化物，保护人体细胞免受氧化损害，特别能保护大脑功能，并能传递氨基酸生物功能，促进生长发育。谷胱甘肽过氧化物酶是一种含硒酶，具有很强的抗氧化作用，是一种延缓衰老、防癌的有效因子。我国科技部启动的“十五”国家科技攻关计划“农产品深加工与设备研究开发”项目中，专门设立了谷胱甘肽提取利用的相关内容。另外，江苏大学以脱脂麦胚蛋白为原料，进行了降压肽制备技术的研究，取得了显著的效果。

二、玉米加工中副产品的开发利用

玉米是一种高产的粮食作物，在世界粮食生产中占有重要地位。从1994年起我国玉米总产量已超过1亿t，2001年我国玉米产量为1.1亿t，成为仅次于美国的第二大玉米生产国。玉米的主导产品包括饲料、淀粉和酒精，在生产主导产品时会产生胚芽、黄浆水、浸泡水、玉米须、玉米芯、玉米皮等副产品。玉米产量大，副产品量也大，因此蕴藏着巨大的效益。

1. 玉米胚芽油　玉米胚芽是玉米淀粉生产中的副产品。玉米胚芽中含有40%～50%的油脂。玉米胚芽油中含有85%左右的不饱和脂肪酸，其中50%为亚油酸，维生素E和维生素A含量也较高，因此近年来有大量的有关采用超临界CO_2萃取、水酶法等提取玉米胚芽油的研究报道，玉米胚芽油的利用也得到消费者的极大关心，市场前景广阔。

2. 玉米黄色素　在生产玉米淀粉时，必然会产生大量的黄浆水，玉米黄浆水可被用于提取玉米黄色素、醇溶蛋白、氨基酸。玉米黄色素属异戊二烯类，主要由玉米黄、隐黄素及叶黄素等组成。这些组分均为类胡萝卜素，在体内能转化成维生素A，具有保护视力、促进人体生长发育、提高机体免疫力的作用，是一种功能性色素。以黄浆粉为原料生产玉米黄色素的方法有乙烷提取法和超临界萃取法等，其萃余物——玉米蛋白粉可用于生产菌蛋白、醇溶蛋白和饲料添加剂。

3. 脂多糖　脂多糖（LPS）指覆盖于革兰氏阴性菌外膜的一种多糖类。科学研究表明，LPS具有抗细菌感染、抗肿瘤、抗辐射等功能，对动植物生长也有一定的调节作用。玉米中含的是一种具有良好活性的脂多糖LPSc。以玉米澄清浸泡液为原料，可采用TAA脱除蛋白，经超滤浓缩，用十六烷基溴化胺将其分级沉淀，即可得到LPSc。此法得率较低，还有待进一步研究。

4. 低聚木糖　低聚木糖具有促进双歧杆菌增长以及改善肠道功能的作用。与其他低聚糖相比，低聚木糖具有用量小、耐酸、耐热、降低水分和防止冻结等特点。以玉米芯和棉籽壳为原料，可进行优质低聚木糖的生产。玉米芯低聚木糖的制备方法包括真菌分解法、酶解法和蒸煮法，酶解法比较先进，已经成功的实现了产业化。

5. 膳食纤维　膳食纤维可以优化人们的膳食结构，减少文明病的发生，被世界誉为“第七营养素”。以玉米皮为原料，采用酸解法或酶解法，将包围在纤维周围的淀粉除去，即可得到需要的膳食纤维。

三、米糠的开发利用

中国是世界上最大的稻米生产国，年产量约为1.82亿t，米糠（包括皮层和胚芽）作为大米加工的副产品，年产量超过1 000万t，可利用资源相当丰富。米糠虽然只占稻米质量的6%～8%，却含有稻米中主要的营养成分。

米糠因脂肪分解酶和氧化酶的存在，贮藏时极易发生酸败，因此米糠开发利用时面临着一个关键的问题就是稳定化处理。米糠稳定化的方法有很多种，如冷藏法（－16～－18℃）、微波法、辐射法、介电加热法、化学法（抗氧化剂、酸及酶处理）、热处理法（干热、湿热）、挤压法等。从目前的研究结果看，挤压法的效果最好，并适合工业化处理。

1. 米糠油　米糠油的提取方法主要有压榨法、碱炼法、低温浸出法、有机溶剂萃取法，近来不少研究将超临界CO_2萃取技术应用于米糠油的提取。

米糠油是理想的烹调用油和色拉油，因其具有高烟点也非常适用于煎炸和烘焙食品。它的多不饱和和单不饱和结构，可使食品气味稳定。同时由于米糠油含有大量的植物甾醇、谷维素、生育三烯酚等成分，在开发有益健康的功能性食品中起着重要作用。

2. 二十八醇　二十八醇是世界公认的抗疲劳物质。二十八醇还具有促进皮肤血液的循环和活化细胞、促进动物生长、降低血清胆固醇和三甘酯等作用。米糠蜡是米糠油精炼过程的副产品，主要是长碳链脂肪醇脂肪酸酯、长碳链烃及色素等微量物质组成，米糠蜡精制后可用于制备生物活性物质二十八醇和三十醇。米糠油中含蜡3%～4%，我国加工蜡副产品约50万～60万t。

二十八醇的制备方法为：先对粗糠蜡进行脱胶、除杂，以异丙醇：糠蜡为5∶1脱油，结晶、分离，制得精糠蜡。将精糠蜡置于三颈瓶中加热，待熔化后加入一定比例的碱液，搅拌反应10h，将反应器中的残液分离，加入一定量的饱和氯化钙溶液，继续反应2h，结束反应，分离钙皂。将钙皂烘干、粉碎后用1∶11丙酮进行萃取，获得混合醇，其二十八醇含量为16%左右。以此为原料采用分子蒸馏和高真空分馏相结合的方法获得纯度为81%的二十八醇产品。

3. 米糠蛋白　米糠是一种廉价、低利用率但营养丰富的稻米加工副产品。米糠中的蛋白质是一种低过敏性、高生物效价的优质植物蛋白质。从植物原料中提取蛋白质通常使用碱法提取，而酶法提取则能更好地保证米糠蛋白质的营养价值。米糠蛋白质作为一种新型蛋白质资源。可直接用于改善食品的营养和质构，也可用于生物活性肽的生产。

控制蛋白酶的水解进程，制备具有生理活性的功能肽，是目前国内外食品、医药领域研究的热点。日本有研究报道，以大米中的清蛋白为原料，通过酶解作用生成有增强免疫功能的活性肽（八肽）。已知米糠中清蛋白的含量是大米中的6～7倍，若能利用米糠中的清蛋白开发活性肽，则远胜于利用大米中的清蛋白。

4. 防癌物质ECMP 日本和歌山县工业技术中心从米糠所含阿魏酸中提取出一种防癌物质ECMP获得成功。阿魏酸是一种重要的食品添加剂，具有吸收紫外线和防止氧化的作用，可以从制油的米糠中大量提取。用化学方法把阿魏酸同在柠檬酸草油中含有的油分香茅醇结合就成为ECMP。动物试验结果表明，ECMP有防止大肠癌变的作用，并且没有明显的副作用。该中心研究员认为，这种提取物使用安全、方便，其应用领域有望进一步扩大。

脱脂米糠还可以被用于制备植酸、肌醇、磷酸氢钙等。

四、大豆加工中副产品的开发利用

我国是大豆的故乡，大豆由我国传到世界各地。1740年大豆由我国传入法国，1790年传入英国。美国大约100年前才引种大豆，但发展速度很快。1994年美国大豆产量已占世界总产量的一半，居第一位；巴西第二；阿根廷第三；我国以1 500万t的产量屈居世界第四。大豆在制备豆油和大豆蛋白的同时，会产生大量的脱臭馏出物、油脚、乳清水、豆皮等副产品，科学研究表明这些副产品中含有丰富的保健和药用成分，有重要的开发价值。

1. 维生素E和甾醇 目前我国年处理油料达5 000万t，精炼能力达到600万t/年，脱臭馏出物40多万t，其中相当多的是豆油脱臭馏出物。这些脱臭馏出物含有丰富的天然维生素E和药用价值很高的甾醇，对其提取浓缩将会大大提高脱臭馏出物的附加值，也在一定程度上解决了环境污染的问题。目前从脱臭馏出物中提取天然维生素E先进的方法是超临界CO_2萃取和分子蒸馏技术，我国已经建立了6套以上利用分子蒸馏技术大规模提取天然维生素E的生产系统，大大推动了维生素E保健品市场的发展。甾醇作为提取天然维生素E的一个副产品也得到了大力的发展。

2. 大豆异黄酮和皂甙 大豆异黄酮包括黄豆甙、黄豆糖甙和染料木黄酮。研究表明，染料木黄酮对乳腺、前列腺、甲状腺和胃肠癌的癌细胞增生有抑制作用。异黄酮是有效的抗氧化剂，它能通过抑制低密度脂蛋白胆固醇的氧化而降低动脉粥样硬化的发生。另外，异黄酮的弱雌性激素还能保护绝经后妇女的抗患心脏病能力。大豆异黄酮早先被视为抗营养因子，由于它对心血管病和癌症所起到的显著预防作用，被认为有可能成为21世纪的维生素。

大豆皂甙是一类三萜烯或类固醇的葡萄糖甙，它的疏水—亲水表面特性使其具有生物活性。大豆皂甙可以直接降低血浆胆固醇，通过抑制胆固醇的吸收或间接抑制胆汁酸的重吸收，从而增加了胆汁酸随粪便排泄。

在加工成大豆分离蛋白后仅保留了大豆粉中总异黄酮量的23%，最大的损失发生在洗涤工序中。大豆异黄酮和皂甙主要存在于胚芽中，其中异黄酮含量为1.40%～1.76%。因此，有人提出结合脱胚的大豆脱皮工艺，先把胚芽剥离出来，再从胚芽中提取异黄酮和皂甙。一般采用溶剂提取与柱层析分离相结合的方法提取，可获得纯度分别为90%和30%以上的大豆皂甙和大豆异黄酮产品。

3. 大豆磷脂 大豆中含有12%～32%的磷脂，大豆浸出毛油经水化脱胶所得水化油脚是制取大豆浓缩磷脂、流质磷脂、粉状磷脂、卵磷脂、脑磷脂、微胶囊化粉末磷脂等产品的重要原料。

磷脂能阻止胆固醇在心脑血管壁和肝脏的沉积，并清除部分沉积物，同时改善脂肪的吸收利用，降低血黏度，改善血液供氧循环，具有预防心血管疾病及脂肪肝等疾病的功效。磷脂经人体代谢的产物——胆碱，是神经传递的重要物质，乙酰胆碱对改善记忆力，提高反应能力，提高性感觉都有直接作用。国际卵磷脂学会主席、药物学家伊斯雷尔哈宁指出："大剂量的卵磷脂可改善老年人的记忆力和老化的脑细胞活力，特别是对正在生长发育的儿童效果更佳"。可见大豆磷脂作为医疗保健品的开发很有价值。美国最早推出的磷脂保健食品——补脑汁，主要销售对象是大中专学生，是脑力劳动者的特殊营养补剂。

目前从大豆油脚中分离磷脂较为先进的方法是先用传统方法得到大豆粗磷脂，再用超临界流体CO_2萃取技术纯化，可以得到纯度为98%的大豆磷脂。进一步以大豆磷脂为原料，通过柱层析或超临界流体CO_2/乙醇萃取等方法，可以得到纯度达90%以上的磷脂酰胆碱。

4. 大豆低聚糖 年产3 000t大豆分离蛋白的生产车间每天约排放出150～200t乳清水，其中含有

0.2%乳清蛋白，0.5%低聚糖，0.8%盐类和1.5%总固形物。乳清水不加处理势必对环境造成严重污染，对其处理并回收所含低聚糖不仅降低了污染，也获得了这种对人体有益的保健成分。大豆低聚糖主要是棉籽糖、水苏糖和蔗糖，它们是可溶性碳水化合物，摄入后人体难消化而直入大肠，被肠内双歧杆菌的增殖所利用，从而对人体健康有益。从乳清水中分离大豆低聚糖较好的方法是加热处理及膜分离技术相结合的生产工艺。

以上过去被认为是抗营养因子的生物活性物质，包括异黄酮、皂甙、胰蛋白酶抑制剂、植酸等，最近的研究认为具有一定的抗肿瘤活性，因此大豆加工副产品的加工有很好的开发前景。

（江苏大学生物与环境工程学院 马海乐）

机械工业系统农产品加工机械制造业

一、生产发展情况

2001年末，机械工业系统农产品加工机械行业（含粮油工业专用设备制造业）主要生产企业54家，全年从业人员为18 145人，年末从业人数为17 776人。固定资产合计60 750万元，固定资产原价合计87 277.8万元。年末金属切削机床拥有量为3 784台，年末锻压设备拥有量608台，全年完成工业总产值为67 626万元（以不变价计），2001年完成产品产量为159 293台套，本年销售量为152 889台套，库存为50 205台套。各行业情况有所差别（表1）。

表1 2001年农产品加工机械各行业产销量

产品名称	2001年产量（台套）	2000年产量（台套）	同比增减%	本年销售量（台套）	本年库存量（台套）
合　计	**159 293**	**228 668**	**-30.34**	**152 889**	**50 205**
1.粮食加工机械	132 048	178 495	-26.02	126 434	28 174
（1）碾米机	101 205	100 319	0.88	96 550	22 455
（2）磨粉机	23 758	36 070	-34.13	23 040	5 066
2.棉花加工机械	1 910	1 496	27.67	1 673	534
3.油料加工机械	8 825	21 330	-58.63	10 979	7 298
4.茶叶加工机械	4 809	8 181	-41.22	3 829	2 165
5.薯类加工机械	20	15 140	-99.87	20	0
6.其他加工机械	11 651	4 026	189.39	9 939	11 543

注：以上数据仅为机械工业系统统计数据，不包括民营企业和粮食系统企业。

二、国内外市场情况

（一）国内市场情况

2001年仍然是农产品加工机械产销比较困难的一年，全行业完成产品销售额为66 570万元（按现行价计算），比上年减少19.54%。与上年相比，下降速度有所减缓。

1.碾米机械行业　2001年，碾米机械行业仍然处于低谷的运行态势，但是销售量比2000年增长了0.88%。这主要由于我国部分地区部分粮食品种退出了保护价，市场进一步放开；我国大米产区面积扩大，大米产量增加；农机市场持续处于低迷的运行态势，收获机械、拖拉机、农用运输车等资金投入较高的农机产品销售下降等因素的变化，提高了农民进行农产品加工的积极性，资金投入小、见效快的碾米机成为农民增加收入的选择。主要生产企业有：山东同泰集团股份有限公司，2001年完成产量18 768台，比上年增加11.19%，全年完成工业总产值9 553万元，销售额9 690万元。山东精良机械有限公司，2001年完成产品产量为7 300台套，与2000年持平，全年完成工业总产值6 500万元，完成工业销售额为

6 200万元。山东精华机械集团股份有限公司、江苏晶谷米机集团公司等企业2001年产销量也都比2000年有一定的增长。与碾米机械配套的米机胶辊产销量也有较大的提高，如山东济南市福力胶辊厂2001年销售胶辊35万只，比2000年增长40%，全年完成工业总产值2 500万元，销售额2 450万元。

2. *面粉加工机械* 2001年面粉加工机械行业产销量仍然处于下降之中，产量降幅为34.13%，相对2000年来讲降幅有所减少，面粉加工机械行业已经连续四年处于下降之中，主要原因是行业结构调整和产品结构调整力度不够，产品不能适应市场的要求。从面粉市场上看，农村和城市居民都比较喜欢质量较高、品质较好的各种面粉产品，因此现有面粉机械已经不适应城乡的要求。但从面粉加工机械市场上看，产销量下滑还是有所减缓的。如河北赞皇机械有限公司2001年销售面粉加工机械883套，同2000年相比增长0.57%。全年完成工业总产值6 396万元，完成工业销售额为6 204万元，与2000年相比略有增长。

3. *油料加工机械* 油料加工机械行业继续出现较大幅度的下滑，与2000年相比下降58.63%。形成这一态势的主要原因：国际成品油市场一直在较低的价位运行，进口油继续增加；国内食用精练油持续低价竞争，使得仍然生产68型、95型、100型等传统机械式榨油方式加工出来的食用油不能再满足市场的需要；国产油脂加工成套设备由于技术上比较落后，很难适应大型油脂加工的需要。

4. *棉花加工机械* 经过了几年的下滑之后，棉花加工机械2001年产量与2000年相比有较大的增长，增幅为27.67%。国内主要的棉花加工机械生产企业，如河北邯郸棉机公司等企业，在国家近几年对棉花市场和棉机进行整顿的过程中，积极调整产品结构，生产适应市场需求的棉花加工机械，使得棉花加工机械市场重新启动。

5. *茶叶加工机械* 从产品产量上来看，茶叶加工机械2001年出现较大程度的下降，降幅为41.22%；但从对市场的分析来看，2001年茶叶加工机械产销形势却较好。主要表现为：国内生产成套茶叶加工机械的主要企业如浙江衢州上洋机械有限公司、浙江富阳茶机厂等，根据市场情况开发了成套的茶叶加工机械新产品，受到市场的欢迎。到8月份止，基本完成了全年的生产任务，与2000年相比，产值有较大的增长，约增长20%。从产量分析上看，虽然出现了下降，但是产量下降的原因正是单机产品减少，成套产品增加的结果。总体而言，2001年茶叶加工机械出现了产销两旺的势头，一些企业甚至出现用户交钱排队等机的情况。

（二）国外市场情况

2001年农产品加工机械完成出口交货值7 661万元，与2000年相比下降4.4%。几家主要出口企业产品出口继续下降，如山东同泰集团股份有限公司，2001年出口交货值为135万元，与2000年相比减少338万元；山东精良机械有限公司出口交货值为78万元，与2000年相比减少392万元。茶叶加工机械出口有所增长，如浙江衢州上洋机械有限公司、浙江富阳茶机厂等企业生产的单机茶机、成套茶叶机械出口小幅增加。面粉加工机械、榨油机械等产品出口继续减少。

三、新产品开发情况

2001年农产品加工机械完成新产品产值总计为18 880万元，比2000年增加25.6%；新产品产值约占工业总产值的27.92%；比2000年增长了近13个百分点。这几年新产品产值占工业总产值的比例有所提高，这是一个可喜的进步，说明企业已真正开始关心新产品的开发。开发的新产品有：MCHJ系列碾米成套设备、MLGT系列砻谷机、MMJP系列白米分级机、MGCP系列谷糙分离机、MWPG系列大米抛光机、MGCZ重力谷糙分离机、TQLZ系列清理筛、LNTF系列砻碾组合米机等米机新产品；面粉机新产品有FMFQ50×2气压磨粉机、GXZS40高效筛、FSFG6×24高方筛、FQFD49×3×2清粉机、DM40×80刷麸机等新产品；茶叶加工机械开发了汽热杀青成套设备，改变了传统的杀青方式，减少了茶叶中的烟焦味，使加工后茶叶品质大为提高。

四、技术改造与基本建设

2001年，农产品加工机械全行业完成基本建设投资额为966万元，比2000年减少75.2%，完成技术改造926万元，比2000年增加20.73%。农产品加工机械多数为民营的中小企业，在基本建设和技术改造上一直缺乏国家或各级政府部门的支持，这几年虽然国家加大了对农产品加工业的支持力度，但终因资金有限，还考虑不到对在行业中从事农产品加工机械生产的多数民营中、小企业的资金支持，而自身投入的资金也不多，所以产品升级较为缓慢，不能适应市场的变化，从而影响了整个行业的发展速度。

（中国农业机械工业协会
农副产品加工机械分会 洪暹国）

食品与包装机械制造业

一、行业发展简况

食品加工和包装机械是我国机械工业中一个起步较晚的行业。改革开放以来，随着我国食品工业、包装工业和农业的迅速发展，我国的包装和食品机械行业也取得了世人瞩目的发展。由于产品品种和数量不断增加，产品质量和技术水平不断提高，行业内企业的经济效益迅速增长，使这个行业已成为直接为提高人民生活质量服务、为包装工业和食品工业服务、为农业和农产品加工业服务、有着巨大发展潜力的新兴行业，成为机械工业十大产业之一。

在国家和政府有关主管部门的支持下，经过全行业的努力，历经“七五”、“八五”、“九五”三个五年计划的梯次开拓，这个行业初步形成了门类比较齐全、品种基本配套的产业。随着行业的迅速发展，目前已形成一批重点骨干企业，这些企业具有较高的技术水平和装备条件，具有相当水平的自主开发能力和一定的规模经济，是装备我国食品工业、包装工业的主体力量；形成了一批基本满足国内需求，又有部分畅销国外的拳头产品；形成了以国家工程技术研究中心为主导、地方研究院所为骨干、企业科技力量为基础的科技队伍和多层次科技开发力量；形成了一个与包装、食品工程专业相配合的教育体系，先后造就了一批批专业技术人才，成为推动本行业持续高速发展的主要技术源泉。

这个行业自1995年以来，发展一直比较稳定，年均增长率保持在12%，高于同期同民经济增长速度。据2000年不完全统计，全行业已拥有不同规模、不同所有制企业6 000多家，就业人数55万人，130多个科研院所，20多个高等院校设有相关专业，生产的产品品种已发展到3 700多种，其中，15%的产品达到国际上20世纪80年代末、90年代初先进水平，有200多条成套设备可以替代进口或部分出口，年创汇额5亿美元。据2002年1 133家规模以上企业统计，食品加工与包装机械销售收入345.16亿元，比上年同期增长11.57%；年创利税28.25亿元，比上年同期增长34.9%；已拥有资产455.58亿元，比上年同期增长6.22%；年创汇2.61亿美元，比上年同期增长16.5%。尚有2 000余家小企业及2 000余家兼产企业未统计，预计全行业销售总额达393.36亿元。这一行业的快速发展，进一步提高了发展中的我国食品工业、包装工业的装备水平。

二、国内外市场概况

改革开放以来，我国农业实现了农产品供需基本平衡，丰年有余的历史性转变，生产能力显著增强，从而为我国食品工业持续稳定的发展奠定了基础。2001年全部国有及规模以上非国有食品工业企业（含烟草）的年产值已达9 245亿元，年利税1 661亿元，年出口创汇达97亿美元，食品工业企业就业人数377万人。食品工业已成为我国国民经济的重要支柱产业，成为关系国计民生及关联农业、工业和第三产业的朝阳产业。由于食品工业肩负着提高人民生活质量，实现更加富裕小康生活；调整农业结构，提高农产品附加值，解决农业、农村、农民“三农”问题，是提高我国农业国际竞争力，以及增加劳动就业、扩大内需、促使国民经济发展的重要任务，因此这一产业具有广阔的发展前景。作为装备我国农产品深加工和食品工业重要力量的食品加工机械和包装机械，近年来，也取得了相应的发展。据统计2001年其销售额已达353亿元，比1994年增长了135%，出口总额达5亿美元。虽然从1995年以来，我国食品和包装机械以年均12%的增长速度高速发展，但仍赶不上我国食品工业年均17.3%的增长速度。因此我们的设备仍然满足不了国内市场的需求，每年进口的食品和包装机械都在20亿美元左右（尚不包括烟草机械及与包装紧密关联的印刷塑料机械）。进口就是我们的差距，差距就是我们的市场。加上我国是一个食品资源大国，有许多可利用的原料尚未有合适的设备去开发利用；中央做出开发大西北的战略决策之后，西北的特色农业亟待开发，而以特色农业产品为原料的农产品深加工业也亟待适用的设备去装备；中国老百姓的一日三餐还都是靠一家一户的自烹自食，中餐的产业化生产不仅可以将人们从繁琐的家务劳动中解放出来，而且可以节约资源，充分合理地搭配营养，提高人民的健康水平，这个大市场已让许多国外公司所垂涎；特别是在我国加入世贸组织之后，对于我国具有比较优势的农业资源深加工，也急待开发适宜的设备去装备。因此，无论是从当前的需求，还是远期预测来看，国内食品加工与包装机械市场是极为广阔的。

由于我国包装和食品机械行业是近20年才发展起来的新兴工业，虽然在较短时间内取得了一定的进步，行业的技术水平不断提高，产品品种、技术性能以及产品结构都有较大的增长和改观，但与发达国家相比，总体技术水平还有相当大的差距。在产品质量方面，由于我们采用的设计理论、设计手段、设计方法、制造技术和检测手段落后以及国内配套的基础件质量不稳定，导致我们的产品内在质量和外观质量与发达国家有较大差距；在产品技术水平方面，我们落后于发达国家近20年；在产品品种、数量方面，我们约为发达国家的1/2，而在食品深加工、综合利用、环境保护、高新技术产品等领域还有很多缺门；我国包装和食品机械行业科研和自主开发能力十分薄弱，大部分企业没有自己的研究力量。我们的开发投入不足销售额的1%，而发达国家的开发投入却占销售额的8%～10%。我国包装和食品机械企业普遍存在重视生产加工、轻视科研开发，不能紧跟市场需求及时提供产品，大多数企业技术人员占职工比例不超过10%，而真正从事科研开发的人员不多。发达国家生产企业都比较重视产品研发工作，如德国海德堡集团雇员1 200人，研发人员就占800人。在行业市场信息方面，由于行业信息基础薄弱，缺乏彼此间信息沟通，缺乏对国外同行科技水平、发展趋势、同类产品的充分了解，致使研发人员思路不开阔，企业对产品又缺乏科学严谨的市场定位，因此，使国内产品水平与国外先进水平始终存在较大差距。鉴于以上差距，目前国内大型化、高速化的成套生产线还是大量依赖进口。由于我们的主导产品技术来源主要依赖国外，因此，生产线中的关键主机有的还要靠进口，从1995年以来每年都要进口相当当年本行业工业总产值46.4%的设备来装备我国的食品工业、包装工业。可见发达国家的产品已在国内市场占有很可观的份额。我国食品和包装机械工业提供的技术装备虽然在产品质量和技术性能上与发达国家存在不小的差距，但有些产品在性能价格比方面我们也具有一定优势，因此，我们的产品在欧美以及一些发展中国家也占有一定的市场份额，2000年我国食品和包装机械出口额已达5亿美元，已占当年食品和包装机械工业总产值的11.6%。我国包装机械出口到美国达1 400万美元，比1999年增长了1.8倍。随着我国产品质量和技术水平的不断提高，出口大幅度的增长势头将会继续保持下去。

三、新产品、新技术开发情况

食品加工和包装机械行业在“八五”、“九五”期间共开发出重大装备成果170多项，缩短了与国际先进水平的差距。1995年以来，我国食品和包装机械产品，其装备规模、自动化程度、技术含量都取得了明显进步。如40 000瓶/h的啤酒灌装生产线已稳定运行，72 000瓶/h的灌装线正在研制，不含气饮料塑料瓶灌装生产线已达到18 000瓶/h，18 000瓶/h的无菌灌装生产线、生啤灌装线都已进行鉴定，2 000只/h鸡屠宰生产线、100m^{2}喷射泵式高效低耗真空冷冻干燥设备、FC节能粉料气流干燥机、SWWF200系列低温升超微粉碎机、植物油料制油预处理膨化设备、5t/h果酱生产线、橘瓤果汁加工关键设备、真空油炸果蔬脆片设备、带式榨汁机、果茶加工成套设备等都先后投入生产。幅宽2.5m、速度180m/min的七层瓦楞板纸生产线已稳定运行，18万包/班的方便面生产线已正常生产，世界上最宽的6m复膜机经粘结可拼接成18m幅宽的复合膜生产设备已全线运行，20m折径的共挤吹膜机已交付用户使用，这种吹膜机世界上仅有四家可以生产，工业机器人已在包装生产线上成功应用，大型BOPP拉伸设备正在调试，高速六色凹印机、双料吹瓶机、230L大桶吹塑设备、多层共挤设备、BOPP挤拉吹制瓶设备、BOPP落膜设备及纸浆模塑机械等都已达到国际20世纪80年代末90年代初的水平。在这些成套设备和关键单机中，冷成型稻壳环保餐具成套设备、五层共挤吹膜机组、七层瓦摆纸制箱设备、超微加工设备、凹版印刷包装机组等10多项产品获得国家发明奖。世界上一些先进的加工工艺和新技术在经过消化吸收后也逐步应用到我国的食品加工与包装机械中，例如微波技术、微胶囊技术、速冻技术、真空技术、膜分离技术、挤压膨化技术、超微粉碎技术以及电子技术等。一大批水平较高的成套设备及一批高新技术的应用，为我国食品工业始终保持15%以上的年增长速度提供了强有力的技术支撑。

四、加强企业管理，狠抓产品质量

针对目前国内不规范的市场搞得正规企业一筹莫展、一味的低价竞争造成全行业质量下降、技术倒退的现状，协会从1999年开始在全行业内开展了创名牌、争优质活动，以此抗衡无序竞争。协会按照机械工业创名牌的标准，由各企业自愿申报，各省、区、市食品和包装机械工业协会初审后推荐，协会组织专家评审，初审通过的产品再进行近两年用户调查（函调），用户对产品质量和售后服务满意者才能入送名牌产品。明星企业除了具有名牌产品外，还要完成国税和地税任务，要有良好的售后服务。最后经专家组评定出28个明星企业、49个名牌产品。2001年第二批又评出3个明星企业、6个名牌产品。由于评选严格，两年来我们未接到一起关于对明星企业和名牌产品的质量投诉，得到广大用户的好评，有力地推动了全行业产品质量和售后服务工作。

协会一直很重视ISO9000族标准认证工作，并已做出在今后五年内，行业内比较有规模的食品和包装机械企业，都要逐步通过ISO9000族标准认证，现已着手实施这项规划。为了提高全行业的质量意识，把提高产品质量放在企业管理的首位，协会开始有计划地抓好对企业领导和质量管理骨干人员的培训工作。通过这项工作，使企业的领导从理论上理顺全面质量管理和企业各项管理的关系，增强他们的质量管理意识，进一步提高质量管理骨干人员理论水平和实际工作能力，建立完善的质量保障体系。使企业管理真正做到以质量管理为纲，纲举目张。

五、行业管理

自1995年以来，协会为了更好地为政府主管部门服务，为企业服好务，主要开展了以下几方面工作。

1. 加速了协会自身建设　秘书处是协会的办事机构，其工作的好坏，直接关系到协会和理事会工作的成败。因此，协会一直很重视其自身建设。针对过去秘书处人员较多，办事效率不高的问题，在前两年精简的基础上又削减了1/3以上人员，同时还增加了专业技术人员。由于加强了内部管理，明确了基层党组织隶属关系，严格了各项制度，明确分工，实行一岗多责，从而提高了秘书处办事效率和准确性。

由于行业的发展，新兴的小行业逐渐受到市场的重视，为了适应和促进小行业的发展，协会从1995年开始，经过一定的报审程序，先后成立了纸浆模塑机械及制品、冷食机械、饮料灌装机械、方便食品机械、膨化食品机械、纸箱机械、制袋包装机械等7个分会，另有蜂窝纸板机械、肉食加工设备及自动售货柜等分会，正在积极准备。协会自1994年以来又吸收和发展了新会员438个，使原有的800多个会员增加到1 238个，从而壮大了协会基层队伍。

协会为了更好地向用户提供咨询、为行业组织产品鉴定、产品推广和提供ISO9000系列认证服务，于1996年调整充实了协会内的专家委员会。先后组织科研院所和高等院校较好地完成了原国家科委下达的科研专题，并编写出版了“未来十年食品包装机械的发展趋势”一书。为了更好地宣传企业，提高企业的知名度，树立良好的企业形象，沟通本行业在国内和国际市场上的商机信息，扩大产品出口，协会于1998年建立了自己的网站。2001年初又与香港明德集团合作，共同出资200万元，在北京建立了中国食品和包装机械的商业网络平台。这个网络将根据BTOB特点，应会员要求可以在网上做动态显示，使远程用户足不出户即可看到所需设备的运行情况。这个网络待工作开展以后经增资、扩容将和国际包装机械网链接，从而打通我国食品包装机械与国际接轨的信息渠道，为会员单位和企业提供良好的信息服务。

2. 加强行业调查　协会为了摸清本行业的全面情况，早在15年前就组织行业力量对本行业进行了全面调查，积累了大量资料，编辑出版了十本专题报告，对推动本行业的发展做出了一定贡献。2000年根据国家经贸委的要求，又对食品和包装机械行业企业进行了第二次全面摸底调查，进一步了解了行业的实际能力和水平，向国家有关部门提供了可靠数据，以便企业进行产业结构调整时，及时得到国家的指导、支持和帮助。2000年，经欧盟介绍，意大利、法国和西班牙肉食加工机械协会委托我协会对中国的肉食加工机械和肉类市场进行调查，其目的是要在中国落实几家企业与欧盟的企业合作，用欧盟的技术在中国生产肉食加工机械。这一计划欧盟已经批准，我们的调查工作已经开始。这种借助欧盟的资金，在国内进行调研，有助于我们掌握行业情况，同时也有助于协会为行业企业提供更多的国际合作机会。

2001年，中国机械工业联合会调查统计了食品和包装机械371家企业经济运行情况，被调查统计的企业基本上都是原国有企业，其产品销售收入102亿元，较上年同比上升17%；利润总额5亿多元，较上年同比上升10.84%。就本行业而言民营企业所占比例较大（约占40%），民营企业的经济效益平均要好于国有企业，其产品销售收入和利润总额同比增幅要高于国企，增幅10个百分点。所以出现这种状况，主要原因是民企新产品开发工作做得比较好，本身包袱小，管理费用比较低，机制灵活，这些方面优于国企。近年来由于协会加强了行业调查工作，基本掌握了行业发展的动态，从而为协会全面开展行业工作奠定了基础。

3. 制定行业规划　协会接受政府的委托，参与制定了我国食品和包装机械行业的“十五”规划，中国西部地区“十五”食品工业规划，用以指导各企业的产业结构、产品结构调整以及技术创新工作，为企业的深化改革、持续发展提供重要依据。

4. 加大行业服务工作力度　协会以服务于政府主管部门、服务于企业为宗旨，在加快自身建设、自身改革、自我完善的同时，加大了为行业服务的力度。为了及时沟通行业内各方面信息，协会从1995年开始将协会的宣传喉舌每期2.5万字的“食品和包装机械”内部会刊，改为月刊。会同机械工业信息研究院合作编辑出版了“机电产品报价手册”，在手册中用23万字介绍了本行业一些主要企业的产品。随后又与机械工业价格研究会合作编辑出版了“中国食品和包装机械价格手册”，为食品和包装企业提供了一本90余万字的价格工具书。为了抵制行业内无序竞争，遏制由于无序竞争造成的全行业质量下降、技术倒退的不良后果，协会从1999年开始在全行业开展了创名牌、争优质活动。截止到2001年先后评选出31个明星企业，55个名牌产品。在这次活动中，由于严格按评审标准、评审程序办事，评选出的明星企业和名牌产品，在行业中站得住，叫得响，因此，得到了广大用户的认可和好评。为了进一步提高行业内企业的管理水平，协会在行业内开展了评选对行业有贡献的工作者活动，在行业中树起了学习标兵，以鼓励在岗的同志努力工作。同时在调查研究的基础上，积极组织了对行业内发展快、产品档次高、质量和效益好的企业参观考察，推广、交流其先进的管理经验，这些活动使企业获益匪浅。为了给企业创造更多的商机，协会已将举办展览会作为一项主要工作，从1996年开始，在机械工业部的协调下，由单独办展会改为与中国包装和食品机械总公司联合承办每年一次的国际展，一次国内展，以此规范国内行业展览市场。这样做形成了每逢单年在北京、双年在上海举办大型的国际包装和食品机械展览会，国内展览则视市场情况每年选择不同地点（北京、上海除外）举办。北京展会现已办成国内同类展览会规模最大、展出设备水平最高、国际知名度较高的展会，展出面积达20 000m^2。上海展会也是上海地区规模最大的同类展会。去年11月份在北京举办的国际展会，参展企业要大摊位的增多，要求做展台特装修的也明显增多，有13个国家和地区、50多家外商和300多家国内厂家参加，是历届展会国内外参展商最多、展位占地面积最大的一次。展会销售额也很可观，现场合同达7 000万元，意向合同超过亿元，获得圆满成功。除组织国内展览外，协会还组织国内企业参加过多次境外专业展。每年一届的大型展会不仅为企业提供了展示设备水平、企业实力、企业形象的机会，也为设备销售提供了一个较集中的机会。由于展会是为企业创造商机的一种很好的形式，不少企业确实通过参展获取了效益，因此此举得到了企业普遍赞同。根据企业的需求，协会将继续努力，不辜负各会员单位及行业企业对协会的信任，力争把北京、上海两地的定期展会做大、办好，使专业观众和寻求合作、购物的厂家越来越多。协会要认真总结企业境外参展的成功经验和教训，积极拓宽境外参展渠道，为更多的企业打入国际市场创造条件。

5. 积极开展国际交流　为了开阔行业内企业的视野，寻求更多的国际商机，掌握国际上食品和包装机械发展动向，追踪前沿技术和先进技术在食品和包装行业中应用状况，以利不断缩小我们与发达国家产品质量和技术水平方面的差距。协会一直很重视国际交流工作，从1996年开始，协会每年都组织行业企业出国参观考察国际知名的食品加工和包装机械展览会，几乎在每个国际知名的专业展览会上都设有中国的展台，随团企业均可在展台上发放资料宣传自己。我们有些企业正是因为广泛的参加了国际交流活动而受益不浅，例如杭州中亚机械有限公司多次派多名技术人员随协会团组出访考察，每次回来后不久都有新产品投放市场，每次展览会他们都有新产品展出，而且产品水平越来越高，企业的销售额年年都以20%的速度递增。协会在组织企业出国参展、考察等活动的同时，还热情、友好地接待了多批国外访华交流团来华访问，与世界上不少知名企业建立了良好的互访关系，为企业创造了多起与国外企业相互学习、交流、协作、合作的机会。现在，我国已是国际世贸组织成员，我们的企业将陆续走出国门，进入国际市场，WTO成员国的企业也将会纷纷接踵而来，挤占我国的市场。面对经济全球化的新形势，加大国际交流活动力度已势在必行，这项工作将成为今后协会工作中的重要组成部分。通过加强这项工作，我们才能更多的了解国际市场的行情；了解方方面面的国际规则；了解本行业的发展趋势；了解竞争对手的实底以及他们为了保护自己所树各种壁垒的真谛，做到知己知彼，当好企业参谋，使我们的企业在激烈的国际竞争中立于不败之地。

（中国食品和包装机械工业协会　岳书学）

3 第三部分

农产品加工业政策法规及重要文件

农产品加工业指导与管理工作方案

（农业部 2001年4月25日）

为了切实履行好我部在农产品加工业工作方面的指导和管理职能，充分发挥部内外各个方面的条件和职能优势，促进我国农产品加工业的健康快速发展，根据国务院领导和部领导的指示，以及我国农产品加工业发展的要求，提出以下工作方案。

一、农业部农产品加工业指导与管理工作的职能和任务

（一）工作职能

研究提出我国农产品加工业发展战略，协调农产品产、加、销关系，促进农产品加工业的发展；指导乡镇企业和农产品加工业结构调整工作；研究制定和组织实施农产品加工业的政策措施。具体职能包括：规划、协调、指导、服务、监督等。

规划：全面分析我国农产品加工业发展现状及资源、市场、技术条件，研究制定全国农产品加工业发展规划，明确发展的目标任务、指导思想、产业、地区和产品重点，提出和衔接发展措施。

协调：协调农产品的加工与生产、销售之间的关系，协调发展农产品加工业与调整优化乡镇企业工业结构的关系，协调和落实有关部门支持农产品加工业发展的政策、资金，项目措施。

服务：组织建立和协调有关服务网络和机构，为农产品加工业发展提供市场、技术、人才、金融等方面的服务。

指导：通过规划、政策、试点和推广典型经验等多种方式，引导全国农产品加工业的发展方向，指导和支持重点地区、产业、产品和企业的较快发展；及时调查分析我国农产品加工业发展的情况，总结经验，发现问题，提出指导性意见。

监督：督促检查各地贯彻落实有关农产品加工业的政策措施情况，监督项目和资金使用情况。

（二）工作任务

指导农产品加工业发展与全国和乡镇企业的工业结构调整相适应，与农业和农村经济结构战略性调整的要求相适应，明确发展方向，突出发展重点，加快技术进步，不断提高我国农产品加工业的总体水平。近期的工作任务是，摸清我国农产品加工业的发展情况，制定发展规划，出台扶持政策和措施，加大对地方工作的指导力度；在此基础上，逐步理顺部内外在农产品加工业指导与管理工作方面的职能关系，争取必要的发展条件，创造较好的发展环境，不断巩固和发展农业部履行农产品加工业的管理和指导工作职能。

（三）指导原则

面向市场、因地制宜、分类指导。加强市场调查，充分发挥地区和产业优势，支持发展相应的骨干产业和产品；

全面规划、突出重点。在全面协调农产品产加销关系和指导全国农产品加工业发展的同时，突出重点地区、产业和产品。当前要着力抓好影响农业发展的重点农产品的深加工，制定相应的政策措施。

提高与发展并重。当前我国农产品加工业发展的任务很重，加快现有加工企业的技术改造提高产品质量的任务也很重。要把发展新企业、新产品和改造提高老企业并举，发展农产品加工的能力，增加加工产品，提高产品质量。

用好用足现有政策措施。要在农产品加工业发展中充分用好用足国家在科技成果开发、人才培养、西部开发、小城镇建设、农业产业化、利用外资等方面的政策；要加强与国家已经实施的商品基地、农业综合开发、各种基础设施项目建设结合。

二、重点工作

当前和今后一个时期着重抓好以下四个方面的工作。

（一）摸清情况

一是摸清我国农产品加工业的发展情况，包括发展规模、行业、产业和产品的情况，也包括主要成就、基本经验和存在的问题。二是掌握当前我国农产品加工业工作方面的管理情况，尤其是有关部委现有的管理机构及其职能。三是摸清国家在农产品加工业方面已有的政策措施，重点是财政、金融、税务、贸易等方面的政策，以充分发挥现有政策的作用，在此

基础上研究制定新政策。四是了解国内外在农产品加工业科研开发的情况，吸纳其先进技术和管理经验，为提高我国农产品加工业的技术水平服务。近期工作的首要任务是摸清我国农产品加工业的发展情况。农业部要制定调查方案，明确内容、指标和调查程序，首先在农业部系统开展工作。对其他部委管理的农产品加工业采取按照要求取得有关资料的方法，争取在6月底完成全国农产品加工业发展情况的调查，提出发展报告。其他方面的调查也将根据条件逐步展开。

（二）制定规划

制定全国农产品加工业发展五年计划。规划要在全面分析我国农产品加工业发展现状以及资源、市场、技术条件的基础上，根据全国农业和农村经济发展“十五”计划和乡镇企业发展“十五”计划，借鉴国家在工业方面的规划，结合全国农业产业化发展规划等，进行制定。规划要提出规划期内我国农产品加工业的发展的目标任务、指导思想、发展重点和政策措施，作为指导全国农产品加工业发展工作的依据。这项工作要在今年7月底前基本完成，然后综合摸底调查情况，起草和向国务院报送“我国农产品加工业发展情况及对策建议”。

规划工作拟分两步进行。第一步是先提出农产品加工业规划工作方案，征求意见。拟以发展计划司的现有的规划材料为基础，经过研究修改充实，提出规划工作方案，明确规划工作的基本内容、工作分工和基本步骤；第二步依据规划工作方案，部有关单位根据分工编制规划，同时提出农产品加工业发展的目标和主要政策措施。

（三）研究政策

要在调查分析现有有关政策的基础上，根据我国农产品加工业发展的要求，从企业从事农产品加工业获得应有的经济效益的角度，研究提出促进农产品加工业发展的政策措施。当前工作的重点是制定产业政策和地区发展政策，包括支持中西部地区农产品加工业发展的政策，扶持发展粮食等大宗农产品的精深加工的政策，支持发展名、特、优、新农产品加工的政策，支持采用新技术新工艺改造传统农产品加工企业的政策。

政策措施的制定工作拟分两个步骤，第一步是在对现有有关政策措施调研的基础上，提出工作方案，主要是提出研究制定农产品加工业政策的工作目标、主要内容和重点，以及工作的分工步骤；第二步是组织调查研究，制定政策，提出政策措施建议，协调各个方面的关系，经批准后组织执行。农产品加工业政策的制定工作要和我部正在进行的农业产业化政策的研究制定工作互相衔接。农产品加工业有些方面的政策其实是把现有农业产业化的政策措施的适用范围扩大到一些领域的农产品加工企业。

（四）总结推广经验

一是加大舆论宣传力度，宣传新形势下加快发展的重要意义，提高各个方面的思想认识。二是发挥典型的示范带动作用，从全国筛选一批农产品加工业发展比较好的地区，一批实力比较强的农产品加工企业，通过典型分析，总结经验，利用多种方式进行宣传和推广。三是按照统一标准，在全国选择一些重点的地区、产业和产品、企业，组织试点，在政策和资金等方面给予扶持，探索国家支持农产品加工业发展的途径和方式，逐步加大国家支持全国农产品加工业发展的政策和措施力度。四是召开会议。在认真准备的基础上，拟在今年下半年或者明年的适当时间以农业部名义召开全国农产品加工经验交流会，进一步发动和推进工作。

三、组织领导和职责分工

为了加强我部在农产品加工业方面的工作协调和指导，成立农业部农产品加工业领导小组及其办公室。

1. 农业部农产品加工业领导小组的组成及职责

领导小组组长由齐景发副部长担任，成员单位包括乡镇企业局、发展计划司、市场信息司、财务司、政策法规司、农村经济体制与经营管理司、种植业司、畜牧局、渔业局、农垦局。领导小组主要负责指导、管理和协调全国农产品加工业的工作，领导农业部农产品加工业领导小组办公室的工作。具体职责是：

①审定农业部关于农产品加工业的工作计划，并监督落实。

②审定全国农产品加工业发展规划。

③审定农业部关于促进农产品加工业发展的政策措施和项目计划。

④协调和管理农业部有关部门有关农产品加工业方面的工作。

⑤组织协调对外联系工作。

⑥审定领导小组办公室提请审议的其他事项。

2. 农业部农产品加工业领导小组办公室的组成及其职责　领导小组办公室设在乡镇企业局，办公室由乡镇企业局、发展计划司、农村经济体制与经营管理司、市场信息司的同志组成。办公室主任由乡镇企业局局长担任，副主任由乡镇企业局、发展计划司、农村经济体制与经营管理司各派一位领导担任。领导小组成员单位中不参加领导小组办公室工作的指定一名联络员，负责工作联系。领导小组办公室是领导小

组的办事机构，主要职责是：

①负责提出农业部关于农产品加工业的工作计划，经批准后组织实施。

②负责组织制定全国农产品加工业发展战略和规划，协调落实有关措施，经批准后组织实施。

③负责组织提出促进农产品加工业发展的政策，经批准后组织实施。

④负责组织提出我部促进农产品加工业发展的建设计划，经领导小组和有关领导审议同意，由部有关单位按照农业部基本建设管理办法和其他资金管理办法以及职能分工实施。

⑤负责组织推广农产品加工业方面的典型经验，负责试点、宣传和有关会议组织等方面的工作。

⑥负责组织农产品加工业的统计分析工作。

⑦负责协调农业部农产品加工业方面的对外联系工作。

⑧承办农业部农产品加工业领导小组的日常工作。

⑨承办农产品加工业领导小组和部领导交办的其他工作。

四、工作方法

领导小组办公室和部内各个单位采取“统分结合”的工作方法。统即统一工作的计划和步骤，把农业部内有利于支持农产品加工业发展的职能和各种有利条件整合起来，形成合力；分是部内各个单位根据各自职能，分工负责，发挥优势，以此促进农产品加工业的快速健康发展。具体的工作方法是：

（一）编制规划

领导小组办公室提出发展战略和规划的起草工作方案，经领导小组审定后，由发展计划司和乡镇企业局负责编制，经审定后以农业部名义发布并组织实施。

（二）制定政策

由领导小组办公室提出政策制定的工作方案，经领导小组审定后，由乡镇企业局和政策法规司负责研究和组织制定，提请领导小组审定后，按照程序报请批准，然后组织落实。

（三）项目和资金管理

由领导小组办公室根据农业部年度基本建设和项目资金计划，提出农业部农产品加工业发展建设项目计划，经领导小组和主管计划或资金工作的部领导审定后，部有关单位按照基本建设项目管理和其他资金管理办法的规定组织实施。

（四）调查研究和统计分析

由领导小组办公室负责提出调查和统计分析方案，经领导小组审定后，按照农业部行业和系统组织实施。领导小组办公室汇总和分析，起草全国农产品加工业发展情况报告，提请领导小组审定后上报和下发。

（五）对外协调

农产品加工业方面的对外协调工作任务很重。要按照“统一归口管理，分工负责落实”的原则进行。涉及农产品加工业管理职能方面的联系，由农产品加工业领导小组办公室（乡镇企业局）会商农村经济体制与经营管理司进行；涉及项目和资金方面与财政和计划部门的联系，由发展计划司和财务司为主，部有关部门配合进行；涉及政策法规方面的协调，由乡镇企业局和政策法规司负责；涉及与银行方面的协调，由领导小组办公室统一组织。

（六）对外宣传

由领导小组办公室会商农业部管理宣传工作的部门制订方案，按照程序报批后开展有关活动。

关于我国农产品加工业发展情况和对策建议的报告

（农业部农发〔2001〕126号　2001年8月16日）

国务院：

今年以来，我部根据党的十五届五中全会、中央农村工作会议、中发［2001］8号文件和国务院领导同志的批示精神，在深入黑龙江等12个省区就粮、棉、油、茶、果、蔬、畜、禽和水产等主要农产品加工情况进行专题调查的基础上，对我国农产品加工业发展问题进行了认真研究。现将有关情况报告如下：

一、当前我国农产品加工业发展的基本情况

农产品加工业包括食品、饮料、烟草、纺织、服装、皮毛、羽绒、橡胶 、木材、纸张等加工业。改革开放以前，农产品加工业发展一直比较缓慢。改革开放以后，随着农业的快速发展和城乡居民收入水平的显著提高，农产品加工业发展明显加快。特别是“九五”以来，农业和农村经济进入新的发展阶段，重要农产品实现了由长期短缺到总量平衡、丰年有余的历史性转变，农产品加工业得到迅猛发展。截止到2000年底，全国年销售收入500万元以上的各类农产品加工企业达54 286家，从业人员1 530.11万人，实现增加值5 494.42亿元，占全国工业增加值的25.5%和国内生产总值的6.7%。全国东、中、西部地区农产品加工业所占比例分别为61.8:26.9:11.3。全国乡镇企业增加值中有27%来自农产品加工业。

“九五”以来，农产品加工业发展呈现出如下几个特征：

（一）发展速度呈较快增长态势

“九五”以来，全国农产品加工业增加值年均增长8.2%，与国内生产总值基本保持同步增长，其中食品工业增加值年均增长8.7%，高出整个农产品加工业0.5个百分点，现已占到农产品加工业的40%以上。目前一些县市新上的各类项目中农产品加工项目占2/3以上。农产品加工业已经成为农村经济和国民经济新的增长点。

（二）涌现出一批上规模和上水平的企业

一大批农产品加工企业产值、利润和税金增长较快。一些地方农产品加工业产值的20%以上是由5 000万元固定资产以上的企业创造的。出现了如三元、伊利、夏进、双汇、蒙牛、华农、旺旺、德大等一大批上规模企业。

（三）区域特色初步显现

一些地方出现了一批农产品加工的专业乡、专业村，也有一些地方在特定区域内形成了由众多农产品加工企业组成的特色块状经济格局。如内蒙古的乳品和皮毛加工，河南、河北的小麦和肉类加工，吉林的玉米和牛肉加工，湖南的水稻和饲料加工，江苏、福建的茶叶加工，新疆的棉花、葡萄和番茄加工等，都已形成特色明显的产业体系。在一些省市区出现了一批农产品加工业的特色县、特色乡和特色村，有的还形成了一乡一品、一村一品的格局。

（四）加工企业与农户的关系日趋紧密

很多地方按照农业产业化经营的思路发展农产品加工业，建立和完善企业与基地、农户的利益联结机制。一些龙头企业把基地和农户作为第一生产车间，通过契约加服务、保护价收购、让农户以资源入股分红和返还利润等方式与农户结成利益共同体。

农产品加工业之所以得到较快发展，一是由于党中央、国务院的正确引导；二是由于地方党委、政府的重视。近些年来，各地普遍把促进农产品加工业发展作为农业和农村经济结构战略性调整的重要措施来抓，采取了一些切实可行的扶持政策。如河南省解决了加工企业自用粮收购许可证的问题。2000年还拿出3.64亿元资金，支持21家重点企业进行技术改造和技术攻关。湖南省政府“九五”期间每年安排扶持乡镇企业专项资金4 000万元，重点用于扶持农产品加工企业。云南省对80家省级重点龙头企业和符合标准的新建龙头企业，从投产之日起，视经营状况先征后返全部或部分所得税三年。这些政策措施对促进本地农产品加工业的发展起到了重要作用。

二、当前我国农产品加工业存在的主要问题和困难

尽管我国农产品加工业发展势头良好，是一个正在较快成长的具有巨大潜力和广阔前景的朝阳产业，但目前我国农产品加工业整体发展水还不高，与农业和农村经济的发展还不适应，仍处在起步发展阶段，要实现更快发展和质的飞跃还面临着许多制约因素。

（一）从自身的发展情况看，突出存在三个问题

1. *加工总量不足，精深加工程度较低*　发达国家农产品加工业产值与农业产值之比为3:1，而我国只有0.6:1；发达国家工业生产的食品占消费的90%，而我国仅占25%；发达国家农产品加工程度达到80%以上，而我国农产品的加工程度只有45%，其中二次以上的深加工只占到20%。

2. *技术装备落后，企业规模较小*　目前我国农产品加工企业的技术装备水平80%处于20世纪70～80年代的世界平均水平，15%左右处于90年代水平，只有5%左右达到国际先进水平。加工企业规模普遍较小，很多肉类加工企业日加工量在500kg以下，一些传统名特产品多属前店后厂的作坊式加工。

3. *利益机制不完善，产加销脱节*　多数加工企业与农户还是一种简单松散的买卖关系，企业与农户之间没有形成利益共同体，也没有形成产加销一体化经营，签订的合同缺乏履行保证机制，存在着价高时农民不愿意出售，价低时企业违约压价收购，双方互不信任的现象。同时，企业和农户获得市场信息不

足，市场营销渠道不畅。

（二）从发展的外部条件看，主要存在如下困难

1.*缺乏必要的政策扶持*　一是缺乏必要的投资和信贷政策扶持。由于农产品加工业一次性投入大，农产品收购时间集中，资金占用时间长，数额大，周转慢，农产品加工企业普遍缺乏启动资金和流动资金，尤其是玉米、大豆、小麦、水稻等大宗农产品加工企业这方面问题更加突出。目前国家对农产品加工业的基本建设投资仅占国民经济各行业基本建设投资的2%左右，商业性贷款抵押担保难，手续繁杂，时间一般在1年左右。二是缺乏必要的税收政策扶持。农产品加工企业收购原材料的进项税抵扣率低，增值税赋明显高于其他企业。有的地方出口退税不及时，退款滞后半年以上的情况常有，影响到企业流动资金的正常运转。三是对农产品加工企业的技术进步缺乏必要的扶持。目前我国科技经费和研究力量在农产品加工领域投入较少，导致农产品加工业装备和工艺水平落后，产品开发和科技创新能力弱，成果转化率低。

2.*农产品品质、品种和生产方式与加工业的发展要求不适应*　在过去一段较长的时间里，由于受农产品供应不足的影响，我国农业政策和农业技术主要追求高产，忽视了加工业对农产品品质和品种的要求，专项科研投入少，导致品种创新及繁育技术体系落后，农产品专用化程度和品质不高，不能满足加工业的需求。另外，由于我国农产品生产多以家庭为单位，规模小，农业生产集约化程度低，专业化进展缓慢，农产品原料生产形不成规模，分散生产与集中加工的矛盾突出。

3.*质量标准和社会化服务体系不健全*　我国农产品加工业的质量标准体系、监测体系、食品安全体系、技术推广服务体系、质量认证体系以及信息网络体系等建设严重滞后。主要体现在3个方面，一是原料生产的质量保证体系不健全，直接影响加工品品质；二是农产品加工的保证体系，存在着缺少标准或不执行标准和标准不细、不严密等问题；三是农产品加工业的科研、开发、推广、培训等技术支撑体系和开展信息交流、产品宣传、检测检验等服务体系至今没有建立健全起来。

三、进一步促进农产品加工业发展的对策建议

根据我国农产品加工业发展现状和面临的形势，为进一步引导和促进我国农产品加工业的持续健康发展，我部提出如下对策建议：

（一）进一步提高对农产品加工业重要性和紧迫性的认识

在当前农业和农村经济处于新阶段的情况下，发展农产品加工业是促进农业和农村经济结构战略性调整，增加农民收入的必然选择，是应对加入世贸组织挑战，提高我国农产品国际竞争力的客观要求，是实现农业产业化经营，促进传统农业向现代农业转变的突破口，也是促进农村工业化、城镇化和现代化的重要途径。建议加大宣传力度，进一步统一各地各部门对加快发展农产品加工业重要意义的认识，树立发展农产品加工业就是发展农业和农村经济，扶持农产品加工业发展就是扶持农业和农村经济发展的思想观念，切实把促进和扶持农产品加工业发展摆上重要议事日程，抓紧抓好。

（二）积极创造有利于农产品加工业发展的政策环境

一是加大国家基本建设投资和财政支农资金对农产品加工业的投入力度；二是按照农产品加工业发展的要求合理调整贷款结构，适当增加贷款总量，尤其是加大农村信用社和农业银行对农产品加工企业的支持力度；三是积极拓宽融资渠道，加快符合上市条件、市场开拓能力强的大型农产品加工龙头企业上市，并扩大上市规模；四是降低农产品加工企业的增值税率，提高进项税抵扣率和出口退税率，对农产品加工企业进口农产品加工设备和引进先进技术，在关税和增值税上给予优惠。按照国务院领导指示，农业部正在组织起草促进农产品加工业发展的政策性文件，经与国务院有关部门协商同意后报国务院。

（三）努力提高农产品加工业科技创新能力和水平

针对目前我国农产品加工企业技术创新和开发能力低、科技储备不足的现状，国家应制定促进农产品加工业发展的技术政策，加大对农产品生产和加工科研开发的投入。鼓励科研单位、大专院校与生产企业加强联合与合作，深入开展农产品精深加工工艺、技术、品种和功能等方面引进消化吸收及开发的创新研究，加快科研成果的转化。鼓励和扶持企业加快技术改造，引进适用和先进的技术装备，建立健全科技开发研究机构，全面提升企业的技术水平和研究开发能力，提高加工产品的质量和效益。

（四）加快建设农产品加工业的质量标准体系和社会化服务体系

加紧制订符合我国实际和国际惯例的农产品原料和加工业制品质量标准体系；建立健全农产品质量检测体系，食品安全保证体系。建立多层次、多元化市场体系，扶持和发展各种中介组织，建立健全技术推广、职业培训、信息网络等社会化服务体系。

农产品加工业项目行动方案

（农业部　2001年9月22日）

为确实履行好我部指导和管理农产品加工业的职能，加大工作力度，打牢工作基础，促进我国农产品加工业的发展，按照6月27日农业部部长办公会议精神，在认真分析我部现有管理职能和手段与农产品加工业关系的基础上，提出本方案。

一、指导思想和工作原则

（一）指导思想

按照我部职能建设和农产品生产、加工、销售一体化发展要求，适应农产品加工业加快发展的需要，把我部在行业管理、科研推广、标准质量、基本建设、技术改造等方面职能向农产品加工业倾斜，以迅速启动我部农产品加工业工作，探索我部有效组合各方面条件加强中心工作的路子。

（二）工作原则

1.统筹协调　各个方面职能和手段的使用应按照部里的统一要求，做到在工作方向、重点和步骤上的统一。

2.立足于现有的职能和手段　把我部能够做也必须做的事情先做起来。要对现有职能手段和农产品加工业发展要求进行比较和衔接，找到结合点和工作重点，在资金和项目方面尽快采取行动。

3.不改变现有项目管理程序　各个单位的农产品加工业项目仍然按照原来项目和资金的管理程序管理。

4.加强督促检查和情况综合　各个单位农产品加工业项目开展情况要及时向部农产品加工业领导小组报告，以便工作指导；汇总到部农产品加工业领导小组办公室，以利情况综合。

二、工作任务

（一）完善农产品加工业的质量标准体系

加大支持力度，建立健全农产品加工业的质量标准体系，为农产品加工业的发展奠定良好的基础。

（二）提高农产品加工企业的技术创新能力

制定农产品加工业技术进步计划，“十五”期间在向形成我国具有自主创新能力和研究开发能力、配套的科研成果转化能力方面有明显进展。

（三）探索生产、经营，销售和服务一体化发展路子

形成一批按照符合发展方向要求的成熟的示范区和管理经验。

（四）完善农产品加工业的检测体系和信息服务体系

力争到“十五”期末，初步完善农产品加工产品的检测体系建设，建立健全农产品加工业信息网，初步具备为企业提供综合服务的能力。

三、主要项目

（一）农产品加工业质量标准制定

我国农产品生产缺乏质量标准，特别是缺乏对产后的分级、加工等提高商品质量标准的技术研究。加大农产品加工业质量标准的制修订力度，对增强我国农业国际竞争力具有重要意义。为此，每年制修订100项农产品加工业质量标准，以尽快完善农产品加工业标准，为农产品加工业的迅速发展奠定基础。

（二）农产品加工业关键技术开发推广

我部的科技攻关计划、跨越计划、成果转化与产业化计划和丰收计划，对促进农业生产，增加农产品的供给做出了重要贡献。鉴于目前我国大多数农产品出现卖难、价格持续走低等问题，加大农产品加工业的扶持力度，将有助于这些问题的解决。在“十五”期间，国家科技攻关计划将加大对农产品加工业重大关键技术研究的支持力度；科技成果转化项目将农产品加工业列为支持重点；跨越计划将组织对重大农业科技成果进行中试、转化；丰收计划将积极推广能进行深加工的农产品生产先进适用技术。水产品加工业技术创新着重解决淡水鱼加工综合利用、海水中上层鱼类加工、贝类产品的净化加工技术难题，包括加工工艺、精深加工机械设备研制、新产品开发技术。畜产品加工业通过联合攻关，开发和应用畜产品保鲜、加工、储运等环节的关键技术。通过提高加工农产品的技术含量，增强我国农产品的竞争力。

（三）鼓励各类农产品生产基地向加工销售环节延伸

在符合国家基本建设有关要求的前提下，在资金上对有利于促进农产品加工业的项目给予支持。

（四）农产品加工业质量检测体系建设

我部已建立了一批食品加工检测机构。但从农产品加工业的角度看，还有许多农产品加工品没有被覆盖。“十五”期间，在检测体系建设上，向农产品加工业检测体系倾斜，以加大对加工农产品质量的监督检验力度。

（五）农产品加工业信息体系建设

我部在农业信息体系建设方面做出了较为突出的成绩。“十五”期间，应加大对农产品加工业的信息体系的建设力度，加强对农产品加工信息的收集、整理和共享，为农产品加工业提供准确的信息服务。

（六）农产品加工业技术引进

我部的“948”引进计划将继续加大国际先进农产品加工业技术的引进，并在此基础上搞好消化与吸收。在国外考察、引进外国专家等方面，也应向农产品加工业方面倾斜，以引进更多的农产品加工业技术，了解掌握更多的国际农产品加工业的技术动态及其他信息。

（七）启动一体化发展示范项目

在全国按品种（以大宗农产品为主）选择一些农产品加工业发展较好或潜力较大的地区，以企业为依托，按照实行区域化种植适应加工，推进技术进步深化加工，完善营销网络开拓市场，加强社会化服务创造环境的思路，以企业和地方投资为主，中央给予一定的支持，建设若干农产品加工业示范项目，逐步积累经验。

四、有关工作措施

（一）统一认识，加强领导

加大对农产品加工业的管理与指导工作，有利于促进农业向生产、加工、销售一体化方向发展，这既是今后我国农业发展的客观要求，也是我部促进农村经济发展、加强职能建设的基本要求。部里各个方面要把支持农产品加工业发展作为本单位职能建设的基本内容和必然要求，给予重视和支持，放到应有的工作位置。

（二）制定规划，突出重点

部内各有关司局应根据部里的统一要求，提出支持农产品加工业发展的思路和项目措施，明确对农产品加工业支持的指导思想、目标及任务，突出项目支持的重点，并制定相应的保障措施。

（三）加强工作的监督检查，保证各项工作措施的落实

部内各有关司局应及时向部农产品加工业领导小组办公室提供项目建设进展情况。领导小组办公室综合后定期发布项目建设信息，供部领导决策和各有关单位参考。

关于加强农产品质量安全管理工作的意见

（农业部　2001年11月15日）

为适应农业发展新阶段的需要，提高农产品质量安全水平，保障城乡居民的身体健康，增强农产品市场竞争力，增加农民收入，实现农业可持续发展，根据党的十五届五中全会精神和《国民经济和社会发展第十个五年计划发展纲要》中“关于加快建立农产品市场信息、食品安全和质量标准体系，引导农民按市场需求生产优质农产品”的要求，现提出如下意见：

一、充分认识加强农产品质量安全管理的重要性和紧迫性

农产品质量安全问题，是新阶段农业和农村经济工作必须解决的一个重大问题。近年来，随着农产品供求基本平衡，丰年有余，人民生活水平日益提高，农产品国际贸易的快速发展，农产品质量安全问题日益突出，已成为农业发展新阶段亟待解决的主要矛盾之一。由于农业投入品的不合理使用，农产品的不科学收获，工业“三废”和城市垃圾的不合理排放，市场准入制度没有建立以及市场监督管理不严等，导致农产品污染比较严重，因食用有毒有害物质超标的农产品引发的人畜中毒事件，以及出口农产品及加工品因农（兽）药残留超标被拒收、扣留、退货、索赔、终止合同、停止贸易交往的现象时有发生。农产品质量安全面临着前所未有的挑战，到了非

抓不可、必须下大力气治理的时候了。

提高农产品质量安全水平，是促进农业结构调整、农民增收和农业可持续发展的需要；是保障城乡居民消费安全的需要；是加入WTO，提高我国农产品国际竞争力的需要；也是整顿和规范市场经济秩序的需要。各级农业行政主管部门，要站在贯彻落实江泽民同志“三个代表”重要思想的高度，充分认识提高农产品质量安全水平的重要性，进一步统一思想，把农产品质量安全问题作为农业和农村经济工作的一项紧迫、重大任务，采取有效措施，抓紧抓好，抓出成效。

二、农产品质量安全管理工作的目标

农产品质量安全管理工作的指导思想是：在保证农产品供求基本平衡的基础上，以保护城乡消费者权益，提高农产品的市场竞争力为目标，全面提高农产品质量安全水平，健全农产品质量安全保障体系，对农产品质量安全实施强有力的监督控制，努力实现农产品的无公害生产和消费。

“十五”期间，要通过政策、法规和技术等措施，努力使我国的农产品质量安全状况基本满足市场和消费者的需求，农用化学物质对农产品生产环境的污染状况得到初步控制，建设一批无公害农产品生产基地和标准化生产综合示范区，主要农产品实现按标准组织生产，安全指标达到国家标准或行业标准要求，形成一批具有市场竞争力的名牌农产品，大中城市的农产品市场抽检合格率达到85%以上。

近两、三年，要把解决“菜篮子”产品的质量安全问题作为主要矛盾。蔬菜产品主要解决高毒有机磷类农药残留问题，茶叶主要解决农药残留和重金属超标问题，水果主要解决农药残留和生长激素滥用问题；畜禽产品主要解决兽药残留和动物疫病问题，特别是生猪饲养过程中使用盐酸克伦特罗等违禁药物问题；水产品主要解决药物残留和贝类产品的污染问题。

三、工作重点

（一）加强农产品质量安全管理的五个环节

为了对农产品质量安全实施强有力的监控，必须大力加强农产品产地环境、农业投入品、农业生产过程、包装标识和市场准入等五个环节的管理。

1. *产地环境*　与环保等部门一起，严格农产品产地环境的管理，各级农业行政主管部门要重点解决化肥、农药、兽药、饲料等农业投入品对农业生态环境和农产品的污染。要抓紧制定相关农产品的产地环境标准，全面开展农产品重点生产基地环境监测，采取切实有效的农业生态环境净化措施，保证农产品的产地环境符合要求，从源头上把好农产品质量安全关。

2. *农业投入品*　按照《农药管理条例》、《兽药管理条例》、《饲料和饲料添加剂管理条例》等有关规定，健全农业投入品的市场准入制度，严格农业投入品的生产、经营许可和登记。通过市场准入管理，引导农业投入品的结构调整与优化，逐步淘汰高残毒农业投入品品种，发展高效低残毒品种。加强对农业投入品市场的监督管理，会同有关部门，严厉打击制售和使用假冒伪劣农业投入品行为。尽快建立农业投入品的禁用、限用制度，及时向社会公布禁用、限用的农业投入品品种。

3. *生产过程*　指导农产品生产、经营者严格按照标准组织生产和加工，科学合理使用化肥、农药、兽药、饲料等农业投入品和灌溉、养殖用水。要加快推广先进的动植物病虫害综合防治技术，推广高效低残毒农药、兽药、饲料添加剂品种，推广配方施肥技术和有机肥、复混专用肥。健全动物防疫和植物保护体系，加强动植物病虫害的检疫、防疫和防治工作。加快动物无规定疫病区建设，加大对动植物疫情的监督管理。

大力发展农产品贮藏、保鲜和加工业，积极推进农业产业化经营。通过公司加农户等办法，带动农产品生产基地建设，提高农产品生产和加工的标准化水平。通过龙头企业和营销组织，引导农产品生产者按照市场需求调整农产品品种布局和结构。要积极扶持和发展农民专业合作经济组织、专业技术协会和流通协会，提高农产品生产的组织化程度。

4. *包装标识*　要根据不同农产品的特点，逐步推行产品分级包装上市。对包装上市的农产品，要标明产地和生产单位，建立农产品质量安全追溯制度。凡列入农业转基因生物标识管理目录的产品，要严格按照农业转基因生物标识管理规定，予以正确的标识或标注。

5. *市场准入*　在生产基地、批发市场，要逐步建立农产品自检制度。产品自检合格，方可投放市场或进入无公害农产品专营区销售。无论是生产基地，还是农产品批发市场、农贸市场，都要自觉接受和配合政府指定的检测机构的检测检验，接受执法单位对不合格产品依法作出的处理。

（二）建立健全农产品质量安全保障体系

对农产品质量安全实施强有力的监控，必须下大力气建立健全农产品质量安全标准、检测检验、质量认证体系，加强执法监督、技术推广、市场信息等工作。

1. 农产品质量安全标准体系　重点是加快农产品产地环境、生产技术规范和产品质量安全标准的制定并完善配套。要积极引进和采用国际标准，并逐步与国际接轨。近两、三年要重点加快农产品中农药残留、兽药残留、动植物疫病以及有毒有害物质限量国家标准或行业标准的制修订。力争到“十五”末，使我国主要农产品品种、生产、质量、安全、包装、保鲜等方面的国家标准或行业标准基本配套，农产品生产经营的各环节都有相应的标准可遵循。

2. 农产品质量安全检测检验体系　要切实加强部级农产品、农业投入品和农业生态环境质检中心建设，充实仪器设备，完善检测手段，尽快提高检测能力，逐步实现与国际接轨，争取国际多边或双边认证。要加强地方农产品质量安全检测检验体系建设，逐步健全省级农产品、农业投入品和农业生态环境检测检验站（所），尽快开展农产品质量安全的日常监督管理和检测工作。同时，要指导农产品生产基地和批发市场，逐步配备快速检测仪器设备，培训技术人员，开展生产基地和批发市场农产品质量安全状况的检测。

3. 农产品质量安全认证体系　要以无公害农产品生产基地认定和标识认证为基础，积极推行 GMP（良好操作规范）、HACCP（危害分析与关键控制点）、ISO9000 系列标准（质量管理和质量保证体系系列标准）、ISO14000 系列标准（环境管理和环境保证体系系列标准）认证和管理工作。加强农产品质量安全认证体系的建设，大力培育具有市场前景的名牌农产品，提高农产品的市场竞争力。

绿色食品作为农产品质量认证体系的重要组成部分，要按照政府引导、市场运作的发展方向，加快认证进程，扩大认证的覆盖面，使绿色食品在促进农业生态环境建设、实施农产品名牌战略、扩大农产品出口创汇等方面发挥积极作用。要进一步发挥绿色食品在农产品生产加工运作方式、质量安全制度建设等方面的示范带动作用。

4. 农产品质量安全执法监督　从 2002 年开始，农业部将在财政、计划等部门的支持下，在全国范围内开展农产品产地环境定点监测、农业投入品监督检查、农产品质量安全监督抽查工作。各省（区、市）农业行政主管部门要在同级财政、计划部门的支持下，积极开展相应工作。

在加大对农业投入品执法监督的同时，要加强对农业生态环境和农产品质量安全的监督管理。要把对禁用、限用农业投入品的监督管理作为重点。对查出的有毒有害物质超标的农产品，要依法及时处理。要抓紧有关农产品质量安全法规以及农业生态环境管理等方面规章的起草工作。

5. 农产品质量安全科技进步　要围绕农产品质量安全，抓好新品种、新技术、新产品的开发、推广和技术服务工作。加快开发农药残留、兽药残留等有毒有害物质快速、准确检测仪器设备和方法，研制农产品有毒有害物质降解技术和产品。在农产品生产基地建设、农业综合开发、丰收计划、跨越计划、“948”计划、动物无规定疫病区建设和动植物保护工程等农业项目实施过程中，要把提高农产品质量安全水平作为重点。

6. 农产品质量安全市场信息工作　在实施“十五农村市场信息服务行动计划”过程中，要把农产品质量安全信息网络建设作为主要内容之一，及时向农产品的生产、加工、经营和使用者提供农产品质量、安全、标准、品牌等方面的信息。

四、工作措施

（一）抓好试点、示范

在抓好北京、天津、上海、深圳等四大城市“无公害食品行动计划”试点的基础上，从 2002 年开始，逐步扩大到部分省会大城市。要在建设好现有农产品标准化生产综合示范区的基础上，逐步扩大示范的规模，增加示范内容。各地要根据实际情况，创办一批农产品标准化生产综合示范区。

在加大无公害蔬菜、水果、茶叶生产基地建设力度的基础上，从 2002 年起，陆续建设全国性的无公害畜产品、水产品和热作等农产品生产基地。各地也要抓紧规划，创建无公害农产品生产基地。农业部以后安排的农产品基地建设项目，要优先安排取得省级以上农业行政主管部门认定的无公害农产品生产基地。

农业部在支持现有定点批发市场建立农药残留监测站试点的基础上，将逐步扩大支持的规模。各地也要加强生产基地、批发市场农药残留监测站的建设，尽快提高生产基地、批发市场的农药残留检测能力。

（二）积极推动产销直挂

农业系统要积极参与农产品流通，推动产销一体化的农产品流通机制，实现农产品生产基地与消费市场直接挂钩，发展多种形式的直供、配送、连锁服务，缩短农产品流通时间，降低农产品流通成本，保证鲜活农产品质量和消费安全。要积极培育多种形式的农民产销合作组织和经纪人队伍。

（三）增加投入，调动广大农民的生产积极性

要在世贸组织规则允许的范围内，积极争取有关部门对农产品质量安全管理工作的支持。加大对农产品质量安全标准的制修订、检测检验体系建设、农产品质量安全认证、质量安全执法监督、无公害农产品生产基地和标准化生产综合示范区、市场信息体系、农产品质量安全科技攻关、农业技术推广体系、动植物防疫体系等建设的投入。要利用市场机制，全面推行优质优价政策，通过基地建设、技术培训和市场专销等措施，充分调动农民生产安全优质农产品的积极性。

（四）加大宣传培训力度

按照中央宣传部、农业部、国家广电总局、国家新闻出版总署《关于加强农村经济信息宣传工作的通知》（农市发［2001］9号）精神，要加大对农产品质量安全方面有关政策、法规、标准、技术的宣传，增强农产品生产、加工、经营和消费者的质量安全意识，形成全社会关心、支持农产品质量安全管理的氛围。要在跨世纪青年农民培训、农民绿色证书、农业广播电视教育等培训计划中，列入农产品质量、安全、标准、品牌等方面的培训内容。部属新闻单位，要加强农产品质量安全方面知识的宣传介绍。

五、切实加强对农产品质量安全管理工作的领导

农产品质量安全管理，涉及许多部门的工作，需要部门配合，通力合作，加强协调，共同努力。各级农业行政主管部门要切实将农产品质量安全管理工作列入重要议事日程，实行一把手负责制，并在同级人民政府的领导下，积极会同计划、财政、经贸、科技、法制、卫生、工商、质检、环保等部门，按照职责分工，各司其职，齐抓共管。

为加强农产品质量安全管理，农业部成立了农产品质量安全管理工作领导小组，办公室设在农业部市场与经济信息司，负责组织、协调和指导全国农业系统开展农产品质量安全管理工作。农业系统各级有关部门要按照农产品质量安全管理工作的总体部署，加强沟通与配合，分工协作，做好工作。

农产品质量安全管理工作是一项全新的事业。我们要以江泽民同志“三个代表”重要思想为指导，本着对人民高度负责的精神，积极探索，扎实工作，稳步推进，力争通过几年的不懈努力，将我国农产品质量安全管理工作提高到一个新水平。

农产品进口关税配额管理暂行办法

（国家发展计划委员会　2002年4月2日）

第一章　总　　则

第一条　为有效实施农产品进口关税配额管理，建立统一、公平、公正、透明、可预见和非歧视的农产品进口关税配额管理体制，根据《中华人民共和国对外贸易法》和《中华人民共和国货物进出口管理条例》制定本办法。

第二条　在公历年度内，国家根据中国加入世界贸易组织货物贸易减让表所承诺的配额量，确定实行进口关税配额管理的农产品的年度市场准入数量；配额量内的农产品进口适用于关税配额内税率，配额量外的农产品进口适用于关税配额外税率。溢装、短装部分按有关规定执行。

第三条　实行进口关税配额管理的农产品品种为:小麦、玉米、大米、豆油、菜籽油、棕榈油、食糖、棉花、羊毛以及毛条。具体品种及税目另行公布。

第四条　小麦、玉米、大米、豆油、菜籽油、棕榈油、食糖、棉花分为国营贸易配额和非国营贸易配额。国营贸易配额需通过国营贸易企业进口;非国营贸易配额,可以通过国营贸易企业或有贸易权的非国营贸易企业进口,有贸易权的最终用户也可以直接进口。

羊毛、毛条实行进口指定公司经营，按外经贸部《货物进口指定经营管理办法》的有关规定执行。

第五条　农产品进口关税配额为全球配额。

第六条　关税配额实行贸易方式全口径管理。所有贸易方式进口符合第三条规定的商品均纳入关税配额管理范围。

第七条　农产品进口关税配额由国家发展计划委员会（以下简称“国家计委”）统一管理。

第八条　国家计委委托授权机构负责下列事项：

（一）接收申请者的申请并将申请转送国家计委；

（二）接收咨询并将其转达国家计委；

（三）核实申请者的申请，以确定是否符合公布的标准；

（四）通知申请者其申请中的任何不足之处，向申请者提供消除其申请中不足之处的机会；

（五）将国家计委作出的关税配额分配和再分配决定，通知给最终用户，提供分配和再分配的信息；

（六）向经过批准的申请者发放《农产品进口关税配额证》。

国家计委授权机构名单（以下简称“授权机构”）详见附件一。

第九条　《农产品进口关税配额证》分为A类、B类两种。《农产品进口关税配额证（A类）》（见附件二）为一般贸易进口关税配额，适用于一般贸易、易货贸易、边境小额贸易、援助、捐赠等方式进口（不包括加工贸易）；《农产品进口关税配额证（B类）》（见附件三）适用于加工贸易方式进口。

进入保税仓库、保税区、出口加工区的产品，免予领取《农产品进口关税配额证》。

第二章　申　　请

第十条　一般贸易进口关税配额的申请期为每年10月15日至30日（凭合同先来先领分配方式除外）。国家计委于申请期前1个月在《中国经济导报》、《国际商报》以及中国经济信息网（http://www.cei.gov.cn/）、国家发展计划委员会网站（http://www.sdpc.gov.cn/）上公布每种农产品下一年度进口关税配额总量及申请关税配额的具体条件，同时公布国务院关税税则委员会确定的关税配额商品税目及配额内税率、配额外税率。

第十一条　国家计委授权机构负责受理属地范围内进口关税配额的申请。

第十二条　国家计委授权机构根据公布的具体条件，审核申请者提交的申请及有关资料，并于11月30日前将符合申领标准的申请转报国家计委。

第十三条　加工贸易进口关税配额的申请者，需在外经贸部门审批加工贸易合同并办理《加工贸易业务批准证》后，凭外经贸部门批准的《加工贸易业务批准证》提出申请。

第三章　分　　配

第十四条　一般贸易进口关税配额将根据申请者的申请数量和以往进口实绩、生产能力、其他相关商业标准或根据先来先领的方式进行分配。分配的最小数量将以每种商品商业上可行的装运量确定。

第十五条　加工贸易进口关税配额凭外经贸部门批准的《加工贸易业务批准证》领取。

第十六条　国家计委在每年1月1日前以《农产品进口关税配额安排通知书》（格式见附件四，以下简称《通知书》）的形式将一般贸易进口关税配额分配量通知到最终用户（加工贸易和凭合同先来先领分配方式除外）。国营贸易配额将在《通知书》中注明。

第十七条　最终用户凭国家计委发放的《通知书》（凭合同先来先领方式除外）及签订的进口合同到国家计委授权机构办理《农产品进口关税配额证（A类）》；加工贸易企业凭《加工贸易业务批准证》到授权机构办理《农产品进口关税配额证（B类）》。

国家计委授权机构须在受理后5个工作日内，例外情况下最多不超过10个工作日，为最终用户办理《农产品进口关税配额证(A类)》或《农产品进口关税配额证(B类)》，并加盖“农产品进口配额证专用章”。

国家计委授权机构将《农产品进口关税配额证》实际发放情况及时抄送同级外经贸部门。

第四章　期　　限

第十八条　进口关税配额于每年1月1日开始实施，并在公历年度内有效。《农产品进口关税配额证（A类）》自发放之日起至当年12月31日有效。实行凭合待同先来先领分配方式的《农产品进口关税配额证》有效期，按公布的实施细则执行。

《农产品进口关税配额证（B类）》在《加工贸易业务批准证》规定的期限内有效，因故需延期的，凭《加工贸易业务批准证》延期的时限，办理一次B类配额证延期手续。

《加工贸易业务批准证》规定的有效期限跨年度的，配额持有者需于12月31日前到原发证授权机构换领下年度的《农产品进口关税配额证（B类）》。

第十九条　当年12月31日前从始发港出运，需在次年到货的进口关税配额农产品，最终用户需于12月31日前持《农产品进口关税配额证》及有关证明单证到原发证授权机构申请延期。原发证授权机构审核情况属实后可予以办理延期，但延期最迟不得超过次年2月15日。

第五章　执　　行

第二十条　最终用户按国家相关商品进口经营的

有关规定，自行或委托签订进口合同。

第二十一条 加工贸易企业凭《加工贸易业务批准证》和《农产品进口关税配额证（B类）》到海关办理加工贸易备案手续，按规定加工复出口，不准转国内销售。

加工贸易企业未能按规定期限加工复出口的，应在到期后30天内办理加工贸易合同核销手续。海关按关税配额外税率征税。

第二十二条 《农产品进口关税配额证（A类、B类）》实行一证多批制，即最终用户一次签订合同需分多批进口的，企业凭关税配额证在海关办理通关手续。进口批次在本年度内超过12次的需换领关税配额证。

第二十三条 保税仓库、保税区、出口加工区进口关税配额商品由海关按现行规定验放并实施监管。

第二十四条 最终用户在货物办结海关手续后20个工作日内，将海关签章的《农产品进口关税配额证（A类）》或《农产品进口关税配额证（B类）》第一联（收货人办理海关手续联）复印件及报关单复印件交原发证授权机构。

第六章 调　整

第二十五条 分配给最终用户的国营贸易配额量，在当年8月15日前未签订合同的，经国家计委批准，最终用户可以改为委托有贸易权的非国营贸易企业进口，有贸易权的最终用户也可以直接进口。未经批准的，不得委托非国营贸易企业进口和直接进口。

第二十六条 持有一般贸易进口关税配额（A类配额证）的最终用户当年无法将已申领到的全部配额量签订进口合同或已签订合同无法完成，须在9月15日前将无法完成的配额量和《通知书》原件交还原发证授权机构。

持有加工贸易进口关税配额（B类配额证）的企业，如在规定的有效期内未进口或未全部进口的，须将B类配额证及时交还原发证授权机构。原发证授权机构汇总后报国家计委，由国家计委进行再分配。

第二十七条 一般贸易关税配额再分配量的申请需由授权机构转报国家计委，申请期为每年9月1日至15日（凭合同先来先领分配方式和加工贸易方式除外）。国家计委于申请期前1个月在《中国经济导报》、《国际商报》以及中国经济信息网（http://www.cei.gov.cn/）、国家发展计划委员会网站（http://www.sdpc.gov.cn/）上公布申请关税配额再分配量的具体条件。

第二十八条 无法将已申领到的一般贸易关税配额量使用完，并在9月15日前已交回未使用配额量和《通知书》原件（不实行《通知书》的除外）的最终用户，不能再申请关税配额再分配量。

第二十九条 国家计委在每年9月30日前将关税配额再分配量分配到最终用户（凭合同先来先领分配方式和加工贸易除外）。关税配额再分配量根据公布的申请条件，按照先来先领方式进行分配。加工贸易企业凭《加工贸易业务批准证》领取。

第三十条 关税配额再分配量（凭合同先来先领分配方式和加工贸易除外）由国家计委以《通知书》的形式通知到最终用户。最终用户按本办法第十七、十八、十九、二十、二十二条的规定办理有关手续。

第七章 罚　则

第三十一条 加工贸易企业未经许可，擅自将保税进口料件或其制成品在国内销售的，海关按走私处理。

第三十二条 对伪造、变造或者买卖《农产品进口关税配额证》的，依照刑法关于非法经营罪或者伪造、变造、买卖国家机关公文、证件、印章罪的规定，依法追究刑事责任。持有配额的最终用户有上述行为的，国家计委在两年内不再受理其进口关税配额的申请。

第三十三条 对伪造进口合同及有关资料骗取《农产品进口关税配额证》的，依法收缴其《农产品进口关税配额证》。国家计委在两年内不再受理其进口关税配额的申请。

第三十四条 持有A类进口配额的最终用户违反本办法第二十六条规定，在当年未能完成分配其全部关税配额量进口，又未在9月15日前将当年不能实现进口的关税配额量交还原发证授权机构的，其下年度分配的关税配额量将按未完成的比例相应扣减。

持有B类配额的最终用户违反本办法第二十六条规定，在B类配额证有效期截止时间前未将不能实现进口的关税配额量交还原发证授权机构的，其再申请加工贸易配额时将按未完成的比例相应扣减。

第三十五条 持有A类进口配额的最终用户连续两年未能完成分配其全部关税配额量进口，并在每年9月15日前将当年不能使用的关税配额量交还原发证授权机构的，其下年度分配的关税配额量将按其最近一年未完成的比例相应扣减。

第三十六条 最终用户违反本办法第二十四条规定，未在规定时间将海关签章的《农产品进口关税配额证（A类）》或《农产品进口关税配额证（B类）》

第一联（收货人办理海关手续联）复印件及报关单复印件交原发证授权机构的，视同未完成进口，相应扣减其下年度关税配额量。

第三十七条 走私进口关税配额商品，按关税配额外税率计算偷逃税金额，并按有关法律、行政法规的规定进行处罚。

第八章 附 则

第三十八条 有关关税配额分配和再分配的咨询需以书面形式向国家计委或授权机构提出，国家计委或授权机构将在10个工作日内作出答复。

第三十九条 《农产品进口关税配额证（A类）》、《农产品进口关税配额证（B类）》及“农产品进口配额证专用章”由国家计委统一监制。

第四十条 农产品进口关税配额证证面文字用计算机打印，证面内容不得涂改。

最终用户如需对《农产品进口关税配额证（A类）》中商品编码、单价、原产地国（地区）、报关口岸等项进行修改，应持《农产品进口关税配额证（A类）》到原发证授权机构申请修改。授权机构在5个工作日内，为最终用户重新办理《农产品进口关税配额证（A类）》，并加盖“农产品进口配额证专用章”，同时收回原《农产品进口关税配额证（A类）》。

《农产品进口关税配额证（B类）》中进口商、加工企业、关税配额证有效截止日期、商品名称、数量等项不得修改。

第四十一条 关税配额商品的进口购汇按国家有关规定执行。

第四十二条 本办法中的国营贸易企业指政府依法授予某些产品进口专营特权的企业。国营贸易企业名单由外经贸部核定并公布。

第四十三条 本办法中的最终用户为直接申领到农产品进口关税配额的生产企业、贸易商、批发商和分销商等。

本办法自2002年2月5日起施行。

附件：一、国家计委授权机构名单［略］

二、农产品进口关税配额证（A类）［略］

三、农产品进口关税配额证（B类）［略］

四、农产品进口关税配额安排通知书［略］

无公害农产品管理办法

（农业部 国家质量监督检验检疫总局 2002年4月29日）

第一章 总 则

第一条 为加强对无公害农产品的管理，维护消费者权益，提高农产品质量，保护农业生态环境，促进农业可持续发展，制定本办法。

第二条 本办法所称无公害农产品，是指产地环境、生产过程和产品质量符合国家有关标准和规范的要求，经认证合格获得认证证书并允许使用无公害农产品标志的未经加工或者初加工的食用农产品。

第三条 无公害农产品管理工作，由政府推动，并实行产地认定和产品认证的工作模式。

第四条 在中华人民共和国境内从事无公害农产品生产、产地认定、产品认证和监督管理等活动，适用本办法。

第五条 全国无公害农产品的管理及质量监督工作，由农业部门、国家质量监督检验检疫部门和国家认证认可监督管理委员会按照“三定”方案赋予的职责和国务院的有关规定，分工负责，共同做好工作。

第六条 各级农业行政主管部门和质量监督检验检疫部门应当在政策、资金、技术等方面扶持无公害农产品的发展，组织无公害农产品新技术的研究、开发和推广。

第七条 国家鼓励生产单位和个人申请无公害农产品产地认定和产品认证。

实施无公害农产品认证的产品范围由农业部、国家认证认可监督管理委员会共同确定、调整。

第八条 国家适时推行强制性无公害农产品认证制度。

第二章 产地条件与生产管理

第九条 无公害农产品产地应当符合下列条件：

（一）产地环境符合无公害农产品产地环境的标

准要求；

（二）区域范围明确；

（三）具备一定的生产规模。

第十条 无公害农产品的生产管理应当符合下列条件：

（一）生产过程符合无公害农产品生产技术的标准要求；

（二）有相应的专业技术和管理人员；

（三）有完善的质量控制措施，并有完整的生产和销售记录档案。

第十一条 从事无公害农产品生产的单位或者个人，应当严格按规定使用农业投入品。禁止使用国家禁用、淘汰的农业投入品。

第十二条 无公害农产品产地应当树立标示牌，标明范围、产品品种、责任人。

第三章 产地认定

第十三条 省级农业行政主管部门根据本办法的规定负责组织实施本辖区内无公害农产品产地的认定工作。

第十四条 申请无公害农产品产地认定的单位或者个人（以下简称申请人），应当向县级农业行政主管部门提交书面申请，书面申请应当包括以下内容：

（一）申请人的姓名（名称）、地址、电话号码；

（二）产地的区域范围、生产规模；

（三）无公害农产品生产计划；

（四）产地环境说明；

（五）无公害农产品质量控制措施；

（六）有关专业技术和管理人员的资质证明材料；

（七）保证执行无公害农产品标准和规范的声明；

（八）其他有关材料。

第十五条 县级农业行政主管部门自收到申请之日起，在10个工作日内完成对申请材料的初审工作。

申请材料初审不符合要求的，应当书面通知申请人。

第十六条 申请材料初审符合要求的，县级农业行政主管部门应当逐级将推荐意见和有关材料上报省级农业行政主管部门。

第十七条 省级农业行政主管部门自收到推荐意见和有关材料之日起，在10个工作日内完成对有关材料的审核工作，符合要求的，组织有关人员对产地环境、区域范围、生产规模、质量控制措施、生产计划等进行现场检查。

现场检查不符合要求的，应当书面通知申请人。

第十八条 现场检查符合要求的，应当通知申请人委托具有资质资格的检测机构，对产地环境进行检测。

承担产地环境检测任务的机构，根据检测结果出具产地环境检测报告。

第十九条 省级农业行政主管部门对材料审核、现场检查和产地环境检测结果符合要求的，应当自收到现场检查报告和产地环境检测报告之日起，30个工作日内颁发无公害农产品产地认定证书，并报农业部和国家认证认可监督管理委员会备案。

不符合要求的，应当书面通知申请人。

第二十条 无公害农产品产地认定证书有效期为3年。期满需要继续使用的，应当在有效期满90日前按照本办法规定的无公害农产品产地认定程序，重新办理。

第四章 无公害农产品认证

第二十一条 无公害农产品的认证机构，由国家认证认可监督管理委员会审批，并获得国家认证认可监督管理委员会授权的认可机构的资格认可后，方可从事无公害农产品认证活动。

第二十二条 申请无公害产品认证的单位或者个人（以下简称申请人），应当向认证机构提交书面申请，书面申请应当包括以下内容：

（一）申请人的姓名（名称）、地址、电话号码；

（二）产品品种、产地的区域范围和生产规模；

（三）无公害农产品生产计划；

（四）产地环境说明；

（五）无公害农产品质量控制措施；

（六）有关专业技术和管理人员的资质证明材料；

（七）保证执行无公害农产品标准和规范的声明；

（八）无公害农产品产地认定证书；

（九）生产过程记录档案；

（十）认证机构要求提交的其他材料。

第二十三条 认证机构自收到无公害农产品认证申请之日起，应当在15个工作日内完成对申请材料的审核。

材料审核不符合要求的，应当书面通知申请人。

第二十四条 符合要求的，认证机构可以根据需要派员对产地环境、区域范围、生产规模、质量控制措施、生产计划、标准和规范的执行情况等进行现场检查。

现场检查不符合要求的，应当书面通知申请人。

第二十五条 材料审核符合要求的、或者材料审核和现场检查符合要求的（限于需要对现场进行检查时），认证机构应当通知申请人委托具有资质资格的检测机构对产品进行检测。

承担产品检测任务的机构，根据检测结果出具产品检测报告。

第二十六条 认证机构对材料审核、现场检查（限于需要对现场进行检查时）和产品检测结果符合要求的，应当在自收到现场检查报告和产品检测报告之日起，30个工作日内颁发无公害农产品认证证书。

不符合要求的，应当书面通知申请人。

第二十七条 认证机构应当自颁发无公害农产品认证证书后30个工作日内，将其颁发的认证证书副本同时报农业部和国家认证认可监督管理委员会备案，由农业部和国家认证认可监督管理委员会公告。

第二十八条 无公害农产品认证证书有效期为3年。期满需要继续使用的，应当在有效期满90日前按照本办法规定的无公害农产品认证程序，重新办理。

在有效期内生产无公害农产品认证证书以外的产品品种的，应当向原无公害农产品认证机构办理认证证书的变更手续。

第二十九条 无公害农产品产地认定证书、产品认证证书格式由农业部、国家认证认可监督管理委员会规定。

第五章 标志管理

第三十条 农业部和国家认证认可监督管理委员会制定并发布《无公害农产品标志管理办法》。

第三十一条 无公害农产品标志应当在认证的品种、数量等范围内使用。

第三十二条 获得无公害农产品认证证书的单位或者个人，可以在证书规定的产品、包装、标签、广告、说明书上使用无公害农产品标志。

第六章 监督管理

第三十三条 农业部、国家质量监督检验检疫总局、国家认证认可监督管理委员会和国务院有关部门根据职责分工依法组织对无公害农产品的生产、销售和无公害农产品标志使用等活动进行监督管理。

（一）查阅或者要求生产者、销售者提供有关材料；

（二）对无公害农产品产地认定工作进行监督；

（三）对无公害农产品认证机构的认证工作进行监督；

（四）对无公害农产品的检测机构的检测工作进行检查；

（五）对使用无公害农产品标志的产品进行检查、检验和鉴定；

（六）必要时对无公害农产品经营场所进行检查。

第三十四条 认证机构对获得认证的产品进行跟踪检查，受理有关的投诉、申诉工作。

第三十五条 任何单位和个人不得伪造、冒用、转让、买卖无公害农产品产地认定证书、产品认证证书和标志。

第七章 罚 则

第三十六条 获得无公害农产品产地认定证书的单位或者个人违反本办法，有下列情形之一的，由省级农业行政主管部门予以警告，并责令限期改正；逾期未改正的，撤销其无公害农产品产地认定证书：

（一）无公害农产品产地被污染或者产地环境达不到标准要求的；

（二）无公害农产品产地使用的农业投入品不符合无公害农产品相关标准要求的；

（三）擅自扩大无公害农产品产地范围的。

第三十七条 违反本办法第三十五条规定的，由县级以上农业行政主管部门和各地质量监督检验检疫部门根据各自的职责分工责令其停止，并可处以违法所得1倍以上3倍以下的罚款，但最高罚款不得超过3万元；没有违法所得的，可以处1万元以下的罚款。

第三十八条 获得无公害农产品认证并加贴标志的产品，经检查、检测、鉴定，不符合无公害农产品质量标准要求的，由县级以上农业行政主管部门或者各地质量监督检验检疫部门责令停止使用无公害农产品标志，由认证机构暂停或者撤销认证证书。

第三十九条 从事无公害农产品管理的工作人员滥用职权、徇私舞弊、玩忽职守的，由所在单位或者所在单位的上级行政主管部门给予行政处分；构成犯罪的，依法追究刑事责任。

第八章 附 则

第四十条 从事无公害农产品的产地认定的部门和产品认证的机构不得收取费用。

检测机构的检测、无公害农产品标志按国家规定收取费用。

第四十一条 本办法由农业部、国家质量监督检验检疫总局和国家认证认可监督管理委员会负责解释。

第四十二条 本办法自发布之日起施行。

动物检疫管理办法

（农业部畜牧兽医局　2002年5月6日）

第一章　总　则

第一条　为加强对动物检疫活动的管理，根据《中华人民共和国动物防疫法》（以下简称《动物防疫法》），制定本办法。

第二条　本办法所称动物检疫，是指对动物、动物产品实施的产地检疫和屠宰检疫。

第三条　本办法适用于在中华人民共和国境内的动物检疫活动。

从事动物饲养、经营，动物产品生产、经营，以及从事与动物、动物产品检疫有关活动的单位和个人必须遵守本办法。

第四条　各级人民政府畜牧兽医行政管理部门主管本行政区域内的动物检疫工作。

各级人民政府所属的动物防疫监督机构负责对本行政区域内的动物、动物产品实施检疫。

第五条　国家对动物检疫实行报检制度。

动物、动物产品在出售或者调出离开产地前，货主必须向所在地动物防疫监督机构提前报检。

第六条　动物防疫监督机构设动物检疫员，实施动物检疫。

动物防疫监督机构根据工作需要，可以在乡镇畜牧兽医站和其他有条件的单位聘用专业兽医人员，作为动物防疫监督机构的派出动物检疫员，代表动物防疫监督机构执行规定范围内的检疫任务。

动物检疫员必须按照国家标准、行业标准、检疫规程和本办法的规定，对动物、动物产品实施检疫，并对检疫结果负责。

第七条　动物检疫员按照国家标准和农业部颁布的检疫标准、检疫对象以及本办法的有关规定实施动物检疫。

对检疫合格的动物、动物产品出具检疫合格证明，加盖验讫印章或加封规定的检疫标志。

对检疫不合格的动物、动物产品，包括染疫或者疑似染疫的动物、动物产品，病死或者死因不明的动物、动物产品，必须按照国家有关规定，在动物防疫监督机构监督下由货主进行无害化处理；无法作无害化处理的，予以销毁。

第八条　运载动物、动物产品的车辆、船舶、机舱以及饲养用具、装载用具，货主或者承运人必须在装货前和卸货后进行清扫、洗刷，并由动物防疫监督机构或其指定单位进行消毒后，凭运载工具消毒证明装载和运输动物、动物产品。清除的垫料、粪便、污物由货主或者承运人在动物防疫监督机构监督下进行无害化处理。

第九条　出具检疫合格证明和消毒证明应当执行动物防疫证章填写及使用规范的规定。

动物检疫合格证明有效期最长为七天；赛马等特殊用途的动物，检疫合格证明有效期可延长至十五天；动物产品检疫合格证明有效期最长为三十天。运载工具消毒证明有效期与当次运输动物或动物产品的检疫合格证明有效期相同。

第二章　产地检疫

第十条　动物、动物产品出售或调运离开产地前必须由动物检疫员实施产地检疫。

第十一条　货主按下列时间向动物防疫监督机构提前报检：

动物产品、供屠宰或者育肥的动物提前三天；种用、乳用或者役用动物提前十五天；因生产生活特殊需要出售、调运和携带动物或者动物产品的，随报随检。

第十二条　动物产地检疫按照国家和行业有关标准实施。符合下列条件的，出具动物产地检疫合格证明：

（一）供屠宰和育肥的动物，达到健康标准的种用、乳用、役用动物，因生产生活特殊需要出售、调运和携带的动物，必须来自非疫区，免疫在有效期内，并经群体和个体临床健康检查合格；

（二）猪、牛、羊必须具备合格的免疫标识；

（三）未达到健康标准的种用、乳用、役用动物，除符合上述条件外，必须经过实验室检验合格。

第十三条　动物产品经产地检疫，符合下列条件或者按照以下规定处理后，出具动物产品产地检疫合格证明：

（一）生皮、原毛、绒等产品的原产地无规定疫情，并按照有关规定进行消毒。炭疽易感动物生皮、原毛、绒等产品炭疽沉淀试验为阴性，或经环氧乙烷消毒；

（二）精液、胚胎、种蛋的供体达到动物健康标准；

（三）骨、角等产品的原产地应无规定疫情，并按有关规定进行消毒。

第十四条　参展、参赛和演出的动物在启运前，必须向当地动物防疫监督机构报检，符合本办法第十二条第一项规定的，出具检疫合格证明。必要时，可以进行实验室检验。到达参展、参赛、演出地点后，货主凭检疫合格证明到当地动物防疫监督机构报验。

第十五条　合法捕获的野生动物，货主必须到捕获地动物防疫监督机构报检，经捕获地动物防疫监督机构临床健康检查和实验室检疫合格，方可出售和运输；到达接受地后，货主凭检疫合格证明到接受地动物防疫监督机构报验。

第十六条　跨省引进种用动物及其精液、胚胎、种蛋的，经输出地动物防疫监督机构按照本办法第十二条和第十三条第二项规定检疫合格后方可启运；到达输入地后，向输入地动物防疫监督机构报验。

第三章　屠宰检疫

第十七条　国家对生猪等动物实行定点屠宰，集中检疫。

第十八条　动物防疫监督机构对依法设立的定点屠宰场（厂、点）派驻或派出动物检疫员，实施屠宰前和屠宰后检疫。

第十九条　对动物应当凭产地检疫合格证明进行收购、运输和进场（厂、点）待宰。动物检疫员负责查验收缴产地检疫合格证明和运载工具消毒证明。动物产地检疫合格证明和消毒证明至少应当保存十二个月。

第二十条　动物检疫员按屠宰检疫有关国家和行业标准实施屠宰检疫。

动物屠宰前应当逐头（只）进行临床检查，健康的动物方可屠宰；患病动物和疑似患病动物按照有关规定处理。

动物屠宰过程实行全流程同步检疫，对头、蹄、胴体、内脏进行统一编号，对照检查。

检疫合格的动物产品，加盖验讫印章或加封检疫标志，出具动物产品检疫合格证明。检疫不合格的动物产品，按规定作无害化处理；无法作无害化处理的，予以销毁。

第二十一条　未实行定点屠宰和农民个人自宰自用动物的屠宰检疫，按省、自治区、直辖市人民政府有关规定执行。

第四章　检疫管理

第二十二条　动物防疫监督机构对动物和动物产品的产地检疫和屠宰检疫情况进行监督。

第二十三条　对经营依法应当检疫而没有检疫证明的动物、动物产品的，由动物防疫监督机构责令停止经营，没收违法所得。

对尚未出售的动物、动物产品，未经检疫或者无检疫合格证明的依法实施补检；证物不符、检疫合格证明失效的依法实施重检。

对动物、动物产品实施补检或者重检，应当按照本办法第二章、第三章规定的检疫程序进行。对补检或者重检合格的动物、动物产品，出具检疫合格证明。对检疫不合格或者疑似染疫的，按照本办法规定进行无害化处理，并依照《动物防疫法》第四十八条第三项的规定予以处罚。对涂改、伪造、转让检疫合格证明的，依照《动物防疫法》第五十一条的规定予以处罚。

第二十四条　动物检疫员实施产地检疫和屠宰检疫必须按照本办法规定进行，并出具相应的检疫证明。对不出具或不使用国家统一规定检疫证明的，或者不按规定程序实施检疫的，或者对未经检疫或者检疫不合格的动物、动物产品出具检疫合格证明、加盖验讫印章的，由其所在单位或者上级主管机关给予记过或者撤销动物检疫员资格的处分；情节严重的，给予开除公职处分。

第二十五条　各级畜牧兽医行政管理部门要加强对检疫工作的监督管理。对重复检疫、重复收费等违法行为的责任人及主管领导，要追究其行政责任。

第二十六条　各级畜牧兽医行政管理部门对动物检疫员应当加强培训、考核和管理工作，建立健全内部任免、奖惩机制。

第五章　附　　则

第二十七条　动物防疫监督机构按照本办法规定对动物和动物产品进行检疫、消毒，按国务院物价和财政行政管理部门有关规定收取检疫费和消毒费。

第二十八条　本办法自2002年7月1日起施行。

烟草专卖品准运证管理办法

（国家经济贸易委员会　2002年6月4日）

第一章　总　　则

第一条　为加强烟草专卖品准运证的管理，规范烟草专卖品流通秩序，根据《中华人民共和国烟草专卖法》及其实施条例，制定本办法。

第二条　运输卷烟、雪茄烟、烟丝、复烤烟叶、烟叶（包括再造烟叶和烟梗）、卷烟纸、滤嘴棒、烟用丝束、烟草专用机械等烟草专卖品，应当持有烟草专卖品准运证。

无烟草专卖品准运证，不得运输烟草专卖品。

第三条　本办法适用于跨省（自治区、直辖市）运输烟草专卖品准运证的管理。

省（自治区、直辖市）内运输烟草专卖品的管理办法由省级烟草专卖局制定，并报国家烟草专卖局备案。

第四条　各级烟草专卖局应当对办理烟草专卖品准运证的部门及其工作人员、烟草专卖品准运证使用和管理情况进行监督检查。

第五条　签发烟草专卖品准运证，应当使用国家烟草专卖局统一管理的烟草专卖品准运证计算机网络管理系统。

第二章　烟草专卖品准运证的签发

第六条　烟草专卖品准运证应当由省级以上（含省级，下同）烟草专卖局签发。地（市）级烟草专卖局可以按照省级烟草专卖局的委托，代签烟草专卖品准运证。

第七条　国家烟草专卖局有权签发所有烟草专卖品准运证，并可以授权或者委托省级烟草专卖局签发烟草专卖品准运证。

下列烟草专卖品的运输，应当由国家烟草专卖局签发烟草专卖品准运证：

（一）需由国家烟草专卖局有关业务主管部门调剂的烟草专卖品；

（二）中国烟草总公司直属专业公司进口的卷烟纸、滤嘴棒和烟用丝束；

（三）出口退货的烟草专卖品；

（四）依法没收的走私烟草专卖品。

第八条　下列烟草专卖品的运输，由国家烟草专卖局授权或者委托省级烟草专卖局签发烟草专卖品准运证：

（一）进口本办法第七条第二款第（二）项以外的烟草专卖品；

（二）滤嘴棒、烟用丝束和烟草专用机械。

第九条　卷烟、雪茄烟、烟丝、烟叶、复烤烟叶和卷烟纸的运输，由省级烟草专卖局签发烟草专卖品准运证。

第十条　省级烟草专卖局经国家烟草专卖局批准，可以委托地（市）级烟草专卖局代签国产的卷烟、雪茄烟、烟丝、烟叶、复烤烟叶、卷烟纸、滤嘴棒和烟用丝束的烟草专卖品准运证。

第十一条　烟草专卖品准运证由烟草专卖品所在地有权签发准运证的烟草专卖局负责办理。

第十二条　上级烟草专卖局授权或者委托下级烟草专卖局签发烟草专卖品准运证，应当符合下列条件：

（一）根据实际情况确实需要授权或者委托；

（二）符合烟草专卖管理的分级管理、属地管辖原则；

（三）被授权或者受委托人应当是省级或地（市）级烟草专卖局；

（四）被授权或者受委托人应当具备签发烟草专卖品准运证所需的计算机设备和网络通讯以及专门人员等。

第三章　烟草专卖品准运证申请条件和办理程序

第十三条　申请办理烟草专卖品准运证应当具备下列条件：

（一）调出方和调入方是合法的烟草专卖品经营单位；

（二）申请运输的是符合法律规定的烟草专卖品；

（三）申办人应当持有申请人的委托书和本人身

份证等合法证明；

（四）具有合法有效的购销合同或者调拨单以及其他应当具备的证明材料原件。

第十四条　烟草专卖局应当按照下列程序签发烟草专卖品准运证：

（一）对申请人提交的相关材料进行审核；

（二）符合办理烟草专卖品准运证条件的，经主管领导批准后，由专人负责办理；

（三）不符合办理烟草专卖品准运证条件的，不予签发，应当通知申请人，并说明理由。

第十五条　签发烟草专卖品准运证，应当以国家烟草专卖局统一管理的烟草专卖品准运证计算机网络管理系统中储存的购销合同或者调拨单信息等为基本依据。

第十六条　对符合办理烟草专卖品准运证条件的，烟草专卖局应当在收到全部申请材料之日起1个工作日内办理，并将烟草专卖品准运证交付申请人。

如遇计算机故障、不可抗力等特殊情况，经主管办理烟草专卖品准运证的负责人批准后，可以自收到办理申请之日起3个工作日内办理完毕，并将烟草专卖品准运证交付申请人。

第十七条　烟草专卖品准运证的签发机关应当根据申请人申请运输烟草专卖品的运输距离、运输方式等情况，合理确定准运证的有效期限。烟草专卖品准运证的有效期限，公路运输最长不得超过20天，其他运输方式最长不得超过30天。

烟草专卖品准运证的有效期限，从签发之日开始计算。

第十八条　烟草专卖局应当将签发烟草专卖品准运证的有关材料及烟草专卖品准运证存根存档备查。保存期为3年。

第十九条　因打印错误、计算机故障等原因造成烟草专卖品准运证作废的，应当及时更正错误，排除计算机故障，并在更正和排除故障当日内完成作废手续。

第四章　监督管理

第二十条　签发烟草专卖品准运证的机关，应当依据本办法建立健全有关烟草专卖品准运证的管理制度，接受上级烟草专卖局的监督检查。

签发烟草专卖品准运证的权限、条件、程序以及工作人员的职责，应当公开、透明。

第二十一条　烟草专卖品准运证是运输烟草专卖品必备的合法证件，应随货同行，证货相符，并只能在有效期限内使用1次。

在运输烟叶、复烤烟叶、卷烟过程中，签章的购销合同（出口合同除外）原件应与烟草专卖品准运证一起随货同行。运输货物的规格、等级、数量、发货地和到货地以准运证的数据和标注为准。

第二十二条　因不可抗力或者意外事件致使在烟草专卖品准运证有效期内不能完成运输的，申请人应当提供相关证明材料，并在准运证有效期满前向原发证机关申请办理更换手续。

第二十三条　使用烟草专卖品准运证运输烟草专卖品，货物抵达目的地时，调入方验货无误后，应及时在准运证上加盖“货已收讫”印章，并上网确认。

第二十四条　烟草专卖局应当将因办理差错而作废的烟草专卖品准运证及时收回，并存档备查。

第二十五条　下列行为属于《中华人民共和国烟草专卖法》第三十一条规定的无烟草专卖品准运证运输：

（一）未办理烟草专卖品准运证运输烟草专卖品的；

（二）烟草专卖品准运证没有随货同行的；

（三）重复使用烟草专卖品准运证的；

（四）证货不符，超出或者少于烟草专卖品准运证规定数量、品种或者规格的部分；

（五）使用过期、涂改、复印、传真、伪造、变造的烟草专卖品准运证的；

（六）利用隐瞒、欺骗等手段取得烟草专卖品准运证运输烟草专卖品的；

（七）无烟草专卖品准运证又无法提供在当地购买烟草专卖品的有效证明的；

（八）无烟草专卖品准运证运输烟草专卖品的其他行为。

持有烟草专卖品准运证但实际改变到货地点的，或者运输烟叶、复烤烟叶、卷烟过程中签章的购销合同原件（出口合同除外）没有随货同行的，均视为无烟草专卖品准运证运输。

第二十六条　各级烟草专卖局按照《中华人民共和国烟草专卖法实施条例》第五十条的规定，在对非法运输烟草专卖品活动进行检查和处理过程中，可以采取下列措施：

（一）烟草专卖行政主管部门或者烟草专卖行政主管部门会同有关部门依法对涉嫌从事非法运输烟草专卖品活动和场所进行检查，依法对违法行为进行处理；

（二）对涉嫌非法运输的烟草专卖品及其运输工具进行暂存检查，但应当在7个工作日内进行处理；

（三）对涉嫌非法运输烟草专卖品的有关合同、发票、账册、单据、记录、文件、业务函电和其他资料等进行查阅、复制；

（四）对涉嫌非法运输烟草专卖品的当事人、嫌疑人、证人进行调查和询问。

第五章　罚　　则

第二十七条　对违反本办法行为的行政处罚，按照《中华人民共和国烟草专卖法》及其实施条例的规定执行。

第二十八条　违反本办法签发烟草专卖品准运证的机关，由上级烟草专卖局视其情节轻重分别给予以下处理：

（一）通报批评，责令限期整改；

（二）取消被授权或者受委托签发烟草专卖品准运证的资格；

（三）情节严重涉嫌犯罪的，依法移交司法部门处理。

第二十九条　经办人或者批准人未按照本办法签发烟草专卖品准运证的，视其情节轻重分别给予以下处理：

（一）通报批评，责令限期改正；

（二）取消经办人或者批准人办理或批准签发烟草专卖品准运证的资格；

（三）行政处分；

（四）情节严重涉嫌犯罪的，依法移交司法部门处理。

第三十条　调入方没有及时加盖“货已收讫”印章并上网确认的，应当对有关单位进行通报批评，并视情节轻重对直接责任人员和有关责任人给予行政处分。

第三十一条　申请人通过隐瞒或者欺骗等手段非法取得烟草专卖品准运证，应当由原发证机关收回或者撤销其烟草专卖品准运证，并依法追究有关单位和个人的行政责任。情节严重涉嫌犯罪的，依法移交司法部门处理。

第三十二条　烟草专卖执法部门及其工作人员，不得以任何理由对合法运输烟草专卖品进行非法扣留。因烟草专卖执法人员滥用职权、非法扣留造成当事人经济损失的，应当依法赔偿，并追究直接责任人和有关负责人的行政责任。情节严重涉嫌犯罪的，依法移交司法部门处理。

第六章　附　　则

第三十三条　上一级烟草专卖局依法授权下一级烟草专卖局签发烟草专卖品准运证，被授权的烟草专卖局以自身名义签发烟草专卖品准运证，并承担相应的责任。

第三十四条　上一级烟草专卖局依法委托下一级烟草专卖局签发烟草专卖品准运证的，受委托的烟草专卖局以委托人的名义签发烟草专卖品准运证，委托人承担由此产生的责任。

第三十五条　烟草专卖品准运证的规格和式样以及准运证的专用章的印模式样，由国家烟草专卖局统一制定。

第三十六条　签发烟草专卖品准运证的机关不得以任何形式收费或者变相收费。

第三十七条　本办法由国家经济贸易委员会授权国家烟草专卖局负责解释。

第三十八条　本办法自2002年7月1日起施行。

糖料管理暂行办法

（国家计委　国家经贸委　农业部
国家工商行政管理总局第23号令　2002年6月28日）

第一章　总　　则

第一条　为规范糖料收购秩序，建立糖料生产者与制糖企业利益共享、风险共担的机制，促进糖料与食糖的产业化经营，制定本办法。

第二条　中华人民共和国境内所有制糖企业、糖料生产者及产糖地区各级政府均应遵守本办法。

第二章　糖料产区管理

第三条　糖料产区实行以制糖企业为核心按经济

区域实行划区管理。划定糖料区应充分尊重糖料生产者的意愿，大力推行订单农业，并由制糖企业与糖料生产者签订糖料收购合同，实行“公司加农户”产业化经营模式。

第四条　糖料产区地市级人民政府或其授权的县级人民政府根据制糖企业提出的糖料区划申请，负责辖区内各制糖企业糖料区的划定。划定糖料区应征求有关部门、农村基层组织和糖料生产者的意见。对划定的制糖企业糖料区，由县以上人民政府予以公布。

第五条　划定制糖企业糖料区应考虑以下情况：

（一）本地区糖料种植区划；

（二）制糖企业的生产能力；

（三）糖料的合理运距；

（四）制糖企业对当地糖料生产的投资、支持、服务情况；

（五）历史形成的糖料收购关系。

对历史形成的制糖企业糖料区和制糖企业新开发的糖料区，由糖料区所在地（市）级以上人民政府或其授权的县级人民政府认定并予以公布。

对有争议的糖料区，按属地管辖原则，分别由所在的地（市）级人民政府或其授权的县级人民政府划定。

第六条　糖料产区地（市）级人民政府或其授权的县级人民政府负责协调、指导糖料管理工作。乡镇、村基层行政组织应配合制糖企业做好糖料收购、运输的组织工作，引导督促制糖企业、糖料生产者共同遵守合同，按计划收获和交售糖料。

第七条　糖料产区各级政府应采取建立技术推广体系，配套、完善小型水利设施，建设、修补糖料区道路等措施扶持本地区糖料生产。

第八条　制糖企业对划归本企业的糖料区内的糖料生产享有以下权利：

（一）与糖料生产者签订糖料种植和收购合同；

（二）按照合同约定收购糖料生产者交售的糖料；

（三）制定糖料收购和运输计划；

（四）在收购糖料时，从糖料交售者应得价款中扣回本企业向糖料生产者提供的预购定金及借贷给糖料生产者的其他扶持资金。

第九条　制糖企业对划归本企业的糖料区承担以下义务：

（一）以预购定金或其他方式向糖料生产者提供购买良种、肥料、农药、机具、农膜等生产用扶持资金；

（二）向糖料生产者提供种源；

（三）对糖料生产者进行种植管理技术的指导和推广；

（四）按照合同约定收购糖料生产者种植的糖料。

第十条　在制糖企业糖料区内的糖料生产者享有以下权利：

（一）与制糖企业签订糖料种植和收购合同；

（二）从制糖企业取得预购定金和种子，接受制糖企业对种植技术的指导；

（三）按照制糖企业的糖料收购和运输计划交售糖料。

第十一条　在制糖企业糖料区内的糖料生产者承担以下义务：

（一）按照与制糖企业签订的合同种植和交售糖料；

（二）执行制糖企业收购糖料的计划。按照计划要求安排收获、交售糖料；

（三）在交售糖料时，归还制糖企业提供的预购定金和其他的生产扶持资金。

第十二条　制糖企业不得扶持糖料生产者在政府划定的糖料种植区以外的地区（如还林、还草地区）种植糖料。

第十三条　禁止以任何方式建立糖料交易市场。

第三章　糖料收购合同

第十四条　制糖企业在划定的糖料区内与糖料生产者按照平等、自愿、权利与义务对等原则签订糖料收购合同。

乡（镇）人民政府和村民委员会负责合同签订的组织工作并监督合同的履行。

糖料收购合同应当在糖料种植前签订。

第十五条　糖料收购合同应包括以下内容：

（一）糖料种植面积；

（二）种植品种；

（三）交售时间；

（四）交售价格；

（五）制糖企业对糖料生产者的支持方式；

（六）糖料款结算方式。

糖料交售价格和糖料款结算方式，按本办法第四章的有关规定确定。

第十六条　经糖料生产者同意并报当地乡（镇）人民政府批准，也可由当地村民委员会或农民合作组织代表糖料生产者签订合同。代签合同的村民委员会或农民合作组织负责督促糖料生产者履行合同。

第四章　糖料价格管理

第十七条　糖料收购价格由省级价格主管部门管

理，实行政府定价或政府指导价。具体收购价格可以由省级价格主管部门制定，也可以由省级价格主管部门委托地（市）、县级价格主管部门确定。价格主管部门在制定价格时，应征求有关部门意见，并实行价格决策听证制度和专家评审制度。

第十八条 各糖料产区应逐步推行糖料收购价格与食糖销售价格挂钩联动、糖料款二次结算的办法，建立糖料生产者与制糖企业利益共享、风险同担的机制。

第十九条 实行糖料收购价格与食糖价格挂钩联动、糖料款二次结算的地区，糖料收购价格按以下方式制定：

（一）在每年榨季开始前，由省级价格主管部门或由其委托的地（市）、县级价格主管部门制定和公布糖料收购底价，并测算公布与糖料收购底价相对应的食糖挂钩价。糖料收购底价是指制糖企业收购糖料时与糖料生产者的第一次结算价。糖料收购底价应能够使糖料生产者补偿糖料生产成本。食糖挂钩价应在糖料收购底价的基础上，按照能够使制糖企业补偿食糖生产成本的原则确定。

（二）在每年榨季结束后，由制定和公布糖料收购底价和食糖挂钩价的价格主管部门公布本榨季食糖市场平均销售价格。

1. 当食糖市场平均销售价格高于食糖挂钩价时，价格主管部门应当根据食糖平均销售价格与食糖挂钩价的价差确定糖料款第二次结算价，并及时公布。第二次结算价与第一次结算价的价差，由制糖企业通过二次结算的方式返还糖料交售者。糖料款二次结算的具体结算办法由省级或由其委托的地（市）、县级价格主管部门制定。制糖企业应及时支付糖料二次结算款，不得拒付、打白条或拖延支付。

2. 当食糖市场平均销售价格低于食糖挂钩价时，不再实行糖料款的二次结算。价格主管部门在本榨季开始前公布的糖料收购底价即为糖料的最终结算价格。

（三）食糖市场平均销售价格的监测和计算办法，由省级价格主管部门或由其委托的地（市）、县级价格主管部门确定。价格主管部门要会同有关部门对制糖企业的生产成本进行定期审核，并公布有关财务情况，督促制糖企业降低生产成本。

第二十条 不实行糖料收购价格与食糖销售价格挂钩联动、糖料款二次结算的地区，价格主管部门要在榨季开始前根据糖料生产成本和食糖销售预测价格等，合理制定并向社会公布糖料收购价格。

第二十一条 因自然灾害等不可抗力影响导致糖料收购价格无法执行的，由省级或由其委托的地（市）、县级价格主管部门适当调整。

第二十二条 制糖企业要按合同规定的时间兑付糖料生产者的糖料款。

第二十三条 由于自然灾害等不可抗力影响造成制糖企业无法在合同规定的时间内付清糖料款的，市、县政府应当规定兑付期限及相应的经济补偿措施。

第二十四条 各级政府和任何单位不得违反规定要求制糖企业在兑付糖料款时代扣与糖料生产无直接关系的各项费用。

第五章 糖料交售、收购、运输管理

第二十五条 榨季开始后，制糖企业应当按照合同规定和糖料成熟的先后顺序，结合制糖生产需要组织收获、运输和收购工作。

第二十六条 制糖企业应当向糖料生产者发放糖料收购通知单。糖料收购通知单应当包括糖料生产者交售糖料的数量、时间和交售地点。通知单应当符合糖料收购合同的有关规定。糖料生产者按合同约定和制糖企业发放的糖料收购通知单交售糖料。

第二十七条 在榨季期间，所有糖料运输均应凭糖料收购通知单进行。具体管理办法由省级人民政府制定。

第二十八条 糖料生产者交售糖料时不得有以下行为：

（一）违反合同约定，不交售或不按时交售糖料；

（二）将糖料售给其他非法糖料经营者；

（三）交售的糖料不符合合同规定；

（四）违反糖料收购合同，不按期归还制糖企业发放的预付定金或扶持资金；

（五）其他违反法律法规规定的行为。

第二十九条 制糖企业收购糖料时不得有以下行为：

（一）跨原料区收购糖料；

（二）违反合同拒收糖料；

（三）不执行糖料收购价格政策；

（四）利用发放收购通知单克扣糖料生产者或采取超标扣杂等方式任意压价或为抢购糖料任意抬价；

（五）违反收购合同或政府规定的期限拖欠糖料款；

（六）为抢购糖料变相提高运价（或补贴）；

（七）其他违反法律法规规定的行为。

第三十条 糖料运输经营者不得有以下行为：

（一）无糖料专运证和收购通知单运输糖料的；

（二）未到指定地点装运糖料或无故拖延运输；

（三）擅自跨区运输交售糖料；

（四）卡、压糖料生产者或变相增加糖料生产者负担；

（五）其他违反法律法规规定的行为。

第三十一条 除合法制糖企业外，其他任何企业和个人均不得收购糖料。

第六章 罚 则

第三十二条 制糖企业违反本办法第十二条规定，对政府已划定为非糖料种植区（如还林、还草地区）种植的糖料予以扶持并收购的，由当地县级人民政府责令改正。

第三十三条 违反本办法第十三条规定建立糖料交易市场的，由县级以上人民政府予以取缔。

第三十四条 违反本办法第十五条规定的，按《合同法》有关规定处理。

第三十五条 地方政府违反本办法第二十四条规定要求制糖企业在兑付糖料款时代扣各种费用的，上级政府要责令其予以纠正；未予纠正的，要追究有关人员的责任；当事人可依法提起诉讼。

第三十六条 违反本办法第二十八条第（一）、（二）项的，由县级以上人民政府责令其改正，拒不改正的，责令其返还制糖企业对其提供的扶持费用；违反第（三）、（四）项的，按照《合同法》有关规定，由糖料生产者承担相应的违约责任。

第三十七条 违反本办法第二十九条规定的，由县级以上人民政府责令其改正。违反合同约定的，按照《合同法》的有关规定，由制糖企业承担相应的违约责任。其中违反第（三）、（四）和（六）项的，由价格主管部门按照《价格违法行为行政处罚规定》进行处罚。

第三十八条 违反本办法第三十条第（一）、（二）、（三）、（四）项的，由地方政府制定处罚措施；糖料运输经营者应赔偿由此造成的经济损失。

第三十九条 违反本办法第三十一条的，由工商行政管理部门责令其停止收购，并视情节处以三万元以下的罚款。

第四十条 违反本办法第二十八条第（五）项、第二十九条第（七）项、第三十条第（五）项的，依据相关法律法规的规定予以处罚。

第四十一条 凡因违反本办法而被没收的糖料，按规定价格就近交售给制糖企业，其收入及其他罚没收入上缴地方财政。

第七章 附 则

第四十二条 本办法中糖料是指用于制糖的原料甘蔗和原料甜菜。

糖料生产者是指种植糖料的单位和个人。

糖料产区是指生产糖料的地区。

食糖挂钩价是指政府用以计算糖料款二次结算的食糖销售基础价格。

第四十三条 糖料产区各省级政府根据本办法制定具体实施细则。

第四十四条 本办法由国家计委解释。

第四十五条 本办法自发布之日起实施。

全面推进“无公害食品行动计划”的实施意见

（农业部 2002年7月23日）

加快提高农产品质量安全水平，是农业农村经济结构战略性调整的重要内容，也是应对入世挑战，提高我国农产品市场竞争力的一项重要举措，对于保护消费者合法权益和增加农民收入都有重要意义。根据中共中央、国务院关于加快实施“无公害食品行动计划”的要求和全国“菜篮子”工作会议精神，农业部决定，在北京、天津、上海和深圳四城市试点的基础上，从2002年开始，在全国范围内全面推进“无公害食品行动计划”。

一、实施目标

通过健全体系，完善制度，对农产品质量安全实施全过程的监管，有效改善和提高我国农产品质量安全水平，力争用5年左右时间，基本实现食用农产品无公害生产，保障消费安全，质量安全指标达到发达国家或地区的中等水平。蔬菜、水果、茶叶、食用菌、畜产品、水产品等鲜活农产品无公害生产基地质量安全水平达到国家规定标准；大中城市的批发市场、大型农贸市场和连锁超市的鲜活农产品质量安全市场抽检合格率达95%以上，从根本上解决食用农产品急性中毒问题；出口农产品的质量安全水平在现有基础上有较大幅度提高，达到国际标准要求，并与贸易国实现对接。

有条件的地方和企业，应积极发展绿色食品和有机食品。

二、工作重点

通过加强生产监管，推行市场准入及质量跟踪，健全农产品质量安全标准、检验检测、认证体系，强化执法监督、技术推广和市场信息工作，建立起一套既符合中国国情又与国际接轨的农产品质量安全管理制度。

突出抓好“菜篮子”产品和出口农产品的质量安全。主要解决：蔬菜中农药残留超标问题；水果中农药残留超标和激素滥用问题；茶叶中农药残留和重金属超标问题；畜禽饲养过程中药物滥用和畜禽产品药物残留超标及动物疫病问题；水产品生产过程中药物滥用和水产品中有毒有害物质超标及贝类产品的污染问题；农产品产地环境的污染问题等。

近期工作重点是，解决蔬菜中有机磷农药残留超标、畜禽饲养过程中禁用药物滥用、贝类产品污染以及出口农产品质量安全问题。

三、推进措施

（一）加强生产监管

1. 强化生产基地建设　要分期分批创建一批国家级和省级无公害农产品生产基地、标准化生产综合示范区和出口农产品生产基地，加强无规定疫病区建设。

2. 净化产地环境　严格控制工业“三废”和城市生活垃圾对农业生态环境的污染，重点解决化肥、农药、兽药、饲料添加剂等农业投入品对农业生态环境和农产品的污染，采取切实有效的措施，从源头上把好农产品质量安全关。

3. 严格农业投入品管理　按照《农药管理条例》、《兽药管理条例》、《饲料和饲料添加剂管理条例》等有关法规，尽快建立健全农业投入品市场准入制度，定期向社会公布禁用、限用及推荐的农业投入品品种和目录，严格执行农药、兽药、饲料添加剂等农业投入品禁用和限用目录，控制和规范限用农药、兽药、饲料添加剂等农业投入品的使用。加快农业投入品结构调整与优化，逐步淘汰高残毒农业投入品品种，推广高效低残毒品种，科学合理的使用农业投入品。加强对农业投入品市场的监督管理，严厉打击制售和使用假冒伪劣农业投入品行为。

4. 推行标准化生产　要加大无公害农产品生产技术标准和规范的实施力度，指导农产品生产者、经营者严格按照标准组织生产和加工，科学合理使用肥料、农药、兽药、饲料和饲料添加剂等农业投入品和灌溉、养殖用水，加强动植物病虫害的检疫、防疫和防治工作，提高农产品分级、包装、保鲜、贮藏和加工业标准化水平。

5. 提高生产经营组织化程度　积极扶持和发展专业技术协会、流通协会等农村专业合作经济组织和经纪人队伍，通过公司加农户、协会加农户等多种产业化经营方式，促进农业产业化龙头企业带动农产品生产者按照市场需求调整农产品品种布局和结构，提高农产品生产规模化和组织化程度，提升农产品质量安全水平。

（二）推行市场准入制

1. 建立监测制度　依托各级农业部门现有的检测仪器设备和技术人员，定期或不定期开展农产品产地环境、农业投入品和农产品质量安全状况的监测，确保上市农产品质量安全符合国家有关标准和规范要求。农业部从2003年开始，将蔬菜中农药残留监测和畜产品中使用违禁药物的抽检工作，从四个试点城市扩展到全国省会城市、计划单列市。

2. 推广速测技术　积极倡导在农产品生产基地、批发市场、农贸市场开展农药残留、兽药残留等有毒有害物质残留检测，推广速测技术，检测结果以适当的方式公布，确保消费者的知情权和监督权。

3. 创建专销网点　在农业部和省级定点农产品批发市场以及连锁超市，积极推进安全优质农产品的专销区建设。对获得无公害农产品、绿色食品、有机食品认证和经检测合格的农产品实行专区销售。积极推进农产品和农业投入品连锁经营和集中配送。

4. 实施标识管理　要根据不同农产品的特点，逐步推行产品分级包装上市和产地标识制度。对包装上市的农产品，要标明产地和生产者（经营者）。凡列入农业转基因生物标识管理目录的产品，要严格按照农业转基因生物标识管理规定，予以正确标识或标注。

5. 推行追溯和承诺制度　按照从生产到销售的每一个环节可相互追查的原则，建立农产品生产、经营记录制度，在全国范围内推行猪、牛、羊目标管理，实现农产品质量安全的可追溯。要通过合同形式，对购销的农产品质量安全做出约定。努力创造有利于公平竞争的市场环境，大力推行“产地与销地”、“市场与基地”、“屠宰厂与养殖场”的对接与互认。建立农产品质量安全承诺制度，生产者要向经营者、经营者要向消费者就其生产、销售的农产品质量安全做出承诺。积极探索不合格农产品的召回、理赔和退出市场流通的机制。

（三）完善保障体系

1. 加强法制建设　加快农产品质量安全管理方面法律法规的起草进程，各地可根据工作需要和实际情况，制定符合本地工作需要的地方性法规或规定。要严格执行现有农产品质量安全管理方面的法律法规和规章，尽快将农业行政执法工作从农业投入品转向以农产品质量安全为重点的农产品生产全过程执法监督。对查出的有毒有害物质超标的农产品，按照有关规定处理。

2. 健全标准体系　根据农产品质量安全监管需要，按照产前、产中、产后标准相配套的原则，积极采用国际标准，及时清理和修订过时的农业国家标准、行业标准和地方标准，抓紧制定急需的农产品质量安全标准。

3. 完善检验检测体系　加强部级农产品（含农业投入品、农业生态环境）质量安全检验检测中心的建设，充实检测力量，完善仪器设备和手段，提高检测能力。建立健全省、市（县）级农产品质量安全检测机构，积极指导农产品生产基地（企业）、批发市场、农贸市场和连锁超市开展检测工作。

4. 加快认证体系建设　加强农产品质量安全认证体系的建设，组建农产品质量安全认证机构，做好无公害农产品产地认定、产品认证和标识管理工作，开展种植业产品、畜产品、水产品的认证，积极推行 GAP（良好农业规范）、HACCP（危害分析与关键控制点）体系认证，大力发展品牌农产品。绿色食品、有机食品作为农产品质量认证体系的重要组成部分，要按照“政府引导、市场运作”的发展方向，加快认证进程，扩大认证覆盖面，提高市场占有率。

5. 加强技术研究与推广　加强农产品质量安全关键控制技术和综合配套技术的研究，加快农药残留、兽药残留等有毒有害物质快速检测仪器设备、方法的筛选、比对和推广，抓好新品种、新技术、新产品的研究、开发、推广和技术服务工作。积极推广农产品产地环境净化技术。

6. 建立信息服务网络　将农产品质量安全信息作为农业市场信息体系的重要内容，及时向农产品生产、加工、经营和使用者提供质量、安全、标准、品牌、市场等方面的信息。尽快建立农产品质量安全信息系统。

7. 加大宣传培训力度　各级农业部门要加大对农产品质量安全方面有关政策、法规、标准、技术的宣传和培训力度，提高全社会的质量安全意识，形成全社会关心、支持农产品质量安全管理的氛围。要把农产品质量安全标准化生产技术的推行，与节本增效、增加农民收入的工作紧密结合起来。

8. 增加投入　各级农业部门要积极争取财政、计划等部门加大对农产品质量安全管理方面的支持力度，增加农产品质量安全标准的制修订、检测检验体系建设、农产品质量安全认证、监督检测、无公害农产品生产基地和标准化生产综合示范区、市场信息、农产品质量安全科技攻关、农业技术推广、动植物防疫等方面的资金投入。

四、组织实施

各省、自治区、直辖市“无公害食品行动计划”在当地人民政府的领导下，由农业行政主管部门会同有关部门组织实施。各省、区、市和各行业可按照本意见的总体目标，结合本地区和本行业实际，制定切实可行的实施方案。各地可按省会城市、中心城市或旅游开放城市及不同地区分步实施。要加强领导，落实措施，稳步推进。

各地的“无公害食品行动计划”实施进展情况和在工作中发现的问题，每半年向农业部报告一次。全国“无公害食品行动计划”实施的进展情况，农业部定期向国务院报告。

农产品加工业发展行动计划

（农业部　2002年7月29日）

一、行动总则

1. 为了合理地整合政策、资金、技术、项目、信息、服务等各种农产品加工业发展要素，正确引导和充分发挥政府、企业和各类服务组织在支持农产品加工业中的作用，促进我国农产品加工业持续、快速、健康发展，制定《农产品加工业发展行动计划》（以下简称“行动计划”）。

2. “行动计划”的行动领域主要是农业部及各级农业部门（农业、畜牧、渔业、农垦、乡镇企业、农机化）职能范围。

3. “行动计划”的执行期为2002年至2005年。

二、背景依据

1. 中共中央、国务院《关于做好2002年农业和农村工作的意见》（中发〔2002〕2号）要求以农产品加工业和农村服务业为重点，加快发展农村第二、三产业。

2. 农业部把实施“行动计划”作为今后农业行政管理部门组织农业和农村经济工作的重要载体之一，决定在全国组织实施“行动计划”。

3. 我国农业和农村经济结构战略性调整工作开展了几年，取得了明显成效。与此同时，农产品加工业发展滞后的问题日益突出，成为当前制约农业结构调整继续深入的重要因素，对加快发展农产品加工业提出迫切要求。

4. 我国加入世界贸易组织后，乡镇企业的发展环境和贸易环境发生很大变化，要求大力开拓新的产业和产品，加快产业结构调整和升级的步伐。农产品加工业是蕴含着巨大发展潜力的乡镇企业的新的增长点。乡镇企业需要以农产品加工业的大发展支撑和带动产业结构的调整和升级。

5. “行动计划”编制的依据是我国国民经济和社会发展第十个五年计划、农业和农村经济发展“十五”计划、主要农产品加工业“十五”发展规划、乡镇企业发展“十五”计划、国家科技进步纲要和农业部已经颁布的各类相关的综合性和行业性的发展规划。

三、发展基础

1. 改革开放以来，我国农产品加工业取得了长足发展。截止到2001年底，全国规模以上农产品加工企业实现增加值6 968亿元，从业人员1 513万人，出口交货值5 090亿元，利税2 718亿元，占全国同类指标的比重均在26%左右。农产品加工业产值相当于农业产值的百分比达到85%。企业规模逐步扩大，涌现出一大批农产品加工的骨干龙头企业和专业乡、专业村，逐步形成了特色块状群。企业与基地和农户的新型利益机制正在逐步完善。为今后我国农产品加工业的发展奠定了良好的基础。

2. 20世纪80年代以来，全国已经建设了一大批商品粮、棉、油、糖、天然橡胶、瘦肉型猪和水产品生产基地，不仅形成了相当规模的产品生产能力和农业技术服务能力，而且初步形成了专业化生产，区域化布局，成为我国农产品加工业稳定的原料基础。

3. 我国政府历来把农产品生产和加工作为科学研究的重点领域，形成了大批农产品加工业方面的科研成果。农产品加工标准、农业信息服务建设也取得了一定的成效，为农产品加工业的发展奠定了较好的科研和服务基础。

4. 各地普遍对农产品加工业采取了一些切实可行的扶持政策和措施，提供了可供借鉴和推广的经验。为我国农产品加工业的发展奠定了较好的政策基础。

四、主要问题

1. *发展水平较低*　我国粮食、水果、肉类、禽蛋、水产品等主要农产品产量已位居世界首位，但在加工总量和加工水平方面，与世界先进水平相比还存在较大差距。发达国家农产品加工业产值与农业产值之比大都在2.0～3.7∶1，而我国只有0.6∶1；发达国家工业生产的食品占消费的90%，而我国仅占25%；

发达国家食品工业产值约是农业产值的1.5～2倍，而我国还不及1/3；发达国家农产品加工程度达到80%以上，而我国只有45%，其中二次以上的深加工只占到20%。

2. 企业实力不强　我国农产品加工企业绝大多数规模较小，具有较强竞争力的大型名牌企业或企业集团为数不多，生产经营成本高，产品质量不稳定。

3. 技术装备落后　目前我国农产品加工企业的技术装备80%处于20世纪70～80年代的世界平均水平，15%左右处于90年代水平，只有5%左右达到国际先进水平。

4. 原料生产不适应　我国农产品品种创新及繁育技术体系落后，品种单一，农产品专用化程度和品质不高，生产规模偏小，组织化程度低，均衡供货能力差，与加工业发展的要求有较大差距。

5. 科技开发和储备不足　我国农产品加工业的科技开发和研究力量分散，科研经费短缺，基础性的技术储备严重缺乏，科研成果转化周期长；企业技术创新也缺乏政策扶持，与农产品加工业发展要求有一定差距。

6. 加工标准和质量控制体系不健全　产品标准中农药残留、兽药残留限量等质量安全指标少，不能满足人民群众对消费安全的需要。标准技术含量偏低，与农业生产发展的实际需要相差较远。国际采标率低，与国际标准对接不够。农产品质量检测机构建设缓慢，质检机构数量与社会的实际需要存在较大差距，从事高精尖检测机构和综合类检测机构较少，检测能力弱，检测速度慢，检测的试验环境条件差，检测人员的素质有待提高。

7. 政策扶持力度不够　在信贷、税收、投资等方面，对农产品加工业的扶持政策比较少，从事农产品加工的企业与从事其他产品生产的企业之间的竞争没有明显优势，影响投资者的积极性和农产品加工业的发展。

8. 管理体制不顺　农产品加工业的指导和管理缺乏统一规划、分类指导、统一协调，造成产前、产中、产后脱节等问题，成为影响农产品加工业发展的主要因素之一。

五、目标任务

1. 发展目标　到2005年，农产品加工的一次转化率要达到55%，二次以上深加工达到35%以上，特别是食品加工业的产值比重和农产品加工品的结构和质量要得到明显提高。大宗农产品加工转化率及产品质量达到工业发达国家当前水平，部分特色产品达到国际先进水平。以后，农产品加工业要继续保持一定的增长速度，着重提高加工业的科技含量，进一步优化结构，逐步实现专业化生产、区域化布局和产业化经营，形成一批在国际市场上具有较强竞争力的龙头企业和名牌产品。大宗农产品加工的技术装备和产品质量达到发达国家的同期水平，部分特色产品达到世界先进水平。

2. 指导思想　紧紧围绕国民经济和农业结构战略性调整的主线，以提高农业整体素质和增加农民收入为着眼点，以市场为导向，依靠科技进步，努力提高农产品综合加工能力，实现由初级加工向高附加值精深加工转变，由传统加工工艺向现代高新技术转变，由资源消耗型向高效利用型转变，在重点扶持大中型加工企业发展的同时，实行大中小型加工企业全面发展，实现农产品加工业原料生产基地化，农产品及其加工制成品优质化、安全化，产加销一体化，促进农业和农村经济协调发展。

3. 发展原则　以市场为导向，在巩固国内的城市消费市场的同时，努力开拓广大农村、小城镇和国际市场。发挥资源、经济、市场和技术等方面的区域比较优势，逐步形成农产品生产和加工产业带。依靠科技进步，加强企业管理和推行标准化生产，发展精深加工，提高产品质量、档次。采取扶持发展的措施，为农产品加工业创造良好的发展环境。

六、重点领域

1. 粮食加工制品　以小麦、玉米、薯类、大豆、稻米深加工为重点，配套进行粮食烘干等产后处理。小麦加工以生产高质量、高档次的食品为主，开发各类“绿色食品”、“有机食品”和满足一般消费层次的中低档产品；玉米加工以玉米淀粉为基础，向深加工和综合利用方向发展；薯类加工以淀粉、冷冻粉条为基础，开发变性淀粉等产品。大豆重点开展精深加工。水稻重点开发富硒、免淘、精洁、方便米等新产品。

2. 肉、蛋、奶制品及饲料加工　生肉制品重点发展猪、牛、羊、鸡、鸭、兔等肉类深加工制品，引导鲜肉制品向预冷肉、小包装、细分割方向发展；熟肉制品向多品种、系列化、全营养、精包装、易储存、易食用方向发展；同时搞好猪、禽、牛、羊等动物器官副产品的综合利用和药物提取。蛋制品重点解决传统的食用方法，向分级包装、蛋清蛋黄分离提取、加工蛋清蛋黄粉、生产各类具有蛋类营养的食品方向发展。奶制品要加强品种开发，并搞好产品的分级、分类包装。饲料业以发展鸡、猪、鸭、鱼、虾、牛、羊、兔饲料为基础，积极开发非常规饲料资源和特种动物饲料，使饲料工业与养殖业协调发展。

3. 果品加工　重点支持发展果品的分级包装、贮藏保鲜、冷链运输、精深加工和综合利用。加快引进、培育适合加工的优新品种，引进、消化、吸收国外果品商品化处理设备和技术，逐步建立和完善果品运销冷链系统。果品加工要在稳定提高初加工的基础上，利用现代技术和设备，大力发展精深加工和综合利用。重点开发果汁及果汁饮料、罐头、果酒等市场容量大、前景广阔和有出口竞争力的产品。

4. 水产品加工　重点发展优质鱼、虾、贝、藻和海珍品精深加工，在低值鱼类、藻类、贝类加工及贝类净化方面取得突破。加快发展以名优水产品为重点的海上保鲜保活运输业，扩大暂养面积，推广辐射保鲜、集装箱保鲜、气体置换包装保鲜、冻结保鲜等新技术，形成生产、暂养、保活保鲜运输一条龙。突破超低温冷库建设技术和超低温金枪鱼深加工技术，开发国际国内金枪鱼市场。利用海藻、鱼油、鱼骨等海产品，大力发展低盐、低糖、富含微量元素的保健食品，开发海参、海星、海胆、扇贝、牡蛎等系列保健食品。培植海马、河豚等海洋生物药材药源，发展海洋制药业。

5. 蔬菜加工制品　根据国内外市场需求，大力发展无公害、绿色、有机蔬菜及加工制品。在种植、加工和销售环节实行全程质量控制。重点抓好施肥、使用农药等关键环节，净化蔬菜生产环境。搞好蔬菜的清洗、分级、整理包装等初加工，大力推行净菜上市。重点发展和研制开发技术含量高的低温脱水蔬菜、冷冻或速冻菜、保鲜菜、蔬菜粉、净配菜、调味及调理蔬菜、蔬菜汁及蔬菜罐头等系列产品。加快品种更新，提高蔬菜质量档次，降低成本，提高市场竞争力。

6. 茶叶冷藏加工　重点对绿茶、乌龙茶加工企业进行技术改造，更新加工设备，引进红茶加工设备和技术。大力推广无公害茶、绿色食品茶和有机茶开发技术，确保茶叶产品农药残留、重金属和微生物指标符合国家标准和进口国要求。推行名优茶冷藏和加工机械化、现代化。积极开发茶叶深加工制品和茶饮料。

7. 皮毛（绒）制品　重点发展牛皮、羊皮等皮类和羊毛、羊绒深加工制品。不断开发面向城乡市场的皮、毛（绒）系列产品。引导皮革制品向生产生活用品的多品种系列化、精深加工方向发展；毛（绒）制品向高品位的线、衣、日用品、工艺品方向发展。

8. 除上述主要农产品之外，各地还要充分发挥当地特色农产品资源优势，大力发展特色农产品精深加工，以满足市场需求，实现特色农产品增值增效。

七、行动领域

1. 实施农产品加工业一体化示范项目

(1) 农产品加工业一体化示范项目，是以加工企业为主要项目载体，按照加工企业发展要求扶持原料基地、科研开发、技术改造、工艺改进、信息服务和储藏销售等方面的建设，使其形成配套的农产品生产加工能力的项目。

(2) 扶持加工企业发展，要按照“统一规划、合理布局、突出重点、分级扶持、量力而行”的原则，与我部实施的优势农产品区域布局规划和农业商品基地建设计划密切配合，按照产业带形成和发展、商品基地巩固完善和提高的要求来选择确定加工企业，使其成为促进产业带形成的推动力量。

(3) 示范项目的基本形式是：按照产业带布局和发展的要求，在产业带上选择规模比较大、科研基础和技术水平比较高、辐射带动企业和农户能力比较强的加工企业作为重点，合理规划其市场定位、产品层次和发展规模。与其形成配套的加工能力相适应，规划原料生产区域和科研合作单位，扶持基地建设和科研开发，形成产加销一体化经营，提高农户生产的组织化程度。国家扶持企业的技术创新和改造。逐步使这些企业发展成为能够辐射和带动农户种植（养殖）和中小加工企业发展、引导促进优质产业带形成和发展的大型企业。

(4) 示范项目选择的依据是优势农产品区域布局规划及相关规划。近期重点发展对调整农业结构、增加农民收入和增强农业竞争力有较大影响的优势农产品产业带农产品加工业示范项目。

(5) 国家对示范项目的扶持，要兼顾加工企业和产前、产后环节。现有的技术改造、综合开发、基地建设、科研教育等资金和项目，要按照优势产业带和形成加工企业配套生产能力的要求，进行合理配置和整合。

(6) 在引导扶持大型加工企业发展的同时，按照既发展现代加工业和现代加工企业，又发展具有地方风味和特色产品的传统产业与加工作坊的原则，鼓励和扶持发展中小型农产品加工企业。

2. 建立健全农产品加工业质量标准体系

(1) 组织制定和实施我国农产品加工标准制订方案，明确目标任务、工作重点和配套措施。力争用三年左右的时间，把我国主要农产品加工品的标准逐步完善起来。

(2) 加工品标准的制定要按照全面规划、突出重点、分步进行、与国际接轨的原则，从主要农产品的生产加工的标准化入手，积极引进和采用国际标准，并逐步与国际接轨。

(3) 建立对加工品国际标准、特别是主要贸易国加工品标准动态跟踪制度。组织专门力量，重点跟踪国际标准组织以及主要农产品贸易国加工品标准体系发展动态，为及时调整我国进出口贸易策略，采取相关技术措施提供科学依据。

(4) 加快清理现行加工品标准，统一制定加工品标准。由农业部组织提出农产品加工国家标准修订目录，及时列入国家标准修订计划。

(5) 加大质量标准的宣传和推广工作，要在管理部门、服务部门和重点生产加工企业普及标准知识，提高各个方面自觉执行标准的意识。

3. 农产品加工业关键技术开发推广

(1) 制定并实施农产品加工业技术进步计划，明确目标任务、工作重点和方法步骤，加快提高我国农产品加工业的技术水平。

(2) 技术进步计划要以良种培育推广、生产工艺的创新、技术装备研究开发和应用、鲜活产品为重点的加工保鲜技术研究开发、应用为突破口，以大宗和出口创汇产品为重点，按照研究开发、生产、储运、加工工艺、技术装备等系列化配套的思路进行。"十五"期间，争取每年抓好一批重要农产品加工的科研开发，力争尽快形成现实的生产力。

(3) 充分发挥现有科研力量的作用，与现在国家实施的有关科技创新活动紧密结合，鼓励和支持科研院校与加工企业合作进行科研开发，鼓励和支持企业建立科研开发机构和开展新产品、新技术、新工艺、新设备的研究开发。对企业自主开展的新产品研究开发活动，对企业和科研单位合作开展的科研开发活动，应与科研单位和科研院所进行的公益性基础性研究同等看待，享受相应的科研和开发的扶持政策。

(4) 加大国外先进技术、工艺、设备和管理的引进。在重视"硬件"引进的同时，更要注意"软件"的引进。要发挥现有一批国家农产品研究开发中心及国际援建的研究开发项目的作用，充分利用已有的研究开发条件，扩大国际交流与合作，引进人才和技术，形成一批推进我国农产品加工业发展的骨干力量。

(5) 探索建立健全科研开发的工程化体系。努力实现农产品加工装备的工程化、系列化和产业化。加强农产品加工公共性通用高新技术设备的开发、配套和应用，如节能干燥设备、杀菌装置、农产品无损检测设备、农产品前处理（如分级、清洗、整理等）设备、贮运保鲜及包装机械等。加强基础技术、基础件、基础材料和基础单元操作的研究与开发，为产业化提供技术支持。加强环境保护意识，重视"三废"的治理，研究开发环保设备和废弃物资源化技术装备，把环境保护作为农产品加工业发展的重要环节。

4. 农产品加工业质量安全检验检测体系建设

(1) 按照"统筹规划、合理布局、突出重点、分步实施"的原则，加快建立既符合我国国情，又与国际接轨的农产品加工业质量安全检验检测体系。

(2) 建立农产品加工业的质量安全检验检测标准、技术规程和管理规范，逐步将质量安全检验检测工作纳入规范化和法制化轨道。

(3) 切实加强部级农产品加工品质检中心建设，充实仪器设备，完善检验检测手段，尽快提高检验检测能力，逐步实现与国际接轨。当前要加强加工品质量安全综合类质检机构的建设，新建一批急需的农药残留、兽药残留、转基因等加工品质量安全检验检测中心，尽快建立健全全过程的质量安全检验检测体系。

(4) 引导地方和鼓励企业加强农产品加工品质量安全检验检测体系建设，逐步健全省级加工品质量安全检验检测站。

5. 农产品加工业信息体系建设

(1) 加强农产品加工业的信息体系建设，做好信息的收集、整理、分析和及时发布，满足政府制定政策和企业进行生产经营决策的要求。

(2) 农产品加工业信息体系建设要在农业部农业信息体系建设的整体框架内进行。以中国农业信息网为基础，与部内外行业网络密切配合，吸引从事农产品加工业的大型骨干企业上网，加强信息的收集、整理和分析，利用互联网络和电视传媒、报纸等发布信息，以开放共享的形式为整个农产品加工业服务。

(3) 加强农产品加工业的调查研究，及时把握发展动态，总结经验，发现问题，研究提出政策措施。

6. 争取国家对农产品加工业的政策扶持

(1) 吸引投资者进入农产品加工行业，需要国家在税收、信贷、科技开发应用、技术改造等方面采取一些扶持措施，使其获得与投资其他领域相近或更多的收益。

(2) 组织力量对现有中央和各级政府及有关部门在农产品加工业方面的政策进行评价，进行汇编和发布；同时按照世界贸易组织规则，研究国家支持农产品加工业发展的政策措施和方式方法。

(3) 总结各地促进农产品加工业发展的政策措施，分类型地在全国推广。

八、保障措施

1. 进一步统一思想认识　通过广泛宣传，增强各级党委政府和有关部门对当前形势下加快发展农产品加工业重要性和紧迫性的认识，树立发展农产品加工业就是发展农业和农村经济，扶持农产品加工业发展就是扶持农民、农业和农村经济发展的思想观念，切实摆上工作位置，加大工作力度。

2. 努力改善政策环境　认真贯彻落实党中央、国务院和各级政府及有关部门制定的关于农产品加工业的税收、金融、财政、出口、土地、培训教育等方面的政策。同时根据发展要求，积极争取新的政策措施。

3. 调动各部门和企业的积极性　各级农业部门（农业、畜牧、渔业、农垦、乡镇企业、农机化）要在统一发展思路和制定工作方案的基础上，主动加强与有关部门的联系和合作，争取把各个方面的政策、资金、技术、人才等向农产品加工业倾斜，形成合力。要鼓励和引导农产品加工企业按照"产权清晰、权责明确、政企分开、管理科学"的原则，通过股份制、股份合作制，发展跨行业、跨地区的大型企业集团等多种形式，进行企业的改造和重组，逐步建立现代企业制度，培育有竞争优势的产品、产业和企业。

4. "行动计划"由农业部农产品加工业领导小组组织实施，农产品加工业领导小组办公室负责协调落实，有关司局按现有职能分工，各司其职，分工负责。

5. 各省市区农业部门（农业、畜牧、渔业、农垦、乡镇企业、农机化）要加强对本部门农产品加工业发展的组织领导，根据实际情况和发展要求，制定相应的工作计划和扶持措施，大力推动工作。

进境动植物检疫审批管理办法

（国家质量监督检验检疫总局　2002年8月2日）

第一章　总　则

第一条　为进一步加强对进境动植物检疫审批的管理工作，防止动物传染病、寄生虫病和植物危险性病虫杂草以及其他有害生物的传入，根据《中华人民共和国进出境动植物检疫法》（以下简称进出境动植物检疫法）及其实施条例和《农业转基因生物安全管理条例》的有关规定，制定本办法。

第二条　本办法适用于对进出境动植物检疫法及其实施条例以及国家有关规定需要审批的进境动物（含过境动物）、动植物产品和需要特许审批的禁止进境物，以及《农业转基因生物安全管理条例》规定的过境转基因产品的检疫审批。

国家质量监督检验检疫总局（以下简称国家质检总局）根据法律法规的有关规定以及国务院有关部门发布的禁止进境物名录，制定、调整并发布需要检疫审批的动植物及其产品名录。

第三条　国家质检总局统一管理本办法所规定的进境动植物检疫审批工作。国家质检总局或者国家质检总局授权的其他审批机构（以下简称审批机构）负责签发《中华人民共和国进境动植物检疫许可证》（以下简称《检疫许可证》）和《中华人民共和国进境动植物检疫许可证申请未获批准通知单》（以下简称《检疫许可证申请未获批准通知单》）。

各直属出入境检验检疫机构（以下简称初审机构）负责所辖地区进境动植物检疫审批申请的初审工作。

第二章　申　请

第四条　申请办理检疫审批手续的单位（以下简称申请单位）应当是具有独立法人资格并直接对外签订贸易合同或者协议的单位。

过境动物和过境转基因产品的申请单位应当是具有独立法人资格并直接对外签订贸易合同或者协议的单位或者其代理人。

第五条　申请单位应当在签订贸易合同或者协议前，向审批机构提出申请并取得《检疫许可证》。

过境动物或者过境转基因产品在过境前，申请单位应当向国家质检总局提出申请并取得《检疫许可证》。

第六条　申请单位应当按照规定如实填写并提交《中华人民共和国进境动植物检疫许可证申请表》（以下简称《检疫许可证申请表》），需要初审的，由进境口岸初审机构进行初审；加工、使用地不在进境口岸初审机构所辖地区内的货物，必要时还需由使用地初审机构初审。申请单位应当向初审机构提供下列材料：

（一）申请单位的法人资格证明文件（复印件）；

（二）输入动物需要在临时隔离场检疫的，应当填写《进境动物临时隔离检疫场许可证申请表》；

（三）输入动物肉类、脏器、肠衣、原毛（含羽毛）、原皮、生的骨、角、蹄、蚕茧和水产品等由国家质检总局公布的定点企业生产、加工、存放的，申请单位需提供与定点企业签订的生产、加工、存放的合同；

（四）按照规定可以核销的进境动植物产品，同一申请单位第二次申请时，应当按照有关规定附上一次《检疫许可证》（含核销表）；

（五）办理动物过境的，应当说明过境路线，并提供输出国家或者地区官方检疫部门出具的动物卫生证书（复印件）和输入国家或者地区官方检疫部门出具的准许动物进境的证明文件；

（六）因科学研究等特殊需要，引进进出境动植物检疫法第五条第一款所列禁止进境物的，必须提交书面申请，说明其数量、用途、引进方式、进境后的防疫措施、科学研究的立项报告及相关主管部门的批准立项证明文件；

（七）需要提供的其他材料。

第三章　审核批准

第七条　初审机构对申请单位检疫审批申请进行初审的内容包括：

（一）申请单位提交的材料是否齐全，是否符合本办法第四条、第六条的规定；

（二）输出和途经国家或者地区有无相关的动植物疫情；

（三）是否符合中国有关动植物检疫法律法规和部门规章的规定；

（四）是否符合中国与输出国家或者地区签订的双边检疫协定（包括检疫协议、议定书、备忘录等）；

（五）进境后需要对生产、加工过程实施检疫监督的动植物及其产品，审查其运输、生产、加工、存放及处理等环节是否符合检疫防疫及监管条件，根据生产、加工企业的加工能力核定其进境数量；

（六）可以核销的进境动植物产品，应当按照有关规定审核其上一次审批的《检疫许可证》的使用、核销情况。

第八条　初审合格的，由初审机构签署初审意见。同时对考核合格的动物临时隔离检疫场出具《进境动物临时隔离检疫场许可证》。对需要实施检疫监管的进境动植物产品，必要时出具对其生产加工存放单位的考核报告。由初审机构将所有材料上报国家质检总局审核。

初审不合格的，将申请材料退回申请单位。

第九条　同一申请单位对同一品种、同一输出国家或者地区、同一加工、使用单位一次只能办理1份《检疫许可证》。

第十条　国家质检总局或者初审机构认为必要时，可以组织有关专家对申请进境的产品进行风险分析，申请单位有义务提供有关资料和样品进行检测。

第十一条　国家质检总局根据审核情况，自收到初审机构提交的初审材料之日起30个工作日内签发《检疫许可证》或者《检疫许可证申请未获批准通知单》。

属于农业转基因生物在中华人民共和国过境的，国家质检总局应当在规定期限内做出批准或者不批准的决定，并通知申请单位。

第四章　许可单证的管理和使用

第十二条　《检疫许可证申请表》、《检疫许可证》和《检疫许可证申请未获批准通知单》由国家质检总局统一印制和发放。《检疫许可证》由国家质检总局统一编号。

第十三条　《检疫许可证》的有效期分别为3个月或者一次有效。除对活动物签发的《检疫许可证》外，不得跨年度使用。

第十四条　按照规定可以核销的进境动植物产品，在许可数量范围内分批进口、多次报检使用《检疫许可证》的，进境口岸检验检疫机构应当在《检疫许可证》所附检疫物进境核销表中进行核销登记。

第十五条　有下列情况之一的，申请单位应当重新申请办理《检疫许可证》：

（一）变更进境检疫物的品种或者超过许可数量百分之五以上的；

（二）变更输出国家或者地区的；

（三）变更进境口岸、指运地或者运输路线的。

第十六条　有下列情况之一的，《检疫许可证》失效、废止或者终止使用：

（一）超过有效期的自行失效；

（二）在许可范围内，分批进口、多次报检使用的，许可数量全部核销完毕的自行失效；

（三）国家依法发布禁止有关检疫物进境的公告或者禁令后，已签发的有关《检疫许可证》自动废止；

（四）申请单位违反检疫审批的有关规定，国家质检总局可以终止已签发的《检疫许可证》的使用。

第十七条 申请单位取得许可证后，不得买卖或者转让。口岸检验检疫机构在受理报检时，必须审核许可证的申请单位与检验检疫证书上的收货人、贸易合同的签约方是否一致，不一致的不得受理报检。

第五章 附 则

第十八条 申请单位违反本办法规定的，由检验检疫机构依据有关法律法规的规定予以处罚。

第十九条 检验检疫机构及其工作人员在办理进境动植物检疫审批工作时，必须遵循公开、公正、透明的原则，依法行政，忠于职守，自觉接受社会监督。

检验检疫机构工作人员违反法律法规及本办法规定，滥用职权，徇私舞弊，故意刁难的，由其所在单位或者上级机构按照规定查处。

第二十条 本办法由国家质检总局负责解释。

第二十一条 本办法自2002年9月1日起施行。

国务院发出关于加强新阶段“菜篮子”工作的通知

（《人民日报》2002年8月20日）

为确保“菜篮子”产品长期稳定供给，提高“菜篮子”产品的质量卫生安全水平，保障人民群众身体健康，促进农业结构调整、农民增收和农业可持续发展，现就新阶段“菜篮子”工作有关问题通知如下：

一、新阶段“菜篮子”工作面临的形势和任务

自20世纪90年代以来，在党中央、国务院的领导下，我国“菜篮子”工程建设取得了巨大成就，基本结束了“菜篮子”产品长期短缺的历史，产品丰富，市场购销两旺。但目前“菜篮子”产品的质量卫生安全问题比较突出：种植和养殖过程中农业投入品的不合理使用，产地环境污染，致使一些“菜篮子”产品的药物残留及有害物质超标；在加工和流通过程中，由于包装、储藏、运输等设施落后和管理不善，造成有的“菜篮子”产品“污染”；一些地区存在地方保护主义，对市场监管不力，市场秩序混乱；“菜篮子”产品结构不合理，品种和质量不能适应多样化、优质化的消费需求；流通基础设施薄弱，市场交易和运行方式原始，检验检测手段落后。随着农业发展进入新阶段，人民生活水平不断提高，对外开放不断扩大，“菜篮子”工作面临新情况和新任务，要求突出抓好产品质量卫生安全，确保人民群众身体健康。

新阶段“菜篮子”工作的任务是：以保障长期稳定供给为目标，以提高“菜篮子”产品质量卫生安全水平为核心，加快实现由比较注重数量向更加注重质量、保证卫生和安全转变，让城乡居民真正吃上“放心菜”、“放心肉”；逐步实现由阶段性供求平衡向建立长期稳定供给机制转变，让城乡居民长期吃上“放心菜”、“放心肉”，促进农业增效、农民增收。

二、新阶段“菜篮子”工作的主要措施

完成新阶段“菜篮子”工作任务，实现“两个转变”，必须对“菜篮子”产品质量卫生安全实行“从农田到餐桌”的全过程管理。当前和今后一个时期，要重点抓好以下工作：

（一）加快“菜篮子”产品质量卫生安全标准和检验检测体系的建设

1. 抓紧制（修）订与“菜篮子”产品相关的质量卫生安全标准 有关部门要根据我国实际情况，参照国际标准，尽快完善“菜篮子”产品质量卫生安全的强制性标准，相应地建立和完善“菜篮子”产品产地环境标准、产品加工包装标准、产品运输储藏（保鲜）标准、动植物检疫标准、检验检测方法标准以及相关的技术规范，使“菜篮子”产品在生产、加工、流通的各个环节都有统一的标准和技术规范。当前，

要抓紧蔬菜、瓜果、茶叶、奶类、水产品、畜禽及其制品等“菜篮子”产品的质量卫生安全标准，尤其是农药、兽药、鱼药、重金属、饲料添加剂等残留限量标准和检验检测方法标准的制（修）订。

2. 加大“菜篮子”产品检验检测工作力度　加快建立“菜篮子”产品生产经营企业严格自检、社会中介检验检测机构接受委托检验和执法机关监督抽检相结合的检验检测体系。具有一定规模的生产经营企业应采用先进的检验检测手段、技术和设备，保证生产和经营的“菜篮子”产品合格。依法设立的社会中介检验检测机构，主要接受没有自检能力的生产经营者的委托检验，出具客观、科学、准确、公正的检测数据，并对检验报告负责。执法机关的检验检测机构，要加强业务培训和队伍建设，提高检测能力和技术水平，保证执法的公正性。要尽快建成一批在人才、技术、设备和管理方面与国际接轨的国家级、省级质量卫生安全检验中心。国务院有关部门要加强指导，地方各级人民政府要统筹规划、分步实施，逐步建立和完善“菜篮子”产品质量卫生安全强制检验检测制度。

3. 建立“菜篮子”产品质量卫生安全追溯制度　从“菜篮子”产品生产、加工、包装、运输、储藏（保鲜）到市场销售的各个环节，都应有产品质量卫生安全的检验检测指标及合格证明，发现不符合卫生安全标准或质量不合格的产品，要及时、有效地追溯发生问题的环节和责任。

4. 建立与“菜篮子”产品有关的认证认可和产品标识制度　规范“绿色食品”、“有机食品”及“无公害农产品”等认证认可和认证标识。加强农业转基因生物、转基因食品的安全评价和标识，以及农业转基因生物、转基因食品的监管。国家认证认可监督管理委员会要加强对与“菜篮子”产品有关的认证认可工作的统一管理、监督和综合协调，加强对相关认证认可机构的监督检查。

5. 对卫生安全不合格的“菜篮子”产品实行无害化处理或予以销毁　地方各级人民政府及有关行政执法机关，要及时对卫生安全不合格的“菜篮子”产品进行无害化处理；不能作无害化处理的，应予以销毁。对造成危害或严重后果的，应依法予以处罚。

（二）加大“菜篮子”产品生产环节监管力度，从源头上保证产品安全卫生

1. 加强农业生产环境监测与保护　要进一步完善国家、省、地、县四级农业生产环境监测网络，加强对“菜篮子”产品产地环境的监测，及时、有效地防治农业生产环境污染。采取坚决措施，严格禁止向“菜篮子”产品产地排放重金属废液、放射性废水、未经处理的含病原体的污水、有害气体及其他有毒有害物质，或者倾倒废弃物和生活垃圾。要制定水源保护规划，加强“菜篮子”产品供水水质管理，合理施用肥料、农药，严格控制面源污染。对污染农业生产环境的行为，环保部门要加大监督检查和处罚力度。

2. 加强农业投入品监管　要严格种子、种畜禽、农药、兽药、鱼药、肥料、饲料及饲料添加剂等农业投入品的生产和经营准入条件，依法加强监管。对“菜篮子”产品安全构成威胁的农药、兽药、鱼药，应尽快予以淘汰，严格执行已公布的停产、禁用和限用的品种目录和范围。有关执法部门对生产、经营和使用国家明令禁止农业投入品的行为，要依法严肃查处。加强农业投入品的标准制订工作，加紧开发高效、低毒、低残留的农药、兽药等农业投入品。搞好技术培训，使农民掌握并遵循安全生产技术规程，科学合理地使用农药、兽药、鱼药、肥料、饲料及饲料添加剂，提倡科学地交替、轮换使用农药和兽药。

3. 加强对“菜篮子”产品加工业的监管　从企业保证“菜篮子”产品质量卫生安全的必备条件抓起，采取生产许可、出厂强制检验等监督措施，在加工源头确保不合格产品不出厂销售，并加大执法监督和打击制造假冒伪劣产品行为的力度。

4. 强化动植物病虫害防治　要建立高效运转、快速反应、安全无害的动植物病虫害综合防治体系。健全动植物病虫害测报预警与防治机构和队伍。加强种植业、畜牧业、渔业生产中的疫病净化和环境消毒工作。强化猪、牛、羊等畜禽的免疫、检疫和疫病监测，加快无规定疫病示范区建设。要充分发挥植保、兽医等基层技术队伍及各类农业技术协会的作用，加强对农牧民的技术培训，提高食用动植物病虫害的防治水平。

（三）建立安全的“菜篮子”产品产销经营体制，整顿和规范市场秩序

1. 建立安全的“菜篮子”产品产销经营体制　严格“菜篮子”产品生产经营企业的条件，建立行业管理和企业自律机制。生产经营企业（包括各类市场）要严格按有关标准和技术规范进行生产、加工、包装、运输、储藏（保鲜），确保“菜篮子”产品质量卫生安全。各地应支持农业产业化龙头企业到农村建立“菜篮子”产品生产基地，发展订单农业，按照标准化、规模化、专业化的要求进行“菜篮子”产品生产、加工和销售。

2. 加快“菜篮子”产品市场基础设施建设　统筹规划，合理布局，重点加强主产区和中西部地区

"菜篮子"产品市场建设；通过改扩建，完善城市"菜篮子"产品骨干批发市场的服务功能。

3. *积极推进现代营销方式和流通组织形式* 大中城市和经济发达地区，要扶持并鼓励"菜篮子"产品的配送和连锁经营，建设跨区域、中继性的物流中心。鼓励有条件的批发市场积极探索经纪人代理、竞价拍卖、电子统一结算和网上交易等现代营销方式。

4. *严把批发市场和零售市场入口关* 要重点对各级市场上的蔬菜、瓜果、畜禽产品、水产品等各类"菜篮子"产品的药物残留进行监测。对有毒有害物质超限量标准的不合格产品不准销售，并由有关部门依法进行查处和源头追溯治理。严禁销售病害病死畜禽产品、水产品以及注水肉、含"瘦肉精"的猪肉。进入市场销售的"菜篮子"产品，应有质量卫生检验或检疫证明；不能证明是卫生安全产品的，有关生产经营者应主动送检。进入市场销售的"菜篮子"加工产品，还应具有能够说明产品真实情况的信息，如产品生产企业（地址）、生产日期、储存条件、保质期、产品成分和技术指标，包括农用药物残留限量所依据的标准等。

5. *规范批发市场和农贸市场秩序* 各类经营"菜篮子"产品的批发市场、食品零售店应建立进货检验制度，禁止经销不符合质量卫生安全要求的产品。要解决市场管理多头收费、重复收费的问题。地方各级人民政府要坚决制止各种形式的地区封锁，撤消一切不合理的关卡，杜绝乱收费、乱罚款，严格执行行政事业性收费和执法罚没收入收支两条线，保证"菜篮子"产品正常流通。

（四）加强"菜篮子"产品进出口质量卫生安全管理，促进出口

充分利用"两种资源"和"两个市场"，采用国际标准组织生产，努力扩大优质、特色和符合质量卫生安全标准的"菜篮子"产品出口，提高农业的国际竞争力。"菜篮子"产品出口生产基地，要严格按有关进口国标准和技术规范生产经营；同时，做好对"菜篮子"产品出口生产经营企业和产品质量卫生安全的认证工作，并对出口产品实施有效检验检疫。完善进口"菜篮子"产品的检验检疫的风险评估，加强对进口产品生产、加工、仓储企业的注册登记，严格检验检疫工作，严防境外动植物病虫害侵入，确保我国生物安全和人民群众身体健康。

（五）加强科学技术研究、引进与推广

围绕提高"菜篮子"产品质量卫生安全水平，充分利用我国丰富的种质遗传资源，加速优质、专用、抗逆、高产农作物和畜禽（水产）等新品种选育及良种扩繁。鼓励开发、推广生物农药、生物肥料及高效施药、施肥新机械。积极推动高效疫苗、疫病诊断技术、安全饲料及饲料添加剂、新型兽药的研究与开发，加强饲料质量安全检测技术、养殖场疾病综合防治及环境卫生控制技术的开发与应用。加快开发果蔬、肉类、奶类等"菜篮子"产品加工、包装、运输和储藏（保鲜）技术设备，发展专储、专运技术，防止"二次污染"。加强简便、准确、经济的检验、检测、检疫技术和设备的开发，加强专业人才培养，提高检验检测技术水平。

（六）完善扶持政策，加强宏观调控

1. *完善和落实各项扶持政策* 在促进"菜篮子"产品健康发展方面，各有关部门和各地已有的一些行之有效的政策措施要继续坚持。同时，根据新阶段进一步提高"菜篮子"产品质量卫生安全水平的任务，结合本地实际，制定新的鼓励和扶持政策。

2. *加大投入力度* 国务院有关部门和地方各级人民政府，要支持"三绿工程"和"无公害食品行动计划"，积极开展"菜篮子"产品标准化、专业化生产，完善检验检测和市场流通基础设施。重点支持"菜篮子"产品标准体系和检验检测体系建设。国有商业银行要继续支持"菜篮子"产品市场流通设施建设。

3. *建立市场信息服务体系* 抓紧建立和完善覆盖面宽、时效性强的农产品市场信息网络，并加快向乡镇、批发市场、农业产业化龙头企业、中介组织、经营大户延伸。农业和经贸部门要建立"菜篮子"产品供求信息网络，搞好产品供求预测、预报和预警工作，指导区域间产销衔接，引导生产结构调整。地方各级人民政府有关部门要依法定期对生产、加工和流通环节的"菜篮子"产品进行抽检，抽检和查处结果逐级向国务院"菜篮子"食品管理部联席会议报告，由国务院农业和质检行政主管部门，按照分工整理"菜篮子"产品质量安全信息并向社会发布；卫生行政主管部门整理"菜篮子"产品卫生安全信息并向社会发布。

4. *完善重要"菜篮子"产品储备制度* 为应对突发性灾害和稳定市场，要完善重要"菜篮子"产品中央与地方分级储备制度，有关部门要制定储备商品使用和管理办法，加强重要"菜篮子"商品的宏观调控。

三、切实加强对新阶段"菜篮子"工作的领导

"菜篮子"工作是一项系统工程，必须加强领

导，明确分工，落实责任，精心组织，确保新阶段各项工作的顺利进行。

（一）统筹规划，统一部署

各地区、各有关部门要按照国民经济和社会发展"十五"计划的要求，结合本地区、本部门实际，制订促进"菜篮子"发展的规划，明确下一步工作的目标、任务、工作重点和政策措施。要突出抓好"菜篮子"产品相关标准的制（修）订工作，健全"菜篮子"产品检验检测体系，完善市场基础设施。各地区、各有关部门要通过实施"无公害食品行动计划"、"三绿工程"和质量认证等，促进"菜篮子"产品质量卫生安全水平的不断提高。

（二）完善"菜篮子"市长（行政领导）负责制

新阶段"菜篮子"工作，要把保证供给和保障产品的质量卫生安全作为市长和主产区（省、地、县）行政领导的责任目标，切实履行职责。各地区、各有关部门要转变政府职能，抓好协调和监督，加大宣传教育力度，努力提高农民的"菜篮子"产品质量卫生安全意识。让消费者了解和识别卫生安全食品，提高自我保护能力。

（三）依法保障"菜篮子"产品质量卫生安全

在认真调查研究的基础上，抓紧制定和完善与"菜篮子"产品质量卫生安全有关的法律法规，做到有法必依。当前要加强对禁用、限用农业投入品生产和经营的监督，加大对生产、销售有毒有害物质超标"菜篮子"产品行为的查处力度。

（四）明确分工、落实责任，加强配合

农业部门是"菜篮子"产品种植、养殖生产过程的质量安全主管部门，要严格监管农药、兽药、鱼药、饲料及饲料添加剂、肥料等农业投入品的使用，加强对动植物"菜篮子"产品的检验检疫，会同经贸部门牵头协调"菜篮子"发展的政策措施。经贸部门要加强对"菜篮子"产品加工、流通业的行业指导和管理，加强"菜篮子"产品加工、流通业的技术改造，对重要"菜篮子"产品供求进行宏观调控。卫生部门要完善"菜篮子"产品卫生标准，牵头起草有关"菜篮子"产品卫生监管的法律法规，审核发放"菜篮子"产品加工、经营企业卫生许可证，对市场上销售的"菜篮子"产品进行卫生安全抽查和执法。质检部门要参照国际标准，组织与"菜篮子"产品有关的国家标准制订和修订工作，加强对"菜篮子"产品加工中质量卫生安全的抽查、监管和对进出口产品检验检疫，进一步规范与"菜篮子"产品认证认可有关的监管工作。工商行政管理部门负责组织实施市场交易秩序的规范管理和监督，查处假冒伪劣"菜篮子"产品，无证、无照加工和经营"菜篮子"产品等违法行为。环保部门会同农业部门负责制定"菜篮子"产品种植、养殖生产环境安全标准和监管办法，对影响产品质量的生产环境及污染源进行监督管理。水利部门要加强水源基础设施建设，重视"菜篮子"产品供水源的检测与监督管理，保证"菜篮子"产品生产的供水质量。计划部门要加强对"菜篮子"产品生产、流通、检验检测、产品信息等基础设施建设的扶持。财政部门要加大生产、流通投入，保证执法经费，加强行政事业性收费和罚没收入收支两条线的监督管理。金融、财税部门要完善支持"菜篮子"产品生产、流通、进出口的政策措施。

关于促进农产品加工业发展的意见

（国办发［2002］62号　2002年11月7日）

近年来，我国农产品加工业得到了较快发展，成为国民经济中发展颇具潜力的增长点。但就总体而言，还不能适应整个经济和社会发展的需要，尤其是农产品加工水平和质量较低，专门用于加工的农产品不足，产加销各环节联结不紧密；农产品质量安全标准不健全；加工业布局和产业结构不尽合理等问题仍比较突出。为促进农产品加工业持续健康发展，现提出如下意见：

一、充分认识发展农产品加工业的重要意义

发展农产品加工业，实现农业产业化经营，是促进农业和农村经济结构战略性调整的重要途径，具有十分重要的意义。发展农产品加工业，可以促进优化农产品区域布局和优势农产品生产基地的建设，延长

农业产业链条，提高农产品的综合利用、转化增值水平，有利于提高农业综合效益和增加农民收入；通过扩大农产品深加工，提高产品档次和质量，促进农产品出口，有利于提高我国农业的国际竞争力；通过发展农产品加工业，以农业产业化经营为基本途径，吸纳农村富余劳动力就业，提高技术装备能力和水平，有利于推进农业现代化。

二、发展农产品加工业的指导思想和目标

（一）指导思想

当前和今后一个时期，要紧紧围绕农业和农村经济结构的战略性调整，因地制宜，科学规划，合理布局，依靠科技进步发展农产品加工业；在避免重复建设、提高农产品综合加工能力的同时，逐步实现农产品由初级加工向精深加工转变，由传统加工工艺向采用先进适用技术转变；推进农产品加工原料生产基地化，产加销经营一体化，加工制品优质化，促进农产品加工业持续健康发展。

（二）发展目标

经过5～10年发展，形成与优势农产品产业带相适应的加工布局，建成一批农产品加工骨干企业和示范基地；建立农产品加工业的技术创新体系，健全重要农产品加工制品质量安全标准；使农产品加工业增加值占国内生产总值、工业增加值的比重有较大提高。

三、发展农产品加工业的主要原则和重点领域

（一）主要原则

1. *以市场需求为导向*　遵循市场经济规律，发展优质、安全、方便、营养的农产品加工制品，巩固城市消费市场，开拓农村、小城镇和国际市场，不断适应和满足市场需求。

2. *发挥区域比较优势*　因地制宜，充分发挥其资源、经济、市场和技术优势，依托优势农产品专业化生产区域，发展优势、特色农产品加工业，逐步形成农产品生产和加工产业带，实现农产品加工与原料基地有机结合。

3. *适度规模经营*　发展农产品加工业，要与原料基地的规模和市场需求相适应，既要发展大中型龙头骨干企业，又要发展有市场、有特色、有潜力的小型企业。

4. *采用先进适用技术*　保护和发展具有民族特色的传统工艺，选用先进适用的技术装备，鼓励有条件的农产品加工企业积极引进和开发高新技术。

5. *发展和保护相结合*　坚持高标准、严要求，采用先进工艺和技术，切实推行清洁生产，保护生态环境，有利于可持续发展。发展农产品加工业，要特别注意不能上污染严重和危害生态环境的项目。

6. *加强宏观指导*　通过制定和实施农产品加工业发展规划、政策，引导农产品加工业合理布局，防止盲目铺摊子和低水平重复建设，新上项目一开始就要做到高起点、高水平，提高农产品加工的现代化水平。

（二）重点领域

1. *大力发展粮、棉、油料等重要农产品精深加工*　粮食加工以小麦、玉米、薯类、大豆、稻米深加工为主，配套发展粮食烘干等产后处理能力，发展各类专用粮油产品和营养、经济、方便食品加工。

2. *积极发展“菜篮子”产品加工*　肉类重点发展猪、牛、羊、鸡、鸭、鹅、兔等产品深加工；奶业要优先提供优质、营养的学生饮用奶；水产品发展优质鱼、虾、贝类、海珍品等水产品精深加工；积极发展有机蔬菜产品和绿色蔬菜产品加工，搞好蔬菜的清洗、分级、整理、包装，推广净菜上市，发展脱水蔬菜、冷冻菜、保鲜菜等；注重发展干鲜果品保鲜、储藏及精深加工。

3. *巩固发展糖、茶、丝、麻、皮革等传统加工*　鼓励发展精制糖，发展名优茶、有机茶和保健茶；发展丝和麻加工系列制品；积极开发牛、羊等皮毛（绒）深加工制品；合理利用和开发食用菌等农业野生资源，发展特色农产品加工。

四、促进农产品加工业发展的重点工作

（一）制定和实施发展规划

各省、自治区、直辖市人民政府要根据《全国主要农产品加工业发展规划》和《全国优势农产品区域布局规划》等有关规划，结合本地实际情况，制定本地区的农产品加工业发展规划并认真组织实施，要重点做好对市、县两级农产品加工业发展规划编制和实施的指导，防止盲目发展和重复建设。

（二）建设原料生产基地

在现有农产品生产基地的基础上，加强优势农产品良种繁育、技术推广、运销服务等基础设施建设，建设和形成布局合理、专用、优质、稳定的优势农产品原料生产基地。

（三）建立生产经营新机制

鼓励农产品加工企业通过定向投入、定向服务、定向收购等方式，发展产业化经营，与农民建立稳定的合同关系和利益联结机制，形成真正的利益共同体。

（四）鼓励和扶持龙头企业

支持农产品加工骨干企业实行优质农产品基地建设、科研开发、生产加工、营销服务一体化经营。要重点培植一批有自主知识产权、产业关联度大、带动能力强、有国际竞争力的大中型农产品加工龙头企业。支持农产品加工龙头企业引进国外资金、技术和管理经验，提高农产品加工水平，增强农产品加工制品国际市场竞争力。

（五）推进技术进步和科技创新

国务院农业和科技行政主管部门要抓紧制定农产品加工业的技术发展政策措施。优先开发大宗农产品的精深加工工艺、技术和装备。支持科技成果转化和推广先进适用的农产品加工技术。鼓励农产品加工骨干企业与大专院校、科研院所联合组建科学技术研究与开发中心。各地有关部门和农产品加工企业，要重视对职工的技能培训。

（六）健全质量安全体系

参照国际标准，抓紧制（修）订和健全农产品加工制品的质量安全标准和技术规范。完善农产品加工制品质量安全检验检测手段，抓好质量认证工作。加强对农产品加工质量安全的监督、检测和检查，完善有关法规并严格执法。

（七）扶持和发展中介组织

加强农产品加工业行业协会、专业技术服务等中介组织建设。发挥各种专业化中介组织在提供社会化服务、开展行业自律、防止无序竞争、协助解决国际贸易争端等方面的作用。

五、发展农产品加工业的政策措施

（一）加大国家投入力度

提高农产品加工业基本建设投资占整个基本建设投资的比重，增加对农产品加工骨干企业的技改投入。各级财政支农资金和农业综合开发有偿资金等，要重点支持农产品加工企业的基地建设、科研开发、技术服务、质量标准和信息网络体系建设。科技、农业、乡镇企业等行政主管部门的科技开发资金、教育培训资金，应有一定比例用于农产品加工业发展。外经贸部门应加大对农产品加工制品出口的支持和协调服务。

（二）给予相关的金融支持

商业银行要将支持农产品加工企业发展作为信贷工作的重要内容，及时满足农产品加工企业合理的资金需求。对农产品加工企业向农户收购农产品和完成国内外订单生产所需流动资金，有关银行应积极予以支持。对农产品加工企业申请贷款，应视项目用途与实际需要，适当放宽担保抵押条件，合理确定贷款期限。应把中小型农产品加工企业列为中小企业信用担保体系的优先扶持对象。符合股票上市条件和市场开拓能力强的大型农产品加工骨干企业，可申请公开发行股票并上市。

（三）落实税收支持政策

对农产品出口实行与法定退税率一致的退税政策，出口退税率尚未达到法定征税率的农产品，应优先考虑适当提高出口退税率。企业研究开发新产品、新技术、新工艺所发生的各项费用在缴纳企业所得税前扣除。农产品加工企业引进技术和进口农产品加工设备，符合国家有关税收政策规定的，免征关税和进口环节增值税。对重点农产品加工骨干企业从事种植业、养殖业和农产品初加工所得，要落实免征3～5年企业所得税的政策。

（四）其他配套措施

各级国土资源管理部门在编制土地利用总体规划和计划时，要对农产品加工企业用地进行统筹考虑，合理安排。农产品加工企业特别是骨干企业生产经营需征用土地应依法报批，各项费用按合理标准收取。电力部门要保证对农产品加工企业的供电。

六、切实加强对发展农产品加工业的组织领导

地方各级人民政府要把发展农产品加工业作为繁荣农村经济的重点，统一规划，统筹安排，将其纳入本地区经济社会发展计划。对不同地区、不同特点的农产品加工业要实行分类指导，注重实效，避免“一刀切”、“一哄而起”或搞重复建设。有关部门和地区，要在巩固、提高东部地区和城市农产品加工水平的同时，积极促进资金、技术和人才等要素向中西部地区和小城镇流动。

国务院农业行政主管部门要牵头研究和制定促进农产品加工业发展的政策措施，计划、经贸、外经贸、国土资源、财政、科技、卫生、金融、税务、环保、工商、质检等行政主管部门要各司其职，加强协作，转变职能，改善服务，共同推动农产品加工业持续健康发展。

全国食品工业“十五”发展规划

（国家计委　国家经贸委　农业部　2002年3月15日）

食品工业是人类的生命工业，也是永恒不衰的工业。食品工业现代化和饮食水平是反映人民生活质量高低及国家文明程度的重要标志。食品工业是我国国民经济的重要支柱产业，也是关系国计民生及关联农业、工业、流通等领域的大产业。食品工业作为农产品面向市场的主要后续加工产业，在农产品加工业中占有最大比重，因而对推动农业产业化作用巨大。

1999年全世界食品工业的销售额为2.7万亿美元，居各行业之首，是全球经济中的重要产业。改革开放以来我国食品工业取得了长足的发展，据国家统计局统计，2000年全部国有及规模以上非国有食品工业企业的总产值、利税分别为8 434.1亿元和1 458.3亿元，占全国工业总产值、利税的9.8%和15.3%；年出口创汇达136.7亿美元。食品工业企业就业人数达403.7万人，占全国工业企业就业总人数的7.3%。食品工业是整个工业中为国家提供积累和吸纳城乡就业人数最多、与农业关联度最强的产业。

食品工业总产值与农业总产值之比是衡量一个国家食品工业发展程度的重要标志。我国食品工业产值与农业产值的比值在0.3～0.4∶1之间，其中西部省区仅为0.18∶1，远低于发达国家2～3∶1的水平。我国粮食、油料、水果、豆类、肉类、蛋类、水产品等产量均居世界第一位，但加工程度很低。发达国家农产品产后加工能力都在70%以上，加工食品约占饮食消费的90%，而我国仅为25%左右。此外，我国食品工业的综合利用也比较落后。

党的十五大明确提出21世纪第一个十年实现国民生产总值比2000年翻一番，使人民的小康生活更加宽裕。因而加快食品工业的发展，提高其内在质量和水平，对实现这一目标起着重要作用。食品工业与农业相辅相成、相互促进，紧密相关，以市场为导向，促进食品工业的发展，对带动农业产业化，调整农业结构，提高农产品附加值，实现农民增收，缓解农村、农民、农业“三农”问题，弱化二元经济结构，进而提高加入世界贸易组织（以下简称WTO）环境下我国农业的国际竞争力，具有战略意义，也是食品工业的重要任务之一。西部地区农业可食资源丰富，部分地区已具备食品工业的比较优势，加快发展食品工业，可较快地提高西部地区的造血功能，为西部大开发做出贡献。此外，发展食品工业对繁荣城乡市场、拉动内需、带动小城镇建设、扩大外贸出口、增加劳动就业机会等都具有十分重要的作用。

食品工业在国民经济中涉及第一、二、三产业，具有产业链长，行业跨度大的特点。长期以来，食品企业除主要分布在轻工部门外，在商业、农业等系统中也有不少食品工业企业，部门之间各自为政，行业管理比较混乱，宏观调控薄弱，缺乏总体的发展规划和统一、有效的监督、协调机制，对食品工业的健康发展带来了不利影响。

今后五至十年，是实现国家第三步战略目标的重要时期。为应对21世纪国内外经济发展的新形势和我国加入WTO给食品工业带来的机遇与挑战，从战略上统一筹划我国食品工业的发展，特制定《全国食品工业“十五”发展规划》（2001—2005年），以指导全国食品工业持续、快速、健康发展。

一、食品工业发展现状及存在的主要问题

改革开放20多年来，我国食品工业总产值以年均递增10%以上的速度持续快速发展。目前已发展成为门类比较齐全，既能基本满足国内市场需求，又具有一定出口竞争能力的产业。

（一）主要发展成就

——食品工业持续、快速增长，一些主要产品产量居世界前列。2000年全部国有及规模以上非国有食品工业企业达19 316个，其固定资产原值已由1980年的154亿元增加到5 103.7亿元。“九五”期间，食品工业总产值最低年增长率为9%，最高达14.5%。2000年，食用植物油产量835.3万t，味精产量70万t，柠檬酸产量37万t，均居世界第一位；制盐产量3 128万t，啤酒产量2 231.3万t，均居世界第二位；食糖产量700万t，居世界第三位。

——食品工业在总体满足城乡居民基本生活需求的基础上，产品结构调整取得较大进展。各类食品在质量、档次、品种、功能以及包装等方面已基本满足

不同消费层次的需求。如油脂品种从单一的二级油为主，发展到可生产一级油、高级烹饪油、色拉油和食品工业各种专用油等，全精炼油产量已占油脂总产量的30%左右；粮食加工中，特二级以上精度的小麦粉已占面粉总产量的70%，精米占大米总产量的85%左右；奶粉生产实现了系列化、配方化，产品品种增加，不同包装规格的消毒液体奶和各种乳酸奶供应大幅增加；方便主副食、速冻食品、各种保鲜食品，正在逐步进入居民的一日三餐；名优产品得到较快发展，产品质量稳定，产量不断增加，产品市场覆盖面扩大。

——企业组织结构有所改善，涌现出一批具有较强经济实力和市场竞争优势的大中型骨干企业和企业集团，产业集中度不断提高。2000年啤酒行业拥有43个10万t/年以上的企业，约占行业企业总数的8%，其产量占全国啤酒总产量的59%，大型啤酒企业的规模已达180万～260万t/年；液体乳产量排行前10位的乳品企业液体乳产量占全国销售总量的49%。河南省漯河市双汇实业集团有限责任公司、杭州娃哈哈集团公司、青岛啤酒集团有限公司、山东金锣企业集团总公司等大型食品企业集团的销售收入已超过40亿元。现有大型面粉厂规模达800～1 500t/d；大型糖厂日处理甘蔗4 000～6 000t，最大的糖厂日处理甘蔗已达1万t；大中型熟肉制品企业年产量达60万t以上；罐头行业中一些主产品已形成基地区域化规模生产。

——高新技术在食品工业中得到较好应用，大中型企业技术装备水平有了较大提高。如生物工程技术、超高温杀菌、冷冻速冻、超临界萃取、膜分离、分子蒸馏等一大批高新技术在食品行业得到了推广应用，有力地促进了食品工业生产技术水平的提高和产品的更新换代。啤酒、葡萄酒、饮料、乳品、烟草加工等行业中较先进的技术装备，已接近发达国家20世纪90年代中期先进水平，我国食品机械设备制造水平正在逐步适应食品工业的发展和技术改造的要求。

——企业改革和所有制结构调整有了新的进展。许多企业建立了现代企业制度，多种所有制经济形式共同发展。近年来，除了国有资本外，私人资本、外资、港澳台资纷纷进入食品工业，并占有越来越重要的地位，特别是民营食品企业发展较快，在一些地区已成为农产品加工业的骨干企业。

——食品工业的发展，促进了农业产业化经营和农村经济的发展。食品骨干企业以公司加农户的组织形式，促进农产品加工转化增值，带动了农业的发展和农民增收。特别是在西部地区和经济欠发达地区，食品工业的发展，对当地经济的发展和农民脱贫致富发挥了重要作用，并已成为吸纳农村剩余劳动力就业的主体之一。

（二）存在的主要问题

食品工业虽然取得了很大成绩，但其总体水平仍然较低，特别是与国外发达国家相比，差距较大，主要存在以下问题：

1. *食品工业结构不够合理*　一是从行业结构上看，食物资源粗加工多，深加工和精加工少，烟酒等嗜好食品所占比重较大，特殊人群食用的食品发展不够。二是从产品结构看，产品品种花色少、档次低、包装差，产品更新换代慢，产品结构不能完全适应市场需求变化。三是从地区结构看，西部省区食品工业比较落后。2000年西部12省区食品工业产值仅占全国食品工业总产值的13.5%，而东部的山东、广东、江苏及中部的河南4省食品工业产值占全国食品工业总产值的比重高达38.6%。

2. *食品企业总体规模小，生产集中度尚不够高*　如国内粮油加工企业合理的经济规模为面粉加工400～600t/d、稻谷加工200～400t/d，而我国78.9%的面粉企业为日处理小麦50～100t的生产规模，80%的稻谷加工设备为日处理50t以下的小机组；啤酒生产企业合理经济规模为20万t/年，而我国啤酒生产企业的平均规模不到4万t/年；浓缩苹果汁企业国际先进水平为5万t/年以上，而我国浓缩苹果汁厂平均规模不到1万t/年；制糖行业平均日处理甘蔗约为1 500t左右，大大低于6 000t的国际平均日处理量。

3. *食品市场、食品工业与农业原料基地的产业链尚未真正形成*　食品企业与农业生产者之间没有建立稳定的产销关系和形成利益共享、风险共担的机制。分散的农业生产提供的原料在品种、品质、规格等方面远不能适应食品工业的要求。例如，我国小麦种植面积和产量均为世界第一，但适宜加工的高面筋蛋白含量的小麦品种严重缺乏；苹果种植面积和产量均为世界第一，但适宜生产高档苹果汁的苹果种植基地基本没有。

4. *食品技术水平相对落后，加工技术储备不足*　目前，在我国的食品工业科技成果中，食品工业的初级加工的成果所占比重大，而精、深加工的成果明显不足；对食品工业的综合利用，尤其是废弃物的综合利用研究较少，与国际先进水平有较大差距；食品行业研究开发力量薄弱，企业自主开发创新能力低，行业管理所需的技术基础性工作十分缺乏。

5. *食品工业标准体系和质量控制体系不完善*　尽管我国大部分食品加工产品已有国家或行业标准，

但普遍存在标准滞后、制定周期长、标准水平偏低的问题，不能适应我国入世和人民生活质量提高的需要。我国近500个食品卫生标准基本涵盖了食品安全管理的各个方面，但有的标准与国际食品法典标准不接轨，同时，加工过程中质量控制体系不完善，产业化程度不高。尤其是一些小型企业设备陈旧，管理水平较低，质量安全意识淡薄，缺乏保证食品质量的必备条件。

6. *食品安全和环境污染问题较多* 在食品加工中掺杂使假，以假充真，以非食品原料、发霉变质原料、病死畜（禽）等加工食品的违法活动屡禁不止；一些淀粉、酿造、屠宰等重污染行业的企业在建厂时不做环境影响评价，生产产生的大量“三废”随意排放，对周边环境造成了较严重的污染。这种状况影响了食品出口，破坏了市场经济秩序。

7. *与食品工业配套的食品装备发展相对滞后* 我国食品工业多数企业规模小，装备落后，基础薄弱，国产设备技术含量低，自动控制系统与工艺流程设计和机械制造脱节，产品性能稳定性和成套性差、精度和自动化程度不高；在引进国外先进设备时，消化吸收和自主创新不够，技术开发投入不足，产品缺乏自己的特色；产品结构不合理且调整缓慢，大型设备且技术含量高的设备少，低附加值、低水平的产品多，设备稳定性及耐用性与国际先进产品有差距；精度要求较高的食品加工与包装机械及零部件仍大量依赖国外进口。这与我国食品工业快速发展的需求很不适应。

二、食品工业发展面临的新形势及市场预测

“十五”期间，食品工业发展面临的宏观环境、市场供求状况与“八五”和“九五”时期相比，有很大的不同。国内外经济环境和消费结构的变化，将对食品工业的发展产生直接的影响。

（一）食品工业发展面临的新形势

——农业的发展、种植结构的调整和农产品的日益丰富，为食品工业的发展提供了较充足的原料。目前我国农产品供给已由长期短缺转变为供求总量大体平衡，由解决温饱转向适应更加富裕小康生活的需要。2000年我国粮食总产量达到46 251万t，谷物、肉类、花生、油菜、水果、蔬菜等产量居世界第一位。畜牧业与水产业也得到了稳步发展。农产品产量的稳定增加，农业种植结构调整和高效、优质农业的发展，为我国12.6亿人口在吃饱的基础上追求食物的多样化创造了条件。

——人民群众收入的增加和生活水平的提高为食品工业发展提供了广阔的市场空间。随着人民生活水平的提高，人们在饮食上已不满足于食品数量的增加，而是希望食品更加安全卫生、营养保健和方便快捷；食物消费行为将呈个性化、多样化趋势，对优质品牌的消费意识将普遍增强。另外，农村消费出现城市化倾向，自给型消费结构将进一步向商品型消费结构转化，这将使工业化食品的消费有较大的增长。

——市场经济体制的不断完善将有利于食品工业的发展。“十五”期间，市场经济管理体制和现代企业制度的日趋完善，有利于涉及面较广、关联度较高的食品工业克服体制和市场分割的障碍，实现较快发展。

——党和国家各级领导重视食品工业的发展，为食品工业提供了有利的宏观政策环境。党和国家领导同志多次就食品工业发展及农业产业化问题作出重要指示和批示，为我国食品工业发展并带动农业产业化指明了方向。

——西部大开发为我国食品工业的发展提供了机遇。首先，西部地区有丰富的食品原料资源，如肉、蛋、奶、粮、糖、油、茶、蔬菜、水果和各种野生资源。其中不少在全国占有很大比重，有些还是特有资源。其次，西部地区部分食品行业，已形成一定基础和规模，在全国具有产业比较优势，具备进一步改造提高和较大规模发展的物质技术条件，如制糖、乳制品、肉类加工等行业。第三，食品工业投资少、见效快，较适宜在贫困落后地区发展。食品工业作为农业产业化的龙头产业，可以带动西部地区包括贫困落后地区农牧业的发展，同时也可为发展其他工业和基础设施建设、环境改造积累资金。第四，国家实施西部大开发的战略，为西部食品工业乃至全国食品工业的发展，提供了良好的机遇和条件。

（二）国内“十五”食品工业市场前景分析

——宏观消费结构变动趋势。“十五”期间，食品消费仍是我国城乡居民消费的主体并居于首位。到2005年我国人均GDP将达到9 400元，这正是人们消费结构包括食物消费结构迅速变化的关键时期。“十五”期间，随着我国国民经济的发展和居民消费的多样化，恩格尔系数将逐步下降，但食品消费的总量仍将不断增加，食品消费的档次、结构也将发生较大变化，自给型食品消费比重将逐步下降。同时，食品消费将呈现多层次，一些营养、方便、休闲、无公害食品有较大的需求增长潜力。

——食品消费预测。随着人民生活水平的不断提高，恩格尔系数虽然进一步下降，但食品消费总额仍然有较大的提高。预测到2005年，恩格尔系数城镇

居民将由2000年的39.2%下降到38%，农村居民将由2000年的49.1%下降到46%；食品消费支出比重将从占全国居民消费支出的46%下降到42%左右，但仍位于居民消费比重之首。

上述分析预测表明，“十五”期间我国包括食品消费结构在内的居民消费结构将发生较大变化，食品恩格尔系数将下降，但食品消费总量仍将不断增加，食品工业发展的国内外市场需求潜力很大，且有着良好的国内外市场前景。

（三）我国加入WTO对食品工业的影响

目前，我国已正式加入WTO。今后，可利用WTO赋予我国的权利，提升我国的国际地位，运用WTO的争端解决机制，维护我国的正当权益，这为我国食品工业创造了难得的机遇。一是有利于我国享受各WTO成员国和地区提供的多边、平等、互惠的最惠国贸易待遇，有利于利用全球范围内的比较价格优势，降低生产成本，合理配置全球经济资源，提高产品的质量和档次，满足国内外市场的需要；二是有利于推进我国食品企业建立现代企业制度，更好地利用或借鉴国外的资金、技术、经营和管理经验，提高我国食品企业的管理水平、经营水平和生产者的素质，加速食品企业的科技进步和技术创新，促进产业升级，提高国际竞争能力；三是有利于引进国际廉价原料，扩大食品工业出口贸易，并享受其他国家和地区开放市场的好处，拓宽出口渠道。

但加入WTO后，我国食品工业也面临着比较严峻的挑战。一是随着关税的降低和非关税措施的取消，以及《与贸易有关的投资措施协议》的约束，必然会有更多的国外技术密集型、水平先进的产品或企业的进入，这将对国内同行带来严峻的挑战；二是一些不适应市场竞争的企业体制、经营理念及市场营销体系都将受到猛烈的冲击，特别是处于幼稚期或长期国内保护的食品行业或企业也将处于不利地位；三是跨国公司在技术上的自然垄断地位将被进一步加强，而这种技术独占权将自然地转化成为市场垄断权，迫使长期以来以引进为主的国内食品企业必须付出更高的成本来获取外国先进技术，我国企业将面临更大的研究开发压力，知识产权争端将更加频繁；四是我国食品工业现行的分散的管理体制对促进企业发展、快速适应市场的变化极为不利，各有关的法律、法规标准与WTO规则及国际标准差距较大。食品企业中既懂得专业知识、又熟悉外语、掌握国际经贸规则的高层次管理人才、高级财会人才和法律人才等相对缺乏。另外，入世后，按照市场准入量承诺的农产品进口将对我国农业产生冲击。

为此，我们要积极采取应对措施，抓住机遇，加速食品工业的结构调整，提高产业的市场竞争力，以实现食品工业在入世条件下能够可持续发展。

（四）国际食品工业生产、消费和技术发展趋势预测

——国际食品工业生产和消费趋势。国际食品生产和消费的走向是：（1）安全性、营养健康性食品蓬勃发展，世界各国对食品的安全问题越来越重视。尤其是近几年，国际上发生了二噁英、疯牛病、口蹄疫、李斯特菌等对食物的污染和禽畜疾病，为免受其害，各国纷纷在食品的生产、加工、销售以及进出口上采取了更加严格的管理措施，进一步完善了相关的法律法规和安全技术标准。（2）绿色食品、有机食品越来越受到消费者的青睐。这些食品虽起步晚，但发展快，目前正向标准化、系列化、规范化和产业化的方向发展。（3）各类健康及具有预防、治疗疾病或有助于病后康复等调节身体功能的各种功能性食品，将得到较快发展并占据越来越大的市场份额。（4）方便快捷性食品日益走俏。为了适应人们工作、生活快节奏、高效率的迫切需要，在国际市场上花样繁多的净菜、配菜、方便米饭及各种冷冻、微波、旅游食品等，越来越受到欢迎。目前，全世界方便食品的品种已超过了1.5万种，有向主流食品发展的趋势。冷冻食品向小包装、多品种、调理简单方便的家庭化方向发展。

——国际食品工业技术发展趋势。各种高新技术已普遍应用于食品工业。电子技术、生物技术、新材料等基础科学技术以及超高压处理、超临界提取、膜分离、分子蒸馏、超微粉碎、微胶囊、真空处理、冻结浓缩、品质评价、食品掺假鉴定、超高温瞬时杀菌等尖端技术在食品工业生产和产品研发中得到广泛应用。例如生物技术、智能技术等已贯穿于从原料加工到食品安全消费的各个环节中。这些高新技术的应用不仅可保证食品营养、安全、卫生、方便、快捷、风味多样和降低生产成本，而且可节约资源和保护环境等，与传统食品工业技术相比，具有巨大的优势。

因此，只有紧紧把握国际食品工业生产消费走向及技术发展的趋势，着力研究国际食品消费市场及发达国家的食品消费对我国的传导效应和示范作用，才能及时调整我国食品工业产品结构和产业结构，以满足人们的食物消费需求和进一步融入世界市场。

三、食品工业发展的指导思想和主要目标

根据我国“十五”国民经济发展规划目标和国内

外食品消费市场及技术发展趋势，结合食品工业产业的特点，提出“十五”期间食品工业发展的指导思想、基本原则和主要目标。

（一）指导思想和基本原则

“十五”食品工业发展的指导思想是：以国家“十五”规划为指导，结合我国加入WTO和实施西部大开发的新形势，从食品工业实际出发，以市场需求为导向，以促进农业产业化为契机，以提高食品工业技术水平、经济效益和确保食品质量与安全为目标，深化改革，加大结构调整和企业技术创新，加强食品质量安全监管力度和食品质量安全检测体系建设，合理进行产业布局，加快食品工业的调整和发展，并使之成为新的经济增长点，以满足人们由小康向比较宽裕生活过渡时期对食品消费的需求，初步建立现代食品工业生产和市场体系，促进食品工业可持续发展。

食品工业的发展应遵循以下几项基本原则：

——紧紧围绕市场发展食品工业。要按照国内外市场需求，充分利用农业资源，积极发展深、精加工食品，在开发新兴工业化食品的同时，提高我国传统食品档次，优化产品结构。

——紧密结合农业产业化经营，发展食品工业。引导并促进农业生产结构和农产品结构的调整，积极发展有机食品、绿色食品等优质产品，提高农产品附加值，带动农村经济的发展，增加农民收入。

——紧紧依靠科学技术，促进食品工业产业升级。促进具有自主知识产权的产品开发，实施名牌战略。提高食品工业的技术结构水平，加快企业技术创新和技术改造。在发展高新加工技术的同时，注意保护和优化优秀的传统工艺技术。

——食品工业的发展要适应国民素质提高的要求。要用符合中国国民体质状况的营养科学原则指导食品产品与技术开发，成为改进国民体质状况，提高国民素质的基本保障。

——切实加强食品质量安全监管。要尽快建立和完善食品和农产品原料的质量安全监督检测检验体系和市场准入制度，以人为本，保障人民健康和人身安全，维护消费者切身利益。

——坚持食品工业的可持续发展。把食品工业发展与环境保护紧密结合起来，控制食品工业污染，推进食品工业的清洁生产，加强食品原料基地的环境监管，促进食品工业的可持续发展。

——合理进行产业区域布局。对农产品原料生产，要根据优势产品区域化布局的要求，在优势生产区域集中发展复合加工需要的优质、专用农产品生产。东部和中部食品工业发达的地区应用高新技术改造食品工业，积极发展高新技术产品，提高食品工业整体水平，同时大力开拓西部地区，积极发展西部优势特色产品，促进东中西部食品工业的合理布局。

——鼓励多种经济成分共同发展，加大所有制结构调整的力度。特别要加快民营企业的发展，改善外商投资食品工业的环境，提高利用外资水平。

——努力培育和发展贸科工农相结合的大型食品企业集团和新型市场主体，优化食品工业的企业组织结构。

——要把食品工业的发展与小城镇建设相结合，实现相互促进、协调发展

（二）主要目标

食品工业“十五”发展的主要预期目标是：

1. 增长速度和规模　在结构调整和提高经济增长质量的前提下，“十五”期间食品工业增加值年平均增长率为8%左右。

2. 出口创汇　努力扩大深加工和高附加值食品的出口，提高重点出口企业的国际竞争力。出口创汇年平均增长8%，由目前的136.7亿美元，达到200亿美元左右。

3. 膳食营养水平　根据合理膳食的要求，调整食品工业产业结构。“十五”期间，逐步建立合理的膳食结构，在人均每日摄入热量不增加的前提下，每日蛋白质摄入量、脂肪摄入量分别由目前的70.5g、54.7g达到人均每日77g、65g，维生素和微量元素摄入量基本满足我国国民的需求。

4. 环境保护和综合利用　到2005年食品工业排放的水、大气污染物要做到达标排放；化学需氧量、二氧化硫、烟尘、工业粉尘和工业固体废物等主要污染物排放量比2000年减少10%。食品工业的综合利用水平要达到20世纪90年代国际水平。

5. 经济效益　“十五”期间食品工业要在结构优化的基础上，不断提高经济增长的质量，使经济效益有较大提高。

6. 结构调整　调整企业组织结构，重点培育和发展一大批国际知名品牌和按照现代企业制度要求建立的技术创新能力强、跨部门、跨所有制、跨国经营且具有国际竞争能力的现代大型企业和企业集团；促进中小企业沿“专、精、特、新”的方向发展，提高专业化协作水平。要优化产品结构，不断开发新产品，提高产品质量和档次，增加花色品种，在大力提升劳动密集型传统产品的同时，要积极发展技术密集型产品、技术含量高和附加值高的新型工业化食品，并提高其在食品产品结构中的比重。

7. 形成高效的食品质量安全监控体系

四、食品工业发展的重点及主要方向

根据国内外食品工业发展趋势和食物消费结构的变化，以及国家产业政策导向，结合食品工业的特点，今后五年及更长一段时期内，食品工业的发展既要统筹规划，又要突出重点，择优扶强，提高优势行业和企业的市场竞争力。

（一）食品工业发展的重点

1. 大豆加工业　大豆食品具有多种营养价值，对优化居民食物结构具有重要作用。2000 年，我国大豆产量为 1 541 万 t，占世界总产量 1.7 亿 t 的 9%，居世界第四位。东北三省和黄淮海地区为主产区，产量占全国 2/3 以上。但是，1996—2000 年短短 5 年时间，我国已由大豆净出口国变成世界最大的大豆进口国。2000 年全国进口大豆 1 042 万 t，已占我国大豆产量的 3/4。入世后，进口大豆对国产大豆的冲击加大，我国大豆产业形势更加严峻。目前，大多数大豆食品企业规模较小、设备陈旧、技术水平低、产品单一、竞争力不强，大豆加工业的深度开发程度和综合利用率很低，其产品品种、质量与数量均不能满足居民消费与市场开拓的需要。

“十五”期间，大豆加工业将着重发展销路广、市场潜力大的豆奶、豆奶粉、分离蛋白、浓缩蛋白、组织蛋白等新兴大豆食品，使总产量得到较大幅度增长；加快传统大豆食品的工业化生产进程；充分发挥我国优质大豆资源的优势，在大豆资源的综合利用上，积极开发大豆磷脂、皂甙、低聚糖、异黄酮、食用纤维等功能性食品，加快研制高质量、高附加值、高效益的具有特殊营养功能的新产品。大豆食品加工业的发展，要在巩固提高东北及内蒙古自治区、黄淮海生产区产品产量的同时，积极开发西部和南方红黄壤地区的大豆生产与深精加工。在依靠科技进步、改造现有企业的同时，以新区、新领域、新产品为重点。

“十五”末，初步形成我国现代大豆加工业的构架，实现工业化大豆食品占大豆食品总消费量的 30%。

2. 玉米加工业　玉米是我国最丰富的农作物之一，产量已超 1 亿 t，占全国粮食产量的 22% 以上，占世界玉米产量的 21% 左右，居世界第二位。目前我国玉米加工业存在着加工技术落后，深加工和综合利用能力差，以及企业规模小、产品成本高、区域布局不合理等问题。玉米加工量仅占玉米总产量的 10% 左右，70% 则直接用于饲料，与发达国家相比存在明显差距，经济效益未能得以很好地发挥。

“十五”期间，玉米加工业将采取调整和发展并举的方针，调整区域布局和产品结构。继续加强以吉林、山东等玉米主产省区的玉米加工企业的产品结构和企业组织结构调整，支持和发展中西部地区的玉米加工业。积极开发进入一日三餐的方便营养玉米食品，突出主食粗细搭配，使居民的膳食结构更加合理；大力推广投入低、污染小的玉米干法脱胚制玉米粉技术，用作淀粉糖和发酵制品的生产原料；积极采用玉米提胚技术，开发玉米油系列产品，开拓国内、国际市场；开展综合利用，降低生产成本；积极发展玉米蛋白深加工，促进饲料生产，彻底缓解玉米产大于销的局面。

“十五”期末，力争使玉米加工量由目前的 10% 提高到 15%，各类玉米工业食品达到 800 万～1 000 万 t；减少环境污染，把玉米加工业提高到一个新水平。

3. 马铃薯加工业　我国马铃薯种植面积达 467 万 hm^2，年产鲜薯量为 6 500 万 t，居世界第二位。马铃薯主要分布在从黑龙江、吉林、内蒙古、山西到青藏高原和云、贵、川等地区，也是中西部地区主要的农作物资源之一。在发达国家，马铃薯加工产品已成为人们日常生活中不可缺少的绿色食品，马铃薯加工率达 90% 以上。我国由于受传统食用习惯、加工技术水平和马铃薯品种的限制，马铃薯加工利用率仅占总产量的 4%，且加工产品品种单一，多以粗淀粉及粉丝、粉皮等简单副食品为主，人均消费量很低，没有发挥出很好的经济效益。发展马铃薯加工业前景广阔，并且对带动农村经济，尤其是中西部地区经济发展将起到重要作用。

“十五”期间，要积极发展马铃薯加工业，重点发展马铃薯全粉和能进入一日三餐的马铃薯淀粉、专用淀粉和变性淀粉；开发马铃薯全粉和马铃薯各类食品。同时加强优质、高产、抗逆等专用马铃薯品种的选育，培育高淀粉型、油炸型、高蛋白型等专用加工品种。

到“十五”末，建立起马铃薯全粉及加工品、淀粉、专用淀粉、马铃薯方便食品等产品体系，使马铃薯加工业成为中西部地区一个新的经济增长点。

4. 乳品加工业　乳及乳制品是最接近于完善的食品，提高乳及乳制品的摄入量可以明显改善国民的身体素质。发展乳品加工业可以带动奶牛养殖业的发展，促进农牧业结构优化调整，增加农民收入。我国乳品企业主要分布在东北、华北、西北以及上海、北京等大城市。2000 年全国奶类总产量仅 919.1 万 t，液态奶 190 万 t，乳制品产量 82.9 万 t，人均奶类消费水平不足 7.3kg，远低于世界人均消费量 93kg 的水平，发展前景十分广阔。目前，我国乳品加工业存在的主要问题是产品结构不合理；多数企业规模小、自动化程度低；奶牛饲养规模小、机械挤奶比例低，原料奶质量不稳定等。

“十五”期间，乳品工业要调整企业结构，优化产品结构，提高产品质量，从总体上降低奶粉生产比例，增加液体奶产量。城市型的乳品企业要着重发展杀菌奶、酸奶、花色奶、含乳饮料等液体奶的生产；基地型乳品企业仍以奶粉生产为主，适当调整产品结构，重点发展配方奶粉、功能性奶粉，以及作为食品工业配料的全脂奶粉、脱脂奶粉等，适当发展灭菌奶、干酪、奶油等。要切实抓好奶源基地的建设，扩大饲养规模，推广机械挤奶，提高原料奶质量，推广“分散饲养、集中挤奶”和“集中饲养、统一管理”的“奶牛合作社”模式。“十五”期间要重点抓好东北、华北、西北乳品加工业的发展。

到“十五”末，机械化挤奶率力争达到50%，全面提高原料奶质量；乳制品产量年递增速度争取达到10%左右，达到130万t；液体奶产量力争递增速度在20%左右，达到450万t。

5．肉类加工业　肉类加工业包括畜禽养殖、屠宰及加工。发展肉类加工，对国民经济的发展，丰富我国城镇居民菜篮子和提高人们生活质量举足轻重。2000年我国肉类总产量为6 046万t，肉类加工业已步入新的发展阶段，市场供应充足、价格平稳，消费量不断增长，市场前景广阔。目前存在的主要问题是形成规模的大型企业较少，中小企业技术水平和产品加工质量低；从饲养到加工过程中，卫生安全方面的有效保障机制不完善；肉制品产量占肉类总产量的比例低，且高档优质产品、低温制品、中式制品和新产品少等。

“十五”期间，大力发展冷却肉、分割肉和直接食用的各类熟肉精制品，逐步提高熟肉制品在肉类消费中的比重。在稳步发展猪肉产品的同时，积极发展禽肉、牛羊肉等制品，提高牛羊肉、禽肉及其制品的比例，生产高档、优质、方便、卫生、营养的肉制品；要继续推行定点屠宰、全面检疫、统一纳税、分散经营，提高机械化屠宰比重。要建立和完善肉类生产全过程的安全质量保障体系，全面展开质量体系认证，特别是HACCP质量保障体系，保障肉类产品的安全与卫生，增强参与国际竞争的能力。在肉类加工企业，要广泛开展畜禽内脏、肥膘及毛、骨、血资源的综合利用，发展生物制品生产等；大力开展节水的开发和应用，降低单位产品的能耗水平；建立污染物处理设施，搞好环境保护，保证全行业的可持续发展。

“十五”期末，优化肉制品产品结构，提高产品质量，建立完善肉制品卫生安全方面的有效保障机制，全面提高我国肉类加工业的国际竞争力。

6．制糖工业　食糖是关系国计民生的重要商品，它既是人民生活的必需品，又是食品工业的基础原料。同时糖料种植又关系到老少边穷地区农民的脱贫致富，因此保持制糖工业的稳定与发展意义重大。目前，我国糖产区主要分布在广西、广东、云南、新疆四省区，其产糖量占全国总量的80%以上。制糖工业存在的主要问题是：糖料种植成本高；多数糖厂规模偏小，技术装备落后，综合利用效率低，污染严重；产品品种单一，高质量产品比重小。

“十五”期间，在产品结构上，要按照市场需求增加花色品种，提高产品质量，发展精炼糖，推广小包装。在糖料生产方面，要以提高农业劳动生产率为主攻方向，并进一步提高糖料单产和含糖量，在重点产糖地区要加速实现糖料生产的机械化、水利化、良种化和规模经营；对不宜发展糖料的地区，要逐步退出制糖行业，优势地区如广西、广东、云南、新疆要在调整、优化结构的基础上，扩大优势企业的规模，不断提高产品质量和生产技术水平。在企业组织结构上，鼓励通过重组建立科工农贸一体化的大型企业集团，促进糖厂的规模化生产；对扭亏无望、资不抵债、污染严重的小糖厂要坚决依法实施破产。在糖厂资源综合利用方面，要依法关停污染严重的糖蜜酒精车间和蔗渣造纸车间，鼓励集中利用糖蜜与蔗渣，进行发酵和造纸废液的无害处理；积极探讨糖蜜用于生产饲料和燃料乙醇的具体途径。

“十五”末，糖产量达到1 000万t左右，企业平均规模达到年产糖4万t左右（相当于日榨甘蔗3 000t规模糖厂），糖厂的技术装备达到国外20世纪80年代的水平，提高综合利用水平，综合利用产值占总产值提高的50%。

7．果蔬采后贮运加工业　我国水果、蔬菜资源丰富，为世界第一生产大国，2000年我国水果和蔬菜总产量分别为6 000多万t和4亿多t。果蔬产业是我国种植业中仅次于粮食产业的大产业，是我国加入WTO后农产品中少数具有竞争优势的重要产业之一。但我国果蔬产业存在的问题是资源利用效率较低，总体加工能力低下，采后损失率高，与世界先进国家相比仍有相当差距，且滞后于自身产业的发展需求。美国等发达国家的果蔬采后损失率不到5%，而我国高达30%左右，特别是果蔬产后贮运、保鲜、深加工等方面技术差距更大，丰产不丰收，丰收不增值。这已成为制约我国果蔬产业快速发展的瓶颈。

“十五”期间要在保证水果、蔬菜供应量的基础上，努力提高水果、蔬菜的品质和调整品种结构，加大果蔬采后贮运加工力度，使我国果蔬业由数量效益型向质量效益型转变，更适应国内外市场需求。要既重视鲜食品种的改良和发展，又重视加工专用品种的引进与推广，保证鲜食和加工品种合理布局的形成；培育果蔬加工骨干企业，加速果蔬产、加、销一体化进程，形成果蔬生产专业化、加工规模化、管理企业化、服务社会化和科工贸一体化；按照国际质量标准和要求规范果蔬加工产业，在“原料—加工—流通”各个环节中建立全程质量控制体系，用信息、生物等高新技术改造提升果蔬加工业的工艺水平。同时，要加快我国果蔬精深加工和综合利用的步伐，重点发展果蔬贮运保鲜、果蔬汁、果酒、果蔬粉、切割蔬菜、脱水蔬菜、速冻蔬菜、果蔬脆片等产品及其果蔬皮渣的综合利用，大力提高果蔬资源的利用率。

“十五”末，争取果蔬加工处理率由目前的20%～30%增加到45%～55%，采后损失率从25%～30%降低到15%～20%。

8. 饮料工业　饮料工业是食品工业中发展最快的行业。从1980年到2000年，全国饮料总产量由28.8万t增至1 496.8万t，年均增幅达到近23%。随着国民经济的发展，饮料工业在食品工业中所占比重将越来越大。我国饮料产量主要集中在广东、浙江、上海等地，三省市总产量已超过全国产量的50%以上。饮料工业存在的突出问题是：人均消费水平低，地区发展不平衡，适宜饮料加工的农产品原料不足，饮料产品结构不尽合理等。

“十五”期间，饮料工业要逐步调整产品结构，积极发展有我国资源优势的农产品为主要原料的饮料产品。鼓励和规范发展符合饮料消费市场规律的主流产品，如运动饮料、瓶装饮用水等；降低碳酸饮料比重，重点发展茶饮料、果汁及果汁饮料、蔬菜汁饮料和植物蛋白饮料；支持果蔬饮料和矿泉水企业的规模化生产。加快产品的升级换代，提高附加值，搞好综合利用。

“十五”末，饮料总产量达到2 700万t左右，其中我国有资源优势的饮料产品由现在占总产量的25%提高到近40%，并形成一批技术装备良好，经营管理高效，具有国际竞争力的生产企业，力创数个国际品牌。

9. 方便食品和功能性食品　目前，我国在方便食品和功能性食品方面还处在起步阶段，生产技术水平比较落后，产品科技含量不高，有些品种尚属空白。

“十五”期间，要加大开发方便食品和功能性食品的力度，重点发展速冻、微波、保鲜、休闲、调味食品和中西式快餐食品等方便食品，不断提高人们一日三餐中工业食品的比例，缩短家庭烹饪时间，减轻劳动强度；在功能性食品方面，首先要推广主食营养强化，改善居民的营养状况，积极开发符合营养、健康的定型包装食品、婴幼儿辅助添加剂食品和断奶食品以及特殊人群食用的食品。加强合理膳食、营养配餐技术指导，满足成长期学生和康复病人的营养需求等；重点发展功能因子明确、功能作用显著的第三代功能食品，在此基础上，开发适应不同人群的特需保健食品。此外，应根据各地区的资源优势，发展食用野生菜、干果、山珍等特有资源的食品加工。

“十五”末，逐步形成现代化的方便食品和功能性食品行业的基本框架，使其产品产量和质量有较快提高。

10. 水产加工业　水产品加工包括水产品制冷、干制、腌制、熏制、罐制、鱼糜加工、水产调味品、鱼粉、海藻食品等。2000年我国水产品总产量为4 279万t，为全球水产品总产量的1/3，连续9年位居世界第一位；水产品加工能力达到934万t/年，出口额38.3亿元，在粮食、蔬菜、水果、花卉、畜牧、水产等6类产品中居于首位，具有一定的国际竞争优势。但我国水产加工业存在的问题是水产加工量比例较低，加工比例不到总产量的1/3，其中淡水水产品加工比例不足5%；加工技术含量低，高附加值产品少，传统风味水产品加工技术落后；废弃物综合加工利用水平不高。

“十五”期间，要根据国际、国内市场的需求，调整产品结构，推进淡水鱼、贝类、中上层鱼类、藻类加工体系的建立，积极发展高营养、低脂肪、无公害、环保型水产食品。通过培植开发名牌产品，扶持骨干企业，开拓国际市场。加强水产品市场建设和管理，发展水产品精深加工，开发高附加值产品，努力开发速冻、即食性水产、调味品、水产饮品，解决鱼腥味难题，保留新鲜味感和营养。重点抓好淡水鱼类、海水中上层鱼类加工综合利用、贝类净化加工等的基地和配套冷链设施建设，提高产品附加值。同时，要加强水产品标准体系建设，全面推行HACCP管理系统，制定、修订一批水产品质量、品种、生产技术、生态环境等标准，逐步与国际接轨，培植水产品名牌产品，提高产品竞争力。

“十五”期末，力争水产精深加工产量有较大幅度的提高。

11. 食品加工与包装机械业　食品加工与包装机械是促进食品工业技术进步与发展的基础行业，对食品工业发展的配套至关重要。目前我国食品加工与包装机械严重滞后于快速发展的食品工业的需求。

"十五"期间，要加快发展食品加工与包装装备的技术创新速度，推动产品结构、企业结构和技术结构的调整。选择食品工业中主要行业的技术装备，依靠技术创新，结合技术改造和关键技术的引进、消化吸收，提高食品工业装备的自动化水平。随着市场的变化，食品加工机械要向多品种、成套化方向发展。重点发展乳品机械中的鲜奶超高温灭菌装备、无菌灌装系统、乳品的前处理装备，饮料机械中的无菌冷(热)灌装生产线、全自动饮料混合系统、饮料前处理装备，酿酒机械中的计算机控制的高分子材料"制瓶—灌装—封口"一体化设备，肉类深加工机械中的全自动真空斩拌机、充填机、注射机、包装机等及畜、禽屠宰后内脏、血、皮、骨和各种腺体等综合利用设备，方便食品机械中的方便面、方便米粉、方便粥、方便米饭、快餐等加工成套设备以及传统食品、保健、婴幼食品加工设备等成套工业化生产装备，尤其是食品工业生产线关键易损件的国产化和食品包装外观设计、包装新材料的研究开发。

"十五"期末，使我国食品机械的整体国产化水平有较大提高，主导产品的15%达到20世纪末的先进水平。

(二)"十五"期间食品工业其他行业调整的主要方向

——小麦加工业：积极发展食品专用粉，开发强力粉、中力粉、薄力粉等多品种面粉和传统食品专用粉，合理使用面粉添加剂；大力推广面制食品主食工业化生产，使一日三餐主食消费的工业食品城镇居民占50%以上，农村居民占20%以上；加强小麦及其副产品的综合利用和开发，积极开发谷朊粉、小麦胚芽、小麦麸皮制品等。

——稻谷加工业：要推广大米配米、调质技术，开发精米加工新产品，发展免淘米、营养强化米的生产，扩大优质米的出口；合理利用米糠资源，提高综合利用水平，积极开发米蛋白、米糠营养油、米糠多糖、膳食纤维以及γ-谷维醇等功能食品。

——油脂行业：重点发展专用油生产，根据油脂的用途，逐渐推广高级烹调油、煎炸油、人造奶油、起酥油等产品。加强综合利用，利用油脂精炼副产物生产卵磷脂、甘油、脂肪酸等高附加值产品。开发各种油料蛋白产品，扩大油料蛋白在食品工业中的应用。

——制盐行业：重在调整结构，控制总量，压缩过剩生产能力。在此基础上，根据市场需求，工业盐鼓励发展液体盐，实现卤水直接制碱；食盐要发展多品种，改进包装，做好缺碘地区的食盐加碘工作；同时大力开发适合各种用途的盐和盐化工产品，积极扩大盐产品的出口。到2005年，盐产品总量控制在3 200万 t以内。

——罐头食品工业：重点调整产品结构，使罐头成为方便、风味、营养保健的食品。积极开发国内外市场畅销的罐头食品，发展地方特色传统风味罐头；努力增加品种、改善包装，提高质量，培育名优产品品牌。

——酿酒行业：酿酒业要继续贯彻"优质、低度、多品种、低消耗、少污染、高效益"的方针，积极实施"四个转变"(普通酒向优质酒转变，高度酒向低度酒转变，蒸馏酒向酿造酒转变，粮食酒向水果酒转变)，以市场需求为导向，以节粮和满足消费为目标。重点发展葡萄酒、水果酒，积极发展黄酒，稳步发展啤酒，控制白酒总量。加快优质酿酒葡萄种植基地及啤酒用大麦基地的建设。

——发酵制品行业：调整味精、柠檬酸、酶制剂等发酵制品工业的产品结构和加强综合利用，实现清洁生产。鼓励因地制宜、经济合理地选用原料，提倡采用非粮食原料，降低生产成本。积极采用精料和清液发酵工艺，提高质量和得率。将基因工程和细胞工程技术应用于发酵产品生产，促进生产水平上新台阶；采用高新技术加快配套工程研究，加快传统产品技术改造，以节能降耗、减少污染为主攻方向，逐步实现传统生产现代化。

——食品添加剂行业：食品添加剂与各类食品加工业密切相关。我国食品添加剂发展的方向是天然、营养、多功能且安全可靠，形成与食品工业相适应的食品添加剂生产体系。要合理调整结构，把发展营养强化剂、防腐保鲜剂、高档次的香料香精以及多功能的食品添加剂放在重要位置，同时要采用生物技术和其他高新技术开发新品种，提高质量，扩大应用领域。加快发展扩大出口、替代进口的食品添加剂。

——调味品行业：要大力发展新型调味品、天然调味品、复合调料和方便调料，积极支持生物工程技术、膜技术等在调味品制造中的应用，提高调味品的卫生质量，降低污染，重点扶持一批大型调味品生产企业的设备更新和工艺改进，扩大生产规模，提高产品档次。

——烟草加工业：在充分考虑烟草对健康的实际危害和全球控烟总趋势的情况下，认真处理好我国烟草经济发展与控烟工作的关系，加强宏观调控，严格控制总量，着力调整结构，提高经济运行的质量和效益，加快实施大企业、大集团战略，提高行业整体实力，增强国际竞争力。

五、主要政策措施

（一）主要措施

1. 加强食品科技研究，加速产业化进程　促进食品工业高新技术产业化和行业技术进步，逐步形成适合我国特点的食品行业科技体制模式。一是加强产学研的联合协作；二是鼓励具有经济实力的大型食品企业建立健全企业技术中心，加速形成和完善技术创新机制；三是广泛开展国际合作与交流，要把自主研究开发与引进、消化吸收国外先进技术相结合；四是加速食品工业高、新技术成果产业化，注重传统工艺技术与高新技术的集成与优化，发挥技术的最大潜能与整体优势。“十五”期间要优选一批食品工业科研重大项目，集中力量、协调攻关、取得突破，尽快实现产业化。

2. 以市场为导向，优化产品结构，搞好原料基地建设　要按照食品工业对原料的需求和优势农产品区域化布局的要求，引导调整和优化农产品结构，建立农产品标准化生产示范区和无公害生产示范基地。广泛推广科学种植。在不同的农作物产区，发展优质、高产、高效和标准化的原料产品，形成基地化、规模化、良种化、专用化。要加大原料基地的科技和资金投入，按照市场经济的需求，采取企业加农户等多种组织形式，逐步建立企业与农户利益共享、风险共担的机制，使农民真正得到实惠。要进一步抓好优质小麦、水稻、玉米、大麦、糖料、油料、果蔬、啤酒花、瘦肉型猪以及饲料报酬率高的肉牛、羊、奶牛、奶羊、禽类、水产品等种植、养殖和饲养基地建设，建设一批工业的优质原料基地，保证食品工业特别是大中城市食品工业发展的原料需求。在发展食品工业原料基地的同时，应大力开展可食资源的综合利用，包括采用预冷、可食用薄膜气调的先进保鲜、保藏技术等前处理手段，减少资源在流通中的损失。

3. 加快建立现代企业制度，积极培育食品企业集团，着力转换企业经营机制　要引入市场机制，积极推行企业股份制改造。“十五”时期，继续扶持现有大中型骨干企业发展，加快规模经济发展的步伐，加大破产、兼并和资产重组力度，培育一批农工贸一体化、资本结构多元化、各项经济指标名列行业前茅、产品科技含量高、具有名牌产品的市场优势和已形成技术创新体系的具有国际竞争力的大型企业集团。

4. 研究和利用WTO的协议和规则，做好食品工业的应对工作　要使企业尽快熟悉WTO和国际贸易所应遵循的规则，参照国际经贸规范、技术标准、财会标准以及我国政府根据WTO规则要求所调整的法律、法规或政策等组织生产与经营，增强企业的国际竞争能力。加快培养既了解行业发展、懂得专业知识又掌握国际经贸规则、熟悉外语的综合素质的人才队伍。有效利用世贸组织的无歧视原则和市场准入等项原则，扩大我国具有比较优势的食品出口贸易。认真研究并掌握我国食品出口重要贸易伙伴的相关技术规定和检测标准及方法，及时调整出口产品结构，淘汰与之不适应的生产方式和落后产品，跨越各种贸易壁垒的障碍，争取更大的市场空间和发展机会。加紧修改、完善制定、实施与食品有关的法律、法规和国家标准、行业标准及商品检疫、动植物检疫和卫生检疫标准。

5. 结合西部开发，合理调整区域布局　继续充分发挥各区域的比较优势。要推动东部地区和中西部食品工业发达的地区，充分利用人才、科技、设备、资金、管理及市场影响等方面的雄厚优势，努力发展高技术含量、高附加值的产品，进一步提高其在国际市场上的竞争能力，使中西部地区食品工业跃上一个新台阶。充分利用西部地区食品资源优势和产业比较优势，在粮食、乳品、果蔬及西部特色资源的深加工等方面实现突破。要根据市场需求情况，在西部地区建设若干具有较大规模的食品深加工示范项目，培育名牌产品和地方特色产品，通过加强东中西部地区的经济技术联系与协作，加快西部地区食品工业的发展，促进食品工业东中西部区域布局的合理化。

6. 建立和完善食品从原料到加工一系列的质量标准安全监督检测体系，建立市场准入制度　质检部门等有关部门要进一步完善食品和农产品的质量、卫生标准体系，尽快制定和完善无公害、绿色、有机食品的国家标准，并结合我国食品工业发展规划，有选择地采用国际标准和国外先进标准。要研究和借鉴国外等发达国家关于食品质量安全监管的模式和措施，切实加强监督管理，从企业保证质量的必备条件抓起，采取基地、企业自检与国家抽检相结合的办法，建立起一套完整的农产品从生产、加工、贮运到消费全过程的质量安全控制体系。运用开业审查、质量安全许可、强制检验及检验合格标志等市场准入手段，从食品生产加工源头上确保食品质量安全。要督促企业建立健全质量保证体系，积极贯彻ISO9000和HACCP等质量管理系列标准；要严格执行《产品质量法》、《食品卫生法》等法律法规，严格原辅材料质量的产前管理，严格设备管理，严格生产工艺规程要求，严格产品出厂检验，从生产加工各个环节上加强质量把关，严禁不合格食品出厂销售。要进一步加强对食品加工、食品进出口、食品销售等环节的监督检查，整顿和规范食品生产加工经营秩序，严厉打击制售假冒伪劣食品的违法犯罪行为。要对生产企业和市场上销售的食品进行定期和不定期的监督检测，并向社会公布检测结果，对直接危害人身安全健康的有毒有害食品，依法进行召回制度并进行相应处罚，以确保食品生产和消费的安全。

7. *强化对食品工业的宏观调控力度* 鉴于食品工业涉及第一、二、三产业，目前职能又分属不同部门，管理比较混乱、重复建设严重的问题：一是加强政府的有效监管。在国家综合部门的协调下，质检、工商、农业、卫生等部门要按照国务院确定的职责分工，各负其责，相互配合，切实履行好政府主管部门的职责，大力加强对食品工业的管理、监督、指导和协调。二是发挥信息的引导作用。建立食品工业信息集成系统，利用互联网络优势，积极推动包括全国性食品行业生产、技术、市场销售及食品质量安全监控网络和重大产业政策信息网络系统的建立，以有效指导食品行业及企业的健康发展。

（二）相关政策

1. *完善与食品工业发展相关的法律、法规、条例和规章制度* 尽快研究制订《食品质量安全法》、《转基因食品法》、《畜禽屠宰法》等重要法律、法规，同时，尽快建立食品质量安全技术法规体系，逐步将食品工业的发展纳入法制管理的轨道，实行依法监管。

2. 各级政府可采取多种措施，有选择地支持一些科技含量高、市场前景广阔、能够扩大出口和提高西部地区农产品深加工水平的食品工业示范工程重点项目及为其提供相应技术设备支持的重点项目。

3. *增加国家对食品科技发展的投入* 国家要积极支持一批重大技术开发项目和技术基础性研究工作。鼓励企业积极从事食品技术的开发，以提高食品科技水平。重点支持科研单位为发展食品工业设立的科研重要专项，按照“自由申请、公平竞争、专家评议、择优扶强”的竞争方式进行管理。鉴于目前食品安全存在问题较大，要积极支持食品高新检测技术的研究，特别是质检部门，要加大对食品安全检测设备的投入，尽快建立和完善与国际食品检测先进技术相适应的我国食品安全检测体系。同时，国家列专项计划支持质检等有关部门加快建立和完善我国食品质量监督体系，严格市场准入制度，确保食品质量安全。

4. *建立转基因食品审批制度，加强转基因食品的管理* 逐步建立转基因食品加工、进口、流通过程中的风险评估和标识制度，以保证食品安全和生态环境安全。

5. *国家在税收、金融等方面对食品加工企业给予政策扶持*

6. *拓展融资渠道，多形式利用国内外资金* 对科技含量较高、有良好的市场发展前景、经济效益好的食品骨干企业和西部地区食品工业优势项目，金融机构应积极提供融资支持，积极合理利用国外优惠贷款和国际商业贷款；继续鼓励外商与我国企业合资、合作；鼓励和吸收民间资本和其他行业资金投向食品工业，促进食品工业投资主体的多元化。

7. *积极发挥行业协会的作用* 充分发挥食品工业行业协会在参与行业规划、行业管理、项目评估、技术咨询、贸易仲裁、反倾销与应诉、法律法规及标准制定、市场监管、人才培训等方面的作用，使食品工业的管理与世界接轨。

此规划由国家计委负责解释。

全国主要农产品加工业发展规划

（农业部 2002年6月）

我国农业和农村经济发展进入新阶段。在农产品摆脱长期短缺局面，实现总量平衡的历史性跨跃的同时，农业生产结构性矛盾日益突出。农产品销售不畅，农民收入增长缓慢。加入世界贸易组织（WTO）后，我国农业发展面临更大的挑战，农产品市场竞争将更趋激烈。发展农产品深加工，实现转化增值，是国民经济增长的新亮点和结构战略性调整的重要内容，对于满足和扩大农产品市场需求，促进农业结构调整，提高农业的综合效益和市场竞争力，增加农民收入，具有重要的现实意义和深远的战略意义。为贯彻落实党的十五届五中全会和中央农村工作会议的有关精神，我部在调查研究和专家咨询的基础上，制定《全国主要农产品加工业发展规划》。规划重点放在切需要加工转化的农产品，包括粮、棉、油、糖、果、蔬、茶、肉、蛋、奶及水产品等关系国计民生的主要农产品。同时，对于到 2015 年的远景目标进行了初步展望。

一、农产品加工业的发展现状

（一）农产品加工业发展的成就和特点

改革开放 20 年以来，我国农产品加工业取得了长足发展，所取得的成就和特点有以下几个。

1. *迅速发展并成为国民经济的第一大支柱产业* 2000 年，我国农产品加工业产值达 21 070 亿元，占整个工业产值的 24.6%。其中食品工业总产值8 434 亿元，占整个工业产值的 9.8%。“九五”期间，农产品加工业的年均增长速度达到 9.2%，高于国民经济的增长速度。农产品加工业产值相当于农业产值的百分比，2000 年达到 84.6%，比 1995 年提高了 5.8 个百分点。农产品加工业的快速发展不仅为扩大农产品市场、推动农业和农村经济整体效益的提高发挥了重大作用，而且每次加工业的大发展都对国民经济的发展产生了巨大的拉动作用。

2. *产品结构向多样化方向发展* 在农产品加工业结构中，食品工业比重上升，2000 年食品工业占农产品加工业产值的比重为 39.7%，超过纺织类而居农产品加工业的第一位。随着农产品直接消费需求的下降，初级加工品和高级制造品的比重上升，农产品加工业的产品结构开始向多样化的方向发展，原料综合利用率不断提高。

3. *产加销一体化和产业化经营迅速发展* 据调查，目前实行产加销一体化经营的企业已超万家。这些企业以产业化利益机制为纽带，与基地（农户）形成了较为稳定的利益共同关系，既保证了企业自身的经济效益，又增加了农民的收入，带动了当地农业和农村经济的健康发展和社会全面进步。2000 年，全国平均每个国有及规模以上非国有农产品加工企业的平均产值达 3 918 万元，是 1995 年的 1.1 倍。

4. *为增加农民收入和扩大就业开辟了新途径* 近几年，农产品加工业从业人员一直保持增长态势，乡镇农产品加工企业仍然是吸纳农村富余劳动力的主体。2000 年全国国有及规模以上非国有农产品加工企业达 5.4 万家，从业人员 967 万人，比 1995 年增长了 2.4%。

5. *为国家出口创汇做出了突出贡献* 农产品及其加工品的出口一直是我国对外贸易的重要组成部分。近年来，各地形成了一批外向型农产品生产基地和加工出口贸易区，外向型加工业企业又有大的发展，推动了我国农产品加工整体水平的提高。2000 年农产品加工出口额为 764 亿美元，占当年全国外贸出口额的 30.6%。

（二）农产品加工业发展中存在的主要问题

与发达国家相比，我国农产品加工业总体水平差距较大。发达国家农产品加工率都在 90% 左右，我国只有 30% 左右（粗加工以上）；发达国家深加工（二次以上加工）农产品占 80%，而我国只有 20% 左右；发达国家加工制造食品占食物消费总量的比重大约为 80%，而我国还不到 30%；发达国家农产品加工业的产值一般为农业产值的 2～3 倍，而我国只有 80% 左右；发达国家从事农产品加工业的劳动力远远多于从事农业生产的劳动力，而我国正好相反。农产品加工业存在的问题，集中表现在以下几个方面：

1. *原料与加工需求矛盾突出，制约着加工业的大发展* 一是农产品品质不能满足加工需要，缺乏农产品加工业发展需要的专用、优质原料。二是原料生产分散，规模化、标准化程度低，使农产品加工企业的发展规模受到影响。三是农产品加工企业与农户之间利益联结机制不完善，履行合同的信用程度差，农产品加工业发展缺乏稳定可靠的原料基地保障。

2. *科技基础薄弱，企业创新发展的后劲不足* 目前，我国农产品加工企业的设备和技术，80% 处于世界 20 世纪 70～80 年代的水平，约 15% 居 90 年代水平，只有 5% 左右达到目前国际先进水平。许多农产品加工企业规模较小，设备简陋，有的甚至还停留在手工作坊式的生产阶段，劳动生产率低下。多数企业缺乏产品自主开发能力，新工艺、新材料、新技术的应用程度低。在技术引进过程中重视硬件，忽视软件，配套性差，自我创新不够，影响了国产化程度的提高。企业技术人才缺乏，在全国食品加工企业职工中，大中专毕业生只占 1.5% 左右。

3. *投资不足，影响着加工业整体水平的提高* 长期以采，我国农业及农产品加工业的投资不足。“九五”期间，我国农产品加工业固定资产投资 1 167 亿元，仅占全社会固定资产投资的 2.1%；食品工业固定资产投资 571 亿元，占工业固定资产投资的 2.8%，远远低于美国、日本等发达国家。另外，在财政、信贷、税收等方面优惠政策不足，缺乏强有力的宏观调控手段，影响了社会资本投入农产品加工业的热情。

4. *宏观调控乏力，企业布局和规模结构不尽合理* 农产品加工企业缺乏必要的宏观指导和信息服务，一些产品结构滞后于市场需求和消费结构的变化。有些行业在低水平上盲目扩张，高档产品生产能力不足，低档产品生产能力过剩。在布局上，70% 以上的农产品加工企业集中在东南沿海地区，拥有原料和市场优势的中西部地区农产品加工企业很少；乡镇企业接近原料产地，与农业关系密切，但是以农产品为原料的乡镇企业工业增加值只占其工业增加值的不到三分之一。

5. 管理混乱，农产品及其加工产品质量安全问题突出　我国农产品加工业从原料生产到加工过程管理分散，尚未形成完整有效的管理体系，产品质量和安全问题十分突出。农兽药残留、土壤重金属污染、畜禽疫病、使用违法禁用药物、添加剂等问题，严重影响了产品质量和消费的安全，也是我国有价格竞争优势的产品在国际市场上缺乏竞争力的主要障碍。

二、农产品加工业发展的战略意义

当前，我国农产品加工业发展面临着良好的机遇和前所未有的挑战，抓住机遇，大力发展农产品加工业具有重要的现实意义和深远的战略意义。

（一）农产品加工业是拉动国民经济发展的重要产业

我国人口众多，城乡居民生活已稳定越过温饱线并向小康迈进，食物消费结构正向着要求安全卫生、营养保健、经济方便、风味适口、增强身体素质、提高生活质量转变。发展农产品加工业可以满足不断变化的市场需求，进而拉动整个国民经济的发展。

（二）农产品加工业是农业结构调整的重要带动力量

现代农产品加工业不仅仅是农业生产的简单延伸，已成为一种“从田头到餐桌”的完整产业。农产品加工业将向农业提出生产各种专用型原料的需求，从而带动农业结构的调整与优化。

（三）农产品加工业是增加农民收入的有效途径

农产品加工业是农业产业链的延伸，提高农产品的加工深度，可以较大幅度地提高农产品的附加值，从而为提高农业的综合效益，为增加农民收入开辟新的有效途径。近年来，以农产品加工业为主的龙头企业的发展，通过“公司+基地+农户”等模式，与农民的利益紧密结合，形成了“风险共担、利益共享”的机制，为农民增收提供了保障。

（四）农产品加工业是提高农业国际竞争力的有力措施

加入WTO后，我国农业将进一步扩大对外开放，农业发展必须充分利用国内和国际两种资源和两个市场，充分发挥比较优势，不断增强竞争力。当前我国农产品出口水平较低，主要原因是农产品品质差、加工、包装、贮藏等环节落后。各国农业发展的经验证明，农业比较优势的发挥，不仅取决于“原”字头农产品在价格上的竞争优势，更取决于农产品加工业的发展程度。大力发展农产品加工业，有利于充分发挥我国劳动力资源丰富、成本低的比较优势，充分挖掘资源潜力，提高农业的国际竞争力和整体效益。

三、农产品加工业发展的指导思想、原则和目标

（一）指导思想

“十五”期间和到2015年，农产品加工业要紧紧围绕国民经济和农业结构战略性调整这一主线，以稳定农业、繁荣农村和增加农民收入为基本着眼点，以市场为导向，因地制宜，合理布局，依靠科技进步，着力提高农产品综合加工能力，逐步由初级加工向高附加值精深加工转变，在发扬光大具有传统风味特色的传统加工工艺的同时，向现代高新技术转变，由资源消耗型向高效利用型转变，实行大中小型加工企业全面发展，重点扶持大中型加工企业的发展。实现农产品加工原料生产基地化，农产品及其加工制成品优质、安全化，产加销经营一体化，经济效益最大化，努力提高农业的综合效益和竞争力，促进农村经济协调发展。

（二）发展原则

农产品加工业是一个复杂的系统工程，必须按照自然规律和经济规律，科学规划，统筹安排。发展农产品加工业必须遵循以下原则：

1. 坚持以市场为导向　在巩固城市消费市场的同时，把开拓广大农村、小城镇和国际市场作为重点和突破口，满足社会对农产品及其加工品的数量和多样化、多层次、优质化、方便化、安全化和营养化等需求。

2. 坚持发挥区域比较优势　要因地制宜，发挥资源、经济、市场和技术等方面的区域比较优势，发展有优势和有特色的农产品加工业，逐步形成适合不同区域的农产品生产和加工产业带，提倡加工与原料基地结合，上下游产品衔接，工农结合，合理布局，良性循环。

3. 坚持适度规模和产业化经营　农产品加工企业的规模，要与原料基地的规模和销售市场辐射半径相适应，实行“大中小”结合。同时，为适应加入WTO后国际市场竞争的要求，要重点扶持一批大中型农产品加工龙头企业。要实行产加销一体的产业化经营，壮大龙头企业，培育农业参与国际竞争的新型主体。

4. 坚持依靠科技创新和科技进步　在保护和发

扬光大具有民族特色风味的传统工艺的同时，要加大技术攻关和技术创新力度，大力引进、开发应用高新技术、设备和工艺，加快企业技术改造步伐，着重发展精深加工，提高产品质量、档次，推动农产品加工业由粗放型向集约型转变。

5. 坚持发展与保护相结合　在加工企业建设和发展中，要高标准、严要求，采用先进工艺技术，认真解决好环境保护和食品卫生问题，在企业布局过程上，注意防止周边环境对产品的污染，同时，也要防止加工企业对周边环境的污染。

（三）发展目标

1. “十五”计划目标　一是努力减少农产品收获后损失，提高农产品加工转化率，实现农产品多重增值，提高农产品加工业产值占农业产值的比重，为农民增收开辟新途径；二是优化加工产品结构，提高产品质量，增强国际竞争力。具体目标：到2005年，预计全国规模以上企业农产品加工业产值可达34 000亿元，年均递增10%。主要农产品加工转化率（粗加工以上）由目前的30%左右提高到55%以上。其中：粮食由目前的45%左右提高到70%左右，水果由5%提高到8%，蔬菜由1%提高到2%；肉类由3%～4%提高到8%，水产品由20%提高到30%。主要农产品深加工比例（二次以上加工的产品占其产量的比例）由目前的20%左右，提高到35%以上。农产品的加工及制成品向多样化、营养化、方便化、安全化、优质化方向发展，主要产品总体质量达到工业发达国家当前水平，部分特色产品达到国际先进水平。

2. 2015年预测目标　2006—2015年，我国农产品加工业要向更高水平发展。要继续保持一定的增长速度，着重提高加工业的科技含量，进一步优化结构，总体实现专业化生产，合理分工协作，规模化和产业化经营，形成一批在国际市场上具有强有力竞争力的龙头企业和名牌产品。产品在满足多层次、多样化需求的同时，质量和功能达到更高的水平。总体上，一些主要农产品加工业的技术装备和产品质量达到发达国家的同期水平，部分特色产品保持世界先进水平。

四、农产品加工业发展的重点、布局和规模结构

当前和今后一段时期内，要重点发展粮、棉、油、肉的精、深加工，把蔬菜、水果和奶类等产品加工作为农产品加工业的新的增长点。继续巩固糖、茶和水产品等传统加工。要按照优势产品区域化布局的要求，在巩固和提高东部地区和城市农产品加工水平的同时，结合西部大开发战略和乡镇企业结构调整，发挥各自优势，积极促进资金、技术、设备和人才等要素加快向中西部地区和小城镇的流动，合理调整农产品加工业布局。要在“大中小结合”全面发展农产品加工企业的同时，推进农产品加工企业建立现代企业制度，加大技术改造与技术创新的步伐，努力扩大加工企业的规模，创造出效益更高、竞争力更强的企业规模结构。

具体产品和产业发展的重点和布局，按照以下三个方面规划。

（一）农作物加工业发展重点和布局

以种植业产品为原料的食品加工业，要突出粮食、油料、糖料、蔬菜、水果和茶叶等产品的加工。

1. 粮食类产品加工　要从粗加工向精加工、从单一品种加工向多品种加工、从简单产品向深加工产品转化。重点是要搞好稻谷、小麦、玉米和薯类的深加工和综合利用，努力提高基础原料产品质量，实现加工品种多样化、系列化、专用化，加快粮食产品向食品制造业的延伸。

稻谷加工：目前，我国稻谷加工企业规模小，加工方式传统落后，深度开发不够，90%的稻谷在农村加工，与世界先进水平差距明显。今后要在精深加工和综合利用上做文章，着重发展优质稻谷精加工，重视加工过程中的精碾、调质、成品整理等技术的开发与应用，大力开发米糠等副产品制油等多种用途，向高出米率精米、特种米（包括胚芽精米、营养强化米、蒸谷米及其他专用米）、碎米深加工（包括米粉类制品）、大米添加剂（上光剂、增香剂等）及稻壳、米糠综合利用5类系列产品方向发展，扶持合理规模企业发展。在加工企业的布局上，要以国家商品稻谷基地为依托，实行产地就近加工。东北、华北及西北地区稻区主要发展精米加工，华南、华中、西南稻区在搞好优质米加工的同时，发展饲料稻和以早籼稻为原料的精深加工。

小麦加工：目前，我国小麦制粉行业技术水平与世界先进水平差距不太大，但总体装备水平与国外有差距，面粉加工品种单一，加工能力过剩，优质专用粉生产能力不足，在一定程度上制约了以面粉为原料的食品加工业的发展。今后5～10年，小麦制粉行业应对现有面粉加工企业进行技术改造，扩大企业规模，提高产品技术含量，不断开发新产品。发展从专用小麦种植到加工的产业化经营，对出粉率低、能耗高的小型面粉厂适当控制发展，避免盲目引进国外加工设备。要在提高总出粉率、好粉出粉率的同时，大力发展多种专用面粉，开发冷冻面团、营养强化面粉

及特殊人群适用的专用面粉等；开展面制主食品的工业化生产加工。布局上，在北方冬麦区和黄淮冬麦区的优质、专用小麦集中产区鼓励发展具有一定规模的优质、专用面粉加工企业；在大中城市的郊区和沿海地区结合产业调整重组，建设以面粉为原料的食品加工联合企业，推进面制主食品的工业化。

玉米加工：我国的玉米加工技术水平较低，仅占产量的20%左右，普遍用作口粮和饲料，深度加工只占产量的9%。今后要加大高油玉米、优质蛋白玉米等新品种的培育与开发力度，开发多样化的玉米食品和多用途的工业原料；提高现有加工企业的综合利用水平，开发淀粉、玉米粉、玉米浆、玉米蛋白粉、纤维渣或玉米皮及胚芽等产品。要在玉米淀粉的深度开发利用方面做文章，生产变性淀粉、柠檬酸、淀粉糖等高附加值产品。玉米饲料加工要向专用化、特种化、保健化和颗粒化方向发展。在布局上，重点是在黑龙江、吉林、辽宁、内蒙古等玉米主产区择优扶持和建立一批具有较大规模和较高水平的玉米加工企业。

薯类加工：薯类是比较经济的淀粉原料之一，也是许多工业产品的中间原料。近年来，薯类用作口粮越来越少，除加工成薯干、淀粉、粉条等传统产品外，还进一步开发了淀粉及其衍生物、淀粉糖、有机酸、氨基酸以及化工原料等产品。但与发达国家相比，我国薯类加工量的比例只有15%左右，加工深度不够，今后要向深度开发进军。培育适于不同加工用途的专用薯类品种，发展专用薯类品种的种植基地，保证薯类深加工的原料供应。如加工型马铃薯，其干物质、还原糖含量、薯体形状、芽眼深浅等指标要严格加以控制。加大薯类深加工技术及成套装备研究开发力度，加工薯类淀粉、变性淀粉、马铃薯全粉、马铃薯复合薯片和速冻薯条等产品，实现多次加工转化增值。在薯类的集中产区，尤其是贫困地区，国家要给予适当扶持，建成一批有规模、上档次的薯类加工企业，发展产业化经营，带动当地的农业结构调整与农民增收。

2. *棉花加工*　我国是世界第一产棉大国。随着我国经济的不断发展，人民生活水平逐年提高，对棉产品需求量逐年增加，特别是对高档棉纺织品的需求增加更快。

目前棉花加工企业较多，经整顿后关闭了一批不具备加工条件的棉花加工厂，使棉花加工质量有了较大提高，但与世界先进水平相比，仍有一定差距。一般棉花加工厂的加工周期为5～6个月，往往造成棉花霉烂、变质，品质下降。特别是长绒棉的加工仍沿用20世纪60～70年代的设备，工艺落后，生产效率低，棉花质量下降，急需加以改善和提高。“十五”期间，应重点解决长绒棉的加工工艺与设备问题，缩短周期，提高长绒棉的加工效率，保证棉花的加工质量。加工厂应有一定的规模，并采用较现代的加工设备，生产出优质的棉产品，满足市场需求。

3. *油料加工*　随着人民生活水平的提高和人口的增长，食用油的需求日益增大，国内自给不足，相当一部分需要进口。改革开放以来，我国的油料加工能力和技术装备水平都有很大提高，但油料加工企业布局不合理，低水平重复建设问题突出，加工设备利用率不高，产品加工档次较低。今后要通过引进新技术，扩大企业规模，调整产品结构，开发精深加工产品，实现油料资源的合理利用。

油脂加工方面：继续推广浸出法制油。进行油料膨化、浸出制油工艺与设备产业化开发；研究高含量油料直接浸出、低温脱溶等工艺与设备的系统化和规模化；加速物理精炼技术与设备国产化，开发功能性食品专用油系列产品；研究油脂加工副产物或馏出物液晶、超临界萃取制油提取分离精细化工产品和食品添加剂产品技术。

植物蛋白的开发利用：研究不同工艺条件下油脂饼粕质量对植物蛋白的影响，探讨为植物蛋白开发提供优质原料的最佳制油工艺条件和参数；研究植物蛋白生产技术，开发大豆、花生的功能性植物蛋白产品；应用棉籽、菜籽饼粕脱毒技术，生产饲用和食用蛋白产品；开发蛋白生产的超滤、低温冷冻真空干燥技术和装备；加速组织蛋白、分离蛋白的产业化开发。

油料加工企业的布局要在油菜籽、花生和大豆等的集中产区，对现有的加工企业进行技术改造，逐步淘汰加工档次低的小型加工企业，培植一批技术先进、产品品牌质量优良、综合利用程度高的大中型油料加工企业。控制非油料主产区油料加工企业的发展。重点扶持传统蛋白制品的现代化生产和新兴蛋白制品的开发。在大豆主产区或主要销区改造一批大豆加工企业，改进设施设备，提高科技含量。

4. *糖料加工*　我国是世界上既生产甘蔗糖、又生产甜菜糖的少数国家之一。在国家糖料基地建设的推动下，我国糖料面积不断扩大，食糖产量迅速增长，食糖供应实现基本自给。但由于我国糖料生产单产低、成本高、加工企业的规模较小、综合利用程度不高、多数企业的经济效益不理想。今后要实行总量控制，依靠科技进步，着力调整结构，培育糖料优良品种，加速机械化，提高单产和含糖率。对经济效益差、污染严重、无原料保障的企业，实行关闭破产。对基础较好、规模较大、管理规范的食糖加工企业要进行技术改造，引进新技术、新设备，不断提高食糖质量和糖料综合利用程度，扩大企业规模。鼓励发展精制糖和一次性小包装糖、淀粉糖、营养型甜味剂和软饮料用淀粉糖，严格控制糖精生产。

在企业布局上，一是扶持广西、云南、广东的甘蔗糖厂和新疆的甜菜糖厂进行技术改造，防止重复建设；二是引导福建、四川、海南、湖南、江西的甘蔗糖厂和黑龙江、吉林、辽宁和内蒙古的甜菜糖厂进行结构调整，开发新产品，提高综合利用率，降低成本，恢复竞争力；三是引导不宜发展糖业的地区退出。

5. *蔬菜加工* 目前，我国蔬菜总产量占世界的一半以上，已发展成为我国种植业中的第二大类产品，出口量居世界第一位。但我国蔬菜加工的比例和水平与世界先进国家相比还有很大的差距，绝大部分蔬菜未经清洗、分级就投放市场，保鲜和加工薄弱，蔬菜损耗浪费比发达国家高出20个百分点以上。加工产品仍以传统的腌菜、泡菜、制干为主，近几年才逐步在沿海地区建立了一些以出口为主的速冻菜、罐藏菜、脱水菜加工企业。今后，要依靠科技进步，发展无公害、无污染的绿色蔬菜基地，努力提高蔬菜品质。要大力提高采后清洗、分级预冷、保鲜、破碎、杀菌和包装等商品化处理程度，推行净菜上市。对传统的蔬菜加工制品要改进加工工艺、更新机械设备，使其在产品包装、质量等方面上一个新水平。加快发展具有出口潜力的蔬菜罐头、速冻菜、脱水菜、蔬菜汁、蔬菜粉、蔬菜脆片以及膨化蔬菜和保健蔬菜等。加大野生菜资源的开发利用。

在加工企业布局上，要在蔬菜集中产地建设一批净菜上市加工企业，在沿海和有出口条件的地区建设一批出口蔬菜加工企业，对传统的有地方特色的蔬菜加工企业给予适当扶持。

6. *水果加工* 目前，我国已成为世界第一大水果生产国。我国水果90%以上是鲜销，与发达国家40%～70%进行加工相比，存在相当大的差距。我国水果品质良莠不齐，多数品质不高，不适合进行加工，影响加工业的发展。因此，今后首先要加强优良品种的培育与原料基地的建设。在此基础上，大力发展水果的贮藏保鲜与加工。要重点建设产地贮藏库，开发水果生物保鲜技术，提高水果采后清洗、分级、预冷、杀菌、打蜡、包装等商品化处理程度，加大冷藏运输等基础设施建设。要改造、改组现有水果加工企业，重点发展适应国内外市场需要的果汁、果酱、果粉、果酒和膨化果品等产品。要注重野生水果的资源开发，提高加工和综合利用水平。

在加工企业的布局上，在水果的集中产区，分期分批投资建设水果自动分级包装厂、冷藏库，对现有的果汁、罐头、果酱、蜜饯、果酒、果干等加工企业进行技术改造，重点建设一批上档次、上水平的水果加工企业。

7. *茶叶加工* 我国茶园面积居世界第一位，产量居世界第二位，出口占全球贸易量的20%，居世界第三位。我国虽然是茶叶生产大国，但人均消费量并不高，年人均消费茶叶300g，是世界人均消费量的60%。茶叶是我国具有出口优势的农产品。但加工的设备陈旧、产品的质量和包装档次低，综合利用不高。今后，要运用新技术、新材料、新工艺加快传统制茶业的改造，提高连续化和自动化水平，提高科技含量。产品开发仍以饮料为主，要以保质、保鲜、保特色和使用便捷为基点，以名优茶、绿色食品、有机茶、保健茶为重点。茶叶加工要与医药业、其他食品业更加紧密结合，大力开发以茶叶为原料的健康食品、食品添加剂、保健品和药品。

在加工企业布局上，对具有一定规模的大宗茶叶加工企业进行技术改造，在名优茶产地大力推进机械加工，在大中城市适当发展罐装茶饮料企业。

（二）畜禽产品加工业的发展重点和布局

改革开放以来，我国畜牧业生产快速增长，畜禽产品加工也有长足发展。2000年肉类总产量6 125万t，加工肉制品260万t，蛋制品4万吨，涌现出一批规模较大、产品质量较高的“龙头”加工企业。但也应当看到，我国畜禽饲养结构不合理，畜禽产品加工整体水平低，用于加工的肉、蛋分别只占总产量的3%～4%和1%，而发达国家一般为总产量30%～40%。我国鲜奶加工成乳制品只占50%，而发达国家一般在80%以上。我国畜禽产品加工行业内低水平的重复建设比较严重，环保意识不强，产品的深度开发和综合利用还很不够。今后，畜禽产品加工业要严格执行有关屠宰法律、法规，建立与国际接轨的肉类食品质量安全控制体系，进一步提高加工产品的卫生质量，推广HACCP卫生管理系统，提高深加工产品比例，规范市场有序竞争，重点抓好肉类、蛋类和乳制品的加工。肉类加工要进一步向机械化屠宰、加工与冷藏相结合、深度加工和综合开发利用的方向发展，并解决好产地与市场间冷藏运输环节薄弱的问题。乳制品要进一步提高产品质量、增加花色品种。

1. *肉类加工* 要推广冷却肉的生产及供应，大力发展低温肉制品和生物发酵制品。提倡把中国传统风味酱、卤、烧、烤等肉制品的生产工艺与现代技术紧密结合，实现中式肉制品的工业化生产。发展可微波加热的速冻肉制品、真空冷冻干燥肉制品。发展畜禽的头、蹄、尾、内脏等深加工制品及为生化制药提供原料，提高肉类加工附加值。鼓励肉食品加工企业进入食品配送领域，通过超市、连锁方式销售加工肉制品。注重骨、毛等废弃物的综合利用，减少环境污染，提高经济效益。在加工企业布局上，对现有肉联厂、冷冻厂和大型龙头加工企业，要引导其扩大生产规模、提高产品档次、增加花色品种和开展综合利用，在畜产品集中产区扶持建立一批包括冷藏、保鲜和深加工在内的龙头企业。

现在，我国已是仅次于美国的第二大肉鸡生产国。鸡肉胆固醇低、脂肪含量低、经济可口，产品从整鸡到分割鸡、深加工、熟食鸡等，种类丰富。预计未来10年内，世界鸡肉的消费量占肉类消费量的比例将以每年1个百分点的速度增长。现代肉鸡产业涉及粮食、饲料、饲养、加工等多方面，具有资金、技术和劳动密集的特点，投资少、周期短、技术易普及等优点明显。今后我国家禽的养殖、加工、销售要引进国际上先进的生产方式和技术，瞄准国际市场。要大力推广无动物性蛋白饲料，生产无投药健康产品。

2．*蛋类加工* 自1985年以来，我国一直保持世界禽蛋第一生产大国的地位，总产量占世界蛋类总产量的40%左右。今后要在巩固松花蛋、咸蛋、糟蛋等传统花色品种蛋加工的同时，大力发展液体蛋和干蛋品。在满足国内市场的同时，培育壮大福建、浙江、湖南等地的年产量1 000万t以上的出口创汇基地。要在我国禽蛋产区，加快鲜蛋制品加工能力建设，形成加工规模，改善生产设施和质量监测条件，改进加工工艺，提高加工产品的卫生质量，不断增加禽蛋加工的花色品种，同时，合理利用禽蛋中的壳膜、蛋壳、溶菌酶和其他成分，发展食品、医药、饲料和化工等用途产品的深加工。

3．*奶类加工* 要大力调整产品结构，狠抓鲜奶和乳制品质量，开发适合不同消费群体的多层次、多样化的新产品。重点发展液体奶、保鲜奶、无菌奶及各种酸奶饮料，开发牛奶甜点制品，以及免疫牛奶、功能性奶、花色奶等。要进一步开拓奶源，加快发展规模化良种奶牛奶源基地，整合散养奶牛、奶羊奶源，鼓励集中机械化挤奶，完善收奶冷链设施，建立标准化、优质化奶源基地。

在大中城市奶源基地，重点发展液体奶及其延伸制品；在农牧地区奶源基地重点发展脱水乳制品及其延伸制品，结合国家改善营养行动计划，科学引导消费，加快实施“学生饮用奶”计划等，使奶类、乳制品及其延伸制品深入到国民特别是广大农村居民的饮食生活中，提高人均消费水平和生活质量。

（三）水产品加工业的发展重点和布局

改革开放以来，我国渔业生产持续快速发展，水产品产量占世界总产量的1/3左右，连续9年位居世界第一位。水产品加工已基本形成一个包括水产品制冷（含冷冻、冷藏、制冰）、干制、腌制、熏制、罐制（含软罐头）、鱼糜加工、水产药品与保健、调味品、鱼粉与饲料加工、海藻化工（海带提取碘、褐藻胶、甘露醇）与海藻（海带、裙带菜、紫菜）食品以及鱼皮制革、水产工艺品等10多个专业门类的庞大行业。然而，我国水产品加工和综合利用方面与世界水平相比差距还十分明显。具体表现在：首先加工量比例较低，我国水产品加工比例不到总产量的1/3，其中淡水水产品不足5%；其次是加工技术含量低、高附加值产品少；三是废弃物综合加工利用水平不高，加工过程中的鱼头、内脏、鱼鳞、鱼骨、虾头、蟹壳及腐烂水产品等废弃物，主要用来生产饲料鱼粉，对其中很有价值的成分尚未充分提取和利用；四是传统产品加工技术落后，我国几千年来形成的许多传统风味水产食品仍然沿用传统的作坊式手工加工方法，市场逐渐萎缩。

今后，水产品生产和加工要以大宗产品、低值产品和废弃物的精深加工和综合利用为重点，优化产品结构，推进淡水鱼、贝类、中上层鱼类、藻类加工产业体系的建立。培植和引导一批具有活力的水产品加工龙头企业，通过加快企业技术改造，促进适销对路的加工产品的开发，发展既有营养又食用方便的加工食品，不断提高国内外市场占有率。

1．*海水产品加工* 要重点研究开发新捕捞对象加工成食用及制成优质鱼粉、鱼片、鱼糜、模拟食品和调味品等。海洋低值水产品的加工要在加大传统水产食品开发力度的基础上，大量开发精制食用鲜鱼浆，进而以鲜鱼浆为原料生产风味鱼丸、鱼卷、鱼饼、鱼香肠、鱼点心等各式方便食品、微波食品及色香味俱佳的高档人造蟹肉、贝肉、鱼翅、鱼籽等合成水产食品，提高低值产品的综合利用率和附加值。

2．*淡水鱼加工* 要按照“一保鲜、二保活、三加工”的原则，销售以活、鲜为主，在冰鲜和冷冻的条件下，逐步发展“三去”、分割、切片加工，搞好配送，抓好鱼糜、鱼片以及新型盐干品、熏制品、调味制品的开发，综合加工开发利用不可食部分，提高附加值。

3．*贝类加工* 主要是搞好保活、净化和消毒，并进行多样化开发，如贝类调味品、干制品、熏制品和软包装罐头等食品以及人体和动物钙源食品等。

为适应我国水产品加工业的发展，并根据国际渔业贸易一体化、自由化的新趋势，要按照发挥区域比较优势的原则，选择一些易加工、市场需求量大、出口换汇高的重点品种，建设一批从种苗培育到养殖、加工等区域化布局、专业化生产、规模化经营的生产基地。重点发展对虾、罗非鱼、斑点叉尾鮰、鳗鱼、大菱鲆、牙鲆等品种的苗种、养殖、加工一体化的出口基地。同时，要加强水产标准体系建设，全面推行HACCP管理系统，制订、修订一批水产品质量、品种、生产技术、生态环境等标准，逐步与国际接轨，消灭无标生产，培植水产名牌产品，提高产品竞争力。

五、促进农产品加工业发展的政策措施

（一）提高认识，加强宏观指导

发展农产品加工业是推进农业和农村经济结构战略性调整，增加农民收入的必然选择，是我国加入世贸组织应对挑战，提高我国农产品国际竞争力的客观要求，是实现农业产业化经营，促进传统农业向现代化农业转变的突破口，也是促进农村工业化、城镇化和现代化的重要途径。

各级政府要进一步统一思想，提高认识，明确主管部门，并将此项工作纳入本地区社会、经济发展规划，列入政府工作的重要议程。要切实转变政府职能，改进工作方法，加强对农产品加工业的宏观指导和服务。要遵循市场经济规律，防止盲目发展和重复建设。各有关部门要加强协调与配合，共同促进农产品加工业的发展。

（二）创造政策环境，加快发展步伐

一是要加大对农产品加工业的财政支持。各级政府要进一步调整投资结构，增加对农产品生产、加工和市场体系建设的投资。投资重点用于为农产品加工企业服务的基础性项目，包括良种繁育、动植物保护、农产品包装、仓储、运输等生产和流通设施，技术引进、示范和推广、市场营销、信息网络等服务设施，产品标准、质量检测和环境控制等保障设施。在“十五”期间，中央和省级财政每年要安排一定数量的资金，用于重要农产品加工业的技术改造贷款贴息。

二是制定对农产品加工业的税收优惠政策。在所得税方面，比照财政部、国家税务总局《关于国有农口企事业单位征收企业所得税问题的通知》（财税字［1997］49号）规定，对重点农产品加工龙头企业从事种植业、养殖业和农林产品初加工取得的所得，暂免征收企业所得税；鼓励农产品加工企业加快技术开发和技术创新。按照财政部、国家税务总局《关于促进技术进步有关财务税收问题的通知》（财工字〔1996〕41号）和国家税务总局《关于促进技术进步有关税收问题的补充通知》（国税发〔1996〕152号）规定，企业研究开发新产品、新技术、新工艺所发生的各项费用在企业所得税前扣除；在增值税方面，将农产品加工企业进项抵扣率提高到13%，减轻农产品加工企业的增值税税赋；根据国务院国发［1997］37号文件精神，对符合国家高新技术目录并经国家有关部门批准引进项目，进口国内不能生产的农产品加工设备和先进技术，免征进口关税和进口环节增值税。

三是改进对农产品加工企业的信贷服务。要在继续防范金融风险、保证信贷资金安全的前提下，做好对农产品加工企业的信贷支持工作。商业银行要通过资质评估，对一批实力强、资信好、资产负债率低和发展前景良好的农产品加工企业，核定一定的授信额度。在确定对农产品加工企业贷款时，要以企业授信等级为主要标准，不受银行对地区授信等级的限制。对于农产品加工企业季节性收购农产品所需流动资金，商业银行要及时核发；对于农产品加工企业申请固定资产贷款，商业银行要适当放宽抵押担保条件、简化审批手续。

四是拓宽农产品加工企业融资渠道。鼓励和支持农产品加工企业利用资本市场筹集发展资金。在同等条件下，证券机构要优先受理符合上市条件的重点农产品加工企业上市，并在配股和增发新股方面给予优先安排。农产品加工企业还可以通过股份制、股份合作制、出售、独资、租赁、承包等多种形式，吸引城乡个体私有资本、集体资本、国有资本、金融资本和国外资本投资农产品加工业，实现投资主体和产权主体多元化。鼓励骨干企业打破部门、地区、行业和所有制的界限，以资产为纽带，以名牌产品为龙头，组建产权清晰、权责分明的企业集团，促进生产要素向优势企业集中。鼓励农产品加工企业积极、有效地利用外资，充分发挥国外企业在资金、技术、管理和市场等方面的优势，提高我国农产品加工业整体水平和拓宽出口渠道。

（三）调整结构，建立稳定的原料基地

在农业结构战略性调整中，要以市场为导向，按照农产品加工业标准化、优质化的要求，调整和优化农产品生产结构，实现由“生产什么就加工什么”到“加工需要什么就生产什么”的转变。

要按照区域化布局、专业化生产、标准化管理、产业化经营和社会化服务的发展思路，突出地方特色，充分发挥区域比较优势，以农产品加工企业为龙头，建立一批与加工企业相配套的粮油、蔬菜、果品、畜禽、蛋奶和水产品原料基地，促进农产品加工

业发展。在种植业方面，要大力发展优质稻、加工专用小麦、优质饲用玉米和高淀粉、高含油玉米，高产长绒棉、“双低一高”油菜、优质耐贮存、可加工水果、蔬菜以及各种名、特、优、新、稀且适宜深度加工的作物。在畜牧、水产业方面，大力发展草食牲畜、瘦肉型猪、优质肉牛、高产奶牛和高附加值的水产品，发展适应市场需求和满足加工要求的优良品种。

要大力提倡发展有机农业和绿色农业，按照讲究营养、保证卫生、注重特色、符合保健、崇尚美味、回归自然的要求，生产无公害农产品，为农产品加工企业提供安全、优质的加工原料。农产品加工基地建设，要在农户家庭经营的基础上，走“小规模、大群体”的路子，鼓励农户、专业合作经济组织与农产品加工企业通过合同、合作等方式，形成稳定的利益联结关系。提倡农产品加工企业主要通过定向投入、定向服务、定向收购等方式，兴办稳定的农产品原料基地。

（四）加快科技进步，提高科技含量

要加快科技进步，不断提高农产品加工业的科技含量，实现农产品加工业由初加工向深加工、由粗加工向精加工的转变。

一是要提高企业的科技创新能力。企业要设立科技发展基金，建立科技开发中心。鼓励企业加速折旧，增加新产品开发费用和风险调节基金的提取，提高企业技术改造和技术创新的能力，开发具有自主知识产权的技术和产品。

二是有关大专院校和科研单位要积极加大农产品加工技术研究和新产品开发的力度。要加强现代生物技术、微电子、新材料等技术在农产品加工业中的应用研究。国家每年安排一定的科研经费用于农产品加工业的研究。技术持有单位要努力通过直接开发或技术入股、转让等方式，尽快实现技术的商品化。

三是要加大国外先进技术、工艺、设备和管理的引进。在重视“硬件”引进的同时，更要注意“软件”的引进，推动国内农产品加工企业的科技进步和管理水平的提高。要发挥现有一批国家农产品研究开发中心及国际援建的研究开发项目的作用，充分利用已有的研究开发条件，扩大国际交流与合作，引进人才和技术，形成一批推进我国农产品加工业发展的骨干力量。

（五）完善质量标准体系，强化服务功能

要加紧制定符合我国实际和国际惯例的农产品原料和加工制品的质量标准，尽快完善农产品加工业质量标准体系。要把推行农产品质量标准与建设各类农产品加工基地和相关的科技示范园区结合起来，逐步建立标明产成品的产地、质量、标准的等级标识制度。

要加强农产品质量监督检验体系建设，逐步建立全过程、有效的动植物检疫、农药（兽药）残留检测、环境质量监测和产品质量控制体系，在加工过程中，防止使用违禁药品，确保食品卫生安全。

要加快建立和完善覆盖面宽、时效性强的国家与地方农产品市场信息网络，拓宽信息的收集和发布渠道，加强信息资源的分析与处理，为农产品加工企业和农户提供及时、准确的信息服务。

要建立多层次、多元化市场体系，扶持和发展各种中介组织，建立健全技术推广、职业培训等社会化服务体系，切实加强对农产品加工业的服务，为农产品加工业的健康发展奠定坚实的基础。

可持续发展科技纲要（2001—2010年）

（国家科学技术部　2002年8月14日）

为了促进科教兴国和可持续发展战略的实施，保障我国第三步战略目标的顺利实现，根据《国民经济和社会发展第十个五年计划纲要》和《国民经济和社会发展第十个五年计划科技教育发展专项规划（科技发展规划）》，以及未来十年我国可持续发展面临的人口、资源、环境等重大问题，特制定《可持续发展科技纲要》。本《纲要》是一个指导性的纲领文件，指导全国范围内可持续发展科技工作。

一、背　景

（一）科学技术已成为推动各国可持续发展的强大动力

自1992年联合国制定《21世纪议程》以来，世界各国都在采取行动，促进可持续发展战略的实施，实现可持续发展已成为世界各国共同追求的目标。2002年8月联合国将召开“可持续发展世界首脑会议”，进一步探讨促进全球可持续发展的行动和措施，充分表明了国际社会和各国政府对可持续发展的强烈关注。为了保证人与自然的协调发展，维护生态平衡，改善人类生存环境，缓解人口增长的压力，提高人民的生活质量，满足21世纪经济、社会发展的需求，世界各国都把发展科学技术作为实现可持续发展的重大措施。

科学技术的迅猛发展，极大地推动了各国可持续发展战略的实施，特别是信息技术、生物技术、新材料技术、新能源和再生能源技术、先进制造技术、航天航空技术、海洋技术以及环保技术的发展为缓解资源短缺、抑制环境恶化、改善人类健康状况、实现社会经济和环境的协调发展提供了有效的技术途径。

1994年我国在世界上率先制定了《中国21世纪议程——中国人口、环境与发展白皮书》，在推动《中国21世纪议程》和可持续发展战略的实施中，科技发挥了巨大作用。围绕人口、资源、环境等可持续发展领域的一些重大问题开展了前瞻性、战略性研究，为各级政府战略决策提供了科学依据；通过一系列技术政策的制订，提高了政府宏观管理的能力；在一批影响我国可持续发展的重大关键技术方面取得重要突破，解决了一些可持续发展的重大问题；科技成果转化工作得到大大加强，促进了可持续发展相关产业的迅速发展，并成为国民经济新的增长点；形成了各具特色的区域可持续发展模式；初步形成了一支可持续发展科研队伍，为我国可持续发展科技工作奠定了基础。

（二）我国可持续发展需要更加有力的科技支持和保证

未来10年，我国可持续发展将面临一系列的严峻挑战，既要处理好人口、资源、环境等领域长期积累的问题，又要解决在发展过程中出现的新问题。如何更好地发挥科学技术的作用，为推动我国可持续发展提供更加有力的支撑和保证，是科技工作面临的中心任务。

1．*庞大的人口数量、资源短缺、生态环境恶化仍然制约可持续发展的实施*　影响我国可持续发展的诸多矛盾并没有得到根本性的缓解，人口、资源和环境等领域面临的各种重大问题和挑战依然存在。人口数量、老龄化问题以及各种重大疾病严重威胁着人民的健康和生活质量。油气等战略性矿产资源短缺将直接影响到国家的安全，水资源危机将直接威胁到中华民族的未来生存；而资源开发利用中存在的综合利用率低、生产效率低、能耗高以及资源的不合理利用等问题依然存在。生态环境的透支日益严重，水土流失和土地荒漠化面积不断扩大，水污染、大气污染和固体废弃物污染日益严重，生物多样性锐减，自然灾害频繁发生。

进入新的世纪，我国顺利实现了第二步战略目标，全面进入小康社会，社会主义市场经济体制不断发展和完善，我国的社会、经济结构和社会形态发生了巨大的变化，我国的可持续发展将遇到一系列新问题和新矛盾，解决这些新问题和新矛盾需要依靠科技进步。

2．*经济全球化和全球环境问题使我国面临新的挑战*　经济全球化的趋势明显加强，我国加入WTO后将更深地融入一体化的全球经济中，这既为我国的战略性经济结构调整和技术进步提供了难得的机遇，也使我国的传统产业面临巨大的竞争压力，使我国的环境保护面临新的挑战。环境问题的国际影响日益显著，环境问题越来越多地与全球政治、经济、贸易、外交等问题交织在一起，逐步成为影响一个国家长期发展的重要因素，同样将对我国的可持续发展产生重大而深远的影响。经济全球化和全球环境问题构成了新世纪我国可持续发展事业十分重要的国际背景，意味着我国可持续发展战略的实施将面临比以往更加复杂的外部环境和外部约束，只有大力推动科技进步，才能有效克服这些外部约束，保证我国可持续发展的顺利实施。

3．*技术创新不足、创新体系不健全已制约可持续发展的实施*　当今世界各国之间的竞争归根到底是科学技术的竞争，创新能力则是科学技术竞争的核心。我国科学技术创新能力尤其是原始创新能力不足的状况日益突出和尖锐，已经成为影响我国科学技术发展乃至可持续发展的重大问题。因此，加强技术创新，推进国家可持续发展技术创新体系的建设，是促进我国可持续发展战略实施的当务之急。

二、指导方针和发展目标

人口、资源、环境工作关系到我国经济和社会的安全，关系到我国人民生活质量的提高，关系到中华民族的生存和发展。人口众多、资源相对短缺和生态环境脆弱的现实国情，决定了我国实施可持续发展战略是一项长期、艰巨的任务，必须依靠科技进步，把经济发展与人口、资源、环境工作紧密结合，统筹安排，协调推进。

（一）指导方针

可持续发展科技工作要以“三个代表”重要思想为指导，以解决人口、资源、环境重大问题为出发点，以提高人民的生活质量为主线，以科技创新和体制创新为动力，为可持续发展提供强有力科学技术支撑，全面推进经济、社会与环境的协调发展（简称“创新、协调发展”方针）。

（二）原则

遵照“创新、协调发展”指导方针，可持续发展科技工作根据自身的特点，必须遵循如下原则：

1. 国家目标与市场需求相结合 可持续发展科技工作要从国家目标出发，解决可持续发展中的重大科技问题，以政府投入为主体，加强宏观调控，充分发挥政府的主导作用；同时要调动社会各界的积极性，运用市场机制，围绕市场需求开发先进适用的技术，推动产业发展。

2. 总体规划与分类指导相结合 根据我国不同地区的发展特点，在总体规划的基础上，实行分类指导，各地要选准切入点，积极开展符合区域特点的可持续发展科技工作，促进区域经济、社会与环境的协调发展。

3. 关键技术突破与技术集成相结合 要围绕制约发展的重大关键技术，集中力量重点突破，实现技术跨越；在此基础上，加强高技术与适用技术的有效集成，提高解决问题的技术能力。

4. 自主创新与国际合作相结合 要大力提高可持续发展科技的自主创新能力，充分利用国际社会对可持续发展重视的有利时机，积极引进、消化、吸收国外先进技术，加强国际科技合作。

（三）发展目标

我国可持续发展科技工作到2005年目标是：突破一批人口、资源、环境领域的重大关键技术，初步具备以自主创新为主解决可持续发展重大问题的科技能力；建立一批可持续发展技术示范基地、示范区和可持续发展实验区；培育与可持续发展相关的新兴产业；初步建成与可持续发展相适应的可持续发展科技创新体系，提高我国可持续发展的科技创新能力；培育一支高素质、结构合理的科研和管理队伍，全面提高我国可持续发展决策的科技水平与决策能力。

我国可持续发展科技工作到2010的总目标是：建成与可持续发展相适应的科技创新体系；具备以自主创新为主解决可持续发展重大问题的科技能力；建立和完善与可持续发展相关的技术标准与产业技术体系；形成高素质、结构合理的科研和管理队伍；全面推动我国可持续发展战略的实施，为我国第三步战略目标的实现提供技术支撑。

三、重点任务与领域

根据当前以及未来10年我国经济与社会发展的现状和发展目标以及我国可持续发展战略实施的要求，可持续发展科技工作重点围绕提高人民生活质量和自身素质、合理开发和利用资源、建设和保护生态环境以及促进相关产业发展，开展科学研究、技术开发和相关科技活动，以全面推动我国经济、社会与人口、资源、环境的协调发展。

（一）重点任务

1. 加强可持续发展战略研究，为国家可持续发展决策服务 围绕未来10年我国可持续发展面临的人口、资源、环境等重大问题，开展前瞻性、战略性研究，为党中央、国务院和各级政府部门决策提供科学依据。重点开展可持续发展相关法律、法规、政策以及指标体系研究；国家和区域资源开发、环境保护、人口与健康等发展战略研究；水资源、矿产资源和粮食安全保障研究；全球环境问题及对策研究。

2. 集中研究开发一批对可持续发展有重大影响的关键技术，提高可持续发展技术水平和能力 围绕对人口、资源、环境等方面发展有重大影响的关键技术，集中力量开展研究，形成具有自主知识产权的技术系列和技术系统，提高我国可持续发展的技术支撑能力，参与国际竞争。重点开展生殖健康与节育、重大疾病控制、环境与健康、食品安全等技术；水资源合理开发利用与保护、矿产资源勘探开发及综合利用、新能源和清洁能源等技术；海洋监测与预报、海洋资源开发与保护等技术；环境污染监测与控制、清洁生产、生态环境整治等技术；灾害监测、预报和防灾减灾技术；小城镇建设等研究。

3. 加强可持续发展领域的科技示范工作，探索不同的发展模式 科技示范工作主要从区域发展、社区发展和科技综合示范三个层次展开。选择不同生态环境和资源赋存类型的区域，进行合理开发资源和保护生态环境的示范，提高区域可持续发展能力，引导当地群众脱贫致富；选择一批具有典型性、代表性的城镇，办好国家和地方两级可持续发展实验区，探索推进地方可持续发展的模式；抓住经济增长方式转变和产业结构调整带来的机遇，实施综合示范工程，通过先进实用技术优化组合和综合集成，建立一批可持续发展相关技术综合示范点和产业化基地。

4. 加强基础研究和基础性工作，提高可持续发展科技能力建设 围绕人口、资源、环境等领域的重大科学问题，开展多学科交叉的综合性研究；加强可持续发展学科建设；加强人口与健康、资源与环境、

社会安全、城镇建设等科学数据的收集积累、监测网络、数据库和有关可持续发展相关信息系统建设，实现信息共享和有效利用；做好有关种质资源、科学标本的收集、整理、保存工作；积极开展可持续发展领域的技术政策和标准研究，补充完善可持续发展领域相关的国家标准；建立可持续发展科技相关工程技术研究中心、重点实验室、研究开发基地等。

5. 加速可持续发展科技成果的产业化，推动相关产业的发展　以科技为先导推动医药卫生、资源、环保、海洋等领域产业结构调整，加大科技成果的推广应用力度，用高技术和先进适用技术改造提升传统产业，由原来注重数量向注重质量和效益方向转变；重点推动中医药产业、创新药物产业化、环保设备国产化、生态产业、资源综合利用产业、海洋产业的发展；培育一批新兴产业的发展。

6. 深化科技体制改革，建立可持续发展创新体系　进一步加强科学研究体系、技术开发体系、科技服务体系建设，加强产学研联合，形成以科研机构、高校、中介服务机构、企业和政府相互连动的可持续发展创新体系和运行机制。推动可持续发展领域科研体制改革，按照分类改革原则，整合现有科技资源，创造有利于发展的环境。

（二）重点领域

1. 人口数量控制　积极开展人口与计划生育领域的科研和技术创新，以适合广大农村人口的节育技术为突破口，加强新型避孕节育方法研究，提高节育新技术的应用率和效果；研究开发高水平、系列化的计划生育药具和技术以及节育技术不良反应监测技术；研究出生缺陷的产前筛选和诊断技术以及提高儿童生活质量的优育技术等。

2. 健康与重大疾病的防治　开展心脑血管病、恶性肿瘤、糖尿病、传染性疾病等重大疾病的综合防治技术研究；开展制药关键技术、新剂型及相关标准研究，建设创新药物研究开发技术平台，加快自主知识产权的创新药物的开发；提高中药质量控制水平，加快中医药现代化、国际化进程；结合重大疾病的综合防治研究，开发常用、重大医疗设备及介入治疗器具；积极开展环境内分泌干扰物的污染现状以及与健康影响的研究；研究长期低浓度接触有机物对健康的影响，开发有害有机污染物综合治理新技术；室内空气有毒物质污染及防治对策研究等。

3. 食品安全　开展食品监测和评估研究，研究制定适应 WTO 规则的对策；开展农药和兽药残留检测方法和技术、生物毒素和中毒控制常见毒物快速测定技术等急需的快速筛检方法研究；研究建立我国主要化学污染物和致病微生物的食品安全标准体系和进出口食品安全检测与管理预警系统；研究建立适合我国国情的 HACCP 实施指南；开展综合示范研究，以初步建立我国食品安全技术保障体系。

4. 水资源安全保障　重点开展水资源的合理配置、保护、调控及管理体系研究；重大调水工程的战略和关键技术研究；开发安全饮用水保障供给技术、工业和农业节水技术、空中水资源人工调控技术、污水资源化利用技术、雨洪利用技术、受污染水体修复技术等，为我国水安全保障提供强有力的技术支撑。

5. 油气资源安全保障　重点开展油气资源评价研究；开发高精度综合评价和复杂油田评价技术、隐蔽油气藏综合识别技术、非均质复杂油气藏的测井技术、优质高效钻井技术、大型油田稳产技术、稠油油藏和低渗透油藏开发技术；天然气开发技术和煤层气开发技术，提高我国油气资源的探明程度和油气采收率，为我国油气安全保障提供有力技术支撑。

6. 战略矿产资源安全保障　重点开展固体矿产资源保障程度分析研究；开发矿产资源综合勘查与评价技术；深部和复杂矿采矿技术与装备；低品位与难选冶矿有效利用技术与装备；大型矿产资源基地和我国优势矿产资源综合利用技术；低污染、低能耗、短流程强化冶炼技术；高附加值产品制备技术；矿山固体废弃物资源化利用技术和环境保护技术；非金属矿的高效利用技术；煤的高效生产和选煤技术与装备；盐湖资源的综合利用和深加工技术；提高我国矿产资源对国民经济的保障程度和资源的综合利用水平。

7. 海洋监测与资源开发利用　重点开展海洋环境监测技术、海洋环境预报技术、海洋信息技术、海洋生物技术、海水养殖技术、海洋活性物质开发利用技术、海水淡化、海水直接利用以及海水化学资源利用技术、海洋滩涂开发技术、海洋油气高效勘探开发技术、深海资源勘探开发技术、河口海岸带治理与开发技术、海洋工程技术、海洋设施监测与修复技术以及海洋环境保护技术，提高海洋资源的开发水平和对海洋环境的保护能力，促进海洋经济的发展。

8. 清洁能源与再生能源　围绕煤炭清洁利用，开发先进适用技术；研究燃料电池技术；开发农村小水电利用技术，加速农村生物质能利用技术的更新换代；发展沼气技术，太阳能利用技术、风能利用技术，地热直接利用和发电技术，潮汐能发电技术的试验和研究；加快氢能制取、贮存和利用装置的开发步伐，取得技术上的突破。

9. 环境污染控制与生态综合治理　重点发展和完善主要环境污染物监测技术和设备；特殊污染物的监测技术和设备；烟气脱硫技术与设备，机动车污染控制技术；城市污水处理成套技术与装备；开展城市生活垃圾处理处置及资源化利用技术与装备；特殊危险废物以及废旧家电的处理处置技术；低能耗高性能环境友好材料开发技术；化工、冶金、轻工等行业清洁生产工艺技术；生态环境监测技术研究，开展生态系统的评估研究；开发水土保持技术、防沙治沙技术、受污染土壤修复技术、脆弱生态地区的综合整治技术以及矿山复垦技术研究；加强生物入侵防治技术研究；为改善环境质量提供技术保障，促进环保产业的发展。

10. *减灾防灾* 重点开展自然灾害监测新技术和监测仪器设备研究，加强高技术在灾害监测领域的应用，进一步完善自然灾害监测系统；发展新一代预报技术，提高灾害预报的准确率、预报时效；发展自然灾害应急管理技术，建立信息决策支持系统；研究城市及基础设施的安全、风险评价和检测方法；针对火灾、危险品的化学泄漏、重大中毒、工业事故等人为灾害的特点，研究应急处置和救援技术；重大危险源检测与监控技术、治理技术以及城市“生命线工程”的安全技术研究；研究开发成套的救灾技术与装备，提高我国抗灾救灾的技术水平；研究建立综合性的风险评估技术体系，初步建立灾害快速评估和应急管理技术系统；加强综合减灾的科技示范。

11. *城市与小城镇建设* 研究开发城市基础设施建设所需的关键技术；开发小城镇建设中所需的关键技术；开发市政设施优化运营管理技术、市政设施的服务与管理信息化技术、小城镇基础设施优化管理技术。

12. *全球环境问题* 重点分析全球气候变化、生物多样性、臭氧层保护等国际公约对我国国民经济与社会发展相关领域的影响，开展有关重大科学问题研究，加强相关的基础性工作，研究提出履约的技术措施和对策，研究制定我国相关领域发展方向、产业布局与应采取的调整措施和对策。

四、支撑条件与措施

（一）加强领导，强化《纲要》的落实，共同推动可持续发展科技工作

1. 各地区、各部门要进一步提高对可持续发展以及科技促进可持续发展的认识，切实将可持续发展科技工作作为政府的一项非常重要的工作来抓。要加强对《纲要》实施的落实，要明确本地区、本部门可持续发展科技工作的归口管理机构，加强综合协调，提高服务水平。要尝试建立可持续发展科技工作的考核指标，逐步建立对各级领导干部可持续发展方面的考核机制。

2. 为了促进《纲要》的实施，科技部将制定相应的科技计划，实施一批重大科技行动；各地区要根据本纲要的基本原则与目标，结合当地具体情况和问题，制定地方可持续发展科技计划，并将其纳入地方科技计划以及本地区国民经济和社会发展计划、规划加以实施。各部门要根据行业特点，制定行业可持续发展的科技发展规划和计划，推动行业的科技进步。

3. 各地区、各部门要建立不同层次的可持续发展专家咨询机制。对当地国民经济和社会发展计划、规划的制订以及重大工程建设等，积极开展跨学科、跨领域、跨部门的专家咨询；对于新技术研究开发、引进技术的推广应用，要针对当地环境资源条件，开展多学科专家咨询。努力形成各行各业的可持续发展科学、综合决策机制。

（二）建立有效的保障机制，增加对可持续发展科技的投入

1. 政府的投入是可持续发展科技工作的主要投入渠道，尤其对于影响到当地长远发展的可持续发展科技项目，政府要全力投入。各级政府要在增加科技投入的同时，加大可持续发展科技投入在科技投入中所占的比重。各级政府应积极创造条件，设立专项资金，用于支持可持续发展科技事业。

2. 加强科技与金融及资本市场的结合。各级政府科技计划项目的实施要注重和资本市场的有机结合，吸引资本市场向相关的科技产业化项目倾斜。尽快建立和完善科技风险投资机制，适时建立风险投资基金。

3. 积极尝试新的运行机制，多渠道、多层次筹措资金，积极吸引社会各界和企业参与可持续发展科技事业。

（三）营造良好环境，加强不同层次的人才培养和队伍建设

1. 创造公平、宽松的学术环境，建立人才激励、合作竞争的有效机制，培养学科、结构合理的人才队伍。要通过重大科研项目实施带动科技人才培养，使优秀人才特别是青年优秀人才脱颖而出。重点建设好技术创新、科学研究、科技企业家、科技管理、科技中介服务等队伍。

2. 按照“支持留学、鼓励回国、来去自由”的方针，积极采取切实措施，以多种形式鼓励与吸引海外优秀人才回国工作或以其他形式为祖国建设服务。

3. 充分利用现有的教育系统和大众宣传媒介，建立形式多样的培训中心，持续地开展教育、培训和科普活动，以提高公众的可持续发展意识。

（四）深化科研体制改革，建立可持续发展科技

创新体系

要根据国家科技体制改革大的方针和总体部署，积极稳妥地推进可持续发展相关科研机构的体制改革，逐步形成一支适应市场经济和可持续发展科技工作特点，高效和有创新能力的科研机构和人才队伍。“十五”期间，要加快对公益类科研院所改革的进程，加大投入力度，在现有改革试点的基础上，扩大改革的范围；加强对可持续领域工程技术研究中心、重点实验室、监测站网等基础性工作的建设和管理；要大力发展可持续发展科技咨询服务机构，形成新的产业。

（五）建立高效、协调的可持续发展科技管理体系与监督制度

1．要充分发挥部门、地方积极性，加强部门、行业、地方间的集成与联合、协调与配合，使研究开发与技术推广、企业技术改造、重点工程建设、重大技术引进消化吸收等有机地结合起来，形成国家、部门、地方与企业四个层次相互联系、各有侧重的科技管理体系。

2．建立“开放、流动、竞争、协作”的运行机制。坚持“公开、公正、公平”的原则，实行重大科技项目招投标制；改革国家计划项目的经费管理制度，全面实行课题制；建立科学的科技评估制度，积极扶持独立的中介科技评估机构，逐步建立科研项目承担单位的信用制度，以推进可持续发展科技管理工作的科学化、制度化和法制化。

（六）扩大对外开放，加强国际合作

1．可持续发展已成为国际社会普遍关注的重大事业，已成为国际合作的热点。要充分利用这一有利的时机，通过广泛宣传，拓宽国际合作渠道，争取国际援助，广泛吸引外资，推动可持续发展科技工作。

2．积极参与全球性、区域性资源环境等科学领域的国际合作计划，使我国在这些领域前沿占有一席之地。

星火计划“十五”发展纲要

（国家科学技术部　2001年7月26日）

星火计划由党中央、国务院1986年批准实施。是依靠科技进步，振兴农村经济，普及科学技术，带动农民致富的指导性科技计划。为贯彻党的十五大和十五届五中全会精神，落实国务院颁布的《农业科技发展纲要》提出的各项任务，适应我国农业进入新阶段的新形势和新要求，特制订本《纲要》。

一、星火计划的历史性贡献

星火计划的实施，走出了一条依靠科技振兴农村经济的成功道路，取得了“有目共睹，有口皆碑”的成就，为我国的农业和农村经济发展做出了历史性贡献。正如江泽民总书记指出的，“星火计划是我国科技界的一个创举，是引导广大农民依靠科学战胜迷信、摆脱贫困、走向富裕的一次伟大实践”。

1．把大批先进适用技术带给亿万农民，促进了农业技术进步，为农村经济发展注入了新的动力和活力　星火计划率先将科学技术面向农村经济落到实处。通过将先进适用技术引入广大农村，为获得生产经营自主权，求技若渴的亿万农民提供了大量的致富手段。15年来，星火计划共实施示范项目十万多个，其中国家级项目一万多个，覆盖了全国85%以上的县（市），极大地促进了农村经济总量的增加和生产方式的转变。“九五”期间，累计创利2 810多亿元，产生了巨大的经济和社会效益。

2．建立了一批星火技术密集区和区域性支柱产业，营造了科技与经济结合的良好环境，促进了区域经济的发展　15年来，星火计划通过145个国家级星火技术密集区和227个国家级星火区域性支柱产业的建设，培育了一批星火龙头企业，有力地促进了星火产业带的形成和区域经济的健康发展。初步形成了以产品促企业，以企业带产业，以产业兴区域经济的发展格局。

3．扶持了一批龙头企业，促进了乡镇企业的快速发展，推动了农村工业化进程　星火计划从加速科技进步，引导乡镇企业的发展入手，通过产品的开发、技术的改造、人才的培养等措施，为乡镇企业的成长与蓬勃发展提供了强有力的科技支撑，使乡镇企业发展成为农村经济新的增长点，加速了我国农村工业化和城镇化的发展。

4. 普及了科学技术知识，提高了广大农民的科技文化素质，促进了农村两个文明建设　星火计划从农村科技需求的实际出发，以先进适用技术和科学管理知识为重点，以提高农民素质，增强农民科技意识和依靠科技实现脱贫致富奔小康的能力为目标，共建立了5 000多个培训基地，其中国家级培训基地42个，基本形成了从国家到省、地、县较为完善的星火培训网络体系。培训了农村星火技术人才6 000多万名，培养了一批星火带头人和星火科技骨干，成为农村经济发展的生力军，为农村的两个文明建设做出了突出贡献。

5. 开展广泛的国际合作与交流，增强了星火企业的国际竞争能力，开拓了国际市场　15年来，星火计划广泛开展国际合作与交流，进行了星火走向世界的尝试，取得了一定成绩。从1990年中国星火首次走出国门以来，部分星火企业参与国际竞争的能力大幅度增强，如2000年星火项目创节汇已经达到122.2亿美元。星火计划的巨大成就，为发展中国家做出了典范，引起了有关国家和国际组织的广泛关注，并产生了较为深远的国际影响。

二、面临的新形势与新要求

改革开放以来，我国农业和农村经济发生了巨大变化。主要农产品供求基本平衡、丰年有余，农村经济体制由计划经济向市场经济转变，我国农业取得了巨大的成就。从新世纪开始，我国农业和农村经济发展进入新的阶段，将步入全面建设小康社会时期。国家“十五”计划纲要明确提出，要始终把农业放在发展国民经济的首位，保证农业在提高整体效益的基础上持续、稳定发展，实现农民收入较快增长。因此，调整农业产业结构、增加农民收入已成为新阶段农村经济工作的首要任务，这对星火计划提出新的更高的要求。

1. 针对农业和农村经济结构调整，增加农民收入，加入WTO的需求，迫切需要强化农村科技创新能力　当前农业的主要矛盾已由数量不足转变为品质不优、效益不高、市场不对路；农业整体效益低，农民增收缓慢，乡镇企业发展减缓和效益下降等问题更加突出；经济全球化和加入WTO对我国农业和乡镇企业的国际竞争力带来了严峻挑战。必须依靠科技，优化农业产业结构，推进农业产业化经营；切实提高以企业为主体的农村科技创新能力，以农产品加工业为重点，大力发展新型农村工业；提高农业整体技术水平，促进农民收入稳定快速增长。

2. 针对市场经济体制不断完善的需求，迫切需要营造科技产业化的良好环境　当前迅速变化的市场和信息不畅的矛盾，已经成为科技向农村快速扩散和科技产业化的瓶颈。必须以农村科技信息体系和网络建设为重点，营造科技、人才、资金、信息等流向农村的良好的体制、机制和政策环境。

3. 针对实现区域经济、科技协调发展的需求，迫切需要加快中西部地区的科技进步　科技是加快中西部地区经济、社会持续发展的根本出路，要围绕西部大开发战略的中心任务，优化科技资源配置，快速提升西部地区科技支撑能力，促进西部地区依靠科技实现经济、社会、环境的全面协调发展。

4. 针对提高农村劳动者整体素质和农民生活质量不断提高的需求，迫切需要加快普及科学技术知识　农村的现代化有赖于农民的知识化，加快农村现代化进程，推动农村社会主义精神文明建设，必须以农村科技培训为重点，加快科学技术普及，大力提高农民素质。提高农民生活质量是全面建设小康社会的关键，必须依靠科技加快小城镇建设，不断改善农村生活环境。

5. 针对科技体制改革和科技创新的需求，迫切需要建立新型的星火计划管理体制和运行机制　随着金融、财税和科技体制改革的不断深化，原有星火计划的支撑条件和运行环境发生较大变化，为实现新时期星火计划再上新台阶的目标，必须建立和完善与社会主义市场经济体制相适应的新型星火计划管理体制和运行机制。

6. 针对农业、农村、农民对星火科技的巨大需求，迫切需要星火计划再上新台阶　星火计划造福于亿万农民，在广大农村有很高的声望，广大农民期望星火计划有更新更大的发展，期待星火工作再上一个新台阶，增强星火计划实施力度，扩大覆盖区域，使贫困地区的农民走向小康，使已经实现小康的农民走向更加富裕。

三、指导思想和基本原则

1. 指导思想　星火计划的指导思想是：以党的十五大和十五届五中全会及全国农业科技大会精神为指导，坚持面向农业、农村和农民；坚持依靠技术创新和体制创新，促进农业和农村经济结构的战略性调整和农民增收致富；推动农业产业化、农村城镇化和农民知识化，加速农村小康建设和农业现代化进程。

2. 基本原则　“十五”星火计划工作要遵循以下原则：

一是继承和创新相结合。星火计划是一项依靠科技发展农村经济的长期工作，在过去15年中创造和积累了丰富的经验。“十五”期间，要继续高举星火旗帜，发扬“依靠科技、开拓创新、务实奉献、为民报国”的星火精神，要在继承的基础上，实现普及与提高相结合。根据新的形势和要求，丰富新的内涵，加强技术创新、管理创新和机制创新，提高自主创新能力，努力开创星火工作的新局面。

二是政府引导与全社会参与相结合。星火计划既要体现政府的宏观引导和调控作用，又要充分发挥社会各界的积极性，把依靠科技振兴农村经济变成全社会的共同行动。

三是统一规划与分类指导相结合。根据我国农村地区类型多样、地域性强、发展不平衡的特点，要充分发挥区域比较优势，在统一规划的基础上实行分类指导。要积极推动东部地区率先基本实现农业现代化，提高技术水平，鼓励参与国际竞争。要加大力度向中西部，特别是西部地区普及先进适用技术，提高农业整体效益，增加农民收入。

四是创造环境与重点示范相结合。星火计划要适应市场经济的需求，必须营造好农村科技发展的体制、政策和运行环境，优化市场经济条件下科技资源配置，建立新型的管理体系、投入体系、政策体系和信息服务体系。要突出重点，通过组织重大科技示范行动，推进农村经济的发展。

四、发展目标和重点任务

1. 发展目标　“十五”星火计划的总体目标是：通过扶持星火龙头企业，促进农村科技整体创新能力的提高；通过推广普及农村先进适用技术，促进农业产业结构调整、农业增效和农民增收；通过农业科技的环境建设，促进农村科技创新体系的形成；通过技术培训与示范，提高农民的科技文化素质和生活水平。

具体目标是：重点扶持100个国家级科技创新型星火龙头企业和100个外向型星火企业；推广普及5 000项先进适用技术；建成通达基层的全国农村科技信息服务网和100个农村信息化科技示范县；建设20个跨地区的星火产业带、100个国家级星火技术密集区和30个小城镇建设示范镇；建设20个星火西进科技示范县；建立多层次星火梯级培训体系，培训3 000万农民。

2. 重点任务　“十五”期间，星火计划工作要紧紧围绕增加农民收入和促进农业及农村经济全面、持续发展，加强农村先进适用技术的推广，加速科技成果转化，大力普及科学知识，营造有利于农村科技发展的良好环境。围绕农副产品加工、农村资源综合利用与环境保护、农业的高效种植和养殖、农用化工、农业机械与设备、农村建材和特色产业等领域，集成配套并推广5 000项先进适用技术，提高星火计划的覆盖面和技术水平，使星火示范项目覆盖率达到全国90%的县（市），使我国农村生产力水平明显提高。要充分利用现有环境条件，动员社会各界力量，由国家组织并带动地方重点实施八大“星火科技燎原行动”。

第一，以农副产品加工为突破口，实施农业产业化科技行动。以扶持农副产品深加工业和特色产业发展为重点，提高资源的综合利用率。通过“公司+农户”、“订单农业”等多种产业化经营模式的发展，大幅度提高农业整体效益，带动农民致富。“十五”期间，要组织实施300个星火重大农业产业化项目，加快产业的技术进步和升级，促进农业产业化经营，实现农产品的转化增值，使农产品深加工业和特色产业的发展成为新时期农业和农村经济发展新的增长点。

第二，以提高企业创新能力为目标，实施星火龙头企业创新行动。从加速企业技术进步入手，加强企业的技术创新与管理创新，健全企业技术创新机制，提高企业技术创新能力和管理水平，促进企业产品转型和产业升级，增加产品的科技含量，增强市场竞争力，壮大企业规模和实力，实现星火企业的健康、持续发展。要依托企业和企业群体，形成一批以农产品加工业为主体的新型产业，并通过创新型星火龙头企业带动全国星火企业实现产业升级。“十五”期间，重点扶持100个自主创新能力强、具有参与国际竞争能力的国家级星火龙头企业，建立研发中心。提高星火产品科技含量，创立一批星火名牌产品，授予一批星火企业星火商标使用权。各地也要重点扶持一批省级和地县级科技创新型星火龙头企业。

第三，以农村科技信息服务网建设为重点，实施农村信息化科技行动。按照市场需求，运用网络资源构建智能化农村科技信息平台，整合和开发利用信息资源，强化信息技术对农业和农村经济的渗透。建立农民技术服务体系、企业信息服务体系、星火计划管理服务体系三大农村信息服务体系，全面、有效、快捷地为农业生产者、经营者和管理者提供各种有价值的市场信息、科技信息和服务信息。“十五”期间，重点加强中国星火计划网站和全国农村科技信息服务网的建设，在全国选择10个省、20个地市、100个县进行示范，利用“村村通”和“科技110”等模式，推动“家庭上网工程”，加快信息进村入户，促进农业和农村信息化进程。

第四，以改善农村人居环境为目标，实施农村小城镇现代化建设示范行动。积极引导小城镇建设按照可持续发展的要求，科学规划、合理布局，逐步完善小城镇建设的技术体系、结构体系。支持开发一批适合小城镇使用的低成本节能绿色建材、低成本防污治污技术、环保技术设备等。促进农村建筑业、运输业、商业、金融、保险、信息等行业的发展，推动农村劳动力由第一产业向二、三产业转移。"十五"期间，结合星火技术密集区建设，选择30个规划科学、功能完善、符合可持续发展要求的小城镇进行示范，探索不同区域小城镇建设发展的模式，为全国小城镇健康发展提供示范样板。

第五，以提高农民素质为重点，实施农村人力资源开发行动。通过大力传播科技知识，弘扬科学精神，破除封建迷信，宣传科学思想，倡导科学的生产生活方式，提高广大劳动者的科学文化素质，推动广大农村社会主义精神文明建设。"十五"期间，重点加强各级星火培训基地建设，积极引导星火企业注重人才培训，使企业逐步成为农村人才培训的重要组成部分。充分利用已有的教学和培训设施，积极开发适合农村特点的远程信息传播、培训系统。完善从国家到省、地、县的梯级培训体系，系统培训3 000万农民，重点培养一批星火企业家、星火技术人员和中高级管理人员。

第六，以可持续发展示范为重点，实施星火西进行动。紧紧围绕西部大开发战略，加强西部地区，特别是西部贫困地区的科技开发力度。通过星火计划项目的实施、星火西部科技示范基地的建设、东西部科技协作机制的建立等形式，大力推动星火西进，显著提高西部地区农民的科技文化素质，增强西部地区农民依靠科技实现脱贫致富的能力，改善西部地区特别是贫困地区的农民生产和生活环境，培育西部地区科技支撑能力，促进西部地区依靠科技实现经济、社会、环境的全面协调发展。"十五"期间，要注重以项目为纽带，以科技示范为手段，以科技示范基地为立足点，以西部农户脱贫致富和区域经济发展为目标，坚持东西合作、优势互补、互惠互利、共同发展的原则，在西部地区建设20个星火西进科技示范县，培育一批西部特色支柱产业。优化西部地区的经济和社会环境，建立合理、有效的科技协作机制，促进东西部的科技交流与合作。

第七，以技术集成和资源优化配置为重点，实施星火产业带建设行动。以科技进步为动力，通过科技规划、示范、技术转移、培训、信息传播和服务为一体的星火产业带和星火技术密集区建设，营造良好的创新环境，促进农业、农村经济与产业结构调整，大幅度提高农业劳动生产率，推动农村整体经济水平和劳动者素质的提高，为地方经济的发展提供科技支撑和示范。"十五"期间，星火计划要加强对星火产业带和星火技术密集区建设的培育和支持力度。重点建设20个跨地区的星火产业带，建立100个星火技术密集区，300个区域性支柱产业。星火技术密集区和支柱产业建设要在农村工业化与城镇化过程中发挥更大的作用。

第八，以增强星火企业国际竞争力为目标，实施星火国际化行动。充分发挥星火计划具有较强国际影响的优势，建立政府引导、企业参与的星火科技走向国际的运行机制，使星火科技国际化成为我国技术、人才和劳务输出的一个重要渠道，成为增强星火企业出口创汇能力和国际竞争力的一个重要途径。"十五"期间，重点扶持100个星火外向型企业，在我国边境省（区）及东南亚、非洲、中亚、俄罗斯、南美等地区和国家建立星火国际化科技合作示范基地，在技术、人才和管理方面进行全面的星火科技推广和示范。同时，要重视引进、吸收和组织利用国外的先进技术、管理、人才和资本资源，促进星火计划的实施。

五、保障措施和支撑条件

1. *切实加强对星火计划工作的领导* 各级政府要充分认识星火计划在农业和农村经济中的重要性，采取有效措施，切实抓好星火工作，并设立专门的机构负责组织、实施星火计划。"十五"期间，国家要加强对星火计划的宏观指导和环境建设，促进跨地区的交流和协作，组织实施具有跨地区影响的重大项目。各级地方政府与科技主管部门要重视星火计划政策环境建设，根据当地经济和社会发展的需求，积极组织开展星火计划工作，特别是县级科技部门要把星火计划作为重点任务来抓，做好科技成果推广和人才培训。

2. *加大对星火计划的投入力度* 根据星火计划发展的需要，建立适应社会主义市场经济的多元化投融资体系。国家将进一步增加对星火计划专项经费的投入，地方各级政府也要相应加大对星火计划的投入力度和资金配套比例。加强国家各类科技计划与星火计划的协调与集成。农业科技成果转化基金要重点支持星火计划项目。要创造适应市场经济的投资环境，积极调动企业、金融系统和社会各界力量，特别是加强与银行的合作，探索运用多种融资方式，扩大融资渠道，利用多元化的资金支持星火计划。

3. *营造实施星火计划的良好环境* 充分用好用足国家在科技成果转化等方面的优惠政策。制定国家级科技创新型星火龙头企业的认定办法，并允许国家级科技创新型星火龙头企业享受高新技术企业的优惠政策；鼓励发展农业和农村科技中介机构；在现有推广体系和农技推广队伍的基础上，进行科技成果转化的机制创新，进一步建立有效的激励机制，吸引大专院校、科研院所将科技成果带到农村，转化为生产力，鼓励科研机构和科技人员研究开发农村经济发展所急需的科技项目。对实施星火计划做出突出贡献的企业家、技术人员和管理人员等进行表彰奖励。各地方要结合本地实际情况，研究制定切实有效的地方性政策，以促进星火计划更好地实施。

4. 建立新型的星火计划运行机制　要适应社会主义市场经济发展的要求，坚持科技体制改革和创新，发挥市场机制的作用，充分调动科技人员、企业家和农民等社会力量的积极性。要进一步完善星火计划管理办法，建立科学化、程序化的决策机制，公平、公正、公开的项目管理机制，各级星火计划主管部门的工作绩效考核机制等，提高星火计划的管理效率，开创星火工作新局面。

纺织工业“十五”规划

（国家经贸委　2001年6月26日）

纺织工业是我国重要产业之一，长期以来，在满足人民衣着消费、增加社会就业、扩大出口创汇、积累建设资金和为相关产业配套等方面发挥了重要作用。改革开放以来，纺织工业进入了快速发展时期，基本形成了上中下游相衔接、门类齐全的产业体系，行业整体素质不断提高。新的世纪，国内外纺织品市场环境将发生深刻变化，纺织工业要积极推进结构调整，促进产业升级，加快实现纺织大国向纺织强国的转变，这是新世纪纺织工业肩负的艰巨任务。

一、纺织工业现状

（一）基本情况

纺织工业包括纺织业、服装业、化学纤维制造业和纺织专用设备制造业。纺织业包括棉纺织（印染）、毛纺织、麻纺织、丝绢纺织、针织业；服装业包括服装、制帽、制鞋业；化纤业包括合成纤维、人造纤维制造业。纺织产品按应用领域分为：衣着用、装饰用、产业用纺织品三大类。

2000年全国纺织行业国有及销售收入500万元以上的非国有企业共1.89万个，总资产9 773亿元，工业增加值2 678亿元，分别占全国规模以上工业企业的11.9%、8.3%和11.3%。全行业职工1 300万人左右，利税总额578.8亿元，纺织纤维加工总量1 210万t，人均纤维消费量6.6kg，纱产量657.5万t，化学纤维694.2万t，服装165亿件。我国纱、布、呢绒、丝织品、化纤和服装等产品的生产量均居世界第一位，是最大的纺织品服装生产国。2000年我国纺织品服装出口达520.8亿美元，占全国出口商品总额的20.9%，占世界纺织品服装贸易额的13%左右。“九五”期间，纺织品服装累计出口2 215亿美元，净创汇1 700亿美元，是我国净创汇的主要行业。

（二）“九五”发展成就

五年来，纺织工业经过大规模的结构调整，基本实现了“九五”计划提出的主要目标，结构调整初见成效。

1. 国有企业改革脱困“突破口”任务基本完成　由于多年来的低水平重复建设，加之冗员过多、包袱沉重，1993年至1998年，国有纺织企业连年亏损，亏损最为严重的是1996年，亏损额高达106亿元，是国有工业中困难最大、亏损最严重的行业。1997年中央经济工作会议将纺织行业确定为国有企业改革脱困的突破口，提出了“压锭、减员、扭亏”三大任务。到2000年底，累计完成压缩落后棉纺能力940万锭，压缩落后毛纺能力28万锭，压缩落后缫丝能力100万绪，分流人员140万人，国有纺织企业实现利润67亿元，纺织国有企业改革与脱困取得了重大突破，为整个国有企业改革脱困走出了一条路子。在压缩总量的同时，纺织行业把压锭和结构调整、资产重组有机结合起来，充分利用企业兼并破产、债转股等政策，实施纺织国有经济的战略性调整，有力地促进了行业的结构调整和资源的优化配置，提高了企业的市场竞争力。

2. 结构调整初见成效　工艺技术和装备水平明显提高。“九五”期间，纺织工业在压缩淘汰落后生产能力的同时，将加快产业升级放在突出位置。通过技术改造和基本建设项目的实施，化纤生产能力增加了300多万t，差别化率大幅度提高；棉纺行业压锭改造以后，30%左右的纺纱设备达到20世纪90年代先进水平；毛纺行业采用先进的毛纺织染整成套设备，配置了质量检测监控系统，开发出高支、超薄毛纺织品；服装行业采用了计算机辅助设计、制造系统，进一步提高了市场应变能力；纺机行业通过引进技术、消化吸收以及合资、合作等方式，在纺织机械机电一体化方面取得突破，以自动络筒机、无梭织机为代表的“两机”专项全面实施，形成了批量生产能力。

品种、质量有了较大改善。化学纤维在纺织纤维加工总量中的比重由1995年的45%上升到2000年的60%以上，差别化纤维占化纤的比重达到25%，5年提高了10个百分点；无结头纱、无梭布的比重由1995年的18%、15%分别提高到40%、24%；印染后整理水平有所改善，中高档面料的比例有所上升；服装等最终产品出口比重大幅度提高，服装出口已占纺织工业出口总额的70%，比1995年提高了5个百分点；衣着用、装饰用、产业用纺织品的比重已达到67%、20%、13%。

纺织中心城市整体调整成效显著。压锭重组与城市整体结构调整相结合，极大地推动了纺织地区布局、企业组织结构和产品结构调整。经过压锭，国有棉纺能力由压锭前的70%下降为目前的60%左右，北京、上海、宁波、无锡、常州、石家庄等一些中心城市，建成了一批具有国际竞争力的企业集团和出口骨干企业，形成了新的整体优势，不仅使整个城市的纺织工业走出困境，进入良性循环，而且成为我国纺织工业发展的排头兵。目前出口创汇在3 000万美元以上的企业达159户，上市公司80多户。

非国有经济迅速发展。在所有制结构上，已形成国有、集体、三资和私营多种所有制形式并存、多种经济成分共同发展的格局。目前按产值计算，国有企业占30.0%，集体企业占26.5%，三资企业占28.7%，其他所有制企业占14.8%，大量的非国有企业已成为带动纺织工业增长的重要生力军。

3. 经济运行质量明显好转　“九五”期间，经过全行业的共同努力，生产经营状况明显改善，经济运行质量明显提高。2000年与1995年相比，全行业资产总额从8 301亿元增加到9 773亿元，年增加近300亿元，资产负债率从73.3%降到66.0%，利润总额从32.7亿元提高到290.1亿元，资金利税率从4.1%提高到5.5%，企业亏损面从32.1%降到20.6%，全员劳动生产率从1.4万元提高到2.5万元，提高了78%。2000年是我国纺织工业进入90年代以来，生产经营状况和经济效益最好的一年。

（三）纺织工业在发展中存在的问题

随着改革的不断深入和市场变化，纺织工业长期积累的一些深层次问题和结构性矛盾仍然突出。

1. 技术创新能力较弱　纺织产品质量、档次、品种与国际先进水平存在明显的差距。一些高水平、新技术产品的开发迟缓，不能适应国内外市场的需求，部分中低档产品出现过度竞争。在出口产品中，仍以中档为主，高附加值产品比重低。服装出口以加工贸易方式为主，大都没有自己独立的品牌，纺织面料水平低、品种少，不能满足服装生产需要，导致出口服装大量使用进口面料。国际上流行的多组分纤维、复合纤维、改性纤维、高仿真纤维、特殊功能纤维等新产品，在国内化纤企业尚未形成自己的研究开发机制、专有技术和一定的生产规模。目前，我国纺织新型设备引进的较多，纺机制造行业对这些设备消化吸收并进行二次开发的工作明显不足。

2. 技术装备水平不高，劳动生产率低　目前，属于20世纪80年代或70年代水平的棉纺设备仍有2/3。发达国家的清梳联合机占有率为50%，我国仅占14%；发达国家的自动络筒机、无梭织机占有率均在90%以上，我国仅占32%、9.7%。我国毛纺和印染行业仅有10%的设备达到国际先进水平。在纺纱、织布、印染、制衣各环节，电脑过程控制系统和电脑辅助设计系统拥有率较低。现代纺织技术向设备高速化、自动化、工序连续化方向发展，传统技术与新技术之间的差距越来越大。例如：全自动气流纺生产效率比环锭高4～5倍，无梭织机比有梭织机效率高4～8倍。由于技术装备和工艺水平落后，加上管理水平较低，导致劳动生产率与工业发达国家差距拉大，如棉纺织，发达国家纺织万锭用工60人左右，有些企业已达到万锭用工30人的水平，我国万锭用工水平是300人左右，生产成本高，缺乏竞争力。

3. 组织结构不合理　企业的生产规模小，集中度低，缺乏市场竞争力和抗风险能力。以化纤行业为例，1999年化纤企业平均规模为1.3万t，年产10万t以上的企业仅有7家，生产能力占全国的22.6%，与国外先进化纤企业比较，平均规模相差很大。纺织行业经过重组和改造，已组建了一批大企业集团，但在化纤、纺机领域缺乏拥有自主知识产权、具有国际竞争力的企业，服装行业中缺乏国际知名品牌。我国大部分纺织企业还没有建立适应“小批量、多品种、快交货、高品质”的快速反应机制，企业缺乏具备国际营销经验、适应国际竞争的复合型人才。部分企业管理粗放，用人多，产品开发周期长，成本、财务管理不到位，营销力量薄弱，市场适应性差，开发创新和用人机制不健全，职工的积极性、创造性没有充分发挥。

4. 棉花流通体制和出口体制不能适应市场经济要求　长期以来，我国的棉花购销实行垄断性经营，棉花供销体制改革滞后，对国际市场变化反应迟钝，国内价格往往背离国际市场，对我国棉纺行业造成了直接影响，一方面我国由棉纱出口大国转变为净进口国，另一方面影响了后道产品的竞争力。我国羊毛的进口依存度较高，由于采用发放进口许可证等措施，企业进口羊毛受到限制，很难保障企业对数量、品种、质量的需要，也增加了毛纺企业的负担。化纤及化纤原料关税较高，部分品种的进口实行许可证管理，不利于纺织企业利用国外便宜的原料降低生产成本。纺织品服装已完全进入市场，但国家对纺织原料统得过多，统得过死，纺织企业不能灵活利用国际市场资源，提高市场竞争力。出口体制还不能完全适应纺织工业参与国际竞争的需要，生产企业与国际市场隔绝的现象仍很突出。

5. 区域间互补性格局尚未形成　目前西部地区纺织加工能力占全国纺织生产能力的12%左右，产值仅占4.5%，企业资产负债率高于全国纺织12个百分点，经济运行质量明显低于东部。中西部地区拥有丰富的纤维资源和相对廉价的劳动力，但服装、针织等劳动密集型产业发展不足，西部服装产量仅占全国服装产量的2.3%。近年来，虽然东部沿海地区和中心城市结构调整力度较大，但是仍保留了一些落后生产能力和初加工能力，产业升级步伐缓慢，产品存在趋同化，东中西部的产业分工不明显，没有形成发挥各自比较优势的互补性格局。

二、"十五"面临的形势和市场环境

进入21世纪，纺织工业面临的外部环境发生了深刻变化。世界经济全球化趋势进一步增强，科技革命日新月异，技术发展突飞猛进，跨国公司的影响力日益增大，各国的综合竞争将更加倚重于知识创新和科技进步，世界范围的产业结构调整正在影响和改变原有的国际分工和竞争格局。我国社会主义市场经济体制已初步建立，买方市场初步形成，市场对资源配置的基础性作用进一步增强。"十五"期间，我国将处于加入世贸组织的政策过渡期，各项政策、规则将按照协议逐步到位，政府调控经济的方式和手段将发生重大变化。同时，深化国有企业改革，建立规范的现代企业制度，将进入关键时期。这对纺织工业而言，机遇与挑战并存。

(一) 国际市场环境

纺织工业的国际化特征表现得越来越充分。一是全球纺织品服装贸易迅速增长，在国际商品贸易中仍占有重要的位置，发展中国家的出口依存度和发达国家的进口依存度都有提高的趋势。现存的贸易制度使境外加工贸易在纺织品服装贸易中占有较大的份额。二是资本、技术、信息等生产要素的跨国流动，引发了世界范围内纺织区域结构的重大变革，纺织领域的对外直接投资（FDI）占有相当的比重。发达国家已从早期的劳动密集型产业，转向化纤、印染等资金、技术密集型产业，世界纺织工业重心不断向亚洲推移，为发展中国家纺织业的发展提供了机遇。三是初级产品供大于求、生产过剩的趋势将会延续下去。一些后起的发展中国家纺织工业及其出口发展迅速，以其价格低廉的资源和劳动力，形成了较强的综合竞争能力，成为我国在国际市场的重要竞争对手，国际纺织品服装市场竞争日趋激烈。

在经济全球化趋势增强的同时，区域集团化的发展加快。如在北美自由贸易区内，美国生产棉纱，在墨西哥、加拿大织成布，做成服装再回流美国，构成区内循环，效率提高，成本降低，进口依存度减少。这对出口占很大比重的亚洲，形成了较大的竞争压力，我国要保持和扩大对这类区域的出口份额，其难度增加。此外，纺织品服装进口国还会以各种贸易保护手段对出口国实行新的限制。

"十五"期间，随着世界经济的发展，世界商品贸易年增长速度为6%左右，世界纺织品服装贸易年增长速度为6%以上。预计2005年世界纺织品服装贸易额可达5 800亿美元，我国若能保持13%左右的国际市场份额，纺织品服装出口将达到750亿美元。

(二) 加入世界贸易组织对纺织工业的影响

我国是世界上最大的纺织品服装出口国。加入世贸组织后，其有利方面：一是直接面对国际资本的竞争，有利于激发我国纺织产业结构调整的内在动力，促进企业的技术进步与创新，建立优胜劣汰的机制。二是随着贸易、投资领域的全方位开放，给纺织工业更好地利用国际、国内两种资源，大力拓展国内外两个市场，带来新的机遇。三是纺织品服装贸易由双边框架转向了多边框架，有利于改善纺织品服装出口的市场环境，扩大纺织品服装出口和跨国经营。四是受多种纺织纤维品协定的保护，我国将享受在纺织品服装出口上的无差别待遇，在国际市场上获得公平的竞争地位。

加入世贸组织，我国纺织工业也面临挑战，对不同行业的影响差异较大。由于我国化纤企业规模偏小，原料成本偏高，在品种、质量、价格等方面与国外差距较大，“入世”后，面对价格低、质量好的进口产品，我国化纤企业竞争明显处于劣势，特别是对一些规模小、工艺技术落后的企业冲击更大。“入世”后，纺织面料进口关税将降低，中高档面料一般贸易进口将有一定增长，印染企业的竞争压力将会加大。

（三）科技进步的趋势和影响

目前世界纺织科技发展的趋势：一是纺织新材料、新产品的不断涌现。第三、第四代合成纤维和新型纤维素纤维以优异的性能，弥补了天然纤维的局限和不足，并通过高新技术开发出了具有轻质、高强、耐高温的特种纤维以及具有多功能的差别化纤维和技术性纺织品，进一步拓展了纺织品应用领域。二是纺织新工艺、新技术的开发创新。目前“无锭纺纱、无梭织布、无水印花、无纺织布、无人工厂”等新技术已经逐步变成现实。三是以国际互联网络为依托形成的快速反应系统，使传统纺织工业生产经营方式发生深刻变革。这种变革集中体现在快速反应生产经营机制（QR）方面，使纤维、纺纱、织造、染整、服装和设计、制造、销售形成一套完整的生产营销体系。

从20世纪80年代开始，工业发达国家借助其技术实力和经济实力的综合优势，加大对纺织高新技术的投资力度，并积极推进产业化，以此改造传统纺织工业，进而在原材料、技术、装备、产品等方面实现全面升级，继续确立了技术、品牌、营销方面的优势。科技进步一方面为纺织工业提供了更为广阔的发展空间，另一方面使市场竞争进一步加剧，拉大了发展中国家与发达国家在纺织技术上的差距。

（四）国内市场环境

“十五”期间，城乡居民衣着消费占总消费的比重将有所下降，但消费总量有所增长，特别是农村纺织品市场和产业用纺织品领域仍有很大的增长潜力，消费层次进一步多元化，消费领域进一步扩大。

1．*人口增长因素*　目前我国人均纤维消费量仅为6.6kg左右，低于世界7.5kg的平均水平。到2005年，我国人均纤维消费量可达到7.4kg左右。“十五”期间，年均增长1 200万人，新增人口消费按人均7.4kg计，5年将净增纤维消费量45万t。

2．*消费结构的变化*　买方市场初步形成，人们消费选择性更强。随着城镇居民生活水平的提高，向更加富裕的小康生活迈进，消费结构将发生较大变化，吃和穿的比重将下降，住和行的比重将上升。而衣着类消费在社会消费品零售总额中的比重将逐渐下降，但实际支出额仍是增长的。人们对纺织品的需求无论在数量上，还是在质量上有了更高的要求，特别是城市消费更加注重个性化、舒适化、高档化（品牌化）和时尚化。

3．*农村纺织品市场*　目前，由于农民实际收入水平和消费结构等方面的原因，农村消费仍大大滞后于城市消费，农村的纺织品服装消费水平仍然不高。“十五”期间，随着农民收入的提高，4 000万农业劳动力的转移以及城镇化进程的加快，将进一步拉动消费需求，纺织品服装消费在农村有着巨大的潜力。农村衣着消费仍以物美价廉的纺织品为主，特别是在化纤纺织品上，要开发出更适应农村消费需要的产品。

4．*纺织品应用领域的变化*　我国纺织品在衣着用、装饰用、产业用三大领域纤维消费的比重，与发达国家的纤维消费结构有着很大的差异，衣着用比重偏大，产业用、装饰用比重较低。随着居住条件的改善和农业、水利、交通、建筑等行业对产业用纺织品需求的增加，特别是纺织新技术的运用和新材料的开发，将进一步拓展纺织品的应用领域。“十五”期间，产业用、装饰用纤维消费潜力很大，将出现市场扩张的发展趋势。

综合以上分析，纺织工业作为出口创汇主要产业的特征不会改变，在国民经济中仍占有重要地位。我国有近13亿人口的国内市场作依托，现占有13%左右的国际纺织品服装市场份额，已形成完整的工业加工体系，拥有较丰富的原料资源和充足的劳动力资源。“十五”期间，我国纺织工业竞争的比较优势依然存在，仍具有一定的发展空间。

三、“十五”发展的指导思想和目标

（一）指导思想

认真贯彻落实党的十五届五中全会精神，以发展为主题，以结构调整为主线，以市场为导向，以提高人民纤维消费水平为根本出发点，提高纺织品服装的竞争力和市场占有率；以科技进步为动力，用高新技术和先进适用技术改造、提升纺织产业，大力培育新的经济增长点，使经济增长的质量和效益明显改善，劳动生产率和整体素质有较大提高；以制度创新为重点，进一步加大改革改组、结构调整的力度，全面实现产业升级，加快实现纺织大国向纺织强国的转变。

（二）目标

1．*增长速度*　年均增长速度为6.5%，工业增加值由2000年的2 678亿元提高到2005年的4 300亿元。

2．*纺织纤维加工总量*　由2000年的1 210万t提高到2005年的1 425万t，人均纤维消费量由6.6kg提高到7.4kg。

3．*纺织品服装出口创汇*　由2000年的520亿美元提高到2005年的700亿～750亿美元。

4. 衣着用、装饰用、产业用纺织品的比重 由2000年的67%、20%、13%调整到2005年的64%、21%、15%。

5. 劳动生产率 2005年全员劳动生产率达到3.5万元，比2000年提高40%。

6. 科技进步贡献率 2005年达到50%以上。

7. 节能降耗 每万元产值能耗2005年比2000年降低15%。

8. 节水 2005年纺织印染生产用水重复利用率达到30%左右，印染行业百米耗水量由3.6t降到3.0t左右。

四、发展和调整的重点

(一) 技术和产品结构调整

“十五”期间，纺织工业要追踪国际新技术的发展，用高新技术改造传统产业，加快技术进步和产业升级。

对纺织业继续实施淘汰落后、改组改造的政策，围绕品种、质量、效益和提高劳动生产率，加快技术改造，实现产业升级。

1. 棉纺织 在巩固压锭成果的基础上，重点是更新改造1 000万锭的生产能力，以及配套进行织机的改造，提高清梳联、精梳机、无梭织机等新型技术装备的比重，使60%左右的纺纱设备达到20世纪90年代先进水平，精梳纱比重达到30%，无结头纱、细支纱的比重达到50%，无梭布的比重达到40%。

2. 毛纺织 继续压缩淘汰落后毛纺锭，并加快对工艺、设备的全程改造，实现工艺、设备的电子化、系列化、连续化，达到高速、高效生产。积极采用赛罗纺、双组分、包缠纺等新型纺纱工艺，实现毛纺原料多元化，增加花色品种。重点是提高毛纺面料的整体水平，开发高支纱、轻薄型产品，使高档面料比重达到70%，提高产品档次，扩大出口。

3. 麻纺织 优化现有麻纺织加工能力，加快麻纺织工艺技术和设备的改造，重点开发苎麻生物脱胶、梳纺和牵切纺工艺技术设备以及麻纺织品印染后整理技术，解决细纱条干均匀度、色牢度、鲜艳度，改善穿着舒适性，扩大麻制品在服装和家用纺织品领域的应用。

4. 丝绸业 在淘汰落后缫丝、绢纺、丝织生产能力的基础上，加快现有设备的技术改造，重点是发展以真丝为主体的新型含丝复合纤维，实现含丝原料的系列化，开发高档真丝产品，提高防缩、防皱等后整理水平，开发蚕丝纤维与其他纤维混纺、交织、交并产品，开发化纤仿真产品。充分体现丝绸产品柔软、飘逸、舒适、华丽的特征，全面提高丝绸面料档次。

5. 针织业 继续提高技术装备水平，特别是新型针织大圆机的拥有率，提高产品设计开发能力，重点开发新型原料和环保型纤维在针织品上的应用，开发保健型针织品、针织外穿服装、高档针织内衣、高档经编面料等，扩大针织品出口。

对化学纤维制造业、纺织机械制造业以及产业用纺织品的生产继续实施调整和发展提高的政策，提高其产品的开发能力和集约化程度，使之成为纺织工业主要的增长点。

6. 化纤及化纤原料 根据市场需求，针对目前化纤企业的结构、分布、规模以及工艺技术等问题，主要通过对现有优势企业的改造、扩建，形成技术创新机制，开发品种，提高质量。2005年化纤差别化率达到40%，年产10万t以上企业的生产能力占化纤行业总能力的60%左右，建成若干个大型化纤及化纤原料基地，搞好上下游产业链的结合，形成从原料到抽丝到纺织后加工垂直整合的加工体系，增强市场抗风险能力。

化纤原料要重点发展精对苯二甲酸、乙二醇、己内酰胺、丙烯腈等，要加快对现有装置的改造和扩建。聚酯的发展要选择一批条件成熟的大中型聚酯企业，采用国内成熟的技术和日产400t以上的装置进行改造和扩建，以降低现有企业的投资成本，增强企业的竞争力。

合成纤维要积极开发品种，进一步拓宽应用领域，重点开发功能性纤维、差别化纤维、复合型纤维。重点抓好以涤纶长丝为主体的新一代多功能、高仿真、细旦、混纤特色长丝的开发生产与应用，推进具有“新合纤”特性的仿真丝、仿羊毛等高档面料的一条龙开发，突出抓好抗静电、高吸湿、抗起毛起球、阻燃等纤维、织物的新产品开发，同时进一步抓好化纤在装饰、产业领域的开发和应用。研究开发PAN碳纤维及其原丝、芳香族聚酰胺纤维、聚对苯二甲酸丙二醇酯、聚丙烯/聚醚酯复合纤维、熔融法聚氨酯弹性纤维、聚乳酸纤维、水溶性PVA纤维、海岛型纤维、皮芯型纤维等。

粘胶纤维要控制污染、不布新点，重点是开发品种，提高质量。积极研究开发新溶剂法纤维素纤维纺丝技术，加快推进粘胶纤维环保技术的应用，落实“粘胶三废处理”和“浆粕黑液治理”等环保措施。

7. 产业用纺织品 根据我国相关产业对纺织品的需求，要积极开发产业用纺织品，使之成为纺织工业新的经济增长点。重点发展蓬盖类材料、栽培基材、土工织物、医疗卫生保健材料、工业用材料、建筑材料、环保材料、防护材料、包装材料、骨架材料、汽车内饰材料等。

8. *纺织机械* 要根据纺织工业产业升级和设备更新换代的需求，结合36项关键制造技术的攻关，做好化纤、纺纱、织造、针织和染整五个方面40项重点纺机产品的开发研制。开发研制大容量、短流程、连续化的聚酯装置和涤纶、腈纶、氨纶、粘胶成套设备；研制新一代清梳联合机、精梳机组、细络联合机和新型纺纱设备；提高自动络筒机和无梭织机的技术水平和可靠性，发展系列产品，并做好相应的配套装置；开发研制新一代电子提花圆纬机、经编机和电脑横机；开发新一代印染前处理、染色、印花和织物的后处理设备。广泛应用电子技术，提高机电一体化水平和智能化水平。

以满足国内外市场对纺织品的需求为出发点，以面料为突破口，加大改造力度，增加花色品种，提高产品档次，丰富繁荣市场，扩大出口。

9. *印染后整理* 印染后整理的水平直接影响到最终产品的色彩、手感、风格，要继续对其进行技术改造，在引进必要的工艺技术软件的同时，积极开发拥有自主知识产权的工艺技术，使工艺、技术、设备和染化料、助剂配套发展，形成纺、织、染、服装一条龙开发。重点提高天然纤维后整理技术、化纤仿真染整技术、多种纤维混纺和复合纤维染整技术、生物酶整理技术、清洁生产技术、激光制网、无制版染整印花技术，大力开发高附加值产品和生态、环保产品，使高档面料的比重达到60%，满足服装加工和出口的需求。

10. *服装* 优化服装加工能力，搞好服装研究设计、流行趋势与生产加工的结合，搞好生产与营销的结合，积极推行品牌战略，提高中国原创品牌在国内外市场中的份额，注重开发品牌服装、童装、中老年服装和特种服装，研制开发生态、保健服装，开发适合农村消费的服装，使服装生产适应国内市场多层次消费需求和扩大出口。

（二）组织结构调整

为适应我国加入世贸组织带来的挑战，要继续支持优势企业、出口骨干企业的发展，促进企业按经济规模组织生产，提高生产集中度，增强国际竞争力。加快企业组织结构调整，加强产品开发与设计、市场营销与服务两个重要环节的建设，提高企业快速反应能力。通过调整，形成一批拥有知名品牌和自主知识产权、主业突出、核心能力强的大型企业和企业集团。鼓励有条件的企业在多元化经营和国际化营销方面继续发展壮大。政府将在打破行业和地区壁垒，维持公平竞争秩序，推动跨地区、跨国投资经营等方面，为其发展创造更有利的环境，提供更广泛的服务。

通过联合、兼并等资产重组方式，将一些具备条件的化纤企业，建成跨地区、跨行业的集团，提高生产集中度，提高上下游产品的关联度，建设若干个起点高、达到国际经济规模水平、技术先进和具有国际竞争能力的化纤及化纤原料基地，到2005年，我国化纤工业年产10万t以上企业由目前的7家增至20家左右，生产集中度达到60%。有条件的大型化纤企业向下游整合发展，引导化纤面料开发较好，并有一定市场占有率的纺织企业向上游整合发展。

纺织工业是以中小企业为主的竞争性行业。中小企业的发展重点是通过调整与重组，向开发型、专业化方向发展，提高与大企业的配套能力和市场竞争力。要加强对中小企业的引导，创造公平的市场竞争环境，鼓励民营、个体、外资等非公有制企业的发展，形成能够为纺织行业和社会提供服务的中小企业群。鼓励发展都市型工业，依托大型市场，发展服装加工、针织、毛针织加工等劳动密集型产业。鼓励科技型中小企业发展，对能够提供技术、设计和信息服务的中小企业，采取扶持政策，使之成为纺织行业技术进步的重要组成部分。

（三）区域结构调整

充分发挥地区的比较优势，鼓励东西部地区的跨地区、跨行业、跨所有制的联合，实现优势互补、共同发展。

西部地区纺织原料资源丰富。新疆的棉花年产量达145.8万t左右，约占全国的1/3，内蒙古、甘肃、青海、新疆有羊毛、羊绒、驼绒等动物纤维优势，四川、重庆、贵州、云南、广西、陕西、甘肃有蚕茧、苎麻、亚麻等优势，劳动力资源比较充裕，成本相对低廉。“十五”期间，西部地区通过结构调整，盘活存量资产，加快技术进步，尽快实现扭亏脱困。并在此基础上，发挥西部地区的比较优势和西部广阔的市场潜力，加强与东部沿海地区的联合，积极引进资金、引进技术、引进人才，调整结构，加强管理，加快转制，提高竞争能力，使资源优势、劳动力优势发展成为具有地方特色的加工优势和产品优势。以新疆的棉花资源及棉纺织工业、陕西的棉纺织工业为依托，建立全国优质纱、布的生产基地；以四川、重庆、云南、广西种桑养蚕的传统优势和茧丝绸加工为依托，建立全国蚕茧及茧丝绸生产基地；以内蒙古、甘肃、青海、宁夏的羊绒、驼绒、牦牛绒及毛纺加工为依托，建立具有特色的毛纺织生产基地；以西部地区的麻类资源为依托，建立麻纺织品加工基地；以西部地区的中心城市商贸市场为依托，发展服装加工，建立西部服装生产基地和集散市场；以西部的石油天然气资源为依托，配套发展化纤工业。

进一步搞好东部沿海及中心城市的结构调整，适当压缩纺织初加工能力，集中力量发展精加工、深加工、高附加值产品、高技术产品，形成优势产品、名牌产品、出口产品的生产基地和产品开发、技术创新中心和信息网络中心。

（四）国有企业战略性改组

2000 年全国纺织国有及国有控股企业资产 4 522 亿元，占全行业总资产的 46.3%，而国有纺织企业工业增加值仅为全行业的 29.8%，利润为全行业的 23.1%，亏损面为 31.0%，比全国纺织高出 10 个百分点。围绕以国有企业为重点的行业改革、重组，是我国纺织企业战略性调整的重要任务。

纺织工业是竞争性行业，按照"有进有退"、"有所为有所不为"的原则，加大国有经济布局的调整，通过调整使国有资本以价值形态得到流动，提高国有资本的投资效益。国有大中型企业宜于实行股份制的，要通过规范上市、中外合资和企业互相参股等形式，改组为股份制企业，发展混合所有制经济。国有投资公司可以选择在竞争性领域的优势企业进行资本运作，实现资产的保值增值。

加大国有企业战略性改组的力度。对优势企业、骨干企业，利用外贸发展基金、出口配额、技改贴息等手段，提高出口产品附加值，促进在国内外市场上的竞争力。对中小型国有企业，主要通过多种形式的改制，增强中小企业的活力，使其向"专、精、特、新"方向发展。对于资产负债率高，但设备先进、产品有市场、管理好的企业，通过资产重组，降低企业负债率，增强活力。对亏损严重、资不抵债的纺织大中型国有企业，主要通过破产的方式加快退出。

西部地区的国有纺织企业比重较大，仍然比较困难，调整难度较大，这部分企业的改革、改组要在加强企业管理，进行企业经营机制转换的基础上，积极吸引外资和民间资本，搞好资产重组和股份制改造，特别是要以西部大开发为契机，借鉴东部沿海地区国有企业改革的经验，有计划、分步骤地实施国有企业改革和制度创新。

（五）推进信息化建设

信息化是推动工业化的重要手段。传统产业在加快改造、产业升级过程中，必须加快推进信息化，提高信息技术的应用水平。"十五"期间，要用信息技术带动纺织工业调整、发展和产业升级，把信息技术渗透到纺织生产全过程，通过信息网络技术的应用，使企业内部管理、技术开发、生产营销方式发生变化，使上、下游企业之间、最终产品生产企业与市场之间、技术方与需求方之间出现全新的连接方式，使企业投资的盲目性和产品的趋同性得到改善，建立纺织企业的快速反应机制。

行业信息化基础建设要从运用信息网络技术改造纺织企业传统生产、经营和基础管理模式入手，推广应用生产集散控制系统（DCS）、计算机辅助设计、制造系统（CAD/CAM）、企业资源计划系统（ERP）、客户关系管理系统（CRM）以及市场快速反应系统（QR）等。建立企业内部信息网络，提高企业管理效率和市场反应能力，进而建成覆盖整个行业的信息网络体系，建成以先进、高效、稳定的企业信息网络系统为基本单元的行业信息网络，并逐步建成反映行业特色、汇集主要产品的电子商务平台。通过行业信息化建设和信息技术的应用，提高行业整体竞争力，为纺织行业发挥后发优势、实现跳跃式发展创造条件。

五、主要政策措施

（一）加强宏观调控

充分发挥市场配置资源的基础性作用，综合运用计划、财政、金融等手段，发挥价格、税收、利率、汇率等杠杆作用，调控经济运行。进一步转变政府职能，实现政企分开，减少对经济事务的行政性审批。

搞好总量控制。"十五"期间，对棉纺生产能力仍要实行总量控制，防止重复建设。加强对棉纺细纱机生产和销售的管理，严格执行生产许可证和销售准购证制度，以防止竞争环境的再次恶化。

引导投资方向。拓宽融资渠道，积极发展资本市场，扩大企业直接融资的比重，支持一批重点企业上市。改善投资环境，扩大利用外资，提高利用外资的质量。积极吸引民间资本，形成投资多元化格局。

实行公平待遇。鼓励非国有经济的发展，为其创造一个公平、公正和透明的竞争环境。在纺织出口配额、进口许可证的管理上，实行不分所有制形式的公平待遇政策。

（二）抓好纺织原料发展

继续坚持天然纤维与化学纤维发展并举的方针。"十五"期间，根据纺织生产需要，纺织年用棉量在 450 万 t 以上，棉花种植面积须保持稳定。棉花流通领域要建立规范化的市场，推进市场形成价格的机制，棉花价格、标准、销售形式与国际接轨，以适应经济全球化的竞争要求。赋予大中型企业、出口骨干企业棉花进口经营权。在稳定棉花生产的同时，鼓励对羊毛、蚕茧、苎麻、亚麻、山羊绒、牦牛绒等我国特有的优质原料的种植、养殖、开发和利用。化纤原料及化纤缺口较大，特别是化纤原料的发展滞后，在行业管理上要加强引导，加快发展。

（三）建立企业技术创新体系

鼓励纺织企业与相关行业合作，鼓励企业与科研院所结合，鼓励大型企业和企业集团建立技术开发中心，形成企业技术创新体系。建立支持中小企业发展的多种形式的中介机构，特别是在中小企业较为集中的地方，建立由企业和科研机构联合的技术中心，为中小企业提供有偿技术服务，以适应中小企业设计、技术、信息等方面的需要。着重突破纤维技术、纺纱技术、织造技术、染整技术和设计与开发创新技术中的关键技术。通过五大技术攻关，到2005年使60%以上的成套装备达到国际水平，实现产业的全面升级。

（四）提高国际化经营

更好地实施以质取胜和市场多元化战略，发挥我国纺织工业出口优势，进一步优化出口商品结构，努力扩大出口规模，进一步提高创汇水平。巩固传统市场，发展新兴市场，开拓潜在市场。继续发挥我国劳动力资源丰富、成本较低的优势，发展来料、进料加工贸易。适应经济全球化、贸易自由化趋势，积极研究应对区域贸易壁垒和绿色贸易壁垒的对策。充分利用国内外两个市场、两种资源，实施“走出去”的开放战略，鼓励有条件的企业，发挥比较优势，利用国内成熟、先进的技术、设备到国外去投资办企业，开拓国际市场。

（五）坚持可持续发展

鼓励企业采用新原料、新工艺，降低物耗、能耗，节约用水，改善环境，鼓励可再生资源的开发利用，鼓励印染企业采用先进的低浴比染色工艺、无水印染技术、转移印花技术、喷射印花技术、涂料印染、等离子体处理等节水、节能及环保的工艺技术。纺织投资项目必须达到环保要求，积极推行清洁生产技术，由过去的末端治理变为生产全过程的环保控制，实现可持续发展。

造纸工业“十五”规划

（国家经贸委 2001年6月26日）

造纸工业是一个与国民经济发展和社会文明建设息息相关的重要产业。在经济发达国家纸及纸板消费量增长速度与其国内生产总值增长速度同步。在现代经济中所发挥的作用已越来越多地引起世人瞩目，被国际上公认为“永不衰竭”的工业，在美国、加拿大、日本、芬兰、瑞典等经济发达国家，造纸工业已成为其国民经济十大支柱制造业之一。现代造纸工业的特点不同于一般日用消费品工业，而是技术、资金、资源、能源密集型，规模效益显著，连续、高效生产的基础原料工业。在产品总量中，80%以上作为生产资料用于新闻、出版、印刷、商品包装和其他工业领域，不足20%用于人们直接消费。造纸产业关联度大，涉及林业、农业、机械制造、化工、热电、交通运输、环保等产业，对上下游产业的经济有一定拉动作用。当今世界各国已将纸及纸板的生产和消费水平，作为衡量一个国家现代化水平和文明程度的重要标志之一。行业产品范围有：纸浆、机制纸及纸板、加工纸、手工纸等。

一、现状和存在问题

（一）现状

1999年，按全部国有和规模以上非国有工业企业统计，造纸企业2 500个，纸及纸板产量2 159万t，固定资产原值合计917亿元，固定资产净值年均余额660亿元，流动资产年均余额594亿元，资产总计1 611亿元，负债合计1 095亿元，资产负债率67.9%，职工人数86.4万人，工业总产值779亿元（1990年不变价，当年价875亿元），工业增加值246亿元，产品销售收入812亿元，利税总额74.6亿元，其中利润29.3亿元，全员劳动生产率2.98万元/(人·年)。

1999年，我国纸及纸板总消费量近3 520万t，全国纸及纸板产量2 900万t（按1997年统计口径），已成为世界第二纸张消费大国，纸张生产的第三大国。现产品品种600多种，年进口量650余万t，出口量 30 万 t 左右，产品自给率 82%；人均消费量 27.8kg，基本上能够满足国内新闻、出版、印刷、商品包装等现有较低消费水平的需求。

（二）“九五”计划执行情况

“九五”是造纸工业结构调整的重要时期，面对生产经营困难，环保治理压力和市场竞争激烈的形势，造纸行业将工作重点放在深化改革，调整结构，提高增长质量方面。经过各方面努力，完成了“九五”计划，取得了一定成绩。主要是：

1. 生产保持适度增长　2000 年产量预计完成 3 000万 t，比 1995 年 2 400 万 t 增长 25%，“九五”年均递增 4.6%，比“八五”年均递增 11.8% 减少 7.2 个百分点。“九五”产量累计完成 14 077 万 t，比“八五”产量累计完成 9 610 万 t 增长 46.5%。

2. 固定资产投资有较大增加　制浆造纸固定资产投资累计完成额，“九五”前 4 年为 362 亿元，是“八五”前 4 年 182 亿元的 2 倍，新增纸及纸板能力 300 万 t。预计“九五”累计完成 460 亿元，是“八五”212 亿元的 2.2 倍。新增纸及纸板能力预计达 400 万 t。

（1）国内投资力度有所加大。“九五”国家安排两期“双加”工程和一批产品结构调整技改专项及国债贴息重点技改项目共 51 个，总投资额约 200 亿元，预计可新增纸及纸板能力 355 万 t。“九五”可完成 20 项，总投资额约 85 亿元。

（2）利用外资成效显著。“九五”外资项目进展较快，已竣工投产的主要大型合资项目有：宁波中华纸业公司 35 万 t/年涂布白纸板，江苏亚太纸业公司 35 万 t/年高级文化纸，上海韩松潜力纸业有限公司 12 万 t/年胶印新闻纸，镇江金东纸业公司 70 万 t/年高级文化用纸（一期工程），广东东莞九龙纸业公司年产 20 万 t 牛皮箱纸板和牛卡纸等，以上几个项目总投资额约 200 亿元。1999 年造纸行业实收资本中，外商及港台资本占 32%。

（三）结构调整初见成效

1. 原料结构　纤维原料结构有所改善，“九五”期间，年耗纸浆总量中，木浆比重由 12.5% 提高到 17.9%，废纸浆比重由 37.2% 提至 40.9%，而非木浆比重由 50.3% 降至 41.2%。浙江、广东等省，原料结构调整力度较大，废纸浆分别占本省总耗浆量的 77% 和 56%。

2. 产品结构　通过调整，产品开始转向适应消费需求，由数量型向质量型转变。淘汰了部分低档书刊纸、书写纸、包装纸及纸板，开发出胶印新闻纸、彩印书刊纸、胶版印刷纸、高级文化用纸、中高档生活用纸、牛皮卡纸和牛皮箱纸板、涂布纸及纸板、白卡纸等市场急需产品。产品质量有很大提高，优等品率 30% 以上，中高档产品比重由 30% 增至 40%。

3. 企业结构　主要表现在以下四个方面：

第一，企业规模结构得到调整，大型规模企业数量有所增加，生产集中度有一定提高。年产 10 万 t 以上企业，2000 年达 44 家，比 1995 年增加 30 家。最大规模制浆造纸企业，1995 年为 24 万 t/年，目前为 70 万 t/年。

第二，企业组织结构得到调整和优化。通过政策倾斜和优势企业的扩张，以资本运营为主要方式进行扩大再生产，促进生产要素向优势企业流动，企业规模得到不断扩大。尤其是跨省市建立的大型纸业集团公司，如山东晨鸣纸业集团股份有限公司、广东维达纸业公司等。

第三，所有制结构在改革中不断完善，初步形成各种经济成分共存、互补的格局。1999 年全部国有及规模以上非国有工业制浆造纸企业产值中，国有企业占 29.8%，“三资”企业占 27.7%，集体及其他经济类型企业占 42.5%。

第四，企业股份制改造取得进展。近年来，已有相当一批重点制浆造纸企业进行了股份制改造。目前在深、沪两地上市的造纸企业有 16 家，约占轻工上市公司的 20%，资产总规模 130 亿元。

4. 技术结构　通过调整，淘汰了一批工艺技术落后、装备陈旧的生产线和机台，新增一批具有国际或国内先进水平的技术、装备和生产线，加速了造纸工业技术进步，使造纸工业整体技术装备水平有很大提高。如南平纸厂新上新闻纸机，幅宽 5.5m，车速 1 800m/min；山东晨鸣纸业集团股份有限公司新上高级文化纸机，幅宽 4.55m，车速 1 100m/min；红塔仁恒纸制品公司新上纸板机，幅宽 4.8m，车速 600m/min；镇江金东纸业公司新上 2 台高级纸文化纸机，幅宽 9.7m，车速 1 500m/min；广东维达纸业新上卫生纸机，车速 2 200m/min 等，其技术装备水平达到国际一流水平。青州纸厂、南宁纸厂等制浆生产线也在国际先进水平之列。

国产麦草浆连续蒸煮技术装备及碱回收设备成功的运用，推动了麦草制浆及环保技术的进步。

企业重视科技进步和质量管理。据不完全统计，1996—1999 年，33 项造纸科研成果获中国轻工业科技进步奖，66 家企业通过 ISO9002 质量体系认证。

5. 区域布局发生了新变化　总体上讲，东部地区发展较快，中、西部地区发展相对较慢。东部地区已成为外商关注的投资热点区域。如在上海、江苏、浙江、广东、山东等省市已建成一些大型造纸项目，这对改变这些省市的造纸工业结构，乃至对全国造纸工业都将产生深远的影响。

6. 重视环境保护，污染防治工作有一定进展 1996—1998 年，全国取缔和关停小制浆造纸企业 5 911余家，大大减少了污染源。

企业加大了环保投资力度,使环境工程与技术改造、基本建设项目同步。项目单位通过实施清洁生产，达到了增产不增污或以新带老,实现了减污目标。

根据国家环境统计公报数据折算，1999 年与 1996 年比较，平均每个企业年排出 COD 量减少 61%。

近两年，麦草浆碱回收技术与装备有突破性进步，国内可提供成套的设计与装备，现有 18 家草浆碱回收企业坚持生产。

（四）存在问题

造纸产业的结构性矛盾比较突出。总的表现为：产品有效供给与需求失衡，产品品种、质量、档次难以满足纸业市场需求快速增长与品种多样化要求。1995—1999 年纸及纸板生产量年均增长 4.8%，消费量年均增长 7.4%，进口量年均增长 21.1%，国产纸自给率由 89% 降到 82%。目前存在着木浆比重低，企业规模小，中高档纸生产能力不足的三个结构不合理的突出问题，以及污染治理负担重和建设资金不足的两个难点问题。

1. 木浆比重低，进口量大，原料结构不合理 我国造纸企业大都以麦草和废纸为主要原料，以木材、芦苇（芒秆）、竹、蔗渣等纤维原料造纸的企业不足 200 家。在国产纸浆中木浆比重不足 10%，非木浆比重 47%，废纸浆比重 40%，其他纸浆 3%。现有木浆比重与国际上现代造纸工业采用 90% 以上木浆造纸相比，显然不尽合理。为了弥补木浆原料严重不足，每年需进口木浆和废纸，1999 年进口木浆 310 万 t，废纸 252 万 t。

2. 企业数量多，规模小，企业规模结构不合理 目前，全国造纸企业约有 5 000 家，企业平均规模年产约 6 500t。与世界造纸企业平均年产 4 万 t 规模相差甚大。

3. 品种不够齐全，档次低，产品结构不合理 目前，我国纸及纸板产品品种较少，只有 600 多种，是发达国家可生产纸种的一半。产品技术含量较低，质量较差，其中，低档产品占 60%，中档产品占 20%，高档产品占 20%。随着相关行业技术进步和产品更新换代，现有产品结构，已不适应纸张消费市场的变化，形成结构性的供求矛盾，加剧了对进口纸及纸板的依赖性。以木质纤维为原料的高档纸及纸板进口量逐年递增，进口份额较大的主要有牛皮卡及牛皮箱纸板，高强瓦楞原纸，涂布白纸板和铜版纸等四类产品，其比重占进口总量的 60%～70%，其中铜版纸进口量大于国内同类产品产量。

4. 环境污染大，治理负担重 根据 1999 年环境统计公报，县及县以上造纸及纸制品工业废水排放 30 亿 t，占全国工业总排放量 15.6%；其中达标排放量 11.2 亿 t，仅占总排放量的 37.3%。排放废水中化学耗氧量（COD）295.9 万 t，约占全国工业总排放量 43.5%。可见我国造纸工业现有污染问题尤为突出，治理任务相当繁重。

5. 建设资金严重不足 现代造纸工业建设规模大、起点高，百元产值占用固定资产相当石油、化工、冶金等工业。每万吨纸浆投资约 1.2 亿～2.0 亿元资金，每万吨纸及纸板投资约 1.0 亿～1.2 亿元资金。目前造纸企业自有资金不足，筹资能力差，融资渠道单一，搞更新改造或扩建项目十分困难。以“九五”列入国家“双加”工程等技改项目为例，因资金短缺，只完成 20 项，项目个数与投资额分别完成其总数的 39% 和 42.5%。其他项目因资金不落实，均延期实施。

（五）问题和差距的成因分析

我国造纸工业存在的问题和差距成因是多方面的，突出有两个长期未得到解决的问题，第一个是制约行业发展的根本性问题，即纤维原料结构不合理问题，这属于资源问题；第二个是建设资金筹措困难问题，这属于资本问题。资源和资本竞争力都弱，是与国际纸业差距大的主要成因。

二、国内外市场预测及行业发展趋势

（一）国际市场分析预测

1. 世界纸浆

（1）世界纸浆的生产量与消费量呈增长趋势。生产量：1996—1999 年，年均增长 166 万 t，年均增长率 0.94%；1999 年生产量为 17 913 万 t，比 1996 年增加 497 万 t。

消费量：1996—1999 年，年均增长 216 万 t，年均增长率 1.23%；1999 年消费量为 18 007 万 t，比 1996 年增加 648 万 t。

（2）世界纸浆产量区域分布。北美约占 47%，欧洲约占 23.5%，亚洲占 20.5%，拉丁美洲 6%，非洲占 1.7%，大洋洲占 1.3%。

（3）纸浆品种。化学浆产量占 70%，机械浆占 20%，其他浆 10%。

（4）纸浆纤维原料组成。木材 54%，回收纤维(木质)35%，非木纤维 6%，矿物质等非纤维成分 5%。

（5）世界纸浆贸易现状。目前，世界生产纸浆中有3/4以上是自产自用，商品纸浆不足1/4。世界商品浆贸易量约4 000万t，净出口国为数不多，大部分是有出有进。出口量最多的是加拿大，约占商品纸浆总量1/4。

(6) 世界纸浆未来需求预测。世界纸浆在未来5年，总需求量年均增长率预测为2.5%。预计2000年达19 190万t，2005年达21 712万t。其中化学商品纸浆需求量年均增长率为3%，2000年4 251万t，2005年4 928万t。市场需求商品纸浆主要品种：漂白与未漂白针叶木浆、漂白阔叶木浆、化机浆、废纸浆等，其中漂白阔叶木浆和废纸浆、化机浆的需求量将有较大幅度增长。国际市场商品木浆主要增产地区是南美和亚洲。

2. 世界废纸　废纸作为国际贸易大宗商品只有10～20年历史，资源主要在高消费区的北美和欧洲。废纸除在北美和欧洲内部贸易外，主要由北美和欧洲流向亚洲。世界废纸出口贸易量约1 600万t，其中美国出口量最大，约750万t。预计21世纪初这种废纸流向仍将维持相当时期。但随着环保和资源意识的提高，各国将会加强利用本国废纸的力度，可供国际贸易的废纸量及供求关系可能会有改变。

3. 世界纸及纸板

(1) 世界纸及纸板生产与消费量呈增长趋势。

生产量：1996—1999年，年均增长1 124万t，年均增长率3.8%；1999年产量31 571万t，比1996年增加3 374万t。

消费量：1996—1999年，年均增长1 166万t，年均增长率4.0%；1999年消费量31 439万t，比1996年增加3 499万t。

人均消费量：1999年为52.6kg/(年·人)，比1990年提高1.18倍，年均递增1.9%；1999年美国纸及纸板生产量8 806万t，消费量9 465万t，人均消费量347kg/(年·人)，均居世界首位。

(2) 世界纸及纸板贸易。世界纸及纸板贸易量约占世界总贸易量的2%。近几年世界纸及纸板进出口贸易总量为1.2亿～1.3亿t，纸及纸板贸易多数国家有出有进，出口大于进口的有加拿大、瑞典、芬兰等国，纸及纸板产量前三位的美国、日本和中国，其进口量均大于出口量。

世界纸及纸板的消费，主要分五大类：新闻纸(12.7%)，印刷书写用纸（29.4%），卫生纸(5.2%)，纸板（42.3%)，包装纸及其他（10.4%)。在国际贸易中主要有六大纸种：①新闻纸；②涂布含机浆纸；③非涂布含机浆纸；④涂布化浆纸；⑤非涂布化浆纸；⑥牛皮箱纸板。

(3) 世界纸及纸板未来需求预测。对未来5年世界纸及纸板消费量预测，年均增长率为2.5 3%。2000年达3.17亿～3.19亿t；2005年达3.58亿～3.67亿t。国际市场需求增长较快的主要品种有印刷书写纸、新闻纸及箱纸板等。

	2000年（万t）	2005年（万t）	年均递增率
印刷书写纸	9 552	11 074	3%
新闻纸	3 820	4 322	2.5%
箱纸板	6 004	6 961	3%

(4) 中国纸张贸易前景。我国纸浆、纸及纸板的国际贸易以进口为主，并呈逐年递增势态。出口量虽小，只有几十万吨，但也在逐年增加。基于我国现有产品结构和森林资源匮乏的现状，预计今后较长时期内，纸浆、废纸、纸及纸板仍将是进口量大于出口量。由于国内企业的产品竞争力逐步提高，预计出口量会有进一步增加。

（二）国内纸张市场分析预测

1. 国内消费结构变化趋势　我国纸张市场需求量呈快速增长趋势。纸及纸板消费结构正从中低档向中高档转变，现有以中低档产品为主的供给结构正受到严峻挑战，已满足不了新闻、出版、印刷、包装等行业的技术进步和现代化进程所需产品的要求。另外，经济的发展和人民生活水平的提高，对纸张形成新的需求，现有办公用纸、信息用纸及生活用纸的品种档次和质量，均不适应迅速发展的消费要求。需开发花色品种和优质适销实用的高、新、特色产品。随着世界经济一体化进程的加快，国内纸业市场将进一步国际化，纸和纸板产品消费结构将逐步和国际市场接轨并发生深刻变化，中高档纸品需求会扩大，低档纸品需求将萎缩，市场消费结构将形成多层次，品种多样化，质量高档化，售价合理化的新格局。

纸及纸板消费量

单位：万t

1990年	1995年	1999年	1990—1999年年均递增率%
1 443	2 650	3 525	10.4

纸及纸板消费中几个主要品种

单位：万t

品　种	1990年	1995年	1999年	1990—1999年平均递增率（%）
涂布白纸板	10.6	97.8	246	41.8
高强瓦楞纸	24.0	116.0	250	29.7
牛皮箱纸板	63.3	165.0	279	17.9
铜版纸	27.4	67.5	133	19.2
生活用纸	67.9	206.1	246	15.4

2. 入世影响　加入WTO，对造纸行业的影响是机遇、挑战并存。一方面由于受全球经济一体化和国际产业结构调整进程加快的影响，世界造纸工业国际化的格局初步形成。国内市场的发展潜力，将会吸引国际资本和先进技术向中国转移，有利于产业结构的优化与升级。另一方面，由于中国现有造纸产业基础比较薄弱，缺乏市场竞争力，将对我国造纸行业产生短期震动和长期影响。“入世”后纸张关税削减幅度由1998年年均关税20%左右，逐步降至平均关税5%～6%，进口纸将会增加，这对我国纸张市场和缺乏竞争力的生产企业会造成较大冲击。从发展角度看，今后竞争的焦点主要集中在资本、资源、人才、技术、质量、价格及营销服务等方面，这对现有国内造纸企业提出了严峻挑战，并带来相当大压力。

3. 主要产品市场需求预测　根据新闻、出版、印刷、包装等相关部门对纸及纸板需求趋势分析，对2005年国内纸及纸板市场消费总量预测如下：

(1) 纸和纸板消费总量预测：2005年纸及纸板消费总量5 000万t，比2000年预计3 600万t增加1 400万t，年均增长率6.8%，人均消费达38kg。

(2) 主要产品需求量预测：

单位：万t

序号	品　种	2000年	2005年
1	新闻纸	165	240
2	印刷书写纸	860	1 140
	其中：书刊印刷纸	330	480
	书写纸	133	180
	涂布纸	200	320
3	生活用纸	260	320
4	包装用纸	460	530
5	白纸板	385	530
	其中：涂布白纸板	285	340
6	箱纸板	530	780
	其中：牛皮箱纸板	285	420
7	瓦楞原纸	700	930
	其中：高强瓦楞原纸	260	480
8	特种纸及纸板	80	180

4. 行业发展趋势

(1) 国际造纸工业发展趋势。国际造纸工业面临纸张市场日趋全球化及各国对生态环境质量要求越来越高的形势，采取了相应对策。以可再生的低成本林木及废纸为主要原料制浆造纸，加速技术进步，降低消耗，实施清洁生产，加速企业间联合兼并，加强市场竞争与控制能力，改追求产量变重视效益，使当今世界造纸工业正朝着高速、高效、高质量、低消耗、连续化、自动化作业并与环境相协调的现代化大工业方向发展。

(2) 生产技术。制浆方面，化学制浆向深度脱木素蒸煮工艺，氧脱木素、无元素氯和全无氯漂白方向发展。如低能耗冷喷放间歇蒸煮（RDH）、超级间歇蒸煮（Super Batch）、改良型连续蒸煮（MCC）、延伸改良型连续蒸煮（EMCC）、“低固形物”和“等温”连续蒸煮、无元素氯漂白（ECF）和全无氯漂白（TCF）等新工艺技术。高得率制浆技术也是今后开发的方向，如预热木片磨木浆（TMP）、化学机械浆（CMP）、预热木片化机浆（CTMP）、碱性过氧化氢化学机械浆（APMP）等。

造纸方面，纸板机向宽幅、高速、高效、低能耗和提高单机能力的方向发展，同时开发纸表面处理新技术。如新闻纸机幅宽10m左右，车速1 800～2 000m/min；文化纸机幅宽10m左右，车速1 500～1 800m/min；薄页纸机幅宽4m以上，车速2 000～2 500m/min；纸板机幅度6m以上，车速1 000m/min。

(3) 生产消耗。世界造纸最先进消耗水平吨浆纸的综合能耗0.85t标煤（我国1.55～1.7t标煤）；吨浆纸综合水耗，世界最先进水平35m^3，其中吨纸水耗10 m^3（我国浆纸综合水耗约300 m^3，其中吨纸水耗100 m^3）。

(4) 生产规模与企业组织。生产规模加速向大型化发展，企业组织向国际性大型集团发展，是世界制浆造纸企业今后发展趋势。1997年全球超过500万t生产能力的纸业公司有10家，100万t的有54家，前150家大公司产量占总产量69%。目前世界最大制浆造纸企业，销售额为240亿美元，是我国现有全部造纸企业销售总额2.4倍，可见世界制浆造纸的集中度越来越高。

1998年世界浆厂（中国大陆除外），平均规模21万t；纸厂平均规模约8万t；北美浆厂平均规模38万t，亚洲（日本、印度尼西亚、韩国）33万t，西欧20万t；北美纸厂平均规模18万t，西欧、亚洲（印度尼西亚、韩国、日本）均为8万t。

5. 国内造纸工业发展趋势

(1) 国内造纸行业发展趋势及技术发展方向。实现经济增长方式和经济体制的根本转变，加速实现产业现代化是我国造纸工业新世纪发展战略的基本任务。随着行业进入资本、技术、规模、品牌等全面竞争阶段，造纸产业的现有规模，素质、结构必将逐步升级。技术发展将是引进与开发并举，重点在原料、产品、环保、节能降耗、清洁生产等方面的适用技术。

(2) 相关行业发展对造纸工业的影响。制浆造纸工业是关联效应比较显著的一个产业，其中农林、机械、印刷出版、化工、电子等行业的发展对造纸工业影响至关重要。

①农林。农林业提供造纸原料。优质低成本原料是造纸工业发展的基础，尤其是林苇基地的建设是造纸工业持续发展的关键。

②机械。国内造纸机械与国外有相当大的差距，制约了国内造纸工业的发展，尤其是大型专业设备及配套微电子控制装置一直由国外引进。在市场对纸业技术装备水平和投资成本提出更高要求的情况下，需要加快改变国内造纸机械行业落后状况，在引进技术的基础上，消化吸收和开发经济实用的大型先进造纸装备，以适应造纸工业发展。

③包装。随着产品更新换代节奏加快，商品包装向精美装潢和高档包装方向发展，以纸代木、以纸代铁和以纸代塑等绿色包装成为发展趋势。纸包装产品重点发展彩面纸盒，折叠纸盒、纸杯、纸餐具、纸袋和高强纸箱等，相应要求包装纸及纸板的品种、档次、质量均要适应纸包装的发展。今后5年，预测全国包装工业总产值将以10%以上速度增长。纸品包装产量比重仍将占50%以上，有广阔市场。

④印刷出版。近年来，我国印刷业普遍引进国外先进技术装备，整个行业面貌一新。高速轮转技术普遍采用，特别是多色胶印技术的发展，给作为基材的纸张供给结构及质量提出更新更高的要求。特别是对适合彩印的纸张品种质量档次要求越来越高，今后5年预测图书增长7%以上，报纸增长8%以上。印刷出版业的技术进步，将促进纸业产品结构的调整与升级。

⑤化工。化学助剂的使用对纸张品种、质量、档次和降低成本有着重要作用，但目前国内供应的品种、质量远不能满足纸业发展的需求。化工部门需要开发经济适用助剂产品，替代进口。

三、行业发展的指导思想、基本原则及目标

（一）指导思想和基本原则

1．指导思想　进一步贯彻落实《国民经济和社会发展第十个五年计划纲要》的精神，以市场需求为导向，以结构调整为主线，以科技进步为动力，以经济效益为中心，结合造纸工业实际，突出重点，加大结构调整力度，注重提高增长的质量和科技进步水平，提高行业整体素质和竞争能力。针对产品有效供给与需求失衡的矛盾，应努力提高产品质量和档次，增加新品种，节能降耗，治理污染，提高市场有效供给水平，实现造纸行业可持续发展。

2．基本原则

(1) 坚持充分利用国内外两种资源、两个市场原则。推动我国林纸一体化发展和优质造纸速生林基地的建设，同时提高废纸利用比例。

(2) 坚持深化改革，调整优化企业组织结构原则。实施大型企业集团战略，提高制浆造纸的大企业和企业集团的国际竞争力。

(3) 坚持技术进步和产业升级原则。加强技术创新，加快技术改造步伐，提高造纸行业经济增长中的科技含量，促进重点企业、重点产品接近或达到国际先进水平。

(4) 坚持对外开放原则。加大利用外资力度，发展开放型造纸工业，加快与国际纸业接轨。

(5) 坚持工业环境保护，资源节约及综合利用，实现可持续发展的原则。

（二）发展目标

到“十五”末，使造纸工业现有规模小、技术落后、污染严重的状况得到较大改善，促进原料结构和产品结构趋于合理，推进重点企业实现大型化和生产现代化，使环境污染基本得到控制。造纸工业整体素质得到较大提高，基本实现制浆造纸生产技术现代化和行业可持续发展。造纸工业“十五”发展目标如下：

1．生产水平和发展速度　2005年机制纸及纸板产量3 920万t，比2000年的3 000万t增长27%～33%，年平均递增速度4.8%～5.9%，人均消费水平34～38kg。工业总产值（1990年不变价）1 250亿元，比2000年预计860亿元年均递增7.8%。工业增加值达335亿元，比2000年预计230亿元年均递增7.8%。

2．主要产品产量、品种及质量

(1) 主要产品产量　　单位：万t

序号	品　种	2000年预计	2005年
1	新闻纸	145	230
2	印刷书写纸	760	1 000
	其中：书刊印刷纸	290	360
	书写纸	140	180
	涂布纸	102	240
3	生活用纸	250	320
4	包装用纸	420	460
5	白纸板	250	400
	其中：涂布白纸板	200	280
6	箱纸板	370	640
	其中：牛皮箱纸板	160	300
7	瓦楞原纸	550	720
	其中：高强瓦楞原纸	150	320
8	特种纸及纸板	60	150

(2) 产品品种：重点发展市场缺口较大的产品，“十五”期间开发新品种、新产品120～150个，使全国纸及纸板品种达750个左右。

(3) 产品质量：重点发展中、高档次产品及名牌产品。

	2000年	2005年
中高档产品	40%	60%
低档产品	60%	40%

3. 纤维原料　逐步实现以木浆为主，扩大废纸回收利用，合理使用非木原料，较好地解决纤维原料供给问题。

	2000年	2005年
木浆比重（含进口木浆）(%)	16	20
废纸浆比重（%）	41	45
非木浆比重（%）	43	35

4. 技术创新

(1) 提高国产制浆造纸设备、自动控制系统生产技术水平，降低能耗、水耗，缩小与国外先进水平差距。

(2) 加快科技成果与高新技术产业化，实现产品的高质量和高附加值，使产业和产品的国际竞争力有较明显的提高。

(3)“十五”完成重点科研项目50个，技术装备达国际先进水平的企业由2000年的10%达到2005年的15%～20%。

5. 企业结构　生产规模向大型化发展，大型企业向集团化发展，中小企业向特色化发展，逐步形成多种所有制经济类型企业共同发展的格局。年产10万t以上制浆造纸企业，2005年达到60个（其中30万t以上20个，100万t以上3个）。

6. 区域结构　根据市场、资源等综合条件布局，形成符合地区比较优势、合理分工协作的造纸区域结构。

7. 经济效益　2005年利税160亿元，其中利润60亿元，重点企业全员劳动生产率80 000元/（人·年）。出口创汇12亿美元，比2000年年均递增15%。

8. 环境保护　2005年全国造纸工业环境污染问题基本得到控制。

四、行业调整与发展重点、主要措施与政策建议

（一）行业调整与发展重点

造纸工业今后调整与发展的重点是：立足改革、突出三个重点（重点产品、重点企业、重点地区），抓好六个调整（原料、产品、企业、技术、区域、投资），强化一个环境治理，实现既定目标。

（二）主要措施

1. 调整原料结构，逐步实现以木材纤维为主，扩大废纸回收利用，合理使用非木纤维

(1) 木材纤维。解决好木材纤维来源问题是实现原料结构调整的关键。我国森林资源匮乏，造纸工业发展所需木材原料要靠国内、国外两个资源解决。

国内来源主要采取四条措施：一是积极贯彻落实国家计委、财政部、国家林业局颁发的《关于加快造纸工业原料林基地建设的若干意见》，实施林、浆、纸一体化发展木浆造纸，大力发展人工速生造纸工业林基地（南方松、桉树、杨树等树种），逐步实现大型制浆造纸企业60%用材供应基地化。重点建设项目：湛江、海南及重点企业技术改造项目等；二是从开源和节流两方面入手，调整现有木材资源的消费结构，采取减少农民自用材和烧材，并提高商品材出材率等措施，适当增加造纸用材量；三是充分利用林区采伐加工剩余物，次、小、薪材和中幼林抚育间伐材，大力发展木片制浆；四是加强纸厂现有自营林地管理。总面积46.7万hm^2，约40%的基地林逐步进入间伐或主伐期，可作为企业原料来源的补充。据林业部门预测，采取多渠道供应，2005年可能提供造纸材3 800万m^3。

国外来源主要采取三条措施。一是充分利用国外木材与木浆资源，鼓励外商和有条件的国内企业在境内外合资或合作建设大型木浆造纸厂，重点项目有马来西亚浆厂、宁波、镇江纸及纸板项目等；二是鼓励进口原木、木片、木浆、废纸，并保持纸和纸板的适当进口量，弥补我国木材资源短缺和木浆生产能力的严重不足；三是要选择有条件的国家与地区，由我国投资在国外租地造林，建设速生造纸用材林基地。

通过以上措施，木浆比重2005年提高到20%以上（含进口木浆）。

(2) 废纸。充分利用废纸资源是调整造纸原料结构的重点措施。在扩大利用进口废纸的同时，更应该加强国内废纸的回收和利用，尽快建立国内废纸回收和供应的市场体系。规划在山东、广东、福建、江苏、天津等地沿海港口地区建设废纸分选基地和大型废纸浆厂，为纸厂提供商品废纸浆200万t。对某些纸张与纸板品种，从立法上应规定掺用废纸浆比例。废纸浆比重：2005年提高到45%（其中进口废纸浆10%）。

(3) 非木纤维。合理利用非木纤维资源，加快调整草浆结构，是调整我国造纸原料结构的重要组成部分。鼓励发展芦苇、竹和甘蔗渣制浆造纸，合理利用

麦草发展高得率纸浆，对麻类加强研究，适度发展。主要措施：一是扩大基地供材量，特别是芦苇基地建设，“十五”应给予高度重视。芦苇基地应以改造低产田为主，科学育苇，提高单产，同时适当扩大长苇面积。2005 年计划芦苇基地长苇面积达 56.67 万 hm^2，比 2000 年预计增加 6.67 万 hm^2，提供造纸用苇 300 万 t。在发展芦苇基地的同时，规划在芦苇资源比较丰富的湖南、湖北、江苏、新疆、吉林、内蒙古等地发展大型芦苇制浆造纸企业，支持苇浆造纸发展；二是在广西等地发展甘蔗渣制浆造纸；三是合理利用草类资源，加快调整草浆结构，实施规模经营，清洁生产的措施。规划对山东、河南、河北、安徽、江苏等麦草资源丰富地区的现有重点骨干企业，进行结构性的投资改造，使这些企业上规模，技术装备上水平，产品上档次，提高经济效益，提高竞争能力，实现可持续发展。非木浆比重，2005 年降至 35%。

通过提高国产木浆比重，增加进口木浆木材，进口废纸及进口纸及纸板，使木纤维纸及纸板占纸及纸板总消费量的比重提高，2000 年为 36%，2005 年达 44%。

2. 调整产品结构，增加市场有效供给，适应多元化消费结构需求 纸及纸板产品应向薄型化、上质量、上档次、多品种方面发展，大宗产品要突出提高质量和档次，加速产品升级换代，如印刷书写纸、包装纸板、生活用纸等几大类产品；特色产品要注重增加新品种和新产品。

一是发展高档新闻纸、胶印书刊纸、信息用纸、办公用纸、食品医疗用纸、商品包装装潢用纸和纸板、涂布纸和纸板及中高档生活用纸等短线产品；加快低档印刷书写纸、包装纸及纸板等产品升级换代；提高各类加工原纸质量，实现与重点加工纸厂协调配套，大力开发特种用纸和工业加工纸，如柔性包装纸、复合纸、汽车滤纸、装饰涂布纸、喷墨纸、干法系列纸等新品种；限制质量低劣、市场滞销产品发展。

二是依靠科技进步，立足现有企业的改造，对重点产品加大投资力度，大幅度提高重点产品的生产集中度，提高产品技术含量，增强优势企业竞争能力。

三是淘汰落后生产工艺与设备，减少低档产品生产能力。

四是加大利用外资力度，鼓励外商在境内合资、合作建设纸厂，生产替代进口的纸及纸板产品。

五是搞好重点企业和重点产品的技术改造及重点新建项目。主要包括国家财政贴息重点技术改造项目、“双高一优”专项、清洁生产专项和列入“十五”计划的林纸一体化项目，外资项目及其他重点技改和基建项目。主要项目有：广州、南平、齐齐哈尔、江西、吉林、石岘、宜宾、鸭绿江、上海韩松潜力等造纸企业的新闻纸技改和扩建项目；湖南岳阳、山东华泰、山东泰山、晨鸣汉阳、山东晨鸣、河南银鸽、山东高唐、辽宁金城等造纸企业的文化用纸技术改造项目；宁波、镇江、山东太阳、安徽马鞍山、河北冀腾、山东临清、上海开伦、陕西百特等造纸企业的包装纸板项目；浙江民丰、广东华新、江苏新忻等造纸企业的特种纸项目。通过调整产品结构形成一批具有参与国内、国际市场竞争水平的产品。

3. 调整企业结构，实现大型企业集团化，中小型企业特色化，企业经济类型多元化，使企业组织结构和规模结构逐步趋于合理

(1) 深化改革，搞活企业。一是认真落实《中共中央关于国有企业改革和发展若干重大问题的决定》，按照《国有大中型企业建立现代企业制度和加强管理基本规范》，加快国有造纸企业的体制改革、机制转换、结构调整，加强企业管理，促进企业管理信息化建设。要以企业为主体，提高核心竞争力为目标，大力扶持培育一批拥有自主知识产权、主业突出、核心能力强的大型造纸企业和企业集团；放开搞活国有中小造纸企业，对现有这类企业，主要通过调整、改组和改造，特别对污染环境、浪费资源的企业依法关闭等措施，使一批中小造纸企业发挥各自优势，以多品种、特色产品充实市场，拓宽生存与发展空间。二是积极发展“三资”制浆造纸企业。三是鼓励股份制企业、集体及民营非公有制经济发展，逐步建立各种所有制经济形式与经营方式共同发展的格局，从总体上搞活造纸企业。

(2) 实施纸业规模经济政策。重点提高单机和单条生产线的规模。企业最小规模：木浆纸厂年产 10 万 t；草浆纸厂年产 3.4 万～5 万 t；特种纸及纸板厂年产 0.5 万～1 万 t。化学木浆：新建、扩建制浆生产线规模年产 30 万 t，老企业制浆系统技术改造年产 10 万 t；化机浆新建生产线年产 10 万 t，老企业制浆系统技术改造年产 5 万 t。非木浆：芦苇、蔗渣、竹等原料化学浆，改扩建制浆生产线规模 5 万 t；麦草化学浆：改扩建制浆生产线规模 3.4 万 t。初步规划：至 2005 年规模 100 万 t 以上企业有镇江金东纸业、宁波中华纸业、山东晨鸣集团公司、华泰集团有限公司等。规模 30 万 t 以上企业有福建南纸股份有限公司、福建青山股份有限公司、黑龙江佳木斯股份有限公司、湖南岳阳纸业集团、延边石岘白麓纸业股份有限公司、河北冀腾纸业、吉林纸业、上海开伦纸板总厂、上海韩松潜力纸业、无锡龙达荣成纸业、苏州紫兴纸业，常熟亚太纸业、马鞍山山鹰纸业、江西纸业

集团、山东华众纸业、山东太阳纸业、山东泉林纸业有限责任公司、山东博汇纸业、红塔仁恒、广州造纸股份有限公司、广东东莞纸业、湖北帅伦纸业集团等。

4. *调整技术结构，加快技术进步与技术创新，推进技术与装备逐步实现现代化* 认真贯彻落实《中共中央、国务院关于加强技术创新、发展高科技、实现产业化的决定》，实施“科教兴纸”战略，促进经济增长方式的转变，推动造纸工业持续、快速、健康发展。

(1) 研究制订造纸工业中长期科技发展规划和造纸工业产业技术政策。

(2) 加大科技投入，集中人力、物力与财力，解决一批对造纸工业发展有重大影响的关键技术与装备现代化问题，提高设备及产品的创新能力。

(3) 强化先进应用技术的开发与推广，促进国内外新技术成果向现实生产力转化。

(4) 有计划、有目的地引进技术与装备，通过消化吸收、专利转让与创新工作，提高国产造纸机械的自主设计与开发能力，促进实现国产化，缩小与国际先进水平的差距。

(5) 加快利用高新技术改造传统造纸产业。一是技术改造项目要体现引进国外先进技术与国内创新技术相结合的原则，采用的技术起点要高，具有前瞻性。通过技术进步，促进新产品开发与老产品更新换代，实现产品高技术含量、高质量、高附加值。二是有条件的企业建立技术开发中心，提高开发创新能力。

(6) 要逐步建立一套有利于人才成长与使用的激励约束机制，促进全行业职工素质的提高；加速培养和造就一批高级技术和管理人才。

(7) 重点开发高强度、高得率、低污染以至无污染的制浆生产技术；造纸方面要重点发展低定量、高质量、低消耗、高效率的生产技术；研究开发新原料、新浆种、各种化学助剂、胶料、填料、涂料的应用、废纸处理、纤维回收、节约用水和防治污染、保护环境的适用技术，以及提高速生林和芦苇质量与产量的无性繁殖，遗传工程技术等。

(8) 节约用水是造纸工业持续发展的战略性问题之一，新建厂必须采用节约用水措施，严格执行产品用水量定额标准，废水排放应达到国家排放标准。老企业要大力推广节水工艺和设备，降低用水量。

5. *调整区域布局，力求资源配置合理化* 根据资源和市场状况，对造纸工业区域布局进行调整。东北地区造纸工业基础较好，以技改和扩建为主，继续发挥其造纸工业老生产基地的作用；南方集体林区包括海南、广东、广西、湖南、湖北、福建、江西、浙江、安徽、江苏等省（区）及云南思茅林区，具有发展速生丰产用材林基地的优势，应将原料优势向产业优势转化，逐步发展成为我国木浆造纸重要生产基地；黄河中下游地区主要包括河南、河北、山东等省，该地区既有丰富的非木材纤维原料，也有发展杨木纸浆造纸的潜力，应支持重点厂的技术改造，调整原料结构和产品结构，扩大杨木、废纸、商品木浆等资源利用；东南部沿海地区在扩大利用商品纸浆和国内外废纸资源，发展深加工及高附加值产品方面占有区位优势，适宜发展大型造纸企业，应该切实做好原料进口与产品出口工作，形成纸产品加工出口重要基地；西北地区，今后随着区域内经济的发展，应因地制宜地适当发展具有一定规模的造纸企业。

在区域调整中，山东、广东、河南、河北、浙江5省近年来纸及纸板产量之和一直占全国纸及纸板总产量的50%以上，属生产大省，对纸张市场供应影响较大。特别是山东、河南、河北造纸原料以非木材为主，对其省造纸工业结构调整应给予高度重视。

6. *加大治污力度，加强环境保护，促进造纸工业可持续发展* 认真贯彻执行《环境保护法》，造纸行业要坚持“综合防治，厂内为主”的方针。制浆造纸工业污染防治总的原则应是从预防、管理和治理三个方面加以控制。一要突出抓好三个重点，即抓全国重点污染源造纸企业环境防治规划的落实；重点解决麦草制浆环境污染治理的难题；重点做好“三河、三湖”和长江、黄河等重点流域造纸企业的污染防治工作。二要认真实施污染治理的技术经济政策。对现有企业进行整顿治理，“关小治大”减少分散的污染源点；对新、改、扩建工程实施清洁生产工艺技术，全过程控制和防治污染，并实行“三同时”建设；三要建立清洁生产示范企业，特别是对麦草制浆及污染治理的经验及时总结和推广。

7. *扩大开放，多渠道筹措建设资金，改善投资结构* 初步预测：“十五”期间，拟新增纸及纸板生产能力1 400万t（含淘汰落后生产能力及环境治理所关停生产能力400万t），新增商品纸浆生产能力150万t，估算需总投资1 600亿元，平均每年需投资约320亿元。

资金来源：①积极合理有效地利用国外资金。一是积极争取外商直接投资；二是积极争取外国政府或银行优惠贷款；三是积极参与国际融资。②开拓国内融资渠道，努力扩大利用民间资本。一是股市集资；二是由国家或银行担保发行企业债券；三是银行贷款；四是依靠企业内部积累和上下游产业直接投资；五是企业重组、兼并，盘活存量资产，增强融资筹资能力，集中资金投入重点项目。

资金投向：“十五”要集中有限资金重点投向有全局性意义的重大项目。基本建设投资重点用于发展商品纸浆、木浆造纸、原料基地及污染治理；技术改造资金重点用于骨干企业挖潜改造，技术创新，调整产品结构，形成合理经济规模及发展深加工。

（三）政策建议

1. 积极研究推进设立造纸工业产业投资基金，为造纸工业的调整和发展开辟重要的融资渠道。其理由，一是由于纸业是资金密集型的产业，目前从国内看，仅靠国家投资和银行贷款难以满足需求不断增长的纸业发展需要；二是由于国内民间资本雄厚，使基金设立成为可能，而设立造纸产业投资基金，可将社会无数零星小额的社会闲资和短期消费资金转化为巨额的中长期建设资金，为纸业发展服务；三是纸业作为国民经济的基础原料工业，总量短缺，产业增长潜力巨大，符合设立基金的基本要求。

2. 各级政府应支持现有造纸企业通过技术改造和跨地区重组，发展一批具有国际竞争力的现代纸业大集团或大公司，鼓励开辟多元化投融资渠道，加大技术改造力度，支持其快速发展。

3. 研究调整进出口政策，支持国内纸业的发展。鉴于国家实施天然林保护工程将减少木材采伐量，制浆造纸用材短缺和价高的矛盾将更加突出，为降低木浆造纸厂生产成本和保证木材供应，建议对企业进口木材、木浆和废纸免征进口环节增值税；同时建议限制国内木材和木片的出口量。

4. 对纸及纸板的外商投资政策作适当调整，建议由限制类改为鼓励类，以吸引外资，加快纸业结构调整。

5. 建议对制浆造纸企业治理污染的环保投资，国家给予政策支持；一是实行专项环保投资；二是对环保项目给予优惠贴息贷款；三是对利用林区废弃物、废纸生产的纸及纸板减免增值税。

6. 鉴于纤维原料问题是制约中国制浆造纸工业可持续发展的根本性问题之一。在加快发展造纸工业原料林基地建设的同时，鼓励扶持芦苇原料基地和竹原料基地的建设，继续支持建立育苇、育竹基金并及时调整育苇费、育竹费提取标准。支持开展“国内废纸回收利用”的专项工作，以利于废纸资源的有效利用。

淀粉行业“十五”规划建议

（中国淀粉工业协会　2002年10月）

淀粉工业是国民经济中重要的产业之一。淀粉及其深加工工业不仅满足日益增长的人民生活的需要，而且对拉动农业和农村经济发展以及帮助农民脱贫致富方面的作用，已经或正在被社会各界和政府所认可，淀粉工业的发展已备受相关行业的重视。

进入21世纪，我国改革开放和社会主义经济建设将步入新的发展阶段，特别是我国已加入世贸组织和开始实施西部大开发的战略措施，为淀粉工业的发展创造了新机遇，同时也提出了新的挑战。制订好淀粉行业“十五”规划建议，对促进和推动农业经济结构的调整以及相关行业的发展有着十分重要的意义。

一、“九五”规划执行情况的回顾

由于农业的连年丰收，淀粉工业有了较充足的原料；改革开放的深化和社会主义市场经济体系的逐步形成也为淀粉工业的发展创造了广阔的空间和条件，淀粉工业在“九五”时期保持了持续、快速、健康的发展势头，可以说是改革开放以来发展比较快的时期，主要成绩表现在：

（一）产品指标完成情况良好

1. 全国总淀粉产量从1995年的260万t发展到1999年的470万t，提前一年超额完成“九五”规划400万t指标，2000年产量达到502万t，五年平均年递增率为14.06%（“九五”规划年递增率为8.36%）

2. 全国淀粉糖（包括山梨醇）总产量从1995年的36.19万t发展到1999年的101.84万t，提前一年超额完成“九五”规划85万t指标，2000年总产量达134.23万t（包括折合50%山梨醇12.25万t），5年平均年递增率为29.93%。

3. 全国变性淀粉总产量从1995年的8.08万t发展到2000年的35万t左右，也完成了“九五”规划30万t的指标。

（二）产品结构调整取得较大进展

深加工产品的品种和产量有较大增长，淀粉糖和变性淀粉两大类深加工产品产量由1995年的44.27万t，发展到2000年的169.23万t，5年平均年递增率为30.76%，2000年深加工产量对淀粉的百分率为33.71%，完成了“九五”规划30%的指标。

（三）经济技术指标不断提高

玉米淀粉收率≥65%的企业由1995年占统计数的8%提高到2000年占统计数的20%，≥67%的生产企业由1995年占统计数的3%提高到2000年占统计数的42%，两类合计由1995年的11%提高到2000年的62%；玉米淀粉总干物收率平均水平由1995年≥93%上升到2000年的97%。

（四）企业向集团化、规模化方向发展

随着市场经济的发展，通过资产重组、联合兼并、合资合作等方式，一些企业组建了有竞争力的企业集团，如莲花味精集团、鲁洲食品集团等。组建集团后，规模扩大了，工厂数虽减少，但产量仍稳步上升。玉米淀粉生产中，2000年年产量10万t以上的13个企业所生产的玉米淀粉，占全国玉米淀粉产量的70%，而“八五”末期仅有3个年产10万t以上的企业，其产量仅占全国玉米淀粉产量的16.5%，特别是淀粉糖工厂也出现了年产10万t以上的大型企业。

（五）产品品种增加，质量逐步提高

为适应市场经济发展的需要，降低市场竞争风险，相当一部分淀粉行业生产企业，改变了原来产品单一的格局，除自行开发研制外，还积极引进大专院校、科研院所的科研成果，如变性淀粉品种由“八五”期间的20～30种，发展到目前的一百多种以上，且做到系列化；质量稳步提高，一些产品出口量增加，如糊精及其他改性淀粉2000年比1995年的出口量增长了3倍多；葡萄糖及葡萄糖浆的出口量2000年比1995年增长了60%以上。

（六）淀粉工业装备的国产化水平明显提高

“八五”期间，国产化设备只能装备年产3万t的玉米淀粉工厂，“九五”期间5万t的分离机投入生产，现在国产化设备已能装备年产10万t的玉米淀粉工厂。且由于设备质量的提高，已有年产万t，甚至10万t的玉米淀粉生产线出口。单台设备如碟片分离机、虹吸式刮刀卸料离心机等出口量逐年增加。全自动结晶葡萄糖分离机近年已被大型葡萄糖厂选用。

（七）与农业的结合有了新的发展

长期以来都是农民种什么工业就用什么，“九五”期间淀粉工业与农业的结合方面有了新的发展，如有的企业与农民签订代种蜡质玉米的合同，用以生产蜡质玉米淀粉，有的企业还成立了农业公司，引进高淀粉含量的玉米或马铃薯、木薯等品种为企业建立优质的原料基地，走农业产业化道路，不断提高经济效益。

（八）环境治理工作大大加强

淀粉行业与其他工业相比污染程度虽然低些，但废水、废渣如果不综合利用和治理，仍然污染环境。“九五”期间企业认识到三废治理的重要性，一批科研院所也行动起来，加强研究，根据各地和不同品种淀粉生产的实际情况，进行废水、废渣的治理工作，根据协会2000年对166个企业的调查统计，经过治理已达标的企业占统计数的55%。

“九五”期间淀粉工业虽然取得可喜的成绩，但总体发展水平仍然偏低，主要问题是：

（1）部分产品规模偏小，综合利用水平不高，以致在原料、能源方面浪费严重。

（2）产品深加工品种虽有增加但升值高的品种不多，且形成规模的不多，经济效益欠佳。有些品种，如变性淀粉批间质量不稳定，也影响了对这些产品的信任度，以致出现宁可出高价进口，也不愿用国内产品。

（3）相当一部分企业现代化管理水平低，技术开发和创新能力不足。

（4）环境问题仍然存在，治理任务还很繁重。

二、淀粉工业面临的新形势和新机遇

（一）面临国民经济和社会发展的新形势

今后5到10年，是我国经济和社会发展的重要时期，也是完善社会主义市场经济体制和扩大对外开放的重要时期，这样的新形势，给淀粉工业的发展提供了更新、更好的宏观环境。

（二）面临农业发展的新形势

改革开放以来，农业持续稳定发展，粮食等产品由长期供不应求转变为由市场调节需求，党的十五届五中全会又进一步明确巩固和加强农业的基础地位，以优化品种、提高质量、增加效益为中心，积极调整种植业作物结构、品种结构和品质结构，发展优质高产高效种植业。可以预见，丰富、质优的农产品资源，为加快淀粉工业的发展提供了可靠的原料保证。

（三）面临高新技术飞速发展的新形势

可以预见，高新技术的发展对淀粉工业将起到积极的推动作用，促使淀粉工业不断创新和加大综合利用广度和深度，节约资源，增加经济效益。

（四）面临加入世贸组织的竞争机遇

中国加入世贸组织后将加大对外开放领域方针和政策，为充分利用国内国外两个市场、两种资源和两个技术来源提供了有利条件，这对淀粉工业发展既是压力更是动力，既要抓住机遇，用好政策，发展中国的淀粉工业，更应充分利用全面开放的政策，学习外国的先进技术及管理经验，加速与国际接轨，从根本上提高淀粉工业的整体水平。

（五）面临西部大开发的机遇

西部大开发战略要求将农产品加工列为发展重点，通过农产品加工，拉长增值链条，带动农业结构的战略性调整，促进淀粉工业及相关产业的发展。

三、"十五"发展的指导思想和主要目标

（一）指导思想

"十五"淀粉工业发展的指导思想是：以邓小平理论为指导，贯彻党的十五大精神。以发展为主题，以结构调整为主线，以科技进步为动力，以满足市场需求，提高人民生活水平为根本出发点。努力提高产品质量和档次，增加新品种，节能降耗，治理污染。向规模结构与布局合理化、资源利用充分化、质量水平国际化、经济效益高效化的目标发展，实现淀粉工业可持续发展。

（二）主要目标

1. 生产规模和增长速度　2000 年全国淀粉总产量达 502 万 t，年人均占有 3.8kg，"十五"规划发展到 700 万 t，年人均占有 5.4kg，年增长率为 6.9%，与"九五"相比有较大提高，具体如下表：

名　称	2000 年（万 t）	2005 年（万 t）	年增速（%）	2015 年（万 t）
总淀粉	**502**	**700**	**6.9**	**1 000**
淀粉糖	118.97	260	16.9	480
其中：结晶葡萄糖	25.91	40	9.1	80
液体葡萄糖	92.05	170	13.1	260
果葡糖浆	1.01	20	81.7	60
山梨醇	18	30	10.8	80
变性淀粉	35	70	14.9	200

2. 淀粉深加工产品　2000 年深加工产品产量对淀粉的加工百分率为 34%；"十五"规划深加工产品产量对淀粉的加工百分率为 42%；2015 年深加工产品产量对淀粉的加工百分率为 60%。

3. 经济效益和技术经济指标　"十五"规划行业利税由 2000 年的 8.4 亿元提高到 10 亿元，其中利税由 4 亿元提高到 5 亿元，企业亏损面由 2000 年的 15%降低到 10%以下。同时全面提高淀粉及其基本深加工产品的技术经济指标，具体如下：

（1）玉米淀粉（干基%）：淀粉收率平均≥67（先进≥ 69，平均≥67，一般≥65）；总产品干物收率平均 93（先进≥99，平均≥93，一般≥90）。

（2）薯类淀粉单耗（商品原料 t/t 淀粉）：木薯淀粉耗干片平均 ≤1.6（先进 ≤1.5，平均≤1.6，一般≤1.7）；耗鲜薯平均≤3.8（先进 ≤3.5，平均≤3.8，一般≤4.3）。

马铃薯淀粉耗鲜薯：平均≤6.5（先进≤6.0，平均≤6.5，一般≤7.0）。

（3）葡萄糖：总糖干物收率（%）平均≥103（先进≥105，平均≥103，一般≥100）。

（4）液体淀粉糖：总糖干物收率（%）平均≥100（先进≥105，平均≥100，一般≥95）。

（5）变性淀粉：价格增值（变性淀粉价格/原淀粉价格）平均 2.0（先进≥4.0，平均≥2.0，一般≥1.5）。

4. 产品主要质量指标达到国际水平　玉米淀粉含蛋白质（干基%）：

平均≤0.4（先进≤0.3，平均≤0.4，一般≤0.5）。

5. 污水处理降低水耗　"十五"规划企业治理合格率 95%以上．降低淀粉水耗，具体如下：

玉米淀粉水耗（水 m^3/t 淀粉）平均≤6.0（先进≤4.0，平均≤6.0，一般≤8.0）。

污水排放（m^3 污水/t 玉米）平均≤5.0（先进≤3.0，平均≤5.0，一般≤8.0）。

薯类淀粉水耗（水 m^3/t 淀粉）平均≤20（先进≤15，平均≤20，一般≤30）。

6. 提高技术装备发展水平和技术创新能力　淀粉和淀粉糖及变性淀粉生产要采用新设备、新技术、新工艺，提高全行业的技术装备和自动化控制水平。注重开发适应淀粉及其深加工产品发展需要的加工设备。

四、"十五"淀粉工业发展的重点

（一）研究开发、引进消化、推广应用节能降耗、清洁生产等共性技术，促进原淀粉生产降低生产成本，提高经济效益。

（二）以信息技术的应用为突破口，实现生产过程的自动化、控制智能化、管理信息化，提高效率，提高产品质量，增强市场竞争力。

（三）加快高新技术的开发，形成一批具有自主知识产权的技术和具有高科技含量、高附加值 、高

商品率的深加工产品。

（四）抓好一批带动产业技术升级的产业化示范工程，如原淀粉生态示范工程、变性淀粉产业化示范基地等。

五、主要措施与建议

（一）加快改革步伐，继续搞好结构调整

根据淀粉行业的特点和发展水平，继续走企业联合、兼并、股份制等形式组成的企业集团，提高企业的竞争力。培育行业名牌产品和龙头企业。

（二）提高管理水平

随着企业规模的扩大，提高管理水平是企业发展的必然趋势。在建立现代企业制度中完善企业技术创新机制，使企业成为技术创新、产品创新和技术投入的主体。企业应通过国际标准质量体系认证，并引进国外的先进管理经验，从而提高生产效率和产品质量。

（三）加强科研和人才培养

大力加强产品开发人员和创新型人才及科技企业家的培养，鼓励生产企业与大专院校，科研院所相结合，积极开发新产品，以满足不同消费群体的需要。10万t级以上的企业应建立自己的科研机构。

（四）加大"三废"治理力度

依据国家环境保护相关政策，加大"三废"治理力度，做到行业发展与环境保护同步，走可持续发展道路。

（五）重视与加强行业管理

充分发挥行业协会的作用，实施"双向"服务。在政府综合经济部门的指导下，搞好协会的各项工作；要研究加入WTO后的利弊关系，提高利用WTO的规则趋利避害的措施意见；要积极引导优势企业参与西部经济大开发；加强调查研究，正确引导行业持续、稳定、健康的发展。

（六）几条建议

1. 淀粉行业基本上属于粮食加工企业，是粮食转化成工业产品的重要手段，并有投资大，利润水平低的特点，国家在政策上给予扶持有利于行业发展和农民增收，因此建议在税收上给予扶持，实现原规定的13%税率。

2. 各类淀粉（除药用玉米淀粉外）和食用玉米淀粉标准均系1988年至1990年间制定的，已不能适应当今有关行业对产品质量的要求，且有的淀粉如甘薯淀粉等至今尚无国家标准，建议修订和尽快制订。

3. 建议国家有关部门，拨给淀粉行业专用科研基金，开发新产品、新品种，提高参与国际竞争的能力。

4. 建议各企业关注各省市对发展经济政策的安排，争取各级政府的政策支持。如国家财政贴息重点技术改造计划，高技术产业化推进项目计划，重大技术装备国产化计划，国家创新基金项目计划和省高新技术产业化引导资金项目计划，技术创新项目计划等。

4 第四部分

国内综合统计资料

国内综合统计资料
简要说明

1. 本部分统计资料主要包括国民经济主要综合指标、农林牧渔业主要产品产量、农产品成本、收益与农村经济效益、农产品加工机械拥有量及农产品加工行业固定资产投资情况、按国民经济行业分类统计有关农产品加工业现状、农产品加工业主要产品产量、农产品加工业主要产品出口创汇情况、农产品加工业部分行业与企业排序，我国西部地区综合统计等9部分统计数据。

2. 香港和澳门特别行政区的统计是构成国家统计总体的一部分，但根据中华人民共和国《香港特别行政区基本法》和《澳门特别行政区基本法》的有关原则，香港、澳门与内地是相对独立的统计区域根据各自不同的统计制度和法律规定，独立进行统计工作。本部分中所涉及的统计数据均未包括香港、澳门特别行政区和台湾省。这三部分相关统计数据，另在本年鉴附录中列出。

3. 本部分统计资料数据，除已注明“资料来源”之外，其余均采用国家统计局公布的数据。

4. 本部分采用的统计数据，基本上以2001年数据为主，为了保持与上卷年鉴提供数据的连续性，有一部分统计数据已在上卷基础上，延续列出。

5. 本部分有关表所示“规模以上非国有企业”是指年产品销售收入500万元以上的非国有企业。

6. 本部分有关表中所示工业产值、工业增加值、工业产品销售产值、利税总额等数据未单独标注者，均按当年价格计算（当年价格既为现行价格)。

7. 本部分统计资料数据所使用的度量单位，均采用国际统一标准计量单位。对有关行业未按国际统一标准计量单位提供的数据，编辑部均按国际统一标准计量单位进行了相应换算。

8. 本部分中同一类、同一行业统计数据，由于管理渠道、统计范围、数据采集方法、时间等略有不同，加之有些行业与相关管理部门交叉较多，因此数据也略有不同。但来自同一系统的数据基本上还是一致的。

9. 本部分统计资料中，依据国家统计局、农业部、国家林业局、中国食品工业协会、中国轻工联合会、中国纺织工业协会等部门、行业提供的相关数据，开辟了“我国西部地区综合统计”专栏，由于时间短促，难免有误，请给予批评指正。

10. 本部分统计资料中符号使用说明：“空格”表示该项统计指标数据不详或无该项数据；“*”或“①”表示本表下有注解。

国民经济主要综合指标统计

表1　人口、产值、工农业产品总产量等国民经济主要指标（2000—2001）

指　　标	单　位	2000	2001	2001年比上年增减（%）
一、人口	万人			
年底总人口		126 583.0	127 627.0	0.82
二、劳动力（年底数）	万人			
从业人员		71 150.0	73 025.0	2.64
职工人数		11 259.0	10 792.0	-4.15
三、国内生产总值（按当年价格计算）	亿元	89 403.0	95 933.3	7.30
四、人均国内生产总值	元	7 078.0	7 543.0	6.57
五、工业总产值（按当年价格计算）	亿元	84 870.6	94 751.8	11.64
六、全社会固定资产投资	亿元	32 619.0	36 898.4	13.12
1. 国有及其他经济固定资产投资		23 284.0	26 400.7	13.39
其中：基本建设投资		13 214.6	14 567.0	10.23
更新改造投资		5 077.4	5 889.2	15.99
2. 集体经济		4 739.0	5 189.5	9.51
3. 个体经济		4 596.0	5 308.1	15.49
4. 其中：机械与轻纺工业基本建设投资		496.5	647.3	30.37
机械与轻纺工业更新改造投资		921.3	1 119.1	21.47
七、国家财政收支	亿元			
1. 国家财政收入		13 380.1	16 371.0	22.35
中央		6 986.1	8 578.0	22.79
地方		6 394.0	7 793.0	21.88
2. 国家财政支出		15 879.4	18 844.0	18.67
中央		5 514.3	5 754.0	4.35
地方		10 365.1	13 090.0	26.29
3. 预算外资金收入		3 826.4		
八、物价总指数（上年=100）	%			
1. 农副产品收购价格指数		96.4	101.20	4.98
2. 商品零售物价指数		98.5	99.20	0.71
3. 居民消费价格指数		100.4	100.70	0.30
九、工资				
1. 职工工资总额	亿元	10 656.2	11 830.9	11.02
2. 职工平均货币工资	元	9 371.0	10 870.0	16.00
十、居民消费水平	元	3 415.0	3 608.0	5.65
农村居民				
城镇居民				

(续)

指标	单位	2000	2001	2001年比上年增减(%)
十一、农业				
1. 农林牧渔业总产值	亿元	24 915.8	26 179.6	5.07
2. 主要农产品产量	万t			
粮食		46 218.0	45 264.0	-2.06
棉花		441.7	532.4	20.54
油料		2 954.8	2 864.8	-3.04
麻类		52.9	68.1	28.73
甘蔗		6 628.0	7 566.0	14.15
甜菜		807.0	1 089.0	34.94
烟叶		255.2	234.9	-7.95
茶叶		68.3	70.2	2.78
水果		6 225.1	6 658.0	6.95
肉类产量		6 124.6	6 333.9	3.42
水产品		4 278.5	4 381.3	2.40
十二、工业				
1. 工业总产值	亿元	84 870.6	94 751.8	11.64
2. 主要工业产品产量				
布	亿m	277.0	290.6	4.91
糖	万t	700.0	619.0	-11.57
原煤	亿t	10.0	11.1	11.00
原油	万t	16 300.0	16 500.0	1.23
发电量	亿kW·h	13 556.0	14 780.0	9.03
钢	万t	12 850.0	15 266.0	18.80
成品钢材	万t	13 146.0	15 745.0	19.77
汽车	万辆	207.0	233.4	12.75
水泥	万t	59 700.0	64 000.0	7.20
3. 全部国有及规模以上非国有工业企业主要经济指标	亿元			
资产总计		123 983.99	134 183.9	8.23
固定资产净值年平均余额		50 354.12	54 288.8	7.81
利润和税金总额		9 236.68	10 086.2	9.20
十三、交通运输	万t			
货运量		1 358 124	1 401 177	3.17
铁路		178 023	192 580	8.18
公路		1 038 813	1 056 312	1.68
水运		122 391	132 675	8.40
管道		18 700.0	19 439.0	3.95
空运		196.7	171.0	-13.07
十四、能源生产与消费	万t标准煤			
能源生产总量		106 988.0	117 000.0	9.36

（续）

指　　标	单 位	2000	2001	2001 年比上年增减（%）
能源消费总量		130 297.0	132 000.0	1.31
十五、国内商业	亿元			
1. 商品购进总额		29 784.1		
2. 商品销售总额		66 359.5	70 052.8	5.57
3. 商品库存总额		3 327.2	4 156.9	24.94
十六、对外经济贸易				
进出口总额	亿元	39 274.2	42 193.3	7.43
	亿美元	4 743.1	5 097.7	7.48
进口额	亿元	18 639.0	20 164.2	8.18
	亿美元	2 251.0	2 436.1	8.22
出口额	亿元	20 635.2	22 029.1	6.75
	亿美元	2 492.1	2 661.6	6.80
十七、教育文化				
1. 在校学生数	亿人	21 961.0	22 023.0	0.28
高等学校		556.1	719.1	29.31
中等专业学校		490.0	458.0	−17.64
普通中学		7 369.0	7 836.0	6.34
小学		13 013.0	12 543.5	−3.61
2. 出版数量				
图书	亿册	63.5	63.4	−0.16
杂志	亿册	28.5	29.0	1.75
报纸	亿份	329.3		

注：表中工业总产值为全部国有及规模以上非国有工业企业的工业总产值。

表 2　各地区耕地面积及占全国的比重　　单位：khm^2、%

地　区	耕　地	比　重
全国合计	**130 039.2**	**100.00**
北　京	343.9	0.26
天　津	485.6	0.37
河　北	6 883.3	5.29
山　西	4 588.6	3.53
内蒙古	8 201.0	6.31
辽　宁	4 174.8	3.21
吉　林	5 578.4	4.29
黑龙江	11 773.0	9.05
上　海	315.1	0.24
江　苏	5 061.7	3.89

（续）

地区	耕地	比重
浙江	2 125.3	1.63
安徽	5 971.7	4.59
福建	1 434.7	1.10
江西	2 993.4	2.30
山东	7 689.3	5.91
河南	8 110.3	6.24
湖北	4 949.5	3.81
湖南	3 953.0	3.04
广东	3 272.2	2.52
广西	4 407.9	3.39
海南	762.1	0.59
重庆		
四川	9 169.1	7.05
贵州	4 903.5	3.77
云南	6 421.6	4.94
西藏	362.6	0.28
陕西	5 140.5	3.95
甘肃	5 024.7	3.86
青海	688.0	0.53
宁夏	1 268.8	0.98
新疆	3 985.7	3.07

资料来源：国土资源部、国家统计局全国农业普查办公室“关于土地利用现状调查主要数据成果的公报”。

表3　各地区农业生产经营单位农业用地面积构成（2000）　单位：%

地区	农业用地	耕地	园地	林地	牧草地	渔业养殖面积
全国总计	**100.00**	**43.18**	**2.33**	**32.25**	**20.64**	**1.59**
北京	100.00	72.25	9.80	15.69	0.13	2.13
天津	100.00	86.01	3.87	1.23	0.15	8.75
河北	100.00	69.89	2.37	21.59	5.26	0.89
山西	100.00	69.40	3.91	25.67	0.78	0.25
内蒙古	100.00	36.46	0.20	22.02	40.66	0.67
辽宁	100.00	55.41	3.91	36.99	0.64	3.05
吉林	100.00	41.79	0.31	54.09	2.10	1.72
黑龙江	100.00	52.20	0.16	41.67	4.59	1.59
上海	100.00	85.65	3.83	1.63	0.01	8.88
江苏	100.00	85.07	3.51	4.18	0.19	7.05
浙江	100.00	30.34	6.78	58.86	0.01	4.01
安徽	100.00	62.25	2.45	31.10	0.11	4.10
福建	100.00	20.41	6.99	70.82	0.03	1.75
江西	100.00	27.25	2.83	67.05	0.11	2.76
山东	100.00	83.43	7.73	6.76	0.21	1.88
河南	100.00	83.72	2.33	12.63	0.11	1.21
湖北	100.00	52.87	2.56	38.70	0.54	5.32

（续）

地　区	农业用地	耕地	园地	林地	牧草地	渔业养殖面积
湖　南	100.00	40.33	2.64	53.41	1.04	2.59
广　东	100.00	27.16	7.70	60.58	0.05	4.51
广　西	100.00	36.92	4.07	54.96	2.81	1.25
海　南	100.00	30.78	5.36	60.56	1.82	1.48
重　庆	100.00	65.83	1.64	29.94	1.30	1.29
四　川	100.00	37.68	1.13	22.83	37.82	0.54
贵　州	100.00	61.33	1.51	35.87	1.18	0.11
云　南	100.00	34.74	2.47	60.61	1.76	0.41
西　藏	100.00	29.05	0.10	8.53	62.32	
陕　西	100.00	45.08	5.29	46.94	2.48	0.21
甘　肃	100.00	39.53	0.76	16.74	42.92	0.05
青　海	100.00	19.56	0.05	13.14	67.23	0.01
宁　夏	100.00	75.10	2.22	11.90	10.18	0.60
新　疆	100.00	11.29	0.39	1.78	86.39	0.15

资料来源：国家统计局农村社会经济调查总队。

表 4　全国主要农作物播种面积（2000—2001）

单位：khm^2

项　目	2000	2001	2001 年比上年增减（%）	项　目	2000	2001	2001 年比上年增减（%）
农作物总播种面积	156 300	155 708	-0.4	胡麻子	498	402	-19.3
一、粮食作物	108 463	106 080	-2.2	向日葵	1 229	1 016	-17.3
（一）谷物	85 264	82 596	-3.1	三、棉花	4 041	4 810	19.0
稻谷	29 962	28 812	-3.8	四、麻类	262	323	23.4
小麦	26 653	24 664	-7.5	黄红麻	50	52	4.0
玉米	23 056	24 282	5.3	苎麻	96	114	19.2
谷子	1 250	1 148	-8.2	大麻	13	12	-6.2
高粱	889	783	-12.0	亚麻	96	141	46.6
其他谷物	3 454	2 907	-15.8	五、糖料	1 514	1 654	9.2
（二）豆类	12 660	13 268	4.8	甘蔗	1 185	1 248	5.3
大豆	9 307	9 482	1.9	甜菜	329	406	23.3
杂豆	3 353	3 786	12.9	六、烟叶	1 437	1 340	-6.9
（三）薯类	10 538	10 217	-3.0	烤烟	1 269	1 181	-6.9
马铃薯	4 723	4 719	-0.1	七、药材	676	827	22.4
二、油料作物	15 400	14 631	-5.0	八、蔬菜、瓜类	17 281	18 607	7.7
花生	4 856	4 991	2.8	蔬菜	15 237	16 403	7.7
油菜籽	7 494	7 095	-5.3	九、其他农作物	7 352	7 436	1.1
芝麻	784	758	-3.4	青饲料	2 142	2 590	20.9

表 5　全国农村劳动力数（2000—2001）

单位：万人

项　目	2000	2001	2001 年比上年增减（%）
一、农村人口数	92 820	93 383	0.61
二、农村劳动力	47 962	48 229	0.56
其中：男劳力	25 518	25 685	0.65
女劳力	22 444	22 544	0.45
1. 农林牧副渔业	32 798	32 451	−1.06
2. 工业	4 109	4 296	4.55
3. 建筑业	2 692	2 797	3.90
4. 交通运输、邮电通讯业	1 171	1 205	2.90
5. 批发零售贸易业、餐饮业及仓储业	1 752	1 864	6.39
6. 其他非农行业	5 442	5 615	3.18

资料来源：《中国统计摘要》2002 年版。

注：1. 本表分行业劳动力是按从事的主行业划分的，如以农业为主，兼营商业的，仍作为农业劳动力。

2. 工业劳动力中包括村及村以下办工业的劳动力。

表 6　全国能源生产总量和构成（1997—2001）

年　份	能源生产总量（万 t 标准煤）	构成（能源生产总量＝100）			
		原煤	原油	天然气	水电
1997	132 410	74.1	17.3	2.1	6.5
1998	124 250	71.9	18.5	2.5	7.1
1999	109 126	68.3	21.0	3.1	7.6
2000	106 988	66.6	21.8	3.4	8.2
2001	117 000	67.7	20.6	3.4	8.3

表 7　全国能源消费总量和构成（1997—2001）

年　份	能源消费总量（万 t 标准煤）	构成（能源消费总量＝100）			
		原煤	原油	天然气	水电
1997	138 173	71.51	20.4	1.7	6.2
1998	132 214	69.6	21.5	2.2	6.7
1999	130 119	68.0	23.2	2.2	6.6
2000	130 297	66.1	24.6	2.5	6.8
2001	132 000	67.0	23.6	2.5	6.9

资料来源：表 6、表 7 数据出自《中国统计摘要》2002 年版。

表 8　全国农村电气化综合情况（2000—2001）

项　目	单　位	2000	2001	2001 年比上年增减（%）
一、发电设备及发电量				
总计：容量	万 kW	4 613.26	4 919.58	6.64
发电量	亿 kW·h	1 541.25	1 671.27	8.44
1. 小水电	座	34 061.00	33 472.00	-1.73
容量	万 kW	2 379.91	2 467.30	3.67
发电量	亿 kW·h	772.36	815.09	5.53
2. 小火电	座	916.00	889.00	-2.95
容量	万 kW	1 626.56	1 751.41	7.68
发电量	亿 kW·h	698.76	758.13	8.50
3. 柴油机发电	座	35 506.00	33 228.00	-6.42
容量	万 kW	573.87	654.75	14.09
发电量	亿 kW·h	66.18	91.36	38.05
4. 风力发电	座	58 250.00	61 922.00	6.30
容量	万 kW	18.56	20.71	11.58
发电量	亿 kW·h	2.21	3.34	51.13
5. 其他	台	21 129.00	18 373.00	-13.04
容量	万 kW	14.37	25.42	76.90
发电量	亿 kW·h	1.74	3.36	93.10
二、供电设备				
1. 高压线路合计	万 kW	318.96	341.11	6.94
110kV		13.04	14.60	11.96
35~63kV		31.27	33.87	8.32
3~10kV		264.65	292.64	10.58
2. 低压线路	万 kW	715.73	775.10	8.30
3. 变电站容量合计	万 kW	29 496.00	33 885.99	14.88
110kV	座	4 017.00	4 461.00	11.05
	台	6 416.00	7 179.00	11.89
	万 kW	17 694.00	20 769.62	17.38
35~63kV	座	16 395.00	17 476.00	6.59
	台	26 865.00	28 031.00	4.34
	万 kW	11 820.00	13 116.37	10.97
4. 配电变压器容量合计	万 kW	34 458.00	35 806.62	3.91
35/0.4kV	台	11 409.00	13 028.00	14.19
	万 kW	1 032.00	1 211.94	17.44
3~10/0.4kV	台	3 231 791.00	3 472 456.00	7.45
	万 kW	33 426.00	34 594.68	3.50
三、用电设备总计	万 kW	36 221.00	41 657.78	15.01
1. 农村用电设备合计	万 kW	21 485.00	24 773.85	15.31
(1) 农林牧渔水利业小计		8 473.00	8 819.49	4.09
排灌		4 312.00	4 421.57	2.54
副业及生产		4 161.00	4 397.93	5.69

（续）

项　目	单　位	2000	2001	2001 年比上年增减（%）
（2）乡镇工业小计		8 453	9 884.52	16.94
其中：村及村以下工业		3 788	4 369.14	15.34
（3）其他用电设备		4 560	6 069.84	33.11
2. 县城用电设备合计		14 736	16 883.93	14.58
县办工业		10 021	10 819.40	7.97
其他		4 716	6 064.54	28.60
四、用电量总计	亿 kW·h	5 668.88	6 258.63	10.40
其中：直供		3 225.63	3 482.75	7.97
趸售		1 849.43	2 094.12	13.23
1. 农村用电量合计		2 921.03	3 205.35	9.73
（1）农林牧渔水利业小计		601.13	600.31	−0.14
排灌		333.98	343.15	2.75
副业及生产		267.15	257.16	−3.74
（2）乡镇企业小计		1 449.07	1 622.07	11.96
其中：村及村以下工业		637.37	696.54	9.28
（3）其他用电量		169.95	225.68	32.79
（4）乡村居民生活用电		700.84	756.94	8.01
2. 县城用电量合计		2 747.86	3 053.28	11.12
县办工业		2 020.67	2 242.90	11.00
其他		286.29	349.35	22.03
县城居民生活用电		440.76	461.03	4.06
五、通电面及类型				
1. 县（市郊）总计	个	2 465	2 466	−0.20
（1）通电县数及类型小计		2 461	2 457	−0.16
小水电为主供电县		433	415	−4.14
小火电为主供电县		20	15	−25.00
直供县		854	857	0.35
趸售县		1 131	1 151	1.77
不归水利电力部门管理的县		23	19	−17.39
（2）无电县		4	3	−25.00
2. 乡总计	个	45 351	43 630	−3.80
已通电	个	44 647	42 901	−3.90
通电率	%	98.45	98.56	0.11
3. 村总计	个	746 402	743 183	−0.43
已通电	个	733 172	732 231	−0.13
通电率	%	98.23	98.53	0.31
4. 户总计	万户	29 081.07	29 806.43	2.49
已通电	万户	28 506.89	29 328.11	2.88
通电率	%	98.03	98.40	0.38
六、农村电工	人	846 213	755 915	−10.67

资料来源：表中数据由国家电力公司农电工作部提供。

表9 全国各种运输线路长度（1997—2001） 单位：万 km

年 份	铁路营运里程	公路里程	内河航道里程	民用航空航线里程		输油（气）管道里程
				国内航线	国际航线	
1997	6.60	122.64	10.98	142.50	50.44	2.04
1998	6.64	127.85	11.03	150.58	50.44	2.31
1999	6.74	135.17	11.65	152.22	52.33	2.49
2000	6.87	140.27	11.93	150.29	50.84	2.47
2001	7.01	169.80	12.15	155.36	51.69	2.76

表10 全国货运量情况（1997—2001） 单位：万 t

年 份	货运量总计	铁 路	公 路	水 运	管 道	民用航空
1997	1 278 087	172 019	976 536	113 406	16 002	124.7
1998	1 267 200	164 082	976 004	109 555	17 419	140.1
1999	1 292 650	167 196	990 444	114 608	20 232	170.0
2000	1 358 124	178.023	1 038 813	122 391	18 700	196.7
2001	1 401 177	192 580	1 056 312	132 675	19 439	171.0

表11 全国沿海主要港口货物吞吐量（2000—2001） 单位：万 t

港 口	2000 年	2001 年	2001 年比上年增减（%）
总 计	**125 603**	**142 634**	**13.56**
大 连	9 084	10 047	10.60
营 口	2 268	2 520	11.11
秦皇岛	9 743	11 302	16.00
天 津	9 566	11 369	18.85
烟 台	1 774	2 190	23.45
青 岛	8 636	10 398	20.40
日 照	2 674	2 933	9.69
连云港	2 708	3 058	12.92
上 海	20 440	22 099	8.12
宁 波	11 547	12 852	11.30
福 州	2 426	2 961	22.05
厦 门	1 965	2 099	6.82
深 圳	5 697	6 643	16.61
广 州	11 128	12 823	15.23
湛 江	2 038	2 205	8.19
海 口	808	888	9.90
八 所	378	342	-9.52
三 亚	48	71	47.92
其他港口	22 675	25 833	13.93

表 12　沿海主要港口分货类吞吐量（2000—2001）　　单位：万 t

货物种类	2000	2001	2001 年比上年增减（%）
总　计	**125 603**	**142 634**	**13.56**
煤　炭	32 536	37 203	14.34
石　油	23 397	24 407	4.32
金属矿石	11 892	14 606	22.82
钢　铁	4 970	5 152	3.66
矿建材料	7 254	9 657	33.13
水　泥	983	1 197	21.77
木　材	1 046	1 064	1.72
非金属矿石	2 580	2 561	-0.74
化肥和农药	1 803	1 718	-4.71
盐	526	562	6.84
粮　食	5 617	5 340	-4.93
其　他	33 001	39 168	18.69

农林牧渔业主要产品产量统计

表 13　全国主要农产品产量（1997—2001）　　单位：万 t

年份	粮食						
	合计	谷物				豆类	薯类
		小计	稻谷	小麦	玉米		
1997	49 417	44 348	20 074	12 329	10 431	1 876	3 192
1998	51 230	45 625	19 871	10 973	13 295	2 001	3 604
1999	50 839	45 304	19 848	11 388	12 808	1 894	3 641
2000	46 218	40 522	18 791	9 964	10 600	2 010	3 685
2001	45 264	39 648	17 758	9 387	11 409	2 053	3 563

年份	棉花	油料				麻类	
		小计	花生	油菜籽	芝麻	小计	黄红麻
1997	460.3	2 157.4	964.8	957.8	56.6	74.9	43.0
1998	450.1	2 313.9	1 188.6	830.0	65.6	49.5	24.8
1999	382.9	2 601.2	1 263.9	1 013.2	74.3	47.1	16.5
2000	441.7	2 954.8	1 443.7	1 138.1	81.1	52.9	12.6
2001	532.4	2 864.8	1 441.5	1 133.1	80.4	68.1	10.6

年份	糖料			茶叶	烟叶	
	小计	甘蔗	甜菜		小计	烤烟
1997	9 387	7 890	1 497	61.3	425.1	390.8
1998	9 790	8 343	1 447	66.5	236.4	208.8
1999	8 334	7 470	864	67.6	246.9	218.5
2000	7 635	6 628	807	68.3	255.2	223.8
2001	8 655	7 566	1 089	70.2	234.9	204.5

（续）

年　份	水　果					
	合　计	苹　果	柑　橘	梨	葡　萄	香　蕉
1997	5 089.3	1 721.9	1 010.2	641.5	203.3	289.2
1998	5 452.9	1 948.1	859.0	727.5	235.8	351.8
1999	6 237.6	2 080.2	1 078.7	774.2	270.8	419.4
2000	6 225.1	2 043.1	878.3	841.2	328.2	494.1
2001	6 658.0	2 001.5	1 160.7	879.6	368.0	527.2

表 14　各地区主要农产品产量（2000）

单位：万 t

地　区	一、粮食		1. 谷　物						
				（1）稻　谷				（2）小　麦	
	总　产	其中：夏收粮食	总　产	总产	早稻	中稻	晚稻	总产	其中：春小麦
全国总计	**46 217.54**	**10 679 44**	**40 522.31**	**18 790.78**	**3 752.00**	**10 906.48**	**4 132.30**	**9 963 65**	**743.09**
北　京	144.20	66.90	136.10	9.40		9.40		66.90	
天　津	124.10	59.50	119.10	14.50		14.50		59.50	0.60
河　北	2 551.10	1 219.80	2 355.60	65.80		65.80		1 208.00	0.30
山　西	853.35	218.55	702.97	3.28		3.28		215.15	1.10
内蒙古	1 241.90		947.90	72.20		72.20		181.80	181.80
辽　宁	1 140.00	74.10	1 029.10	377.10		377.10		35.80	33.10
吉　林	1 638.00		1 448.30	374.80		374.80		16.29	16.29
黑龙江	2 545.50		1 974.10	1 042.20		1 042.20		95.80	95.80
上　海	174.00	30.30	170.50	137.20		128.70	8.50	24.70	
江　苏	3 106.60	899.80	2 907.10	1 801.30		1 794.30	7.00	796.40	
浙　江	1 217.69	114.59	1 093.94	990.20	250.90	400.90	338.40	55.11	
安　徽	2 472.10	737.90	2 174.50	1 221.60	153.10	901.10	167.40	707.10	
福　建	854.70	51.20	661.20	632.80	206.60	222.00	204.20	11.00	
江　西	1 614.60	15.80	1 510.60	1 491.90	590.70	200.60	700.60	7.90	
山　东	3 837.70	1 860.30	3 467.30	110.80		110.80		1 860.00	0.10
河　南	4 101.50	2 268.10	3 669.70	318.80		318.80		2 236.00	
湖　北	2 218.50	322.40	1 962.60	1 497.20	217.50	972.00	307.70	233.70	
湖　南	2 767.90	67.90	2 552.30	2 392.50	877.60	436.10	1 078.80	23.30	
广　东	1 760.10	102.80	1 510.20	1 423.40	707.00		716.40	3.90	3.90
广　西	1 528.50	17.30	1 415.90	1 226.50	632.40	83.70	510.40	2.70	2.70
海　南	199.60	18.10	156.80	150.20	75.40		74.80		
重　庆	1 106.90	181.70	843.40	532.90	0.80	531.20	0.90	101.30	
四　川	3 372.00	638.90	2 831.50	1 634.30	3.30	1 629.70	1.30	532.10	
贵　州	1 161.30	220.50	935.40	477.40	0.20	476.80	0.40	103.50	
云　南	1 467.80	241.00	1 282.10	568.20	36.50	516.20	15.50	152.40	3.20
西　藏	96.20		93.20	0.60		0.60		30.70	6.20
陕　西	1 089.10	445.50	962.00	94.70		94.70		418.60	1.50
甘　肃	713.50	317.50	570.80	6.20		6.20		266.10	162.90
青　海	82.70		61.20					43.90	43.90
宁　夏	252.70	77.70	230.30	62.40		62.40		74.50	67.50
新　疆	783.70	411.30	746.60	60.40		60.40		399.50	122.20

（续）

地区	1. 谷物						2. 豆类		
	(3) 玉米		(4) 谷子	(5) 高粱	(6) 其他谷物	总产	(1) 大豆	(2) 杂豆
	总产	其中：杂交玉米						
全国总计	**10 660.15**	**9 594.56**	**212.51**	**258.20**	**697.02**	**2 009.88**	**1 541.12**	**468.76**
北京	58.70	58.70	0.40	0.60	0.10	5.00	4.70	0.30
天津	41.00	40.20		2.70	1.40	4.30	3.90	0.40
河北	994.50	970.70	68.60	10.00	8.70	74.50	62.90	11.60
山西	354.75	333.46	60.22	30.00	39.57	57.80	36.00	21.80
内蒙古	629.20	476.10	15.00	28.30	21.40	109.70	85.80	23.90
辽宁	551.10	501.10	8.50	50.30	6.30	50.20	48.10	2.10
吉林	993.20	983.60	6.01	48.43	9.57	140.60	120.32	20.48
黑龙江	790.80	766.20	8.70	26.00	10.60	489.60	450.10	39.50
上海	3.70	3.70			4.90	2.70	1.90	0.80
江苏	236.80	226.70		0.10	72.50	105.30	67.00	38.30
浙江	20.30	14.20			28.33	45.38	28.40	16.98
安徽	219.00	215.20		1.40	25.40	103.60	91.50	12.10
福建	11.10	6.80	0.10	1.70	4.50	27.60	20.50	7.10
江西	8.50		0.03	0.60	1.67	35.50	25.90	9.60
山东	1 467.50	1 467.50	16.50	7.90	4.60	108.20	104.60	3.60
河南	1 075.00	992.40	7.90	2.00	30.00	140.10	115.80	24.30
湖北	216.70	203.00	1.10	2.70	11.20	71.10	45.80	25.30
湖南	125.10	113.20		3.70	7.70	59.40	42.80	16.60
广东	76.10	60.00	0.15	0.07	6.58	26.10	18.70	7.40
广西	184.20	135.00	0.70	0.90	0.90	45.00	36.40	8.60
海南	5.20				1.40	2.90	1.70	1.20
重庆	197.50	189.90		4.20	7.50	24.20	8.80	15.40
四川	547.40	521.10		16.30	141.40	92.70	37.40	55.30
贵州	342.20	263.70	0.60	3.30	8.40	39.50	18.10	21.40
云南	473.30	342.20		1.10	87.10	40.20	7.70	32.50
西藏	1.40				60.50	2.90	0.30	2.60
陕西	413.70	331.00	11.70	4.90	18.40	31.00	22.20	8.80
甘肃	210.50	193.40	5.70	5.60	76.70	37.70	13.40	24.30
青海	1.20				16.10	6.60		6.60
宁夏	82.00	82.00	0.40	0.50	10.50	4.80	2.90	1.90
新疆	268.50	103.50	0.20	4.90	13.10	25.70	17.50	8.20

（续）

地　区	3. 薯类		二、油料						三、棉花
	总　产	其中：马铃薯	总　产	1. 花生	2. 油菜籽	3. 芝麻	4. 胡麻	5. 向日葵	总　产
全国总计	**3 685.35**	**1 325.64**	**2 954.83**	**1 443.66**	**1 138.06**	**81.12**	**34.37**	**195.41**	**441.73**
北　京	3.10		3.80	3.36		0.04		0.21	0.16
天　津	0.70		3.31	0.82		0.07		2.38	1.75
河　北	121.00	27.20	146.97	132.59	2.35	2.03	1.39	7.70	30.01
山　西	92.58	70.40	44.83	4.14	0.86	1.91	5.13	25.74	4.48
内蒙古	184.30	183.40	116.37	0.88	30.47	0.49	6.51	69.07	0.19
辽　宁	60.70	40.20	29.56	25.62	0.22	0.83	0.05	1.27	0.56
吉　林	49.10	44.87	38.96	13.09		1.14		13.50	
黑龙江	81.80	80.90	43.80	2.11	6.79	0.11		26.05	
上　海	0.80		16.37	0.66	15.71				0.12
江　苏	94.20		225.65	79.75	142.99	2.73		0.12	31.45
浙　江	78.37	20.77	57.88	3.61	43.74	0.52			2.92
安　徽	194.00	3.00	285.06	111.15	156.77	16.62	0.001 4	0.004 4	27.40
福　建	165.90	29.00	25.79	23.82	1.84	0.11		0.004 6	0.008 4
江　西	68.50		96.73	40.38	53.00	3.34		0.006 0	6.80
山　东	262.20	75.90	356.92	350.14	4.80	1.01		0.24	58.99
河　南	291.70		392.55	335.88	33.76	21.99		0.92	70.38
湖　北	184.80	69.40	287.16	65.71	198.49	21.54		0.69	30.43
湖　南	156.20	30.50	139.35	29.08	109.37	0.80	0.05	0.05	15.80
广　东	223.80	21.80	78.78	77.68	0.82	0.28			
广　西	67.60		58.61	49.55	8.16	0.57			0.085
海　南	39.90		10.09	9.52		0.57			
重　庆	239.30	83.10	31.06	7.55	22.61	0.50	0.015	0.36	0.05
四　川	447.80	92.20	192.99	54.29	137.47	0.45	0.001 1	0.33	5.89
贵　州	186.40	124.60	74.34	7.45	66.20	0.03	0.002 6	0.45	0.11
云　南	145.50	107.30	26.98	5.35	19.11	0.03	0.001 6	0.83	0.05
西　藏	0.10	0.10	3.96	0.005	3.95				
陕　西	96.10	72.10	38.76	7.33	22.40	3.32	0.28	3.40	2.74
甘　肃	105.00	105.00	41.68	0.13	22.05		14.45	3.43	5.75
青　海	14.90	14.90	19.40		19.08		0.32		
宁　夏	17.60	17.60	6.99		0.04		2.52	3.19	0.001 1
新　疆	11.40	11.40	60.14	2.00	15.00	0.07	3.60	35.47	145.60

（续）

地区	四、麻类					五、糖料		
	总产	1. 黄红麻	2. 苎麻	3. 大麻	4. 亚麻	总产	1. 甘蔗	2. 甜菜
全国总计	**52.95**	**12.59**	**16.10**	**1.70**	**21.44**	**7 635.33**	**6 827.98**	**807.35**
北京								
天津	0.014	0.009 2						
河北	0.795	0.744		0.016		11.53		11.53
山西	0.068			0.065		21.03		21.03
内蒙古	0.086			0.061	0.019	141.28		141.28
辽宁	0.088	0.068		0.017		28.69		28.69
吉林	0.122			0.073	0.046	44.39		44.39
黑龙江	18.68			0.360	18.024	254.79		254.79
上海						6.83	6.83	
江苏	0.33	0.064	0.232	0.02		28.26	28.06	0.21
浙江	0.241	0.199	0.042			98.52	98.52	
安徽	3.470	2.223	0.670	0.50		32.06	32.03	0.03
福建	0.072	0.046	0.026			82.71	82.71	
江西	1.583	0.444	1.140			136.81	136.81	
山东	0.629	0.552	0.011	0.22		0.09		0.09
河南	3.643	3.289				32.57	32.57	
湖北	5.149	1.828	3.277			101.66	101.66	
湖南	6.997	0.231	6.624		0.142	115.85	115.85	
广东	0.274	0.267	0.007 2			1 253.21	1 253.21	
广西	1.321	1.150	0.170			2 937.89	2 937.89	
海南	0.295	0.295				338.86	338.86	
重庆	0.841	0.064	0.769			9.06	9.06	
四川	4.024	1.046	2.940	0.034		166.82	166.68	0.14
贵州	0.260	0.062	0.139	0.034	0.007	66.68	66.66	0.02
云南	0.190	0.005	0.011	0.023		1 420.61	1 420.29	0.32
西藏								
陕西	0.089	0.001 6	0.038	0.048		1.79	0.30	1.49
甘肃	0.220			0.220		37.90		37.90
青海	0.001					0.09		0.09
宁夏	0.011			0.011		0.35		0.35
新疆	3.460			3.199		265.00		265.00

（续）

地　区	六、烟　叶		七、蔬菜、瓜类				
	总　产	其中：烤烟叶	总　产	1. 蔬菜（含菜用瓜）	2. 瓜类（果用瓜）		
					总产	(1) 西瓜	(2) 甜瓜
全国总计	**255.23**	**223.80**	**51 256.97**	**42 399.68**	**5 887.90**	**5 146.63**	**724.35**
北　京	0.003		530.44	489.15	41.29	37.68	2.16
天　津	0.012 7		530.60	530.60			
河　北	1.243	0.34	4 795.91	4 453.97	341.94	310.82	29.27
山　西	1.632	1.57	1 034.44	920.34	114.10	103.30	8.25
内蒙古	1.364	1.21	921.55	759.87	161.68	109.01	46.73
辽　宁	3.151	2.86	1 851.47	1 757.03	94.44	67.25	25.17
吉　林	5.987	3.02	987.92	836.43	151.49	103.52	46.95
黑龙江	9.575	8.09	1 644.90	1 325.55	319.35	229.07	89.31
上　海			426 88	377.00	49.88	34.45	15.43
江　苏	0.088	0.006	3 500.00		335.34	292.00	43.34
浙　江	0.286		1 562.11	1 359.44	202.67	169.60	
安　徽	3.212	3.090	1 978.52	1 448.96	529.56	438.98	38.38
福　建	9.400	9.140	1 161.11	1 099.96	61.15	53.35	
江　西	1.816	1.510	1 285.56	1 101.49	184.07	160.39	
山　东	11.712	11.284	8 372.47	7 256.79	1 115.68	977.65	106.04
河　南	27.602	27.177	5 075.33	3 981.78	1 093.55	919.42	79.98
湖　北	13.727	8.218	3 107.93	2 717.27	390.66	340.03	50.63
湖　南	16.765	15.550	2 011.92	1 779.93	231.99	193.55	38.44
广　东	6.210	4.955	2 308.43	2 214.80	93.63	78.41	3.49
广　西	3.885	1.689	1 779.34	1 613.19	166.15	154.86	11.29
海　南	0.016		304.03	267.06	36.97	30.08	5.47
重　庆	10.408	7.692	820.99	801.79	19.20	18.73	0.24
四　川	15.613	9.367	2 381.62	2 312.56	69.06	66.06	1.74
贵　州	33.786	31.094	622.39	595.16	27.23	25.00	2.00
云　南	65.566	64.607	618.47	584.82	33.65	29.81	
西　藏	0.007		17.67	17.37	0.30		
陕　西	7.679	7.362	630.53	556.53	74.00	0.006 9	0.000 4
甘　肃	3.797	3.335	605.89	501.29	104.61	76.89	27.72
青　海	0.017		60.83	60.28	0.55		
宁　夏	0.146	0.146	178.43	150.41	28.27	26.91	1.11
新　疆	0.529	0.105	679.91	528.88	151.03	99.80	51.22

表 15　各地区水果产量（2000）

单位：t

地　区	水　果	其中							
		香　蕉	苹　果	柑　橘	梨	葡　萄	菠　萝	红　枣	柿　子
全国总计	**62 251 471**	**4 941 004**	**20 431 230**	**8 783 129**	**8 412 413**	**3 281 698**	**856 517**	**1 306 036**	**1 591 906**
北　京	585 907		157 654		102 693	33 961		2 038	54 561
天　津	282 801		79 466		30 172	102 201		8 905	6 263
河　北	6 437 654		1 871 157		2 509 805	447 002		353 051	241 482
山　西	2 102 476		1 748 293		118 816	36 411		79 057	51 083
内蒙古	208 067		41 757		111 872	14 867			
辽　宁	2 566 685		1 469 839		424 605	307 453		5 777	
吉　林	496 192		114 604		136 669	52 814			
黑龙江	171 960		96 962		29 804	7 249			
上　海	251 084			133 860	16 298	22 007			
江　苏	1 630 878		679 626	62 081	361 118	77 060		2 411	140 935
浙　江	2 791 878		1 036	2 120 078	114 341	97 346		4 541	24 351
安　徽	961 726		308 521	6 859	492 525	48 868		4 547	32 079
福　建	3 941 037	692 608	257	1 589 142	81 307	32 449	41 207		81 776
江　西	703 877			539 222	38 899	2 892		6 759	10 793
山　东	9 203 185		6 432 745		857 807	362 593		337 027	138 596
河　南	3 494 215		2 427 717	14 084	263 003	182 392		166 541	138 979
湖　北	2 085 010		30 447	993 502	541 856	70 952		16 483	61 315
湖　南	1 730 080			1 496 568	27 293	14 960		12 746	6 114
广　东	6 226 758	2 051 253		836 091	36 892		505 525		95 668
广　西	4 051 851	965 558		1 061 790	67 818	25 455	101 309	16 314	203 835
海　南	759 555	385 241		11 219			192 323		
重　庆	717 046	2 292	5 688	526 695	53 376	9 142		586	4 711
四　川	2 345 280	7 717	186 798	1 162 243	272 066	97 005		1 250	22 024
贵　州	325 724	11 402	7 010	117 731	46 114	9 077	20	1 021	12 326
云　南	738 302	105 119	85 919	89 435	152 099	15 599	42 232	1 032	26 973
西　藏	7 154		5 506		492				
陕　西	4 934 916		3 992 705	29 588	432 356	37 669		52 354	113 587
甘　肃	1 107 397		629 027	1 871	222 097	20 150		20 097	15 662
青　海	24 144		15 897		5 931	106			
宁　夏	202 343		170 536		10 114	6 577		4 153	
新　疆	1 364 194		246 838		198 148	610 415		6 158	

表 16　各地区茶叶产量（2000）

单位：t

地　区	茶　叶	其中				
		红毛茶	绿毛茶	乌龙茶	紧压茶原料	其他茶
全国总计	**675 871**	**48 899**	**496 986**	**63 303**	**18 903**	**47 780**
北　京						
天　津						
河　北						
山　西						
内蒙古						
辽　宁						
吉　林						
黑龙江						
上　海						
江　苏	12 134	1 632	9 542			960
浙　江	117 716	4 379	107 653	446	105	5 133
安　徽	48 920	3 112	44 055			1 753
福　建	123 513	1 711	72 920	47 686	75	1 121
江　西	17 125	2 824	13 243	70	70	918
山　东	1 974		1 974			
河　南	8 425		8 425			
湖　北	61 244	2 233	50 229		6 464	2 318
湖　南	56 275	11 646	27 286	338	6 800	10 205
广　东	40 607	2 300	19 441	14 758		4 108
广　西	18 158	248	15 855			2 055
海　南	2 353	630	1 696			27
重　庆	14 441	2 711	8 841			2 889
四　川	52 930	1 008	38 388	5	4 573	8 956
贵　州	18 391	431	11 147		523	6 290
云　南	75 137	14 034	59.763		293	1 047
西　藏	115		115			
陕　西	6 215		6 215			
甘　肃	198		198			
青　海						
宁　夏						
新　疆						

表 17　全国农垦系统主要农产品产量（2000—2001）

项　目	产　量（t）		
	2000	2001	2001 年比上年增减（%）
一、粮食（包括大豆）	14 625 053	14 801 608	1.02
其中：夏收粮食	1 874 245	1 695 304	－9.55
1. 稻谷	8 186 409	7 976 238	－2.57
其中：早稻	258 517	236 707	－8.44
2. 小麦	2 550 131	2 145 790	－15.86
其中：春小麦	1 455 284	1 247 965	－14.25
3. 玉米	1 474 454	1 960 491	32.96
4. 谷子	2 999	5 233	74.49
5. 高粱	38 159	41 151	7.84
6. 其他谷物	268 349	386 168	43.91
7. 大豆	1 848 023	1 990 255	7.70
8. 薯类	125 905	117 723	－6.50
二、油料	712 461	527 985	－25.89
其中：花生	85 725	85 364	－0.42
油菜籽	391 993	236 090	－39.77
向日葵	178 556	141 181	－20.93
三、棉花	831 595	849 485	2.15
其中：长绒棉	42 780	65 748	53.69
四、麻类	29 689	120 097	304.52
五、糖料	5 894 802	8 249 100	39.94
其中：甘蔗	4 320 057	5 741 062	32.89
甜菜	1 574 745	2 508 038	59.27
六、烟叶	4 781	5 181	8.37
其中：烤烟	4 081	3 617	－11.37
七、药材	3 686	4 332	17.53
八、蔬菜、瓜类	3 493 964	4 118 686	17.88
九、其他农作物	125 913	822 610	553.32
其中：啤酒花	12 391	10 734	－13.37
青饲料	583 889	949 391	62.60

资料来源：表 17、表 18、表 19 数据由农业部农垦局提供。

表 18　各地区农垦系统主要农产品产量（2000）

单位：t

地　区	粮　食	其　中			棉　花	油　料	其中：油菜籽	麻　类	糖　料
		稻　谷	小　麦	大　豆					
全国总计	**14 652 053**	**8 186 409**	**2 550 131**	**1 848 023**	**831 595**	**712 461**	**391 993**	**29 689**	**5 894 802**
北　京	4 393		4 393						
天　津	7 575	5 800	290	507	170	224		46	
河　北	240 341	141 569	50 070	5 328	4 121	3 466	640		4 220
山　西	12 238		1 032	415	223	1 224	21		388
内蒙古	749 578	36 507	305 603	168 980	742	220 805	191 337	210	67 530
辽　宁	681 168	572 579	4 483	16 420	27	4 532	21	4 264	2 642
吉　林	289 222	208 512	446	6 502		4 512			1 496
黑龙江	8 141 318	5 286 365	645 111	1 493 855		76 698	37 831	20 237	307 432
上　海	190 228	114 376	55 576	2 159	422	823	823		
江　苏	612 505	338 678	206 792	16 169	12 343	12 303	10 009		69
浙　江	33 194	23 280	2 665	4 362	322	257	250		987
安　徽	222 809	92 255	99 985	27 970	3.389	7 253	4 702		
福　建	83 725	67 054	27	2 127		3 635	24		32 091
江　西	268 091	255 205	689	2 825	2 174	16 921	8 006	25	5 694
山　东	49 674	6 186	28 324	6 975	3 091	633			
河　南	141 289	6 462	105 831	13 250	1 085	12 607	375	34	
湖　北	567 835	373 221	86 208	25 523	42 627	90 433	51 577	215	98 211
湖　南	210 710	197 288	743	1 943	6 523	13 065	11 764	1 237	389 591
广　东	43 298	29 204		547		7 257			1 948 115
广　西	8 032	6 300		311		1 578			1 299 394
海　南	130 269	98 558		744		6 271		2	469 308
重　庆	1 596	248	244	60		38			
四　川	1 558	54	40	42		52	25		
贵　州	7 464	3 323	102	49		774	702		360
云　南	24 916	18 827	886	277		679	216		53 817
陕　西	36 735	2 487	19 389	2 838	1 062	4 328	758		
甘　肃	100 657		12 928	840	2 946	9 487	184		12 482
青　海	21 701		16 633	369		14 945	14 945		
宁　夏	208 234	77 174	49 077	1 024		5 471			
新疆(兵团)	1 175 747	192 769	701 338	27 813	693 934	149 730	41 636	1 598	1 060 656
新疆(农业)	143 523	16 052	50 681	3 283	35 058	9 423	3 447	1 821	40 108
新疆(畜牧)	225 732	6 598	99 905	14 391	21 329	32 528	12 383		77 722
热作两院	3 108	1 112				21			6 926
广　州	6 523	6 023		30		91			15 563
南　京	4 005	2 133	640	95	7	397	317		
昆　明									
哈尔滨	3 062	210							

表 19 全国农垦系统茶、蚕、果、林生产情况（1999—2000）

指　标	单　位	1999	2000	2000 年比上年增减（%）
一、年末实有茶园面积	khm^2	34.9	34.1	−2.2
茶叶总产量	万 t	4.1	3.9	−5.7
二、年末实有桑园面积	khm^2	1.2	3.9	208.7
三、年末实有果园面积	khm^2	182.6	193.6	6.0
水果总产量	万 t	122.3	118.6	−3.0
其中：苹果	万 t	23.9	24.1	0.7
梨	万 t	24.3	27.1	11.6
柑橘	万 t	24.1	11.8	−51.0
四、年末实有橡胶园面积	khm^2	384.3	382.3	−0.5
当年橡胶平均开割面积	khm^2	295.0		
每公顷产干胶	kg	1 232.1	1 172.0	−4.9
全年干胶总产量	万 t	36.3	34.7	−4.6
五、当年造林面积	khm^2	63.3	75.8	19.7
用材林	khm^2	17.0	21.4	26.1
经济林	khm^2	2.9	6.1	110.2
防护林	khm^2	42.5	47.3	11.1
薪炭林	khm^2	0.2	0.3	32.1
特种用材林	khm^2	0.6	0.7	16.7

表 20 全国热带、亚热带作物产量（2000—2001）

项　目	单位	年份	全国总计	福建	广东	广西	海南	云南
一、橡胶总产量（干胶片）	t	2000	481 571.0	1 470	26 168	1 403	280 880	171 650
		2001	477 437	54	23 861	1 152	279 228	173 142
二、咖啡豆总产量	t	2000	11 568.0				419	11 149
		2001	17 202				388	16 814
三、椰子总产量	万个	2000	19 349.5		162		19 166	21.50
		2001	22 009.0		144		21 843	22.00
四、香料作物总产量	t	2000	856.0	8	155	1	137	555.00
		2001	688.0	3	60		19	606.00
其中：香茅草	t	2000	722.0	2	110	1	136	473.00
		2001	566.0		24		18	524.00
五、腰果总产量（干果）	t	2000	1 179.0				1 177	2
		2001	1 118.0				1 115	3
六、剑（番）麻总产量	t	2000	36 753.0	1 995	18 266	12 066	4 454	35
		2001	38 953.0	1 955	19 316	11 172	6 102	48

注：表中数据源于《中国农业统计资料》（2001 与 2002 年版）。

表 21 全国农垦系统热带、亚热带作物产量（2000—2001）

项 目	单位	年份	全国总计	福建	广东	广西	海南	云南	热作两院
一、橡胶总产量（干胶）	t	2000	346 774.0		20 034	1 398	207 441	116 456	1 445
		2001	347 300.0		21 500	1 000	205 100	118 200	1 500
二、咖啡豆总产量（干豆）	t	2000	1 388.0				17	1 367	4
		2001	2 055.0				52	2 000	3
三、椰子总产量（果）	万个	2000	802.0				791		11
		2001	958.0				895		63
四、香料作物总产量（折油）	t	2000	1.0						1
		2001							
五、胡椒总产量（籽）	t	2000	2 919.0		56		2 841	8	14
		2001	4 195.0		108		4 051	30	6
六、剑(番)麻总产量(纤维)	t	2000	27 866.0	78	17 873	8 966	949		
		2001	28 003.0	54	18 531	8 609	809		

注：表中数据由农业部农垦局提供。

表 22 全国主要林产品产量（1997—2001）

单位：万 t

年 份	生 漆	油桐籽	油茶籽	松 脂	核 桃	橡 胶
1997	0.4	45.4	85.7	70.1	25.0	45.2
1998	0.5	43.9	72.3	54.3	26.5	46.2
1999	0.5	44.8	79.3	57.1	27.4	49.0
2000	0.5	45.7	82.3	54.5	35.9	48.0
2001	0.5	40.6	83.1	62.0	27.9	47.5

注：表 22、表 23、表 24 数据由国家林业局提供。

表 23 各地区主要林产品产量（2000）

单位：t

地 区	生漆	油桐籽	油茶籽	乌桕籽	五倍子	棕片	松脂	竹笋干（鲜笋折笋干）	核桃	板栗	紫胶（原胶）
全国总计	**5 279**	**453 461**	**823 224**	**35 775**	**8 678**	**61 082**	**551 057**	**339 084**	**309 875**	**598 185**	**1 419**
北 京									8 816	9 016	
天 津									371	224	
河 北									30 102	34 620	
山 西									46 988	89	
内 蒙 古											
内蒙古集团											
辽 宁								5 603	24 676		
吉 林									4 489	281	
黑 龙 江											
上 海											
江 苏		38	38					1 279		13 514	

（续）

地　区	生漆	油桐籽	油茶籽	乌桕籽	五倍子	棕片	松脂	竹笋干（鲜笋折笋干）	核桃	板栗	紫胶（原胶）
浙　江	137	501	32 547	287		1 277	5 352	119 730		33 450	
安　徽	280	3 109	10 419	2 649	59	1 884	8 851	18 680	182	45 710	
福　建	71	18 121	62 983	121	58	10 891	72 949	120 970	17	19 439	46
江　西		13 973	194 763	2 397	32	4 244	41 638	11 041	176	13 157	191
山　东									10 866	146 839	
河　南	569	57 054	3 270	934	934		2 371	26	17 143	85 650	
湖　北	358	16 030	17 343	18 145	1 130	4 283	5 377	1 364	2 628	70 818	
湖　南	78	42 064	337 956	1 474	1 611	7 961	18 713	16 930	2 663	19 764	16
广　东		3 817	26 268	70		663	113 118	14 132		5 440	407
广　西	13	63 002	118 620	15	201	2 674	216 015	16 208	262	22 008	1
海　南							4 328	180			
重　庆	449	39 478	1 171	2 843	823	3 117	126	1 963	2 958	2 847	
四　川	826	46 534	4 372	1 961	1 307	6 227	2 717	8 914	32 095	6 616	30
贵　州	1 006	116 593	8 195	4 180	1 495	4 620	4 392	3 593	7 492	7 471	11
云　南	445	19 698	4 886	547	131	10 213	54 360	3 660	68 788	14 614	717
西　藏									1 829		
陕　西	990	12 935	393	152	892	2 962	750	394	34 498	19 653	
甘　肃	57	514			5	66		20	20 095	2 289	
青　海									154		
宁　夏									137		
新　疆									11 523		
大兴安岭											
雷州林业											

表 24　各地区主要林产品产量（2001）

单位：t

地　区	生漆	油桐籽	油茶籽	乌桕籽	五倍子	棕片	松脂	竹笋干（鲜笋折笋干）	核桃	板栗	紫胶（原胶）
全国总计	**4 925**	**406 716**	**824 731**	**29 296**	**8 332**	**59 612**	**563 689**	**353 783**	**252 347**	**599 077**	**1 590**
北　京									10 298	14 567	
天　津									360	227	
河　北									28 761	50 725	
山　西									40 215	125	
内 蒙 古									80		
内蒙古集团									7 783		
辽　宁									1 741	28 767	
吉　林									231	255	
黑 龙 江											

（续）

地　区	生漆	油桐籽	油茶籽	乌桕籽	五倍子	棕片	松脂	竹笋干（鲜笋折笋干）	核桃	板栗	紫胶（原胶）
上　海											
江　苏		15	30					1 065		14 851	
浙　江	20	438	30 249	88		1 328	3 574	126 778		38 654	
安　徽	202	3 123	18 269	841	188	1 123	5 661	21 049	540	42 151	
福　建	76	17 887	63 873	676	61	11 001	66 734	125 808	4	22 620	2
江　西	33	15 448	171 726	395	23	3 898	46 387	10 492	41	12 580	371
山　东									6 253	159 827	
河　南	646	38 306	5 906	1 492	1 167		1 861	20	13 387	62 035	
湖　北	285	16 692	15 003	13 832	1 015	4 223	3 719	1 628	2 791	55 679	5
湖　南	83	40 616	336 216	1 389	1 193	8 077	19 971	16 516	2 842	21 168	15
广　东		4 229	28 241	144		387	121 640	13 467	150	5 371	328
广　西	15	62 394	134 629	82	207	2 508	217 295	16 800	272	26 828	
海　南							6 185	269			
重　庆	459	36 452	804	3 617	726	2 948		1 267	1 515	3 188	15
四　川	611	37 149	4 278	2 260	1 051	6 333	3 517	9 925	32 744	6 142	56
贵　州	1 047	103 697	9 956	4 064	1 469	4 787	4 118	4 115	7 010	7 810	5
云　南	502	18 335	5 153	289	140	9 450	63 023	4 070	68 568	13 631	793
西　藏									1 451		
陕　西	815	11 408	398	398	889	3 037	4	511	10 596	10 853	
甘　肃	131	527			103	512		3	3 051	1 023	
青　海									27		
宁　夏									140		
新　疆									11 727		
新疆兵团									43		

表 25　全国主要畜产品产量（1997—2001）

年　份	肉类产量（万 t）					奶类产量（万 t）		禽蛋产量（万 t）
	总产量	猪牛羊肉				总产量	其中：牛奶	
		小　计	猪　肉	牛　肉	羊　肉			
1997	5 268.8	4 249.9	3 596.3	440.9	212.8	681.1	601.1	1 897.1
1998	5 723.8	4 598.2	3 883.7	479.9	234.6	744.5	662.1	2 020.2
1999	5 820.7	4 647.4	3 890.7	505.4	251.3	806.9	717.6	2 134.7
2000	6 124.6	4 838.2	4 031.4	532.8	274.0	919.1	827.4	2 243.3
2001	6 333.9	5 026.1	4 184.5	548.8	292.7	1 122.9	1 025.5	2 336.7

年　份	蜂蜜（万 t）	蚕茧（万 t）		绵羊毛（万 t）			山羊毛总产（t）	羊绒总产（t）
		总　产	其中:桑蚕茧	总　产	细羊毛	半细羊毛		
1997	21.1	46.9	42.30	25.51	11.61	5.57	25 865	8 626
1998	20.7	53.5	48.20	27.68	11.58	6.07	31 417	9 799
1999	23.0	48.5	44.73	28.32	11.41	7.37	31 849	10 180
2000	24.6	54.8	50.06	29.25	11.74	8.49	33 266	11 057
2001	25.2	65.5	60.24	29.83	11.47	8.81	34 241	10 968

表 26　全国农垦系统主要畜产品产量（2000—2001）　　单位：万 t

项　　目	2001	2000	2001 年比上年增减（%）
1. 肉类总产量	91.23	84.96	7.38
2. 牛奶产量	134.36	116.50	15.33
3. 羊毛产量	2.10	2.09	0.48
4. 禽蛋产量	19.49	20.44	-4.29
5. 蜂蜜产量（t）	2 759.00	2 565.00	7.56

资料来源：表中数据由农业部农垦局提供。

表 27　全国水产品产量（1997—2001）　　单位：kt

年　份	总产量	1. 海水产品	其中		2. 内陆产品	其中	
			捕　捞	养　殖		捕　捞	养　殖
1997	36 017.8	21 764.2	13 853.8	7 910.4	14 253.5	1 866.4	12 367.1
1998	39 065.1	23 567.2	14 966.8	8 600.4	15 497.9	2 283.6	13 214.3
1999	41 224.1	24 719.2	14 976.2	9 743.0	16 504.9	2 277.2	14 227.2
2000	42 784.8	25 387.4	14 774.5	10 612.9	17 397.5	2 263.7	15 133.8
2001	43 813.3	25 717.0	14 406.1	11 310.8	18 096.4	2 145.9	15 950.5

资料来源：表中数据由国家统计局提供。

表 28　各地区水产品产量（2000）　　单位：kt

地　区	总产量	1. 海水产品	其中		2. 内陆产品	其中	
			捕　捞	养　殖		捕　捞	养　殖
全国总计	**42 784.8**	**25 387.4**	**14 774.5**	**10 612.9**	**17 397.5**	**2 263.7**	**15 133.8**
北　京	75.0				75.0		75.0
天　津	242.2	39.8	35.1	4.7	202.4	13.8	188.6
河　北	809.5	482.0	327.4	154.7	327.5	70.6	256.9
山　西	26.0				26.0	0.2	25.8
内蒙古					72.1	26.8	45.4
辽　宁	3 384.6	3 023.1	1 501.9	1 521.2	361.5	31.5	330.0
吉　林	140.1				140.1	43.9	96.2
黑龙江	382.2				382.2	57.6	324.5
上　海	288.7	122.3	120.2	2.1	166.4	7.4	159.0
江　苏	3 087.9	908.7	660.0	248.7	2 179.2	296.9	1 882.4
浙　江	4 695.1	4 104.6	3 395.7	708.8	590.5	76.3	514.2
安　徽	1 598.0				1 598.0	316.9	1 281.1
福　建	5 278.9	4 705.1	2 078.0	2 627.1	573.9	76.6	497.3

（续）

地 区	总产量	1. 海水产品	其中		2. 内陆产品	其中	
			捕 捞	养 殖		捕 捞	养 殖
江 西	1 271.2				1 271.2	232.5	1 038.7
山 东	6 982.3	5 951.1	3 078.4	2 872.7	1 031.2	89.9	941.3
河 南	321.7				321.7	19.4	302.3
湖 北	2 343.4				2 343.4	395.0	1 948.4
湖 南	1 338.4				1 338.4	135.8	1 202.6
广 东	5 931.9	3 604.5	1 914.8	1 689.7	2 327.3	135.2	2 192.1
广 西	2 398.6	1 594.5	888.4	706.1	804.1	91.4	712.7
海 南	830.6	675.9	598.9	77.0	154.8	20.1	134.7
重 庆	200.3				200.3	12.8	187.5
四 川	513.1				513.1	38.1	475.0
贵 州	62.4				62.4	8.0	54.4
云 南	166.2				166.2	21.2	144.9
西 藏	1.8				1.8	1.78	0.02
陕 西	60.8				60.8	3.2	57.6
甘 肃	14.1				14.1	0.6	13.4
青 海	1.2				1.2	0.09	1.1
宁 夏	37.0				37.0	0.6	36.4
新 疆	59.0				59.0	9.1	49.9
中国水产总公司	175.8	175.8	175.8				

资料来源：表 28、表 29 数据由国家统计局农村社会经济调查总队提供。

表 29 沿海地区海洋捕捞产量（2000）

单位：kt

地 区	海洋捕捞产量	按捕捞海域分					按内外海分	
		渤海	黄海	东海	南海	其他海域	内海	外海
全国总计	**14 774.5**	**1 462.8**	**3 453.2**	**5 505.7**	**3 512.8**	**843.5**	**9 697.3**	**5 080.6**
天 津	35.1	23.6	0.8			10.7	23.7	11.4
河 北	327.4	241.8	82.6	0.3		2.7	285.5	41.9
辽 宁	1 501.9	650.2	645.3	38.0		168.5	1 216.8	285.1
上 海	120.2		7.9	41.5		70.7	49.5	70.7
江 苏	660.0	3.7	502.8	136.0		17.5	498.5	161.5
浙 江	3 395.7			3 192.4		203.4	918.1	2 477.7
福 建	2 078.0			1 867.9	159.3	50.8	1 323.0	755.0
山 东	3 078.4	543.5	2 213.8	229.7	1.2	90.2	2 624.2	454.2
广 东	1 914.9				1 861.8	53.0	1 493.5	421.3
广 西	888.4				891.8		874.7	17.1
海 南	598.9				598.7	0.2	389.8	209.0
中国水产总公司	175.8					175.8		175.8

表 30 全国农垦系统水产品产量（2000）

地 区	水产养殖面积 (khm^2)	水产品总产量 (t)	其中：养殖产量 (t)	对虾养殖面积 (khm^2)	对虾产量 (t)
全国总计	**183.22**	**491 001**	**443 120**	**12.68**	**7 052**
北 京					
天 津	0.86	3 165	3 165		
河 北	10.28	48 207	39 057	4.92	3 944
山 西					
内蒙古	2.18	1 440	841		
辽 宁	30.35	72 928	52 828	5.52	1 063
吉 林	1.48	497	497		
黑龙江	19.03	12 079	9 302		
上 海	2.31	10 924	10 924		
江 苏	4.12	20 098	17 781		
浙 江	1.84	8 736	8 736		
安 徽	0.99	2 786	2 496		
福 建	1.72	18 677	18 469	0.10	103
江 西	9.50	13 728	10 709		
山 东	4.73	4 900	3 300	0.93	83
河 南	0.43	2 083	2 081		
湖 北	35.10	171 267	171 267		
湖 南	7.86	26 073	21 244		
广 东	3.18	15 391	15 304	0.55	536
广 西	0.93	3 969	3 969	0.12	283
海 南	4.44	24 740	23 787	0.45	954
重 庆	4.71	2 040	2 040		
四 川	1.28	393	390		
贵 州	0.24	550	550		
云 南	1.34	2 721	2 721		
陕 西	0.16	526	526		
甘 肃		7	7		
青 海	0.29	6			
宁 夏	1.42	1 466	1 466		
新疆（兵团）	28.38	12 894	11 313		
新疆（农业）	1.42	1 018	664		
新疆（畜牧）	1.59	911	911		
热作两院	0.02	81	81		
广 州	0.83	6 064	6 064		
南 京	0.18	556	556		
昆 明					
哈尔滨	0.03	80	80		

资料来源：表中数据由农业部农垦局提供。

表 31　轻工业系统食品工业所需农牧业原料生产量（1999—2000） 单位：万 t

产品名称	1999	2000	2000 年比上年增减（%）
一、农产品			
粮食	50 838.6	46 217.5	−9.09
其中：稻谷	19 848.7	18 790.8	−5.33
小麦	11 388.0	9 963.6	−12.51
玉米	12 808.6	10 600.0	−17.24
豆类	1 894.0	2 010.0	6.12
薯类	3 640.6	3 685.2	1.23
其中：马铃薯	1 122.1	1 325.5	18.13
油料	2 601.2	2 954.8	13.59
其中：花生	1 263.9	1 443.7	14.23
油菜籽	1 013.2	1 138.1	12.33
芝麻	74.3	81.1	9.15
甘蔗	7 470.3	6 828.0	−8.60
甜菜	863.9	807.3	−6.55
茶叶	67.6	68.3	1.04
烟叶	246.9	255.2	3.36
其中：烤烟	218.5	223.8	2.43
水果	6 237.6	6 225.1	−0.20
其中：苹果	2 080.2	2 043.1	−1.78
柑橘	1 078.7	878.3	−18.58
梨	774.2	841.2	8.65
葡萄	270.8	328.2	21.20
香蕉	419.4	494.1	17.81
二、林产品			
油茶籽	79.3	82.3	3.78
核桃	27.4	31.0	13.14
三、畜产品			
猪肉	3 890.7	4 031.4	3.62
牛肉	505.4	532.8	5.42
羊肉	251.3	274.0	9.09
奶类	806.9	919.1	13.91
其中：牛奶	717.6	827.4	15.30
禽蛋	2 134.7	2 243.3	5.09
蜂蜜	23.0	24.6	6.96
四、水产品			
水产品总产量	4 122.4	4 278.5	3.79
海水产品	2 471.9	2 538.7	2.70
其中：鱼类	1 057.9	1 033.0	−2.35
虾蟹类	277.1	297.1	7.22
贝类	959.3	1 038.7	8.28
澡类	119.4	122.2	2.35
淡水产品	1 650.5	1 739.7	5.40
其中：鱼类	1 517.1	1 573.1	3.69
虾蟹类	70.7	88.3	24.89
贝类	43.0	46.3	7.67

资料来源：表中数据由中国食品工业协会提供。

表 32 纺织工业系统所需主要农牧业原料生产量（1997—1999） 单位：万 t

项 目	1997 年	1998 年	1999 年
棉 花	460.30	450.10	382.90
苎 麻	13.70	12.20	12.00
黄红麻	43.00	24.80	16.50
桑蚕茧	42.30	47.50	44.73
柞蚕茧	4.60	5.10	3.80
绵羊毛	29.20	27.70	28.32
亚 麻		10.00	17.00
羊 绒	0.97	0.98	1.02

资料来源：表中数据出自 2000/2001 中国纺织工业发展报告。

表 33 我国按人口平均的主要农产品产量（1997—2001） 单位：kg/人

年 份	粮 食	棉 花	油 料	糖 料	猪牛羊肉	水产品
1997	401.7	3.7	17.5	76.3	33.2	29.3
1998	412.4	3.6	18.6	78.8	37.0	31.4
1999	405.5	3.1	20.7	66.5	38.0	32.9
2000	366.1	3.5	23.4	60.2	38.3	33.9
2001	355.9	4.2	22.5	67.8	39.5	34.4
年 份	黄红麻	烤 烟	水 果	牛 奶	禽 蛋	茶 叶
1997	0.30	3.20	41.4	5.4	17.3	0.50
1998	0.20	1.70	43.9	6.0	16.2	0.54
1999	0.10	1.70	49.8	5.7	17.0	0.54
2000	0.09	1.76	49.1	6.6	17.7	0.54
2001	0.08	1.60	52.2	8.1	18.3	0.55

表 34 我国海关出口主要农产品数量（1997—2001）

年 份	活猪（万头）	大米（万 t）	棉花（万 t）	蔬菜（万 t）	水果（万 t）	水产品（万 t）
1997	227	94	0.1	167	68.0	72.0
1998	219	375	4.5	201	66.0	79.0
1999	196	271	23.6	217	73.0	109.0
2000	203	295	29.2	245	82.0	120.0
2001	196	186	5.2	298	81.0	154.0

表 35 我国海关进口主要农产品数量（1997—2001）

年 份	小麦（万 t）	玉米（万 t）	大豆（万 t）	棉花（原棉）（万 t）	食用植物油（万 t）
1997	186		280.1	75.0	274.6
1998	149	25.1	319.7	20.0	205.5
1999	45	7.0	431.7	5.0	208.0
2000	88		1 041.6	4.7	179.0
2001	69		1 394.0	6.0	165.0

农产品成本、收益与农村经济效益

表 36　我国主要农产品成本与收益（2000）

指　标	单　位	主　要　粮　食		
		稻　谷	小　麦	玉　米
主产品产量	kg/亩	415.10	261.10	350.50
产值合计	元/亩	451.72	283.48	323.68
主产品产值	元/亩	429.56	263.34	300.10
副产品产值	元/亩	22.16	20.14	23.58
其他收入	元/亩	0.83	0.36	0.15
生产成本	元/亩	319.15	264.97	262.13
物质费用	元/亩	173.15	168.97	138.13
用工作价	元/亩	146.00	96.00	124.00
用工数量	日/亩	14.60	9.60	12.40
劳动日工价	元/亩	10.00	10.00	10.00
期间费用	元/亩	11.63	13.38	13.44
税金	元/亩	18.62	14.01	11.94
含税成本	元/亩	349.40	292.36	287.51
净产值	元/亩	278.57	114.51	185.55
减税纯收益	元/亩	103.15	-8.52	36.32
成本纯收益率	%	29.52	-2.91	12.63
主产品平均出售价格	元/50kg	51.74	43	42.81
主产品物质费用	元/50kg	19.83	30.06	18.27
主产品生产成本	元/50kg	36.56	47.14	34.67
主产品含税成本	元/50kg	40.02	52.01	38.03
主产品净产值	元/50kg	31.91	20.37	24.54
主产品减税纯收益	元/50kg	11.82	-1.51	4.80
主产品产量	kg/日	28.40	27.20	28.30
净产值	元/日	19.08	11.93	14.96
主产品出售数量	kg/亩	189.60	125.50	189.10
主产品出售产值	元/亩	199.46	125.52	159.78
成本外支出	元/亩	31.33	31.65	33.32

注：1. 表 36 至表 38 中数据 由国家统计局农村社会经济调查总队提供。

2. 表 36 至表 38 中的单位标注，均按国家统计局农村社会经济调查总队统一标注方法标注。“亩”为非法定计量单位，15 亩＝1 公顷。

（续）

指 标	单 位	主要粮食		
		高 粱	大 豆	平 均
主产品产量	kg/亩	361.60	121.20	277.40
产值合计	元/亩	294.79	261.59	303.40
主产品产值	元/亩	276.42	249.11	282.61
副产品产值	元/亩	18.37	12.48	20.76
其他收入	元/亩	0.50		0.45
生产成本	元/亩	190.62	152.23	228.66
物质费用	元/亩	109.62	78.23	122.66
用工作价	元/亩	81.00	74.00	106.00
用工数量	日/亩	8.10	7.40	10.60
劳动日工价	元/亩	10.00	10.00	10.00
期间费用	元/亩	21.04	11.76	13.08
税金	元/亩	12.86	11.28	12.56
含税成本	元/亩	224.52	175.27	254.30
净产值	元/亩	185.17	183.36	180.74
减税纯收益	元/亩	70.77	86.32	49.55
成本纯收益率	%	31.52	49.25	19.48
主产品平均出售价格	元/50kg	38.22	102.77	50.94
主产品物质费用	元/50kg	14.21	30.73	20.59
主产品生产成本	元/50kg	24.71	59.81	38.39
主产品含税成本	元/50kg	29.11	68.86	42.70
主产品净产值	元/50kg	24.01	72.04	30.35
主产品减税纯收益	元/50kg	9.18	33.91	8.32
主产品产量	kg/日	44.60	16.40	26.20
净产值	元/日	22.86	24.78	17.05
主产品出售数量	kg/亩	272.90	77.40	150.70
主产品出售产值	元/亩	204.53	155.49	150.70
成本外支出	元/亩	39.36	31.89	33.52

（续）

指　　标	单　位	油　　料			
		花　生	油菜籽	芝　麻	平　均
主产品产量	kg/亩	178.00	121.50	34.70	111.40
产值合计	元/亩	480.95	226.51	190.21	299.22
主产品产值	元/亩	458.92	214.13	185.11	286.05
副产品产值	元/亩	22.03	12.38	5.10	13.17
其他收入	元/亩	0.02	0.09		0.04
生产成本	元/亩	315.85	223.92	140.10	226.96
物质费用	元/亩	162.85	93.92	55.10	103.96
用工作价	元/亩	153.00	130.00	85.00	123.00
用工数量	日/亩	15.30	13.00	8.50	12.30
劳动日工价	元/亩	10.00	10.00	10.00	10.00
期间费用	元/亩	13.51	13.10	5.48	10.70
税金	元/亩	14.47	14.45	9.45	12.79
含税成本	元/亩	343.83	251.47	155.03	250.45
净产值	元/亩	318.10	132.59	135.11	195.26
减税纯收益	元/亩	137.14	-24.87	35.18	48.81
成本纯收益率	%	39.89	-9.89	22.69	19.49
主产品平均出售价格	元/50kg	128.91	88.12	266.73	128.39
主产品物质费用	元/50kg	43.65	36.54	77.27	44.61
主产品生产成本	元/50kg	84.66	87.11	196.46	97.38
主产品含税成本	元/50kg	92.16	97.83	217.40	107.46
主产品净产值	元/50kg	85.26	51.58	189.46	83.78
主产品减税纯收益	元/50kg	36.76	-9.67	49.33	20.95
主产品产量	kg/日	11.60	9.30	4.10	9.10
净产值	元/日	20.79	10.20	15.90	15.87
主产品出售数量	kg/亩	113.30	94.40	23.80	77.20
主产品出售产值	元/亩	280.36	164.65	125.10	190.04
成本外支出	元/亩	35.09	31.04	27.51	31.21

（续）

指　　标	单　位	棉　花	烤　烟	桑蚕茧
主产品产量	kg/亩	71.30	128.40	93.80
产值合计	元/亩	839.23	861.76	1 594.28
主产品产值	元/亩	737.99	851.08	1 552.06
副产品产值	元/亩	101.24	10.68	42.22
其他收入	元/亩	0.27	11.31	6.57
生产成本	元/亩	517.50	711.58	938.98
物质费用	元/亩	226.50	310.58	341.98
用工作价	元/亩	291.00	401.00	597.00
用工数量	日/亩	29.10	40.10	59.7
劳动日工价	元/亩	10.00	10.00	10.00
期间费用	元/亩	19.80	32.35	33.67
税金	元/亩	20.03	13.68	38.47
含税成本	元/亩	557.33	757.61	1 011.12
净产值	元/亩	612.73	551.18	1 252.30
减税纯收益	元/亩	282.17	115.46	589.73
成本纯收益率	%	50.63	15.24	58.32
主产品平均出售价格	元/50kg	517.52	331.42	827.32
主产品物质费用	元/50kg	139.67	119.44	177.46
主产品生产成本	元/50kg	319.12	273.66	487.27
主产品含税成本	元/50kg	343.68	291.37	524.70
主产品净产值	元/50kg	377.85	211.98	649.86
主产品减税纯收益	元/50kg	174.03	44.45	306.12
主产品产量	kg/日	2.50	3.20	1.60
净产值	元/日	21.06	13.75	20.98
主产品出售数量	kg/亩	66.10	127.10	93.70
主产品出售产值	元/亩	684.20	841.63	1 549.93
成本外支出	元/亩	45.52	32.11	57.10

（续）

指 标	单 位	黄红麻	苎 麻	甘 蔗	甜 菜
主产品产量	kg/亩	174.70	134.60	4 725.90	2 305.00
产值合计	元/亩	493.24	995.01	914.41	529.70
主产品产值	元/亩	394.97	974.70	864.31	505.62
副产品产值	元/亩	98.27	20.31	50.10	24.08
其他收入	元/亩			1.69	0.53
生产成本	元/亩	354.37	674.70	634.74	345.66
物质费用	元/亩	129.37	121.70	355.74	205.66
用工作价	元/亩	225.00	553.00	279.00	140.00
用工数量	日/亩	22.50	55.30	27.90	14.00
劳动日工价	元/亩	10.00	10.00	10.00	10.00
期间费用	元/亩	15.38	11.39	59.78	40.41
税金	元/亩	15.09	34.39	20.18	14.99
含税成本	元/亩	384.84	720.48	714.70	401.06
净产值	元/亩	363.87	873.31	558.67	324.04
减税纯收益	元/亩	108.40	274.53	201.40	129.17
成本纯收益率	%	28.17	38.10	28.18	32.21
主产品平均出售价格	元/50kg	113.04	362.07	9.14	10.97
主产品物质费用	元/50kg	29.65	44.28	3.56	4.26
主产品生产成本	元/50kg	81.21	245.51	6.34	7.16
主产品含税成本	元/50kg	88.20	262.17	7.14	8.31
主产品净产值	元/50kg	83.39	317.79	5.58	6.71
主产品减税纯收益	元/50kg	24.84	99.90	2.02	2.67
主产品产量	kg/日	7.80	2.40	169.40	164.60
净产值	元/日	16.17	15.79	20.02	23.15
主产品出售数量	kg/亩	169.40	134.60	4 574.10	2 300.50
主产品出售产值	元/亩	383.62	974.70	829.33	504.62
成本外支出	元/亩	34.60	77.83	43.21	28.42

（续）

指 标	单 位	苹 果	柑 橘	绿毛茶
主产品产量	kg/亩	1 650.70	1 288.30	71.50
产值合计	元/亩	1 436.97	1 583.16	1 237.50
主产品产值	元/亩	1 431.60	1 556.94	1 229.62
副产品产值	元/亩	5.37	26.22	7.88
其他收入	元/亩			2.42
生产成本	元/亩	891.22	894.11	740.51
物质费用	元/亩	452.22	487.11	264.51
用工作价	元/亩	439.00	407.00	476.00
用工数量	日/亩	43.90	40.70	47.60
劳动日工价	元/亩	10.00	10.00	10.00
期间费用	元/亩	86.43	56.95	98.82
税金	元/亩	88.10	71.40	60.62
含税成本	元/亩	1 065.75	1 022.46	899.95
净产值	元/亩	984.75	1 096.05	972.99
减税纯收益	元/亩	371.22	560.70	339.97
成本纯收益率	%	34.83	54.84	37.78
主产品平均出售价格	元/50kg	43.36	60.43	859.87
主产品物质费用	元/50kg	13.65	18.59	183.79
主产品生产成本	元/50kg	26.89	34.13	514.54
主产品含税成本	元/50kg	32.16	39.03	625.33
主产品净产值	元/50kg	29.71	41.84	676.08
主产品减税纯收益	元/50kg	11.20	21.40	236.23
主产品产量	kg/日	37.60	31.70	1.50
净产值	元/日	22.43	26.93	20.44
主产品出售数量	kg/亩	1 552.30	1 021.70	69.80
主产品出售产值	元/亩	1 327.68	1 204.34	1 191.10
成本外支出	元/亩	38.23	40.32	31.63

表 37 我国饲养业产品成本与收益（2000）

指　标	单　位	生　猪		
		规模养猪	农户散养生猪	平　均
主产品产量	kg/头	99.00	105.90	102.50
产值合计	元/头	617.08	646.58	631.83
主产品产值	元/头	601.84	621.32	611.58
副产品产值	元/头	15.24	25.26	20.25
其他收入	元/头	0.40	0.02	0.21
生产成本	元/头	535.77	594.04	564.91
物质费用	元/头	491.77	466.04	478.91
用工作价	元/头	44.00	128.00	86.00
用工数量	个/头	4.40	12.80	8.60
劳动日工价	元/头	10.00	10.00	10.00
期间费用	元/头	16.15	4.34	10.25
税金	元/头	1.44	3.08	2.26
含税成本	元/头	553.36	601.46	577.42
净产值	元/头	125.31	180.54	152.92
减税纯收益	元/头	64.12	45.14	54.62
成本纯收益率	%	11.59	7.51	9.46
耗粮数量	kg/头	189.50	165.70	177.60
主产品平均出售价格	元/50kg	303.96	293.35	298.33
主产品物质费用	元/50kg	242.24	211.44	226.13
主产品生产成本	元/50kg	263.91	269.51	266.73
主产品含税成本	元/50kg	272.57	272.88	272.64
主产品净产值	元/50kg	61.72	81.91	72.20
主产品减税纯收益	元/50kg	31.59	20.48	25.79
主产品耗粮数量	kg/50kg	95.70	78.20	86.60
主产品产量	kg/日	22.50	8.30	11.90
净产值	元/日	28.48	14.10	17.78
每核算单位成本外支出	元/核算单位	0.39	1.82	1.11

（续）

指　标	单　位	蛋　鸡		
		专业户养蛋鸡	国营集体养蛋鸡	平　均
主产品产量	kg/百只	1 487.10	1 522.50	1 504.80
产值合计	元/百只	6 883.64	7 478.11	7 180.88
主产品产值	元/百只	5 879.69	6 411.07	6 145.38
副产品产值	元/百只	1 003.95	1 067.04	1 035.50
其他收入	元/百只	0.10	101.10	50.60
生产成本	元/百只	6 502.43	7 452.50	6 977.97
物质费用	元/百只	6 246.43	7 255.50	6 750.97
用工作价	元/百只	256.00	197.00	227.00
用工数量	个/百只	25.60	19.70	22.70
劳动日工价	元/百只	10.00	10.00	10.00
期间费用	元/百只	90.88	690.43	390.66
税金	元/百只	0.07	0.14	0.11
含税成本	元/百只	6 593.38	8 143.07	7 368.74
净产值	元/百只	637.21	222.61	429.91
减税纯收益	元/百只	290.36	－563.86	－137.26
成本纯收益率	%	4.40	－6.92	－1.86
耗粮数量	kg/百只	2 437.40	2 661.90	2 549.70
主产品平均出售价格	元/50 百只	197.69	210.54	204.19
主产品物质费用	元/50 百只	179.39	204.27	191.97
主产品生产成本	元/50 百只	186.74	209.82	198.42
主产品含税成本	元/50 百只	189.35	229.26	209.53
主产品净产值	元/50 百只	18.30	6.27	12.22
主产品减税纯收益	元/50 百只	8.34	－15.40	－3.66
主产品耗粮数量	kg/50 百只	82.00	87.40	84.70
主产品产量	kg/日	58.10	77.30	66.30
净产值	元/日	24.89	11.30	18.94
每核算单位成本外支出	元/核算单位	3.19	12.05	7.62

（续）

指 标	单 位	肉 鸡		
		专业户养肉鸡	国营集体养肉鸡	平 均
主产品产量	kg/百只	229.70	174.80	202.30
产值合计	元/百只	1 498.44	1 204.06	1 351.25
主产品产值	元/百只	1 473.38	1 187.28	1 330.33
副产品产值	元/百只	25.06	16.78	20.92
其他收入	元/百只	0.61	0.4	0.51
生产成本	元/百只	1 269.47	1 054.35	1 162.41
物质费用	元/百只	1 207.47	1 023.35	1 115.41
用工作价	元/百只	62.00	21.00	47.00
用工数量	个/百只	6.20	3.10	4.70
劳动日工价	元/百只	10.00	10.00	10.00
期间费用	元/百只	17.08	46.45	31.77
税金	元/百只	0.42		0.21
含税成本	元/百只	1 286.97	1 100.80	1 194.39
净产值	元/百只	290.97	180.71	235.84
减税纯收益	元/百只	212.08	103.66	157.37
成本纯收益率	%	16.48	9.42	13.18
耗粮数量	kg/百只	374.70	281.60	328.20
主产品平均出售价格	元/50kg	320.72	339.61	328.80
主产品物质费用	元/50kg	258.44	288.64	271.41
主产品生产成本	元/50kg	271.71	297.38	282.85
主产品含税成本	元/50kg	275.46	310.49	290.63
主产品净产值	元/50kg	62.28	50.97	57.39
主产品减税纯收益	元/50kg	45.39	29.23	38.30
主产品耗粮数量	kg/50kg	81.60	80.50	81.10
主产品产量	kg/日	37.00	56.40	43.00
净产值	元/日	46.93	58.29	50.18
每核算单位成本外支出	元/核算单位	2.47		1.24

（续）

指　　标	单　位	农户养菜牛	农户养菜羊	奶牛合计	淡水渔平均
主产品产量	kg/头、百尾	339.30	34.10	5 525.30	746.50
产值合计	元/头、百尾	2 027.98	247.20	11 129.22	4 473.87
主产品产值	元/头、百尾	1 885.24	209.56	10 690.53	4 321.17
副产品产值	元/头、百尾	142.74	37.64	438.69	152.70
其他收入	元/头、百尾	1.73	1.42	25.13	2.32
生产成本	元/头、百尾	1 497.36	191.25	7 981.96	3 487.21
物质费用	元/头、百尾	1 310.36	105.25	7 266.96	3 154.01
用工作价	元/头、百尾	187.00	86.00	715.00	333.20
用工数量	个/头、百尾	18.70	8.60	71.50	23.80
劳动日工价	元/头、百尾	10.00	10.00	10.00	14.00
期间费用	元/头、百尾	16.24	3.37	844.25	350.03
税金	元/头、百尾	4.56	2.83	2.50	62.70
含税成本	元/头、百尾	1 518.16	197.45	8 828.71	3 899.94
净产值	元/头、百尾	717.62	141.95	3 862.26	1 319.86
减税纯收益	元/头、百尾	511.55	51.17	2 325.64	576.25
成本纯收益率	%	33.70	25.92	26.34	14.78
耗粮数量	kg/头、百尾	167.70	18.50	2 179.50	630.20
主产品平均出售价格	元/50kg	277.81	307.27	96.74	289.43
主产品物质费用	元/50kg	179.50	130.83	63.17	204.04
主产品生产成本	元/50kg	205.12	237.72	69.38	225.60
主产品含税成本	元/50kg	207.97	245.43	76.74	252.30
主产品净产值	元/50kg	98.31	176.44	33.57	85.39
主产品减税纯收益	元/50kg	70.09	63.92	20.23	37.29
主产品耗粮数量	kg/50kg	24.70	27.10	19.70	42.20
主产品产量	kg/日	18.10	4.00	77.30	31.40
净产值	元/日	38.38	16.51	54.02	55.46
每核算单位成本外支出	元/核算单位	1.20	2.77	41.17	11.53

表 38 我国农村经济效益（2000—2001）

项目	单位	2000	2001	2001 年比上年增减（%）
一、农村劳动生产率	元/人			
每一农村劳动力创造农林牧渔业总产值		7 596.74	8 067.74	6.20
二、每一农业劳动力生产的农产品	kg/人			
粮食		1 409.17	1 394.84	-1.02
棉花		13.47	16.41	21.83
油料		90.10	88.28	-2.02
糖料		232.80	266.71	14.57
猪、牛、羊肉		147.52	154.88	4.99
鲜蛋		68.40	72.01	5.28
水产品		130.47	135.01	3.48
三、主要农产品单位面积产量	kg/hm^2			
谷物		4 573.00	4 800.26	4.97
棉花		1 093.00	1 106.86	1.27
麻类		2 019.08	2 108.36	4.42
油料		1 918.70	1 958.03	2.05
糖料		50 429.33	52 327.69	3.76
烟叶		1 775.92	1 752.99	-1.29
四、农民家庭平均每人生产性纯收入	元/人	2 129.58	2 231.58	4.79

农产品加工机械拥有量及农产品加工行业固定资产投资情况

表 39 农业部系统农产品加工机械年末拥有量（2001）

地区	农产品加工机械动力		粮食加工机械（万台）	棉花加工机械（万台）	油料加工机械（万台）	饲料粉碎机（万台）
	万台	万 kW				
全国总计	**792.68**	**6 150.75**	**522.01**	**18.07**	**47.30**	**199.38**
北京	1.11	8.54	0.90		0.04	0.53
天津	3.06	23.52	0.73	0.02	0.09	0.34
河北	89.06	744.75	30.49	1.89	4.52	6.38
山西	18.05	127.40	12.23	0.37	1.44	2.04
内蒙古	11.34	105.84	8.58		0.81	7.12

（续）

地　区	农产品加工机械动力		粮食加工机械（万台）	棉花加工机械（万台）	油料加工机械（万台）	饲料粉碎机（万台）
	万台	万 kW				
辽　宁	10.60	118.11	7.78	0.03	0.35	2.97
吉　林	12.11	115.43	9.18		0.34	4.51
黑龙江	9.45	92.48	4.02		0.59	3.37
上　海	0.60	5.74	0.59		0.01	0.22
江　苏	30.16	237.88	15.63	0.91	1.87	8.64
浙　江	20.76	157.12	14.09	0.61	0.60	2.22
安　徽	33.46	275.83	20.61	1.78	3.40	5.67
福　建	13.22	108.33	9.69		1.11	3.03
江　西	19.61	210.03	15.59	0.68	2.30	2.85
山　东	98.35	862.56	35.01	2.68	5.58	16.86
河　南	68.00	485.94	32.12	3.71	6.57	12.39
湖　北	41.33	290.00	25.76	1.05	2.65	11.76
湖　南	60.27	365.74	52.83	2.23	3.79	13.37
广　东	24.09	178.28	12.18		1.21	6.12
广　西	42.32	319.49	32.70	0.05	1.74	22.09
海　南	1.70	16.60	1.58		0.12	0.50
重　庆	28.87	179.98	34.58	0.06	0.87	11.95
四　川	50.02	362.01	50.47	0.05	2.26	24.18
贵　州	29.66	215.15	29.11	0.07	0.84	4.52
云　南	32.93	247.76	32.75		0.35	10.08
西　藏						
陕　西	23.41	142.77	19.35	0.47	1.17	6.28
甘　肃	12.19	84.45	9.13	0.09	1.66	5.14
青　海	1.51	15.23	0.88	0.51		0.64
宁　夏	2.12	17.54	1.67		0.45	0.95
新　疆	3.02	33.54	1.71	0.29	0.53	2.49
新疆兵团	0.30	2.71	0.07	0.07	0.04	0.17

资料来源：表 39、表 40 数据，由农业部农业机械化管理司提供。

表 40　全国农业机械作业量（2001）

项　　目	单　位	数　量	项　　目	单　位	数　量
一、机耕面积	khm^2	61 652.76	其中：免耕覆盖播种面积	khm^2	1 268.32
其中：机械深耕深松面积	khm^2	22 794.63	4. 机械铺膜面积	khm^2	3 935.11
机耕面积占实际总耕地面积比例	%	47.41	5. 水稻工厂化育秧栽插面积	khm^2	343.36
二、机播面积	khm^2	40 582.86	6. 化肥机械深施面积	khm^2	30 171.46
机播面积占实际总播种面积比例	%	26.06	7. 机械化秸秆还田面积	khm^2	14 633.22
其中：1. 机播水稻	khm^2	388.25	8. 农田机械节水灌溉面积	khm^2	7 142.53
2. 机插水稻	khm^2	988.18	9. 机械脱粒粮食数量	万 t	37 654.74
3. 机浅栽水稻	khm^2	242.40	10. 机械烘干粮食数量	万 t	1 210.16
4. 机播小麦	khm^2	17 980.38	11. 机械加工农副产品数量	万 t	63 075.79
5. 机播玉米	khm^2	11 031.01	其中：（1）加工粮食数量	万 t	47 416.66
三、机电灌溉面积	khm^2	51 141.72	（2）加工棉花数量	万 t	2 348.86
四、机械植保作业面积	khm^2	35 585.39	（3）加工油料数量	万 t	5 408.72
五、机械收获面积	khm^2	26 536.36	12. 农机运输作业量	万 t·km	13 032 287
机收面积占总收获面积比例	%	17.99	13. 机械播种牧草面积	khm^2	325.19
其中：1. 机收小麦	khm^2	17 196.45	14. 机械剪羊毛量	万只	194.89
2. 机收水稻	khm^2	5 193.43	15. 机械收割牧草数量	万 t	903.35
3. 机收玉米	khm^2	395.92	16. 机械化青贮秸秆数量	万 t	3 294.85
六、单项农机化作业			17. 机械采棉花量	万 t	8.90
1. 机修梯田面积	khm^2	272.98	18. 机械收获大豆面积	khm^2	1 927.84
2. 精量半精量播种面积	khm^2	23 223.45	19. 机械收获油菜面积	khm^2	330.94
3. 免耕播种面积	khm^2	3 585.48	20. 农用飞机作业面积	khm^2	884.70

表 41　纺织工业农产品加工业主要专业设备拥有量（1997—1999）

专 业 设 备	单　　位	1997	1998	1999
棉纺锭	万锭	4 245.60	3 641.60	3 382.60
棉气流纺锭	万锭	58.85	58.34	59.36
棉布织机	万台	75.29	71.36	69.62
其中：无梭织机	万台	4.92	5.12	5.87
棉喷气织机	台	19 065.00	19 628.00	20 947.00
棉箭杆织机	台	19 856.00	19 635.00	23 844.00
棉喷水织机	台	6 144	7 313	7 841
棉片梭织机	台	4 121	4 612	6 055

（续）

专业设备	单位	1997	1998	1999
毛纺锭	万锭	387.07	386.71	382.44
毛织机	万台	3.41	3.10	2.50
麻袋织机	台	8 700	7 814	6 992
亚麻纺锭	万锭	17.69	17.42	17.31
亚麻织机	台	1 765	1 779	1 437
苎麻纺锭	万锭	46.34	34.98	33.23
苎麻织机	台	5 700	4 520	5 404
桑蚕缫丝机	万绪	323.68	304.47	377.63
其中：自动缫丝机	万绪	56.44	64.44	77.26
柞蚕缫丝机	万绪	2.83	2.54	2.56
绢丝精纺锭	万锭	35.05	33.10	28.98
丝织机	万台	20.95	19.64	19.69
棉印染生产能力	亿 m	154.85	119.12	118.09

资料来源：表中数据出自 2000/2001 中国纺织工业发展报告。

表 42 我国农产品加工行业基本建设投资和新增固定资产情况（2000）

单位：亿元

行业	投资额	新增固定资产额	固定资产交付使用率（%）
合计	**301.78**	**286.38**	
木材及竹材采运业	21.57	7.96	36.9
食品加工业	32.43	28.73	88.6
食品制造业	37.57	38.19	101.7
饮料制造业	26.27	19.98	76.1
烟草加工业	18.23	23.48	128.8
纺织业	29.57	23.60	79.8
服装及纤维制品制造业	17.67	16.67	94.3
皮革毛皮羽绒及其制品业	12.18	5.89	48.4
木材加工及竹藤棕草制品业	8.22	8.30	101.0
家具制造业	7.15	6.20	86.6
造纸及纸制品业	39.54	65.86	166.6
印刷业、记录媒介的复制	13.05	10.37	79.4
橡胶制品业	8.40	4.01	47.8
专用设备制造业*	29.93	27.14	90.7

* 此数据为全部工业行业专用设备制造业。

表 43　我国农产品加工行业完成基本建设投资后新增主要产品生产能力（1999—2000）

名　称	单　位	1999	2000
轮　　胎	万条/年		
内　　胎	万条/年	416	
外　　胎	万条/年	179	
胶 合 板	万 m^3/年	2	12
棉 纺 锭	万锭	1	2
棉布织机	台		
棉印染布	万 m/年	5 409	3 000
毛 纺 锭	锭		
机 制 糖			
年 生 产	万 t	3	0.3
日处理原料	t	1 776	42 000
卷　　烟	万箱/年		
酒	万 t/年	14	16
糖　　果	t/年		4 700
原　　盐	万 t/年	2	2
机制纸及纸板	万 t/年	87	8
鞣制皮革	万张/年	1	
皮　　鞋	万双/年	906	85

表 44　我国农产品加工行业更新改造投资和新增固定资产情况（2000）

单位：亿元

行　　业	投资额	新增固定资产额	固定资产交付使用率（%）
合　　计	**539.90**	**451.17**	
木材及竹材采运业	3.34	0.81	24.3
食品加工业	43.95	37.74	85.9
食品制造业	47.75	43.93	92.0
饮料制造业	82.52	72.80	88.2
烟草加工业	45.24	34.67	76.6
纺织业	107.86	87.54	81.2
服装及纤维制品制造业	17.28	17.78	102.9
皮革毛皮羽绒及其制品业	4.54	3.72	81.9
木材加工及竹藤棕草制品业	15.15	10.45	68.9
家具制造业	5.55	4.73	85.2
造纸及纸制品业	79.91	60.62	75.9
印刷业、记录媒介的复制	22.85	20.15	88.2
橡胶制品业	20.86	20.08	96.3
专用设备制造业*	43.10	36.15	83.9

*　此数据为全部工业行业专用设备制造业。

表 45 我国农产品加工行业完成更新改造投资后新增主要产品生产能力（1999—2000）

名　称	单　位	1999	2000
轮　胎	万条/年		
内　胎	万条/年	120	304
外　胎	万条/年	792	406
胶合板	万 m^3/年	12	28
棉纺锭	万锭	15	31
棉布织机	台	2 747	3 370
棉印染布	万 m/年	11 952	23 271
毛纺锭	锭	15 200	5 442
机制糖			
年生产	万 t	21	6
日处理原料	t	18 250	14 260
卷　烟	万箱/年	95	51
酒	万 t/年	5 730	300
糖　果	t/年	7 010	11 724
奶　粉	t/年	36 910	2 000
原　盐	万 t/年	25	80
机制纸及纸板	万 t/年	159	174
鞣制皮革	万张/年	157	9
皮　鞋	万双/年	370	826

表 46 林业系统森工固定资产投资完成情况（2000—2001）

项　目	2000	2001	2001 年比上年增减（%）
一、1950—2000 年森工固定资产总投资额（万元）	5 259 347.6	5 435 150.7	3.34
二、当年森工固定资产完成总额（万元）	167 171	175 801	5.16
1. 基本建设投资完成额（万元）	62 672	61 070	−2.55
2. 更新改造投资完成额（万元）	65 347	63 968	−2.11
3. 其他森工固定资产投资完成额（万元）	39 152	50 762	29.65
三、当年新增固定资产（万元）	106 324	158 652	49.22

资料来源：表中数据由国家林业局提供。

表 47　各地区农垦系统固定资产投资完成情况（2000）

单位：万元

地　区	投资总额	其　中		当年新增固定资产
		基本建设	更新改造	
全国总计	**1 532 050**	**1 063 694**	**431 191**	**1 254 917**
北　京	79 713	76 063	3 650	50 100
天　津	8 358	5 219	3 128	7 256
河　北	38 134	9 616	27 795	36 013
山　西	843	817	26	174
内蒙古	21 600	20 873	727	12 090
辽　宁	22 572	19 470	3 102	18 075
吉　林	4 402	1 267	3 135	2 347
黑龙江	184 210	164 330	19 880	139 970
上　海	40 507	11 318	29 189	23 664
江　苏	17 004	5 168	11 836	13 939
浙　江	39 640	11 118	28 522	35 199
安　徽	14 184	11 681	2 503	15 299
福　建	4 272	1 790	2 482	1 527
江　西	7 166	4 750	2 416	5 307
山　东	2 142	1 980	162	2 096
河　南	10 547	9 200	1 347	9 787
湖　北	161 864	106 063	55 801	105 598
湖　南	9 364	8 410	954	7 516
广　东	19 511	14 913	4 598	13 417
广　西	8 410	3 374	5 036	6 757
海　南	86 211	70 861	14 542	79 172
重　庆	5 757	4 134	1 595	1 944
四　川	559	224	335	559
贵　州	671	423	248	662
云　南	18 275	14 195	3 631	14 341
陕　西	5 428	4 341	532	5 276
甘　肃	19 595	17 047	2 548	18 530
青　海	3 376	2 970	406	2 541
宁　夏	9 348	6 541	2 807	6 077
新疆（兵团）	654 858	441 051	179 216	595 430
新疆（农业）	9 135	6 292	2 843	8 573
新疆（畜牧）	6 453	4 563	1 890	3 758
热作两院	2 888	2 888	13 346	2 304
广　州	13 346		963	8 648
南　京	1 707	744		971
昆　明				
哈尔滨				

资料来源：表中数据由农业部农垦局提供。

表48　全国乡镇集体企业固定资产投资情况（2000）

单位：万元

地　区	固定资产原值	当年完成的固定资产投资	其中：工业企业当年完成的固定资产投资	当年新增固定资产
全国总计	**239 778 311**	**25 711 670**	**20 800 894**	**19 277 721**
北　京	3 388 923	575 489	374 422	426 626
天　津	3 823 969	412 628	370 370	365 228
河　北	15 531 400	1 779 728	1 307 956	1 373 937
山　西	5 766 680	367 234	295 766	269 908
内蒙古	4 523 511	191 897	128 512	130 728
辽　宁	8 113 517	882 552	613 076	607 946
吉　林	3 178 110	706 284	475 791	440 592
黑龙江	3 166 885	151 465	135 923	104 381
上　海	7 955 607	1 142 191	1 142 191	850 768
江　苏	23 311 286	2 976 844	2 701 543	2 208 161
浙　江	25 812 558	3 522 268	3 312 674	2 658 859
安　徽	7 436 930	635 459	399 009	531 193
福　建	9 906 014	642 325	533 849	453 829
江　西	3 090 158	469 933	358 535	344 949
山　东	23 032 505	3 817 256	2 968 274	2 784 197
河　南	13 860 104	1 302 501	1 038 583	1 135 617
湖　北	9 989 403	908 050	644 669	629 694
湖　南	9 010 720	875 719	569 061	634 072
广　东	29 498 326	2 107 783	1 846 850	1 589 699
广　西	5 051 601	144 158	107 961	132 893
海　南	754 298	18 981	8 253	12 184
重　庆	1 975 632	533 408	356 590	431 906
四　川	7 336 102	544 390	416 202	439 014
贵　州	1 713 943	190 416	145 132	153 577
云　南	5 405 880	171 424	81 968	118 297
西　藏				
陕　西	3 541 292	305 293	220 387	178 640
甘　肃	1 556 848	222 113	166 139	181 313
青　海	322 816	34 320	25 253	28 443
宁　夏	598 847	27 475	12 824	21 711
新　疆	1 124 446	52 086	43 131	39 359
计划单列市	12 276 117	1 964 170	1 664 036	1 419 077
大　连	2 626 771	303 868	140 065	224 872
青　岛	2 359 637	498 413	416 604	385 847
宁　波	4 643 814	878 340	862 132	651 989
厦　门	491 035	24 123	18 380	16 235
深　圳	1 926 083	256 859	224 363	137 883
新疆兵团	228 777	2 567	2 492	2 251
东部地区	150 374 105	17 859 064	15 171 205	13 319 250
中部地区	68 352 016	6 799 736	4 910 516	5 139 966
西部地区	21 052 190	1 052 870	719 173	818 505

资料来源：表中数据由农业部乡镇企业局提供。

表 49　我国食品工业固定资产投资额及新增固定资产情况（1998—2000）

单位：亿元

年　份	固定资产投资额			新增固定资产		
	总　计	基本建设	更新改造	总　计	基本建设	更新改造
1998	368.32	94.26	231.38	336.94	95.40	204.35
1999	312.47	106.43	206.04	289.44	86.46	202.98
2000	333.96	114.50	219.46	299.52	110.38	189.14

表 50　我国食品工业完成更新改造后新增生产能力（1998—2000）

名　称	单　位	1998	1999	2000
机制糖				
年生产	万 t	38	21	6
日处理原料	t	29 786	18 250	14 260
卷烟	万箱/年	288	95	51
酒	万 t/年	233	5 730	300
糖果	t/年	5 800	7 010	11 724
奶粉	t/年	8 620	36 910	2 000
原盐	万 t/年	33	25	80

表 51　我国食品工业完成基本建设后新增生产能力（1998—2000）

名　称	单　位	1998	1999	2000
机制糖				
年生产	万 t	9	3	0.3
日处理原料	t	7 000	1 776	42 000
酒	万 t/年	5	14	16
糖果	t/年	42 300		4 700
奶粉	t/年	5 200		
原盐	万 t/年	2	2	2

资料来源：表 49 至表 51 中数据由食品工业协会提供。

表 52　纺织工业系统固定资产投资情况（1997—2000）

名　称	单　位	1997	1998	1999	2000
固定资产投资总额	亿元	284.59	266.02	235.64	
占全国固定资产投资额	%	1.14	0.94	0.79	
其中：纺织工业基本建设投资	亿元	122.68	127.03	53.68	
纺织工业更新改造投资	亿元	161.91	138.99	106.69	

资料来源：表中数据出自 2000/2001 中国纺织工业发展报告。

按国民经济行业分类统计农产品加工业现状

表 53　我国农产品加工业全部国有及规模以上非国有工业企业主要指标（2000）

单位：亿元

行　业	企业单位数	工业总产值	工业增加值	产品销售收入	利润总额	资产合计
合　计	**61 427**	**23 494.95**	**6 722.12**	**21 991.01**	**834.71**	**27 413.89**
木材及竹材采运业	498	121.09	61.49	108.50	1.13	401.53
食品加工业	10 676	3 722.70	835.29	3 477.52	68.74	3 078.22
食品制造业	4 691	1 422.52	415.81	1 353.07	54.79	1 684.43
饮料制造业	3 409	1 752.37	618.90	1 647.47	97.51	2 742.77
烟草加工业	343	1 451.29	935.80	1 430.76	142.58	1 973.82
纺织业	10 968	5 149.30	1 272.84	4 810.45	136.88	5 917.01
服装及其他纤维制品制造业	7 064	2 291.16	592.02	2 133.01	86.44	1 758.77
皮革毛皮羽绒及其制品业	3 164	1 345.17	323.62	1 238.19	34.86	939.10
木材加工及竹藤棕草制品业	2 552	656.77	157.53	621.10	17.75	694.94
家具制造业	1 498	370.18	94.86	344.59	15.96	363.48
造纸及纸制品业	4 672	1 590.36	412.62	1 503.09	59.52	2 511.99
印刷业、记录媒介的复制	3 703	616.71	201.39	588.00	47.31	973.73
橡胶制品业	1 783	812.70	218.98	731.78	10.35	1 118.81
专用设备制造业*	6 406	2 192.63	580.97	2 003.48	60.89	3 255.29

表 54　我国农产品加工业全部国有及规模以上非国有工业企业主要经济效益指标（2000）

行　业	工业增加值率（%）	总资产贡献率(%)	资产负债率（%）	流动资产周转次数（次/年）	工业成本费用利润率（%）	全员劳动生产率[元/(人·年)]	产品销售率（%）
平　均　值	29.47	10.56	62.72	1.67	4.81	57 707	97.08
木材及竹材采运业	50.78	3.49	67.83	0.67	1.17	8 313	99.47
食品加工业	22.44	6.82	72.33	2.48	2.01	49 749	97.33
食品制造业	28.83	8.90	62.09	1.89	4.22	45 309	96.02
饮料制造业	35.32	12.68	60.30	1.38	6.68	60 544	97.37
烟草加工业	64.48	44.24	46.19	1.50	18.11	361 452	99.98
纺织业	24.72	7.20	70.28	1.78	2.92	26 359	97.21
服装及其他纤维制品制造业	25.84	9.77	58.19	2.11	4.24	27 455	96.62
皮革毛皮羽绒及其制品业	24.06	8.47	66.61	2.21	2.90	28 704	96.65
木材加工及竹藤棕草制品业	23.99	7.95	65.65	2.12	2.95	31 481	96.05
家具制造业	25.63	9.17	56.29	1.89	4.83	35 080	96.30
造纸及纸制品业	25.95	6.92	65.98	1.49	4.09	36 384	96.67
印刷业、记录媒介的复制	32.66	9.52	55.37	1.39	8.62	36 078	96.78
橡胶制品业	26.94	6.85	66.06	1.37	1.46	32 894	96.03
专用设备制造业*	26.50	5.85	64.92	1.13	3.10	28 095	96.61

*　表 53 至表 58 中数据为全部工业行业专用设备制造业。

表 55 我国农产品加工业国有及国有控股工业企业主要指标（2000）

单位：亿元

行 业	企业单位数	工业总产值	工业增加值	产品销售收入	利润总额	资产合计
合 计	**25 250**	**7 986.07**	**2 803.45**	**7 647.55**	**283.39**	**13 844.45**
木材及竹材采运业	486	120.30	61.24	107.79	1.14	400.16
食品加工业	5 082	1 302.83	291.72	1 247.48	0.87	1 564.53
食品制造业	2 071	428.64	126.33	401.04	15.38	692.28
饮料制造业	1 663	863.93	336.89	827.55	70.80	1 608.13
烟草加工业	299	1 426.66	927.62	1 406.72	142.44	1 937.53
纺织业	2 631	1 659.60	446.05	1 606.23	31.94	2 734.83
服装及其他纤维制品制造业	638	135.81	40.75	135.04	2.27	219.57
皮革毛皮羽绒及其制品业	331	56.58	14.05	44.44	-2.47	112.78
木材加工及竹藤棕草制品业	638	101.46	27.61	93.67	-1.39	266.78
家具制造业	239	23.54	7.44	22.02	0.46	54.15
造纸及纸制品业	1 028	432.13	121.92	425.06	14.95	1 125.72
印刷业、记录媒介的复制	2 148	234.02	91.19	228.30	17.15	498.72
橡胶制品业	374	279.14	72.30	244.96	-6.68	567.79
专用设备制造业*	2 622	903.43	238.34	857.25	-3.47	2 061.48

表 56 我国农产品加工业国有及国有控股工业企业主要经济效益指标（2000）

行 业	工业增加值率（%）	总资产贡献率(%)	资产负债率（%）	流动资产周转次数（次/年）	工业成本费用利润率（%）	全员劳动生产率[元/(人·年)]	产品销售率（%）
平 均 值	33.34	7.99	67.78	1.11	2.95	51 092	97.42
木材及竹材采运业	50.91	3.48	67.83	0.67	1.18	8 311	99.52
食品加工业	22.39	4.42	81.27	1.80	0.07	35 211	98.80
食品制造业	29.47	6.92	66.93	1.34	3.91	33 681	95.42
饮料制造业	38.99	13.64	59.82	1.14	10.10	54 759	97.87
烟草加工业	65.02	44.84	45.72	1.50	18.60	379 933	99.99
纺织业	26.88	5.76	75.07	1.33	2.01	19 387	98.07
服装及其他纤维制品制造业	30.00	4.10	64.28	1.08	1.68	20 352	97.92
皮革毛皮羽绒及其制品业	24.84	0.73	86.52	0.70	-5.14	17 775	92.85
木材加工及竹藤棕草制品业	27.21	3.49	73.31	1.03	-1.41	20 360	96.58
家具制造业	31.59	4.25	65.25	0.97	2.03	23 926	96.14
造纸及纸制品业	28.21	5.18	67.83	1.05	3.56	28 230	98.11
印刷业、记录媒介的复制	38.97	7.79	56.14	1.20	7.84	28 772	97.62
橡胶制品业	25.90	4.19	70.55	0.93	-2.73	26 088	97.49
专用设备制造业*	26.38	3.05	68.35	0.79	-0.39	18 501	97.52

表 57 我国农产品加工业“三资”工业企业主要指标（2000） 单位：亿元

行　业	企业单位数	工业总产值	工业增加值	产品销售收入	利润总额	资产合计
合　计	**11 941**	**6 607.13**	**1 618.97**	**6 279.10**	**228.21**	**7 089.08**
木材及竹材采运业						
食品加工业	1 154	859.81	172.76	846.38	13.28	711.12
食品制造业	867	564.06	174.43	552.17	24.04	635.04
饮料制造业	432	514.68	172.41	489.88	19.61	762.51
烟草加工业	5	7.28	4.55	7.40	0.44	12.91
纺织业	2 063	1 094.13	263.80	1 017.86	33.70	1 228.46
服装及其他纤维制品制造业	3 061	1 112.06	289.07	1 046.25	43.54	797.56
皮革毛皮羽绒及其制品业	1 276	759.40	176.77	708.98	16.17	500.39
木材加工及竹藤棕草制品业	545	207.76	44.10	203.47	2.92	256.33
家具制造业	421	166.17	41.62	158.38	6.86	166.55
造纸及纸制品业	671	502.23	118.71	473.74	22.96	910.20
印刷业、记录媒介的复制	460	198.21	59.13	191.21	20.33	286.44
橡胶制品业	328	286.75	77.92	261.77	2.18	409.92
专用设备制造业*	658	334.59	86.70	321.61	22.18	411.65

表 58 我国农产品加工业“三资”工业企业主要经济效益指标（2000）

行　业	工业增加值率（%）	总资产贡献率(%)	资产负债率（%）	流动资产周转次数（次/年）	工业成本费用利润率（%）	全员劳动生产率[元/(人·年)]	产品销售率（%）
平　均　值	28.71	9.82	56.38	1.82	5.14	77 340.69	97.31
木材及竹材采运业							
食品加工业	20.09	5.68	64.40	2.49	1.59	78 713	97.72
食品制造业	30.92	10.01	55.04	2.10	4.58	84 792	96.58
饮料制造业	33.50	10.68	56.81	1.65	4.30	102 583	97.40
烟草加工业	62.45	24.73	40.53	1.13	8.58	204 118	99.80
纺织业	24.11	6.65	59.56	1.75	3.40	43 450	96.77
服装及其他纤维制品制造业	25.99	9.63	55.44	2.21	4.34	28 097	97.53
皮革毛皮羽绒及其制品业	23.28	6.98	64.38	2.27	2.34	25 933	97.69
木材加工及竹藤棕草制品业	21.23	6.05	63.54	1.74	1.45	41 174	96.79
家具制造业	25.05	8.48	59.23	1.73	4.46	39 447	97.00
造纸及纸制品业	23.64	6.46	63.47	1.29	5.05	70 020	95.15
印刷业、记录媒介的复制	29.83	11.46	48.94	1.38	11.89	68 992	96.86
橡胶制品业	27.17	11.70	46.52	2.58	7.49	148 470	98.28
专用设备制造业*	25.91	9.12	55.04	1.35	7.29	69 640	97.47

表 59　原国家机械工业局系统农产品加工机械制造业现状（2001）

行　业	企业单位数（个）	平均职工数（人）	工业增加值（万元）	工业总产值（万元）	工业销售产值（万元）	出口交货值	
						合计（万元）	其中：自营出口创汇额（万美元）
合　计	**133**	**7 844**	**65 988.6**	**2 172 854**	**222 432**	**19 976**	**1 324.9**
1. 农副产品加工机械制造业	32	9 212	12 739.5	1 945 545	34 807	4 777	190
2. 畜牧机械制造业	7	2 824	2 859.9	35 572	8 375	5	0.6
3. 粮油工业专用设备制造业	22	8 933	10 348.0	32 969	31 763	2 884	171.6
4. 饲料工业专用设备制造业	5	1 343	3 415.0	7 267	3 532	133	16.1
5. 营林机械制造业							
6. 其他农林牧渔业机械制造业	67	16 910	36 626.2	151 501	143 955	12 177	962.7

表 60　原国家机械工业局系统农产品加工机械制造行业经济效益（2001）

行　业	工业经济效益综合指数（%）	工业产品销售率（%）	从业人员劳动生产率元/人	总资产贡献率（%）	人均创利税（元/人）	万元产值综合能耗（t折标准煤）
平　均　值	68.26	83.72	15 423.4	5.08	3 213.2	0.52
1. 农副产品加工机械制造业	66.77	85.53	11 985	4.44	2 787	0.52
2. 畜牧机械制造业	53.99	93.09	9 740	3.03	1 464	0.97
3. 粮油工业专用设备制造业	45.65	96.34	11 368	2.28	1 008	0.50
4. 饲料工业专用设备制造业	106.32	48.60	22 914	11.19	6 960	0.29
5. 营林机械制造业						
6. 其他农林牧渔业机械制造业	68.57	95.02	21 110	4.74	3 847	0.30

资料来源：表 59、表 60 中数据由中国农业机械工业协会提供。

表 61　农业部系统农产品加工企业基本情况（2001）

年　份	企业个数（个）	从业人员（人）	现价总产值（万元）	现价增加值（万元）	销售收入（万元）	出口产品交货值（万元）	净利润（万元）	上缴税金（万元）	固定资产原值（万元）
2001	35 759	5 716 074	93 983 153	21 128 742	88 490 770	27 673 582	3 685 450	2 974 168	33 504 097

表62 以农产品为原料的轻工业情况（2000）

单位：亿元

地 区	企业数	工业总产值	增加值	销售收入	利润总额	应交增值税
全国总计	**53 777**	**21 069.9**	**6 166.1**	**19 744.2**	**839.5**	**806.9**
北 京	1 486	397.3	141.6	398.0	20.0	20.6
天 津	1 646	446.5	95.4	427.2	23.7	16.3
河 北	2 414	862.6	250.4	783.1	33.9	28.3
山 西	590	99.7	33.2	82.8	0.7	4.5
内蒙古	452	193.1	62.2	178.4	10.6	7.9
辽 宁	1 633	530.9	133.5	492.4	12.0	15.7
吉 林	960	293.0	101.8	249.1	9.8	12.6
黑龙江	970	321.5	97.3	292.4	1.9	14.9
上 海	2 554	1 016.9	299.7	1 073.4	64.1	43.7
江 苏	5 725	2 800.5	691.0	2 616.9	78.2	90.2
浙 江	5 269	2 277.6	512.1	2 214.6	123.1	79.7
安 徽	1 407	468.6	148.6	435.8	11.8	20.4
福 建	2 264	807.7	244.7	758.6	28.9	26.6
江 西	1 257	242.9	75.9	206.1	7.2	10.7
山 东	4 393	2 600.9	718.6	2 411.0	127.1	85.7
河 南	3 590	995.3	304.6	902.7	34.0	29.7
湖 北	2 254	920.4	310.1	804.6	32.1	34.1
湖 南	1 342	425.8	180.5	399.9	18.0	26.2
广 东	6 818	3 002.6	789.5	2 785.9	76.9	85.9
广 西	1 028	321.0	99.8	301.3	8.8	19.1
海 南	190	73.2	18.6	62.1	1.9	3.0
重 庆	480	138.0	49.9	136.1	4.3	8.4
四 川	1 332	603.4	220.8	585.3	42.2	32.8
贵 州	606	183.7	75.5	159.0	4.6	13.9
云 南	639	521.6	339.1	510.6	55.1	53.0
西 藏	134	5.6	3.0	4.5	1.0	0.4
陕 西	806	237.0	76.3	213.9	4.5	10.8
甘 肃	745	90.0	36.8	71.9	1.8	3.3
青 海	111	12.8	4.0	11.1	−0.6	0.6
宁 夏	115	32.3	10.5	35.6	1.0	1.2
新 疆	567	147.8	41.3	139.7	0.7	6.9

注：1. 表中数据统计范围为全部国有及规模以上（指年产品销售收入500万元以上的企业）非国有工业企业。

2. 表中数值均按现行价格计算。

3. 表中数据由国家统计局农村社会经济调查总队提供。

表 63　林业系统农产品加工业总产值及销售产值（2000—2001）

行　业	工业总产值		工业销售产值	
	按现行价格计算（万元）		按现行价格计算（万元）	
	2000	2001	2000	2001
小　计	**2 929 286**	**4 138 228**	**2 847 281**	**3 940 604**
1. 木材及竹材采运业	1 217 976	1 103 002	1 224 603	1 075 911
2. 木材加工及竹、藤、棕、草制品业	1 389 671	1 361 531	1 327 355	1 283 513
锯材、木片加工业	194 872	202 886	182 386	196 144
人造板制造业	811 342	754 605	790 465	713 747
木制品业	345 533	375 324	322 905	347 125
竹藤棕草制品业	37 924	28 716	31 599	26 497
3. 家具制造业	41 570	43 437	37 535	39 729
4. 造纸及纸制品业	84 378	77 099	82 031	70 587
5. 林产化学产品制造业	131 154	135 574	119 392	133 372
6. 机械制造及修理业	64 537	56 054	56 365	53 979

资料来源：表 63 至表 67 中数据来源于国家林业局。

表 64　林业系统各地区农产品加工业总产值（2001）

单位：万元

地　区	木材加工及竹、藤、棕、草制品业					家具制造业	造纸及纸制品业	林产化学产品制造业	机械制造及修理业	木材及竹材采运业
	合　计	锯材、木片加工业	人造板制造业	木制品业	竹、藤、棕草制品业					
全国总计	**1 361 531**	**202 886**	**754 605**	**375 324**	**28 716**	**43 437**	**77 099**	**135 574**	**56 054**	**1 103 002**
北　京									91	
天　津										
河　北	19 984	359	19 620	5			12 430		174	6 336
山　西	280		243	37		2				752
内 蒙 古	37 702	4 926	19 432	12 395	949	1 060	14 687	986	1 021	116 147
内蒙古集团	26 479	2 117	13 791	10 571		74	14 537	986	1 021	104 785
辽　宁	37 551	5 696	18 645	12 310	900	3 013			810	62 017
吉　林	182 812	30 667	53 555	98 590		5 497	101	10 219	6 193	177 634
吉林集团	64 889	14 477	32 939	17 473		110		7 476	1 641	66 476
黑 龙 江	215 264	39 757	71 782	103 388	337	16 443	3 888	5 169	6 522	231 586
龙江集团	196 210	31 596	69 029	95 585		16 443	3 888	5 169	5 908	185 680

（续）

地区	木材加工及竹、藤、棕、草制品业					家具制造业	造纸及纸制品业	林产化学产品制造业	机械制造及修理业	木材及竹材采运业
	合计	锯材、木片加工业	人造板制造业	木制品业	竹、藤、棕草制品业					
上海									3 525	
江苏	55 070	3 290	40 577	7 695	3 508	501		60	16 038	
浙江	53 210	4 325	40 164	1 928	6 793	262	797	6 002	1 611	13 577
安徽	48 006	8 785	33 360	3 517	2 344	301		751		13 840
福建	132 047	13 423	110 426	5 813	2 385	1 299	6 747	17 022	1 733	137 989
江西	28 567	744	24 099	3 076	648	186		5 818	2 819	70 327
山东	69 168	23 500	36 995	8 673		3 200				
河南	15 922	4 357	9 196	2 214	155	294		3 629		1 778
湖北	123 495	6 277	98 434	17 909	875	2 918		3 549	802	7 151
湖南	64 612	11 312	45 184	3 378	4 738	1 234	2 213	4 228	418	34 714
广东	22 276	14 340	5 157	1 556	1 223	5 743	319	9 872	82	31 863
广西	66 944	9 679	44 448	12 794	23	163	21 782	39 814	1 154	59 228
海南	9 051	9 004	15		32			2 730		4 380
重庆	638		518	60	60	136			1 139	
四川	60 983	582	33 283	24 335	2 783	290	14 073	1 960	2 254	600
贵州	8 035	241	6 246	585	963			989		7 349
云南	29 923	1 960	24 354	3 609		314	2	21 095	6 502	27 210
西藏										
陕西	8 481		8 032	449		458	60	1 681	2 741	417
甘肃	2 064		2 064			123				
青海										
宁夏										
新疆	7 681	4 244	2 503	934						3 575
大兴安岭	61 765	5 418	6 273	50 074					425	94 532

注：表中各行业工业总产值均按现行价格计算。

表 65 林业系统各地区农产品加工业销售产值（2001）

单位：万元

地　区	木材加工及竹、藤、棕、草制品业					家具制造业	造纸及纸制品业	林产化学产品制造业	机械制造及修理业	木材及竹材采运业
	合　计	锯材、木片加工业	人造板制造业	木制品业	竹、藤、棕草制品业					
全国总计	**1 283 513**	**196 144**	**713 747**	**347 125**	**26 697**	**39 729**	**70 587**	**133 372**	**53 979**	**1 075 911**
北　京									91	
天　津										
河　北	18 394	356	18 035	3			12 010		174	7 388
山　西	277		246	31		2				1 246
内蒙古	36 197	4 404	17 780	13 088	925	789	13 874	1 052	1 041	115 169
内蒙古集团	26 792	2 282	12 719	11 791		77	13 874	1 052	1.041	104 190
辽　宁	36 590	6 909	16 849	11 956	867	2 749			750	63 124
吉　林	176 640	31 037	51 978	93 625		5 612	98	10 225	6 019	173 555
吉林集团	63 666	14 885	31 838	16 943		118		7 481	1 779	65 254
黑龙江	206 154	38 602	69 328	97 887	337	16 562	3 716	5 139	5 368	224 920
龙江集团	187 624	30 694	66 888	90 042		16 562	3 716	5 139	4 754	180 445
上　海									3 525	
江　苏	54 493	3 028	40 428	7 679	3 358	452		60	15 909	
浙　江	52 739	4 079	40 128	1 784	6 748	256	643	4 740	1 499	8 638
安　徽	41 186	7 535	29 054	2 858	1 739	310		677		11 900
福　建	122 807	12 144	102 661	5 793	2 209	1 204	6 351	16 803	1 433	136 885
江　西	25 753	652	21 802	2 651	648	141		6 556	2 786	66 527
山　东	68 719	23 018	37 202	8 499		3 200				
河　南	14 080	3 884	8 357	1 772	67	227		2 544		1 775
湖　北	114 544	4 666	93 638	15 677	563	1 295		2 829	589	6 196
湖　南	60 446	10 313	42 279	3 215	4 639	1 144	2 192	4 484	394	33 493
广　东	22 702	14 962	4 922	1 630	1 188	4 600	19	9 299	82	32 066
广　西	63 999	9 478	44 256	10 236	29	162	21 434	38 592	1 014	49 504
海　南	8 816	8 816						2 788		3 833
重　庆	627		507	60	60	131			1 139	
四　川	56 526	509	29 624	23 939	2 454		10 171	1 647	1 999	595
贵　州	6 781	241	5 605	369	566			908		8 277
云　南	28 846	1 648	23 077	4 121		331	9	23 756	6 834	26 236
西　藏										
陕　西	8 212		7 653	459	100	426	70	1 273	2 934	400
甘　肃	1 935		1 935			136				
青　海										
宁　夏										
新　疆	7 807	4 445	2 507	855						3 418
大兴安岭	48 243	5 418	3 896	38 929					399	100 816

注：表中各行业工业销售产值均按现行价格计算。

表 66 林业系统国有独立核算大、中型工业企业主要工业产品生产能力（2001）

产品名称	单位	年初生产能力	本年新增生产能力			本年减少生产能力	年末生产能力	本年生产量
			合计	其中				
				基建新增	更新改造新增			
一、木材	万 m^3	2 589				220	2 369	1 463
二、锯材	万 m^3	570.9				131.7	439.2	41.2
三、胶合板	万 m^3	102.9	19.8		10.2	12.9	109.8	31.6
四、木质纤维板	万 m^3	163.3	23.4	7.0	14.5	18.8	167.9	132.5
五、刨花板	万 m^3	146.1	24.4	3.2	10.5	23.9	146.6	102.6
六、松香	t	443 914	1 815			209 760	235 969	75 923
七、栲胶	t	23 320				5 000	18 320	1 039
八、紫胶	t	3 850					3 850	382

表 67 林业系统各地区独立核算大、中型工业企业主要工业产品生产能力（2001）

单位：万 m^3、t

地区	木材	锯材	胶合板	木质纤维板	刨花板	松香	栲胶	紫胶
全国总计	**2 369**	**439.2**	**109.8**	**167.9**	**146.6**	**235 969**	**18 320**	**3 850**
北京								
天津								
河北								
山西								
内蒙古	480	64.7	0.9	4.9	14.0		8 000	
内蒙古集团	480	64.7	0.9	4.9	14.0		8 000	
辽宁								
吉林	425	108.7	17.3	24.3	27.7			
吉林集团	188	57.7	13.1	10.8	21.2			
黑龙江	499	136.9	7.7	10.4	27.9			
龙江集团	499	136.9	7.7	10.4	27.9			
上海								
江苏								
浙江		3.0		5.3				
安徽			0.3	3.9	4.0	1 500		
福建	67	34.6	26.9	30.9	8.8	93 579	1 000	250

（续）

地 区	木 材	锯 材	胶合板	木质纤维板	刨花板	松 香	栲 胶	紫 胶
江 西	53		2.0	0.6				
山 东			4.1	8.0	9.1			
河 南		0.7	3.3	3.3	5.6	985		
湖 北	7	12.1	18.4	5.8	21.2	5 147	500	
湖 南		1.0	9.5	15.9	6.1			
广 东								
广 西			4.0	21.0	6.7	55 000		
海 南	24	0.2	0.6			6 000		
重 庆								
四 川	46	7.1	0.3	12.5	3.1	6 108		100
贵 州				1.5	6.2	9 000		
云 南	150	44.7	11.8	13.5	5.8	58 650	8 820	3 500
西 藏								
陕 西	34	2.4	0.7	2.3	0.4			
甘 肃	32	8.1		0.3				
青 海								
宁 夏								
新 疆	8	1.0		2.0				
大兴安岭	544	14.0	2.0	1.5				

表 68 全国水产行业第二、第三产业总产值（2000） 单位：万元

指 标	按现行价格计算
第二产业（工业和建筑业）总产值	7 910 433.45
其中：水产品加工产值	5 339 560.12
渔船渔机仪器修造产值	427 509.99
渔用绳网制造产值	284 907.25
建筑业产值	376 714.02
其他工业产值	1 481 742.07
第三产业（流通和服务业）总产值	4 962 325.75

资料来源：表中数据由农业部渔业局提供。

表 69　我国水产品加工能力、产量及产值（1998—2001）

年　份	加工企业数（个）	加工能力（万 t/年）	总产量（万 t）	较上年增长率（%）	折合水产品原料（万 t）	占水产品总产值比率（%）	总产值（亿元）
1998	5 933	912.60	543.70	9.10	1 066.10	27.20	403.60
1999	6 443	1 127.10	624.20	14.80	1 223.90	29.70	464.60
2000	6 922	933.90	651.50	4.37	1 277.50	29.90	533.90
2001	7 648	1 061.02	690.09	6.04	1 354.09	30.10	622.04

表 70　我国沿海省份水产品加工状况(2001)

项　目	全　国	山　东	浙　江	福　建	广　东	辽　宁	江　苏	广　西	海　南	合　计	比例（%）
水产品总产量(万 t)	4 382.09	686.10	472.85	542.49	609.67	350.76	320.85	248.38	95.58	3 326.68	75.59
加工品产量(万 t)	690.86	241.74	92.73	114.02	76.66	86.20	23.45	10.83	20.07	665.70	96.34
加工品折合成原料（万 t）	1 354.09	473.81	181.75	223.48	150.25	168.95	45.96	21.23	39.34	1 304.77	96.34
加工原料占总产量比例(%)	30.09	69.06	38.44	41.19	24.64	48.17	14.35	8.55	41.16	39.22	
加工产值（亿元）	622.41	190.33	97.68	127.84	74.28	52.87	39.28	7.77	7.50	597.55	96.01
加工企业（个）	7 648	1 810	1 672	1 347	911	485	483	156	212	7 076	92.52
加工企业平均产值（万元）	813.82	1 051.55	584.21	949.07	815.37	1 090.01	813.25	498.08	353.77	844.47	

资料来源：表 69、表 70 数据由中国水产流通与加工协会提供。

表71 全国乡镇集体企业农产品加工业现状（2000）

行 业	企业单位数（个）	平均职工数（人）	工业增加值（现价 万元）	工业总产值（现价 万元）	工业销售产值（现价 万元）
小 计	**187 101**	**9 209 369**	**26 094 698**	**115 139 787**	**110 065 980**
1. 木材及竹材采运业	3 392	66 541	110 436	463 865	422 585
2. 食品加工业	65 007	1 287 951	4 896 385	21 924 033	20 947 191
3. 食品制造业	8 532	407 192	1 260 981	5 592 206	5 349 163
4. 饮料制造业	14 642	411 472	1 116 382	4 939 017	4 599 254
5. 烟草加工业	123	10 369	35 288	157 155	149 916
6. 纺织业	15 077	1 776 217	5 457 958	24 818 283	23 868 673
7. 服装及其他纤维制品制造业	18 865	1 895 718	4 090 386	18 198 253	17 453 054
8. 皮革、毛皮、羽绒及其制品业	6 838	713 213	1 751 214	7 721 138	7 375 083
9. 木材加工及竹、藤、棕、草制品业	15 683	563 671	1 405 497	6 243 111	5 955 921
10. 家具制造业	11 025	404 490	992 880	4 218 064	4 012 699
11. 造纸及纸制品业	11 960	770 168	2 102 974	8 770 636	8 395 034
12. 印刷及记录媒介复制业	7 138	283 760	774 466	3 238 868	3 109 540
13. 橡胶制品业	3 595	286 920	863 871	3 614 503	3 445 165
14. 专用机械设备制造业	5 224	331 687	1 235 980	5 240 655	4 982 702

资料来源：表中数据由农业部乡镇企业局提供。

表72 轻工业系统食品工业分行业主要经济指标（1999）

单位：亿元

行 业	企业单位数（个）	工业增加值	工业总产值	产品销售收入	利税总额	固定资产净值年平均余额	全员劳动生产率 万元/(人·年)
食品工业合计	**20 125**	**2 584.2**	**7 828.7**	**7 328.7**	**1 278.2**	**3 472.3**	**19.48**
1. 食品加工业	11 231	761.9	3 517.0	3 212.0	86.0	1 229.1	21.71
粮食及饲料加工业	5 884	270.0	1 290.9	1 158.2	26.8	409.7	31.85
其中：碾米业	1 312	53.4	200.6	151.6	4.0	45.4	
磨粉业	1 893	75.3	387.8	346.6	2.9	169.3	
米、面制品业	400	12.0	51.8	49.2	0.5	24.7	
植物油加工业	1 454	139.4	693.4	641.1	13.5	173.0	94.2
其中：食用植物油	1 396	138.2	688.0	636.3	13.3	171.3	
制糖业	435	50.0	256.6	239.0	−15.9	248.9	16.28
屠宰及肉类蛋类加工业	1 836	154.5	659.3	641.1	27.8	222.4	26.50
水产品加工业	884	95.8	414.9	357.0	21.9	101.2	6.09
盐加工业	37	2.9	7.6	6.9	1.0	8.7	13.21
其他食品加工业	701	49.4	194.3	168.6	11.0	65.3	13.06
2. 食品制造业	4 963	344.6	1 262.2	1 183.7	93.1	635.3	13.85
糕点、糖果制造业	1 657	116.9	416.1	397.7	33.3	220.0	17.43
乳制品制造业	378	37.9	147.9	148.7	11.6	66.7	10.34
罐头食品制造业	491	27.9	126.6	110.8	5.6	61.0	15.82

（续）

行业	企业单位数（个）	工业增加值	工业总产值	产品销售收入	利税总额	固定资产净值年平均余额	全员劳动生产率万元/(人·年)
发酵制品业	235	39.1	143.3	137.2	15.0	75.2	9.01
调味品制造业	867	37.3	114.2	106.3	10.4	61.4	13.00
其他食品制造业	1 335	85.5	314.1	283.1	17.2	151.0	15.61
3. 饮料制造业	3 579	585.8	1 658.7	1 563.2	295.6	1 037.9	13.09
酒精及饮料酒制造业	2 312	435.3	1 124.3	1 060.4	241.1	795.3	28.91
软饮料制造业	780	112.3	396.0	371.6	35.7	194.0	11.33
制茶业	346	11.5	47.6	43.9	1.9	16.9	36.69
其他饮料制造业	141	26.6	90.7	87.3	17.0	31.7	49.50
4. 烟草加工业	352	892.1	1 390.8	1 369.8	803.5	570.1	22.04

表 73 轻工业系统食品工业分行业主要经济指标（2000） 单位：亿元

行业	企业单位数（个）	工业增加值	工业总产值	产品销售收入	利税总额	固定资产净值年平均余额	全员劳动生产率万元/(人·年)
食品工业合计	**19 119**	**2 805.80**	**8 368.87**	**7 908.82**	**1 447.02**	**3 547.78**	**21.58**
1. 食品加工业	10 676	835.29	3 722.70	3 477.52	153.02	1 232.67	22.17
粮食及饲料加工业	5 390	283.35	1 317.96	1 205.19	32.54	393.44	24.65
其中：碾米业	1 181	44.40	183.53	143.01	4.38	43.28	
磨粉业	1 783	80.26	363.65	330.25	7.82	159.85	
米、面制品业	357	13.34	46.70	45.56	1.44	21.31	
植物油加工业	1 369	139.17	735.50	701.09	15.24	188.57	36.00
其中：食用植物油	1 321	137.73	729.82	696.33	15.11	186.89	
制糖业	411	72.20	242.01	229.13	29.21	230.79	10.84
屠宰及肉类蛋类加工业	1 791	174.51	741.10	719.34	35.32	228.80	18.42
水产品加工业	898	107.52	460.65	424.10	26.12	108.12	28.35
盐加工业	43	3.64	9.13	8.92	1.42	9.59	7.00
其他食品加工业	774	54.91	216.35	189.75	13.18	73.35	15.56
2. 食品制造业	4 691	415.81	1 442.52	1 353.07	125.64	648.35	15.72
糕点、糖果制造业	1 511	140.57	473.32	457.22	46.39	210.14	16.21
乳制品制造业	377	58.31	195.45	193.46	18.82	70.56	21.81
罐头食品制造业	504	26.36	127.08	113.14	5.72	59.64	11.00
发酵制品业	253	44.70	156.90	145.76	15.61	86.47	16.67
调味品制造业	778	40.98	124.31	113.50	12.74	61.22	11.82
其他食品制造业	72	104.89	365.46	329.99	26.36	160.31	16.52
3. 饮料制造业	3 409	618.90	1 752.37	1 647.47	314.67	1 057.87	17.14
酒精及饮料酒制造业	2 179	448.94	1 152.16	1 089.99	252.35	796.79	14.19
软饮料制造业	790	126.69	445.88	411.45	42.63	206.18	31.36
制茶业	315	10.08	46.93	43.96	1.97	20.38	10.90
其他饮料制造业	125	33.19	107.40	102.07	17.72	34.52	42.97
4. 烟草加工业	343	935.80	1 451.29	1 430.76	853.70	608.89	56.06

表 74　轻工业系统农产品加工业主要经济指标完成情况（2000 年分行业）

单位：亿元

行　业	企业单位数（个）	工业总产值（当年价）	工业增加值（当年价）	工业销售产值（当年价）	其中：出口交货值（人民币）	利税总额	资产合计
轻工业总计（不含烟草）	**52 535**	**19 256.41**	**5 026.59**	**18 639.83**	**4 360.25**	**1 461.90**	**20 706.06**
有关农产品加工行业小计	32 526	11 439.86	3 042.73	11 083.70	2 117.01	904.07	12 620.70
1. 造纸及纸制品业	4 672	1 590.36	412.62	1 537.39	124.16	130.34	2 511.99
2. 制盐	240	74.44	33.88	70.70	2.44	12.73	197.21
3. 食品加工业	10 676	3 722.70	835.29	3 623.22	402.46	153.02	3 078.22
4. 食品制造业	4 691	1 442.52	415.81	1 385.04	135.46	125.64	1 684.43
5. 饮料制造业	3 409	1 752.37	618.90	1 706.29	45.46	314.67	2 742.77
6. 皮革、毛皮、羽绒及其制品业	3 164	1 345.17	323.62	1 300.16	781.62	65.88	939.10
7. 木材加工及竹、藤、棕、草制品业	549	99.30	24.35	96.33	52.52	6.95	68.27
8. 家具制造业	1 498	370.18	94.86	356.47	139.02	15.96	363.48
9. 工艺美术品制造业	2 554	668.02	181.84	649.28	392.00	46.58	471.88
10. 轻工机械	1 073	374 80	101.56	358.82	41.87	32.30	563.35

注：1. 表中数字出自中国轻工业信息统计中心。

2. 本表统计范围为轻工系统全部国有和年产品销售收入 500 万元以上非国有工业企业（未包括香港、澳门、台湾的工业企业）。

表 75　全国饮料行业主要经济指标完成情况（1999—2000）

项　目	单　位	1999	2000	2000 年比上年增减（%）
企业数	个	780	790	1.28
工业总产值（当年价）	亿元	396.05	445.88	12.58
工业总产值（1990 年不变价）	亿元	393.97	445.86	13.17
产品销售收入	亿元	371.56	411.45	10.74
固定资产原价合计	亿元	268.67	289.28	7.67
固定资产净值	亿元	194.02	209.60	8.03
利税总额	亿元	35.72	42.63	19.34
饮料总产量	万 t	1 186.00	1 490.83	25.70
职工人数	万人	13.70	14.22	2.80

表 76 乳制品行业主要经济指标完成情况（2000）

指 标 名 称	计量单位	全部乳品企业	其中：国有企业	集体企业	外商投资企业
企业单位数	个	377	177	49	45
其中：亏损企业	个	98	50	10	18
工业总产值（当年价）	万元	1 954 474	826 975	191 632	711 976
工业销售产值（当年价）	万元	1 856 931	799 084	183 489	673 633
工业增加值（当年价）	万元	583 138	228 676	53 316	249 525
产品销售率	%	90.01	96.63	95.75	94.61
产品销售收入	万元	1 934 644	872 790	176 905	765 527
利润总额	万元	83 782	43 033	6 385	35 422
亏损企业亏损总额	万元	24 601	3 782	1 065	13 390
利税总额	万元	188 223	84 435	12 566	87 079
本年应付工资总额	万元	89 671	46 648	5 963	33 474
全部从业人员平均人数	人	89 632	48 721	9 472	15 047

注：1.“全部乳品企业”指全部国有及年产品销售收入 500 万元以上非国有乳品企业。

2. 资料来源于国家统计局。

表 77 纺织工业农产品加工行业（国有及国有控股企业）主要经济指标（2000）

行 业	工业总产值（亿元）	工业增加值（亿元）	利税总额（亿元）	职工总数（万人）	企业单位数（个）
有关农产品加工行业小计	**1 871.31**	**506.77**	**108.97**	**264.0**	**3 208**
棉纺织业	1 224.99	326.95	83.42	171.3	1 326
毛纺织业	157.05	45.53	5.47	21.0	295
麻纺织业	47.03	12.42	1.75	9.6	103
丝绢纺织业	126.21	29.57	4.30	19.3	308
针织品业	98.10	28.93	3.71	13.1	367
服装及其他	144.51	40.95	5.53	20.8	633
专用设备制造业	73.42	22.42	4.79	8.9	176

注：1. 表中工业总产值、增加值均为现价。

2. 表中数据为全国纺织工业中国有及国有控股企业分行业经济指标。

表 78 纺织工业农产品加工行业（全国纺织工业企业）主要经济指标（2000）

行业	工业总产值（亿元）	工业增加值（亿元）	利税总额（亿元）	职工总数（万人）	企业单位数（个）
有关农产品加工行业小计	**7 105.29**	**1 752.23**	**409.00**	**677.1**	**16.628**
棉纺织业	2 716.66	678.35	168.06	282.8	4.560
毛纺织业	593.12	142.23	30.31	47.6	1.091
麻纺织业	82.14	20.25	4.34	13.8	231
丝绢纺织业	677.48	147.89	33.73	58.2	1 617
针织品业	586.78	152.80	28.28	48.8	1 890
服装及其他	2 240.53	556.10	128.89	208.5	6 763
专用设备制造业	208.58	54.61	15.39	17.4	476

注：1. 表中工业总产值、增加值均为现价。
2. 表中数据为全国纺织工业企业分行业经济指标。

表 79 纺织工业棉纺行业经济指标完成情况（1999—2000）

指标	单位	1999	2000	2000 年比上年增减（%）
企业个数	个		2 692	
工业总产值	亿元	1 490.42	1 799.93	20.77
工业增加值	亿元	372.16	449 44	20.77
出口交货值	亿元	367.06	419 55	14.30
产品销售收入	亿元	1 688.97	1 391.66	21.36
利税总额	亿元	121.43	67.69	79.39
资产合计	**亿元**	**2 023.68**	**2 122.00**	**4.76**

注：表中工业总产值、增加值均为现价。

表 80 纺织工业毛纺工业主要经济指标完成情况（2000）

指标	单位	全国毛纺工业			国有毛纺企业		
		合计	毛纺织工业	毛针织工业	合计	国有毛纺织企业	国有毛针织企业
企业数	个	1 679	1 091	588	358	295	63
工业总产值	亿元	760	593	167			
工业增加值	亿元	188	142	46			
产品销售收入	亿元	670.88	517.27	153.61	151.24	131.07	20.17
利税总额	亿元	41.73	32.68	9.05	6.68	5.81	0.87
资产合计	亿元	986.36	845.78	140.58	433.69	393.88	39.81
职工人数	万人	63.73	47.58	16.15	23.04	21.01	2.03

注：表中工业总产值、增加值均为现行价格。

表 81　纺织工业服装及其他纤维制品制造业主要经济指标完成情况（2000）

指　　标	实际完成（亿元）	比去年同期增长（%）
产品销售收入	2 043	16.94
利税总额	137	41.91
产成品	188	9.80
资产合计	1 717	7.86
职工人数	209	3.70

注：表中数据为国家统计局统计年销售收入 500 万元以上的服装企业的数据。

表 82　纺织工业纺织机械生产完成情况（1999—2000）

年　份	工业总产值（亿元）	其中：纺机总产值（亿元）	纺机销售收入（亿元）	完成台分（万台）	完成吨位（t）	其中：完成纺机台分（万台）	其中：完成纺机吨位（万 t）
1999	77.00	55.40	55.60	8.00	56.00	6	20.00
2000	144.60	114.50	109.30	12.00	60.00	12	36.00
2000 年比上年增减（%）	87.79	106.68	96.58	50.00	7.14	100	80.00

注：表中数据出自纺机协会对各省市 186 个企业快报统计。

表 83　纺织工业在国民经济中的地位（1997—2000）

年　份	纺织工业总产值		纺织工业利税总额		纺织工业职工人数		纺织品出口额	
	不变价（亿元）	占全国（%）	亿元	占全国（%）	万人	占全国（%）	亿美元	占全国（%）
1997	7 148.68	12.20	284.02	4.95	1 064.90	7.26	455.77	24.93
1998	6 844.13	11.90	242.79	4.40	859.00	6.96	428.89	23.34
1999	7 424.78	11.46	398.70	5.95	777.18	13.39	430.62	22.09
2000	7 071.96	9.56	578.82	6.27	759.19	13.72	520.78	20.90

农产品加工业主要产品产量

表 84　全国农产品加工业主要产品产量（1999—2000）

产品名称	单位	1999	2000	2000 年比上年增减（%）
纱	万 t	567	657	15.87
布	亿 m	250	277	10.80
其中：纯棉布	亿 m	118.46	139.22	17.52
针棉织品折用纱线量	万 t	56.91	62.52	9.86
绒线（毛线）	万 t	38.56	42.32	9.75
丝	万 t	7.02	7.33	4.42
呢绒	万 m	27 317.39	27 832.37	1.89

（续）

产品名称	单位	1999	2000	2000 比上年增减（%）
机制纸及纸板	万 t	1 210.00	1 279.00	5.70
原盐	万 t	2 812.36	3 128.00	11.22
糖	万 t	861.00	700.00	-18.70
卷烟	万箱	3 340.00	3 397.00	1.71
罐头	万 t	169.09	178.20	5.39
白酒	万 t	502.26	476.11	-5.21
啤酒	万 t	2 098.77	2 231.32	6.32
食用植物油	万 t	733.79	835.32	13.84
中成药	万 t	34.25	38.80	13.28
轮胎外胎	万条	10 969.84	12 157.87	10.83
木材	万 m^3	5 236.80	4 723.97	-9.79

注：1. 纱包括纯棉纱、绵混纺纱、纯化纤纱，不包括棉线、代用纤维纱和手工纺纱。
2. 布包括纯棉布、棉混纺布、纯化纤布，不包括代用纤维布、手工织布。
3. 针棉织品为折用棉纱量。
4. 表中数据由国家统计局提供。

表 85　原国家机械工业局系统主要农产品加工机械产品产量、销售量及库存（2001）

产品名称	单位	2000 年产品产量	2001 年产品产量	2001 年比上年增减（%）	2001 年销售实物量	2001 年末库存实物量
一、农副产品加工机械	台	228 668	159 293	-30.34	152 889	50 205
粮食加工机械	台	178 495	132 048	-26.02	126 434	28 174
其中：碾米机	台	100 319	101 205	0.88	96 550	22 455
磨粉机	台	36 070	23 758	-34.13	23 040	5 066
棉花加工机械	台	1 496	1 910	27.67	1 673	534
油料加工机械	台	21 330	8 825	-58.63	10 979	7 298
茶叶加工机械	台	8 181	4 809	-41.22	3 829	2 165
薯类加工机械	台	15 140			20	0
其他加工机械	台	4 026	11 651	189.39	9 939	11 543
二、饲（草）料加工机械	台、套	84 432	101 194	19.85	39 377	17 213
其中：大、中型成套设备	套	692	0		0	0
机动饲料粉碎机	台	71 652	27 161	-62.09	27 013	13 023
三、奶制品采集加工机械	台					
四、机动伐木锯	台	40				
五、渔业机械	台	37 529	3 017	-91.96	2 298	1 580

资料来源：表中数据由中国农业机械工业协会提供。

表 86 原国家机械工业局系统全国农机公司农产品加工机械商品销售、库存统计（2001）

单位：万元

地区	农机商品		其中：农副产品加工机械类	
	全年销售额	年末库存量	全年销售额	年末库存量
全国总计	**1 332 069**	**234 684**	**29 083**	**14 884**
华北地区	161 738	15 419	1 151	929
北　京	18 478	1 289	303	39
天　津	8 550	1 812	192	116
河　北	100 796	7 230	248	293
山　西	33 914	5 088	408	481
内蒙古				
东北地区	146 008	27 898	3 358	1 999
辽　宁	64 443	2 551	1 171	156
吉　林	42 899	18 054	577	1 441
黑龙江	38 666	7 298	1 610	402
华东地区	649 732	58 739	9 003	2 054
上　海	15 916	2 482		1
江　苏	160 380	14 863	1 248	308
浙　江	29 665	2 402	763	10
安　徽	33 720	14 289	944	926
福　建	7 541	1 856	432	76
江　西	2 290	1 937	871	
山　东	379 520	20 910	4 565	733
中南地区	212 672	62 228	9 945	3 624
河　南	59 582	22 540	2 718	741
湖　北	40 078	4 745	4 487	583
湖　南	21 053	7 795	955	741
广　东	37 601	6 920	493	259
广　西	52 546	19 151	1 208	1 265
海　南	1 812	1 077	84	35
西南地区	45 066	18 593	2 388	1 206
重　庆				
四　川				
贵　州	4 200	1 959	492	104
云　南	39 461	15 047	1 863	1 061
西　藏	1 405	1 587	33	41
西北地区	110 832	48 412	3 238	5 072
陕　西	9 532	24 676	302	3 093
甘　肃	27 334	11 511	1 237	650
青　海	8 538	1 162	621	159
宁　夏	7 622	3 122	120	
新　疆	50 172	2 594	894	110
新疆兵团	7 634	5 347	64	70
总直公司	6 021	3 395		

资料来源：表中数据由中国农业机械总公司提供。

表 87 林业机械行业 62 家企业主要产品产量（2001）

产品名称	单位	产量
1. 营林机械		
植树机械	台	660
喷雾喷粉机	台	5 000
手抬机动泵	台	2 121
风力灭火机	台	11 951
割灌机	台	65 498
园林机械	台	37 113
2. 内燃机	台	96 324
3. 采运机械		
集材拖拉机	台	35
装载机	台	2 244
叉车	台	69
平地机	台	114
压路机	台	187
油锯	台	13 700
绞盘机		200
4. 木材加工机械		
多用木工机床	台	494 602
其他木工机械	台	12 000
木工电机	台	230 000
5. 人造板设备	台（套）	1 504
6. 林业工具、刃具		
带锯条	万 m	79
圆锯片	万片	2.6
导板	万把	1.8

资料来源：表中数据由国家林业局提供。

表 88 全国饲料工业产量（1997—2001）

年 份	饲料产量（万 t）	其中：配(混)合饲料(万 t)	浓缩饲料（万 t）	添加剂预混料（万 t）
1997	6 299.16	5 473.82	7 006 566	1 246 804
1998	6 599.02	5 573.80	8 873 852	1 383 409
1999	7 160.00	6 000.00	10 000 000	1 600 000
2000	7 429.03	5 911.82	12 492 419	2 528 656
2001	7 806.48	6 086.84	14 188 415	3 007 982
2002	8 600（预计）			

资料来源：表 88、表 89 数据由农业部全国饲料工作办公室提供。

表 89 全国各地区饲料工业产量（2000—2001）

地　区	饲　料　产　量　（万 t）			配　合　饲　料　（万 t）		
	2000	2001	增长率（%）	2000	2001	增长率（%）
全国总计	**7 429.03**	**7 806.48**	**5.08**	**5 911.82**	**6 086.84**	**2.96**
北　京	230.86	235.94	2.20	185.11	182.99	-1.15
天　津	179.70	223.25	24.23	149.04	187.45	25.77
河　北	664.19	684.90	3.12	530.84	538.07	1.36
山　西	129.21	156.20	20.89	108.59	129.47	19.22
内蒙古	25.60	65.06	154.13	12.95	35.31	172.67
辽　宁	386.05	400.27	3.69	248.65	212.49	-14.54
吉　林	245.00	202.27	-17.44	142.70	120.00	-15.91
黑龙江	327.00	377.00	15.29	187.00	214.00	14.44
上　海	123.79	100.06	-19.17	117.51	91.61	-22.05
江　苏	221.53	266.22	20.17	191.38	228.15	19.21
浙　江	330.10	323.73	-1.93	309.78	316.38	2.13
安　徽	160.53	165.23	2.92	137.75	141.65	2.83
福　建	148.41	149.44	0.69	139.90	138.76	-0.82
江　西	208.24	216.49	3.96	134.19	137.79	2.68
山　东	799.02	857.71	7.35	603.32	643.57	6.67
河　南	477.66	467.16	-2.20	333.88	318.01	-4.75
湖　北	300.76	330.23	9.80	244.42	266.15	8.89
湖　南	351.65	386.15	9.81	225.86	243.24	7.69
广　东	850.78	850.97	0.02	829.95	822.22	-0.93
海　南	44.11	74.13	68.08	43.95	73.25	66.66
广　西	242.46	254.89	5.13	222.03	229.74	3.47
重　庆	70.87	75.48	6.51	64.46	64.91	0.70
四　川	400.99	419.43	4.60	354.18	363.44	2.61
贵　州	27.37	24.53	-10.39	21.24	14.41	-32.14
云　南	116.20	121.56	4.62	99.65	97.08	-2.58
陕　西	136.06	137.10	0.77	57.46	53.53	-6.85
甘　肃	98.12	105.54	7.57	91.20	96.50	5.81
青　海	9.30	5.59	-39.87	9.29	5.56	-40.19
宁　夏	28.39	29.84	5.11	25.97	28.23	8.69
新　疆	95.08	100.10	5.27	89.55	92.90	3.74

（续）

地区	浓缩产量（t）			预混饲料（t）		
	2000	2001	增长率（%）	2000	2001	增长率（%）
全国总计	**12 492 419**	**14 188 415**	**13.58**	**2 528 656**	**3 007 982**	**18.96**
北京	295 200	312 300	5.79	162 300	217 200	33.83
天津	211 051	249 041	18.00	95 580	108 961	14.00
河北	1 073 440	1 208 251	12.56	260 015	260 028	0.00
山西	192 087	252 170	31.28	14 132	15 210	7.63
内蒙古	124 696	265 235	112.71	1 806	32 225	1 684.33
辽宁	1 335 917	1 836 554	37.48	38 047	41 254	8.43
吉林	984 900	800 000	−18.77	44 100	22 709	−48.51
黑龙江	1 170 000	1 350 000	15.38	230 000	280 000	21.74
上海	35 338	32 564	−7.85	24 897	51 965	108.72
江苏	122 500	166 179	35.66	179 003	214 535	19.85
浙江	6 200	9 188	48.19	63 100	64 300	1.90
安徽	158 750	120 855	−23.87	69 102	114 918	66.30
福建		24 196		675 66	82 591	22.24
江西	483 627	506 012	4.63	256 820	280 983	9.41
山东	1 567 622	1 665 460	6.24	389 336	475 997	22.26
河南	1 354 543	1 407 146	3.88	83 234	84 340	1.33
湖北	504 491	580 010	14.97	58 898	60 826	3.27
湖南	1 183 200	1 343 156	13.52	74 700	85 930	15.03
广东	113 865	161 653	41.97	94 417	125 850	33.29
海南	270	8 030	2 874.07	1 270	822	−35.28
广西	167 467	208 144	24.29	36 899	43 416	17.66
重庆	38 700	64 200	65.89	25 401	41 500	63.38
四川	294 643	365 303	23.98	173 415	194 625	12.23
贵州	60 521	100 838	66.62	792	293	−63.04
云南	134 000	212 300	58.43	31 500	32 500	3.17
陕西	744 778	781 195	4.89	41 193	54 587	32.52
甘肃	62 573	86 700	38.56	3 570	3 760	5.32
青海	50	290	480.00	60	70	17.02
宁夏	21 640	13 063	−39.63	2 500	3 000	20.00
新疆	50 350	58 384	15.96	5 003	13 588	171.60

表 90　2000 年跨 2001 年制糖期糖料与食糖生产情况

单位：万 hm^2、万 t

地　　区	2000 年糖料播种面积	2000 跨 2001 年制糖期			2001 年糖料播种面积
		糖料收获面积	收购糖料量	产　糖　量	
全国合计	**128.20**	**120.18**	**5 484**	**620**	**138.20**
甘蔗糖小计	97.47	94.91	4 888	550.6	102.91
广　东	14.00	11.47	741	75.34	14.93
其中：湛江	9.33	8.53	548	54.94	10.80
广　西	46.67	46.67	2 600	300.00	50.80
云　南	25.00	25.00	1 121	130.00	26.67
海　南	6.67	6.67	222	24.77	6.00
福　建	0.80	0.67	25	2.75	0.57
江　西	0.87	0.76	25	2.40	0.60
四　川	1.47	1.69	66	6.60	1.47
湖　南	1.33	1.33	50	5.10	1.33
其　他	0.67	0.67	38	3.64	0.53
甜菜糖小计	30.73	25.27	596	69.40	35.29
黑龙江	11.67	10.73	155	20.00	16.00
新　疆	6.67	6.07	256	28.50	8.67
内蒙古	6.00	4.00	89	11.00	5.43
吉　林	2.00	2.00	24	2.40	2.87
山　西	0.53	0.53	14	1.60	0.53
甘　肃	0.53	0.53	24	2.90	1.00
辽　宁	2.67	1.07	18	2.00	0.47
其　他	0.67	0.33	8	1.0	0.33

资料来源：表 90、表 91 中数据由中国制糖工业协会提供。

表 91 2001 年跨 2002 年制糖期糖料与食糖生产情况

单位：万 hm²、万 t

地区	2001 年糖料播种面积	2001 跨 2002 年制糖期			2002 年糖料播种面积
		糖料收获面积	收购糖料量	产糖量	
全国合计	**138.2**	**129.27**	**7 315**	**849.70**	**144.51**
甘蔗糖小计	102.9	98.40	6 505.5	746.99	109.24
广东	14.9	13.33	1 030	104.42	14.27
其中：湛江	10.8	10.67	820	82.42	11.00
广西	50.8	50.67	3 700	443.00	57.33
云南	26.7	25.33	1 270	143.50	27.33
海南	6	5.33	262.5	30.40	6.00
福建	0.57	0.57	55.9	6.43	0.87
江西	0.60	0.47	20	2	0.60
四川	1.47	0.90	71.1	7.34	0.91
湖南	1.33	1.30	76	7.90	1.40
其他	0.53	0.50	20	2	0.53
甜菜糖小计	35.29	30.87	809.5	102.71	35.27
黑龙江	16.00	14.20	239.0	31.2	14.87
新疆	8.67	8.47	384.0	48.6	8.47
内蒙古	5.43	4.67	91.5	11.5	5.93
吉林	2.87	1.33	20.0	2.62	2.67
山西	0.53	0.47	7	1	0.53
甘肃	1.20	1.00	36	3.11	1.00
辽宁	0.47	0.40	20*	2.80	1.07
其他	0.33	0.33	12	1.88	0.53

注：2002 年糖料播种面积为 2002 年 7 月统计数。

* 辽宁省收购了部分吉林省甜菜。

表 92　2001 年度食用菌产量、产值、出口情况

地　区	产量（t）	产值（万元）	出口量（t）	创汇（万美元）	主要品种产量（t）		
					香菇	平菇	蘑菇
全国合计	**7 818 702**	**3 147 491**			**2 072 194**	**2 594 398**	**743 404**
北　京	22 686	13 338	776	189	2 189	14 930	513
天　津	5 925	2 742	960	14	700	3 000	600
河　北	306 300	122 520	10 000	800	33 000	145 000	20 000
山　西	45 000	25 000	2 300	360	31 000	281 000	205
内蒙古	37 070	13 640	90	1	3 964	20 386	3 242
辽　宁	190 577	94 500	16 000	640	42 000	76 000	26 000
吉　林	69 050	11 267			1 200	20 000	300
黑龙江	372 306	60 750			21 004	125 554	
上　海	23 459	14 908			4 834	1 615	11 270
江　苏	497 235	168 974			21 938	324 090	36 450
浙　江	481 684	180 133	15 000	13 670	375 540		51 140
安　徽	89 980	33 800	3 163		27 380	30 000	13 000
福　建	1 466 000	480 000	800 000	42 000	600 000	220 000	200 000
江　西	313 000	11 500	4 150	1 780	110 000	40 000	5 000
山　东	720 000	287 000		5 600	100 000	380 000	130 000
河　南	1 405 130	633 248	2 000	240	259 169	508 793	71 420
湖　北	320 000	128 000	12 000	3 400	170 000	98 000	12 000
湖　南	300 800	208 000	6 000	4 000	65 000	65 000	25 000
广　东	120 000	100 000	25 000	70 000	33 000	18 000	1 000
广　西	120 000	49 884			10 000	10 000	90 000
四　川	401 880	136 639			4 080	78 200	35 800
重　庆	15 720	5 187			786	5 030	3 144
贵　州	27 000	67 700			3 000	15 000	2 000
云　南	154 880	200 000	6 732	6 166	7 000	11 000	3 000
陕　西	298 410	88 700	2 000	500	144 500	98 200	
宁　夏	4 875	1 928			610	2 500	800
新　疆	9 735	8 133			300	3 100	1 520

（续）

地　区	主要品种产量（t）							
	金针菇	草菇	姬菇	黑木耳	银耳	灵芝	牛肝菌	竹荪
全国总计	**389 262**	**115 988**	**119 932**	**424 969**	**114 476**	**21 783**	**31 015**	**10 100**
北　京	1 400	356	100	18		10		
天　津	200	20	50			50		
河　北	25 000	3 000	47 000	100		200		
山　西	4 100	180	190	30 500	1 780			
内蒙古				16 760				
辽　宁	3 000		2	3 600		500	15	
吉　林	200			20 000		5 000	1 000	
黑龙江	12 045			200 050				
上　海	3 041	1 695						
江　苏	53 045	2 900						
浙　江	36 277			10 280				
安　徽	15 000	1 000	1 000	20 000		6 000		
福　建	35 000	22 000		5 000	110 000	3 000		5 000
江　西	20 000	40 000				800		
山　东	40 000							
河　南	37 907	2 045	11 190	35 029	1 586	183		
湖　北	10 000	150	400	32 000	300	1 000		
湖　南	35 000	12 000	2 000	10 000	800	3 500	10 000	2 000
广　东	15 000	30 000	5 000			450		
广　西								
四　川	33 400	630	48 000	1 820				
重　庆	4 402					80		
贵　州	1 000			3 000				3 000
云　南	3 000	10	5 000	2 000	10	1 000	20 000	100
陕　西				34 800				
宁　夏	630	2		12		10		
新　疆	615							

（续）

地　区	主要品种产量（t）							
	黄背木耳	滑菇	灰树花	猴头菇	鸡腿菇	白灵菇	杏鲍菇	其他菇
全国总计	**699 409**	**51 516**	**14 605**	**9 547**	**38 899**	**7 343**	**21 022**	**478 566**
北　京			5					3 165
天　津						700	200	
河　北	1 000	5 000	2 000	1 000				7 000
山　西			9 200	1 050				3 270
内蒙古								
辽　宁		39 000						460
吉　林		1 000			10			20 340
黑龙江		4 516		3 987			10	505
上　海					66		53	34
江　苏								58 812
浙　江								8 447
安　徽					300			3 000
福　建	200 000	1 000	2 000	1 000			20 000	45 000
江　西								50 000
山　东					30 000			
河　南	353 342				8 363	1 943	759	61 052
湖　北	3 000							3 000
湖　南	20 000		1 000	2 000				47 500
广　东	500			500		500		2 000
广　西								
四　川	121 200							36 750
重　庆	157							2 121
贵　州								3 000
云　南	50	1 000	400	10				102 200
陕　西								20 910
宁　夏	160				160			
新　疆						4 200		

注：1. 资料来源：由省、自治区、直辖市食用菌协会、农业、供销及科研部门提供。由于多方面原因，资料不够完整、准确，仅供参考。

2. 其他菇包括：姬松茸、松茸、茯苓等。

3. 据国家海关总署统计资料：2001 年出口数量 455 429 782kg，出口金额 564 837 302 美元（中国粮油食品进出口公司葛双林提供）。

4. 辽宁省、江西省参照 2000 年数字。

5. 产量全部按鲜品折算。

表 93　全国乡镇企业农产品加工业主要产品产量（2000）

产　　品	2000
食用植物油（万 t）	3 225
饮料酒（万 t）	1 607
白酒（万 t）	741
啤酒（万 t）	316
布（万 m）	2 144 833
服装（万件）	1 469 134
布鞋（万双）	176 268
皮鞋（万双）	225 033
纸及纸板（万 t）	4 569

资料来源：由农业部乡镇企业局提供。

表 94　全国农垦系统农产品加工机械产量和农产品加工量（1999—2000）

项　　目	单　位	产量、加工量		2000 年比上年增减（%）
		1999	2000	
农林牧渔机械制造企业	个	119	92	-22.69
其中：独立核算	个	37	31	-16.22
工业总产值（1990 年不变价）	万元	61 742	42 259	-31.56
其中：独立核算		38 321	21 332	-44.33
一、农产品加工机械产量				
橡胶粗加工机械	套	219	409	86.76
剑麻纤维加工机械	台	6	59	883.33
剑麻制品加工机械	台	62	26	-58.06
禽畜饲养机械	台	6 095	10 977	80.10
渔业机械	台	18	—	—
饲料加工机械	台	1 441	577	-59.96
二、农副产品加工量				
食用植物油	万 t	35.67	38.99	9.31
大米	万 t	112.33	130.64	16.30
小麦粉	万 t	62.31	56.35	-9.57
淀粉	万 t	10.09	11.24	11.40
成品菜	t	25 541.00	24 237.00	-5.11
配合饲料	万 t	103.98	149.54	43.82

资料来源：表 94、表 95 中数据由农业部农垦局提供。

表95 农垦系统各地区农产品加工业主要产品产量（2000）

地　区	机制纸及纸板（t）	纱（万t）	布（万m）	机制糖（t）	饮料酒（t）	乳制品（t）	食用植物油（t）
全国总计	**743 518**	**19.56**	**29 844.62**	**760 960**	**1 056 051**	**104 203**	**389 885**
北　京	1 989					5 316	
天　津					21 822	3 287	
河　北	391 728	0.22	533.93		2 750	14 858	
山　西	210				500	2 208	
内蒙古				3 093	973	6 304	1 348
辽　宁	4 131				124 931	5 562	780
吉　林	8 420				162	597	
黑龙江	14 658			15 091	36 163	39 381	92 115
上　海	4 889	0.56					15 942
江　苏		1.91	1 134.00		2 630		13 175
浙　江	26 818		2 651.00		259 279	175	
安　徽		0.43			964	1 106	482
福　建	4 097				945	13	
江　西	38 244	0.21	372.00	252	28 595	779	345
山　东	3 500				140	223	
河　南	1 596	0.26	1 052.00		5 386		179
湖　北	43 272	2.86	7 022.00	8 343	318 104	100	47 171
湖　南	147 555	0.34	160.00	33 116	490	842	900
广　东	1 462			183 434	1 132		676
广　西				317 033		505	
海　南				35 725	155		62
重　庆	925					1 548	
四　川					1 710	247	17
贵　州	51				95	553	16
云　南	2 800			53 341	25		11
陕　西		0.37	4 100.00			394	13 054
甘　肃					131 052	8 410	2 927
青　海						1 150	988
宁　夏				3 311	61 910	95	420
新疆（兵团）	49 893	12.14	12 689.69	106 382	56 041	1 828	188 294
新疆（农业）			130.00				6 800
新疆（畜牧）	780	0.26			84	1 089	4 183
热作两院							
广　州				1 839		2 102	
南　京					6		
昆　明					7	2 101	
哈尔滨							

表 96　全国森工主要产品产量（2000—2001）

主要产品	单位	2000	2001	2001 年比上年增减（%）
木材产量	万 m^3	4 723.97	4 552.03	−3.64
其中：原木	万 m^3	4 395.72	4 197.03	−4.52
薪材	万 m^3	328.25	355.00	8.15
人造板产量	万 m^3	2 001.66	2 111.27	5.48
其中：胶合板	万 m^3	992.54	904.51	−8.87
纤维板	万 m^3	514.43	570.11	10.82
刨花板	万 m^3	286.77	344.53	20.14
竹材产量	万根	56 183.05	58 146.46	3.49
锯材产量	万 m^3	634.44	763.83	20.39
松香产量	t	386 760.00	377 793.00	−2.32
松节油产量	t	34 867.00	38 836.00	11.38
栲胶产量	t	7 510.00	3 482.00	−53.64
紫胶产量	t	778.00	431.00	−44.60
林业系统木材产量	万 m^3	2 460.67	2 429.39	−1.27
其中：原木	万 m^3	2 354.51	2 313.00	−1.76
薪材	万 m^3	106.16	116.39	9.64
林业系统人造板产量	万 m^3	493.52	545.74	10.58
其中：胶合板	万 m^3	47.17	67.71	43.54
纤维板	万 m^3	260.32	315.59	21.23
刨花板	万 m^3	151.20	130.49	−13.70
林业系统竹材产量	万根	5 035.33	5 222.81	3.72
林业系统锯材产量	万 m^3	139.21	129.21	−7.18
林业系统松香产量	t	170 677.00	169 076.00	−0.94
林业系统松节油产量	t	26 144.00	27 160.00	3.89
林业系统栲胶产量	t	7 320.00	3 474.00	−52.54
林业系统紫胶产量	t	763.00	403.00	−47.18

表 97　各地区森工主要工业产品产量（2001）

地区	木材（万 m^3）	竹材（万根）	锯材（万 m^3）	人造板（万 m^3）				松香（t）	栲胶（t）	紫胶（t）
				合计	其中					
					胶合板	纤维板	刨花板			
全国总计	**4 552.03**	**58 146.46**	**763.83**	**2 111.27**	**904.51**	**570.11**	**344.53**	**377 793**	**3 482**	**431**
北京	7.52		1.02	11.87	0.30	10.17	1.39			
天津			1.79	2.51	0.50		2.65			
河北	47.99		27.80	400.34	199.78	43.05	80.39			
山西	4.11		0.01	0.41		0.32	0.09			
内蒙古	301.51		8.31	20.70	2.67	8.84	8.64		751	
内蒙古集团	245.99		3.15	14.95	0.05	7.34	7.02		751	
辽宁	206.53		31.85	24.26	5.55	13.94	1.07			
吉林	403.53		41.85	45.33	3.87	9.59	1.07			
吉林集团	105.51		10.29	28.66	2.25	4.26	18.14			
黑龙江	552.52		18.57	48.34	2.76	11.40	31.53			
黑龙江集团	422.19		6.03	46.28	1.20	11.40	31.53			
上海			2.84	42.78	39.41	2.32	1.05			
江苏	26.42	644.78	17.95	155.64	83.09	23.23	10.15			
浙江	198.79	9 848.88	226.91	320.24	234.12	61.72	4.83	664		
安徽	226.44	3 146.43	42.25	35.20	9.19	15.17	5.88	946		
福建	406.86	10 546.31	43.78	129.20	61.88	48.85	13.26	23 338		
江西	319.76	4 024.18	19.50	54.15	16.68	26.34	5.67	25 000		
山东	107.35		51.96	278.63	89.23	58.88	64.69			
河南	144.69	234.55	29.10	62.21	10.36	34.23	12.07	2 016		
湖北	86.15	9 235.21	8.69	74.24	11.37	36.92	14.42	2 521	80	
湖南	376.93	6 251.97	61.29	67.72	22.62	17.68	6.32	9 803		
广东	255.33	5 987.34	27.86	182.54	98.12	48.91	30.56	67 711	221	15
广西	411.70	376.65	50.98	67.72	7.16	44.91	8.04	182 782	2 134	
海南	27.19	863.80	5.80					8 458		
重庆		29.40		0.15	0.15					
四川	13.56	2 494.53	2.67	13.22	0.55	12.31	0.34	2 527		26
贵州	17.27	220.94	2.78	9.20	0.97	2.39	3.79	2 968		
云南	152.32	3 461.00	18.52	45.74	3.84	28.31	9.58	48 459	296	390
西藏	10.04		9.00	2.19	0.19		2.00			
陕西	8.85	780.49	0.24	7.73		7.26	0.23	600		
甘肃			0.35	1.80		1.80				
青海	2.79		0.12							
宁夏	0.34									
新疆	6.79		0.38	1.45		0.92	0.53			
大兴安岭	228.75		9.66	4.76	0.15	0.65	1.20			

表98 林业系统各地区木材、竹材、锯材产量（2000—2001）

地区	木材（万 m^3）			竹材（万根）			锯材（万 m^3）		
	2000	2001	2001年比上年增减(%)	2000	2001	2001年比上年增减(%)	2000	2001	2001年比上年增减(%)
全国总计	**2 460.67**	**2 429.39**	**-1.27**	**5 035.33**	**5 222.81**	**3.72**	**139.21**	**129.21**	**-7.18**
北京	0.09	0.07	-22.22						
天津									
河北	17.29	17.21	-0.46				0.06	0.01	-500.00
山西	9.51	1.89	-80.13						
内蒙古	307.78	278.66	-9.46				9.73	5.35	-45.02
内蒙古集团	265.77	245.99	-7.44				6.41	3.15	-50.86
辽宁	73.08	183.51	151.11				13.05	9.69	-25.75
吉林	401.11	357.90	-10.77				24.25	22.45	-7.42
吉林集团	120.93	105.51	-12.75				12.10	10.29	-15.24
黑龙江	553.31	511.65	-7.53				24.24	13.82	-42.99
黑龙江集团	450.49	422.19	-6.28				12.14	6.03	-50.33
上海									
江苏	5.07	1.99	-60.75	25.50	46.22	81.25	2.70	1.53	-43.33
浙江	26.38	22.71	-13.91	114.4	96.54	-15.42	6.90	8.18	18.55
安徽	28.97	28.67	-1.04	301.39	59.73	-404.59	7.90	4.16	-47.34
福建	208.11	183.11	-12.01	1 218.00	1 035.00	-15.02	10.94	7.08	-35.28
江西	95.37	120.48	26.33	470.03	583.15	24.07	0.31	3.12	906.45
山东	4.80	1.53	-68.13				0.32	0.58	81.25
河南	8.63	3.32	-61.53	0.50	0.30	-40.00	2.34	3.74	59.83
湖北	28.80	19.55	-32.12	1 006.05	919.61	-8.59	2.78	4.76	71.22
湖南	69.94	72.99	4.36	393.24	1 403.25	256.84	12.80	19.22	50.16
广东	96.66	86.87	-10.13	152.55	164.57	7.88	2.58	1.76	-31.78
广西	141.44	175.48	24.07		5.31			1.29	
海南	22.20	25.66	15.59	54.00	62.80	16.30	2.31	5.80	151.08
重庆				13.00	19.40	49.23			
四川	8.10	3.75	-53.70	71.71	61.58	-14.13	1.04	1.13	8.65
贵州	13.98	8.38	-40.06	70.22	91.35	30.09	0.54	1.71	216.67
云南	74.89	78.70	5.09	1 145.00	374.00	-206.15	3.38	1.89	-44.08
西藏	16.00	10.04	-37.25						
陕西	1.95				300.00		0.08		
甘肃									
青海	0.07	0.08	14.29						
宁夏	0.01	0.10	900.00						
新疆	8.53	6.34	-25.67				0.89	0.28	-68.54
大兴安岭	238.40	228.75	-4.05				10.07	9.66	-4.07

表 99　林业系统各地区胶合板、纤维板、刨花板产量（2000—2001）

单位：万 m^3

地　区	胶合板			纤维板			刨花板		
	2000	2001	2001 年比上年增减（%）	2000	2001	2001 年比上年增减（%）	2000	2001	2001 年比上年增减（%）
全国总计	**47.17**	**67.71**	**43.54**	**260.32**	**315.59**	**21.23**	**151.20**	**130.49**	**13.70**
北　京									
天　津									
河　北					7.85		4.56	4.60	0.88
山　西				0.27	0.32	18.52	0.03	0.09	200.00
内蒙古	0.13	0.17	30.77	6.62	7.58	14.50	10.38	7.46	−28.13
内蒙古集团	0.08	0.05	37.50	6.62	7.34	10.88	7.78	7.02	−9.77
辽　宁	1.19	1.17	−1.68	9.43	9.64	2.23	1.03	0.77	−25.24
吉　林	2.40	3.22	34.17	8.42	9.59	13.90	18.06	24.16	33.78
吉林集团	1.19	2.15	80.67	2.51	4.26	69.72	12.17	18.14	49.06
黑龙江	2.03	2.76	35.96	9.73	11.40	17.16	29.71	31.53	6.13
黑龙江集团	1.21	1.20	−0.83	9.73	11.40	17.16	29.71	31.52	6.09
上　海									
江　苏	0.46	2.09	354.35	1.70	2.63	54.71		0.12	
浙　江	1.14	1.08	−5.26	42.13	45.33	7.60	0.67	0.70	4.48
安　徽	3.23	3.49	8.05	9.92	15.17	52.92	5.21	5.08	−2.50
福　建	10.21	11.25	10.19	29.12	41.85	43.72	10.07	10.41	3.38
江　西	4.32	3.29	−23.84	10.19	11.37	11.58	3.49	2.87	−17.77
山　东	3.23	2.33	−27.86	29.02	31.26	7.72	21.78	5.30	−310.94
河　南	3.08	1.84	−40.26	6.09	2.27	−62.73	2.84	1.62	−42.96
湖　北	5.45	7.37	35.23	14.30	35.57	148.74	6.00	11.70	95.00
湖　南	3.24	21.36	559.26	11.83	16.81	42.10	7.69	4.91	−36.15
广　东	1.10	0.92	−16.36	8.30			9.22	3.51	−162.68
广　西	1.25	1.75	40.00	28.42	28.83	1.44	9.17	8.04	−12.32
海　南	0.21								
重　庆		0.15							
四　川	0.03	0.01	−66.67	13.78	12.28	−10.89	1.83	0.30	−510.00
贵　州				1.93	2.39	23.83	4.65	3.79	−18.49
云　南	3.59	3.16	−11.98	10.08	12.82	27.18	2.87	1.57	−45.30
西　藏									
陕　西				8.65	7.26	−16.07	0.30	0.23	−23.33
甘　肃					1.80				
青　海									
宁　夏									
新　疆					0.92		0.44	0.53	20.45
大兴安岭	0.88	0.15	−486.67	0.39	0.65	66.67	1.20	1.20	100.00

资料来源：表 96 至表 99 中数据由国家林业局提供。

表 100 我国水产品加工产品的主要种类与产量（1998—2001） 单位：万 t

年 份	冷冻制品	干制品	腌熏制品	鱼糜及其制品	动物蛋白饲料	罐制品	其 他
1998	288.16	65.01	14.75	6.64	69.26	3.06	87.42
1999	325.81	64.28	23.49	9.31	70.74	2.05	117.56
2000	342.50	73.90	20.50	10.80	80.60	2.90	153.80
2001	381.22	77.80	21.31	9.22	72.32	5.18	123.80

资料来源：由中国水产流通与加工协会提供。

表 101 轻工系统农产品加工业完成的主要产品产量（1999—2000）

产 品	单 位	1999	2000	2000 年比上年增减（%）
大米	万 t	2 459.27	2 108.69	-14.26
面粉	万 t	2 892.43	2 758.96	-4.60
配、混合饲料	万 t	3 259.02	3 740.81	14.78
食用植物油	万 t	733.79	835.32	13.84
方便主食品	万 t	227.10	253.04	11.42
机制糖	万 t	852.90	700	-17.93
鲜冻畜肉	万 t	334.52	379.99	13.59
水产加工品	万 t	201.69	256.55	27.20
乳制品	万 t	69.08	82.91	20.02
罐头	万 t	169.09	178.21	5.39
食品添加剂	万 t	160.00	180.00	12.50
淀粉	万 t	161.79	159.41	-1.47
饮料酒	万 t	2 705.64	2 845.72	5.18
其中：白酒	万 t	502.26	476.11	-5.21
啤酒	万 t	2 098.77	2 231.32	6.32
葡萄酒	万 t	27.00	30.00	11.11
软饮料	万 t	1 186.00	1 490.83	25.70
精制茶	万 t	32.75	30.90	-5.65
皮鞋	万双	101 321.11	146 837.90	44.92
家具	万件		9 212.34	
原盐	万 t	2 812.36	3 128.00	11.22
其中：食盐	万 t	632.46		
机制纸	万 t	1 256.61	1 483.08	18.02
其中：新闻纸	万 t	112.92	145.53	28.88
凸板纸	万 t	71.46	66.55	-6.87
机制纸板	万 t	902.69	1 003.85	11.21
卷烟	万箱	3 340.00	3 397.00	1.71
轻工机械	万 t	15.84		

资料来源：表中数据由中国轻工信息统计中心提供。

表102 全国食品机械和包装机械产量、产值（2000）

单位：万元（不变价）

产品名称	单位	本年生产		本年销售	年末库存
		实物量	价值量	实物量	实物量
食品机械					
米面食品加工机械	台	21 157	8 604	20 739	7 759
果品蔬菜加工及保鲜机械	台	18 143	31 770	17 161	3 159
饼干糕点加工机械	台	412	816	369	204
豆制品加工机械	台	2 189	257	2 127	801
屠宰肉类加工机械	台	15 170	7 418	14 403	5 299
蛋品加工机械	台	4 775	1 278	4 226	1 299
乳品加工机械	台	78	293	50	43
酿造机械	台	71	276	74	3
饮料机械	台	5 048	6 060	4 862	2 129
冰淇淋冷饮机械	台	1 200	1 603	1 110	457
卷烟加工机械	台	517	9 883	526	46
其他	台	612	16 917	614	284
合计	台	**69 372**	**85 275**	**66 271**	**21 483**
包装机械					
1. 直接包装机械					
固体物料充填包装机械	台	197	1 988	230	114
液体罐装机械	台	613	2 646	661	180
封口机械	台	408	335	468	358
贴标机械	台	41	1 698	35	20
容器成型包装机械	台	230	2 354	236	63
裹包机械	台	142	1 593	111	159
收缩包装机械	台	19	102	39	1
真空包装机械	台	24	10	29	2
捆扎打包机械	台	4 701	2 371	4 786	1 863
自动包装线	套			2	44
其他	台	200	1 092	192	43
2. 间接包装机械					
瓦楞纸板制箱（盒）加工设备	台	2 334	15 088	2 347	11 612
包装容器加工机械	台	1 593	10 558	1 648	463
包装专用材料加工机械	台	104	597	89	37
其他	台	29	1 374	32	20
合计	台	10 635	55 294	10 905	14 979
总计		**80 007**	**140 569**	**77 176**	**36 462**

资料来源：表中数据由中国食品和包装机械工业协会提供。

表 103　全国各地区乳制品产量（1998—2000）

单位：t

地　区	1998	1999	2000	地　区	1998	1999	2000
全国总计	**548 604**	**690 752**	**829 158**	**河　南**	**3 992**	**9 987**	**8 086**
北　京	8 773	14 255	20 579	湖　北	5 852	11 827	10 044
天　津	6 949	7 920	6 732	湖　南	3 350	4 370	5 577
河　北	82 350	96 491	99 908	广　东	7 489	6 875	12 873
山　西	14 605	13 654	12 655	广　西	4 880	2 667	2 471
内蒙古	37 647	54 219	66 517	海　南		1 980	2 313
辽　宁	2 736	4 220	16 041	重　庆	12 889	17 541	1 551
吉　林	2 008	1 025	990	四　川	2 471	16 394	18 754
黑龙江	118 732	154 918	184 812	贵　州	10 594	829	1 108
上　海	11 709	13 691	13 982	云　南	6 620	6 621	5 394
江　苏	19 100	28 998	74 619	西　藏			412
浙　江	46 858	61 063	47 432	陕　西	26 321	29 030	45 763
安　徽	8 313	12 431	14 970	甘　肃	17 934	19 248	22 590
福　建	606	8 965	1 587	青　海	906	1 369	1 152
江　西	13 932	19 241	5 991	宁　夏	13 972	13 858	29 091
山　东	51 919	52 889	82 965	新　疆	5 106	4 172	12 201

注：1. 资料来源于国家统计局。
2. 统计范围为全部国有及年产品销售额 500 万元以上非国有企业。

表 104　我国烘焙食品销售统计（1995—2001）

产品名称	单　位	1995	1999	2001
面　包	千 t	136.2	242.0	294.0
早餐食品	千 t	673.4	1 203.1	1 495.7
蛋糕/酥片食品	千 t	264.8	452.1	542.9
总　计	**千 t**	**1 074.4**	**1 897.2**	**2 332.6**

资料来源：中国贸易协会提供。

表 105 纺织工业主要产品产量（1997—2001）

产 品 名 称	单 位	1997	1998	1999	2000	2001
纱	万件	3 123.61	3 013.52	3 174.69		
纱	万 t	561.80	542.00	567.00	657.00	699.80
布	亿 m	248.73	241.00	250.00	277.00	290.60
纯棉布	亿 m	118.86	114.27	118.46	139.22	
棉混纺布	亿 m	71.62	81.58	80.30		
印染布	亿 m	141.39	146.52	160.45		
针棉织品折用纱量	万 t	80.65	82.34	86.84		
针棉织品折用纱量	万件	448.41	457.81	483.26		
毛线	万 t	48.79	44 16	38.56	42.32	
呢绒	万 m	38 808.00	26 810.00	27 317.39	27 832.37	
毛毯	万条	3 344.80	2 616.50	1 562.80		
麻袋	亿条	4.39	3.43	1.84		
苎麻布	万 m	11 089.00	4 284.00	9 353.00		
亚麻布	万 m	3 489.00	3 924.00	3 554.00		
丝	万 t	8.28	6.77	7.02	7.33	
丝织品	亿 m	65.23	63.86	69.56		
服装（梭织）	亿件	79.99	86.65	95.45		
纺织机械	万 t	28.42	16.70			

资料来源：出自 2000/ 2001 中国纺织工业发展报告。

表 106 纺织工业“九五”期间服装产量变化情况

年 份	产量（亿件）	比上年增幅（%）
1997	96.66	1.8
1998	97.00	0
1999	103.00	3.1
2000	116.00	13.0

资料来源：中国服装协会。

表 107 纺织工业服装类产品产量（1999—2000） 单位：亿件

产品名称	1999	2000	2000年比上年增减（%）
服　装	63.14	71.6	13.4
梭织服装	32.43	35.9	10.7
衬　衣	5.14	5.6	8.9
儿童服装	0.85	0.9	5.9
针织服装	29.00	33.5	15.5
羽绒服装	0.57	0.8	40.1

资料来源：《纺织工业统计月报》。

表 108 全国人均主要工农业产品产量（1997—2001）

产品名称	单位	1997	1998	1999	2000	2001
粮食	kg	401.74	412.42	405.55	366.00	356.00
棉花	kg	3.74	3.62	3.05	3.50	4.20
油料	kg	17.54	18.63	20.75	23.40	22.50
糖料	kg	76.31	78.82	66.48	60.50	68.10
茶叶	kg	0.50	0.54	0.54	0.54	0.55
水果	kg	41.37	43.90	49.76	49.30	52.30
猪牛羊肉	kg	34.55	37.02	37.99	38.30	39.50
水产品	kg	29.28	31.45	32.88	33.90	34.40
布	m	20.23	19.40	19.94	21.90	22.80
机制纸及纸板	kg	22.22	17.11	17.22	19.62	22.25
纱	kg	4.55	4.36	4.52	5.18	5.48
糖	kg	5.70	6.60	6.90	5.50	4.90

农产品加工业主要产品出口创汇情况

表 109 全国海关出口农产品及加工品数量（2000—2001）

产品名称	单位	2001	2000	2001 年比上年增减（%）
活猪	万头	196	203	-3.40
活家禽	万只	4 195	4 890	-14.20
鲜冻牛肉	万 t	2	2	
鲜冻猪肉	万 t	10	5	100.00
冻鸡	t	350 885	356 512	-1.60
鲜冻兔肉	t	32 998	22 563	31.62
鲜蛋	百万个	614	757	-18.90
水产品	万 t	154	120	28.33
谷物及谷物粉	万 t	876	1 378	-36.43
其中：大米	万 t	186	295	36.95
小麦	t	204		
玉米	万 t	600	1 047	-42.69
棉花	t	52 366	292 475	-82.10
蔬菜	万 t	298	245	21.63
鲜、干水果及坚果	万 t	81	82	-1.20
橘、橙	t	149 781	191 353	-21.73
鲜苹果	t	303 578	297 651	1.99
食糖	万 t	20	42	-52.77
天然蜂蜜	t	106 666	102 888	3.67
茶叶	t	249 654	227 662	9.70
辣椒干	t	67 954	54 075	25.70
猪肉罐头	t	45 049	38 175	18.00
蘑菇罐头	t	195 765	204 334	-4.20
烤烟	t	133 978	93 821	42.80
生丝	t	11 265	12 532	-10.10
山羊绒	t	2 383	3 123	-23.70
兔毛	t	4 055	4 990	-18.50
猪鬃	t	10 741	12 398	-13.40
肠衣	t	51 368	52 316	-1.80
填充用羽绒	t	36 132	36 882	-2.00
药材	t	160 960	175 612	-8.30
食用油籽	万 t	85	76	11.80
其中：大豆	万 t	25	21	19.00
花生和花生仁	万 t	49	40	22.50

（续）

产品名称	单位	2001	2000	2001年比上年增减（%）
食用植物油	万t	13.4	11.2	19.6
松香及树脂酸	t	302 279	281 420.0	7.4
啤酒	t	8 345	8 442	−1.15
未硝毛皮	t	120	105	14.29
锯材	万m^3	43.34	40.40	7.28
苎麻	t	1 049	1 288	−18.56
中式成药	t	12 395	12 322	0.59
轮胎	万条	11 073	10 906	1.53
纸及纸板（未切成形）	万t	68	65	4.62
棉纱	万t	24.6	21.1	16.59
麻纱	t	31 447	28 553.0	10.14
棉布	万m	333 921	321 240.0	3.95
麻布	万m	20 508	24 188.0	−14.61
涤棉布	万m	219 456	218 566	0.41
人棉布	万m	46 102	52 177.0	−11.64
真丝绸缎	万m	12 664	13 425.0	−5.67
地毯	万m^2	4 945	3 811.0	29.76
棉浴巾	万条	22 925	18 165.0	26.20
缝纫机（包括工业用）	万架	563	600.0	−6.17
纺织机械				
皮鞋	万双	80 809	82 896.0	−2.52
橡胶或塑料底布鞋（含球鞋）	万双	72 843	73 484.0	−0.87
竹编织品	t	79 527	70 901.0	12.17
藤编织品	t	24 546	25 090.0	−2.17
草席及草编织品	t	25 866	20 533.0	25.97
柳编织品	t	73 535	64 861.0	13.37
鬃刷	万打	39 709	36 839	7.79
人造花	万t	17.21	16.6	3.67

表 110　全国海关出口农产品及加工品金额（2000—2001） 单位：万美元

产品名称	2001	2000	2001 年比上年增减（%）
活猪	21 969	23 045	－4.67
活家禽	7 771	10 411	－25.36
鲜冻牛肉	3 251	2 354	38.11
鲜冻猪肉	13 578	6 862	97.87
冻鸡	52 530	51 302	2.39
鲜冻兔肉	5 408	4 581	18.06
鲜蛋	1 796	1 712	4.91
水产品	259 018	226 737	14.24
谷物及谷物粉	109 825	169 417	－35.17
其中：大米	32 901	56 105	－41.36
玉米	62 560	105 170	－40.52
棉花	8 002	30 579	－73.83
蔬菜	175 207	157 691	11.11
鲜、干水果及坚果	35 311	34 836	1.36
橘、橙	3 574	4 537	－21.23
鲜苹果	10 067	9 656	4.26
食糖	5 596	8 359	－33.05
天然蜂蜜	9 583	8 412	13.92
茶叶	34 204	34 717	－1.48
辣椒干	4 241	3 446	23.07
猪肉罐头	6 574	5 845	12.47
烤烟	16 661	13 206	26.16
生丝	24 269	27 159	－10.64
山羊绒	18 463	25 227	－26.81
兔毛	4 706	6 177	－23.81
猪鬃	6 912	8 396	－17.68
肠衣	28 086	31 512	－10.87
填充用羽绒	24 646	30 710	－19.75
药材	19 462	21 047	－7.53
食用油籽	41 192	39 428	4.47
其中：大豆	7 713	6 414	20.25
花生和花生仁	26 303	23 175	13.50

（续）

产 品 名 称	2001	2000	2001年比上年增减（%）
食用植物油	6 956	6 702	3.79
松香及树脂酸	14 175	13 877	2.15
啤酒	4 041	3 960	2.05
未硝毛皮	368	506	-27.27
水貂皮	1	9	-88.89
锯材	19 508	17 800	9.60
苎麻	387	490	-27.14
中式成药	9 591	8 468	13.26
轮胎	100 278	100 289	-0.01
纸及纸板（未切成形）	52 167	51 189	1.91
棉纱	72 189	63 083	14.43
麻纱	10 661	11 178	-4.63
棉布	321 161	308 540	4.09
麻布	20 508	37 786	-45.73
涤棉布	103 793	116 111	-10.61
人棉布	20 016	24 232	-17.40
真丝绸缎	35 248	37 512	-6.04
地毯	49 083	47 091	4.23
棉浴巾	26 696	23 310	14.53
缝纫机（包括工业用）	32 829	34 619	-5.17
纺织机械	27 755	29 010	-4.33
家具	395 863	356 515	11.04
服装（针织、钩织的除外）	1 775 275	1 747 826	1.57
针织钩织服装	1 239 718	1 245 433	-0.46
皮鞋	434 351	436 895	-0.58
橡胶或塑料底布鞋（含球鞋）	138 353	117 509	17.74
竹编织品	12 351	11 729	4.45
藤编织品	4 637	5 357	-13.44
草席及草编织品	5 117	4 698	8.92
柳编织品	11 810	11 138	6.03
鬃刷	5 552	5 321	4.34
人造花	48 485	51 579	-6.00

表 111　全国海关进口农产品及加工品数量（2000—2001）

产 品 名 称	单 位	2001	2000	2001 年比上年增减（%）
谷物及谷物粉	万 t	344	315	9.21
小麦	万 t	69	88	－21.59
大米	万 t	27	24	12.50
大豆	万 t	1 394	1 042	33.78
食用植物油（含棕榈油）	万 t	165	179	－7.82
其他植物油	万 t	36	23	56.52
食糖	万 t	120	64	87.50
动物饲料	t	82 054	101 967	－19.53
天然橡胶	万 t	98	85	15.29
合成橡胶	万 t	75	71	5.63
原木	万 m^3	1 686	1 361	23.88
纸浆	万 t	490	335	46.27
锯材	万 m^3	401.61	357.52	12.33
棉花（原棉）	万 t	6	5	20.00
羊毛及条	t	309 141	300 687	2.81
纺织用合成纤维	万 t	92	100	－8.00
涤纶纤维	t	524 006	622 436	－15.81
腈纶纤维	t	374 434	353 906	5.80
合成纤维纱线	t	663 920	747 351	－11.16
锦纶长丝	t	156 371	141 567	10.46
涤纶长丝	t	290 266	413 629	－29.82
纸及纸板	万 t	557	595	－6.39

表 112 全国海关进口农产品及加工品金额（2000—2001） 单位：万美元

产品名称	2001	2000	2001 年比上年增减（%）
谷物及谷物粉	63 426	59 375	6.82
小麦	12 136	14 737	-17.65
大米	9 885	11 271	-12.30
大豆	280 952	227 024	23.75
食用植物油（含棕榈油）	47 756	62 714	-23.85
其他植物油	11 367	12 773	-11.01
食糖	31 328	11 533	171.64
动物饲料	10 562	14 993	-29.55
天然橡胶	59 195	58 374	1.41
合成橡胶	79 425	72 184	10.03
原木	169 398	165 564	2.32
纸浆	207 612	212 097	-2.11
锯材	98 669	97 852	0.83
棉花（原棉）	7 104	7 411	-4.14
羊毛及条	104 917	103 731	1.14
纺织用合成纤维	96 295	109 735	-12.25
涤纶纤维	43 091	54 435	-20.84
腈纶纤维	49 525	51 503	-3.84
合成纤维纱线	135 952	135 107	0.63
锦纶长丝	31 609	27 035	16.92
涤纶长丝	39 060	51 627	-24.34
纸及纸板	305 731	329 556	-7.22

表 113　原国家机械工业局系统农产品加工机械进出口海关统计（2000—2001）

商品编号	商品名称	单位	出口 数量 2000	出口 数量 2001	出口 金额（美元）2000	出口 金额（美元）2001	进口 数量 2000	进口 数量 2001	进口 金额（美元）2000	进口 金额（美元）2001
		小计			**24 798 965**	**24 888 896**			**44 783 515**	**85 377 122**
84211100	奶油分离器	台	77	62	45 841	46 215	209	149	793 946	417 533
84336000	蛋类、水果或其他产品的清洁分选、分级机器	台	44	201	132 709	741 132	443	410	5 790 078	7 848 000
84341000	挤奶机	台	6	6	3 552	3 479	102	859	1 648 367	1 080 654
84342000	乳品加工机器	台	137	60	593 950	595 573	163	268	11 166 229	15 724 804
84349000	挤奶机及乳品加工机器的零件	kg	327 376	397 231	4 598 264	5 196 230	102 028	300 652	2 857 740	7 883 652
84361000	动物饲料配制机	台	565	7 412	1 182 414	3 266 471	182	128	2 996 879	9 759 452
84371000	种子、谷物或干豆的清洁、分选或分级机器	台	11 633	5 048	2 797 736	2 239 518	1 030	775	10 676 469	13 513 630
84378000	谷物磨粉业加工机械或谷物、干豆加工机器	台	101 209	71 415	15 444 499	12 800 278	2 446	999	8 853 807	29 149 397

资料来源：表中数据由中国机电产品进出口商会工程农业机械分会提供。

表 114　全国乡镇企业主要农产品加工业产品出口创汇情况（2000—2001）

单位：万元

类别		2000	2001	2001 年比上年增减（%）
按产品类别分出口交货值	**小　计**	**58 027 955**	**64 168 048**	**9.57**
	轻工类	20 435 798	24 150 607	15.38
	食品类	5 285 506	5 452 124	3.06
	土产类	1 324 278	1 363 032	2.84
	畜产类	1 890 827	2 034 948	7.08
	纺织品类	7 879 499	8 360 564	5.75
	丝织品类	855 681	1 324 636	35.40
	服装类	13 030 336	14 196 640	8.22
	工艺品类	7 326 030	7 285 497	−0.56

资料来源：表中数据由农业部乡镇企业局提供。

表 115　主要林产品进出口数量（1999—2000）

产品名称			单位	1999	2000
原木	合计	出口	m^3	**23 016**	**7 937**
		进口		**10 135 683**	**1 655 641**
	针叶木原木	出口	m^3	3 708	231
		进口		4 573 354	378 859
	阔叶木原木	出口	m^3	19 308	7 706
		进口		5 562 329	1 276 781
锯材		出口	m^3	354 591	179 143
		进口		2 756 371	982 031
单板		出口	m^3	48 495	55 669
		进口		641 292	192 257
特形材		出口	m^3	68 745	99 777
		进口		24 799	7 723
胶合板		出口	m^3	422 542	188 958
		进口		1 042 430	436 784
纤维板		出口	m^3	18 577	10 213
		进口		794 880	282 882
刨花板		出口	m^3	16 865	8 879
		进口		248 146	65 595
家具		出口	件	38 374 918	1 668 491
		进口		728 154	23 078
木片		出口	t	1 600 959	120 365
		进口		2 835	1 466
木浆		出口	t	1 676	6 081
		进口		3 080 230	2 093 664
木炭		出口	t	63 429	42 570
		进口		4 952	1 553
松香		出口	t	261 060	138 772
		进口		1 228	2 296

资料来源：1. 1993—2000 年《中国海关统计年鉴》。

2. 表中数据体积与重量按刨花板 650kg/m^3、纤维板 700kg/m^3、单板 750kg/m^3 的标准换算。

表 116 主要林产品进出口金额（1999—2000） 单位：千美元

产品名称			1999	2000
原木	合计	出口	**8 007**	**7 937**
		进口	**1 248 631**	**1 655 641**
	针叶木原木	出口	1 304	231
		进口	274 828	378 859
	阔叶木原木	出口	6 703	7 706
		进口	973 804	1 276 781
锯材		出口	139 375	179 143
		进口	661 936	982 031
单板		出口	46 431	55 669
		进口	204 976	192 257
特形材		出口	82 260	99 777
		进口	11 964	7 723
胶合板		出口	123 648	188 958
		进口	415 837	436 784
纤维板		出口	5 339	10 213
		进口	206 841	282 882
刨花板		出口	6 854	8 879
		进口	50 647	65 595
木制品		出口	1 214 722	1 456 873
		进口	69 821	46 957
家具		出口	1 309 540	1 668 491
		进口	24 816	23 078
木片		出口	111 837	120 365
		进口	2 525	1 466
木浆		出口	1 002	6 081
		进口	1 403 427	2 093 664
木炭		出口	30 323	42 570
		进口	593	1 553
松香		出口	141 678	138 772
		进口	2 276	2 296

资料来源：1993—2000 年《中国海关统计年鉴》。

表 117 2000—2001 年全国食用菌产品出口情况

商品名称	2000			2001			同比增减（%）		
	数量（kg）	金额（美元）	平均换汇（美元/t）	数量（kg）	金额（美元）	平均换汇（美元/t）	数量	金额	平均换汇
鲜或冷藏的松茸	1 100 192	41 735 381	37 934.63	1 272 237	36 230 237	28 477.58	15.64	-13.19	-24.93
其他鲜或冷藏的蘑菇	55 112 449	71 285 985	1 293.46	48 516 315	66 664 081	1 374.05	-11.97	-6.48	6.23
鲜或冷藏的块菌	3 862 922	5 179 442	1 340.81	4 988 716	5 618 289	1 126.20	29.14	8.47	-16.01
冷冻松茸	361 617	3 855 039	10 660.56	458 302	5 874 792	12 818.60	26.74	52.39	20.24
盐水松茸（不适于直接食用的）	1 301 594	8 771 268	6 738.87	623 439	6 509 586	10 441.42	-52.10	-25.79	54.94
盐水蘑菇（洋蘑菇）	45 535 597	38 614 828	848.01	31 904 305	27 146 367	850.87	-29.94	-29.70	0.34
其他暂时保藏的蘑菇及块菌	9 262 532	14 312 322	1 545.18	10 070 603	11 931 974	1 184.83	8.72	-16.63	-23.32
黑木耳	5 950 551	18 627 647	3 130.41	5 447 366	17 390 665	3 192.49	-8.46	-6.64	1.98
银耳（白木耳）	1 119 153	2 558 284	2 285.91	1 442 689	3 040 880	2 107.79	28.91	18.86	-7.79
干蘑菇（香菇）	14 079 325	62 239 090	4 420.60	11 844 913	48 898 269	4 128.21	-15.87	-21.43	-6.61
干块菌	9 160 246	53 992 260	5 894.19	9 519 640	54 471 633	5 722.03	3.92	0.89	-2.92
冬虫夏草	5 900	2 414 438	409 226.78	1 117	592 186	530 157.56	-81.07	-75.47	29.55
茯苓	3 775 276	3 473 871	920.16	3 311 741	3 162 594	954.96	-12.28	-8.96	3.78
未列名主要用作药料的植物	113 308 693	88 067 069	777.23	114 337 683	93 949 700	821.69	0.91	6.68	5.72
小白蘑菇（洋蘑菇）罐头	184 254 140	144 330 557	783.32	170 936 603	117 992 092	690.27	-7.23	18.25	-11.88
其他蘑菇罐头	20 079 754	24 803 685	1 235.26	24 813 698	43 723 928	1 762.09	23.58	76.28	42.65
其他非醋方法制作或保藏的蘑菇	4 859 072	9 262 211	1 906.17	5 840 954	10 029 489	1 717.10	20.21	8.28	-9.92
非醋方法制作或保藏的块菌	6 402 313	8 721 478	1 362.24	10 099 461	11 610 540	1 149.62	57.75	33.13	-15.61
合计	479 531 326	602 244 855	1 255.90	455 429 782	564 837 302	1 240.23	-5.03	-6.21	-1.25

资料来源：国家海关总署统计资料。

表 118 轻工业系统农产品加工业主要出口产品创汇情况（2000）

行业类别及主要产品名称	单位	出口产品		2000 年比上年增减（%）	
		数量	金额（万美元）	数量	金额
轻工产品出口总额	**万美元**		**7 086 294**		**21.3**
有关农产品加工业产品	万美元		2 493 459		
皮革及其制品	万美元		1 608 666		18.7
毛皮及其制品	万美元		38 717		34.9
抽纱刺绣工艺品	万美元		28 578		8.2
地毯	万 m^2	3 818.20	47 483	40.8	11.6
天然植物编织工艺品	万 t	21.49	39 725	16.2	24.9
刷子	万把	459 700.00	19 813	4.8	10.7
猪鬃	万 t	1.24	8 396	22.8	24.0
家具	万美元		221 045		30.3
糖	万 t	41.48	8 359	12.90	6.9
罐头	万 t	97.27	74 081	22.8	5.9
巧克力食品	万 t	0.46	1 102	-1.2	14.9
味精	万 t	2.12	2 552	58.2	46.8
冷冻饮品	万 t	0.17	262	-26.1	-34.8
酒	万 L	28 676.80	16 596	96.8	40.2
其他食品	万 t	36.11	24 152	-45.6	11.2
饮料	万美元		46 319		3.3
香料香精	万 t	1.02	6 331	-10.5	-9.0
木竹藤棕草制品	万美元		133 603		19.5
制纸浆	万 t	2.09	1 018	266.7	236.0
纸张	万 t	84.33	69 906	117.0	105.3
轻工机械	万美元		24 863		35.5
制盐	万 t	55.20	1 555	40.7	4.9
纸制品	万 t	41.51	46 822	19.7	19.8
羽绒制品	万美元		23 515		25.7

资料来源：来自中国轻工业信息统计中心。

表 119　我国盐主要出口国家和地区（1998—2000）

国家或地区	1998			1999			2000		
	数量（t）	金额（万美元）	百分比（%）	数量（t）	金额（万美元）	百分比（%）	数量（t）	金额（万美元）	百分比（%）
合　计	**332 260**	**1 261**	**100.00**	**392 246**	**1 478**	**100.00**	**550 018**	**1 536**	**100.00**
香　港	52 628	274	21.73	47 996	251	16.98	49 924	248	16.15
朝　鲜	78 132	143	11.34	35 076	73	4.93	34 681	59	3.84
菲律宾	13 306	88	6.98	33 165	124	8.39	44 984	191	12.43
日　本	72 077	220	17.45	111 988	309	20.91	232 620	510	33.20
韩　国	83 219	377	29.90	135 091	568	38.43	105 849	268	17.45

资料来源：表 119、表 120 数据来自中国盐业协会。

表 120　主要进口盐的国家和地区（1998—2000）

国家或地区	1998			1999			2000		
	数量（t）	金额（万美元）	百分比（%）	数量（t）	金额（万美元）	百分比（%）	数量（t）	金额（万美元）	百分比（%）
合　计	**3 393**	**59**	**100.00**	**2 452**	**46**	**100.00**	**2 075**	**43**	**100.00**
以色列	270	22	37.29	230	15	32.61	85	5	11.63
荷　兰	600	10	16.95	563	6.7	14.57	185	3	6.98
中　国	1 923	12	20.34	690	4	8.70	411	3	6.98
日　本	9	1	1.69	38	2.2	4.78			
德　国	77	3	5.08	217	3	6.52	425	5	11.63
意大利				158	3	6.52	399	4	9.30
美　国	66	3	5.08	102	3	6.52	161	8	18.60

表 121　初榨豆油主要出口国家和地区（1998—2000）

国家或地区	1998			1999			2000		
	数量（t）	金额（万美元）	百分比（%）	数量（t）	金额（万美元）	百分比（%）	数量（t）	金额（万美元）	百分比（%）
合　计	**4 583**	**278**	**100.00**	**457**	**34**	**100.00**	**0.03**	**18**	**100.00**
朝　鲜	635	53	19.06	457	34	100.00	0.02	13	72.22
香　港	3 947	225	80.94				0.005	4	22.22
蒙　古									

资料来源：表 121 至表 124 中数据来自中国粮油协会。

表 122　初榨豆油主要进口国家和地区（1998—2000 年）

国家或地区	1998			1999			2000		
	数量（万 t）	金额（万美元）	百分比（%）	数量（万 t）	金额（万美元）	百分比（%）	数量（万 t）	金额（万美元）	百分比（%）
合　计	**75.4**	**47 062**	**100.00**	**72.8**	**37 895**	**100.00**	**28.1**	**11 356**	**100.00**
美　国	37.3	23 101	49.09	26.1	14 958	39.47	5.5	2 290	20.17
巴　西	13.8	8 629	18.34	10.8	4 644	12.25	6.5	2 564	22.58
阿根廷	19.7	12 533	26.63	35.6	18 109	47.79	13.3	5 327	46.91

表 123　初榨菜籽油主要出口国家和地区（1998—2000）

国家或地区	1998			1999			2000		
	数量（万 t）	金额（万美元）	百分比（%）	数量（万 t）	金额（万美元）	百分比（%）	数量（万 t）	金额（万美元）	百分比（%）
合　计	**4 020**	**182**	**100.00**	**485**	**0.1**	**100.00**	**1.8**	**0.1**	**100.00**
台　湾	3 999	180	98.90						
澳大利亚				485	0.1	100.00			
菲律宾							1.8	0.1	100.00

表 124　初榨菜籽油主要进口国家和地区（1998—2000）

国家或地区	1998			1999			2000		
	数量（万 t）	金额（万美元）	百分比（%）	数量（万 t）	金额（万美元）	百分比（%）	数量（万 t）	金额（万美元）	百分比（%）
合　计	**24.6**	**15 302**	**100.00**	**5**	**2 662**	**100.00**	**7.1**	**2 625**	**100.00**
德　国	8.4	5 218	34.10	0.9	440	16.53			
荷　兰	9.8	6 210	40.58	2.1	1 160	43.58	0.2	115	4.38
加拿大	3.7	2 373	15.51	1.1	551	20.70	6.8	2 477	94.36
美　国	1	537	3.51	0.4	221	8.30	0.002	0.8	0.03

表 125　我国甘蔗原糖主要出口国家和地区（1998—2000）

国家或地区	1998			1999			2000		
	数量（t）	金额（万美元）	百分比（%）	数量（t）	金额（万美元）	百分比（%）	数量（t）	金额（万美元）	百分比（%）
合　计	**13 505**	**521**	**100.00**	**9 773**	**389**	**100.00**	**5 219**	**208**	**100.00**
香　港	8 168	275	52.78	3 906	146	37.53	656	38	18.27
日　本	4 123	190	36.47	4 251	189	48.59	3 997	152	73.08
澳　门	441	17	3.26	412	12	3.08	386	9	4.33

资料来源：表 125 至表 128 中数据来自中国糖业协会。

表 126 我国甘蔗原糖主要进口国家和地区（1998—2000）

国家或地区	1998			1999			2000		
	数量（万 t）	金额（万美元）	百分比（%）	数量（万 t）	金额（万美元）	百分比（%）	数量（万 t）	金额（万美元）	百分比（%）
合 计	**41.9**	**11 821**	**100.00**	**36.1**	**6 901**	**100.00**	**56.1**	**9 208**	**100.00**
泰 国	5.0	1 247	10.55	4.8	795	11.52	7.7	1 179	12.80
古 巴	28.3	8 885	75.16	27.4	5 553	80.47	39.9	6 269	68.08
巴 西	3.3	591	5.00						
澳大利亚	5.0	1 043	8.82	3.9	552	8.00	6.0	1 335	14.50

表 127 我国砂糖主要出口国家和地区（1998—2000）

国家或地区	1998			1999			2000		
	数量（万 t）	金额（万美元）	百分比（%）	数量（万 t）	金额（万美元）	百分比（%）	数量（万 t）	金额（万美元）	百分比（%）
合 计	**40.9**	**11 220**	**100.00**	**33.8**	**6 687**	**100.00**	**39.0**	**7 421**	**100.00**
香 港	2.5	793	7.07	1.1	266	3.98	1.1	252	3.40
印度尼西亚	25.6	6 491	57.85	9.0	1 854	27.73	4.8	836	11.27
沙特阿拉伯	10.8	2 994	26.68	2.8	583	8.72	3.9	700	9.43
印 度				18.4	3 381	50.57	1.6	289	3.89
巴基斯坦							24.7	4 692	63.23

表 128 我国砂糖主要进口国家和地区（1998—2000）

国家或地区	1998			1999			2000		
	数量（万 t）	金额（万美元）	百分比（%）	数量（万 t）	金额（万美元）	百分比（%）	数量（万 t）	金额（万美元）	百分比（%）
合 计	**6.0**	**2 033**	**100.00**	**5.3**	**1 523**	**100.00**	**7.7**	**2 233**	**100.00**
英 国	2.6	129	6.35	0.4	93	6.11	0.3	74	3.31
韩 国	3.7	1 313	64.58	3.7	1 090	71.57	5.5	1 599	71.61
日 本	0.5	238	11.71	0.5	167	10.97	0.3	103	4.61
法 国	0.1	27	1.33	0.1	15	0.98	0.3	101	4.52

表 129 我国冷冻去骨牛肉主要出口国家和地区（1998—2000）

国家或地区	1998			1999			2000		
	数量（万 t）	金额（万美元）	百分比（%）	数量（万 t）	金额（万美元）	百分比（%）	数量（万 t）	金额（万美元）	百分比（%）
合计	**3.9**	**6 652**	**100.00**	**1.8**	**2 484**	**100.00**	**1.7**	**2 314**	**100.00**
香港	0.8	1 286	19.33	0.9	1 190	47.91	1.0	1 385	59.85
俄罗斯	2.3	4 107	61.74	0.6	718	28.90	0.1	96	4.15
巴基斯坦	0.4	654	9.83	0.2	278	11.19	0.15	203	8.77
以色列	0.2	320	4.81	0.1	210	8.45	0.18	263	11.37

资料来源：表 129－表 131 数据来自中国肉类协会。

表 130 我国冷冻猪肉出口主要国家和地区（1998—2000）

国家或地区	1998			1999			2000		
	数量（万 t）	金额（万美元）	百分比（%）	数量（万 t）	金额（万美元）	百分比（%）	数量（万 t）	金额（万美元）	百分比（%）
合计	**2.3**	**3 576**	**100.00**	**0.9**	**1 158**	**100.00**	**0.6**	**916**	**100.00**
俄罗斯	1.8	2 721	76.09	0.2	255	22.02	0.02	17	1.86
香港	0.2	273	7.63	0.5	543	46.89	0.3	474	51.75
澳门	0.1	106	2.96	0.1	77	6.65	0.04	80	8.73
新加坡	0.2	302	8.45	0.1	23	1.98	0.1	251	27.40

表 131 我国冻鸡块主要出口国家和地区（1998—2000）

国家或地区	1998			1999			2000		
	数量（万 t）	金额（万美元）	百分比（%）	数量（万 t）	金额（万美元）	百分比（%）	数量（万 t）	金额（万美元）	百分比（%）
合计	**26.8**	**45 170**	**100.00**	**29.3**	**46 240**	**100.00**	**34.5**	**49 459**	**100.00**
香港	1.2	1 376	3.05	0.8	970	2.10	0.8	888	1.80
日本	20.6	36 704	81.26	21.4	36 187	78.26	24.3	36 733	74.27
南非	0.8	1 102	2.44	1.1	1 345	2.91	1.0	1 183	2.39
荷兰	0.5	684	1.51	0.4	477	1.03	0.4	501	1.01
沙特阿拉伯	0.7	982	2.17	1.2	1 541	3.33	1.8	2 178	4.40

表 132 我国水产品进出口贸易情况（1998—2000）

年 份	出口量（万 t）	出口值（亿美元）	进口量（万 t）	进口值（亿美元）
1998	100.3	28.4	114.1	10.2
1999	134.8	31.4	130.5	12.9
2000	153.4	38.3	252.0	18.5

资料来源：表 132－表 134 数据，由中国食品工业协会提供。

表 133 我国甜饼干、华夫饼、圣餐饼主要出口国家和地区（1998—2000）

国家或地区	1998			1999			2000		
	数量（t）	金额（万美元）	百分比（%）	数量（t）	金额（万美元）	百分比（%）	数量（t）	金额（万美元）	百分比（%）
合 计	**14 162**	**1 895**	**100.00**	**10 978**	**1 872**	**100.00**	**15 020**	**2 571**	**100.00**
香 港	6 050	1 026	54.14	6 176	1 067	57.00	7 155	1 315	51.15
越 南	235	29	1.53	527	64	3.42	547	78	3.03
日 本	674	145	7.65	630	163	8.71	593	139	5.41
俄罗斯	3 445	182	9.60	195	14	0.75	1	0.2	0.01
菲律宾	509	118	6.23	705	161	8.60	1 086	196	7.62
新加坡	290	42	2.22	549	92	4.91	636	106	4.12
韩 国	220	49	2.59	189	25	1.34	1 275	185	7.20

表 134 我国甜饼干、华夫饼、圣餐饼主要进口国家和地区（1998—2000）

国家或地区	1998			1999			2000		
	数量（t）	金额（万美元）	百分比（%）	数量（t）	金额（万美元）	百分比（%）	数量（t）	金额（万美元）	百分比（%）
合 计	**1 486**	**181**	**100.00**	**3 625**	**315**	**100.00**	**3 948**	**374**	**100.00**
香 港	461	59	32.60	483	61	19.37	534	65	17.38
马来西亚	256	23	12.71	723	48	15.24	815	52	13.90
美 国	95	16	8.84	20	3	0.95	30	5	1.34
德 国	54	10	5.52	46	13	4.13	75	18	4.81
印度尼西亚	3	1	0.55	255	17	5.40	121	8	2.14
丹 麦	134	22	12.15	855	101	32.06	1 198	103	27.54
韩 国	60	7	3.87	155	11	3.49	539	38	10.16

表 135 我国乳品及乳制品进口情况（1998—2000）

商品名称	1998		1999		2000	
	数量（t）	金额（万美元）	数量（t）	金额（万美元）	数量（t）	金额（万美元）
0401 鲜奶	8 884	326.27	14 942	852.50	14 910	887.00
0402 奶粉	31 052	3 903.37	56 616	8 010.30	72 769	11 531.90
炼乳	232	15.60	1 784	229.40	647	36.00
0403 酸奶	600	46.79	2 395	116.70	2 254	151.90
0404 乳清剂品	69 312	3 970.09	83 228	5 808.50	122 903	7 996.40
0405 奶油	485	91.21	3 275	563.30	3 088	474.90
0406 干酪	460	114.42	1 182	307.20	1 968	391.60
合计		8 467.80		15 887.90		21 469.70
其中液体奶（0401、0403）	9 484	373.06	17 337	969.20	17 464	1 038.90
乳制品	101 542	8 094.69	146 085	14 918.70	201 375	204 308.00

表 136 我国乳品及乳制品出口情况（1998—2000）

商品名称	1998		1999		2000	
	数量（t）	金额（万美元）	数量（t）	金额（万美元）	数量（t）	金额（万美元）
0401 鲜奶	24 496	1 820.07	25 195	1 815.80	29 417	2 012.0
0402 奶粉	8 408	1 365.90	10 008	1 949.80	10 162	2 088.0
炼乳	2 544	366.89	4 152	440.40	7 253	704.6
0403 酸奶	202	31.41	334	42.50	162	20.0
0404 乳清剂品	796	126.54	393	37.70	334	30.0
0405 奶油	218	37.07	48	9.10	223	35.3
0406 干酪	826	201.28	308	104.90	407	117.5
合计		3 949.16		4 400.20		5 007.4
其中液体奶（0401、0403）	24 698	1 851.48	25 529	1 858.30	29 579	2 032.0
乳制品	12 792	2 097.68	14 909	2 541.90	18 379	2 975.4

资料来源：表 135、表 136 数据出自“中国海关”。

表 137 我国猪肉及杂碎罐头主要出口国家和地区（1998—2000）

国家或地区	1998			1999			2000		
	数量（t）	金额（万美元）	百分比（%）	数量（t）	金额（万美元）	百分比（%）	数量（t）	金额（万美元）	百分比（%）
合计	**33 457**	**5 925**	**100.00**	**38 338**	**6 238**	**100.00**	**38 175**	**5 845**	**100.00**
香港	12 138	2 318	39.12	14 857	2 482	39.79	13 472	2 223	38.03
新加坡	5 527	1 061	17.91	6 592	1 238	19.85	6 563	1 085	18.56
马来西亚	4 883	736	12.42	5 479	781	12.52	6 865	927	15.86
菲律宾	6 297	1 012	17.08	6 283	910	14.59	4 982	670	11.46

表 138 我国牛肉及杂碎罐头主要出口国家和地区（1998—2000）

国家或地区	1998			1999			2000		
	数量（t）	金额（万美元）	百分比（%）	数量（t）	金额（万美元）	百分比（%）	数量（t）	金额（万美元）	百分比（%）
合计	**7 489**	**1 196**	**100.00**	**5 487**	**807**	**100.00**	**5 486**	**744**	**100.00**
香港	742	129	10.79	930	151	18.71	938	138	18.55
马来西亚	609	96	8.03	1 005	163	20.20	1 135	172	23.12
俄罗斯	4 162	634	53.01	1 549	153	18.96	737	38	5.11
印度尼西亚	103	17	1.42	443	69	8.55	640	96	12.90
哈萨克斯坦	1 040	171	14.30	109	12	1.49	289	22	2.96
韩国	247	38	3.18	545	79	9.79	1 213	180	24.19

表 139 我国蘑菇罐头主要出口国家和地区（1998—2000）

国家或地区	1998			1999			2000		
	数量（t）	金额（万美元）	百分比（%）	数量（t）	金额（万美元）	百分比（%）	数量（t）	金额（万美元）	百分比（%）
合计	**137 744**	**13 038**	**100.00**	**1 422 981**	**13 278**	**100.00**	**204 334**	**16 914**	**100.00**
美国	18 284	1 917	14.70	714	75	0.56	5 240	688	4.07
加拿大	4 421	508	3.90	6 727	681	5.13	21 969	1 966	11.62
德国	17 476	1 517	11.64	23 187	1 972	14.85	36 868	2 711	16.03
日本	13 527	1 832	14.05	1 678	2 354	17.73	18 965	2 686	15.88
香港	18 763	1 648	12.64	15 377	1 267	9.54	6 648	482	2.85
荷兰	4 245	357	2.74	7 883	653	4.92	16 561	1 319	7.80
以色列	9 750	796	6.11	10 375	844	6.36	14 210	941	5.56

表 140 我国味精主要出口国家和地区（1998—2000）

国家或地区	1998			1999			2000		
	数量（t）	金额（万美元）	百分比（%）	数量（t）	金额（万美元）	百分比（%）	数量（t）	金额（万美元）	百分比（%）
合计	**10 735**	**1 520**	**100.00**	**13 432**	**1 739**	**100.00**	**21 239**	**2 552**	**100.00**
香港	9 408	1 286	84.61	10 150	1 282	73.72	9 407	1 132	44.36
新加坡	236	47	3.09	363	71	4.08	243	50	1.96
尼日利亚	32	5	0.33	1 520	185	10.64	8 646	1 003	39.30
美国	12	2	0.13	17	3	0.17	1 105	124	4.86

表 141 我国活性酵母主要出口国家和地区（1998—2000）

国家或地区	1998			1999			2000		
	数量（t）	金额（万美元）	百分比（%）	数量（t）	金额（万美元）	百分比（%）	数量（t）	金额（万美元）	百分比（%）
合计	**3 995**	**676**	**100.00**	**4 878**	**869**	**100.00**	**5 768**	**1 141**	**100.00**
印度尼西亚	93	22	3.25	412	78	8.98	1 012	205	17.97
香港	600	64	9.47	388	71	8.17	374	59	5.17
菲律宾	150	36	5.33	346	84	9.67	563	108	9.47
德国	524	84	12.43	356	54	6.21	249	38	3.33
乌兹别克斯坦	441	125	18.49	627	179	20.60	817	255	22.35
哈萨克斯坦	219	52	7.69	461	101	11.62	579	136	11.92
台湾	37	10	1.48	114	24	2.76	363	78	6.84

表 142 我国酱油主要出口国家和地区（1998—2000）

国家或地区	1998			1999			2000		
	数量（t）	金额（万美元）	百分比（%）	数量（t）	金额（万美元）	百分比（%）	数量（t）	金额（万美元）	百分比（%）
合计	**47 705**	**2 522**	**100.00**	**50 979**	**2 738**	**100.00**	**57 227**	**3 148**	**100.00**
香港	17 850	942	37.35	19 701	989	36.12	17 724	936	29.73
美国	6 127	306	12.13	8 912	451	16.47	10 803	558	17.73
澳大利亚	1 787	139	5.51	1 924	121	4.42	1 726	95	3.02
加拿大	2 698	133	5.27	2 960	148	5.41	3 102	152	4.83
新加坡	826	50	1.98	1 027	63	2.30	1 505	83	2.64
日本	340	33	1.31	391	58	2.12	723	125	3.97
英国	1 276	57	2.26	1 775	89	3.25	2 354	128	4.07
荷兰	1 504	82	3.25	1 582	83	3.03	2 821	143	4.54

表 143　我国醋及醋酸制醋代用品主要出口国家和地区（1998—2000）

国家或地区	1998			1999			2000		
	数量（万 L）	金额（万美元）	百分比（%）	数量（万 L）	金额（万美元）	百分比（%）	数量（万 L）	金额（万美元）	百分比（%）
合　计	**799**	**470**	**100.00**	**911**	**548**	**100.00**	**989**	**726**	**100.00**
香　港	372	148	31.49	441	162	29.56	484	168	23.14
新加坡	76	50	10.64	78	49	8.94	76	49	6.75
美　国	159	140	29.79	128	136	24.82	130	218	30.03
日　本	19	22	4.68	27	31	5.66	52	84	11.57
澳大利亚	19	17	3.62	53	50	9.12	47	68	9.37

表 144　我国食品添加剂主要产品出口情况（1999—2000）

产品名称	1999		2000	
	数量（t）	金额（万美元）	数量（t）	金额（万美元）
柠檬酸	183 312	15 943	225 415.7	18 870
柠檬酸盐	26 740	2 289	32 762	2 779.8
乳酸及盐	4 249	529.6	3 720	390
酒石酸	2 350	341.8	4 107.6	1 016
葡萄糖酸及盐	2 394	1 301	3 509.4	1 801.6
味　精	13 432	1 738	21 238	2 552
甘露醇	697	116.6	1 121.9	156
苯甲酸及纳盐	14 098	1 585	16 133.6	2 215
糖　精	14 915	3 630.7	14 818.3	3 642
天然香料	11 192	6 744	9 716	6 096
维生素 C	28 793	14 625.6	34 675.9	17 387.5
维生素 E	6 471	8 578	8 595.7	6 930
甜蜜素	4 384	553	6 508.5	862
活性酵母	4 878	868.7	5 767.7	1 140.8
合　计	**317 905**	**58 844.3**	**388 090.9**	**64 757.2**

表 145　我国食品添加剂主要产品进口情况（1999—2000）

产品名称	数　量（t）		金　额（万美元）	
	1999	2000	1999	2000
山梨醇	79 187	72 600	3 004.4	2 686.7
丙　酸	9 109	10 364	550.6	635.69
谷氨酸	7 293	15 818	600.7	1 009
其他氨基酸	2 777	2 239	2 223	1 837
阿拉伯胶	725	639.8	171.2	99.85
槐豆和瓜豆胶	3 207	6 687	487	665
合　计	**102 298**	**108 347**	**7 036.9**	**6 933.25**

表 146　我国淀粉产品出口情况（1999—2000）

产品名称	1999		2000	
	数量（t）	金额（万美元）	数量（t）	金额（万美元）
小麦淀粉	3 925.22	139.19	4 529.29	153.42
玉米淀粉	7 929.37	181.99	59 332.17	975.40
马铃薯淀粉	4 076.84	207.39	3 380.50	174.30
未列名淀粉	26 042.26	1 249.83	34 484.06	1 543.22
菊粉	269.29	36.49	168.71	31.02
丙三醇（甘油）	3 100.25	880.26	1 684.86	168.78
其他乳糖及乳糖浆	236.80	17.20	257.70	26.26
葡萄糖及葡萄糖浆（按重量计干燥状态的果糖含量 20%以下）	599.15	37.79	2 345.62	99.61
葡萄糖及葡萄糖浆（按重量计干燥状态的果糖含量 20%以上、50%以下）	127.44	6.29	1 582.97	38.30
木薯淀粉	384.06	14.60	737.52	26.89
化学纯果糖	1 070.57	32.23	1 580.13	44.63
果糖及果糖浆（按重量计干燥状态的果糖含量 50%以上）	1 464.19	109.68	917.65	94.00
活性酵母	4 878.03	868.78	5 767.73	1 140.81
发酵粉	2 036.17	160.13	1 361.38	99.25
味精	13 432.39	1 738.73	21 238.78	2 552.39
甘露糖醇	697.40	116.63	1 121.98	156.41
肌醇	1 305.96	915.33	1 390.69	1 159.04
季戊四醇	13.50	4.81	227.19	79.85
乳酸及其盐和脂	4 249.05	529.60	3 720.17	390.21
赖氨酸	48.43	18.80	157.18	38.70
赖氨酸盐及脂	77.39	37.39	293.16	77.39
其他谷氨酸盐	15.24	20.49	71.98	36.70
其他氨基酸	17 114.78	6 416.97	24 432.43	7 306.83
无水乳糖（含量>99%）	96.06	15.83	73.91	5.23
其他氨基酸脂及盐	4 584.90	2 776.00	5 355.46	4 213.90
谷氨酸	1 128.33	125.09	1 369.02	173.38
谷氨酸钠	28.87	4.25	3 521.28	337.82
柠檬酸	182 826.10	15 903.55	225 415.75	18 870.17
柠檬酸盐及柠檬酸脂	26 740.76	2 289.01	32 762.16	2 779.82
未混合的维生素 C 及衍生物	28 793.10	14 625.63	34 675.94	17 387.58
糊精及其他改性淀粉	1 927.36	82.43	4 559.92	199.19
山梨醇	818.68	79.99	3 175.46	122.50

表 147　我国浓度<80％的未改性乙醇及其他酒精饮料主要出口国家和地区（1998—2000）

国家或地区	1998			1999			2000		
	数量（万 L）	金额（万美元）	百分比（％）	数量（万 L）	金额（万美元）	百分比（％）	数量（万 L）	金额（万美元）	百分比（％）
合　计	**2 061**	**4 606**	**100.00**	**2 079**	**3 685**	**100.00**	**2 080**	**4 737**	**100.00**
香　港	1 093	1 773	38.49	876	1 841	49.96	954	2 664	56.24
日　本	112	226	4.91	96	149	4.04	137	192	4.05
澳　门	112	278	6.04	83	123	3.34	86	188	3.97
新加坡	38	344	7.47	4	58	1.57	69	88	1.86
加拿大	78	473	10.27	62	208	5.64	44	39	0.82

表 148　我国啤酒主要出口国家和地区（1998—2000）

国家或地区	1998			1999			2000		
	数量（万 L）	金额（万美元）	百分比（％）	数量（万 L）	金额（万美元）	百分比（％）	数量（万 L）	金额（万美元）	百分比（％）
合　计	**5 480**	**2 600**	**100.00**	**6 035**	**3 030**	**100.00**	**8 442**	**3 960**	**100.00**
朝　鲜	674	217	8.35	377	124	4.09	709	228	5.76
香　港	826	381	14.65	2 306	970	32.01	2 998	1 204	30.40
澳　门	590	266	10.23	665	363	11.98	640	300	7.58
美　国	685	488	18.77	708	507	16.73	727	523	13.21
法　国	323	237	9.12	318	233	7.69	350	277	6.99
意大利	332	167	6.42	366	179	5.91	410	209	5.28
韩　国				25	11	0.36	676	298	7.53

表 149　国外啤酒向我国进口的主要国家和地区（1998—2000）

国家或地区	1998			1999			2000		
	数量（万 L）	金额（万美元）	百分比（％）	数量（万 L）	金额（万美元）	百分比（％）	数量（万 L）	金额（万美元）	百分比（％）
合　计	**3 275**	**2 150**	**100.00**	**5 821**	**6 305**	**100.00**	**7 163**	**9 293**	**100.00**
法　国							1 269	1 851	19.92
美　国	353	185	8.60	300	228	3.61	77	73	0.79
荷　兰	2 330	1 552	72.19	4 238	4 762	75.53	3 822	5 097	54.84
新加坡	246	171	7.95	349	413	6.55	485	618	6.65
墨西哥	144	101	4.70	719	724	11.48	1 122	1 286	13.84

表 150 我国葡萄汽酒主要出口国家和地区（1998—2000）

国家或地区	1998			1999			2000		
	数量（万 L）	金额（万美元）	百分比（%）	数量（万 L）	金额（万美元）	百分比（%）	数量（万 L）	金额（万美元）	百分比（%）
合　计	**24.7**	**24.4**	**100.00**	**25.6**	**19.2**	**100.00**	**27.9**	**21**	**100.00**
香　港	18.5	11.9	48.77	18.4	12	62.50	15.7	10	47.62
日　本	0.8	3.5	14.34				0.2	4	19.05
泰　国	3.1	2.8	11.48	0.7	1	5.21	1.5	2	9.52
法　国	1.7	4.7	19.26						
印度尼西亚				4.4	3	15.63	10.2	8	38.10

表 151 国外葡萄汽酒向我国进口的主要国家和地区（1998—2000）

国家或地区	1998			1999			2000		
	数量（万 L）	金额（万美元）	百分比（%）	数量（万 L）	金额（万美元）	百分比（%）	数量（万 L）	金额（万美元）	百分比（%）
合　计	**10.5**	**23.1**	**100.00**	**11.1**	**24.6**	**100.00**	**23.5**	**67**	**100.00**
法　国	6.1	13.5	58.44	3.4	11.9	48.37	9.4	44.7	66.72
德　国	0.1	0.3	1.30	2.4	3.4	13.82	2.4	8.4	12.54
南　非	2.7	5.1	22.08				0.05	0.1	0.15
澳大利亚				2.1	4	16.26	0.8	1.6	2.39
意大利	0.7	1	4.35	1.8	3	12.20	9.8	8	11.94

表 152 我国酒精浓度在 80% 以上未改性乙醇出口主要国家和地区（1998—2000）

国家或地区	1998			1999			2000		
	数量（万 L）	金额（万美元）	百分比（%）	数量（万 L）	金额（万美元）	百分比（%）	数量（万 L）	金额（万美元）	百分比（%）
合　计	**8 393.9**	**3 005**	**100.00**	**3 096.1**	**1 169**	**100.00**	**14 695**	**4 049**	**100.00**
韩　国	3 413.8	1 150	38.27	2.3	2	0.17	3 877	1 031	25.46
日　本	4 729.6	1 706	56.77	2 625.8	912	78.02	9 256	2 521	62.26
朝　鲜	84.4	51.3	1.71	72.8	34	2.91	148	62	1.53
哈萨克斯坦	56.4	34	1.13	193.2	99	8.47	4	1	0.02
美　国	0.8	2	0.07				832	241	5.95

表 153　国外威士忌酒向我国进口的主要国家和地区（1998—2000）

国家或地区	1998			1999			2000		
	数量（万 L）	金额（万美元）	百分比（%）	数量（万 L）	金额（万美元）	百分比（%）	数量（万 L）	金额（万美元）	百分比（%）
合计	**35.4**	**447.5**	**100.00**	**47.3**	**262.2**	**100.00**	**131.5**	**737**	**100.00**
法国	1.6	13.5	3.02	0.5	1.5	0.57	15.3	96	13.03
英国	30.8	415.9	92.94	25.1	174.5	66.55	78.6	513	69.61
韩国	1.5	11.4	2.55	5.6	29.7	11.33	9.9	36	4.88
美国	1.4	5	1.12	15.7	52.2	19.91	24.6	80	10.85

表 154　我国未加味、加糖或其他甜物质的矿泉水主要出口国家和地区（1998—2000）

国家或地区	1998			1999			2000		
	数量（万 L）	金额（万美元）	百分比（%）	数量（万 L）	金额（万美元）	百分比（%）	数量（万 L）	金额（万美元）	百分比（%）
合计	**438.2**	**95**	**100.00**	**504.9**	**92**	**100.00**	**701.9**	**79**	**100.00**
澳门	275.5	31	12.63	311	33	35.87	460.2	29	36.71
新加坡	95.3	46	48.42	55.6	27	29.35	31.5	13	16.46
香港	3.0	1	1.05	27.3	7	7.61	117.7	18	22.78
缅甸	38.1	8	8.42	78.5	12	13.04	60.2	9	11.39

表 155　我国未加味、加糖或其他甜物质的天然水主要出口国家和地区（1998—2000）

国家或地区	1998			1999			2000		
	数量（万 L）	金额（万美元）	百分比（%）	数量（万 L）	金额（万美元）	百分比（%）	数量（万 L）	金额（万美元）	百分比（%）
合计	**74 233 000**	**25 711**	**100.00**	**76 707 154**	**29 633**	**100.00**	**70 453 160**	**27 945**	**100.00**
香港	68 341 000	25 036	97.37	73 563 684	29 271	98.78	70 451 705	27 943	99.99
澳门	5 886 000	674	2.63	3 143 470	362	1.22	1 450	0.2	

表 156 我国加味、加糖或其他甜物质的水主要出口国家和地区（1998—2000）

国家或地区	1998			1999			2000		
	数量（万L）	金额（万美元）	百分比（%）	数量（万L）	金额（万美元）	百分比（%）	数量（万L）	金额（万美元）	百分比（%）
合　计	**1 438**	**867**	**100.00**	**2 351.7**	**1 407**	**100.00**	**5 078.5**	**2 628**	**100.00**
香　港	1 148.8	734	84.66	2 009.4	1 239	88.06	4 668.4	2 454	93.03
新加坡	99.4	51	5.88	111.7	72	5.12	80.5	46	1.74
澳　门	65.1	27	3.11	194.2	79	5.61	206.0	80	3.03

表 157 我国其他无酒精饮料主要出口国家和地区（1998—2000）

国家或地区	1998			1999			2000		
	数量（万L）	金额（万美元）	百分比（%）	数量（万L）	金额（万美元）	百分比（%）	数量（万L）	金额（万美元）	百分比（%）
合　计	**6 714.4**	**2 731**	**100.00**	**4 135.6**	**2 200**	**100.00**	**2 545.6**	**1 284**	**100.00**
香　港	6 367.1	2 473	90.55	3 431.9	1 835	83.41	1 252.7	719	56.00
新加坡	85.3	55	2.01	185.2	94	4.27	147.5	74	5.76
美　国	88.4	77	2.82	226.7	106	4.82	621.0	245	19.08

表 158 我国其他发酵饮料主要出口国家和地区（1998—2000）

国家或地区	1998			1999			2000		
	数量（万L）	金额（万美元）	百分比（%）	数量（万L）	金额（万美元）	百分比（%）	数量（万L）	金额（万美元）	百分比（%）
合　计	**1 572.2**	**2 265**	**100.00**	**1 820.1**	**2 403**	**100.00**	**2 404.6**	**2 842**	**100.00**
新加坡	49	75	3.31	78.7	98	4.08	93.4	103	3.62
美　国	154.9	151	6.67	232.0	204	8.49	293.6	233	8.20
香　港	197.4	226	9.98	161.5	206	8.57	177.9	229	8.06
日　本	810.7	1 461	64.50	848.9	1 478	61.51	1 228.6	1 817	63.93

表 159 我国花茶（内包装每件净重不超过 3kg）主要出口国家和地区（1998—2000）

国家或地区	1998			1999			2000		
	数量（t）	金额（万美元）	百分比（%）	数量（t）	金额（万美元）	百分比（%）	数量（t）	金额（万美元）	百分比（%）
合计	**1 613**	**657**	**100.00**	**1 633**	**644**	**100.00**	**1 696**	**703**	**100.00**
香港	132	79	12.02	172	103	15.99	179	111	15.79
新加坡	48	29	4.41	46	32	4.97	35	25	3.56
日本	205	87	13.24	117	70	10.87	626	185	26.32
法国	89	49	7.46	117	66	10.25	137	74	10.53
美国	237	123	18.72	224	117	18.17	359	142	20.20
摩洛哥	430	87	13.24	283	49	7.61			

表 160 我国绿茶（内包装每件净重不超过 3kg）主要出口国家和地区（1998—2000）

国家或地区	1998			1999			2000		
	数量（t）	金额（万美元）	百分比（%）	数量（t）	金额（万美元）	百分比（%）	数量（t）	金额（万美元）	百分比（%）
合计	**19 446**	**4 043**	**100.00**	**23 948**	**4 867**	**100.00**	**40 937**	**7 498**	**100.00**
比利时	3 196	719	17.78	1 177	278	5.71	939	219	2.92
摩洛哥	1 498	302	7.47	13 691	2 782	57.16	24 527	4 221	56.30
利比亚				735	151	3.01	88	17	0.27
法国	5 186	1 044	25.82	3.373	512	10.52	5 849	1 176	15.68
科特迪瓦	793	190	4.70	291	214	4.40	525	106	1.41
阿尔及利亚	945	200	4.95	132	28	0.58	3 896	735	9.80

表 161 我国绿茶（内包装每件净重超过 3kg）主要出口国家和地区（1998—2000）

国家或地区	1998			1999			2000		
	数量（t）	金额（万美元）	百分比（%）	数量（t）	金额（万美元）	百分比（%）	数量（t）	金额（万美元）	百分比（%）
合计	**91 359**	**13 923**	**100.00**	**97 684**	**14 076**	**100.00**	**114 388**	**14 292**	**100.00**
马里	6 372	1 197	8.60	5 896	977	6.94	7 288	1 023	7.16
摩洛哥	13 218	1 959	14.07	17 540	3 091	21.96	19 094	2 423	16.95
塞内加尔	10 696	2 052	14.74	7 002	1 363	9.68	10 932	1 753	12.27
乌兹别克	8 231	1 001	7.19	10 379	887	6.30	11 072	580	4.06
日本	801	157	1.13	3 102	861	6.10	6 720	1 871	13.09
毛里塔尼亚	787	144	1.03	3 239	574	4.08	5 228	833	5.83
冈比亚	2 846	590	4.24	3 108	593	4.21	3 346	536	3.75

表 162　我国卷烟主要出口国家和地区（1998—2000）

国家或地区	1998			1999			2000		
	数量（亿支）	金额（万美元）	百分比（%）	数量（亿支）	金额（万美元）	百分比（%）	数量（亿支）	金额（万美元）	百分比（%）
合　计	**228.60**	**37 392**	**100.00**	**74.37**	**11 197**	**100.00**	**84.1**	**12 539**	**100.00**
香　港	52.50	9 746	26.06	23.80	4 560	40.73	30.2	5 733	45.72
新加坡	20.20	3 676	9.83	6.89	1 241	11.08	2.8	629	5.02
缅　甸	31.80	3 478	9.30	9.19	758	6.77	2.6	169	1.35
马来西亚	49.30	8 836	23.63	12.94	1 512	13.50	11.3	1 369	10.92
日　本	2.25	242	0.65	1.06	112	1.00	2.7	428	3.41
意大利	1.88	387	1.03	1.73	363	3.24	2.2	454	3.62
加拿大	3.87	917	2.45	2.08	543	4.85	2.3	592	4.72

表 163　国外卷烟向我国进口的主要国家和地区（1998—2000）

国家或地区	1998			1999			2000		
	数量（亿支）	金额（万美元）	百分比（%）	数量（亿支）	金额（万美元）	百分比（%）	数量（亿支）	金额（万美元）	百分比（%）
合　计	**34.40**	**6 933**	**100.00**	**18.01**	**3 269**	**100.00**	**20.9**	**3 892**	**100.00**
香　港	1.70	224	3.23	0.88	103	3.15	1.7	240	6.17
英　国	21.60	4 695	67.72	9.80	1 929	59.01	12.6	2 491	64.00
美　国	8.10	1 451	20.93	4.09	691	21.14	3.7	671	17.24
日　本	1.10	239	3.45	1.82	290	8.87	1.5	231	5.94

资料来源：表 135 至表 163 中数据由中国食品工业协会各有关行业协会提供。

表 164　2001 年林业机械出口产品数量与创汇额

产品名称	单　位	出口数量	创汇金额（万美元）
合　计			**4 232.07**
工程机械	台	40	107
油锯	台	533	12
园林机械	台	102 389	1 566
木工机械及人造板设备	台（套）	30 693	1 131.83
摩托车及发动机	台	57 979	1 098
工矿配件			327.24

资料来源：表中数据由国家林业局提供。

表 165　我国食品加工和包装机械进出口情况（2000）　单位：万美元

产品名称	单位	出口		进口	
		数量	金额	数量	金额
一、食品加工机械					
制糖机器	台	128	150	34	274
酿酒机器	台	18	36	304	610
乳品加工机器	台	13 608	47	644	22
糕点加工及生产面条等产品的机器	台	28 598	827	1 693	1 873
面包房用烤炉及烘箱（包括做饼干用）	台	529	51	589	81
生产糖果、可可粉、巧克力的机器	台	386	170	249	1 156
肉类或家禽加工机器	台	261 758	385	3 955	3 435
水果、坚果或蔬菜加工机器	台	37 369	110	912	4 525
加工热饮料或烹调、加热食品的设备	台	10 021	225	4 554	1 206
食品研磨及搅拌器；水果或蔬菜榨汁器	台	59 322 281	23 736	100 609	1 523
其他食品、饮料工业用生产加工机器	台	36 857	923	5 701	8 772
提取、加工油脂的机器	台	569	199	98	1 562
谷物磨粉业加工机器或谷物、干豆加工机器	台	101 209	1 544	2 446	885
农产品清洁、分选、分级机器	台	11 677	281	1 473	1 647
动物饲料配制机	台	365	118	182	300
农产品干燥机	台	905	137	390	887
液体过滤或净化饮料的机器及装置	台	14 554 351	1 046	134 909	10 483
快速式、储热式、电热水器、浸入式液体加热器	个	5 686 962	4 538	152 804	944
电炉、电锅、电壶、烧烤炉等	个	135 902 374	91 371	179 694	606
食品机械零件	kg	10 654 964	2 655	1 327 024	2 276
小　计			128 579		44 404
二、包装机械					
饲料、液体食品灌装机械	台		650		9 486
灌装、包装机（含水泥灌装机）	台		44		253
装填、封口、充气、贴标机	台		1 174		11 301
收缩包装、打包机械	台		1 636		14 701
纸塑铝复合灌生产机械	台		2.2		14
纸塑铝复合软包装生产纸	台		8.8		1 598
纸包、袋、信封加工机械	台		108		878
纸箱、盒、管、桶加工机械	台		555		2 238
纸浆、纸或纸板制品加工机械	台		1 650		28 985
全自动或半自动电阻焊机械	台		507		6 583
各种包装称量机械	台		77		649
容器洗涤、干燥机械	台		1 098		13 191
包装机械零件	kg		1 017		9 637
小　计			8 527		99 514
总　计			**137 106**		**143 918**

表 166　我国食品加工和包装机械进出口情况（2001）　单位：万美元

产品名称	单位	出口		进口	
		数量	金额	数量	金额
一、食品加工机械					
制糖机器	台	85	105.0	95	1 088.1
酿酒机器	台	33	150.9	50	608.5
乳品加工机器	台	128	64.5	1 276	1 722.4
糕点加工及生产通心粉、面条等产品的机器	台	15 977	1 262.7	1 496	1 934.9
面包房用烤炉及烘箱（包括做饼干用）	台	4 523	88.6	1 670	458.2
生产糖果、可可粉、巧克力的机器	台	338	288.3	221	1 054.1
肉类或家禽加工机器	台	410 990	576.7	5 403	2 987.7
水果、坚果或蔬菜加工机器	台	49 851	112.0	994	1 587.7
制酒、果汁等饮料的压榨机轧碎机等机器	台	50 066	171.9	2 498	1 636.6
加工热饮料或烹调、加热食品的设备	台	79 930	975.6	74 309	2 241.4
食品研磨及搅拌器；水果或蔬菜榨汁器	台	58 650 288	23 820.4	87 669	169.1
其他食品、饮料工业用生产加工机器	台	98 923	1 014.0	5 351	9 707.4
提取、加工动物油脂或植物固定油脂的机器	台	633	335.2	345	4 089.9
谷物磨粉业加工机器或谷物、干豆加工机器	台	71 454	1 273.6	1 005	2 915.0
蛋类、水果等农产品清洁、分选、分级机器	台	201	74.1	410	784.8
种子、谷物或干豆的清洁、分选、分级机器	台	5 047	222.5	775	1 351.4
动物饲料配制机	台	7 412	327.1	130	986.4
农产品干燥机	台	933	125.8	278	1 054.0
过滤、净化水或饮料的机器及装置	台	1 102 477	1 647.4	207 804	12 376.4
快速式、储热式、电热水器、浸入式液体加热器	个	4 254 740	5 137.0	80 609	468.7
电炉、电锅、电壶、烧烤炉等	个	147 963 094	105 927.3	291 213	768.3
食品机械零件	kg	8 872 000	2 587.2	1 908 029	2 906.6
总　计			146 287.8		52 897.6
二、包装机械					
饮料及液体食品灌装设备	台	548	731.2	597	10 785.5
全自动水泥灌包机	台	13	77.1	8	131.2
其他水泥灌装机	台	8	6.0	12	63.4
其他灌装机、包装机	台	15 592	9 114	3 738	11 390.0
装填、封口、密封、贴标签的机器，饮料充气机	台	588 087	4 399	2 351	3 297.6
其他包装或打包机器（包括收缩包装机）	台	591 337	2 176.7	9 555	17 128.2
草料打包机、包括收集打包机	台	571	1.9	362	324.4
纸塑铝复合罐生产设备	台	13	4.7	6	61.1

资料来源：表 165、表 166 数据由中国食品和包装机械工业协会提供。

（续）

产品名称	单位	出口		进口	
		数量	金额	数量	金额
纸塑铝复合软包装生产线	台	27	46.8	62	1 866.0
制造包、袋或信封的机器	台	225	143.3	133	895.8
制造纸箱、盒、管、桶或类似容器的机器	台	461	1 014.2	590	3 011.2
纸浆、纸或纸板制品模制成型机器	台	503	1 018.6	234	1 801.9
其他纸浆、纸或纸板的制造、整理机器	台	1 181	1 265.5	2 089	25 451.1
全自动或半自动电阻焊机及装置	台	10 100	432.2	93 438	6 524.8
各种包装电子皮带秤	台	116 567	153.2	1 814	1 298.2
洗碟机	台	82 164	838.8	6 858	363.0
木材、纸浆、纸或纸板干燥器	台	95	234.0	245	1 191.6
瓶子或其他容器的洗涤或干燥机	台	18 552	102.9	5 054	1 764.5
包装机械零件	kg	3 605 746	1 439.5	1 449 298	7 063.3
合计			11 015.0		95 639.4
总计			**157 302.8**		**148 537.0**

表 167 纺织工业纺织品服装进出口贸易情况（1997—2000）

年度	项目	进出口（亿美元）	出口（亿美元）	进口（亿美元）	贸易差额（亿美元）	累计比去年同期增减（%）		
						进出口	出口	进口
1997	全国	3 250.57	1 826.97	1 423.61	403.36	12.14	20.90	2.50
1997	纺织	588.81	455.53	133.28	322.25	23.47	31.10	2.97
1997	纺织占全国比重	18.11	24.93	9.36	79.89			
1998	全国	3 239.23	1 837.57	1 401.66	435.91	0.38	0.50	-1.50
1998	纺织	549.32	428.54	120.78	307.76	-6.71	-6.00	-9.38
1998	纺织占全国比重	16.96	23.32	8.62	70.60			
1999	全国	3 606.49	1 949.31	1 657.18	292.13	11.30	6.10	18.20
1999	纺织	551.50	430.62	120.88	309.74	0.40	0.52	0.08
1999	纺织占全国比重	15.29	22.09	7.29	106.03			
2000	全国	4 743.08	2 492.12	2 250.97	241.15	31.50	27.80	35.80
2000	纺织	659.71	520.82	138.89	381.93	19.61	20.94	14.90
2000	纺织占全国比重	13.91	20.90	6.17	158.38			

资料来源：海关总署。

表 168　纺织工业精、粗纺呢绒生产、出口和进口情况比较（1997—2000）

项　目	单　位	1997	1998	1999	2000
精纺呢绒产量	万 m	19 447	16 828	19 214	
精纺呢绒出口情况	万 m	2 317	2 346	1 919	2 547
	美元/m	4.62	4.45	5.71	5.91
精纺呢绒进口情况	亿美元	3 641	3 154	3 663	4 821
	美元/m	9.51	8.48	8.65	868
粗纺呢绒产量	万 m	11 463	7 160	6 452	
粗纺呢绒出口情况	万 m	1 012	688	698	974
	美元/m	4.77	5.10	4.21	3.68
粗纺呢绒进口情况	万 m	1 332	1 030	1 141	1 047
	美元/m	9.24	7.75	7.23	7.56

资料来源：《纺织工业统计年报》、海关统计年报。

表 169　纺织工业针织物及针织服装出口情况（2000）

产　品	数量（亿件）	金额（亿美元）	数量同比（%）	金额同比（%）
针织物		12.28		·31.78
针织服装及附件		134.25		14.2
其中：棉针织服装		43.05		26.0
化纤针织服装		45.29		6.6
其中：男内衣	6.95	3.94	4.95	1.26
女内衣	17.77	9.78	12.16	－16.89
运动服装	1.51	3.65	33.28	18.32
袜子（亿双）	18.75	4.40	36.48	29.52

资料来源：表中数据出自 2000/2001 中国纺织工业发展报告。

表 170　纺织工业服装出口日本、美国及香港特区情况（1997—2000） 单位：%

年　份	我国服装出口变化情况			
	合　计	香港地区占比重	日本占比重	美国占比重
1997	72.1	36.5	24.3	11.3
1998	63.7	30.0	24.2	9.5
1999	60.1	21.9	28.6	9.6
2000	57.8	17.6	31.0	9.2

资料来源：海关统计。

农产品加工业部分行业与企业排序

表 171　2000 年轻工业系统农产品加工业分行业主要经济指标排序

序号	按工业总产值（当年价格）排序			序号	按工业增加值排序		
	行　业	绝对值（亿元）	行业占总计比重（%）		行　业	绝对值（亿元）	行业占总计比重（%）
	轻工行业合计	19 256.41	100.00		轻工行业合计	5 026.59	100.00
1	食品加工	3 722.70	19.33	1	食品加工	835 29	16.62
2	饮料制造	1 752.37	9.10	2	饮料制造	618.90	12.31
3	造纸及纸制品	1 590.36	8.26	3	食品制造	415.81	8.27
4	食品制造	1 442.52	7.49	4	造纸及纸制品	412.62	8.21
5	皮革、毛皮、羽绒	1 345.17	6.99	5	皮革、毛皮、羽绒	323.62	6.44
6	轻工机械	374.80	1.95	6	轻工机械	101.56	2.02
7	家具	370.18	1.92	7	家具	94.86	1.89
8	木竹藤棕草	99.30	0.52	8	制盐	33.88	0.67
9	制盐	74.44	0.39	9	木竹藤棕草	24.35	0.48

序号	按工业销售产值排序			序号	按出口交货值排序		
	行　业	绝对值（亿元）	行业占总计比重（%）		行　业	绝对值（亿元）	行业占总计比重（%）
	轻工行业合计	18 639.83	100.00		轻工行业合计	4 360.25	100.00
1	食品加工	3 623.22	19.44	1	皮革、毛皮、羽绒	781.62	17.93
2	饮料制造	1 706.29	9.15	2	食品加工	402.46	9.23
3	造纸及纸制品	1 537.39	8.25	3	家具	139.02	3.19
4	食品制造	1 385.04	7.43	4	食品制造	135.46	3.11
5	皮革、毛皮、羽绒	1 300.16	6.98	5	造纸及纸制品	124.16	2.85
6	轻工机械	358.82	1.93	6	木竹藤棕草	52.52	1.20
7	家具	356.47	1.91	7	饮料制造	45.46	1.04
8	木竹藤棕草	96.33	0.52	8	轻工机械	41.87	0.96
9	制盐	70.70	0.38	9	制盐	2.44	0.06

资料来源：本表数据为 2000 年全国轻工行业全部国有和年产品销售收入 500 万元以上非国有工业企业的统计指标。

（续）

序号	按利税总额排序			序号	按利润总额排序		
	行　业	绝对值（亿元）	行业占总计比重（%）		行　业	绝对值（亿元）	行业占总计比重（%）
	轻工行业合计	**1 461.90**	**100.00**		**轻工行业合计**	**640.22**	**100.00**
1	饮料制造	314.67	21.52	1	饮料制造	97.51	15.23
2	食品加工	153.02	10.47	2	食品加工	68.74	10.74
3	造纸及纸制品	130.34	8.92	3	造纸及纸制品	59.52	9.30
4	食品制造	125.64	8.59	4	食品制造	54.79	8.56
5	皮革、毛皮、羽绒	65.88	4.51	5	皮革、毛皮、羽绒	34.86	5.45
6	轻工机械	32.30	2.21	6	轻工机械	16.76	2.62
7	家具	28.15	1.93	7	家具	15.96	2.49
8	制盐	12.73	0.87	8	木竹藤棕草	3.37	0.53
9	木竹藤棕草	6.95	0.48	9	制盐	1.98	0.31

序号	按产品销售收入排序			序号	按年平均人数排序		
	行　业	绝对值（亿元）	行业占总计比重（%）		行　业	绝对值（亿元）	行业占总计比重（%）
	轻工行业合计	**18 037.09**	**100.00**		**轻工行业合计**	**1 241.99**	**100.00**
1	食品加工	3 477.52	19.28	1	食品加工	167.90	13.52
2	饮料制造	1 647.47	9.13	2	造纸及纸制品	113.41	9.13
3	造纸及纸制品	1 503.09	8.33	3	皮革、毛皮、羽绒	112.75	9.08
4	食品制造	1 353.07	7.50	4	饮料制造	102.22	8.23
5	皮革、毛皮、羽绒	1 238.19	6.86	5	食品制造	91.77	7.39
6	轻工机械	352.29	1.95	6	轻工机械	31.57	2.54
7	家具	344.59	1.91	7	家具	27.04	2.18
8	木竹藤棕草	93.38	0.52	8	制盐	17.26	1.39
9	制盐	68.81	0.38	9	木竹藤棕草	9.23	0.74

表 172　2000 年我国农产品加工业按销售收入排序前 3 名企业　单位：万元

序　号	企　业　名　称	销售收入
	烟草业	
1	玉溪红塔烟草（集团）有限责任公司	1 710 063
2	颐中烟草（集团）有限公司	995 133
3	上海烟草（集团公司）	807 497
	白酒业	
1	四川省宜宾五粮液集团有限公司	680 523
2	中国贵州茅台酒厂有限责任公司	130 830
3	安徽金牛实业有限公司	120 600
	纺织业	
1	中国恒天集团公司	673 868
2	上海申达（集团）公司	528 532
3	江苏阳光集团公司	501 028
	森林工业	
1	中国吉林森林工业（集团）总公司	219 902
2	中国福马林业机械集团有限公司	116 496
3	四川豪运（集团）有限公司	26 947
	农业	
1	黑龙江北大荒农垦集团总公司	1 118 273
2	中国水产集团总公司	338 001
3	中国农垦集团总公司	328 910

资料来源：中国经济贸易年鉴 2001 年版。

表 173　2000 年我国农产品加工业面、米制品业销售收入前 10 名企业排序（食品工业系统）

单位：万元

序　号	企　业　名　称	销售收入
1	湖北鄂州武昌鱼集团有限责任公司	69 530.3
2	广西银雪面粉有限责任公司	49 556.0
3	江苏六朝松集团有限公司	25 219.0
4	广东顺德日清食品有限责任公司	10 092.1
5	沈阳东大粮油食品实业有限公司	9 909.7
6	天津市天利粮油土产有限公司	8 761.0
7	荆州区粮油食品工业公司	7 467.4
8	内蒙古大公实业有限责任公司	6 190.7
9	江西五丰食品有限公司	5 997.7
10	新会粮油食品厂有限公司	5 747.3

表 174　2000 年我国农产品加工业食用植物油业销售收入前 10 名企业排序（食品工业系统）

单位：万元

序号	企业名称	销售收入
1	东海粮油（张家港）工业有限公司	311 935.0
2	南海油脂工业（赤湾）有限公司	226 240.0
3	大连华农集团有限责任公司	189 397.0
4	上海嘉里粮油工业有限公司	104 397.3
5	浙江新市油脂股份有限责任公司	91 152.1
6	正大集团（天津）实业有限公司	91 145.3
7	北海粮油工业（天津）有限公司	81 054.0
8	山东三维油脂企业集团总公司	76 312.7
9	博兴县渤海油脂工业有限公司	72 219.3
10	博兴县植物油厂	67 594.0

资料来源：表 173－表 183 中数据由中国食品工业协会提供。

表 175　2002 年植物油免检产品*

序号	企业名称	产品品牌与规格
1	山东莱阳鲁花浓香花生油有限公司	鲁花，花生油 5.436L－500L（一、二级）
2	北京艾森绿宝油脂有限公司	绿宝，桶装色拉油、花生油
3	正大集团（天津）实业有限公司	金象，大豆色拉油
4	北海粮油工业（天津）有限公司	福临门，大豆色拉油、纯正花生油
5	天津市红旗油厂	月季花，色拉油
6	三河汇福粮油食品制作有限公司	汇福，2.5 kg/桶、5L/桶色拉油
7	山西玉花油脂有限公司	屯玉，色拉油
8	营口渤海油脂工业有限公司	金龙鱼、元宝、祥龙，大豆色拉油
9	吉林德大有限公司	德大，0.75L－5kg/瓶（桶）色拉油
10	黑龙江九三油脂化工厂	九三，1L/桶、3.2L/桶、5L/桶大豆色拉油
11	上海市油脂公司	海狮，精制烹调油
12	上海嘉里粮油工业有限公司	金龙鱼、鲤鱼、元宝，大豆色拉油、菜籽色拉油
13	东海粮油工业（张家港）有限公司	福临门，色拉油、花生油
14	平湖合兴植物油有限公司	绿怡，色拉油小包装系列
15	安徽安丰油脂股份有限公司	餐乐，色拉油
16	安徽华康粮油食品集团	百食得，色拉油
17	安徽丰大股份有限公司	丰大，1.8L、2.5L、5L 色拉油、花生油
18	厦门中鹭植物油有限公司	宝鹭，仙鹭、飞鹭小包装系列色拉油
19	江西省梓树粮油公司	仙人，色拉油

（续）

序 号	企　业　名　称	产品品牌与规格
20	青岛嘉里植物油有限公司	金龙鱼、元宝、胡姬花，花生油、色拉油
21	黄海粮油工业（山东）有限公司	四海 特香纯正花生油、纯香花生油、色拉油
22	山东良友油脂股份有限公司	佳嘉信，2.167L、3.25L、5L、20kg 小包装色拉油
23	青岛长生集团股份有限公司	长生，一级、二级花生油
24	山东吉龙实业有限公司	吉龙，浓香花生油、一级花生油
25	山东玉皇粮油食品有限公司	玉皇，一级花生油
26	许昌山花实业有限公司	山花，大豆高级烹调油
27	河南省康大油脂有限公司	千禧鹤，色拉油、花生油
28	湖北玉树油脂有限责任公司	玉树，5L、2.5L、1.8L/瓶菜籽色拉油
29	湖北天颐科技股份有限公司	天颐，2L/瓶、5L/瓶色拉油
30	湖南巴陵油脂化工有限公司	道道金，5L、7.5kg、20kg，菜籽色拉油
31	南海油脂工业（赤湾）有限公司	金龙鱼、花旗、元宝、鲤鱼花生油、色拉油
32	深圳南顺油脂有限公司	刀唛、红灯、顺唛、福星花生油
33	番禺合兴油脂有限公司	狮球唛、骆驼唛、厨宝、红桃花生油、色拉油
34	防城港新海油脂工业有限公司	金龙鱼、香满园花生油
35	四川嘉里粮油工业有限公司	鲤鱼、金龙鱼，菜籽色拉油、大豆色拉油
36	重庆市油脂公司	红蜻蜓，菜籽色拉油
37	西安嘉里油脂工业公司	金龙鱼、元宝、鲤鱼、巧厨、百合花，色拉油
38	青海丁香粮油（集团）有限责任公司	丁香，色拉油

资料来源：由武汉工业学院食品学院何东平教授提供。

* 由国家质检总局公布 2002 年食品免检产品及其生产企业：食用植物油［019］

表 176　2000 年我国农产品加工业屠宰业销售收入前 10 名企业排序（食品工业系统）

单位：万元

序 号	企　业　名　称	销 售 收 入
1	吉林德大有限公司	260 438.1
2	山东风祥集团总公司	101 693.6
3	河南华英禽业集团股份有限公司	62 230.4
4	北京市顺义区肉类加工厂	57 013.7
5	和平渔牧集团有限公司	33 600.0
6	利津县鲁北畜产品购销有限责任公司	28 003.0
7	武汉长征肉类有限公司	27 836.0
8	兴平市晁庄事业总公司	23 100.0
9	江苏省福润肉类加工厂	22 376.5
10	四川光路冷冻食品有限公司	18 645.7

表 177　2000 年我国农产品加工业肉制品加工业销售收入前 10 名企业排序（食品工业系统）

单位：万元

序 号	企　业　名　称	销售收入
1	河南省漯河市双汇实业集团有限责任公司	520 531.7
2	临沂新城金锣肉制品有限公司	354 335.8
3	诸城市大龙实业有限公司	343 494.8
4	上海大江（集团）股份有限公司	206 659.2
5	山东华盛集团总公司	160 657.0
6	山东得利斯集团有限公司	96 388.4
7	内蒙古草原兴发股份有限公司	96 216.2
8	大庆金锣食品股份有限公司	76 967.9
9	南京雨润肉食品有限公司	75 702.0
10	聊城嘉明实业有限公司	50 694.5

表 178　2000 年我国农产品加工业糕点业销售收入前 10 名企业排序（食品工业系统）

单位：万元

序 号	企　业　名　称	销售收入
1	上好佳（中国）有限公司	31 316.2
2	北京稻香村食品加工厂	18 152.5
3	上海福旺食品有限公司	17 970.4
4	北京华联食品工业有限公司	16 926.0
5	浙江小王子食品股份有限公司	10 036.0
6	广州酒家企业集团利口福食品有限公司	9 562.7
7	乐天四通食品有限公司	9 348.6
8	鹤山市亚太食品（广东）有限公司	8 539.5
9	上海元祖食品有限公司	7 554.5
10	上海统泰食品有限公司	6 901.6

表 179　2000 年我国农产品加工业乳制品制造业销售收入前 10 名企业排序（食品工业系统）

单位：万元

序 号	企　业　名　称	销售收入
1	上海光明乳业股份有限公司	227 251.9
2	双城市雀巢有限公司	126 752.0
3	石家庄三鹿集团股份有限公司	94 408.4
4	北京三元食品股份有限公司	69 580.9
5	英特儿营养乳品有限公司	46 586.8
6	江苏梁丰食品集团公司	46 072.0
7	黑龙江省完达山企业集团乳品有限公司	42 374.0
8	深圳市光明华侨畜牧场晨光饮料公司	33 785.0
9	南京大旺食品有限公司	32 809.0
10	维益食品（苏州）有限公司	32 075.4

表 180　2000 年我国农产品加工业酱油制造业销售收入前 10 名企业排序
（食品工业系统）　　单位：万元

序　号	企　业　名　称	销售收入
1	佛山市海天调味品有限公司	79 542.5
2	北京王致和食品集团有限公司	23 765.2
3	开平市味事达调味品有限公司	23.201.1
4	广东美味鲜调味食品有限公司	17.764.7
5	广州致美斋食品有限公司	16.591.2
6	广州市美味源食品厂	16.193.5
7	上海淘大食品有限公司	15.294.2
8	上海海鸥酿造有限公司	14.516.9
9	香港加加（长沙）酱业有限公司	12.898.0
10	东莞美极有限公司	12.824.6

表 181　2000 年我国农产品加工业食醋制造业销售收入前 10 名企业排序
（食品工业系统）　　单位：万元

序　号	企　业　名　称	销售收入
1	江苏恒顺醋业股份有限公司	14 311.2
2	江苏恒丰集团	10 520.8
3	山西省清徐老陈醋有限公司	5 540.2
4	四川保宁醋有限公司	3 140.0
5	北京龙门和田宽食品有限公司	2 951.2
6	山西老陈醋集团有限公司	2 566.6
7	天津市天立独流老醋股份有限公司	2 283.0
8	饶平县瑞泰保健醋有限公司	1 880.0
9	江苏省农垦恒河酿造总厂	1 318.7
10	济南泺口酿造总公司	1 068.0

表 182　2000 年我国农产品加工业淀粉及淀粉制品业销售收入前 10 名企业排序
（食品工业系统）　　单位：万元

序　号	企　业　名　称	销售收入
1	长春大成（集团）玉米开发有限公司	167 960.9
2	黄龙食品工业有限公司	80 215.5
3	滨州金汇玉米开发有限公司	59 299.1
4	兖州市雪花淀粉集团公司	35 501.1
5	秦皇岛市骊骅淀粉股份有限公司	33 512.8
6	河北赵洲利民淀粉企业集团总公司	18 080.0
7	昌黎县淀粉有限公司	16 496.2
8	诸城市淀粉股份有限公司	16 322.5
9	江苏宝宝集团公司	15 884.4
10	山东省龙口市渤海集团公司	14 620.0

表 183　2000 年我国农产品加工业方便主食品业销售收入前 10 名企业排序
（食品工业系统）

单位：万元

序　号	企　业　名　称	销售收入
1	河南省南街村集团有限公司	127 018.6
2	杭州顶益国际食品有限公司	125 391.7
3	天津顶益国际食品有限公司	114 455.7
4	昆山统一企业食品有限公司	111 721.6
5	河北省邢台市隆尧县华龙食品集团有限公司	84 673.1
6	沈阳顶益国际食品有限公司	69 280.6
7	武汉统一企业食品有限公司	53 168.2
8	广州统一企业食品有限公司	53 166.8
9	广西黑五类食品集团公司	52 448.7
10	重庆顶益国际食品有限公司	48 406.3

表 184　2000 年方便面重点企业产品销售收入和产量排序

序　号	企　业　名　称	品牌	产品销售收入（亿元）	产量（万 t）
1	顶益（国际）食品有限公司	康师傅	46.53	46.27
2	统一企业食品有限公司	统 一	32.45	23.80
3	河南省南街村有限公司	颖 松	12.70	10.28
4	河北华龙食品集团有限公司	华 龙	8.47	16.85
5	山东龙丰集团公司	龙 丰	4.46	2.76
6	河南省科迪食品有限公司	科 迪	3.98	3.64
7	三英集团公司	三 英	3.29	3.83
8	珠海华丰食品工业集团有限公司	华 丰	1.70	2.90
9	中外合资镇江泰兴隆食品有限公司	幸 运	1.68	2.71
10	上海味丹食品有限公司	皇 品	1.37（含其他）	
	总　　计		**116.63**	**113.04**

注：1. 本表来源：中外食品工业信息，2001（5）。

2. 2000 年世界方便面生产 500 亿包．中国内地生产 190 亿包，占世界的 35%，市场排名前 10 位的企业销量占市场量的 79.5%。

表 185 2001（第七届）中国月饼节荣获“中国名饼”生产企业

企业名称	企业名称
☆ 北京宫颐府食品厂	☆ 西安、哈尔滨米旗食品有限公司
☆ 北京稻香村食品集团	☆ 西安安旗食品有限公司
☆ 上海杏花楼企业股份有限公司	☆ 沈阳好利来实业管理有限公司
☆ 上海新侨食品有限公司	☆ 大连麦花食品有限公司
☆ 冠生园集团上海有限公司	☆ 江西乔家珊食品厂
☆ 上海新雅粤菜馆食品厂	☆ 太原双合成食品有限公司
☆ 上海利男居食品总厂	☆ 杭州食品酿造有限公司利民食品厂
上海香特莉食品有限公司	☆昆明吉庆祥食品有限公司
香港茉华饼家有限公司	成都佳禾食品有限公司
☆ 广州市莲香楼	重庆泌园实业有限公司
☆ 广州酒家企业集团利口福食品有限公司	☆ 哈尔滨纽埃坡食品有限公司
广州市趣香饼家	海南香江德福大酒楼
广州圣安娜食品有限公司	吉林福源馆食品有限公司
深圳安琪食品有限公司	兰州爱里食品有限公司
广东肇庆华侨大厦	新疆大天池食品有限公司

资料来源：由中国焙烤食品糖制品工业协会提供。

☆ 为“放心月饼金牌企业”。

表 186 2000 年我国农产品加工业豆制品制造业销售收入前 10 名企业排序（食品工业系统）

单位：万元

序号	企业名称	销售收入
1	徐州东方豆奶粉厂	22 210.0
2	贵阳南明老干妈风味食品有限责任公司	15 138.0
3	马鞍山黄池食品集团公司	6 218.0
4	杜帮云梦蛋白有限公司	5 850.3
5	开平广合腐乳有限公司	5 713.0
6	天津理研维他食品有限公司	5 506.6
7	徐州金维食品有限公司	5 285.0
8	杭州豆制品总厂	5 134.3
9	超力国际（中国）食品有限公司	4 587.0
10	山东力源集团公司	4 435.6

表 187 2000 年我国农产品加工业冷冻饮品制造业销售收入前 10 名企业排序

（食品工业系统） 单位：万元

序号	企业名称	销售收入
1	内蒙古伊利实业集团股份有限公司	122 267.4
2	杭州五丰冷食有限公司	19 132.3
3	和路雪（中国）有限公司	16 381.6
4	杭州佑康食品有限公司	14 395.0
5	和路雪（中国）有限公司太仓分公司	13 816.0
6	上海益民食品一厂有限公司	13 174.0
7	天津市康业冷冻食品股份有限公司	13 147.3
8	天津雀巢牛奶有限公司	10 129.0
9	天津市大桥道冷食厂	8 992.5
10	山东省对外经济贸易食品总厂	8 590.0

资料来源：表 186、表 187 中数据由中国食品工业协会提供。

表 188 2002 年我国罐头行业 10 强企业

企业名称	品牌
上海梅林食品有限公司	“梅林”牌
厦门罐头厂	“古龙”牌
浙江黄岩罐头食品集团有限公司	“梦之果”牌
宁波五洲星集团有限公司	“五洲星”牌
广州鹰金钱企业集团有限公司	“鹰金钱”牌
山东九发食用菌股份有限公司	“九发”牌
福建紫山集团有限公司	“紫山”牌
厦门银鹭集团有限公司	“银鹭”牌
新疆屯河投资股份有限公司	“屯河”牌
河北理想企业集团有限公司	“兆宝”牌

资料来源：中国罐头工业协会提供。

表189 2000年我国饮料行业10强企业产量增长情况与排序

序号	企业名称	同比增长（%）
1	杭州娃哈哈集团有限公司	27.22
2	河北旭日集团有限责任公司	67.40
3	乐百氏（广东）食品饮料有限公司	44.73
4	广东健力宝集团有限公司	9.30
5	上海梅林正广和（集团）有限公司	7.78
6	北京汇源果汁饮料集团总公司	24.93
7	椰树集团有限公司	-15.50
8	怡宝食品饮料（深圳）有限公司	44.27
9	露露集团有限公司	28.60
10	深圳达能益力泉饮品有限公司	13.60

资料来源：1.10强饮料企业总产量613万t，比上年增长28.65%，占全国总产量的41.13%。
2.10强饮料企业销售收入合计168.89亿元，比上年增长14.61%，约占全国销售收入的41.05%。
3.10强饮料企业利税总额完成26.45亿元，比上年增长13.72%，约占全国的62.04%。

表190 2000年我国农产品加工业白酒制造业销售收入前10名企业排序（食品工业系统）

单位：万元

序号	企业名称	销售收入
1	四川省宜宾五粮液集团有限公司	679 656.8
2	中国贵州茅台酒厂有限责任公司	130 829.6
3	四川省成都全兴酒厂	126 694.9
4	安徽省金种子集团有限公司	120 600.0
5	四川剑南春集团有限责任公司	117 782.9
6	泸州老窖股份有限公司	106 600.0
7	四川沱牌集团有限公司	103 197.0
8	安徽古井贡酒股份有限公司	91 255.6
9	山东兰陵企业（集团）总公司	78 849.2
10	河南仰韶集团有限公司	75 058.7

表 191 2000 年全国白酒创利税前 10 名企业

序号	企业名称	利税总额（万元）
1	四川省宜宾五粮液集团公司	220 124
2	中国贵州茅台酒厂（集团）有限责任公司	87 559
3	四川剑南春集团有限责任公司	57 137
4	泸州老窖股份有限公司	53 169
5	安徽古井贡酒股份有限公司	40 911
6	四川省成都全兴酒厂	31 513
7	四川沱牌集团有限公司	24 507
8	湖南湘泉集团有限公司	21 222
9	山西省杏花村汾酒集团公司	20 488
10	新疆兵团农四师伊犁酿酒总厂	16 939

资料来源：表 189－表 199 中数据，由中国食品工业协会提供。

表 192 2000 年全国啤酒产量前 10 名企业

序号	企业名称	产量（t）
1	青岛啤酒股份有限公司	1 861 630
2	燕京啤酒集团股份有限公司	1 411 103
3	珠江啤酒集团公司	739 486
4	金星啤酒集团有限公司	518 497
5	哈尔滨啤酒有限公司	469 634
6	蓝剑啤酒集团有限责任公司	466 728
7	沈阳华润雪花啤酒有限公司	418 980
8	重庆啤酒（集团）有限责任公司	405 627
9	金龙泉集团股份有限公司	380 706
10	惠泉啤酒集团股份有限公司	315 757

注：2000 年全国啤酒产量前 10 名企业总产量 6 988 148t 占全国啤酒总产量（国家统计局数）2 231.32 万 t 的 31.32%；占全国啤酒总产量（行业统计数字）2 209.82 万 t 的 31.62%。

表 193　2000 年全国啤酒销售收入前 10 名企业

单位：万元

序号	企　业　名　称	销售收入
1	青岛啤酒股份有限公司	397 806.00
2	燕京啤酒股份有限公司	259 785.50
3	广州市珠江啤酒集团公司	175 773.00
4	蓝剑啤酒集团公司	139 927.00
5	百威（武汉）国际啤酒有限公司	106 243.80
6	惠泉啤酒集团股份有限公司	88 546.70
7	哈尔滨啤酒有限公司	80 248.00
8	沈阳华润雪花啤酒有限公司	77 100.00
9	重庆啤酒集团有限责任公司	72 471.00
10	广东蓝带集团股份有限公司	71 661.00

表 194　2000 年全国啤酒创税前 10 名企业

序号	企　业　名　称	税金总额（万元）
1	青岛啤酒股份有限公司	61 808.00
2	燕京啤酒股份有限公司	59 188.90
3	广州市珠江啤酒集团公司	35 942.00
4	蓝剑啤酒集团公司	22 710.00
5	哈尔滨啤酒有限公司	18 656.00
6	重庆啤酒集团有限责任公司	18 479.00
7	惠泉啤酒集团股份有限公司	17 450.30
8	沈阳华润雪花啤酒有限公司	17 336.00
9	金星啤酒集团有限公司	16 509.00
10	安徽华润啤酒有限公司蚌埠分公司	15 291.00

表 195 1999—2000 年全国葡萄酒产量较大的企业 单位：t

序号	企业名称	1999	2000	2000 年比上年增减（%）
1	张裕集团公司	25 156	31 696	26
2	威龙葡萄酒股份公司	30 253	23 900	－21
3	王朝葡萄酒公司	17 240	21 206	23
4	中国长城葡萄酒公司	17 111	18 651	9
5	北京顺兴葡萄酒公司	10 345	12 000	16
6	通化葡萄酒股份公司	11 417	11 600	1.6
7	华夏葡萄酿酒公司	7 543	9 052	20
8	河南五丰民权葡萄酒公司	7 377	9 000	22
9	野力葡萄酒公司	3 401	5 918	74
			143 023	

说明：9 家企业葡萄酒产量占 2000 年全行业总产量的 47.67%。

表 196 2000 年全国葡萄酒企业利税增长情况

企业名称	与实现利税与去年同期相比增长（%）
张裕集团公司	28
王朝葡萄酒公司	5
威龙葡萄酒公司	30
中国长城葡萄酒公司	17
华夏葡萄酿酒公司	17
云南高原葡萄酒公司	69
河南五丰民权葡萄酒公司	54
新疆楼兰葡萄酒公司	78
宁夏西夏王葡萄酒公司	45
中化河北地王集团	60
莫高酒业公司	22

说明：2000 年全国葡萄酒行业创利税总计 9 亿元，其中利润 2.9 亿。

表 197　2000 年我国农产品加工业葡萄酒制造业销售收入前 10 名企业排序（食品工业系统）

单位：万元

序号	企业名称	销售收入
1	烟台张裕集团有限公司	166 564.6
2	中法合营王朝葡萄酿酒有限公司	54 150.8
3	中国长城葡萄酒有限公司	45 586.2
4	烟台威龙葡萄酒股份有限公司	23 396.5
5	华夏葡萄酿酒有限公司	20 477.7
6	北京丰收葡萄酒有限公司	9 766.7
7	上海申马酿酒有限公司	6 295.5
8	烟台白洋河酿酒有限责任公司	6 029.6
9	兰考县三九葡萄酒业有限公司	5 791.3
10	云南高原葡萄酒有限责任公司	5 507.6

表 198　2000 年我国农产品加工业碳酸饮料制造业销售收入前 10 名企业排序（食品工业系统）

单位：万元

序号	企业名称	销售收入
1	上海市可口可乐（中国）饮料公司	128 949.7
2	上海市申美饮料食品有限公司	101 933.3
3	广东太古可口可乐有限公司	90 267.3
4	上海百事可乐饮料有限公司	88 755.1
5	杭州中萃食品有限公司	67 182.7
6	天津可口可乐饮料有限公司	64 500.0
7	北京可口可乐饮料有限公司	64 015.0
8	广州百事可乐饮料有限公司	56 322.8
9	南京中萃食品有限公司	53 258.0
10	百事（中国）有限公司	52 499.5

表 199　2000 年我国农产品加工业天然矿泉水制造业销售收入前 10 名企业排序
（食品工业系统）

单位：万元

序号	企业名称	销售收入
1	怡宝食品饮料（深圳）有限公司	19 633.7
2	杭州娃哈哈集团沈阳有限责任公司	16 388.6
3	深圳达能益力饮品有限公司	9 067.1
4	杭州千岛湖养生堂饮用水有限公司	7 233.7
5	山东文登黑豹矿泉水有限公司	7 106.0
6	福建顶益食品有限公司	6 369.8
7	重庆必扬企业（集团）有限公司	6 114.2
8	龙岩市标致食品饮料有限公司	5 838.4
9	福建新中亚食品有限公司	5 786.0
10	杭州娃哈哈集团吉林有限责任公司	5 759.4

表 200　2000 年我国农产品加工业果菜汁饮料制造业销售收入前 10 名企业排序
（食品工业系统）

单位：万元

序号	企业名称	销售收入
1	广州屈臣氏食品饮料有限公司	35 468.7
2	深圳维他（光明）食品饮料有限公司	25 582.7
3	北京汇源饮料食品集团有限公司	25 440.3
4	厦门惠尔康食品有限公司	24 810.0
5	国投中鲁果汁股份有限公司	22 814.9
6	茂泰食品（厦门）有限公司	16 698.0
7	四川阳公实业公司	16 263.8
8	深晖饮料（汕头）有限公司	14 419.1
9	烟台北方安德利果汁股份有限公司	14 009.6
10	北京绿洲高营养食品有限公司	12 105.9

表 201　2000 年我国农产品加工业制茶业销售收入前 10 名企业排序（食品工业系统）

单位：万元

序号	企业名称	销售收入
1	天津顶津食品有限公司	25 379.2
2	浙江省新昌钱江茶厂	12 500.0
3	湖州茶厂	10 159.6
4	嵊州市华发出口茶厂	9 697.6
5	浙江省三界茶厂	9 653.8
6	广东茶叶进出口第一茶厂	8 367.7
7	中国茶叶股份有限公司长沙茶厂	7 858.8
8	江苏苏洋药材集团公司	7 850.0
9	湖南兰岭茶厂	7 305.4
10	广东省翼龙实业集团有限公司	1 193.2

表 202　全国蜂产品行业优秀企业、企业家、产品名录（2002 年）

优秀企业名录（排名不分先后）	
北京百花蜂产品有限责任公司	南京老山制药有限公司
北京蜜香村蜂胶有限责任公司	南京珍珠泉蜂制品厂
北京市蜂业公司	上海冠生园食品有限公司
舒仲花粉有限公司	华丰（无锡）营养滋补品厂
杭州澳医保灵药业有限公司	延连宝利祥蜂业有限责任公司
广州市宝生园有限公司	陕西老蜂农蜂业有限责任公司
安徽省百春制药有限公司	河北省吴桥蜜特隆股份合作有限公司
优秀企业家名录（按姓氏笔画排名）	
王振山　刘进祖　吴英滇　相寒冰　郭春生　施鑫民　程文显　舒　仲　潘建国　管春华　薛万林	
优秀产品名录（排名不分先后）	
华神天然蜂花粉　老山蜂王浆冻干粉	海山牌纯天然蜂蜜
宝生园蜂王浆	海山牌蜂王浆冻干粉
爱使牌紫云英蜂蜜	海山牌中国纯花粉
舒仲花粉精	“生”牌蜂皇浆冻干粉胶囊
爱使牌儿童营养蜂蜜	“生”牌鲜蜂皇浆
百花牌老年蜂蜜	“生”牌冠生园蜂蜜
蜜香村晚安胶囊	三邦蜂王浆冻干粉含片
宝利牌椴树蜂蜜	海河牌槐花蜂蜜
三乐牌口服蜂乳	百春牌洋槐蜜
双威蜂皇浆冻干粉	百春牌蜂胶片
添字蜂王浆冻干粉	华林牌北京蜂胶精
双威冻干蜂皇浆含片　添字蜂王浆冻干粉胶囊	来康牌蜂王浆冻干粉
联蜂牌蜂王浆冻干粉胶囊	金牵银牌蜂蜜

表 203　2000 年我国农产品加工业卷烟制造业销售收入前 10 名企业排序
（食品工业系统）

单位：万元

序号	企　业　名　称	销　售　收　入
1	玉溪红塔烟草（集团）有限责任公司	1 710 063.0
2	上海烟草（集团）公司	807 497.4
3	长沙卷烟厂	676 564.2
4	昆明卷烟厂	608 899.6
5	常德卷烟厂	436 609.0
6	贵州黄果树烟草（集团）有限责任公司	311 196.0
7	杭州卷烟厂	306 616.9
8	武汉卷烟厂	280 808.8
9	重庆烟草工业有限责任公司	272 953.0
10	红河卷烟厂	271 609.2

表 204　2000 年纺织工业系统纺机制造业重点企业年销售收入前 10 名排序

序　号	企　业　名　称
1	经纬纺织机械股份有限公司
2	青岛星火纺机纺织集团股份有限公司
3	无锡宏源集团有限责任公司
4	浙江金鹰集团有限公司
5	上海二纺机股份有限公司
6	浙江精工集团有限公司
7	浙江日发纺织机械有限公司
8	青岛允春机械公司
9	中国纺机股份有限公司
10	中国纺织科学研究院机械厂

表 205　2000 年纺织工业系统纺机制造业重点企业创年利税前 10 名排序

序　号	企　业　名　称
1	经纬纺织机械股份有限公司
2	浙江金鹰集团有限公司
3	青岛星火纺机纺织集团股份有限公司
4	浙江日发纺织机械有限公司
5	浙江精工集团有限公司
6	无锡宏源集团有限责任公司
7	常德纺织机械厂
8	青岛允春机械公司
9	无锡二橡胶股份有限公司
10	中国纺织科学研究院机械厂

表 206 2000 年农业产业化国家重点龙头企业*

北京顺鑫农业股份有限公司	黑龙江省九三油脂（集团）有限责任公司
北京市丰台区新发地农副产品批发市场	上海光明乳业有限公司
北京三元食品有限公司	上海新成食品有限公司
北京资源亚太饲料科技有限公司	上海孙桥现代农业联合发展有限公司
中国蓝田总公司	南京奶业（集团）公司
中国水产（集团）总公司	南京雨润肉食品有限公司
中法合营王朝葡萄酿酒有限公司	海门市京海肉鸡集团公司
天津北方生猪批发交易市场	江苏海安茧丝绸集团股份有限公司
石家庄三鹿乳业集团	江苏高邮鸭集团
冀东果菜批发市场	江苏金田集团
河北保定龙飞集团有限公司	杭州灯塔养殖总场
衡水京安集团有限公司	横店集团草业有限公司
露露集团有限责任公司	浙江海通食品集团有限公司
三河五丰福成食品有限公司	浙江新昌丰岛物产有限公司
山西陈醋集团股份有限公司	舟山水产品中心批发市场有限责任公司
山西穗穗甜玉米（集团）有限公司	温州红虹丰粮油集团公司
山西省新绛县蔬菜批发市场	浙江欧诗漫集团公司
山西古城乳业集团有限公司	黄山山华集团
内蒙古草原兴发股份有限公司	芜湖金田集团有限公司
内蒙古伊利实业集团股份有限公司	安徽芜湖东源集团限公司
包头懋菲蒙奶业股份有限公司	合肥丰乐种业股份有限公司
内蒙古奈伦集团公司	安徽霞珍集团
辽宁东亚种子集团公司	安徽省庆发湖工艺品有限公司
北方绿色食品股份有限公司	福建锦溪集团有限公司
沈阳隆迪高科技粮食制品股份有限公司	福建省安溪茶厂
锦州华顺企业（集团）公司	福建省晋江福源食品有限公司
大连础明实业发展公司	泉州华洲水产市场联合发展公司
大连华农集团有限责任公司	福建三华股份有限公司
吉林省德大有限公司	厦门如意食品有限公司
长春大成实业集团有限公司	江西昌顺（集团）有限公司
长春新月实业（集团）有限公司	飞环酒业股份有限公司
柳河华龙实业有限公司	江西德宇集团
吉林省长春皓月清真肉业股份有限公司	江西苎麻纺织集团有限公司
黑龙江省大庆市吉泰实业集团有限公司	山东诸城市对外贸易集团公司
齐齐哈尔天鹅食品（集团）有限责任公司	寿光市蔬菜批发市场有限责任公司
绿都集团	山东龙大企业集团有限公司
哈尔滨金星乳业集团公司	得利斯集团公司

（续）

黑龙江天菊集团	山东金锣企业集团总公司
克山金鼎亚麻纺织有限责任公司	山东中鲁果汁有限公司
黑龙江金玉集团有限公司	菱花集团公司
黑龙江省完达山企业集团乳品有限公司	山东凤祥集团总公司
山东省高唐蓝山集团总公司	海南裕昌集团有限公司
潍坊乐港食品有限公司	重庆嘉顿实业股份有限公司
山东鲁南牧工商联合公司	重庆皇田现代农业发展有限公司
山东九发食用菌股份有限公司	重庆海浪科技实业（集团）有限公司
青岛大象集团有限公司	重庆市牧业（集团）有限公司
河南省漯河市双汇实业集团有限责任公司	重庆荣达农业发展有限责任公司
河南省科迪食品集团股份有限公司	重庆三峡果业集团有限公司
河南华英禽业集团股份有限公司	四川际天时股份有限公司
河南固始三高集团有限责任公司	四川格瑞现代农业发展股份有限公司
河南众品食业股份有限公司	四川永丰纸业股份有限公司
河南省莲花味精集团有限公司	四川绿色药业科技发展有限公司
湖北龙发集团公司	四川光友薯业有限公司
湖北银欣集团有限公司	成都澳新金立实业有限公司
湖北健康（集团）股份有限公司	遵义天阳食品有限公司
湖北金天贸工农股份有限公司	贵州知味轩食品有限公司
湖北天荣现代农业股份有限公司	贵阳众诚农村资源开发有限公司
武汉多福科技农庄股份有限公司	云南西双版纳百果洲天然食品(集团)有限责任公司
湖南湘大集团有限公司	云南邓川蝶泉乳品有限责任公司
祁东县黄花集团有限公司	云南永胜映华植物化工有限公司
湖南省棉麻总公司	云南金泰得制药总公司
湖南金健米业股份有限公司	陕西华圣企业（集团）股份有限公司
湖南正虹饲料股份有限公司	咸阳富安果汁有限公司
湖南正清制药集团股份有限公司	陕西海洋果业食品有限公司
湘潭市先锋企业集团公司	宝鸡惠民乳品公司
广东温氏食品集团有限公司	陕西世联高蛋白面粉有限责任公司
深圳市农产品股份有限公司	甘肃荣华实业（集团）股份有限公司
广州英吉利实业有限公司	甘肃黄洋河农工商（集团有限责任公司）
广东省农科集团	甘肃农垦啤酒股份有限公司
汕头大洋（集团）公司	青海百盛绿色农业有限公司
顺德市陈村花卉世界有限公司	夏进乳品饲料有限公司
广西贵糖（集团）股份有限公司	宁夏北方淀粉股份有限公司
广西黑五类食品集团有限责任公司	新疆库尔勒香梨股份有限公司
海南振东方集团有限公司	伊犁泰康养殖场
海南城利集团有限公司	新疆天康技术发展公司

* 此名录由国家计委、国家经贸委、农业部、财政部、外经贸部、中国人民银行、国家税务总局、中国证监会，于 2000 年 10 月 26 日联合公布。

我国西部地区综合统计

表 207　我国西部地区农村劳动力数（2000—2001）

单位：万人

	2000	2001	2001 年比上年增减（%）
一、农村人口数	27 992.3	28 095.1	0.37
二、农村劳动力	14 772.4	14 824.3	0.35
其中：男劳力	7 821.6	7 869.0	0.61
女劳力	6 950.8	6 955.3	0.06
1. 农林牧副渔业	11 079.7	10 984.3	-0.86
2. 工业	550.4	562.2	2.14
3. 建筑业	622.4	652.1	4.77
4. 交通运输、仓储及邮电通信业	247.8	255.8	3.23
5. 批发零售贸易、餐饮业	374.8	399.8	6.67
6. 其他非农行业	1 897.3	1 970.1	3.84

表 208　我国西部地区耕地面积及占全国比重（2000）

地　区	耕　地　面　积（khm^2）	比重（%）
全国总计	**130 039.20**	**100.00**
西部地区小计	49 573.40	38.12
内蒙古	8 201.00	6.31
广　西	4 407.90	3.39
重　庆		
四　川	9 169.10	7.05
贵　州	4 903.50	3.77
云　南	6 421.60	4.94
西　藏	362.60	0.28
陕　西	5 140.50	3.95
甘　肃	5 024.70	3.86
青　海	688.00	0.53
宁　夏	1 268.80	0.98
新　疆	3 985.70	3.07

表 209　我国西部地区农村电力建设情况（2000—2001）

	单　位	2000	2001	2001 年比上年增减（%）
1. 乡村办水电站	个	10 381	9 410	-9.35
装机容量	万 kW	179.5	182.7	1.78
发电量	亿 kW	63.5	65.2	2.68
2. 农村用电量	亿 kW·h	331.4	342.3	3.29

表 210　我国西部地区各种运输线路长度（2000—2001）

单位：km

年　份	铁路营业里程	公　路　里　程	内河航道里程
2000	22 109.4	553 874	21 876
2001	25 873.3	698 926	23 520

表 211　我国西部地区货运量情况（2000—2001）

单位：万 t

年　份	合　计	铁　路	公　路	水　运
2000	306 632	41 704	258 784	6 144
2001	313 547	44 373	262 290	6 884

表 212　我国西部地区主要农作物播种面积及构成（2000—2001）

单位：khm^2

	2000	2001	2001 年比上年增减（%）	2001 年占全国比重（%）
农作物总播种面积	**49 345.9**	**48 895.3**	**-0.91**	**31.40**
一、粮食作物	34 528.8	33 823.2	-2.04	31.88
（一）谷物	25 756.1	24 718.5	-4.03	29.93
稻谷	7 452.3	7 513.7	0.82	26.08
小麦	7 999.1	7 407.8	-7.39	30.03
玉米	7 542.1	7 662.3	1.59	31.56
谷子	320.8	310.2	-3.30	27.02
高粱	257.3	207.2	-19.47	26.46
（二）豆类	3 617.6	3 995.2	10.44	38.11
大豆	1 960.1	1 955.0	-0.26	20.62
杂豆	1 657.6	2 440.2	47.21	64.45
（三）薯类	5 155.0	5 109.2	-0.89	50.00
马铃薯	2 920.0	2 952.6	1.12	62.57
二、油料作物	4 410.4	4 029.3	-8.64	27.54
花生	652.0	672.7	3.17	13.48
油菜籽	2 520.9	2 354.7	-6.59	33.19
芝麻	61.7	50.3	-18.48	6.64
胡麻籽	323.0	285.7	-11.55	71.07
向日葵籽	609.2	497.2	-18.38	48.94
三、棉花	1 154.3	1 309.8	13.47	27.23
四、麻类	55.2	32.3	-41.49	10.00
黄红麻	12.7	10.9	-14.17	20.96
五、糖料	945.4	1 051.5	11.22	63.57
甘蔗	818.8	896.2	9.45	71.81
甜菜	126.6	155.3	22.67	38.25
六、烟叶	814.4	750.7	-7.82	56.02
烤烟	719.6	660.6	-8.20	55.94
七、药材	256.2	343.0	33.88	41.48
八、蔬菜、瓜类	3 929.9	4 167.7	6.05	22.40
九、其他农作物	3 252.5	3 358.1	3.25	45.16

表 213 我国西部地区主要农产品产量（2000—2001）

单位：万 t

	2000	2001	2001 年比上年增减（%）	2001 年占全国比重（%）
一、粮食作物	12 896.3	12 273.2	−4.83	27.11
（一）谷物	10 920.3	10 299.8	−5.68	25.98
稻谷	4 735.7	4 462.7	−5.77	25.13
小麦	2 307.1	2 132.4	−7.57	22.72
玉米	3 351.1	3 298.3	−1.58	28.91
谷子	34.3	36.9	7.58	18.76
高粱	70.0	59.6	−14.86	22.10
（二）豆类	460.0	511.4	11.17	24.91
大豆	250.4	252.7	0.92	16.40
杂豆	209.6	258.7	23.43	50.50
（三）薯类	1 516.0	1 462.4	−3.54	41.04
马铃薯	811.6	783.7	−3.44	60.69
二、油料作物	671.3	601.1	−10.46	20.98
花生	134.6	123.0	−8.62	8.53
油菜籽	366.5	339.9	−7.26	30.00
芝麻	5.4	4.7	−12.96	5.85
胡麻籽	27.7	23.9	−13.72	94.47
向日葵籽	116.5	94.1	−19.23	63.67
三、棉花	160.5	164.2	2.31	30.84
四、麻类	10.5	12.6	20.00	18.50
黄红麻	2.3	2.0	−13.04	18.87
五、糖料	5 047.5	4 800.2	−4.90	55.46
甘蔗	5 600.9	5 367.0	−4.18	70.93
甜菜	446.6	634.3	42.03	58.25
六、烟叶	142.8	125.2	−12.32	53.28
烤烟	126.6	109.8	−13.27	53.69
七、茶叶	19.1	19.7	3.14	28.06
八、水果	1 613.4	1 705.2	5.69	25.61

表 214 我国西部地区主要农产品单位面积产量（2000—2001）

单位：kg/hm²

	2000	2001	2001 年比上年增减（%）
一、粮食作物	3 734.9	3 628.6	-2.85
（一）谷物	4 239.9	4 166.8	-1.72
稻谷	6 354.7	5 939.5	-6.53
小麦	2 884.2	2 878.6	-0.19
玉米	4 443.2	4 304.6	-3.12
谷子	1 068.4	1 190.0	11.38
高粱	2 719.4	2 874.9	5.72
（二）豆类	1 271.7	1 280.0	0.65
大豆	1 277.6	1 292.6	1.17
杂豆	1 264.6	1 268.0	0.27
（三）薯类	2 940.8	2 862.1	-2.68
马铃薯	2 779.4	2 654.4	-4.50
二、油料作物	1 522.0	1 491.7	-1.99
花生	2 063.7	1 828.6	-11.39
油菜籽	1 454.0	1 443.0	-0.76
芝麻	886.3	932.6	5.22
胡麻籽	857.4	838.5	-2.20
向日葵籽	1 912.8	1 893.1	-1.03
三、棉花	1 390.2	1 253.6	-9.83
四、麻类	1 902.1	2 032.1	6.83
黄红麻	1 840.0	1 913.8	4.01
五、糖料	53 392.3	57 074.0	6.90
甘蔗	56 192.8	59 883.5	6.57
甜菜	35 276.4	40 856.1	15.82
六、烟叶	1 753.4	1 667.7	-4.89
烤烟	1 759.4	1 662.6	-5.50

表 215 我国西部地区茶叶产量（2000—2001）

单位：t

年 份	茶 叶	其中				
		红毛茶	绿毛茶	乌龙茶	紧压茶原料	其他茶
2000	185 585	18 432	140 522	5	5 389	21 237
2001	197 209	14 487	152 855	7	7 495	22 365

表 216　我国西部地区水果产量（1999—2000）　单位：kt

品　　种	1999	2000
地区总计	**12 528.2**	**13 029.0**
香　　蕉	1 092.2	1 241.7
苹　　果	5 387.6	5 420.1
柑　　橘	2 984.3	3 021.4
梨	1 572.5	1 712.1
葡　　萄	846.2	965.5
菠　　萝	143.5	112.1
红　　枣	102.8	144.1
柿　　子	399.1	412.0

表 217　我国西部地区主要林产品产量（2000—2001）　单位：t

	2000	2001	2001 年比上年增减（%）
一、主要林产品产量			
生　漆	3 786	3 580	－5.44
油桐籽	298 754	269 962	－9.64
油菜籽	137 637	155 218	12.77
乌桕籽	9 698	10 439	7.64
五倍籽	4 854	4 685	－3.48
棕　片	29 879	29 575	－1.02
松　脂	278 360	287 957	3.45
竹笋片	34 752	36 691	5.58
核　桃	179 831	137 224	－23.69
板　栗	75 498	69 475	－7.98
紫胶（原胶）	759	869	14.49
二、村及村以下竹木采伐			
木材（万 m^3）	835.1	794.11	－4.91
竹材（万根）	61 035.0	94 964.38	55.59

资料来源：表中数据由国家林业局提供。

表 218 我国西部地区热带、亚热带作物面积和产量（2000）

项 目	单 位	全国总计	西部地区小计	西部地区占全国比重（%）
一、橡胶（按干胶片计算）				
收获面积	khm^2	421.38	113.5	26.94
产 量	t	481 571.00	173 053.0	35.94
二、咖啡豆（按干咖啡豆计算）				
收获面积	khm^2	9.60	9.0	93.75
产 量	t	11 568.00	11 149.0	96.38
三、椰子（按果实计算）				
收获面积	khm^2	20.07	0.30	6.30
产 量	万个	19 349.50	21.50	0.11
四、腰果（按干果计算）				
收获面积	khm^2	3.20		
产 量	t	1 179.00	2.00	0.17
五、香料作物（按香料油计算）				
收获面积	khm^2	6.62	6.10	92.15
产 量	t	856.00	556.00	64.95
其中：香茅草				
收获面积	khm^2	5.19	4.90	94.41
产 量	t	722.00	474.00	65.65
六、剑（番）麻（折纤维）				
收获面积	khm^2	9.70	2.90	29.90
产 量	t	36 753.00	10 069.00	27.40

表 219 我国西部地区主要畜产品产量（2000—2001）

	单 位	2000	2001	2001 年比上年增减（%）	2001 年占全国比重（%）
一、肉类总产量	万 t	1 737.5	1 750.5	0.75	27.64
猪牛羊肉产量	万 t	1 504.0	1 556.1	3.46	30.96
猪肉产量	万 t	1 239.4	1 278.3	3.14	30.55
牛肉产量	万 t	135.7	141.4	4.20	25.77
羊肉产量	万 t	128.8	136.4	5.90	46.60
禽肉产量	万 t	207.0	161.6	-21.93	13.35
兔肉产量	万 t	11.1	12.8	15.32	31.53
二、其他畜产品产量					
奶类产量	万 t	356.7	416.7	16.82	37.11
牛奶产量	万 t	315.7	372.7	18.06	36.34
山羊毛产量	t	12 955.0	13 185.0	1.78	38.51
绵羊毛产量	t	183 782.0	185 091.0	0.71	62.06
细羊毛	t	74 432.0	70 631.0	-5.11	61.61
半细羊毛	t	38 780.0	42 395.0	9.32	48.14
羊绒产量	t	7 138.0	7 383.0	3.43	67.31
蜂蜜产量	万 t	5.1	5.4	5.88	21.43
禽蛋产量	万 t	264.9	283.2	6.91	12.12

表 220 我国西部地区水产品产量（2000—2001）

单位：kt

	2000	2001	2001 年比上年增减（%）	2001 年占全国比重（%）
水产品总产量	3 587.61	3 754.27	4.65	8.57
按海水、内陆分				
海水产品产量	1 594.51	1 639.81	2.84	6.38
内陆产品产量	1 993.10	2 114.46	6.09	11.68
按生产性质分				
捕捞产量	1 100.58	1 124.63	2.19	6.79
养殖产量	2 487.03	2 629.64	5.73	9.65
按品种分				
鱼 类	2 509.89	2 648.08	5.51	10.02
虾蟹类	197.31	200.81	1.77	4.98
贝 类	820.90	848.10	3.31	7.50
藻 类	0.015	0		
其他类	59.49	57.28	-3.71	7.29

表 221　我国西部地区人均主要农产品、畜产品、水产品产量（2000）

单位：kg/人

	人均产量	西部人均产量占全国人均产量比重（%）
一、主要农产品		
（一）粮食	363.0	99.42
1. 谷物	307.3	95.99
稻谷	133.3	89.79
小麦	64.9	82.45
玉米	94.3	112.61
谷子	1.0	59.52
高粱	2.0	98.04
2. 豆类	12.9	81.23
大豆	7.0	57.52
杂豆	5.9	159.46
3. 薯类	42.7	146.68
马铃薯	22.8	217.77
（二）油料	18.9	80.98
花生	3.8	33.33
油菜籽	10.3	114.57
芝麻	0.2	31.25
胡麻籽	0.8	296.30
向日葵	3.3	214.29
（三）棉花	4.5	128.94
（四）麻类	0.3	71.43
黄红麻	0.1	100.50
（五）糖料	142.1	235.58
甘蔗	157.6	292.18
甜菜	12.6	197.49
（六）水果	45.4	92.31
（七）烟叶	4.0	198.12
烤烟	3.6	203.39
二、畜产品		
（一）猪牛羊肉	41.5	108.58
猪　肉	34.6	108.63
牛　肉	3.6	85.51
羊　肉	3.4	157.41
（二）奶类	9.3	128.10
牛奶	8.1	123.85
（三）禽蛋	7.1	40.07
三、水产品	10.4	30.77
鱼　类	7.3	89.46
虾蟹类	0.6	25.53

表 222　我国西部地区国民经济和社会发展主要指标（2001）

主要指标		全国总计	西部地区	所占比重（%）
土　地	（万 hm^2）	96 000	68 700	71.5
人　口	（万人）	127 627	36 447	28.7
劳动就业人数	（万人）	73 025	18 286	29.0
失业人数	（万人）			
国内生产总值	（亿元）	95 933.3	18 248.4	17.1
人均国内生产总值	（元）	7 543.0	5 042.7	
国家资产投资	（亿元）	37 213.5	7 158.8	19.8
基本建设投资	（亿元）	14 820.1	3 425.1	25.0
更新改造投资	（亿元）	5 923.8	1 088.9	18.4
进出口总额	（亿美元）	5 097.7	168.4	3.3
进口	（亿美元）	2 436.1	77.9	3.2
出口	（亿美元）	2 661.5	90.5	3.4
粮食产量	（万 t）	45 263.7	12 273.2	27.3
棉花产量	（万 t）	523.4	163.8	30.8
油料产量	（万 t）	2 864.9	601.1	21.0
布产量	（亿 m）	290.0	27.1	9.2
铁路	（km）	70 057	25 873	36.9
公路	（km）	1 698 012	698 936	41.2
高速公路	（km）	19 437	4 518	23.2
货物周转量	（亿 tkm）	47 590.9	5 862.4	13.8
城镇居民可支配收入	（元）	6 859.6	6 169.9	
农村居民人均收入	（元）	2 366.4	1 755.1	

表 223　我国东、中、西部地区国内生产总值比较（2000）

地　区	国内生产总值（亿元）		占全国比重（%）		占全国比重位次	
	1999 年	2000 年	1999 年	2000 年	1999 年	2000 年
东部地区	49 594.50	55 491.59	56.41	57.21	1	1
中部地区	22 936.50	24 846.33	26.09	25.62	2	2
西部地区	15 381.01	16 647.89	17.50	17.17	3	3
全国合计	**87 912.01**	**96 985.81**	**100.00**	**100.00**		

资料来源：1. 来源于《中国中西部开发年鉴》2000/2001 年版。
2. 本表绝对数按当年价格计算。

表 224 我国东、中、西部地区产业结构的比例关系（1999—2000）

单位：%

地　区	第一产业		第二产业		第三产业	
	1999	2000	1999	2000	1999	2000
东部地区	13.19	11.97	48.18	48.78	38.63	39.25
中部地区	21.12	19.40	45.17	45.94	33.71	34.66
西部地区	22.71	21.16	41.92	42.70	35.37	36.14
全国合计	**16.68**	**15.22**	**46.49**	**47.19**	**36.83**	**37.59**

表 225 我国东、中、西部地区工业增加值比较（2000）

地　区	工业增加值（亿元）	占全国比重（%）	占全国比重位次	同比增长速度（%）	增长速度位次
东部地区	16 041.2	63.58	1	14.21	1
中部地区	5 756.0	22.82	2	11.80	2
西部地区	3 431.1	13.60	3	11.76	3
全国合计	**25 228.3**	**100.00**		**12.59**	

资料来源：1. 来源于《中国中西部开发年鉴》2000/2001 年版。
2. 工业增加值按现行价格计算，增长速度按可比价格计算。
3. 东、中、西部地区增长速度计算采用加权平均法。

表 226 我国西部地区农林牧渔业总产值、增加值及构成（2000—2001）

	总产值		增加值	
	2000	2001	2000	2001
一、绝对数（亿元）				
合　计	5 753.0	5 970.58	3 671.6	3 798.2
1. 农业	3 478.8	3 525.26	2 330.1	2 353.3
2. 林业	242.8	238.79	178.2	175.1
3. 牧业	1 848.9	2 012.71	1 035.2	1 133.6
4. 渔业	182.5	193.83	128.1	136.3
二、构成（%）				
（以农林牧渔业合计为 100）	100.00	100.00	100.00	100.00
1. 农业	60.47	59.04	63.46	61.96
2. 林业	4.22	4.00	4.86	4.61
3. 牧业	32.14	33.71	28.19	29.84
4. 渔业	3.17	3.25	3.49	3.59
三、西部占全国的比重（%）				
农林牧渔业总产值合计	23.10	22.81		
1. 农业	25.10	24.37		
2. 林业	25.90	25.44		
3. 牧业	25.00	25.28		
4. 渔业	6.73	6.89		

资料来源：产值与增加值均按当年价格计算。

表 227　我国西部地区林业产业总产值（2000）　单位：万元

地　区	总　计	第一产业	第二产业	第三产业
全国总计	**35 554 725**	**23 893 044**	**10 346 002**	**1 315 679**
地区小计	6 738 605	5 062 032	1 496 497	180 076
地区占全国比重（%）	18.95	21.19	14.46	13.69
内蒙古	558 572	265 275	252 672	40 625
广　西	1 747 010	1 215 911	501 927	29 172
重　庆	272 216	225 645	38 993	7 578
四　川	1 192 495	970 950	184 367	37 178
贵　州	253 056	215 001	35 045	3 010
云　南	1 156 737	749 460	385 701	21 576
西　藏	18 010	12 174	5 836	
陕　西	705 363	628 076	59 811	17 476
甘　肃	392 611	368 865	16 136	7 610
青　海	20 839	19 673	125	1 041
宁　夏	78 502	71 183	6 691	628
新　疆	343 194	319 918	9 193	14 182

资料来源：表 227、表 228 中数据由国家林业局提供。

表 228　我国西部地区林业产业总产值（2001）　单位：万元

地　区	总　计	第一产业	第二产业	第三产业
全国总计	**25 170 888**	**11 303 085**	**12 416 171**	**1 451 632**
地区小计	4 642 349	2 777 012	1 660 867	204 490
地区占全国比重（%）	18.44	24.57	13.38	14.09
内 蒙 古	711 396	167 852	475 554	67 990
广　西	1 017 956	521 679	465 227	31 050
重　庆	160 396	109 057	45 819	5 520
四　川	832 356	560 191	232 873	39 292
贵　州	185 314	150 758	31 029	3 527
云　南	818 425	472 131	329 137	17 157
西　藏				
陕　西	418 821	355 944	46 419	16 458
甘　肃	220 865	196 065	17 302	7 498
青　海	21 193	19 604		1 589
宁　夏	52 557	47 140	4 901	516
新　疆	203 070	176 591	12 586	13 893

表 229 我国东、中、西部地区固定资产投资比较（2000）

地　区	固定资产投资（亿元）		占全国比重（%）		占全国比重位次	
	1999	2000	1999	2000	1999	2000
东部地区	12 566.08	13 635.41	59.42	58.30	1	1
中部地区	4 498.57	5 085.14	21.27	21.74	2	2
西部地区	4 083.91	4 669.55	19.31	19.96	3	3
全国合计	**21 148.56**	**23 390.10**	**100.00**	**100.00**		

资料来源：1. 来源于《中国中西部开发年鉴》2000/2001 年版。

2. 表中固定资产投资额不包括城乡集体和个人投资。

表 230 我国东、中、西部地区固定资产投资分类增长情况（1999—2000）

单位：%

地　区	固定资产投资		基本建设投资		更新改造投资	
	1999	2000	1999	2000	1999	2000
东部地区	5.6	8.3	5.6	2.2	3.2	12.1
中部地区	7.1	13.8	7.2	12.5	-1.1	23.5
西部地区	5.6	14.4	6.5	13.3	-10.1	16.7

资料来源：表中数据出自《中国中西部开发年鉴》2000/2001 年版。

表 231 我国西部地区林业系统森工固定资产投资完成情况（2000—2001）

单位：万元

地　区	合　计		其中：基本建设		更新改造		其他投资	
	2000	2001	2000	2001	2000	2001	2000	2001
全国总计	**167 171**	**175 801**	**62 672**	**61 071**	**65 347**	**63 968**	**39 152**	**50 762**
地区小计	40 527	55 935	20 339	28 348	13 786	21 770	6 402	5 817
地区占全国比重(%)	24.24	31.82	32.45	46.42	21.10	34.03	16.35	11.46
内蒙古	8 336	21 710	2 471	4 920	3 519	12 386	2 346	4 404
广　西	5 721	7 661	851	923	4 870	6 738		
重　庆								
四　川	7 021	10 176	2 770	10 071	3 308		94.3	105
贵　州								
云　南	12 122	11 817	8 573	8 145	2 089	2 428	1 460	1 244
西　藏								
陕　西	3 055	620	3 055	402		218		
甘　肃								
青　海								
宁　夏								
新　疆	4 272	3 951	2 619	3 887	.		1 653	64

资料来源：表中数据由国家林业局提供。

表 232　我国西部地区农垦系统固定资产投资完成情况（2000）

单位：万元

地　区	投　资　总　额	其　中		当年新增固定资产
		基本建设	更新改造	
全国总计	**1 532 050**	**1 063 694**	**431 191**	**1 254 917**
地区小计	763 465	526 028	201 814	676 538
地区占全国比重（%）	49.83	49.45	46.80	53.91
内蒙古	21 600	20 873	727	12 090
广　西	8 410	3 374	5 036	6 757
重　庆	5 757	4 134	1 595	1 944
四　川	559	224	335	559
贵　州	671	423	248	662
云　南	18 275	14 195	3 631	14 341
陕　西	5 428	4 341	532	5 276
甘　肃	19 595	17 047	2 548	18 530
青　海	3 376	2 970	406	2 541
宁　夏	9 348	6 541	2 807	6 077
新疆（兵团）	654 858	441 051	179 216	595 430
新疆（农业）	9 135	6 292	2 843	8 573
新疆（畜牧）	6 453	4 563	1 890	3 758

资料来源：表中数据由农业部农垦局提供。

表 233　我国西部地区乡镇集体企业固定资产投资完成情况（2000）

单位：万元

地　区	固定资产原值	当年完成的固定资产投资	其中：工业企业当年完成的固定资产投资	当年新增固定资产投资
全国总计	**239 778 331**	**25 711 670**	**20 800 894**	**19 277 721**
地区小计	33 150 918	2 416 980	1 704 099	1 855 881
地区占全国比重（%）	13.83	9.40	8.19	9.63
内蒙古	4 523 511	191 897	128 512	130 728
广　西	5 051 601	144 158	107 961	132 893
重　庆	1 975 632	533 408	356 590	431 906
四　川	7 336 102	544 390	416 202	439 014
贵　州	1 713 943	190 416	145 132	153 577
云　南	5 405 880	171 424	81 968	118 297
西　藏				
陕　西	3 541 292	305 293	220 387	178 640
甘　肃	1 556 848	222 113	166 139	181 313
青　海	322 816	34 320	25 253	28 443
宁　夏	598 847	27 475	12 824	21 711
新　疆	1 124 446	52 086	43 131	39 359

资料来源：表中数据由农业部乡镇企业局提供。

表 234　我国西部地区主要纺织设备拥有情况（1999）

设 备 类 别	单　位	全　国	西部地区	西部地区占全国比重（%）
细丝机	万锭	3 382.25	558.86	16.52
气流纺锭	万头	59.36	9.91	16.70
自动络筒机	台	6 288	896	14.25
棉织机	台	696 213	119 762	17.20
喷气织机	台	20 947	3 788	18.08
毛纺锭	万锭	382.44	43.36	11.34
毛织机	台	25 025	5 519	22.05

资料来源：《纺织工业 1999 统计年报》。

表 235　我国西部地区以农产品为原料的轻工业情况（2000—2001）

单位：亿元

年　份	企业数	工业总产值	增加值	销售收入	利润总额	应交增值税
2000	7 015	2 486.3	1 019.2	2 347.40	134	158.3
2001	6 841	2 707.5	1 105.3	2 557.89	148.98	169.36

资料来源：此表数据统计范围为全部国有及规模以上非国有工业企业，并按当年价计算。

表 236　我国西部地区林业系统农产品加工业总产值（2001）

单位：万元

地　区	木材及竹材采运业	木材加工及竹、藤、棕、草制品业				
		小　计	锯材木片加工业	人造板制造业	木制品业	竹藤棕草制品业
全国总计	**1 103 002**	**1 361 531**	**202 886**	**754.605**	**375 324**	**28 716**
地区小计	319 311	248 930	23 749	154 671	65 737	4 778
地区占全国比重（%）	28.95	18.28	11.71	20.50	17.51	16.64
内蒙古	220 932	64 181	7 043	33 223	22 966	949
广　西	59 228	66 944	9 679	44 448	12 794	23
重　庆		638		518	60	60
四　川	600	60 983	582	33 283	24 335	2 783
贵　州	7 349	8 035	241	6 246	585	963
云　南	27 210	29 923	1 960	24 354	3 609	
西　藏						
陕　西	417	8 481		8 032	449	
甘　肃		2 064		2 064		
青　海						
宁　夏						
新　疆	3 575	7 681	4 244	2 503	939	

（续）

地 区	家具制造业	造纸及纸制品业	林产化学产品制造业	机械制造及修理业
全国总计	**43 437**	**77 099**	**135 574**	**56 054**
地区小计	2 618	65 141	67 525	14 811
地区占全国比重（%）	6.03	84.49	49.07	26.42
内蒙古	1 143	29 224	986	1 021
广 西	163	21 782	39 814	1 154
重 庆	136			1 139
四 川	290	14 073	1 960	2 254
贵 州			989	
云 南	314	2	21 095	6 502
西 藏				
陕 西	458	60	1 681	2 741
甘 肃	123			
青 海				
宁 夏				
新 疆				

资料来源：表中数据按当年价格计算由国家林业局提供。

表 237 我国西部地区林业系统农产品加工业销售产值（2001）

单位：万元

地 区	木材及竹材采运业	木材加工及竹、藤、棕、草制品业				
		小 计	锯材木片加工业	人造板制造业	木制品业	竹藤棕草制品业
全国总计	**1 075 911**	**1 283 513**	**196 144**	**713 747**	**347 125**	**26 497**
地区小计	307 739	237 722	23 007	145 663	64 918	4 134
地区占全国比重（%）	28.60	18.52	11.73	20.41	18.70	15.60
内蒙古	219 359	62 989	6 686	30 499	24 879	925
广 西	49 504	63 999	9 478	44 256	10 236	29
重 庆		627		507	60	60
四 川	595	56 526	509	29 624	23 939	2 454
贵 州	8 227	6 781	241	5 605	369	566
云 南	26 236	28 846	1 648	23 077	4 121	
西 藏						
陕 西	400	8 212		7 653	459	100
甘 肃		1 935		1 935		
青 海						
宁 夏						
新 疆	3 418	7 807	4 445	2 507	855	

（续）

地　区	家具制造业	造纸及纸制品业	林产化学产品制造业	机械制造及修理业
全国总计	**39 729**	**70 587**	**133 372**	**53 979**
地区小计	2 052	45 558	67 228	14 961
地区占全国比重（%）	5.16	64.54	50.41	27.72
内蒙古	866	13 874	1 052	1 041
广　西	162	21 434	38 592	1 014
重　庆	131			1 139
四　川		10 171	1 647	1 999
贵　州			908	
云　南	331	9	23 756	6 834
西　藏				
陕　西	426	70	1 273	2 934
甘　肃	136			
青　海				
宁　夏				
新　疆				

资料来源：表中数据按当年价格计算由国家林业局提供。

表 238　我国西部地区林业系统国有独立核算大、中型工业企业主要工业产品生产能力（2001）

单位：万 m^3

地　区	木材	锯材	胶合板	木质纤维板	刨花板	松香（t）	栲胶（t）	紫胶（t）
全国总计	**2 369**	**439.2**	**109.8**	**167.9**	**146.6**	**235 969**	**18 320**	**3 850**
地区小计	750	128.0	17.7	58.0	36.2	128 758	16 820	3 600
地区占全国比重（%）	31.66	29.14	16.12	34.54	24.69	54.57	91.81	93.51
内蒙古	480	64.7	0.9	4.9	14.0		8 000	
广　西			4.0	21.0	6.7	55 000		
重　庆								
四　川	46	7.1	0.3	12.5	3.1	6 108		100
贵　州				1.5	6.2	9 000		
云　南	150	44.7	11.8	13.5	5.8	58 650	8 820	3 500
西　藏								
陕　西	34	2.4	0.7	2.3	0.4			
甘　肃	32	8.1		0.3				
青　海								
宁　夏								
新　疆	8	1.0		2.0				

资料来源：表中数据由国家林业局提供。

表 239　我国西部地区乡镇集体企业农产品加工业主要经济指标（2000）

地　区	企业单位数（个）	平均职工数（人）	工业增加值（现价、万元）	工业总产值（现价、万元）	工业销售产值（现价、万元）
全国总计	**187 101**	**9 209 369**	**26 094 698**	**115 139 787**	**110 065 980**
地区小计	22 405	702 646	1 713 008	5 965 173	5 759 658
地区占全国比重（%）	11.97	7.63	6.56	5.18	5.23
内蒙古	1 343	53 489	115 737	444 258	387 049
广　西	2 101	74 568	508 345	521 102	502 662
重　庆	2 129	57 177	81 257	490 794	667 098
四　川	7 608	163 613	321 689	1 531 683	1 450 827
贵　州	1 409	26 390	74 459	286 661	263 106
云　南	1 209	52 259	90 744	516 768	488 086
西　藏					
陕　西	3 931	135 288	288 899	1 208 493	1 116 650
甘　肃	1 529	64 293	113 307	496 311	447 931
青　海	161	4 054	6 051	30 369	27 461
宁　夏	168	16 849	8 981	45 186	40 200
新　疆	817	44 666	103 539	393 548	368 588

资料来源：表中数据由农业部乡镇企业局提供。

表 240　我国西部地区食品工业分行业工业总产值（2000）（当年价）

单位：亿元

地　区	食品工业分行业工业总产值				
	合　计	食品加工业	食品制造业	饮料制造业	烟草加工业
内蒙古	98.87	46.37	24.29	23.10	5.11
广　西	214.62	153.95	21.50	18.26	20.91
重　庆	75.35	18.42	9.88	16.57	30.48
四　川	377.60	119.35	24.74	175.82	57.69
贵　州	131.99	13.66	3.60	24.92	89.81
云　南	444.38	56.85	3.75	9.94	373.84
西　藏	1.89	0.49	0.04	1.36	
陕　西	117.23	37.63	20.54	25.83	33.23
甘　肃	54.51	16.83	10.45	17.12	10.11
青　海	7.07	3.44	0.37	3.26	
宁　夏	13.91	2.88	7.41	2.89	0.73
新　疆	65.37	36.38	11.91	14.62	2.46
地区小计	1 602.79	506.25	138.48	333.69	624.37
地区占全国比重（%）	19.15	13.60	9.60	19.04	43.02
全国总计	**8 368.87**	**3 722.70**	**1 442.52**	**1 752.37**	**1 451.29**

资料来源：表中数据由中国食品工业协会提供。

表 241　我国西部地区森工主要产品产量（2000）

地　区	木材（万 m^3）	竹材（万根）	锯材（万 m^3）	人造板（万 m^3）	松香（t）	栲胶（t）	紫胶（t）
全国总计	**4 723.97**	**56 183.05**	**634.44**	**2 001.66**	**386 760.00**	**7 510.00**	**778.00**
地区小计	887.37	7 419.03	134.91	199.11	243 974.00	6 989.00	778.00
地区占全国比重（%）	18.78	13.21	21.26	9.95	63.08	93.06	100.00
内蒙古	327.79		23.83	24.33		1 549.00	
广　西	315.17	321.26	58.81	69.03	198 000.0	3 448.00	
重　庆		166.36		0.23			
四　川	18.18	2 501.62	2.46	34.79	2 197.00		19.00
贵　州	32.08	168.79	3.76	9.36	2 914.00		
云　南	127.15	4 064.00	19.58	38.46	40 263.00	1 712.00	759.00
西　藏	16.00		13.37	2.00			
陕　西	38.28	197.00	1.14	10.21	600.00	280.00	
甘　肃			0.27	4.53			
青　海	2.37		0.10				
宁　夏	0.80		2.42	0.25			
新　疆	9.55		9.17	5.92			

资料来源：表 241、表 242 中数据由国家林业局提供。

表 242　我国西部地区森工主要产品产量（2001）

地　区	木材（万 m^3）	竹材（万根）	锯材（万 m^3）	人造板（万 m^3）	松香（t）	栲胶（t）	紫胶（t）
全国总计	**4 552.03**	**58 146.46**	**763.83**	**2 111.27**	**377 793**	**3 482**	**431**
地区小计	1 171.16	7 363.01	96.50	184.85	237 336	3 181	416
地区占全国比重（%）	25.73	12.66	12.63	8.76	62.82	91.36	96.52
内蒙古	547.50		11.46	35.65		751	
广　西	411.70	376.65	50.98	67.72	182 782	2 134	
重　庆		29.40		0.15			
四　川	13.56	2 494.53	2.67	13.22	2 527		26
贵　州	17.27	220.94	2.78	9.20	2 968		
云　南	152.32	3 461.00	18.52	45.74	48 459	296	390
西　藏	10.04		9.00	2.19			
陕　西	8.85	780.49	0.24	7.73	600		
甘　肃			0.35	1.80			
青　海	2.79		0.12				
宁　夏	0.34						
新　疆	6.79		0.38	1.45			

表 243　我国西部地区农垦系统主要农产品加工企业产品产量（2000）

地　区	机制纸及纸板（t）	纱（万 t）	布（万 m）	机制糖（t）	饮料酒（t）	乳制品（t）	食用植物油（t）
全国总计	**743 518**	**19.56**	**29 844.62**	**760 960**	**1 056 051**	**104 203**	**389 885**
地区小计	54 449	12.77	16 919.69	483 160	251 897	24 224	218 058
内蒙古				3 093	973	6 304	1 348
广　西				317 033		505	
重　庆	925					1 548	
四　川					1 710	247	17
贵　州	51				95	553	16
云　南	2 800			53 341	25		11
陕　西		0.37	4 100.00			394	13 054
甘　肃					131 052	8 410	2 927
青　海						1 150	988
宁　夏				3 311	61 910	95	420
新疆（兵团）	49 893	12.14	12 689.69	106 382	56 041	1 828	188 294
新疆（农业）			130.00				6 800
新疆（畜牧）	780	0.26			84	1 089	4 183
昆　明					7	2 101	
地区占全国比重（%）	7.32	65.29	56.70	63.49	23.85	23.25	55.93

资料来源：表中数据由农业部农垦局提供。

表 244　我国东、中、西部地区乡镇企业主要农产品加工业产品产量比较（2000）

产　品	单　位	总　计	东部地区		中部地区		西部地区	
			合　计	比重（%）	合　计	比重（%）	合　计	比重（%）
食用植物油	万 t	3 225	1 959	60.74	764	23.69	502	15.57
饮料酒	万 t	1 607	661	41.13	724	45.05	222	13.82
白　酒	万 t	741	120	16.19	463	62.48	158	21.33
啤　酒	万 t	316	153	48.42	132	41.77	31	9.81
布	万 m	2 144 833	1 974 810	92.08	160 302	7.47	9 721	0.45
服　装	万件	1 469 134	1 332 925	90.73	70 431	4.80	65 778	4.47
布　鞋	万双	176 268	153 841	87.28	21 668	12.29	759	0.43
皮　鞋	万双	225 033	195 913	87.06	26 261	11.67	2 859	1.27
纸及纸板	万 t	4 569	2 098	45.92	2 344	51.30	127	2.78

资料来源：表中数据由农业部乡镇企业局提供。

表 245　我国西部地区轻工系统农产品加工业产品产量（2000）

地　区	纸　浆（万 t）	机制纸（万 t）	机制纸板（万 t）	原　盐（万 t）	机制糖（万 t）	糖　果（万 t）	方便主食品（万 t）
全国总计	**1 048.72**	**1 483.08**	**1 003.85**	**3 128.00**	**700.00**	**36.87**	**253.04**
地区小计	192.86	193.37	80.40	568.81	531.06	3.29	25.36
地区占全国比重（%）	18.39	13.04	8.01	18.18	75.87	8.92	10.02
内 蒙 古	18.17	5.45	6.74	126.68	12.04	0.02	0.91
广　西	90.80	76.89	5.66	15.62	325.76	0.39	7.76
重　庆		5.34	5.36	44.98	0.19	1.08	2.85
四　川	29.47	47.46	24.06	215.48	7.79	1.23	3.48
贵　州	4.49	4.86	0.86		1.14	0.19	0.38
云　南	9.81	8.38	6.87	48.09	148.76	0.04	0.04
西　藏							0.01
陕　西	1.82	14.07	9.82	7.50			8.44
甘　肃	2.56	4.43	4.06	3.06	2.44	0.19	0.16
青　海		0.37		67.65			
宁　夏	16.57	18.13	5.58		0.33	0.02	0.06
新　疆	19.17	7.99	11.39	39.75	32.61	0.13	1.27

地　区	乳制品（t）	罐　头（t）	味　精（t）	发酵酒精（万 t）	饮料酒（万 t）
全国总计	**829 158**	**1 782 050**	**845 044**	**206.63**	**2 845.72**
地区小计	207 004	454 528	54 239	56.97	456.09
地区占全国比重（%）	24.97	25.51	6.42	27.57	16.03
内 蒙 古	66 517	3 170		0.87	54.19
广　西	2 471	135 747	19 721	21.46	65.94
重　庆	1 551	11 916	15 387	0.14	53.69
四　川	18 754	22 714	11 847	12.90	140.04
贵　州	1 108	1 186		0.24	17.71
云　南	5 394	5 371	390	14.51	16.60
西　藏	412				2.56
陕　西	45 763	1 881	574	1.81	39.43
甘　肃	22 590	1 807		1.08	28.69
青　海	1 152				2.23
宁　夏	29 091	702	2 419	0.57	5.76
新　疆	12 201	270 034	3 901	3.39	29.25

（续）

地　　区	软饮料（万 t）	冷冻饮品（万 t）	轻　　革（万 m^2）	皮　　鞋（万双）	革皮服装（万件）	生活用木制品（万元）	家　具（万件）
全国总计	**1 490.83**	**60.13**	**34 695.25**	**146 837.90**	**6 457.16**	**580 059**	**9 212.34**
地区小计	107.16	16.91	1 631.07	569.12	142.63	98 421	1 007.10
地区占全国比重(%)	7.19	28.12	4.70	0.39	2.21	16.97	10.93
内 蒙 古	5.15	9.16	10.39	58.81	2.54	5 098	99.88
广　　西	17.89	1.44	619.57	153.79	10.68	30 952	447.11
重　　庆	21.33	0.50	6.79	93.86		2 969	28.14
四　　川	35.92	2.40	781.97	39.13	113.84	16 249	57.70
贵　　州	2.64	0.49		2.88			11.76
云　　南	3.60	0.02	63.60	55.00	3.48	20 892	12.14
西　　藏	0.20			2.38	0.08		0.46
陕　　西	11.81	1.03	68.50	56.19	4.39	1 362	18.79
甘　　肃	0.72	0.37	15.85	6.54	4.13	65	26.39
青　　海	1.61	0.02	2.94	2.76	0.14	45	1.60
宁　　夏	0.64	0.18		35.08	0.57	8	30.26
新　　疆	5.65	1.30	61.46	62.70	2.78	781	272.87

资料来源：表中数据由中国轻工信息统计中心提供。

表 246　我国西部地区主要纺织品生产情况（1999）

产　品　名　称	单　　位	全　　国	西部地区	西部地区占全国比重（%）
化纤	万 t	602.04	20.78	3.45
纱	万 t	570.48	78.72	13.80
布	万 m	250.00	21.23	8.49
印染布	万 m	160.45	5.23	3.26
绒线	万 t	39.61	1.73	4.37
呢绒	万 m	27 548.00	1 942.70	7.05
丝织品	万 m	69.56	0.99	1.42
麻布	万 m	12 907.00	1 683.10	13.00
服装	亿件	160.90	6.58	4.09

资料来源：《纺织工业 1999 统计年报》。

表 247 我国东、中、西部地区进出口总额比较（1999—2000）

地 区	进出口总额（亿美元）		占全国比重（%）		占全国比重位次	
	1999 年	2000 年	1999 年	2000 年	1999 年	2000 年
东部地区	3 308.64	4 368.31	91.75	92.10	1	1
中部地区	160.43	203.09	4.45	4.28	2	2
西部地区	137.01	171.69	3.80	3.62	3	3
全国合计	**3 606.08**	**4 743.09**	**100.00**	**100.00**		

资料来源：1. 表 247－表 250 中数据来源于《中国中西部开发年鉴》2000/2001 年版。
2. 进出口总额为商品经营单位所在地区统计数字。

表 248 我国东、中、西部地区进出口总额及年均增长速度（1996—2000）

地 区	进出口总额（亿美元）		1996—2000 年年均增长速度（%）	年均增速位次
	1996	2000		
全国合计	**2 808.50**	**4 743.09**	**11.05**	
东部地区	2 521.20	4 388.67	11.72	1
中部地区	183.92	229.31	4.51	2
西部地区	103.38	125.11	3.89	3

表 249 我国东、中、西部地区出口总额综合分析（1999—2000）

地 区	进出口总额（亿美元）		占全国比重（%）		占全国比重位次	
	1999	2000	1999	2000	1999	2000
全国合计	**1 949.32**	**2 492.12**	**100.00**	**100.00**		
东部地区	1 791.40	2 283.76	91.90	91.64	1	1
中部地区	98.54	133.69	5.06	5.36	2	2
西部地区	59.38	74.67	3.05	3.00	3	3

表 250　我国东、中、西部地区进口总额综合分析（1999—2000）

地　区	进出口总额（亿美元）		占全国比重（%）		占全国比重位次	
	1999	2000	1999	2000	1999	2000
全国合计	**1 657.02**	**2 251.01**	**100.00**	**100.00**		
东部地区	1 535.01	2 104.92	92.64	93.51	1	1
中部地区	74.84	95.65	4.52	4.25	2	2
西部地区	47.17	50.44	2.85	2.24	3	3

表 251　我国东、中、西部地区乡镇企业产品出口情况比较（2000）

项　目		单位	总　计	东部地区		中部地区		西部地区	
				合 计	比重(%)	合 计	比重(%)	合 计	比重(%)
企业单位数		个	139 549	111 166	79.66	23 600	16.91	4 783	3.43
职工人数		人	11 275 469	9 854 051	87.39	1 176 720	10.44	244 698	2.17
出口产品生产总值		万元（现价）	95 526 790	86 567 774	90.62	7 429 837	7.78	1 529 179	1.60
出口产品交货值	合　计	万元	86 694 459	79 558 054	91.77	6 008 208	6 93	1 128 197	1.30
	直接出口	万元	69 488 165	65 792 027	94.68	3 070 331	4.42	625.807	0.90

资料来源：表 251、表 252 中数据由农业部乡镇企业局提供。

表 252　我国东、中、西部地区乡镇企业产品按类别分出口交货值比较（2000）

项　目	单位	总　计	东部地区		中部地区		西部地区	
			合 计	比重(%)	合 计	比重(%)	合 计	比重(%)
轻工类	万元	20 435 798	19 585 593	95.84	755 086	3.69	95 119	0.47
食品类	万元	5 285 506	4 762 431	90.10	439 202	8.31	83 873	1.59
土产类	万元	1 324 278	1 104 294	83.38	157 794	11.92	62 190	4.70
畜产类	万元	1 890 827	1 367 719	72.33	461 859	24.43	61 249	3.24
纺织品类	万元	7 879 499	7 499 106	95.17	343 711	4.36	36 682	0.47
丝织品类	万元	855 681	772 914	90.33	77 167	9.02	5 600	0.65
服装类	万元	13 030 336	12 517 575	96.06	456 441	3.50	56 320	0.44

表 253　农村居民按三个经济地区分类的主要指标（2000）

主要指标	单位	全国合计	东部地区	中部地区	西部地区
一、常住人口	人/户	4.20	4.09	4.11	4.49
整、半劳动力	人/户	2.76	2.74	2.76	2.81
平均每个劳动力负担人口	人	1.52	1.49	1.49	1.60
整、半劳动力占常住人口比重	%	65.71	66.99	67.15	62.58
二、年末生产性固定资产原值	元/户	4 673.06	5 149.15	4 219.55	4 613.78
三、年内新建房屋面积	m^2/人	0.87	1.02	0.81	0.74
砖木结构	m^2/人	0.36	0.40	0.34	0.31
钢筋混凝土	m^2/人	0.47	0.60	0.45	0.31
楼房	m^2/人	0.46	0.56	0.47	0.33
年末住房面积	m^2/人	24.82	27.67	24.17	21.87
砖木结构	m^2/人	13.61	16.77	14.53	8.23
钢筋混凝土	m^2/人	6.15	8.45	6.13	3.11
四、总收入	元/人	3 146.21	3 976.83	2 926.24	2 336.53
纯收入	元/人	2 253.42	2 993.65	2 029.87	1 556.47
现金收入	元/人	2 381.60	3 268.60	2 090.97	1 575.67
五、总支出	元/人	2 652.42	3 198.97	2 516.57	2 100.36
生产费用支出	元/人	718.17	794.28	696.07	661.90
1. 家庭经营费用支出	元/人	654.27	725.30	621.13	602.37
2. 购置	元/人	63.90	68.98	62.07	59.53
生活消费支出	元/人	1 670.13	2 116.08	1 518.04	1 272.60
现金支出	元/人	2 140.37	2 772.52	1 971.08	1 517.44
六、主要食品消费量					
粮食	kg/人	249.49	237.10	269.28	240.57
蔬菜	kg/人	118.98	108.37	108.03	102.93
食用油	kg/人	7.06	7.82	6.96	5.86
猪牛羊肉	kg/人	14.47	12.76	14.51	15.95
家禽	kg/人	2.81	3.19	3.53	1.32
水产品	kg/人	3.92	7.02	3.16	0.77

资料来源：表中数据由国家统计局提供。

表 254　我国西部地区农村居民收入及构成（2000—2001）

项　　目		2000	2001	2001 年比上年增减（%）
收入				
一、总收入	（元/人）	2 496.42	2 581.71	3.42
1. 工资性收入		390.93	429.67	9.91
2. 家庭经济收入		1 976.01	2 010.67	1.75
3. 转移性和财产性收入		129.48	141.37	9.18
二、纯收入	（元/人）	1 661.03	1 721.19	3.62
1. 工资性收入		390.93	429.67	9.91
2. 家庭经济收入		1 182.43	1 195.34	1.09
3. 转移性和财产性收入		87.67	96.06	9.57
三、现金收入	（元/人）	1 722.50	1 796.46	4.29
1. 工资性收入		390.31	429.06	9.93
2. 家庭经济收入		1 210.64	1 233.15	1.86
3. 转移性和财产性收入		121.55	134.25	10.45
收入构成				
一、总收入构成	（%）	100.0	100.0	
1. 工资性收入		15.7	16.6	
2. 家庭经济收入		79.2	77.9	
3. 转移性和财产性收入		5.2	5.5	
二、纯收入构成	（%）	100.0	100.0	
1. 工资性收入		23.5	25.0	
2. 家庭经济收入		71.2	69.4	
3. 转移性和财产性收入		5.3	5.6	
三、现金收入构成	（%）	100.0	100.0	
1. 工资性收入		22.7	23.9	
2. 家庭经济收入		70.3	68.6	
3. 转移性和财产性收入		7.1	7.5	

表 255 我国西部地区农村居民支出及构成（2000—2001）

	2000	2001	2001 年比上年增减（%）
支出			
一、总支出 （元/人）	2 211.35	2 291.10	3.61
1. 家庭经营费用支出	643.59	670.60	4.20
2. 购置生产性固定资产支出	63.64	77.83	22.30
3. 税费支出	79.45	69.55	−12.46
4. 生活消费支出	1 325.85	1 367.75	3.16
5. 转移性和财产性支出	98.82	105.37	6.63
二、现金支出 （元/人）	1 621.29	1 715.81	5.83
1. 家庭经营费用支出	483.47	512.09	5.92
2. 购置生产性固定资产支出	63.64	77.83	22.30
3. 税费支出	74.40	65.18	−12.39
4. 生活消费支出	907.03	957.44	5.56
5. 转移性和财产性支出	92.75	103.27	11.34
支出构成			
一、总支出构成 （%）	100.00	100.0	
1. 家庭经营费用支出	29.10	29.3	
2. 购置生产性固定资产支出	2.90	3.4	
3. 税费支出	3.60	3.0	
4. 生活消费支出	61.80	59.7	
5. 转移性和财产性支出	1.50	4.6	
二、现金支出构成 （%）	100.00	74.9	
1. 家庭经营费用支出	29.80	22.4	
2. 购置生产性固定资产支出	3.90	3.4	
3. 税费支出	4.60	2.8	
4. 生活消费支出	55.90	41.8	
5. 转移性和财产性支出	5.70	4.5	

资料来源：表 254、表 255 中数据由国家统计局农村社会经济调查总队提供。

5 第五部分

农产品加工业
西部大开发专题

实施西部大开发要有新思路

任　啸

西部开发，20世纪50年代国家就提过，80年代更提到一个相当的高度，今天党和政府又将其定为新世纪发展的重大战略任务。现在，新的体制背景、市场态势和新的对外开放环境都要求西部开发要有新思路。笔者体会，实施西部大开发战略，应有以下几点新思路：

一、要把富民强区作为加快西部大开发的根本目标

中国是一个经济文化发展很不平衡的大国，由于各地区客观条件和已有基础的巨大差异，不可能在短时期内使各地区共同富裕起来。经济学家认为，任何经济进步都不可能在各区域同时发生相同程度的进步，一国经济在不同的发展阶段会呈现出区域差距由扩大到稳定、缩小几种情形。但是，区域差距的长期拉大，将会对经济社会产生极为可怕的后果。改革开放以来，我国东西部地区之间经济发展的差距呈现两个特点：一是地区间经济发展的不平衡加剧，东西部地区的差距呈扩大之势；二是东西部地区居民收入差距扩大速度大于经济发展差距。东西部地区差距还在继续扩大，长期下去，会影响社会稳定和国民经济的持续发展。因此，实施西部大开放应把富民强区作为根本目标。

在富民强区的目标中，要坚持富民为先，富民为本，这是因为：第一，社会主义本质共同富裕的要求。共同富裕包括三层含义：贫穷不是社会主义；少数人富裕，少数地区发达也不是社会主义；只有共同发展、共同繁荣，共同富裕才是真正的社会主义。实现共同富裕，不仅是社会主义原则要求，而且是广大人民，特别是落后地区人民的热切愿望。东部地区借助政策赋予的优惠条件，人均国民收入得到了极大提高，相比较之下，西部地区人均国民收入和东部人均国民收入差距越拉越大。如果这个差距继续扩大，就会使人们对共同富裕原则产生怀疑，甚至动摇人们对社会主义的信仰。第二，“富民”有利于扩大内需，增强国民经济增长的需求拉动。从目前形势看，靠出口拉动经济增长变得越来越困难，扩大国内需求将成为拉动国民经济增长的一项长期的战略措施。但是，由于西部经济的落后，居民收入的购买力相对较低，以致消费品市场狭小。如果实行“富民”政策，可提高居民购买力，西部地区3亿人口将是一个巨大的潜在消费市场，完全可以成为拉动整个国民经济持续快速发展的一个新的增长点。

在实现“富民”的基础上，实现“强区”。如果地区差距过大，会影响社会稳定、民族团结和国民经济持续稳定的发展。通过“强区”政策，可以增强西部地区竞争力，从而缩小地区差异，实现国内经济一体化发展。这样，一方面有利于社会稳定和国民经济持续稳定的发展；另一方面，在经济全球化的背景下，实现国内经济一体化，有利于发挥整体优势，在国际竞争中提高国家整体竞争力。

二、要从主要依靠国家推动变为主要依靠市场机制

过去的西部建设，主要靠中央大力扶植和资助，如20世纪50～60年代在“全国一盘棋”方针下在中西部进行“三线建设”；80～90年代，西部开发以发挥资源优势战略为主要指导思想，使采掘工业、原材料工业得到很大发展，在工业结构中占了很大份额。过去几十年，中央发展西部的政策确实极大地促进了西部工业的发展，但是从目前来看，当年的“三线建设”效果并不好；西部工业结构也不合理，资源耗费型的重工业、上游工业比重过大，和东部地区相比，西部地区的产业没有竞争优势，和东部地区差距越拉越大。

现在，中央又提出西部大开发战略，这次的西部大开发是在实行社会主义市场经济体制的形势下开展的。这一次的西部大开发战略，当然也需要中央的政策扶持，需要中央财政和已经富裕起来的东部地区的支持。但是，在市场经济条件下，经济活动的主体是企业和个人，而不是政府。一个地区的发展仅靠“市长”和外来支援是不行的，“市场”具有更为重要的意义。西部开发一定要遵循客观规律，通过市场机制的作用，以市场为诱因，因势利导，利用经济手段，

以经济利益调动经济活动主体的积极性，让企业和个人投资者，尤其是从来自东部和海内外的投资者，觉得西部开发是一件“有利可图”的事情，从而使资本、技术、人才等在价值规律的作用下自动地流向投资回报率高的地区和产业，进而使西部地区经济步入快速良性发展的轨道，而不能像以前那样，搞行政命令式的“拉郎配”，不但效果不好，经济发展也不能持久。现在政府在西部开发中的作用主要是为投资者找准项目并提供政策支持，在市场失灵的领域和投资者不愿介入的领域，如基础设施投资和环保产业，这些产业关系国民经济的长远发展和可持续发展目标，需政府进行投资，发挥投资的乘数效应，起到投资示范作用和拓宽投资领域的作用。

三、从资源导向型战略逐步转变为市场导向型战略

过去对西部的开发，主要是以资源导向型战略为指导思想，“靠山吃山、靠水吃水”，长期以来，在西部形成了以资源耗费为特征的采掘工业、原材料工业等重工业为主的工业结构。这种工业结构存在的问题是：

1. 以资源耗费为特征的工业如采掘业面临成本递增资源枯竭的问题，并且严重破坏了西部地区生态环境，不利于经济可持续发展。

2. 我国经济已进入相对过剩阶段，市场需求空间越来越小，“靠山吃山、靠水吃水”的靠资源优势开发产品的发展路子已走到尽头。

3. 这些多处于上游产业的比较劳动生产率和收益远低于发达地区的下游产业，在东西部地区商品交换中，作为上游产业产品的供给方和下游产业产品的需求方，西部地区处于“价值双重流失”的不利境地，这导致了东西部地区差距越拉越大。

4. 原材料产品如石油、煤等在对外开放的新环境下，极易受到国际市场的冲击。

在新一轮西部大开发中，鉴于西部地区资源禀赋优势在弱化，传统的地区分工格局需要重构，于是，资源综合利用和产业结构调整问题就成为关系到西部地区能否实现可持续发展的关键。从实施可持续发展战略要求出发，应当摒弃过去的资源开发为主的思维定势，选择立足资源，以市场为导向的多元产业发展战略，将市场需求和自身比较优势结合起来，建立起资源产业和不依赖资源的工业产业并列的新的产业比例关系，再逐步形成不依赖于资源的工业产业占优势的格局，进而实现产业结构由简单化、低级化向合理化、高级化转化。结合西部地区资源优势和已有的基础，根据市场需求的发展态势，建立新的产业发展战略的具体思路可以有以下几条：一是在保证粮棉生产的同时，通过农业综合开发加强林果基地、畜产品基地建设，加快农业产业化步伐；二是在巩固和改造原有能源、原材料工业的基础上，发展一批建立在优势能源矿产资源基础上的重加工业；三是着力扶持一批以农副产品为原料，有助于兴地富民的轻加工工业；四是借助中心城市和原“三线”基地的技术优势，培育高新技术产业，在高起点上提升产业结构和增强产业素质。

四、从注重地区比较优势转变为培育企业竞争优势

优（劣）势，是地区经济发展战略或规则中最常用的词汇。从地区分工理论的发展来看，有亚当·斯密的绝对优势理论，李嘉图的相对优势理论，俄林的要素禀赋（比较）优势理论和波特的竞争优势理论。这些理论范畴的发展与嬗变，反映了市场竞争中区域分工格局形成动因与机理的发展演变。现在的区域经济发展的主要指导思想是俄林的要素禀赋（比较）优势理论。这一理论认为地域分工产生的原因是由于土地、劳动力、资本等生产要素禀赋上的差异，各个区域利用自己相对丰富的生产要素从事商品生产，就处于比较有利的地位。一直以来，我国发展西部很大程度上是从比较优势角度出发的，立足于西部的资源优势来发展能源、原材料等重工业。但这种发展思路目前存在这样一些问题：

1. 近年国民经济形势的供求形势发生了明显变化，能源与原材料等资源已不再是国民经济发展的“瓶颈”，再加上国外产品如石油、进口和走私的冲击，现在资源产品普遍供过于求，寄希望于大规模资源开发，国家对大型重点建设项目投入以及“理顺资源性产品价格”等措施来带动经济振兴的原有区域发展战略已不再切合实际。

2. 大规模开发资源破坏了生态环境，影响了经济的可持续发展。

3. 西部的上游产业的比较劳动生产率和收益远远低于东部发达地区的下游产业，造成“价值的双重流失”，这种格局长期维持下去，只会使东西部差距越拉越大。

目前，在新一轮开发西部的战略制定上，我们不能再抱传统的比较优势理论。一直以来，土地、能源、矿产等天赋资源是经济发展的重要基础，但在现代经济，特别是知识经济已现端倪的时代，天赋资源和一般劳动力资源的作用相对下降，而技术、信息、品牌、市场网络等后天性资源与创新人才的作用与日

俱增，某种意义上说，后者对前者有点石成金之意义。区域经济发展的实际绩效，很大程度上取决于地区经济的竞争和通过竞争在统一大市场中占取的份额。竞争优势日益在现代经济中起到决定性作用。例如，众所周知，新疆盛产棉花、石油蕴藏也较丰富，有“一白一黑”优势资源之说，但现在，大量纺织企业陷入困境，而与“一白一黑”优势资源并无关系的新疆特变电工股份有限公司、新疆轮胎厂的生产经营都非常红火，他们靠的正是竞争优势的建立。因此，在新一轮西部大开发中其指导思想要改变以前的地区比较优势的思维定势，要立足于资源优势，但更多的是注重培育企业竞争优势。在产业的选择上，应选以市场为导向的多元主导型的产业发展战略，寻求市场需求和自身比较优势叠合的产业（行业）区间，大力发展资源精深加工业，让资源由单一优势、单项优势变为多种优势、多项效益，使资源优势由潜在的优势转化为现实的经济优势。通过资源的深度加工和综合利用，延伸和扩展产业链条，提高产品附加值与技术含量，以此增强产业自身的竞争能力来摆脱对本地资源的单纯依赖性。例如西藏利用铅资源的优势，开发生产科技含量较高的高性能电池，又利用进藏车辆放空车回内地的机会，降低运输成本，获得了很好的经济效益。对企业而言，应以市场为导向，一切从市场出发，进行管理创新、组织创新、技术创新，一方面通过多种途径提高产品竞争力，提高自身产品在既有市场的占有份额；另一方面针对潜在需求开发新产品，创造开拓新市场。

五、要充分发挥制度创新在地区发展中的作用

一直以来，西部都是传统计划经济痕迹最重的地区，和东部地区相比，改革开放的步子也比较慢，思想观念很保守。很多企业的市场意识不浓，“等”、“靠”、“要”国家政策、资金的思想严重，形不成自我约束、自我激励的发展机制。这一次的西部大开发战略是在新的体制背景，即实行社会主义市场经济体制下提出来的，西部的发展不能再像以前那样主要靠国家给政策、给资金，而应解放思想，转变观点，通过根本性的变革，即通过制度创新，创造实现西部经济良性发展的动力机制。

制度创新体现在宏观和微观两个层面：从宏观层面上，要由单一所有制结构向多种所有制结构并存转变。西部地区作为国家的老工业基地，几十年来，形成了国有经济占绝大比重的高度计划经济模式的所有制结构。随着经济体制的转变，虽然非公有制经济也得到很大的发展，成为经济发展中最具活力的因素，但国有经济战线过长、比重过高，国有企业设备、产品落后、负担过重，已成为制约经济进一步发展的“包袱”。相比之下，东部地区之所以发展较快，得益于非公有制经济比重高，发展快、机制灵活，市场活跃，对外开放程度高，西部地区在新的发展机遇中，要转变观念，通过着力于国有经济新的战略性布局，突破传统所有制模式，建立起有众多经济成分和多元化利益主体的所有制结构，坚持国有企业有“退”有“进”，加强控制力，起到主导作用；同时，积极推动非公有制经济成分发展，调动多方面的积极性，广泛动员各种要素潜力，促进要素增量和存量在市场价格信息及对未来利益预期引导下自动组合配置。从微观层面上，要积极进行国有企业改革，建立现代企业制度。通过对一批重要的和大型的国有企业逐步进行股份制改造，建立法人财产权，使国有企业产权人格化，使企业在产权约束和利益约束的基础上，真正做到自主经营、自负盈亏、自我约束、自我发展；对数量众多的中小型企业，通过拍卖、兼并、股份合作制等多种形式放开搞活，并在此基础上进行管理创新、组织创新、技术创新，通过对微观企业的制度创新，就能促使企业一切从市场出发，遵循价值规律的作用，真正成为市场活动的主体。

六、要从投资项目布局逐步转向实行投资诱导政策

过去对西部地区的投资主要是通过国家编制发展规划。规划在产业的发展上制定得很具体，一直延伸到具体项目。在社会主义市场经济体制背景下，经济活动的主体是微观企业个体，而不是政府，具体的投资项目决策，今后都应由市场主体自主决策。政府主要是制定鼓励发展的产业方向。

对西部开发实行投资诱导政策要采取综合措施，中央和地区同时着手采取诱导投资的优惠政策。从中央来说，要采取特别优惠的政策，放水养鱼先予后取，加大对西部地区的扶持力度。一要运用有效的财政手段，如转移支付、投资补贴、财政贴息贷款、税收减免等方式支持西部地区的经济发展；二要借鉴新兴工业化国家（地区）的经验，充分发挥国家投资融资政策在地区发展中的调控作用，适当压缩国家对东部沿海的直接投资比例，支持西部地区从事国家鼓励发展的项目建设；三要运用产业政策手段，对鼓励和支持的产业发展进行制度安排（如创立风险基金、中小企业担保基金等）、组织构建（如建立民办科技企业孵化器等）和制定竞争规则，着力创造有吸引力的

产业发展环境；四要针对东西部产业发展上的差异性、互补性，国家应制定相应政策，支持和引导东部地区和西部地区加强经济协作，鼓励东部地区向西部地区输出资金、技术和人才，使东西部通过合作，发挥各自的优势，实现互惠互利，联动发展，从而加快资产结构重组和资源优化配置。在推进东西部地区合作时，必须遵循客观规律，因势利导，把握市场推动的原则，多用经济手段，从经济利益入手，突出以企业为主体的经济联合，不能以行政命令搞“拉郎配”。从地方政府来看，要抓住这次机遇，解放思想，转变观念，实现超常规发展，实施以开放引投资的战略，在中央开发西部的大政策下，在自己的权限内制定各种具体有效的优惠政策和措施，并切实落实，筑巢引凤，着力创造有吸引力的投资条件和环境，增加对区内外资金的吸引力。譬如，从当前看，应注意用好资源政策，做到以资源引资金。如在土地资源上，不单纯强调以地生财，而应重视以地引资，实施滚动式地价政策，对重大的高科技项目实行优惠政策；同时，制定并用好合资政策，做到以产业引技术；还要注意改善投资环境，以提高法制水平和服务效率引项目；以优惠的待遇和充分发挥个人才智的机会吸引外产业、外地区甚至国外人才，并建立健全人才市场，促进人才的合理流动与高效配置。

（引自西安信息网）

在开发中加快西部农业和农村经济发展

农业部原部长　陈耀邦

实施西部大开发战略，加快中西部地区发展，是党中央总揽全局、面向新世纪作出的重大决策，不仅对振兴西部，而且对促进全国经济的协调健康发展具有重大意义，对改善西部生态条件，促进农业发展是难得的机遇。西部地区具有得天独厚的农业自然资源优势，加快发展西部地区农业和农村经济有潜力，西部地区土地面积占全国的一半以上，耕地面积占全国的1/4以上（27.7%），草地面积占全国的3/5，水资源年均总量占全国的近一半（46.6%），加上丰富的光照资源，西部地区已成为我国棉花、烤烟、水果、花卉等农产品的主要生产基地。但由于自然、历史等多方面原因，西部地区农业和农村经济的发展比较滞后，农民人均纯收入也较低。西部地区在农业自然资源方面存在的优势和在农村经济发展方面存在的差距，说明了西部地区农业开发存在着巨大潜力。因此，只要我们抓住西部大开发的机遇，一手抓西部地区生产条件的改善和生态环境建设，一手抓农业和农村经济结构的调整，就一定能够加快西部地区农业和农村经济的发展，促进农民增收和贫困地区脱贫致富。

加快西部农业和农村经济发展，关键是要根据西部地区不同的地理环境、气候条件、光热资源和物种特点，面向市场，发挥优势，依靠科技，调整农业和农村经济结构，加快发展西部地区的特色农业、生态农业，将西部地区的农业资源优势转变为经济优势。从目前情况看，要重点抓好以下几个方面：

1. 发展特色农业　西部地区发展棉、糖、果、菜、花、烟、蚕、药等经济作物生产，品质好，产量高，具有得天独厚的优势。近年来特色农业有了一定的发展。今后，应加快发展力度，逐步建立七大名优特农产品生产基地，变资源优势为商品优势。一是优质棉花生产基地，主要是稳定新疆棉区，调整品种结构，提高质量。二是糖料生产基地，在云南发展优质甘蔗生产，在内蒙古和新疆发展高糖甜菜生产。三是水果生产基地，在西南地区发展优质柑橘、南方梨、热带水果生产，在西北地区发展猕猴桃、苹果、梨、葡萄等优质水果生产。四是蔬菜生产基地，在云南元谋、甘肃河西走廊和青海发展反季节蔬菜、无公害蔬菜和野菜生产，在新疆建设番茄、甜瓜生产基地。五是花卉生产基地，在云南发展高档鲜切花生产，在内蒙古和新疆发展干花生产。六是中药材生产基地，在宁夏、甘肃、新疆、青海分别发展枸杞、甘草、红花等中药材生产。七是烟叶生产基地，在云南发展优质烟叶生产。力争用10～15年时间，把西部地区建设成为一个花红草绿、瓜果飘香的特色农业生产区。

2. 在有条件的地方发展粮棉生产　四川盆地、关中平原、河西走廊和新疆盆地等具备灌溉条件的地区，粮棉生产条件较好，多年来，国家在这些地区投资建设了一批商品粮棉生产基地，为保证全国粮棉供求平衡发挥了重要作用。今后要在这些地区继续发展粮棉生产，进一步巩固商品粮棉生产基地，提高粮棉生产能力，调整粮棉生产结构，发展优质粮棉生产。

3.加强草原和生态农业建设　西部地区地处黄河和长江中上游，过去迫于生存压力，过度开垦了大量坡耕地和一些草场，造成了水土流失和土地荒漠化。要有计划地实行退耕还林、还草，发展林果业、草地畜牧业和特色农业，带动农业结构调整。要加强草地建设，采取人工种草、飞播种草、围栏封育、改良草场和加强草地水利设施建设等措施，恢复草场植被，提高草地生产能力，改善草地生态环境，搞好生态农业示范县建设，保护农业生态环境。

4.发展畜牧业　主要是加快发展西部地区肉牛和肉羊生产，突出发展奶牛和优质细毛羊生产。把推广优良品种作为调整西部地区畜牧业生产结构的主要措施。肉牛、肉羊生产重点推广生长快、肉质好、饲料利用效率高的优良品种，努力增加优质牛羊品种的比重。搞好牧区架子牛易地育肥，提高肉牛胴体重和出栏率。奶牛生产要加强优质奶源基地建设，加快发展奶业产业化，开发适合不同消费群体的优质奶制品。发展西部地区畜牧业，必须加强畜牧业保障体系建设，一要大力实施畜禽良种工程，加强畜禽良种繁育体系建设；二要大力实施动物保护工程，建立强有力的动物疫病控制体系。

5.大力发展农产品加工业　西部地区丰富的农产品生产和将要大力改善的交通、通讯、能源等条件，为发展农产品加工提供了良好机遇。要大力培育西部地区支柱产业和拳头产品，努力开发新产品，积极发展优质名牌加工农产品，形成以粮油制品、肉制品、果蔬制品、饮料制品、中草药制成品等为主、具有地方特色和民族特点的农产品加工体系。发展农产品加工，要立足于对现有加工能力的改造，不能盲目铺新摊子。同时，积极发展农业产业化经营，培育龙头企业，促进农产品加工转化。大力发展以农产品加工、储藏、保鲜等为主的乡镇企业，加快农产品加工、保鲜、储运技术和设备的引进、开发。

农业部将大力支持西部地区农业和农村经济发展，在技术、资金、项目等方面重点予以倾斜。农业部作为全国农业和农村经济主管部门，在西部地区大开发中，将重点做好三项支持工作：

一是技术支持。立足西部地区的特点，研究、引进和推广一批农业优良新品种和先进实用生产技术。农业部牵头组织实施的“丰收计划”、“跨越计划”、“引进计划”、“种子工程”和动植物保护工程等技术推广项目，将向西部地区进一步倾斜。要面向西部地区大力推广旱作节水农业技术、平衡施肥与肥料深施技术、以旱稻品种为主的水稻旱作技术、种草养畜技术和果树高接换头技术等，提高农业科技含量。在落实跨世纪青年农民培训工程时，将重点考虑西部地区。在西部地区的每个省区选择1～2个县开展生态农业示范县建设。“十五”期间，在西部地区选择150个县组织实施生态家园富民计划。

二是资金支持。利用现有资金渠道，调整资金投向和基地建设思路，加大对西部地区农业建设项目的支持力度，主要抓好西部地区商品粮、棉、糖生产基地、旱作节水农业示范县、牧区综合开发等示范项目建设。继续加强对西部地区农技推广体系建设的扶持力度。同时积极争取资金，组织实施西部地区特色农业生产示范基地、农业高新科技示范园、农业科技示范场、退耕还草还果、草原生态环境建设等项目。

三是搞好乡镇企业东西合作。进一步加大乡镇企业东西合作示范工程实施力度，促进西部地区乡镇企业发展。主要是研究制定全国乡镇企业东西合作规划，进一步协调落实国家扶持实施乡镇企业东西合作示范工程的有关政策，切实搞好今年计划批准命名的第四批全国乡镇企业东西合作示范区的建设和管理，帮助改善投资环境，搞好招商引资，引导东部地区的乡镇企业到西部地区投资办厂，开展合作。

我国西部地区农产品加工业的现状、发展趋势及对策

中国农业科学院农产品加工中心　张德权

改革开放20年，我国西部地区的农产品加工业取得了长足发展，在西部地区的经济发展中发挥了重要作用，但与我国中东部地区和发达国家相比，西部地区的农产品加工业还相当滞后，农产品加工业的产

值与农业产值之比为0.2:1，远远低于全国平均水平的0.85:1。面对入世和西部大开发的良好机遇，如何充分利用西部地区的资源优势，“十五”期间如何加速西部地区的农业产业化的发展，促进西部地区经济的腾飞，农产品加工业在这一进程中将扮演着龙头的角色，具有重大作用。本文就西部地区农产品加工业的现状、发展趋势进行探讨，提出西部地区农产品加工业发展的重点和对策，仅供同行和业内人士参考。

一、我国西部地区农产品加工业的现状及“入世”的影响

(一) 我国西部地区农业和农产品加工业的特色与优势

1. *西部地区具有农产品加工所需的优质农业资源优势* 西部地区最大的优势在于自然资源丰富、国土辽阔、土地和劳动力成本较低，是我国主要的农业生产基地。西部12省区市耕地面积为4 957万 hm^2，占全国的38.1%，人均耕地面积为0.136hm^2，是全国平均水平的1.3倍和东部地区的2倍。该地区是全国重要的牧区、商品粮产区和棉花调出区，特别是畜牧业、棉花、糖料、薯类、烟草、花卉、茶叶和药村等经济作物不仅产量高，而且品质好，具有农产品加工的资源优势。

2. *畜牧产品加工是西部农产品加工业的一大特色和优势* 西部拥有全国82%的草地、85.7%的牧区和半牧区，畜牧业及其相应的加工业是西部农产品加工业的一大特色，也是西部农产品加工的优势所在。

3. *西部地区农业生产各具特色，农产品加工具有多样化的特性* 西部地区农业生产各具特色，从地理位置上来说，西北盛产棉花、瓜果、中草药、甜菜、薯类，西南盛产烟草、鲜花、甘蔗、南方水果、中药材、调料和山珍等；从垂直高度上来说，西部地区拥有我国的四大高原，面积达360万 km^2，占西部地区总面积的52%，立体农业是其一大特色，这种独特的自然条件和气候条件，使得西部地区农产品的种类、品质具有多样化的特性，与之相对应的农产品加工业也具有多样性。

(二) 我国西部地区农产品加工业的现状

我国西部地区农产品加工业发展非常迅速，但与东部地区和全国相比，还存在很多问题：

1. *缺乏加工专用品种，农产品采后损失严重，深加工综合利用能力差* 我国是农业大国，但不是农产品加工强国，农产品加工业产值与农业产值的比例为0.85:1，西部地区更低，仅为0.2:1，远远低于发达国家的2.2～3.7:1。改革开放20年我国的主要农产品已由长期短缺进入了供需基本平衡、丰年有余的阶段，许多农产品产量已跃居世界首位，但深加工综合利用程度却很低。工业食品用粮的转化率仅为8%，加工肉类仅占总产量的3%～4%，苹果加工转化率为4.7%，柑橘加工转化率为5%，西部地区更低，而发达国家农产品加工能力均在70%以上，如德国苹果加工量为75.2%，美国、巴西柑橘加工量为70%以上，欧、美、日等国的蔬菜90%以上均需经过商品化处理等。我国农产品采后损失严重，果品年损失25%以上、蔬菜腐烂率达30%以上、粮食损耗9%以上，西部地区更高，严重地浪费了资源，造成这种状况的原因在于，一方面贮藏、深加工能力差，农产品加工技术水平低、结构不合理。美国粮食人均占有量1 000kg，我国仅有400kg，西部更低为375kg，在这种情况下，美国并未出现粮食严重过剩的问题，而我国却出现粮食过剩的现象，根本原因就在于我国农产品深加工能力差，多以原料出售，经济效益低。另一方面，我国农产品缺乏加工的专用品种，农牧业生产什么，加工业就加工什么，而不是加工业加工什么，农牧业就生产什么，造成农产品结构性和相对性过剩。如苹果加工、专用粉加工、精米加工等均需专用品种，而我国的品种多是大路货，易造成普通农产品丰产丰收、大量过剩和积压，而专用品种却相对匮乏，这种现象在西部地区更为突出。此外，我国每年还有500万t豆粕、200万t棉子粕、30万t玉米黄粉蛋白、5亿～6亿t秸秆、1 000万t米糠、2 000万t稻壳、1 000万t玉米芯、2 000万t麸皮、280万～420万t小麦胚芽等大量的农副产品亟待转化，西部地区对这些农产品资源的利用程度更低，为此西部地区应适时地调整农业产业结构，大力发展农产品加工业，提高农产品的综合利用率和转化率。

2. *农产品加工技术水平低、设备落后，深加工产品少、档次低、包装差* 与我国中东部地区相比，西部地区农产品加工技术水平较低、设备较陈旧，许多企业还停留在手工作坊式的加工水平上，而且自主开发的加工设备的性能、质量和技术水平与发达国家及我国中、东部地区相比还有较大差距。区内农产品加工机械和包装机械企业很少，西部四省（甘肃、宁夏、青海、新疆）仅占全国的0.8%，整个机械制造业远远落后于发达国家和我国中东部地区。农产品深加工产品少，大多数产品均以原料和初加工成品出售，档次较低、包装也很差，经济效益较低。如宁夏枸杞是我国的知名中药材，也是加工枸杞多糖的最佳

原料，但目前西部地区尚无枸杞多糖加工企业，优质的原料未得到充分利用，大大降低了宁夏枸杞的附加值。

3. 农产品加工企业数量多、规模小、产值低　西部地区缺乏大型的农产品加工企业，小型加工企业却很多，集团化程度低，资源消耗多，经济效益低。啤酒生产企业年产量多为3万t左右，葡萄酒企业平均规模为1 000t，苹果浓缩汁企业平均规模为2 000t，厂点多，企业能耗大，如甜菜糖企业平均耗煤率为7%～7.5%，比外国高出1倍多，每吨甜菜糖用水10t，高于国外的1～2t。此外，与中东部地区相比，农产品加工的主要产业——食品工业，西部地区比较落后，产值较低，仅占全国的1/7～1/6，没有发挥西部地区的资源优势。

4. 农产品质量控制体系不健全，农产品质量差　目前，我国西部地区绝大多数农产品加工企业，机械化和自动化程度低、卫生条件差、产品质量不稳定，质量控制体系也不健全。仅仅注重成品的检验，缺乏对保障产品最终质量的全程品质控制，尤其与国际市场接轨的质量控制体系，如HACCP、GMP和ISO9000族系管理规范，西部地区农产品加工企业应用的更少，导致加工产品质量较差、不稳定。

（三）"入世"对我国西部农产品加工业的影响

自"入世"之日起，我国在遵循WTO多边贸易体系的原则下，对农产品的贸易将取消非关税措施，实行关税配额管理。据中美谈判协议，到2004年我国农产品关税将降到17%，降幅为20%～30%，其中对美国重要的农产品出口关税将减少到14.5%，并对小麦、大米、玉米、棉花、豆油、食糖等重要农产品实行关税配额管理。加入世贸组织第一年，小麦、玉米、大米、豆油和棉花的进口配额量分别为730万t、450万t、260万t、170万t和74.3万t，到2004年配额量分别增至为930万t、720万t、530万t、330万t和89.4万t，因此，"入世"对我国的农产品生产必然会带来冲击和挑战。西部地区是我国的粮棉产区，但农产品深加工转化能力却较差，竞争能力较弱，"入世"后西部地区农产品加工业必将面临巨大的竞争压力，但从长远的角度看，机遇和挑战并存，只要做好"入世"的准备，在西部大开发的大好形势下，"入世"定会为西部地区农产品加工业的腾飞创造有利的条件。

1. "入世"后，对西部地区粮棉油等不具优势的大宗农产品近期冲击较大　从长期和整体看，适度开放和增加粮棉油等资源集约型产品进口，不仅有利于提高我国农业资源的配置效率，也有利于增加我国农产品加工业的竞争力，对我国农产品加工业和西部地区经济的发展有利。但近期内对西部地区的粮食、植物油、食糖和棉花等大宗农产品及其加工业将产生较大的冲击。目前，我国小麦、玉米、大米等大宗农产品的国内价格明显高于国际市场价格二至七成。1997年7月，中国小麦价格高于国际市场价格48.5%，玉米高26.2%，大豆高30%，我国粮食已无竞争的价格优势。油料和糖料的生产尚有一定的价格、资源和经济优势，但我国油料和糖料加工工艺落后，出油、出糖率低，成本高，品质差，成品油和食糖的国内价格高于国际市场价格，"入世"和降低关税，将对我国的油糖生产带来国际市场的竞争压力。我国西部地区农作物中粮油和糖料作物占的比重较大，达80%以上，因此，在目前国内主要农产品价格已接近或高于国际市场价格、未来的国际市场价格基本稳定和实际价格可能呈现下降趋势的情况下，"入世"和开放农产品市场在短期内对我国西部地区不具有优势的农产品将带来巨大的冲击，加剧我国西部地区主要农产品供过于求的状况，促使农产品价格下跌，影响我国西部地区农民的收入。为此，应加强主要农产品的深加工综合利用能力，提高深加工转化率，提高其附加值和竞争力。

2. "入世"后，具有西部特色的肉果菜等优势产品出口机会将加大　我国的水果、蔬菜、肉类等农畜产品在国际市场上具有较强的竞争优势。"入世"后，这些产品的关税减让不会对国内市场造成冲击，相反，加入世贸组织会对中国的水果、蔬菜、内类产品的出口有利。我国西部地区具有生产这些特色肉果菜的光、热、土等资源优势，大力发展特色经济，将会增加"入世"后西部地区农产品的市场竞争能力。目前，我国的主要水果，如苹果、鸭梨、柑橘三大果品的国内市场价格比国际市场价格低四至七成，其中苹果低41%，鸭梨低79%，柑橘低47%，有较强的竞争优势。蔬菜生产也是我国的一项有竞争性的产业，其出口量约为进口量的30多倍，出口额约为进口额的50多倍，从长期来看，我国蔬菜行业的生产成本和价格在国际市场上将会保持相当长时间的竞争优势。畜牧业方面，除禽肉外其他肉类价格均低于国际市场价格，猪肉低57%，牛肉低84%，羊肉低54%，因此，猪、牛、羊肉制品及其他肉类加工制品将具有较强的国际市场竞争力。结合西部地区的资源优势，西部地区应大力发展肉果菜等优势产业，并进行品种改良、开展深加工和综合利用、改造传统产业实现产业升级换代，进一步增强西部地区特色农产品的竞争力。

3. "入世"对我国西部地区农产品加工业的结构

调整、技术改造和创新将带来挑战和机遇 “入世”对我国西部地区农产品加工业产业结构的调整、技术改造和创新将带来挑战和机遇。首先，我国西部地区现有的农产品加工企业多为传统产业，设备陈旧、加工工艺落后、机械化和自动化程度低，产品质量差、不稳定，不能与国际市场接轨，“入世”必将对这些产业带来巨大的冲击和挑战。为此，西部地区必须加快产业结构调整，发展优势产业和农产品深加工业，在提高农产品竞争力的同时扩大出口。其次，“入世”对于我国西部地区传统产业的改造、技术和资金的引进将带来前所未有的大好机遇。长远来看，“入世”利于资金和先进技术的引进，从而利于西部地区传统产业的改造、升级换代，可以更好地利用国内和国际两个市场，加大西部地区农产品的竞争力。

二、我国西部地区农产品加工业的发展重点

我国西部地区具有农业资源、特色资源和畜牧资源优势，如何变资源优势为经济优势是西部大开发的重要内容之一，而农产品深加工综合利用正是实现这一转变的重要途径。“十五”期间应将发展什么领域作为西部地区农产品加工的重点？结合西部的特点，作者认为应做好以下几个方面的开发工作。

（一）注重粮油作物的深加工综合利用

据2001年国家统计局资料表明，西部12省区市农作物播种面积为4 889.5万hm^2，占全国的31.4%。粮食作物播种面积和总产量为3 382.3万hm^2、12 273万t，分别占全国的31.8%、27.1%。谷物播种面种和总产量为2 735.6万hm^2、10 299.4万t，分别占全国的33.1%、26.0%。油料作物播种面积和总产量为403万hm^2、601万t，分别占全国的27.5%、21.0%。因此，西部地区具有丰富的粮油作物资源，粮油产品的深加工应是西部农产品加工的一个重点。

1. 稻谷 据统计，2001年西部12省区市稻谷播种面积和总产量为751万hm^2、4 462.8万t，分别占全国的26.1%、25.1%，由此可见西部地区具有发展稻谷加工的资源优势，“十五”期间在西部应重点发展免淘米、上光米和营养强化米；大力推广配制米技术，开发配制米等精米新产品；大力开展稻谷深加工综合利用，推广低过敏性高蛋白米粉及其系列产品加工技术、米糠稳定化技术和米糠膨化浸出油技术；开发米糠蛋白、米糠多糖、米淀粉和红曲等功能性食品。

2. 小麦 2001年西部12省区市小麦播种面积和总产量分别为740.78万hm^2、2 132.5万t，是全国的30%、22.7%，与东部及中部地区一样，“十五”期间西部地区应在生产和提高民用等级粉的基础上，推广配麦和配粉技术，适量生产专用粉；合理使用营养添加剂，开拓营养强化粉；逐步开展小麦深加工综合利用，开发谷朊粉、胚芽粉；应用胚芽高效分离技术、在线检测技术和自动化控制技术等，开发小麦胚芽深加工产品，如胚芽油、天然维生素E、活性胚芽蛋白等。

3. 玉米 玉米是西部地区的主要粮食作物之一，2001年西部12省区市播种面积和总产量分别为766万hm^2、3 298万t，是全国的31.6%、28.9%，在当地居民的生活中具有重要的作用。“十五”期间西部地区应大力引进和应用玉米深加工综合利用新技术，开发玉米深加工产品，提高玉米的附加值，推广玉米燃料酒精的生产技术；大力开发玉米淀粉及其下游产品；开展玉米副产物的深加工综合利用研究，开发玉米黄色素、玉米醇溶蛋白和玉米多肽等新产品；适度种植特用玉米（甜玉米、糯玉米、爆裂玉米、黑玉米、高油玉米和高直链淀粉玉米），开发特用玉米系列产品。

4. 大豆 2001年西部12省区市大豆播种面积和总产量为196万hm^2、253万t，分别占全国的20.6%、16.4%。结合西部地区发展的特点，“十五”期间西部地区大豆加工业重点发展的领域为，注重引进和培育加工专用品种，建立专用品种基地，为大豆深加工提供良好的原料；有计划地适度推广大豆蛋白生产技术，建立几个有一定规模的大豆蛋白生产企业，并开发其下游产品；推广大豆深加工综合利用新技术，开发大豆异黄酮、大豆皂甙和大豆低聚糖等功能性食品。

5. 油菜 据国家统计局资料表明，2001年西部12省区市油菜播种面积和总产量分别为235.5万hm^2、339.8万t，是全国的33.2%、30.0%，由此可见油菜在西部地区的经济发展中具有重要的作用。“十五”期间如何提高油菜的附加值，进一步延长油菜的产业链，增加农民收入显得尤为重要。结合中东部地区的经验，油菜加工的领域应重点放在双低油菜的深加工综合利用上，开发优质油脂、优质蛋白、天然维生素E等新产品，适度生产功能性粉末油脂等产品。

6. 向日葵 西部地区是我国向日葵的主产区，2001年种植面积为49.7万hm^2，年总产量为94.2万t，二者分别占全国的48.9%、63.6%。目前，向日葵除作为炒货外，在西部地区还用来榨制生产葵花子

油，“十五”期间应在进一步加强此方面工作的基础上，大力开发葵花子粕的深加工综合利用研究，开发葵花子蛋白、膳食纤维等新产品。

（二）大力提高薯类作物的深加工综合利用转化率

我国西部地区薯类作物丰富，是西部人民必不可少的粮食蔬菜作物之一，2001 年种植面积 511 万 hm^2，年产量 1 462 万 t（折合粮食计算），分别为全国的 50% 和 41%，其中马铃薯种植面积为 295 万 hm^2，占全国的 62.6%，产量为 784 万 t（折合粮食计算），占全国的 61%。因此，开展马铃薯深加工综合利用研究，提高马铃薯的附加值，对于提高西部地区人民的生活水平、增加农民收入将具有重要意义。“十五”期间该领域重点发展的内容包括，马铃薯淀粉及其下游产品的开发与推广；马铃薯颗粒全粉及其下游产品的开发与生产；马铃薯副产物的深加工综合利用等。

（三）开展果品、蔬菜深加工综合利用

我国西部地区蔬菜和果品资源非常丰富，2001 年蔬菜栽培面积为 384 万 hm^2，占全国的 23.5%，蔬菜总产 8 815 万 t，占全国 18.2%。果园面积达 286 万 hm^2，占全国 31%，果品总产量为 1 837 万 t，占全国的 16.1%，其中苹果、柑橘、梨和葡萄产量分别为 540 万 t、369 万 t、183 万 t 和 101 万 t，分别占全国的 27%、31.8%、20.8% 和 27.4%。此外，西部地区还具有丰富的其他果品资源，如沙棘、野刺梨等，这些果品资源在西部地区的经济发展中也担负着重要的作用。

1. 苹果　苹果是我国西部地区第一大果品资源，其深加工利用程度，对于西部地区经济的发展将具有重要作用。“十五”期间应做好以下几个方面的深加工与综合利用工作：稳步提高苹果浓缩汁的质量，实现苹果浓缩汁生产设备的国产化；逐步引进先进的加工技术和质量管理体系，在苹果加工企业实行 GMP、HACCP 和 ISO9000 族系管理规范；开展苹果副产物的深加工综合利用，开发苹果渣膳食纤维、果胶等深加工产品；建立苹果加工专用品种生产基地。

2. 柑橘　柑橘是我国西部地区第二大果品资源，“十五”期间应做好以下几个方面的工作，逐步推广柑橘汁的无菌包装、无菌罐装技术，设备达到国产化生产；逐步引进先进的加工技术和质量管理体系，在柑橘加工企业实行 GMP、HACCP 和 ISO9000 族系管理规范；开展柑橘副产物的深加工综合利用，开发柑橘渣膳食纤维、黄酮、柠檬素等深加工产品；建立柑橘加工专用品种生产基地。

3. 净菜　结合西部蔬菜资源优势，针对我国毛菜流通“高产后损失、高流通成本、高度城市环境压力”的问题，“十五”期间我国西部地区应逐步发展具有巨大市场竞争力的净菜生产，主要包括开发净菜生产的关键技术和设备；在净菜生产企业逐步引进和推广 GMP、HACCP 和 ISO9000 族系管理规范。

4. 其他　“十五”期间除加强以上几个方面的研究开发、生产外，结合西部的特色资源优势，加大特色资源的深加工转化程度，如新疆、宁夏葡萄精深加工，陕西、贵州辣椒精深加工，广西、贵州姜精深加工，新疆番茄、哈密瓜精深加工等。

（四）加强畜禽、乳产品深加工综合利用

西部地区牧区半牧区县占全国的 85.7%，2001 年肉类总产量为 1 750.5 万 t，占全国的 27.6%，其中猪肉 278.3 万 t、牛肉 141.4 万 t、羊肉 136.4 万 t、禽肉 161.6 万 t，分别占全国的 30.6%、25.8%、46.6%、13.4%。奶类产量为 416.7 万 t、禽蛋产量 283.2 万 t，分别占全国的 37.1%、12.1%。由此可见，西部地区虽然大部分是牧区、半牧区，但畜牧业并不非常发达，充分利用西部地区的资源优势，大力发展畜牧业对西部地区的快速发展将起到重要的作用。“十五”期间应当重点发展的内容包括：大力发展种草养畜，提高西部地区的畜牧业整体水平；逐步引进和推广畜禽、乳产品的深加工技术和加工设备，并实现国产化，重点发展冷却肉、发酵肉、液态奶、功能性奶以及传统肉制品和大众奶制品。

（五）大力发展特色农产品

1. 绿色食品　绿色食品强调保护和改善环境，追求食品的天然和无污染特性，因此，自其面市以来就受到世界各国的广泛关注。目前，我国已批准成立了 10 个绿色食品质量检测中心，至 2000 年底，全国绿色食品总产值达 494 亿元，年销售额 302 亿元，利润 20 亿元，出口 2 亿美元，产值比 10 年前增长了 10 倍，其中年销售额超过 1 亿元的企业已增加到 50 家。参与绿色产品开发的企业达 964 家，其中上市公司超过了 20%。目前，我国已开发绿色食品 1 360 种，生产量达 1 106 万 t，占全国食品总产量的 1%，涉及粮油、果品、蔬菜、畜禽蛋奶、水产品、酒类和饮料等行业，其中初级产品和加工产品分别占 25% 和 75%。全国绿色食品生产和消费主要集中在中东部地区，西部地区的陕西、新疆、甘肃、四川、重庆、云南、贵州、西藏、青海 10 省区市共有 107 家企业开发绿色食品 248 个产品，分别占全国的 15% 和 18%。西部地区具有相对洁净的自然环境，有着生产绿色食品的优越条件，然而发展速度不如中、东部地区快，因此应充分利用西部的资源优势，重点发展绿色产业。

2. *有机食品* 有机食品不同于绿色食品，在生产和加工过程中前者绝对禁止使用任何农药、化肥和激素等人工合成物质，后者允许有限制地使用，有机食品相当于AA级绿色食品。自20世界50年代有机农业运动联合会提出有机食品以来，世界的需求量和贸易量逐年上升，1990—1998年期间，美国有机农业的市场份额以每年20%的速度增长，达到70亿美元。21世纪初，世界有机食品销售额将占食品销售总量的20%以上。我国自1994年成立有机食品发展中心以来，有机食品也得到了快速的发展，1999年已颁证有机产品30多种，年出口贸易额为1 200万美元。目前从事有机食品研究的科研机构有9个、从事有机食品贸易的公司近30个、有机食品基地50多个、有机肥厂5个、加工厂30多家，未来10年我国有机食品出口额将以每年25%的速度递增。我国西部12省区市大部分地区均是无污染的洁净区，具有生产有机食品的先天条件，因此，西部地区开展有机食品的开发将有广阔的前景。

3. *功能食品* 自1962年日本厚生省提出“特殊功能食品”以来，功能食品被誉为是21世纪的食品，世界各国均在投入大量的资金、技术和人员进行研究、开发、生产该类食品。我国在此方面也做了大量的工作，自1996年整顿功能食品市场及相继出台《保健食品管理办法》等一系列法律、法规以来，我国的功能食品也得到了健康、迅速的发展。目前卫生部批准的功能食品已逾2 000多种，1999年产值超过了500亿元，2000年销售额达600亿元左右，生产功能食品的企业超过了3 000家。但西部12省区市却不足15%。西部地区具有发展功能食品得天独厚的自然资源条件，如宁夏的枸杞、新疆的番茄、西藏的藏红花等等，均是开发功能食品的良好原料，为此，西部地区农产品深加工应重视功能食品的开发。

4. *方便食品* 方便食品主要是指方便主食、冷冻方便制品、方便小食品、早餐谷物、罐头食品、快餐食品、微波食品、焙烤食品、糖果巧克力、乳制品和调味品11大类。随着生活水平的提高、生活节奏的加快，人民对食品提出了更高的要求，方便食品正是应这种需求而逐步发展起来。西部地区农产品加工业应遵循这种规律，借助资源优势，大力开发方便食品。

5. *药材深加工和天然食品添加剂* 据统计，我国西部地区药材和天然食品添加剂资源非常丰富，2001年我国西部地区药材种植面积为34.3万 hm^2，占全国的41.4%，此外，还有大量的野生药材资源尚待开发利用。另据调查，我国有上千种食品添加剂资源有待开发，其中相当一部分分布在西部广大地区，如四川省就有35类96种天然色素资源具有开发价值。而且，西部地区因其特殊的地里环境，使得许多食品添加剂资源具有很高的开发利用价值，不仅品质好，而且含量也很高，如新疆的番茄，其每100g番茄红色素含量高达400mg以上，远高于我国其他地区。因此，开展具有西部特色的药材深加工和天然食品添加剂研究与开发工作，不仅符合市场的需求，也符合我国西部大开发的发展战略，具有重要的现实意义和实用价值。重点应放在特色药材和食品添加剂资源的深加工和综合利用上。

6. *糖料深加工产品* 基于西部地区的土地、光、热资源，糖料生产在西部的经济发展中具有举足轻重的地位。据统计，2001年西部12省区市糖料种植面积为105.1万 hm^2，占全国的63.6%，产量为6 001万t，占全国的69.3%；其中甘蔗种植面积为89.6万 hm^2，占全国的71.8%，产量6 343万t，占全国的70.9%；甜菜种植面积为15.5万 hm^2，占全国的38.2%，产量5 367万t，占全国的58.3%，因此开展糖料的深加工综合利用研究，变特色资源优势为经济优势，提高甘蔗、甜菜的附加值，对于西部经济的发展将具有重要作用。糖料资源的利用应以食糖生产为基础，逐步引进、推广糖料生产的先进技术，实现部分设备的国产化，逐步降低食糖生产的成本，提高食糖的国际市场竞争力，依此为基础再开展甘蔗、甜菜的深加工综合利用，以蔗渣和甜菜渣为原料，开发包装材料、燃料、膳食纤维和酒精等。

7. *茶叶、烟草深加工产品* 西部地区是茶叶和烟草的主产区，2001年种植面积分别达到40万 hm^2 和75.1万 hm^2，占全国的35.1%、56%，产量分别为19.74万t、125.3万t，占全国的28.1%、53.3%，而且西部地区的光、热、土地资源非常适合生产优质茶叶和烟草，因此应大力发展茶叶、烟草业，并开展烟草和茶叶的深加工综合利用，重点包括推广优质茶、烟草的加工技术；开发功能性添加剂，如茶多酚、烟碱等。

三、我国西部地区农产品加工业的发展对策

（一）政府加强宏观调控措施、培育市场、扶植龙头企业

如何变西部地区资源优势为经济优势，是实施西部大开发战略的重要途径。政府在这一转变中应充当

什么样的角色呢？作者认为政府应改善政策体制和环境、着实有效地转变职能，加强宏观调控、注重培育市场、扶植龙头企业，为农产品加工业的发展和投资提供良好的外部环境，吸引我国中东部地区和国外的资金、技术，加快西部地区农产品加工业产业结构的调整，实现产业的升级换代，提高农副产品的附加值，增加国际市场的竞争力。在这一职能的转变过程中，培育市场和扶植龙头企业至关重要，市场和企业在实现西部地区农业产业化的过程中起着桥头堡的作用，政府应切实有效地改善内部和外部环境，为农产品加工业的发展提供优惠政策，吸引外部资金和技术，兼并、重组和建立一批具有市场竞争力的农产品加工企业，带动西部地区相关产业的发展。

（二）引进加工专用品种、建立专用原料基地

我国西部地区原料资源丰富，但大都是大路货，缺乏加工的专用品种，如小麦是西部地区主要的粮食作物，来源丰富，但适合加工专用粉的小麦却很少，只适合做传统的馒头、面条等，面筋含量高不上去，也低不下来，不适合做面包、饼干等焙烤食品。目前，我国优质专用小麦年消耗量约 2 160 万 t，而我国小麦专用品种缺乏，产量也很低，年产仅有 184 万 t，仅占消耗总量的 8.5%，其余全部依赖进口。再如西部地区苹果资源丰富，但大部是鲜食的富士品种，缺乏适合深加工的专用品种。我国西部地区的这种产业结构，一方面是大宗农产品丰产丰收、大量过剩，造成大量积压；另一方面却是专用品种相对匮乏，严重制约了我国西部地区农业经济的发展，出现农业增产不增收、农民收入低下的局面。因此在进一步调整农业种植业结构、理顺供销关系、推广种植优质专用品种的同时，应大力推行农业专业化、区域化生产，以便为农副产品加工业的发展提供充足、稳定的原料供应。

（三）引进先进加工技术、改造传统工艺和产业

我国西部地区农产品加工业整体水平较低，工艺技术、设备落后、严重制约了西部地区农业产业化的发展。恰逢“入世”和西部大开发的大好时机，西部地区应努力抓住这次千载难逢的历史性机遇，借助我国中东部地区和国外的先进农产品加工技术和经验，引外力来改造西部地区的传统农产品加工业，争取“十五”期间西部地区农产品加工业的产值与农业产值之比由现在的 0.2:1 提高到 0.5:1，部分领域达到国际水平。

（四）逐步引用、建立质量控制标准体系，与国际市场接轨

农产品质量控制和保障体系是农产品加工业健康发展、参与国际市场竞争的必要保障。因此，西部地区应借鉴我国中东部地区和发达国家的经验，切实有效地建立起能与国际市场接轨的农产品检测标准、质量控制和保障体系。在农产品加工企业中逐步引用 GMP、HACCP 和 ISO9000 族系的系列管理规范，统一加工标准和质量标准，达到国际市场的要求。使西部地区的农产品能够走出西部、走出中国，参与国际市场的竞争，换取外汇，为西部地区经济的腾飞作出贡献。

（五）发挥资源优势、开展特色农产品深加工与综合利用

我国西部地区具有果品、蔬菜、肉产品和中药材的资源优势，而且环境洁净、无污染，是发展特色农产品的良好区域。为此，西部地区应充分利用这一资源优势，大力开发特色农产品的生产和深加工综合利用，变资源优势为经济优势，促进西部地区经济的发展。

发展绿色产业是西部农业产业化的方向

中国农业大学食品学院　王　群

西部大开发是党中央发展西部经济、缩小我国东西部差距的战略决策，而退耕还林、退耕还草，则是恢复和维护西部生态环境的根本措施。如何发展西部地区的农业和食品业，一直是当地政府和有关人士极为关注的大事。长期以来，人们往往将发展经济与维护环境对立起来，走了人家先发展后治理的一条老路，结果要为生态环境的恢复和治理付出惨痛的代价。在西部大开发中，如何将经济发展与环境的维护结合起来，使二者能相辅相成，相得益彰呢？近年来，由联合国工发组织（UNIDO）中国投资促进处所推动的绿色产业示范基地的建设，在我国部分地区已初见成效，同时也给了我们一个很好的启示。它要求在地方政府的积极主动的推动下，首先在治理和维护环境的基础上，建立一个良好的生态平台，再通过龙头企业的带动，使农产品生产和食品加工形成产、加、销一条龙和农、工、贸一体化的产业化格局，从而使农村获得特色农业的规模效益，并且为对外出口和招商引资创造有利条件。这既符合当前农村产业结构调整的需要，也是我国西部农业和食品加工业持续发展的一条必由之路。

一、食品安全是农产品进入WTO之后最大的非关税壁垒

在经济向全球化发展的今天，特色农产品的品种优势逐渐在弱化，原因在于先进的种苗繁殖技术越来越普及，你有的东西我也有，或者很快就会有。美国的提子、日本的网纹瓜以及澳洲波尔羊等纷纷在我国落户；澳大利亚已引种和培育出我国的哈密瓜，南美则引种我国的大蒜等等，都说明了这一点。那么，未来全球食品市场除了继续在特色和价格方面的竞争外，食品的安全性将越来越受到人们更大的关注，它也将成为食品进出口中最大的非关税壁垒。

我国仅1999年下半年，就有600多批次的出口农产品因安全指标不合格被退回，使企业遭受重大的损失。在国家技术监督局抽查72种农产品中，不合格率竟高达54.2%，且多数产品含有高倍致癌物质；1999年卫生部收到食物中毒报告97起，中毒4 999人，其中农药中毒1 166人；农业部的一次调查发现，叶菜类蔬菜使用过高毒农药的农户占调查数的32.8%；对进京蔬菜的检测表明，仅有机磷一项的超标就达69%。目前，我国各级政府对此极为重视，北京、天津、上海等城市已纷纷出台农产品的安全标准或暂行标准，以维护消费者的健康，同时也为农产品的出口打下良好的基础。

多年来，我国在加速经济发展当中，忽视了环境的保护和治理，许多环境恶化的报道令世人瞩目，这对于农产品安全性的危害是非常明显的。在我国进入WTO之后，大批农产品能不能出口创汇，关键在于食品安全性指标能否与国际标准接轨。因此，我们应抓紧食品安全法规的建立和健全检验、监督机制，使农产品的生产和食品加工业进入法制化轨道，这样，我们的产品在国际市场上才能具有竞争力，尤其是那些需要劳动密集型企业来加工的产品，我们则更具有优势。

欧洲疯牛病和口蹄疫的爆发，使人们注意到农业高度集约化经营的弊端，而我国农业的产业化是企业加农户，具有中国特色的适度规模经营，可以有效防止某些牲畜或者植物病害的迅速蔓延。但是，目前我国农业生产中超施化肥和农药的现象极为严重，不但增加了生产成本，而且使农产品的安全性受到极大的威胁，环境受到的污染也极为严重。

绿色产业基地的建设首先推动了地方政府采取切实措施，对环境进行积极的维护，对污染进行有效的治理，在此基础上扶持龙头企业从事规模经营，发展绿色食品（或有机食品）的生产和加工，条件成熟时引进外资，形成经营规模，以优质的产品参与国际国内市场的竞争。这样做下去，中国不但可以打破各国食品进口的非关税壁垒，而且有可能成为未来全球最大的有机食品供应地，那时我国的农业和农产品加工业将会逐渐改变其弱质产业的形象，真正成为强大的支柱产业之一。

二、生产无公害食品是全球食品业发展的必然趋势

食品的无害化表现在原料的生产、食品的加工以及包装和消费等各个方面，无害化食品尽管目前在整个食品产量中所占比例不过1%～4%，但它是未来食品业的发展方向，从保护生态环境和发展可持续农业来说，也具有特别重要的意义。

目前，在国际上有一个从事推动全球性无公害食品发展的组织，叫有机农业国际联盟（IFOAM），它所推崇的有机食品，要求在原料生产过程中不使用化学合成的农药和肥料，代之以生物农药和有机肥。这样生产出来的食品，尽管其零售价比普通食品贵50%～150%，但已成为国际市场的消费热点，所以欧盟有机农业的种植面积迅速扩大，年增长率达25%以上。目前，国际有机联盟已接纳了130多个成员国，我国于1993年由农业部等三个部委牵头，参加了该组织，这说明我国政府把维护环境和人民身体健康的事业放在了极为重要的位置上。

生产和销售无公害食品是人类保护自身利益的需要，也是社会发展的必然趋势。现在出口的食品类农产品都需要经过海关严格的检测，并有权威部门的证明，而按国际标准生产的有机食品，实际上就获得了一张国际通行证。建立“绿色产业”基地的目的，正是为生产有机食品，创造一个良好的生态环境，一个安全平台，并通过产业化的手段来实现其规模效益。

我国已加入WTO，农产品的出口迎来了一个公平竞争的国际环境，但是，未来国际贸易中的“绿色屏障”，将是制约我国食品出口贸易的关键。要想使

自己的产品在国际市场上能够畅行无阻，必须以无害化的农产品作为原料，采用现代高新技术不断开发绿色产品，去抢占国际市场。

最近京、津、冀地区决定对蔬菜的农药残留进行联合检测和控制，使居民能吃上放心菜、放心肉，这一方面说明政府对食品安全和人民健康的极大关注，另一方面也说明，不安全的、农药残留超标的农产品，不但会失去国际市场，连国内市场也将无立足之地。因此，绿色产业基地的建设不但可以促进人类生存环境质量的提高，同时也会大大改善人们的饮食质量。

三、绿色产业基地是发展无公害食品的有力保障

食品原料的安全是获得食品安全的前提，而生态环境的好坏则是食品安全的基础。大气、水源和土壤是农作物生长的自然要素，控制和治理好这三个要素，是获得优质、无公害农产品的关键。然而，环境的维护和治理要靠政府的推动，全社会的共同努力，一个区域一个区域来实现。因为靠企业治理环境只能局限在很小的范围，他们对区域大气和水源的治理则往往无能为力。因此，绿色产业基地的建设首先是地方政府有积极性，主要领导人具有远见卓识，主动为企业搭台，为子孙后代造福。只有宏观环境得到维护和治理，农户和加工企业才可以在这个生态平台上生产和加工出越来越多的无公害食品，特色农业的规模效益才可能实现。企业的效益提高，又意味着政府税收的增加，公共积累的扩充使得政府有条件加大环境治理的力度。因此，建立绿色产业是发展可持续农业的有效途径。只有这样，才能在获得经济效益和社会效益的同时，获得良好的环境效益。

四、绿色产业应成为我国西部农业和食品业长期的发展战略

在发达国家，农业食品已成为继机械、电子之后的第三大产业，我国农产品生产与食品加工业，也应该在农业产业化进程中，增强质量意识、加强企业化管理，以规模化的流通技术协调发展，参与国内、国际市场的竞争。而绿色产业最终形成的农工贸一体化的产业化格局，使产业链中的各个环节，形成利益共同体，才能使我国农业和食品业进入良性循环的发展阶段。

农产品“精品战略”就是要以市场为导向，为市场提供适销对路的优质产品，为企业提供适合加工的优质原料。澳大利亚由于狠抓棉花的质量监督管理，产品在国际市场上具有很高的信誉，所以棉农去年已经拿到 3 年的棉花订单。因此，在我国刚刚兴起的“订单农业”，也必须在质量保障方面与国际接轨，才能使农产品拥有稳定的出口渠道。

长期以来，我们比较注重农产品的产量，而忽视其内在质量和收获后技术与设施的配套，所以造成大批农产品农药残留超标，果蔬流通中腐烂损失高达 30%～40%，农产品往往丰产不丰收。由于食品的安全性已成为最重要的质量指标，所以绿色产业基地的建设，将为保证农产品和食品的质量奠定了坚实的基础。

但是，优质产品首先来自于田间地头，然后才是在流通当中设法保持住其原有的品质，或者用这些优质的原料去生产优质的食品。很显然，没有“绿色”的原料，无法加工出“绿色食品”。因此，国外食品企业早就把田间和果园作为他们的第一车间。

在西部多数地区，由于工业发展相对落后，大气和河流的污染相对较轻（特别是在农村），发展绿色产业具有一定的优势。如何引导农民改变传统的种植方法，逐步向有机农业过渡，从控制使用化肥、农药，到逐渐使用有机肥和生物农药，这不是一个短期能够实现的目标。因此，发展绿色产业是一件千秋万代的大业，需要当地政府引起足够的重视，树立长期奋斗的思想，经过几届政府、乃至几代人的努力，在造就西部地区山川秀美的生态环境的同时，不断推出具有国际市场竞争力的有机食品。为此，大力扶持龙头企业，让他们在发展生态农业、促进农业产业化的进程中发挥积极作用是至关重要的。企业一方面通过培训不断提高从业人员的素质和质量意识，另一方面通过采用先进的配套技术和设施，保障优质产品优质上市，以实现其商业价值。

大家知道，食品业是农业产业化的依托，而绿色产业基地的建设，将会大大促进食品业的科技进步，并提高产品的科技含量。因此，各级地方政府和具有远见卓识的企业家，以及广大科技工作者应该认识到，我国食品业的未来与农村绿色产业的建设密切相关，我们要主动为其发展推波助澜，形成“政府搭台、企业唱戏、科技先行、多方获益”的局面。这样，不但使众多的企业发展壮大、使农民较快地富起来，同时也使我们的环境不断优化，使食品市场更加繁花似锦，从这个意义上讲，建立绿色产业应该成为我国西部农业和食品加工业长期的发展战略。

内蒙古农畜产品加工业发展情况

内蒙古经贸委

加快农畜产品加工业的产业化步伐，不仅是促进农牧业结构优化升级，提高农村牧区综合经济效益的必由之路，而且是推进工业化的必由之路和本来之意，不仅关系到整个农村牧区生产方式的转变、社会形态的进步、农牧民生产水平的提高，而且关系到工业经济的结构调整，比较优势的形成和发展，工业速度效益的提高和可持续发展。因此，农畜产品的产业化必须要发挥工业的主导作用，拉动一产，推动二产，促进三产；必须要同生态建设、基础设施建设、城镇化、工业化相互联系、相互促进。

一、“九五”以来的成就

内蒙古自治区是农牧业大区，农畜产品加工业在国民经济中占有极其重要的地位。特别是“九五”以来，内蒙古自治区党委、政府把农畜产品加工业作为第一支柱产业，制定了一系列加快农畜产品加工业发展的政策和措施，取得了显著的成效。

（一）农畜产品加工业的规模、水平和市场竞争能力进一步提高，涌现出一批具有较强带动力的龙头骨干企业

到2001年，全区规模以上农畜产品加工企业448户，占全区规模以上企业的32%，占轻工业企业的76.3%；工业现价产值228亿元，占全区规模以上企业的27.5%；实现利税27.9亿元，占全区规模以上企业的35.4%。形成了以肉类、粮油、制糖、乳品、饮品、纺织、服装、皮革皮毛、烟草加工及造纸等10个重点行业为主的农畜产品加工业体系。并涌现出一批带动力较强的龙头企业，如以绒毛加工为主的鄂尔多斯、鹿王、维信、仕奇、盘古集团；以乳制品加工为主的伊利、蒙牛等集团；以肉类加工为主的草原兴发集团。目前，全区20个上市公司中，畜产品加工业企业有4个；全区百家最大利润的大中型企业中，以农畜产品加工为原料的企业15个；全区工业增加值超亿元的农畜产品加工企业有3个，5 000万元以上的3个。全区128个名牌产品中，以农畜产品加工为主的名牌产品有60个，占全部名牌产品的47%；中国驰名商标有：“鄂尔多斯”、“鹿王牌”、“仕奇牌”、“伊利牌”、“蒙牛”，“河套”（面粉）、“草原兴发”等7项，全部为农畜产品。

（二）农畜产品加工业的基地建设不断加强，产业竞争具备了一定基础

截止到2001年，全区建设农畜牧业产业化基地28个，总投资104.69亿元。各地在积极发展“公司+农户”的基础上，逐步向“公司+基地”、规模化、标准化、专业化的模式发展。鄂尔多斯、维信集团分别投资6 000万元搞舍饲圈养、品种改良及基地建设。兴发集团带动6 000多农户、2万多牧户分别走上了肉鸡、肉羊产业化发展的道路；伊利集团则在奶源基地建设上投入1.8亿元。2001年呼市地区由于伊利、蒙牛两大企业的快速发展，全市110万农民、28万农户人均增收328元，户均增收1 293元。奶牛业已成为该市农村经济中发展最快、增长比重最大、经济效益最高的经济增长点和农民收入的重要来源。畜产品加工、流通业的快速发展，解决了农牧民卖难的问题，提高了农牧民的消费需求，进一步开拓了农村市场，促进了农牧业结构的调整和优化。

（三）突出了龙头企业的牵头作用，专业化生产、流通具备了一定基础

在市场竞争中，产业综合素质得到进一步优化。伊利集团围绕“以农养牧、以牧促农”的发展思路，带动了当地的种植业、加工业、包装业，以及相关产业的发展。为社会提供了10万个就业岗位，把成千上万的小农户引入到大市场。目前，全区畜产品加工业共有上市企业4户，有7个羊绒、乳业产品成为国家免检产品，4户企业列入国家520户重点企业，6户企业列入自治区大企业集团，2户企业设有国家级技术开发中心，6户企业获国家驰名商标。围绕大企业集团展开的配套加工、专业化生产及流通已具有一定规模。鄂尔多斯、包头、巴盟等地已成为我国重要的羊绒生产、加工集散地，仅巴盟临河市就有羊绒生产加工企业102家，绒毛购销网点1 200多个。同时，呼市、包头及周边地区成为我国主要的乳业生产、加工基地；而赤峰、通辽、锡林郭勒盟地区则成为我国重要的肉类生产、加工集散地。产业集群效应显著，初步形成了全区畜产品生产、加工、销售有机结合和相互促进的经营机制。

（四）发挥了市场流通的决定作用，终端市场建设具备了一定基础

全区通过深化流通体制改革，初步形成了以批发市场为中心，以城乡集贸市场、连锁超市及各类零售商店为网络的市场体系。全区约有 50 万农牧民成为以农畜产品贩运为主的市场经纪人和买卖人。2001 年，通辽市余粮堡牲畜市场交易额达到 1.6 亿元，其中：牲畜交易额为 7 360 万元，交易头数达到 5.9 万头，成为华北、东北地区最大的牲畜交易市场，为加速畜产品流通做出了积极的贡献。目前，全区羊绒商品率达到 100%，羊毛商品率达到 90%，牛奶商品率达到 80%，肉类商品率达到 75%，其中：羊肉、牛肉、猪肉分别达到 80%、80%、70%。随着市场开放和全国统一市场的形成，区内畜产品加工、流通突破了区域界限，生产和流通渠道向多元化发展。从组织结构上看，龙头加工企业营销网络已覆盖全国大中城市。一些羊绒企业还在国外建立起营销机构和加工企业。鄂尔多斯、鹿王产品外销比例已分别达到 50% 和 70%。目前，全区畜产品加工业共有自营进出口企业 71 户，2001 年羊绒行业自营出口创汇占到全区自营出口创汇的 46.8%。从营销方式上看，各企业均已建立起各具特色、专业化推进、财物配货管理、资源共享的新型市场营销网络。目前，鄂尔多斯、鹿王产品占到国内市场份额的 50%，国际市场的 40%。伊利超高温灭菌奶和雪糕冰激凌产销量保持全国第一。蒙牛 2001 年产销量由上年全国的第十一位跃居到第五位。兴发集团则通过实施“一园三店”的营销战略，400 家涮园遍布全国，羊肉产品产量位居全国首位。而包头的“小肥羊”2001 年连锁营销额达到 15.1 亿元。大流通带动大加工、大加工带动大生产的发展理念已被企业普遍接受。

（五）加强投入的引导作用，产业综合实力具备了一定基础

随着我区畜牧业投资多元化的形成，政府对投资的引导作用十分明显。目前，纳入国家的我区 4 个畜产品加工国债项目，国家贴息资金仅为 4 830 万元，但拉动了 6 个亿的资金，带活了一个产业。今年，随着自治区党委、政府推进重点工业项目战略的实施，极大地促进了我区畜产品加工、流通业的发展。目前，列入自治区重点工业项目计划的畜产品加工业项目共有 33 个，如果这些项目有半数在 2005 年前达产，年可增加销售收入 168.9 亿元，新增利税 37.7 亿元，可拉动全区畜产品加工业增速提高 12.6 个百分点。其中 29 个乳品项目投资利税率高达 73.3%，可拉动本行业增速提高 20% 以上；9 个肉类加工业项目、投资利税率为 42.8%，可拉动本行业增速提高 17%。列入自治区重点工业项目计划的 8 个羊绒加工业项目，则主要是改变产品结构，开发高档面料和高支、轻薄、功能性毛纺产品及多种纤维混纺、交织产品，提高产品档次的项目。这些项目的实施，将进一步加快企业技术创新，促进产业升级，增强产业的综合竞争力。

二、存在的主要问题

管理体制不顺。农畜产品加工业产业链长、关联度大；但在目前的管理上却将其分割成多个部门，因而难以按照产业链的特点进行有效管理、全面布局与统筹规划。行业发展缺乏风险意识。一些地区在推进乳、肉产业发展时，缺乏对市场消化能力和自身竞争力的科学定位，忽视了产业风险。企业主业不精。企业在主业发展不足的情况下，就搞多元化经营，甚至与自身核心竞争力脱节。产业集中度难以提高。科技及市场服务、管理滞后。如企业急需解决的畜种改良、保险、防疫等保障体系建设滞后，严重影响到行业的可持续发展。缺乏对行业进行深层次的调研，运行机制和管理体制不顺。

特别是“入世”对农畜产品加工业带来严峻的挑战。主要表现为市场基础建设、体制改革滞后，大型流通主体缺位，市场培育不足。造成我区流通企业规模小、实力弱、交易成本过高。2001 年全区连锁经营只占到全社会消费品零售总额的 2%。而市场秩序混乱，质量、卫生、安全问题得不到有效控制，难以适应“入世”后的新形势，直接影响到流通先导作用的发挥；缺乏能与境外大企业集团抗衡的龙头企业。目前，区内最大的畜产品加工企业销售额仅为 26 亿元。由于企业规模小、重复建设、品种单一、档次低，主业不精造成行业集中度不高，产业整体竞争能力弱。目前，我区奶牛年平均产奶 2.1t，黑龙江为 4t，而北京、上海则已达到 6～8t。我区羊毛主体细度为 60～64 支，但目前精纺面料一般要求都在 70 支以上。我区毛纺企业所需原料中进口毛、进口毛条占到相当比重，仕奇集团已达到 90% 以上。我区羊毛资源的比较优势难以转化为市场优势。

三、今后发展的思路

（一）加强领导，统一思路

按照内蒙古自治区党委、政府的统一部署，围绕加快农牧业产业化、工业化进程，立足比较优势，创造竞争优势。调整、整合全区农畜产品加工、流通业的市场战略和产业布局，提高行业的集中度。要充分发挥我区乳、肉、绒三大行业的先行优势，掌握市场的主动权。同时，根据我区的相对比较优势，培育一批具有稳定区域市场的骨干加工、流通企业，形成发展主线突出、层次分明、带动力强的我区畜产品加工、流通业体系，促进畜牧业增效，农牧民增收。

（二）构建以大企业集团为中心的组织结构，培育企业核心竞争力

要着力培育企业竞争要素的组合能力；核心产品的开发能力、构建企业文化的综合能力以及开发、获取核心能力的知识与技能。认真落实国家及自治区扶持大企业集团的各项优惠政策，按照经济国际化的要求调整我区畜产品加工、流通业结构。鼓励企业加强与国际大型商业集团的合作，争取将我区更多的畜牧业加工产品纳入其全球销售网络，拓宽我区畜产品出口通道，使企业在更大范围、更高层次上参与国内、国际市场的分工与合作，力争在激烈的市场竞争中立于不败之地。

（三）加强宏观指导，做好重点工业项目协调工作

要突出主导产业，围绕农牧业产业链的自然特性，理顺现有管理体制。通过产业和政策的引导，加强宏观指导。要建立全区畜产品产业预警机制和管理体系，对全区畜产品加工、流通业做出全面布局与统筹规划，全力打造自治区绿色品牌；继续做好重点项目的协调工作及项目前期工作，健全重点项目管理机制，引导企业进一步做好原料基地工作。积极制定扶持现代流通业的政策，加大投入力度。争取到2005年建成5个年成交额10亿元以上的农畜产品综合市场和专业批发市场。充分利用我国加入世贸组织后有限的过渡期，力争用5年左右的时间使全区畜产品流通业能有一个大的发展。

（四）加快现代流通业发展，构建与大工业生产相适应的大流通体系

加快畜产品物流基础设施建设，塑造多层次、多类型的物流配送格局。完善质量标准和检验检测体系建设，使全区畜产品在生产、加工、流通等各个环节都有标准可依。加大生产环节治理力度，从源头上保证产品质量卫生安全。大力整顿和规范市场经济秩序，创造良好的外部环境。“十五”期间，全区流通业要实现一个转变，突出三个重点，抓好四个突破，即加速传统流通业向现代流通业的转变；突出连锁经营、现代物流基地建设、具有地方特色的现代化专业批发市场等三个重点；在流通企业改革、商业信息化手段、发展特色商业、引进先进流通业态等四个方面实现突破。尽快使全区流通业由计划经济时代的末端行业上升为引导生产、促进销售的先导行业。积极、稳妥地进行电子商务试点，组织好鄂尔多斯集团ERP（企业资源计划）国债项目的实施，提高流通效率，降低营销成本。要完善中心城市骨干批发市场的服务功能，加强加工、储藏、保鲜、包装、运输技术的研究与开发，大力发展畜产品产业化经营。

（五）加强中介服务，扩大合作领域

进行广泛合作、联合开发、共享信息、互补优势、协同竞争、分享利益已成为迅速提升产业竞争力的有效手段。要对提升全区畜产品加工、流通业重点行业竞争力展开深层次的调查研究，推动流通业态结构的合理化和多样化。围绕原料基地建设，大力发展农村经济合作组织。完善各类服务保障机制，促进全区畜产品加工、流通业健康、有序地发展。要在科学、合理、稳定地推进全区畜产品加工、流通行业协会工作的基础上，加强与国家有关协会、学会和科研院所的合作。建立全区畜产品加工、流通信息网络，提高中介机构服务的水平与质量。

（六）全力提高品牌竞争力

品牌蕴涵着巨大的竞争力，市场向优势企业集中，效益向名牌产品集中，已是由过度竞争走向相对垄断竞争市场环境下的一个特点。要在继续做强做大我区现有知名品牌的同时，通过采用虚拟方式，对各类资源要素进行整合，利用外部生产能力进行名牌生产，利用外部的营销网络扩大名牌产品的销售，推动名牌上规模，带动区内企业专业化生产。

广西壮族自治区农产品加工业发展情况

广西壮族自治区农业厅

近年来，我区农业系统以江泽民总书记“三个代表”重要思想为指导，以农产品加工龙头企业为工作着力点，大力发展农产品加工业，推进农业产业化经营，全区农业和农村经济取得了可喜发展。

一、农产品加工业已经成为农业发展的主要带动力量

到2001年,我区农产品加工企业1 236家,固定资产总额82亿元,销售收入224亿元,交纳税金约10亿元。其中固定资产500万元以上、产值1 000万元以上的200多家,实现销售收入132亿元,比20世纪90年代初翻了一番多。农产品加工企业带动农户322万户,占全区农户数的1/3以上,种植面积89.47万hm^2,农产品加工业呈现出较好的发展势头。

(一)农产品加工业的发展,促使农业支柱产业日渐强大

我区农产品加工业经过近年来一系列整改,以及市场优胜劣汰,农产品加工企业得到不断整合优化,企业规模逐步由小变大,企业分布逐步由分散走向集中,规模经济效益逐渐显露,产业特色日益突现。

首先是蔗糖业已经成为广西第一大农业支柱产业。2001/2002榨季、全区甘蔗种植面积达57.4万hm^2以上,产糖443万t,占全国产糖量的52%,成为全国第一大产糖区。柳州凤山糖业集团有限责任公司成立于1998年7月,目前公司所属糖厂日榨能力达到18 500t,资产总额9.35亿元,净资产3.9亿元,已成为我国制糖行业的“航母”。南宁糖业、贵糖股份、凤糖集团等糖业集团均已在全国打出了品牌和效益,成为在全国同行业中最具竞争力的农产品加工企业之一。

其次是果蔬加工业从无到有,从小到大,从内销到外销,逐步走出了产加销一体化的经营之路。2001年全区蔬菜种植93.13万hm^2,总产1 709.8万t;果园面积81.39万hm^2,总产406.3万t,由于果蔬加工业的发展,果蔬产业正逐步发展成为广西的第二大支柱产业。广西美通食品有限公司拥有固定资产5 100万元,流动资产3 000多万元,装备有各类先进技术设备和检测仪器,是广西最早经国家商检局、中粮总公司、轻工部、外经贸部批准生产和经营各类食品出口的现代化食品加工企业。公司下辖博白县罐头厂、博白县冷冻厂等7家生产厂家。公司职员1 500多人,其中高、中、初级管理技术人员160多人。公司目前生产法国豆、毛豆、马蹄、蘑菇、油菜花、玉米、莲藕、苦瓜、胡萝卜、菠萝、龙眼、荔枝、柑橘、芦荟、猪肉等20多种速冻、罐头产品。产品主要出口美国、日本、德国、法国、中东、香港等30多个国家和地区,年产2万多t,年产值超亿元,年创汇超千万美元,年创利税千万元。黑五类集团公司是国家重点农业产业化龙头企业。产品有五大系列:糊类食品系列、大豆制品系列、南方河粉方便食品系列、黑芝麻汤圆冷冻食品系列、黑八珍保健食品系列,产品以优良的质量和良好的信誉畅销全国各地,并远销美国、日本、东南亚、香港等10多个国家和地区。集团年销售收入3.2亿元,创税利0.4亿元。最近,集团的“黑豆奶生产基地项目”列入国家经贸委的国家重点技术改造“双高一优”导向计划,该项目建成后,年销售收入可达7亿元,利税5 640万元,消化黑豆1万多t,农民增收4 000多万元。

第三是小加工、大市场,逐步形成广西的特色产业。广西博白银龙集团有限公司成立于1995年,是一家具有一定实力的竹藤芒编工艺品加工出口企业,公司现有员工24 500多人,下属18个分厂。总部占地面积12 000多m^2,建筑面积9 800多m^2,拥有固定资产2 000万元。公司产品品种齐全,集观赏性、艺术性、实用性为一体,深受广大外商青睐。产品100%出口,销往欧美、日本、韩国等40多个国家和地区,并与国外600多个客商建立业务往来。2001年实现产值6 800多万元,出口创汇750万美元。同类企业还有宾阳祥和工艺品有限公司,都安润发竹藤工艺品有限公司。

(二)企业技术提升,带动了农业产业的发展

一是把传统的粮油生产,提升为产业化生产。近年来,我区粮油加工企业多渠道引进资金、技术和设备,利用现代高科技改造传统产业,重点抓好技术设备的升级换代,把传统的自给自足的粮油生产发展成为产业化生产。①引进国外先进制粉设备,对区内6个面粉厂(车间)进行技术改造。广西银票面粉有限责任公司南宁、黎塘两个车间,桂林面粉厂、柳晶面粉有限公司引进意大利奥克利姆公司的制粉设备;北海专用面粉厂引进英国西蒙公司的制粉设备;梧州面粉厂引进英国桑加帝公司的制粉设备。②引进瑞士布勒公司的面粉检测化验设备6套,大大提高了面粉质量的监控水平。③大米加工方面采用抛光、分级、色选等碾米新技术和新设备,提高大米洁度、整精米率和纯度,提升产品档次。大米的小包装开始普及,包装的质量和装潢在逐步提高和改进。一些加工企业已推广使用真空包装,延长了产品的货架寿命期。一系列粮油企业的崛起和发展,把我区粮油的生产提上了一个新的高度,标准化、优质化、规模化的粮油生产基地正在逐步建成。

二是林果产业逐渐成型。桂林莱茵生物制品有限公司是一家以开发利用罗汉果、银杏等天然植物提取物和农副产品深加工为主的科技企业。工厂现有按照GMP设计的4条提取物生产线和一个现代化的实验室。开发的主要产品有银杏黄酮提取物、罗汉果提取

物、葛根提取物、葡萄粉提取物等30多个品种，产品远销欧美和东南亚市场。公司的主要产品之一罗汉果提取物主要成分为罗汉果甜甙，其甜度为蔗糖的330倍，因其风味独特，不含热量，所以被广泛用于食品添加剂。近年，作为桂林特产的罗汉果主要作为原料出口，利润微薄，而加工成提取物后，出口价值可增加1倍以上，产品供不应求。公司现在每年可产各种提取物300t，产值2 100万元，利税650万元，用于收购原料直接支付给农民的资金达1 000万元以上。

（三）种子加工业取得长足发展，为农业增效、农民增收打下良好基础

在自治区党委、政府和有关部门的大力支持下，我区种子工程被列入广西跨世纪六大农业基础工程。在加工基础设施建设方面，已建成1 300m²的国家级广西救灾备荒种子储备库，一个种子包装材料厂，67个标准种子检验室；利用世界银行贷款建设的10个现代化种子加工中心的机械设备已安装完毕并投入生产；一个部级农作物种子质量监督检验中心，3个部级农作物品种区试站也已建成并投入使用。在种子加工方面，种子“三率”有了相应的提高，2000年杂交水稻种子加工率达96.50%，比上年提高1.50%；标牌统供率达72.00%，比上年提高9.00%；包衣率达3.50%，比上年提高0.50%；杂交玉米种子加工率达89.00%，比上年提高6.00%；标牌统供率达63.00%，比上年提高11.00%；包衣率达14.00%，比上年提高4.00%。

二、以扶持龙头企业为着力点，大力发展农产品加工业

近年来，治区党委、政府一直把发展农产品加工业、培养产业化龙头企业，作为我区富民兴桂的重大举措切实抓好。早在1998年我厅就成立了农业产业化办公室，2000年又调整了农业产业化领导小组，2001年我厅又牵头成立了由15个厅局组成的农业产业化联席会议，明确了要以扶持培育农业产业化龙头企业为突破口，推动农业和农村经济的发展。

（一）为农产品加工企业发展提供政策支撑

为了营造良好的发展氛围，2002年自治区人民政府下发了《自治区人民政府关于扶持农业产业化龙头企业的通知》（桂政发［2002］14号），要求各级人民政府要按照市场规则培育和发展农业产业化龙头企业，要引导龙头企业与农户建立多种形式的利益联结机制，采取有效措施，扶持和壮大龙头企业。同时，自治区人民政府办公厅转发了《自治区农业厅关于农业产业化重点龙头企业实施方案的通知》（桂政办发［2002］44号），明确了龙头企业享受的优惠政策，提出了自治区财政每年安排一定的专项资金，按照公共财政的原则和世贸组织规则，通过适当方式专项用于扶持、奖励重点龙头企业，对重点龙头企业的经营管理人员进行培训，对从事种植业、养殖业和农林产品初加工的重点龙头企业暂免征企业所得税；对符合扶贫资金（包括扶贫贷款）投向的重点龙头企业优先列入扶贫资金项目计划给予支持。此外还在金融贷款、用地、用人等方面制定了相关优惠政策。2002年自治区财政共安排1 000万元资金扶持农业产业化龙头企业。

（二）把发展壮大龙头企业作为全区农业重点工作来抓

2002年3月份，我厅主持召开了全区农业产业化工作会议，对如何扶持发展农产品加工业为主的龙头企业，进一步推进我区农业产业化经营作了具体部署。目前，自治区已认定公布了第一批12家农业产业化重点龙头企业。我区农产品加工业较发达的玉林市，2002年也召开了全市农业企业工作会议，党政一把手亲自部署农业企业化工作，并在会上提出了“没有农业企业化，就没有农业的产业化，没有农业的产业化，就没有农业的现代化”的指导思想。

（三）抓流通，创品牌，为农产品加工业拓展发展空间

农产品加工业要发展，就必须不断拓展国内外市场，提高产品的市场份额，使产品销得出去，卖得好价钱。因此近年我区各级农业部门以前所未有的力度，调整了工作思路，狠抓农产品流通，创名牌产品。我厅率先提出了“跳出农业抓农业，走出农村抓增收”的新思路，先后在武汉、上海等地多次举办广西农产品贸易洽谈会，向全国推介广西名特优新农产品，提高产品的知名度，创名牌效益，并收到了良好的效果。我区的许多农产品加工企业也非常重视企业的营销工作和品牌形象。为树立自己的品牌，开拓国际市场，玉林东方食品有限责任公司投入近200万元引进技术和设备，聘请美国专家作为技术顾问来公司策划、指导，制定相关措施，按要求进行整改，使公司最终取得FDA质量认证，成为广西首家蘑菇产品可以进入美国市场的农业企业。2001年，该公司首批出口美国的蘑菇罐头就达1 200t。由于品质好，信誉度高，2002年外商纷纷要求增加供货量，共签订4 050t供货合同，比2001年增加137.5%。玉林巨东种养有限公司注册了“巨东”商标后，加大宣传力度，并狠抓管理，提高质量水平，现在巨东鸡蛋已逐步成为蛋品市场的一个优质名牌产品。此外，“参皇鸡”、“南方”、“容州”、“沙田柚”等商标也已成为该市优秀农产品及其加工品的标志。

同时，我区抓住广东、江苏、浙江等沿海发达地区的产业转移的良好机遇，各级政府和农业部门加大了招商引资力度，改善投资环境，简化办事程序和手续，外引内联，借助外力发展农产品加工业。许多地市出台了招商引资奖励等政策措施，出现了招商引资从未有过的热潮和效果。我区钦州市浦北县为吸引外地商家投资办厂，制定了用地、税费、资金支持等较为优惠的政策，并且在服务和办事方面使投资者感到便利快捷。同时有关部门和乡镇干部积极协助投资者准备材料，跑审批手续，各种证照凡属县内审批的，均在两个工作日内批复。属呈上级审批的，从收到材料起两个工作日内上报完毕。该县泉水镇是一个仅有2.5万人的小镇，2001年以来以优良的投资环境吸引外地客商投资了抽丝厂等6家企业，不仅带动了当地相关产业的发展，解决了当地剩余劳动力的就业问题，还为财政新增税收500万元。南宁地区横县为进一步推动蘑菇产业的发展，近年努力改善交通、通讯等投资环境，吸引客商投资办厂，取得良好效果。2001年广东客商独资兴建了罐头食品加工企业一横县兴辉食品厂，该厂占地4.87hm^2，总投资1 500万元，主要生产蘑菇、毛笋、马蹄、法国豆等罐头产品，安装了6条生产线，建成仓库6 000m^2，并于2002年2月17日正式投产。产品主要出口美国、法国、日本等地。2002年预计产值1.8亿元，创税400万元。

三、广西农产品加工业虽有一定发展，但基础薄弱、规模小、效益差，仍需加快发展步伐

（一）抓重点龙头企业带动，促产业化经营

在认真贯彻落实自治区人民政府关于扶持发展农产品加工龙头企业的一系列政策、措施，在推进龙头企业发展创造宽松环境的基础上，进一步加强对龙头企业发展的引导，强化政府对龙头企业的服务意识，争取通过二三年的努力，自治区有一批产值超10亿元、地市有一批产值超亿元、县（区）有一批产值超千万元的龙头企业。

（二）优化农产品加工业结构和产品结构，加快产业升级

农产品加工既要保持一些传统的加工方法和传统的特色产品，更要做到与时俱进，根据市场的需求不断调整产品结构，适应消费者的需求。总之，要逐步改造我区的传统的农产品加工业，尤其是小而散的小作坊式加工业，要集中连片发展专业农产品加工区或加工带，打造各种类型农产品加工产业群，逐步发展高、深、精、细农产品加工业，提高加工技术水平，加快新产品开发，降低初加工、粗加工比例，促进产业升级。加工品种要注重开发利用我区现有的优势农产品资源，争取在名、特、优、新上做文章，加工开发出自己的特色产品，增强市场竞争力。

（三）加强农产品生产基地的建设

发展农产品加工业，必须依托农产品生产基地的发展。要根据加工业的发展需要和当地的资源优势，合理布局发展农产品生产基地，确保加工企业的原料供给。要通过生产基地统一供应，保证所收购原料质量、规格符合企业加工要求，提高加工产品的质量。要重点连片开发建设一批优质米基地、秋冬菜基地以及南亚热带名特优水果基地、竹笋生产基地等，不断扩大基地生产规模，提高专业化程度，逐步形成专业农产品生产加工带。

（四）继续优化投资环境，加大招商引资力度

我区是水果大省、蔬菜大省、南亚热带经济作物大省，农副产品优势突出，但加工业落后，销售渠道不畅。发展农产品加工业仅靠广西的财力很有限。今后，要进一步优化投资软、硬环境，主动迎接广东等省农产品加工业的转移，吸引外商和外地客商到广西投资办厂。同时，进一步增强政府和有关部门对外贸、外资、外经的服务意识，真正做到能把外地客商“请进来、留得住”，借助外力加快我区农产品加工业发展步伐，尽快提高我区农产品加工业的技术水平和管理水平。

重庆市乡镇企业农产品加工业发展情况

重庆市乡镇企业管理局

我市乡镇企业在创业之初即立足于农村，利用农业资源，开展农产品加工，使农产品加工业率先发展

起来，并带动了相关产业的发展。1997年，市委农村工作会议明确提出加快农业产业化发展步伐的要求后，各地在建设商品基地、培植龙头企业、发展服务体系等方面又做出了大量工作，乡镇企业实施农业产业化及农产品加工业得到了较大发展。

一、我市乡镇企业农产品加工业发展的基本情况

（一）乡镇企业农产品加工业已粗具规模

我市乡镇企业在发展初期，农产品加工业主要以打米磨面、竹藤棕草编织、造纸、榨糖等“小打小闹”的作坊式、粗加工为主，生产工艺落后，规模偏小，产品主要面向农村消费市场。经过乡镇企业20多年的发展，现在该产业已成为乡镇企业的四大支柱产业之一。2001年，全市乡镇企业中农产品加工企业达1.76万家，从业人员为21.03万人，总产值达到175.2亿元，比上年增长16.7%，占乡镇工业产值的24.5%。其中生产夏布34.6万匹、生丝2413t、皮革63万张、茶叶2.3万t、榨菜17.3万t、饲料33万t、饮料酒20.06万t、肉制品11 464t、食用植物油1.88万t、猪鬃3 419t、粮食加工量252万t等，在全市总产量中均占有相当份额，这对充分利用我市丰富的农业资源，拓展农产品市场，促进农村经济发展，发挥了重要的作用。

（二）涌现出一批农业产业化龙头企业及农产品加工重点企业

随着我市乡镇企业的发展，一批带动性较强、具有一定规模的农业产业化龙头企业和农产品加工骨干企业脱颖而出，不断壮大。2001年，营业收入1 000万元以上的农产品加工企业达70多家，其中有的企业与农户利益联系密切，初步形成了公司加基地加农户，贸工农一体化、产供销一条龙的农业产业化经营模式。如荣昌夏布公司、涪陵榨菜、开县竹业、黔江珍珠兰花茶叶、合川太和丝绸等，已显现出农业产业化经营的雏形，有的正逐步发展成为农业产业化龙头企业。

（三）开始形成农业产业化经营投资主体多元化的格局

近年来，不仅原有的乡镇企业积极参与农业产业化，而且不少社会单位、工商企业、私营业主等城市工商资本，通过土地使用权的流转、投资合作等形式开始参与农业产业化经营项目。2001年，全市乡镇企业中参与农业产业化经营和农产品加工业总投资500万元以上项目有26个，当年完成投资额1.99亿元，为推进农业产业化发展增添了后劲。

（四）创出了一批具有地方特色的名优产品

我市乡镇企业在发展农产品加工业进程中，顺应市场需求，注重抓好品种、品质结构的调整优化，积极引进国内外先进技术设备，运用新技术、新工艺，开发品质高、科技含量高、附加值高、市场占有率高的新产品和名优产品。如荣昌“老黄牌”夏布和黔江“双绿牌”珍珠兰茶被“99中国国际农业博览会”认定为全国名牌；重庆荷花米花糖集团有限公司1999年被农业部命名为名牌企业，重庆开县星星建材有限责任公司利用麦秆、杂木等生产的“群星牌”套装门、重庆三峡酒业有限公司生产的“巴渝牌”50度巴渝老窖酒等被重庆市政府评为名牌产品。

（五）以农产品为原料的制成品成为乡镇企业出口创汇的骨干产品

在乡镇企业出口产品统计分类的12个大类中，其中涉及农产品类占了一半以上。2001年，农产品制成品出口交货值，占全市乡镇企业出口产品交货值的24%以上；重庆金凤丝绸有限公司、重庆伍达畜产品有限公司、荣昌县荣发茶厂、涪陵德丰食品有限公司、重庆金洲食品有限公司、重庆胜成畜产制品厂等一批企业是全市乡镇企业的出口创汇骨干企业，它们为我市乡镇企业走出国门、参与国际竞争起到了示范和导向作用。

（六）乡镇企业专业村镇的兴起为农业产业化和农产品加工业提供了更加广阔的空间

随着各区县特色经济的不断发展，乡镇企业一乡一业、一村一品蓬勃兴起。据不完全统计，我市农村已涌现出68个乡镇企业专业村镇。一类是非农工业品加工制造为主的专业村镇，如摩配镇、五金镇、铸造镇、拖鞋村等；另一类是农产品加工专业村镇，如夏布镇、纺织镇、酿酒村、编织村、粉条村、榨菜村、养殖村等。后一类专业村镇以农产品加工业、种养业为主，带动了运输业、商贸业的发展，形成了贸工农一体化的格局，促进了农业产业化和农产品加工业的发展。

目前，我市乡镇企业农产品加工和参与农业产业化经营虽然取得一定成绩，但是进程不快，参与度不高，许多工作和环节还处于起步阶段，存在着一些亟待解决的问题：一是对农产品加工业的认识不到位，有的地方、企业只重视一般加工工业，没有把农产品加工作为重点产业来抓，更谈不上参与农业产业化经营。有的比较注重种养殖生产，加工、流通环节非常薄弱，没有形成产供销一体化经营。二是上规模的企业不多，龙头企业更少。我市乡镇企业中真正的农业产业化龙头企业很少，大多是单一的农产品加工企

业，与农户的联系不够紧密，多数属于买断关系，产业化程度低。三是区域间产业结构趋同，形成低水平的重复建设和无序竞争，传统技术、粗加工产品多，高科技高附加值产品少。四是资金投入不足。目前，无论是金融机构贷款，还是各种专项资金的使用，用于乡镇企业农业产业化项目的都很少，企业资金紧缺，运转相当困难。

二、促进农产品加工业发展的几项工作

根据重庆既是大城市又是大农村的实际以及国家的产业政策，为增加农民收入，转移更多的农村剩余劳动力，我们把乡镇企业中的农产品加工业的发展，作为乡镇企业发展的重头戏来抓，使乡镇企业农产品加工业逐渐发展起来，并带动了相关产业的发展。一是制定政策。经过大量的调查研究，乡镇企业局代市委市政府起草了《关于进一步加快乡镇企业发展的决定》和《全市乡镇企业结构调整的意见》，市委市府分别以渝委发（1999）51号和渝委发（1999）52号文件下发，成为当前和今后一段时期全市乡镇企业发展和结构调整的纲领性文件，对推动乡镇企业发展具有十分重要的指导意义。文件明确了抓好农产品加工业的原则、政策、措施等，提出“乡镇企业要因地制宜发展农产品加工业；乡镇企业的发展要与推进农业产业化经营相结合，促进农业资源的深度开发利用”，到“十五”期末要扶持100个农业产业化龙头企业。农产品加工业的产值占乡镇工业总产值的比重提高到30%以上；经县以上农业产业化办公室认可的农产品加工龙头企业，报经重庆市地税局批准，可给予一定时期的减免所得税照顾。二是制定规划。乡镇企业局在制定《重庆市乡镇企业“十五”计划及2015年远景目标规划》中也把发展农产品加工业作为“十五”到2015年乡镇企业发展的重点，提出要着力突出农业产业化发展，大力提升、改造传统产业，加大产品结构调整力度，到2015年要形成一批农业产业化龙头企业，提高农产品附加值，充分发挥其在农村经济中的带动作用。三是狠抓发展。为进一步抓好乡镇企业农产品加工业的发展，2000年8月乡镇企业局在荣昌县召开了全市乡镇企业推进农业产业化经验交流会，市委领导参加会议并作了重要讲话。与会代表参观了荣昌县的几家农产品加工重点企业和农业产业化龙头企业，听取了荣昌县及部分龙头企业和农产品加工重点企业的经验介绍，西农及畜牧兽医学院的专家教授还介绍了农产品精深加工方面的新技术、新信息、新项目，使到会同志开阔了视野、学到了经验，增强了推进农业产业化和参与农产品加工的信心，有力推进了我市农产品加工业的快速发展。四是注重投入。我们在资金、项目等方面重点向农产品加工业倾斜。近几年我们在向农业部推荐东西合作贷款贴息项目、全国少数民族地区专项贴息项目、贸工农贴息项目和向农办推荐农业产业化贴息项目以及在与市财政局联合安排市乡镇企业财政贴息项目方面，均重点向农产品加工项目倾斜，推荐和安排的此方面的项目资金占了绝大部分，在2001年安排的市乡镇企业财政贴息的31个项目中，农业产业化和农产品加工企业达22个，占项目总数的71%，贴息金额占贴息总额的75.6%。在2002年无偿扶持资金已安排使用的450万元中，用于扶持农业产业化和农产品加工企业达385万元，占87.8%，共扶持38个企业，其中农业产业化和农产品加工企业达33个，达86.8%。在乡镇企业发展资金的有偿使用方面，也注重了农产品加工项目的落实工作，对缓解企业资金压力起到了导向和四两拨千斤的作用。五是加强协作。我们积极开展“农贸”协作活动，为农产品加工企业的厂长牵线搭桥，出谋划策。主要是组织企业参加市政府在市内及市外开展的各种定单农业及农产品展销会，收到了较好效果。同时，乡镇企业局还与市外经贸委、农办、农业局联合定期召开“农贸”协作联席会，分析农产品出口形势，研究当前一段时期农产品出口的突出问题，制定相应的解决措施，并制定了《确定重庆市农业产业化产品出口基地区县的实施办法》（渝外经贸发［2002］131号），对农产品重点出口的区县予以大力支持。2002年7月，乡镇企业局会同市外经委、农办、农业局等部门，在严格审定的基础上，确定了万州、涪陵、合川、铜梁、大足、荣昌、綦江等6个农产品加工出口基地区、县，并配套相应的奖励政策，这对推动全市农产品加工出口具有重要的推动作用。

三、进一步推进农产品加工业发展的思路和措施

乡镇企业发源于农村、根植于农业，与农业、农村、农民有着天然的联系。农业产业化为乡镇企业提供了广阔天地，乡镇企业要在结构调整中重点发展农产品加工业，搞好农业资源的综合利用，为农民增收、农村稳定作出贡献。我们今后重点抓好以下工作。

（一）提高认识，抓住机遇，加快乡镇企业参与农业产业化经营的步伐

培育乡镇企业农业产业化龙头企业和农产品加工

业，我市、有很多得天独厚的优势：一是丰富的农产品资源优势；二是成本低廉的劳动力优势；三是市内科研院所、大专院校和国有企业的人才、科技优势；四是国家实施西部大开发，对西部地区在政策、资金等方面的倾斜将给农业产业化带来新的机遇；五是我国已加入WTO，对农产品加工业有一定的推动作用；六是“民以食为天”，适销对路的食品是“万岁产品”。农产品加工业有着广阔的消费市场优势。市政府已把农产品加工中的食品工业列为了重庆市的支柱产业。因此，我们要结合乡镇企业结构调整，充分利用有利条件，抓住机遇，把发展农产品加工业，培育农业产业化龙头企业，作为今后乡镇企业发展的重点。一方面，对现有龙头企业和农产品加工企业要重点帮助，重点扶持，尽快让这些企业发展壮大；另一方面，今后新办企业，要积极引导，发挥资源优势，重点发展有特色有市场的农产品加工企业和农业产业化龙头企业。

（二）加大农产品加工业结构调整的力度

全市乡镇企业结构调整问题，市委、市政府(1999) 52号文件已明确了总体思路、原则和目标。农产品加工业是我市乡镇企业“十五”期间发展的四大重点产业之一，其结构调整要适应当前一般产品相对过剩、市场竞争加剧的新形势，高度重视产业优化升级，避免走简单扩大生产规模的老路。要坚持有所为有所不为，以市场为导向，把发展生态型、特色型企业和产品放在重要位置，突出生态经济、特色经济、绿色食品的发展；要重点抓好粮油、畜禽、果菜、茶叶、蚕茧、饲料等农业产业化龙头企业的发展，结合退耕还林还草工作，培育建设种植业、养殖业基地型企业发展；要依靠科技进步，促进产业升级，不断开发适销对路的新产品，通过实施名牌战略，做大做强一批有特色、有市场、有竞争力的名特优新产品，努力扩大市场占有率。

（三）抓好农产品生产基地建设

基地是农业产业化的基础，只有搞好基地建设，才能形成产品优势，提高规模效益。要按照“围绕龙头建基地，突出特色建基地，连片开发建基地”的总体思路，立足本地特色和优势产业，搞好规划布局，发挥资源优势，形成龙头带基地、基地连农户的格局。把资源优势转化为商品优势、经济优势。要围绕主导产业，抓好专业户、专业社、专业村、专业乡镇企业的发展，走出一条一户带多户、多户带全村、一村连多村、多村成基地的路子，使主导产业和基地建设与龙头企业的发展紧密结合起来。

（四）大力培植农业产业化龙头企业

龙头企业一头联基地，一头联市场，具有引导生产、开拓市场、深化加工、提供服务的综合功能，是农业产业化经营实体的核心和关键。产业化进程的快慢、规模的大小和经济效益的高低，直接取决于龙头企业的发展程度。因此，要把抓龙头企业的发展，摆在农业产业化工作的突出位置。在发展方向上，突出大规模、高科技、外向型、强带动，培育一批“小巨人”企业；在经营主体上，要打破门户之见，多层次、多成分、多形式地发展龙头企业，坚持大中小型并举、高中低档并重，坚持谁有能力谁就当龙头，谁当龙头就扶持谁；每个区县都要根据自身的资源优势和经济特色，培育发展2～3个规模较大，带动性较强的龙头企业。到“十五”期末，全市营业收入1 000万元以上龙头企业和骨干重点企业要达到100个以上。在经营形式上，要采取股份制、股份合作制、专业合作社、联营等多种形式，使龙头企业与广大农户结成风险共担、利益均沾的经济利益共同体。同时，要积极扶持发展与龙头企业配套的初加工企业，以满足龙头企业的承载能力和吞吐量。

（五）大力推进农产品加工业的科技进步

科技是农业产业化发展的重要推动力。要充分利用高新技术改造提升传统农产品加工业。重要农业产业化项目要按照高起点、高标准、高科技、高效益的要求，突出优质、高效，争创名牌。要在龙头企业中广泛引进先进适用技术、现代加工设备、工艺流程和先进管理方法，不断提高产品的市场竞争力和企业经济效益。要充分发挥我市众多的科研院所、大专院校和农业服务体系的科技优势，搞好产、学、研结合，鼓励全市广大科技人员积极参与农业产业化工作，不断提高乡镇企业农产品加工业的整体素质。

（六）进一步加大对农产品加工业的投入力度

要积极探索逐步建立以农户投入为主体、财政投入为导向和信贷、外资、企业和社会各方投入的多元化投入机制。尤其要强调扩大开放，广泛招商引资，大胆引进国内外资金发展产业化经营和农产品加工业。要鼓励和创造条件使农业开发、扶贫、移民、小城镇建设等方面的资金，与农业产业化项目资金结合使用；要鼓励和吸引城市单位、部门、企业及城乡居民开发“四荒”，参与农业产业化经营，增加对农业产业化的投入，从整体上加快我市乡镇企业参与农业产业化经营、发展农产品加工业的步伐。

四川省农产品加工业发展情况

四川省农业厅、乡镇企业局

一、四川省农产品加工业现状

改革开放以来，四川省农产品产量不断增长，品种不断增加，农产品加工业不断加强。近年来，以传统工艺为主的农产品加工业发展较快；引进外资、技术、设备加工产业有所进展；保鲜加工建起了一批具有现代化水平的加工企业。这有力地促进了全省农业和农村经济持续稳定发展和整体效益的提高。但就目前情况看，全省农产品加工仍然滞后，其产业体系尚来形成。抓好农产品加工产业体系建设，对推动全省农业产业化经营，促进农村经济发展，增加农民收入起着重要的作用。

（一）垦区农产品加工发展良好

四川省垦区内现有农产品加工业企业110个，拥有固定资产净值6.5亿元，从业人员近1万人。2001年度全垦区农产品加工业企业实现总产值12.5亿元(现价)，上缴国家税金0.56亿元，实现利润1.57亿元。

四川省垦区农产品加工企业多数源于立足当地资源和市场状况创办的农垦企业和场办企业，经过20多年的发展，农产品加工业已成为全省农场经济发展的重要文柱。目前，农产品加工业体系已粗具规模，在繁荣垦区经济，保障城镇市场农产品供应，带动和促进企业所在周边农民增收等方面发挥了积极的作用。全垦区农产品加工企业在生产经营结构上主要以乳业、酿酒业、茶业、饮料业为主。据2001年度统计，全垦区生产各种奶畜产品14.6万t，加工烘烤蚕茧2.65万t，茶叶制品767t，粮油制品2 500t，果蔬加工产品5 000t，奶牛饲料1万余t；加工皮棉567t。在垦区农产品加工企业中，涌现出了一些具有较高市场知名度、占有较大市场份额的优势企业。如成都乳品有限责任公司，其所产“华西”牌牛奶及奶制品年销售量达2.15万t，占成都市液态奶市场供应量40%以上，年销售收入达8 600万元，利税1 100万元，是四川省最大的乳制品企业。叙府酒业有限责任公司在全国白酒市场的激烈竞争中，实现了年产酒1 580t,销售收入3 066万元，利税430万元。部分产品在全省甚至全国同行业享有一定知名度，全垦区先后有2个产品获国际金奖，3个产品获国际银奖，4个产品获国家优质产品银质奖，48个产品荣获省、部优质产品奖，6个产品被省政府授予四川名牌产品称号，19家企业的36个产品取得国家绿色食品标志使用权，1家企业取得ISO9000国际认证质量体系，3家企业的4个产品出口创汇。

（二）乡镇企业中农产品加工业稳步增长

到2001年底，在全省乡镇企业中，属农产品加工集体企业5 461个，从业人员11.4万人，完成工业总产值121.2亿元，实现销售收入115.4亿元，实现增加值25.9亿元。2002年省内认定的115家农业产业化经营重点龙头企业中，农产品加企业就有57家，占全省重点龙头企业的49.6%。另据2001年统计，全省年销售收入500万元以上的农产品加工企业已有697个，实现增加值41.52亿元，销售收入157.35亿元。另据全省乡镇企业系统的200个农业产业化重点龙头企业（资产均在5 000万元以上）的调查，资产上亿元的就有11家，资产在5 000万以上、亿元以下的就有22家，资产在1 000万以上、5 000万元以下的有120家，资产在500万元以上1 000万元以下的有47家。

（三）优质粮加工初见成效

近年来，四川省各地以农业结构调整为契机，加大了优质稻生产与开发力度。2001年共发展国标三级以上的优质稻70万 hm^2，产量达到100多亿kg。以市场为导向，效益为中心，全省共建立集中成片的商品优质稻谷生产基地50余个，共20多万 hm^2，优质优价定单收稻谷5亿kg以上，单贮单加工2.5亿kg以上。近年来以川粮米业股份有限公司、倍力米业有限责任公司、瑞玉米业有限责任公司、崇州市润丰种业有限责任公司，绵阳市仙特米业有限公司和泸州市罗沙贡米有限公司等年产精米5万t以上的一批大、中型农业产业化重点龙头企业，以“公司+体系+农户”的形式积极参与优质稻开发，创立了一批在省内外有一定知名度的品牌，如“瑞玉”牌系列米、“三星堆”牌蜀王御米和蜀王珍米、“中成”牌台湾上好米、“仙特”牌优质米、“罗沙”牌贡米等，其中“瑞玉”牌系列米在成都市场上的占有份额达到

10%以上。与此同时，也涌现了光友薯业、庞大集团、国基实业、瑞发食品、兴国食品、雅士食品等一批从事甘薯加工开发的有实力、有影响的龙头企业。

（四）食品、饲料和酒精加工企业较多

据2001年统计，全省食品加工行业共有3 529个乡镇集体性质的农产品加工企业，其中食品及饲料加工企业就有2 946个，占全行业的83.5%；在食品行业39 125人中，食品及饲料加工企业职工就有24 088人，占全行业61.7%；在食品行业完成的总产值39.55亿元中，食品及饲料加工企业完成了23.22亿元，占全行业58.7%；在食品行业实现的销售收入37.99亿元中，食品及饲料加工企业实现了20.97亿元，占全行业55.2%；在食品行业实现的增加值8.06亿元中，食品及饲料加工企业实现4.6亿元，占全行业57.2%。另据2001年统计，全省饮料制造企业有1 101个，其中酒精及饮料酒制造企业有866个，占饮料制造行业的74.1%，完成增加值占饮料制造行业的66.4%，销售收入占饮料制造业的69.2%。

（五）茶菜果加工规模扩大

茶叶：全省茶叶机械3万多台套，年加工能力8万～10万t。2001年全省茶叶加工产量5.8万t，产值5.8亿元，其中名优茶1.6万t，产值2.7亿元。主要品种有：绿茶、茉莉花茶、高丽茶等。目前，全省有一定规模和影响力的茶叶加工企业有四川龙都茶叶（集团）有限公司、四川蒙顶甘露茶业有限公司、广安市松针实业公司、四川省叙府茶业有限公司、四川省峨眉山竹叶青茶叶有限公司、成都市名茶公司等。

蔬菜：全省有蔬菜加工企业1 500多家（以中小型为主），蔬菜产量2 352万t，年加工量100多万t，年加工出口量2万t以上，创外汇1.2亿美元。出口加工产品以蔬菜、食用菌、罐头、速冻蔬菜、速冻食用菌为主。蔬菜加工品以出口为主，占加工品产量的80%以上。主要出口国家和地区有日本、韩国、欧盟等。在全省蔬菜加工中有影响的企业有：乐山天成实业有限公司、成都绿色巨人食品有限公司、成都新繁食品有限公司、四川恒升食品有限公司、新津处处春食品有限公司等。

水果：全省水果产量272.9万t，年加工量3万t左右；主要产品有果酒、樱桃罐头、速冻草莓、梅干、柠檬汁、苹果汁等。目前，全省具有较大影响力的加工企业有成都市统力食品饮料实业有限责任公司、四川禾嘉股份有限公司、攀枝花市恩威酒业有限公司、攀枝花市宇森酒业有限公司、四川省安岳柠檬王科技开发公司等10多家。

（六）绿色食品崭露头角

开发了一批绿色食品产品。截止到目前，全省已有51家企业的159个产品获得了绿色食品标志使用权。目前发展势头很好，仅2002年1～5月份，就已向中国绿色食品发展中心上报了10家企业的41个产品的申报材料，8家企业的19个产品获得绿色食品标志使用证书。绿色食品产品涵盖了大米、粮食制品、水果、蔬菜、茶叶、牛奶与乳制品、牦牛肉制品、酒类、饮料等。2001年，全省绿色食品年产量达13万t，销售额为23亿元，利润5.8亿元，总量居于全国第六位、西部地区第一位。

绿色食品企业逐渐壮大。在全省51户绿色食品企业中，有20家绿色食品企业被确定为省级农业产业化经营重点龙头企业。全省绿色食品在产品数量稳步增长、产品种类不断增加的同时，产品结构逐步优化。大米、蔬菜、肉类等农产品申报绿色食品的显著增加，使全省绿色食品产品向多元化发展。在四川省不少地区，绿色食品开发正成为区域经济发展新的增长点。巴州牌挂面、云顶山茶叶、翡翠米等产品，获得绿色食品标志使用权后，2002年1～4月销量达5 215t，销售收入达1 040万元，与去年同期相比，分别增加36.8%和47.7%。其中"云顶茗兰"获"AA"级绿色食品标志使用权后，已作为中南海指定产品。峨眉山竹叶青茶业有限公司的竹叶青茶使用绿色食品标志权后，2002年销售量增加2倍，销售收入由原来的1 800万元提高到6 000万元，产品供不应求。

二、四川省扶持龙头企业农产品加工政策措施

为大力扶持龙头企业，促进农业产业化经营和农产品加工业发展，四川省委、省政府出台了《关于大力扶持龙头企业发展加速推进农业产业化经营的意见》，对省级重点龙头企业实行必要的税收优惠政策。主要内容有：

对省级重点龙头企业，实行必要的税收优惠政策，"放水养鱼"，增强其带动能力。115家省级重点龙头企业从事种植业、养殖业和农林产品加工取得的收入免征所得税：允许龙头企业税前提取利润的1%～3%作为技术改进费计入成本；企业研究开发新产品、新技术、新工艺发生的各项费用，不受比例限制，计入管理费用，对研发费用增长超10%的可再按照实际发生额的50%的50%抵扣应税所得额。对符合标准的新建龙头企业，从投产之日起视经营状况先征后返全部或部分所得税三年；2001年后用银行

贷款进行的技改项目经所在地财税部门审核认定，从投产之日起，项目新增的所得税、增值税地方部分，先征后由财政部门全部或部分返还，用于支付银行贷款。对龙头企业的生产性用地的税费适当减免。农口部门发展农业产业化经营项目，兴办的种植、养殖业和龙头企业免征所得税。龙头企业和生产基地应视为同一纳税单位，把基地作为企业的"绿色车间"，免征农业特产税，由龙头企业统一纳税。粮食加工龙头企业不分企业性质，与国有粮食购销企业享受同等待遇，免征增值税。允许从事粮食、烟叶、棉花、蚕茧等加工的龙头企业直接收购原料，减少中间环节，在行业内开展竞争，推动农民生产。

对有一定规模和出口创汇能力的龙头企业申报出口产品，要简化手续，及时办理，给予自营进出口经营权。龙头企业的生产用电要优先安排，种养殖业生产用电按农用电价计收。对龙头企业申办绿色食品的环境和产品监测、标志使用等费用按最低标准收取。

三、四川省农产品加工业存在的主要问题

四川是一个农业大省，农业资源丰富多彩，主要农产品产量名列全国前茅，为农产品加工业的发展提供了充足的原料，奠定了坚实的基础。但是加工企业少、规模小、设施落后、加工档次低、技术落后的状况未根本改变，远远不能适应农业生产的发展和市场变化的要求，制约了农业生产的发展、农业整体效益的提高和农民收入的增加。

（一）农产品购销体制与产品结构不合理的制约

多年来，四川省农业部门主要抓农业生产和农业技术推广，从事农产品加工业具有先天不足——体制的限制。如粮食加工，农业加工企业不能享受与粮食购销企业同等待遇，增加了购销成本，企业发展受到严重制约。农业部门推广的优质稻品种和粮食企业加工的品种不一致，从而很大程度上阻碍了优质稻的发展。

从本省乡镇企业系统看，反映出产品结构合理、加工水平高的企业太少，上规模和档次的企业不多。在产品结构上普遍存在初加工产品多，精深加工产品少；大路产品多，名特优产品少；低档产品多，中高档产品少；单一产品多，系列产品少；传统技术产品多，高新技术产品少的状况。相当部分产品花色、品种、包装又跟不上市场需求的变化，竞争能力弱。影响了省内农产品加工企业进一步发展。

（二）农产品流通体制建设滞后

近几年来，国有商业、供销系统在农产品流通方面的功能日趋萎缩，已无法发挥主渠道作用，大型农产品流通企业已名存实亡。而全省农产品流通的市场体系尚未形成，软硬件建设滞后，农产品批发市场数量不足，且普遍存在规模小，设施落后，加之税负过重，关卡太多，直接影响农产品加工企业的原材料供应通畅，加大运行成本。

（三）农产品加工能力不足

一是农产品加工区域上和种类上发展不平衡，分布不均，许多市县农产品加工业仍处于空白阶段。二是已建成的农产品加工企业中，普遍存在规模小、档次低的状况，无法满足农产品加工市场的消费需求，更难参与国际市场的竞争。三是一些农产品加工企业市场定位不准，或生产资金不足，造成生产不正常而负债累累，举步艰难。四是加工规模不大，设备闲置。如我省大米加工设备较齐全，但很大部分处于闲置状态。全省农业部门有优质米加工机械37台套，其中16台处于闲置状态。

（四）农产品加工、保鲜技术落后

在农产品加工上，由于受到技术的制约，大规模、高水平的精深加工企业屈指可数，不能适应市场需要，从而极大地限制了我省农产品对外地甚至本地市场的占领。在流通方面，由于保鲜、贮运技术不过关，鲜活农产品，尤其是果蔬产品在运输、贮藏过程中出现损伤、变质的现象。据不完全统计，全省保鲜贮藏的水果占水果总量的50%左右；蔬菜简易保鲜仅占总产量的10%左右。

（五）科技开发投入不足，产品技术含量低

全省大部分这方面的企业面临着科技开发投入严重不足，产品技术含量低的问题。也就是说产值的增长主要依靠大量的原料消耗和货币及劳动力的投入，而不是靠科技进步的实现，从而影响了农产品加工业上水平、上档次和发展后劲。这是应引起足够重视的带战略性的大问题。

（六）部分企业管理混乱，职工素质低，观念陈旧，设备、机制落后，管理体制亟待理顺，服务体系有待健全

这些问题若不及时加以解决，不但制约了农产品加工业的进一步发展，同时使入世后在农产品加工业方面应对挑战的措施显得无力。

四、对加快农产品加工业发展的建议

（一）加大农产品加工业的财政支持

各级政府都要进一步调整投资结构，在资金上、项目上扶持农产品生产、加工和市场体系的发展，投资

重点用于农产品加工企业服务的基础性项目。同时采取优惠政策,引进资金技术、设备,更新、改造农产品加工企业,逐步建立起完整的农产品加工生产体系。

(二)加快农业质量标准体系建设

国家应加大对质量标准和监测体系建设力度,使农产品生产、加工有标准可依,监管农产品上市有必须的检测设备和监测手段,增强我国农产品进入国际、国内市场竞争力;国家要制定和完善农业质量标准相关政策法规,依法加强农业投入品、农产品生产、加工、流通过程的质量监督、管理,逐步建立农产品市场准入制度,确保食品卫生安全;国家要建立和完善农产品市场信息网络,拓宽信息的收集和发布渠道,加强信息资源的分析与处理,为企业和农户提供及时、准确的信息服务;国家要建立多层次、多元化的市场体系,扶持和发展各种中介组织,健全农业社会化服务体系。

(三)培育多元化的农产品加工产业体系

发展农产品加工业,既要注意有重点地支持、培育大型的有骨干作用的加工企业,成为区域性的主导产业,又要重视发展群众性的具有补充作用的中、小型企业,在区域经济发展中形成大、中、小型农产品加工相配套的格局。

(四)建立稳定的农产品商品生产基地

在农业结构战略性调整中,要坚持面向市场,依靠科技的原则,按照农产品加工业标准化、优质化的要求,调整和优化农产品生产结构,建立一批与加工企业相配套的粮油、蔬菜、果品、茶叶等原料生产基地,促进农产品加工业发展。要大力发展优质稻、"两高双低"优质油菜、专用小麦、优质高蛋白玉米、可加工果蔬以及各种名特优新稀且适宜深度加工的作物。要大力开发无公害农产品、绿色食品和有机食品,为农产品加工业提供安全、优质的加工原料。

(五)大力培育龙头企业,促进规模化产业化经营

现代化的经济需要一定的规模,只有具备规模经营才能获得更大的经济效益,才能实现低成本扩张。因此,一方面要鼓励有条件的企业采取收购、兼并、托管、控股等办法实现扩张,同时又要防止超越自身条件的盲目扩张;另一方面,我们还要下大力培植更多的农产品加工大企业、大公司、大集团,建立现代企业制度,按照产业化经营的思路来发展生产、发展经济。特别要注意进一步加大对农业产业化,尤其是重点龙头企业、农产品加工企业的政策倾斜和扶持力度,以便充分发挥这些企业的辐射带动功能,使他们能真正起到振兴农业和农村经济的龙头作用。

(六)大力推进农产品加工企业的科技进步

加大对经济发展具有带动作用的龙头加工企业的技术投入,提高企业规模和档次。突出抓好农产品加工企业的技术开发和技术改造,重点抓好农产品保鲜、加工技术的研究。加工方面,重点抓农产品的精深加工和新产品开发,以先进的技术改造传统工艺。保鲜上争取对优质、高值、难贮运的产品贮运技术有重大突破。要重点扶持一批集产、加、销一体的加工企业。

(七)理顺农产品加工业的管理体制

管理体制不顺,是制约农产品加工业提高竞争力的瓶颈。要从管理体制入手,打破当前省内部门间多头管理、推诿扯皮、自成体系、无序竞争的局面,在省乡镇企业局现有机构基础上,加挂农产品加工办公室牌子,统一负责全省的农产品加工业规划、指导、监督、管理和服务。把农产品加工业的各项工作统一起来,协调发展,把农产品加工业做强做大。

贵州省农产品加工业发展现状与对策

贵州省农业厅

改革开放以来,贵州农产品加工业不断深化改革,调整结构,加强管理,在质量、效益方面得到了一定提高。特别是农业发展进入新阶段后,伴随农业农村经济结构战略性调整和农业产业化经营的推进,我省按照江泽民总书记"要积极发展以农产品加工为主的乡镇企业,以加工企业为龙头,带动种养业的发展,把生产、加工、销售联结起来,实行贸工农一体化、产业化经营"的指示,将大力发展农产品加工业作为提高全省农业整体水平和竞争能力的重要措施,制定切实有效的政策措施予以大力扶持,使我省的农产品加工业得到了较快的发展。

一、农产品加工业发展的现状

（一）农产品加工业发展的基本情况

据统计，全省现有规模以上农产品加工企业606家，资产总值327.92亿元；农产品加工工业总产值258.71亿元（其中：规模以上183.71亿元，规模以下75亿元），占全省工业总产值855.51亿元的30.24%。农产品加工业总产值与全省农业生产总值（412.97亿元）的比例为0.60∶1；农产品加工工业增加值106.23亿元，占全省国内生产总值993.53亿元的10.7%；规模以上农产品加工业利税总额44.98亿元，占规模以上工业利税87.44亿元的51.44%；构建成了涉及多领域、多行业的农产品加工业体系，主要包括：烟草、白酒、食品（饮料）加工、中药材加工、木材和竹加工、皮革和鬃毛加工、香料香精加工以及纺织纤维品制造等等。

近几年来，随着农业农村经济结构的战略性调整和农业产业化经营的推进，我省积极发展优势特色农产品的加工，大力培养和扶持农业产业化经营重点龙头企业，农产品加工业的组织结构和产品结构有了一定的改善，形成了一定规模的、具有比较优势的特色农产品加工业，辣椒、优质牛肉、果品饮料、苦丁茶、山药、魔芋、竹类、山野菜等的加工发展迅速，其加工产值年均增长15%左右。这些企业具备了一定的规模，在推动农业结构调整和带动农民进入市场、增加收入上发挥了积极作用，在我省农产品加工中占有越来越重要的地位。

（二）农产品加工业发展取得的成效

1. 农产品加工总量逐步提高　种植业加工方面：在稳定发展粮油加工的同时，大力发展具有比较优势的特色农产品加工，以辣椒、苦丁茶、猕猴桃、核桃、魔芋、中药材，以及竹类等为代表的一批加工企业正在迅速兴起和扩大。全省油脂加工企业已发展到40户，已形成年加工油菜籽50多万t，油脂精炼能力22万t的生产能力；为带动结构调整中优质水稻的生产，优质米加工快速发展，兴办优质米加工企业15家，年加工优质米30万t；各类竹加工企业200多家，加工竹材100万t，竹笋近5万t；生物药业作为我省的一项新兴优势产业，近年得到迅速发展，各类药材加工企业发展到180多家，加工规模迅速扩大，年加工产值达20亿元以上。

畜产品加工方面：全省冷库容量在500t以上的国有牛羊肉类加工企业11个，年屠宰加工能力为肉牛50万头、肉羊150万只。全省有加工生产牛肉干等熟食品的民营企业60家，年屠宰加工能力为肉牛10万头。规模较大的有永红食品公司、牛来香食品公司、兴华食品厂和贵阳红跃集团等。皮革加工企业有60家，年生产能力为制革80万张，皮鞋500万双，有小型乡镇皮革加工企业793个，从业人员9 000余人。在奶品加工方面发展也比较快，贵阳、安顺、遵义、都匀等市均有奶品加工厂，年实际生产消毒奶10 496t，酸奶1 249t，奶粉764t。

2. 一批农产品加工企业正在崛起　我省在发展农产品加工业过程中，一是以市场为导向，充分利用优势资源开发主导产品。以具有比较优势的资源或农产品为依托，选定主导产品，大力发展特色农产品加工，同时注重挖掘民族、民间传统配方和传统工艺，进行工厂化、标准化生产。二是充分依靠科技进步，不断进行科技创新和技术改造，努力开发名牌产品，不断提升企业竞争力。全省已有14家农产品加工企业，84个产品获得A级绿色食品认证。正是由于注重了市场的开拓和品牌的创立，我省开始涌现出一批有规模、有品牌、有市场、有效益的农产品加工企业。

在资源利用方面：贵州南明老干妈风味食品公司以贵州丰富、优质的辣椒资源为依托，挖掘民间传统工艺、传统配方，进行工厂化、标准化生产，创出一批辣椒制品著名品牌，产品远销全国各地。年销售收入1.14亿元，上交税金3 643万元，税后利润4 273万元，成为我省同行业中的龙头大户。仙灵、汉方、宏宇、家诚、老来福等5家药业公司均立足于开发贵州的中药材资源，注重挖掘传统民族、民间配方，各家药业迅速发展。2001年销售收入总计5.05亿元，与1999年相比增长51.1%，实现利润3 013万元，上交税金4 000万元。康星公司以贵州具有比较优势的油菜产业为依托发展油脂加工，目前年销售收入已超过亿元；铜青桥公司以贵州位居全国储量第一的亚冷水资源为依托，积极发展三文鱼、鲟鱼和虹鳟等高档出口创汇水产品，取得了显著效益；新宇公司以贵州丰富的竹资源为依托进行竹业综合开发，2001年出口竹地板4.2万m^2，实现销售收入3 600万元。

在科技创新方面：利丰公司筹资3 000万元兴建"贵州利丰花卉科技示范园"，建有1.2万m^2的四座智能化钢架连栋温室。公司培育的"丽格海棠"在广东"中国第五届花卉博览会"上获银奖，这是贵州花卉首次获全国大奖。宏宇、仙灵、家诚3家药业企业已全面通过GMP认证，汉方8条生产线中已有2条通过认证。这4家药材加工企业进行GMP改造，共投入资金2.1亿元。老来福投资500万元进行GMP改造，并不断加大科技投入，新开发出"黑骨藤追风活络胶囊"，投放市场后，因疗效显著，非常畅销，

2001年市场销售额1.01亿元，使企业走出了困境。家诚公司几年来共投入3 000万元与中国医科大等合作，先后开发了8个国家级新药，其中鑫肝乐胶囊等3个药品已升级为国际级准字号药品。领先公司自行研制的生产线和产品配方在国际同行业中处于领先地位，从而为企业开拓国际市场奠定了良好基础。新宇竹业公司“竹皇牌”竹产品先后获得4项国家专利，并荣获1999、2001年两次国际竹文化节金奖，产品远销欧美、东南亚13个国家和地区。天阳公司引进的丹麦ATLAS真空冷冻干燥生产线，是国际上公认的FD最先进的设备，生产指标可达到免检产品标准。公司还拥有目前国内最先进的流态化速冻设备和气调保鲜生产线各一条。三联公司除生产鲜奶外，也不断加大科技创新力度，相继开发双歧因子奶、搅拌型酸奶等系列产品，鲜奶制品分别占贵州、贵阳市场份额的70%和90%以上，在伊利、光明等省外品牌不断进入省内市场的背景下，公司销售额每年仍以20%的幅度增长。目前该公司正投资1 000万元引进瑞典利乐包装生产线以提升产品竞争力。

3. *兴办了一批有规模的原料生产基地* 为支撑我省农产品加工业的发展，各地、各部门高度重视基地建设。全省建优质油菜基地29.35万 hm^2，年产优质油菜籽50.92万t；建优质水稻基地23.33万 hm^2，年产优质米原料157.5万t；建辣椒基地6.67万 hm^2，年产干辣椒10万t；建竹业基地4.67万 hm^2，年产楠竹400万根、杂竹材40多万t、竹笋5万多t。另外，还建立了杜仲、黄柏3万 hm^2，核桃6 666.7 hm^2，银杏5 666.7hm^2，板栗1 533.3hm^2，蚕桑7 333.3hm^2，茶叶1.23万 hm^2，野木瓜2 666.7hm^2，以及一定规模的魔芋、生姜等生产基地；建16个商品瘦肉型猪基地、28个商品牛生产基地和24个商品羊生产基地。基地建设为农产品加工业的发展打下了坚实的基础。

4. *农产品加工业发展的条件得到不断改善* 一方面，长期以来制约我省农产品加工业发展的交通、信息、市场建设等基础条件不断得到改善；另一方面，西部大开发战略的实施，为农产品加工业的发展创造了宽松的政策环境，使贵州农产品加工业发展的条件越来越好。特别是在推进农业产业化经营的进程中，我省培育和扶持了一批以农产品加工为主的重点龙头企业（全省32家重点龙头企业中，28家为农产品加工企业，占87.5%），并制定了扶大、扶优和扶强的相关优惠政策，对全省农产品加工企业起到了很好的引导作用，逐步改变了以往农产品加工企业“小、散、低”的格局。

（三）农产品加工业发展中存在的主要问题

1. *产业结构不尽合理* 在整个农产品加工业中，烟草业所占的比重高达近70%，而其他行业比重甚小。具有比较优势的特色农（畜）产品加工、无公害农（畜）产品加工和本地中药材加工等，产业规模亟待扩大。

2. *资金投入不足* 对农产品加工业，在基本建设、技术改造等各方面的投资相对较少，农产品加工业上规模、上档次较难。同时，由于流动、技改等资金缺乏，农产品加工企业自我发展能力薄弱。

3. *农产品加工企业水平低* 一是企业规模小、产品档次低。全省注册的农产品加工企业中，绝大部分是小型企业，大、中型企业仅占29%。有的还是靠简单设备进行作坊式生产，粗加工多，精深加工少。二是科技创新能力弱。多数企业设备陈旧，工艺落后，企业拥有的自主知识产权不多，新技术改造、新产品研究开发能力弱。三是市场开拓和品牌培育落后。缺乏对产品的塑造和宣传，产品的市场知名度低，难以形成品牌，市场开拓难度大。四是管理水平低，经营体制不活。一些企业产权制度不合理，企事不分，体制不顺，缺乏活力，缺少现代企业管理经验和管理人才，观念落后，管理水平低。

4. *基地建设薄弱，加工原料不足* 贵州农产品加工业的发展，既有加工能力不足的问题，也有加工原料不足的问题。且由于基地建设薄弱，原料不足对农产品加工业发展的影响日益突出。尽管一些农产品加工企业十分重视原料基地建设，但总的来说，由于企业本身投入有限，经验欠缺，加上一些地方政府重视不够，协调不力，服务不到位，原料基地建设仍然是我省农产品加工业发展的薄弱环节。

二、农产品加工业发展的目标和对策

（一）发展目标

经过5年到15年的努力，改变贵州省农产品加工业整体发展水平低的面貌。实施优势竞争战略，加快特色农（畜）产品加工、贮藏、保鲜以及市场和信息体系建设步伐，充分发挥生物资源优势，大力发展生物制药和特色无公害农（畜）产品加工，努力培养以生物资源加工为重点的高新技术产业，高起点引进先进工艺、技术和设备，提高农产品加工深度和附加值，实现农产品加工业经济规模迅速扩大，结构优化升级，经济效益显著提高，全面提高农产品加工业的整体竞争能力。力争到2005年，农产品加工产值与农业产值的比例上升到1:1，年均增长18.5%。2015年达到1.5:1，年均增长8.4%；2005年，农产品加工对农民收入的贡献率达到8%，年均增长18%，

2015年达到15%，年均增长9.6%。

（二）主要对策措施

1. 加快农产品加工结构调整步伐　充分利用产业结构调整的有利时机，加快农产品加工结构调整的步伐。以市场为导向，搞好规划，因地制宜，分类指导，引导农产品加工企业选准主导产业、主导产品和优势项目，突出产品特色，支持重点加工产品上规模、上水平、上档次。扶强扶优，防止低水平重复建设。

2. 依靠科技创新和制度创新　鼓励农产品加工企业进行科技创新和制度创新，不断提高经营管理水平。积极引进、消化农产品加工高新技术，重点提高农产品精深加工和综合利用的能力。加快产学研、科工贸一体化进程，建立企业创新机制和创新体系。

3. 培育和扶持一批重点龙头企业　全省培育50个产业特点突出、带动效益明显、辐射范围较广、科技含量较高、经济效益较好、综合实力较强的省级重点龙头企业，并从中积极培育、推荐、申报一批国家级重点龙头企业。各市（州、地）和县（市、区、特区）也要相应发展一批有一定规模的龙头企业。通过龙头企业的引导、拉动，促进全省农产品加工业的发展。

4. 加强原料基地建设　结合农业结构调整和农业产业化经营，抓好农产品加工原料基地建设。提倡产销联合，大力发展与完善"订单农业"，推行并规范产销合同制，使龙头企业与农户结成更为紧密的利益共享、风险共担的经济共同体。

5. 多渠道筹措资金，加大投入力度　抓好农产品加工项目库建设工作，结合农业产业化经营，充分利用西部大开发机遇，多渠道筹措资金，加大对农产品加工业的投入力度。

云南省农产品加工业发展情况

云南省农业厅

一、农产品加工业发展的总体状况

改革开放以来，随着云南省农业和农村经济的发展，一批具有"龙头"功能的农产品加工企业逐步发展壮大起来，成为农业产业化经营的带动力量。

（一）农产品加工企业粗具规模

2000年我省国有及年产品销售收入500万元以上非国有独立核算工业企业中，以农产品为原料、具有一定带动力和辐射面的工业企业639户，占全省轻工业规模以上企业总数的71.3%。分行业为：烟草26户，实现工业产值（现价，下同）373.8亿元；蔗糖业80户，产值41.5亿元；精制茶厂25户，产值2.5亿元；食品制造业64户，产值3.8亿元；饮料、酒、果汁、咖啡制造业95户，产值9.9亿元；木竹采运业39户，产值0.8亿元；木材、林脂加工及竹、藤、棕、草制品业48户，产值8.2亿元；利用木、竹、草、麻、苇、蔗渣等原料制浆及造纸业56户，产值19亿元；家具制造业8户，产值1.3亿元；橡胶制品业13户，产值4.7亿元；皮革、丝绸及羽绒制品业7户，产值1.4亿元。以农产品为原料的加工业产值521.5亿元，占全省轻工业总产值的65%。除烟草业外，医药、造纸、食品加工、饮料制造业的规模和效益较为明显。

（二）以农产品加工为重点的一批乡镇企业正在成长

据乡镇企业部门统计，2000年我省从事农产品加工、储藏、运销的乡村集体、私营企业和个体户为63 780个，从业人员27.3万人，完成现价总产值163.5亿元。年销售收入500万元以上的龙头企业143户，其中食品加工62户，饮料制造18户，纺织业2户，医药业6户，其他加工及制造业55户。2001年实现产值30.4亿元，缴税1.8亿元，带动农户28.3万户。个私企业在农业龙头企业中已占有较大份额，其产值占食品加工、粮食加工、饮料制造、酿酒、家具制造等行业的总产值超过71%。

（三）以农产品加工为主的新兴生物资源开发创新产业发展较快

2000年纳入省生物资源开发创新办公室统计的生物制药企业96户，产值25.2亿元；绿色食品企业363户，产值15.2亿元；生物化工企业80户，产值9.8亿元；花卉及绿化苗木面积0.6万hm^2，花卉企业350户，鲜切花、切叶、干花、盆花产值9.5亿元。

二、农产品加工业的发展成效

（一）农产品加工业的发展带动了农业结构调整，促进了农民增收和税源建设

从20世纪80年代中期开始，我省结合农业结构调整，扶持发展烟、糖、茶等领域的一批农产品加工企业，从90年代中期开始重点扶持发展生物资源开发创新等领域的农产品加工企业。这些特色农业领域农产品加工企业的发展壮大，不仅把农业结构调整引向了深入，而且为农产品加工企业建立了优质原料生产“第一车间”；不仅带动了优质高效农业发展，也带动了交通运输业和服务业的发展，拓宽了就业增收渠道；不仅积极推动了以民营企业为主的所有制结构的调整，还突出带动了新型合作经济组织的发展。如今烟、糖、茶已经成为我省名副其实的支柱产业或优势产业，天然药物、蔬菜、花卉、咖啡等生物资源新兴产业的龙头企业发展成效也较为明显。全省烟农每年从出售烤烟获得的收入高达60亿元左右，地方烤烟农特税达10多亿元。全省蔗农从出售甘蔗获得的收入达20多亿元，德宏傣族景颇族自治州70%的人口种植甘蔗，蔗农人均种蔗年收入达到578元，蔗糖产业提供的财税收入占全州预算收入的58.2%。主产茶叶的山区农民年人均种茶收入在200元以上。仅有3亿固定资产、2 000职工的澜沧江啤酒集团公司，每年就支付麦芽等原材料费、职工工资、各种税费、银行利息等1亿多元。保山市龙头企业定单带动了粮食、烟叶、咖啡、茶叶、蚕桑、蔬菜等农产品的生产；布局结构调整，建设6.67万hm^2优质农产品基地，为农民和财政提供了6亿元的现金收入和1.5亿元的财税收入。

（二）初步建立了农产品加工企业与农民风雨同舟的利益联结机制，有效地带动了农业产业化经营

多年来，各地农产品加工企业从实际出发，大胆实践和探索市场经济体制下的运作方式，内联基地、外联市场、消费，实行种植有定单，收获有定价，生产有良种，技术有指导，试验示范有基地，加工销售靠企业的特色产业发展模式，与农户建立了多种形式的利益联结机制，创造了玉溪烟厂扶持建设农田为“第一车间”，制糖企业实行糖蔗销购价格联动，茶叶和咖啡企业向农民先租地、农民再承包管理等多种多样的利益联结机制。企业获得了稳定优质的原料，农户借助和依托农产品加工企业的扶持服务，提高产品质量和数量，增加收入。在共同的利益目标下，形成了企业关心农户，农户支持企业的实在、持久、风雨同舟的利益关系。潞西市民营宏天咖啡公司向农民租赁荒地建基地，每公顷年租900元，将咖啡园包给农民管理，每株每年1.5元；农民自种咖啡，公司无偿提供种苗和技术服务，并以保护价收购，3年后公顷产咖啡鲜果达到15t以上，公司每株一次性收取1kg鲜果作为服务补偿，达不到15t的免收。农民从咖啡生产中看到了自己的利益所在，把咖啡园管理得井井有条，公司也在其他咖啡公司经营不景气的情况下实现了一枝独秀。陆良丝绸产业、邓川乳业、思茅咖啡、呈贡花卉、通海蔬菜、保山香料烟等产业化经营的发展，都是龙头企业联结带动农户的成功范例。

（三）涌现出一批装备技术先进、市场竞争实力强、带动作用好的重点龙头企业和名优产品

除烟草行业的先进企业和名牌产品外，全省还相继涌现出云南红葡萄酒公司、千佛蚕丝绸集团公司、大理啤酒集团公司、澜沧江啤酒集团公司、盘龙云海药业公司、云南生物谷灯盏花药业有限公司、昆明雪兰牛奶有限公司、隆格兰花卉公司、昆明晨农绿色食品有限公司、普洱咖啡有限公司、思茅龙生集团公司、洱源邓川乳业有限公司、玉元茉莉花公司、德宏天然产物有限公司、云德香料公司等一大批先进龙头企业，培植出“红塔山”牌香烟、“盘龙云海”排毒养颜胶囊、“云南红”葡萄酒、“千佛牌”蚕丝、“生物谷”灯盏细辛注射液等一批具有云南特色、在全国全省都有一定知名度和市场覆盖率的名牌产品。这些龙头企业产业链长，带动作用大，为今后龙头企业的进一步发展积累了经验，探索了路子。

（四）建立了一批规模化种养基地，为农产品加工企业发展提供了坚实的物质基础

全省各地结合农业结构战略性调整，发展了一批规模化、区域化、专业化的优质农畜产品生产基地，到目前为止共建成0.67万hm^2以上的优质烤烟基地县25个，年产20万t以上的甘蔗基地县18个，年产油料2 000t以上的基地县27个，年产1 000t以上的茶叶基地县24个，三七、花卉、咖啡、香料作物、天然药物等特色作物种植基地若干个。这些规模化种养基地为龙头企业提供了质优量足的原材料，与各种农产品加工企业相互促进，共同发展。

以农产品加工业为重点的一批龙头企业的发展，引起了生产关系的一系列变化，促进了生产力的发展，成为增加农民收入的重要途径，显示出强大的生命力。

三、发展农产品加工业的主要体会

（一）加强农业打基础，积极发展农产品加工业

全省积极推广“两烟”经验，把农田作为工业原料的“第一车间”，在资金投入、科技服务等方面扶持农民，加强农业基础设施和农产品原料基地建设，提高了农产品原料品质和质量，取得了办好一批基地，办成一批企业，带动一批产业，致富一方百姓，活跃一方经济的成效。如红河哈尼族彝族自治州从本州的实际出发，于1998年开发葡萄产业，到2001年，已种植葡萄0.34万 hm^2，其中鲜食葡萄733.3 hm^2，酿酒葡萄0.27万 hm^2，建成云南红葡萄酒厂、云南神泉葡萄酒厂等3个葡萄酒厂。酿酒能力1.75万t，收购酿酒葡萄8 500t，生产葡萄原酒6 375t,生产鲜食葡萄1 611t,实现农业产值3 261万元，工业产值1.21亿元，销售收入1.03亿元，税收1 948.5万元，利润1 142万元，农民收入3 083万元。这种以农促工、以工辅农的发展路子是我省发展农产品加工业的基本经验。

（二）加强农业基础设施建设，为农产品加工业发展建立物质平台

经过多年的努力，我省已建成166.7万 hm^2 高稳农田，滇中现代化农业示范区的建设也取得了显著成效；全省农业水利化程度已达34%；科技对农业发展的贡献率达42%；农村道路、电网、饮水、通讯、广播、电话和市场基础建设逐步得到匹配；农业科技推广体系不断完善和加强；农业生产条件不断改善，农业综合生产能力有很大提高。随着农业生产条件的不断改善和农业综合生产能力的不断提高，使全省农业连年获得丰收，尤其是粮食生产连续9年获得增产，提前实现了我省粮食生产的自求平衡，为农业产业结构的调整、农产品加工业发展奠定了物质基础。

（三）加快生物资源产业化开发创新，努力开拓国内外市场

加快生物资源产业化开发创新是省委、省政府针对云南经济发展作出的战略决策，是充分发挥我省多气候带、多物种资源的自然优势，以保护和开发利用生物资源为目的，加强技术创新和机制创新，促进全省经济结构、产业结构调整和产品更新换代，进一步为农产品加工业开拓新的发展空间的重大举措。我省的生物资源创新开发经过多年的建设和发展已经取得了显著成效，有的地州生物资源开发已成为当地新的产业支柱。如文山州以文山特有丰富的三七生物资源为依托，大力发展三七产业，目前以建成了以云南金泰得三七股份有限公司为代表的一批以三七为原料的农产品加工龙头企业，这些企业在技术创新、市场开拓方面起到了很好的示范和带动作用，与三七农结成了稳定的利益关系，促进了当地农村经济发展和农民增收；

（四）坚持培育龙头企业与农业结构战略性调整相结合，突出发展农产品加工型龙头企业

把发展壮大龙头企业作为应对WTO挑战，提高农业产业化水平的关键环节来抓，在国家食品工业、医药工业、林产工业等产业规划和政策指导下，与我省农业结构战略性调整相结合，大力发展农业支柱产业和主导产品精深加工的龙头企业，努力突破农产品加工落后的瓶颈制约，促进我省农产品加工由初级原料型向加工增值型的根本转变。2002年省级财政安排专项资金3 000万元用于农业产业化经营，以后每年随财政情况增加此专项经费，并列入预算。该项经费主要用于扶持省级重点龙头企业实施的重点农业产业化经营项目、省级重点龙头企业贷款贴息和新技术开发等，采取“扶大、扶强、扶优、扶特”的原则，在全省现有龙头企业中选择一批有基础、有特色、有规模、有前景的加工型、科技型企业给予大力扶持。传统产业扶持发展粮、油、蔗、茶、胶的精深加工及畜禽、果蔬、水产品等的食品加工，新兴产业重点扶持发展天然药物、绿色食品、无公害农产品、保健品、花卉、蚕丝绸、林产工业、生物化工等优势农产品加工。以我省龙头企业同等的优惠待遇，吸引国外省外的大中型农业企业、工商企业和外资企业进入我省农业领域，采取多种方式，结为利益共同体，大力发展原料供应、半成品和产品加工企业，巩固提升传统优势产业，发展壮大新兴特色产业，逐步形成以大中型龙头企业集团为支撑，以中小型龙头企业为基础的农产品加工体系。

（五）坚持培育农产品加工企业与科技创新相结合，突出发展现代科技型农产品加工企业

以科技进步为动力，向科技进步要效益，采取“品种、质量、效益”和“新产品、大投入、高水平”原则，大力推动农产品加工企业的科技进步，促进数量型农业向质量效益型农业的转变。一是着力培植一批高新技术农产品加工企业。省委省政府专门出台了扶持省级重点龙头企业的优惠政策措施，在生物制药、畜产品加工、粮食转化、天然饮品、绿色食品、花卉、生物农药、香料加工等领域，培植发展一批技术起点高、市场前景好的重点农产品加工企业，使之从小变大，由大变强，带动农业产业化经营和特色经济发展。二是鼓励企业进行科技创新。省级龙头企业进行技术引进、新技术开发等科技创新，省财政给予资金扶持。同时，通过多种途径促进农产品加工企业与省内外农业科技研发机构、高等院校和科技人员的技术合作，加强农产品加工、贮运、包装的技术研发，加大精深加工和综合利用关键技术的攻关，形成综合科技创新能力，促进产品升级换代，提高产品附加值和市场竞争力。三是鼓励农产品加工企业申报绿色食品、无公害农产品证书。对企业获得一个绿色食品质量认证并使用绿色食品标志的企业给予5万元奖励，作为申报经费补助，以此鼓励更多的企业生产绿色食品，鼓励每个企业生产多系列的绿色食品，使用绿色食品标志。经过几年的发展，全省共获得绿色食品标志认证企业28家，41个产品使用绿色食品标志，绿色食品总面积为4.13万hm^2，产值达7.15亿元。获得无公害农产品认证企业48家，53个产品使用无公害农产品标志，无公害农产品总面积为1.99万hm^2，产值7.8亿元。全省“十五”期间，力争每年每个地（州、市）通过认证的绿色食品2～3个，使用绿色食品标志的生产企业2～3家，到“十五”末全省新增绿色食品160～240个，新增绿色食品生产企业160个以上，绿色食品生产基地面积10万hm^2，产量100万t以上，产值50亿元，出口创汇1亿美元。力争建立无公害农产品生产基地53.3万hm^2，新增无公害农产品800个左右。在昆明建设绿色食品专业批发市场，在省内主要地县建设100个以上绿色食品销售专柜，在省外大中城市建立3～5个云南省绿色食品销售展示窗口。四是实施农民技术培训工程。围绕农产品加工企业带动的农民，以农业专业大户和科技示范户为主体，开展技术培训。

（六）坚持培育农产品加工企业与加强农产品基地建设相结合，继续加强农产品基地建设

抓住粮食流通体制改革的机遇，充分利用WTO“绿箱”政策，大胆推进农业专业化生产和区域化布局，发展优质农产品及优质原料基地，促进粗放型农业向集约型农业的转变。一是促进名特优新农产品开发。发挥各地的比较优势，围绕传统种植业，开发优质米、优质油菜、优质甘蔗、优质茶叶、优质橡胶；围绕特色园艺业，加快发展优质蔬菜、优质花卉、优质水果、优质药材、优质桑蚕、优质咖啡、优质葡萄、优质西番莲等农产品加工原料；围绕养殖业，积极发展优质瘦肉型猪、优质草食牲畜、优质禽蛋、优质水产和特种养殖；围绕林业，大力营造优质干果林、速生丰产林、珍贵用材林、短周期工业原料林、竹藤林和化工、药用原料林，建设专业化优质农产品基地，满足龙头企业对优质农产品及原料的需求，开发培育特色主导产业。二是着力形成优质农产品的区域化布局。按照“特色化主导产业、区域化农业布局、规模化集中开发、产业化经营机制、标准化生产技术、品牌化优质产品”的要求，在最适宜区集中建设优质农产品基地，加大山、水、田、林、路基础设施建设和生态治理投资力度，扩大一片、改造一片、轮作一片、开发一片，着力提高名特优农产品基地的水平，达到建设一片基地、示范一方农民、培育一大产业的目标。三是建立农业科技示范园区和特色农业经济区。在主导产业、特色产品中率先按国际通行的质量和安全标准组织生产，全面提高农产品的质量和市场竞争力。

陕西省农产品加工业发展情况

陕西省乡镇企业局、农业机械管理局

改革开放以来，陕西省乡镇企业有了较快发展，为全省国民经济和社会发展做出了重要贡献。在全省乡镇企业中，农产品加工业发展最快，成为推动全省乡镇企业发展和农业产业化经营的重要力量。

一、农产品加工业的基本情况

陕西省乡镇企业农产品加工业多是在1978年以后发展起来的，进入80年代，特别是1984年以后，党和国家鼓励广大农民发展商品生产，乡镇企业农产品加工业进入了新的发展时期，跃上了一个新的水平。到2001年底，全省乡镇企业中农产品加工企业达到99 604个，从业人员51.9万人，实现营业收入311.2亿元，增加值83.3亿元。乡镇企业中农产品加工业适应了农村发展市场经济的客观需求，为转化农业资源、推动农业产业化经营、增加农民收入发挥了重要作用。

（一）实现了农产品加工增值，成为带动农业和多种经营发展的重要力量

全省乡镇企业每年粮食加工量占粮食总量的80%，生产食用油转化油料占全省油料总产量的65.6%，加工乳制品转化奶类量占全省奶类总量的68%。通过加工，实现了农产品增值，缓解了农民“卖难”问题。岐山县是全省粮食生产基地县，乡镇企业兴办的专用面粉、方便面、挂面等龙头企业，带动了全县 2.67 万 hm^2 优质小麦种植，每年转化粮食 10 万 t，占全县粮食总量的 55.5%。在果品加工方面，近几年来，乡镇企业引进国内外先进技术设备，上了一批果汁加工、果品储藏、运销企业，带动了全省果业发展。

（二）培育了一批支柱产业，成为全省农业产业化经营的支撑

在推动全省农业产业化经营中，乳品、果汁、面粉、淀粉、方便面、挂面、食用油、蔬菜加工等已起到支撑作用。在这些加工业中乡镇企业起步较早，而且大多数企业大都引进国内外先进设备、技术进行生产，其产品产量在全省占相当比重，不少产品在省内外也有一定知名度。2001 年全省乡镇企业中乳制品达 7.8 万 t、面粉 110 万 t、淀粉 14.5 万 t、食用油 10 万 t、果汁 7 万 t、方便面 4.6 万 t、纸制品 285 万 t。这些产品中有 8 个产品被评为陕西名牌产品，在市场占有较大份额。

（三）涌现了一批龙头企业，成为连接市场和农户的重要纽带

近年来，一大批农副产品加工骨干乡镇企业，如西安银桥集团、咸阳神果集团、宝鸡惠民乳业公司、岐山华祥集团、蒲城石羊饲料集团、岐山高蛋白面粉公司、眉县恒兴果汁公司等相继崛起，带动了全省乡镇企业农产品加工业的发展和提高。2001 年，全省规模以上农产品加工乡镇企业 214 家，实现营业收入 46.2 亿元，增加值 9.7 亿元，税金 8 600 万元。这些龙头企业外连市场，内连千家万户，实施产业化经营，把广大农户组织在自己的周围，起到了“兴办一个龙头，带动一片产业、振兴一地经济、富裕一方百姓”的作用。西安银桥集团公司坚持走产业化经营的路子，由弱到强，20 多年以来，该公司以“公司 + 农户”的形式发展乳制品生产，使农业从单一的养殖业这一狭小领域延伸出来，实现了传统农业与现代工业的结合，现已带动周围 10 县、30 个乡镇的近 10 000户农民从事奶牛饲养走向致富道路，饲养奶牛近万头。2001 年该公司实现工业产值 2.5 亿多元，销售收入 2.37 亿元，实交税金 600 多万元，支付农户奶款 1.08 亿元。

（四）推广新机具和新技术，有力地支撑和保障了农产品加工业迅速发展

通过普及提高米、面、油加工机械使全省农村粮油加工基本上实现了机械化，至 2001 年底，全省已有粮食加工机械 19.35 万台，油料加工机械 1.17 万台，年加工粮食 1 148.62 万 t，加工油 65.76 万 t。改进推广了薯类加工机械，使马铃薯增值，增加了农民收入，繁荣了城乡市场。到 2001 年底陕北的榆林市拥有马铃薯加工机械 6 903 台，年加工马铃薯 80 万 t，占马铃薯总产量的 32%，年可增加收入 2 000 万元。通过开发研制饲料饲草加工机械，推广使用颗粒饲料加工机、小型铡草机、饲料混合机组和玉米秸秆挤丝、揉搓机，有力地加快了陕西省畜牧业的发展。

农产品加工机械的投入和使用，大大解放了当地农业劳动力，加快了农村劳动力的转移，使一、二、三产业人员的结构比例产生了比较大的变化，由 1995 年的 8.26∶1∶1.17 变为 2001 年的 7.09∶1∶1.50。2001 年农村人口占总人口的比例也由 1995 年的 86.74%下降到 84.38%，下降了 2.36 个百分点。而且减轻了农民的劳动强度，增加了农民的收入，为农产品进入城乡市场起到了积极的促进作用。

（五）增加了农民收入，成为农民致富奔小康的重要途径

乡镇企业中农产品加工业属劳动密集型行业，转移劳动力占到全省乡镇工业从业人员总数的 32.4%。2001 年全省农民平均从乡镇企业农产品加工企业中得到的工资及其他收入，占到全省农民人均纯收入的 11%。一些乡镇企业农产品加工业发展较快的地方，农民从乡镇企业发展中取得的收入更高。宝鸡县惠民乳品公司是宝鸡县八庙村兴办的集体企业，是全国农业产业化龙头企业，全村农民人均纯收入的 64%来自乳业公司。

二、加快农产品加工业发展的基本做法

（一）各级高度重视，积极引导发展

近年来，省委、省政府提出引导乡镇企业向农产品深加工领域转移，支持龙头企业采取“公司 + 基地 + 农户”的形式，与农民结成利益共享、风险共担的共同体的目标任务，采取了一系列政策措施。去年以来，省政府先后下发了《关于全省乡镇企业产业结构调整的意见》、《关于进一步加快乡镇企业发展与提高的通知》、《关于加快乡镇企业重点工程建设的意见》、《关于“十五”乡镇企业科技进步纲要的通知》，对加快乡镇企业农副产品加工业提出了具体的发展思路。特别是在《关于加快乡镇企业重点工程建设的意见》中，明确省上要抓 100 个农业产业化龙头企业，制定了相应的政策和工作措施。各级党委、政府将乡镇企业农产品加工业作为推动农业产业化经营的重点工作来抓，不少市、县还提出了加快乡镇企业农业产业化发展的意见，明确了目标任务，以及相应的政策

措施。为了加强对全省农业产业化工作的规划和指导，切实发挥乡镇企业的作用，2001年乡镇企业局与省农业厅等11个单位建立了陕西省农业产业化联席会议制度，定期研究农业产业化发展中存在的问题，有力地推动了乡镇企业中农产品加工业的发展。

（二）理清工作思路，突出发展重点

我省农产品加工业虽然取得了一定发展，但却存在着一些问题：一是加工能力低，影响着资源转换。二是深加工度不够、附加值不高。三是企业规模小、水平低。为了切实解决这些问题，充分发挥各地资源优势，促进全省农产品加工业发展壮大，我们提出"到2005年底全省乡镇企业中农产品加工业的经济总量要占到全省乡镇企业的三分之一以上"的目标。确定从三个方面强化措施：一是要继续在拓展农产品加工领域、扩大覆盖面上下功夫；二要在提高农产品深度加工、增加附加值上下功夫；三要在发挥优势，体现农产品加工业区域特色上下功夫，形成关中、陕南、陕北、三大区域农产品加工的新优势。

（三）加大扶持力度，培育龙头企业，建立农产品加工示范园区

为了尽快把陕西省乡镇企业农产品加工业做大做强，近年来，我们先后组织人力深入各地调查研究乡镇企业农产品加工业发展现状，基本摸清了规模以上企业的基本状况和发展趋势，筛选确定了100个有规模、有品牌、有竞争力，并连接生产、加工、销售各环节，与农民结成利益共同体的农产品加工企业作为"十五"期间全省乡镇企业中重点工程建设单位，2002年7月，省政府下发了文件，明确了目标任务，制定了政策措施。同时我们发挥资金投入的调控作用，扶持农副产品加工企业。2001年以来，乡镇企业局与省财政厅每年拿出200万元资金，扶持了60多个农产品加工龙头乡镇企业，调动了各地发展农产品加工业的积极性。2002年上半年全省乡镇企业中农产品加工业实现增加值达26亿元，新上项目102个，已有47个建成投产。富平县达润果汁有限公司与香港亚洲龙财团合作建设的果菜汁系列产品加工项目总投资2.77亿元，充分显示了乡镇企业中农产品加工业上了一个新的水平。

为加快全省农产品加工业的发展，陕西省农机管理局扶持了陕南平利县种茶大户以及陕西晨烁环保农业股份有限公司，通过推广新机具、新技术创建示范园区，有效地提高了平利县茶叶的品质和价格，增加了茶农的收入；使陕西晨烁环保农业股份有限公司，在"公司+基地+农户"的经营模式中，开创了秸秆利用的新思路和新途径，为陕西省农产品加工创出了一条新路。

（四）依靠科技进步，提高产品档次

为了不断适应市场需求，增强企业竞争能力，我省农产品加工企业特别注重引进先进设备、技术、开发新产品。全省农产品加工企业中的方便面、面粉、造纸、乳品、果汁、食用油、饲料、蔬菜加工等大批企业，通过技术改造提高了产品档次和水平，改变了以往手工作坊式生产，走向现代化企业行列。我省现有每小时加工能力在15t以上果汁生产企业8家，其设备都是从美国、德国、法国、瑞典以及我国台湾省等国家和地区引进。眉县恒兴果汁有限公司于1997年投资6 500万元引进瑞典和德国全自动化果汁加工全套设备，每小时加工鲜果能力为18t，通过近两年技改，该公司年生产果汁产量达4万t，居全省果汁行业之首，产品已发展为苹果汁、猕猴桃汁、草莓汁、蔬菜汁等系列产品。

三、加快发展我省农产品加工业的设想

我省乡镇企业中农产品加工业发展虽然取得了一定成绩，但与兄弟省(市、区)相比还存在很大差距。我们将借此机会学习先进省区的经验，以农业部、国家经贸委召开的这次全国农产品加工业工作会议精神为动力，大力发展农产品加工业，推动全省农业产业化经营。今后一个时期，将从以下方面做好工作：

（一）搞好规划，把发展农产品加工业与实施农业产业化结合起来

近年来，中央和省委、省政府加大结构调整力度，明确要求乡镇企业向农产品加工领域发展，并在农业产业化经营中发挥龙头作用。这对乡镇企业来说，是良好的机遇。加快发展农产品加工业要认真贯彻中央十五届三中、五中全会精神，合理布点，坚决防止低水平重复建设。乡镇企业要服从国家经济发展的大局，加快产业结构调整，发挥优势，积极进入农产品加工领域，为促进农业结构调整，推动农业产业化经营再立新功。

（二）依靠科技，促进农产品加工向深度广度发展

引导乡镇企业中农产品加工业加快技术创新，加大产品开发力度，积极引进吸收先进科研成果，促进农产品加工向深度广度发展。一是拓展领域，延伸产业链，围绕粮、棉、油、果、乳品、蔬菜等农业生产基地，建立和发展各种类型的农产品加工企业；围绕丰富的生物资源、开发各具特色的产品和营养保健品；利用植物秸秆发展人造板、竹藤棕草制品、工艺品和饲料加工业。同时还要以加工业为基础，发展为

之配套服务的保鲜、包装、储藏、运销等相关产业，相互促进。二是要切实提高农产品加工层次和加工深度。以果业、乳品、方便面、淀粉深加工为重点，进行系列深度加工，不断提高农产品加工业在全省优势地位。三是尽快培养和引进农产品加工所需的各种专业技术人才，提高企业整体科技素质。

（三）建立新型组织形式，加快培育一批龙头企业

建立新型组织形式，确保龙头企业与农户双方利益，是推进农业产业化经营的关键。这不仅需要运用行政手段进行推动引导，而且需要运用经济手段和法律手段加强企业与农户的合同约束，使双方的生产经营在合同条款约束下进行，确保双方利益实现。同时，要引导农户围绕市场和龙头企业发展的需要，调整生产结构，搞好优质农产品生产；引导企业与广大农户通过入股的形式参与生产和管理，分配经营成果，承担经营风险。在确保双方利益的条件下，形成一批规模大、实力强、辐射广的“公司+农户”型的产业化龙头企业。

（四）制定政策，加大扶持引导力度

乡镇企业中农产品加工业的发展，需要有一个良好的政策环境作支撑。要在落实国家和省上已有政策的同时，结合农产品加工业发展实际，制定更加有利于企业发展的政策。具体建议：在税收政策上，要提高农产品加工企业增值税进项税抵扣比例；对农产品加工企业引进国外技术设备，降低关税。在建设用地上，要优先解决农产品加工企业建设用地，低价收取土地使用费。在资金投入上，积极争取国家有关部门支持，建议国家每年列出一定比例资金，由农业部专项安排，支持农产品加工企业技改项目和贷款贴息。国家经贸委每年安排的国债技改专项资金要重点支持农产品加工业技术改造。各级金融机构要适当放宽农产品加工企业贷款担保条件，合理调整贷款结构，支持重点企业建设项目，解决农产品加工企业原料收购资金。

（五）强化企业管理，不断提高企业经营和决策水平

农产品加工企业经营状况如何，与企业管理有着密切关系。因此，要切实增强对企业管理工作重要性的认识，认真吸取近年来一些骨干企业关停的教训，把加强企业管理工作放到突出位置，在抓好企业基础管理，财务管理的基础上，积极适应市场经济要求，抓好企业战略管理、营销管理，搞好管理创新，促进管理向规范化、科学化和现代化方向发展。

甘肃省农产品加工业发展情况

甘肃省农牧厅

发展农产品加工业，不仅可以延长产业链条，使农产品加工增值，提高农产品的市场竞争力和农业的整体效益，而且对于吸纳农村富裕劳动力，增加农村就业，推进农村工业化、城镇化建设都具有十分重要的意义。近年来，我省大力实施“工业强省”战略，把发展农产品加工业作为乡镇企业发展的重中之重，作为推进农业产业化经营的切入点和突破口，政策上优惠，资金上倾斜，给予大力扶持，有效地促进了农产品加工业的发展。

一、发展现状

据不完全统计，截止到目前，甘肃省共有农产品加工企业1 836个，农产品加工业的年加工能力达到1 082万t，占全省农产品生产量的2 540万t的42.6%，农产品实际年加工量达到508万t，实现产值73.66亿元，是农业总产值的21.4%，农产品加工转化率达到20%。其中，粮食加工能力为723万t，其他农产品328.2万t，畜产品30.8万t，农产品加工业已成为我省国民经济新的增长点。我省农产品加工业已呈现出以下几个特点：

一是涌现出了一批集农工贸为一体的大型企业集团。年销售收入突破亿元的农产品加工企业达到16个。玉米淀粉加工企业武威荣华企业集团已于2001年6月上市，资产总额达到23亿元，年转化玉米53万t，销售收入超过10亿元，跻身于全国玉米淀粉加工企业前3名。莫高酒业股份公司、农垦啤酒股份公司、好为尔生物科技股份有限公司资产总额突破2亿元，年销售收入2.5亿～3.5亿元。

二是一批农产品加工企业引进国外先进技术和装

备，大大提高了加工品的质量，创出了一批在全国乃至国际市场走俏的加工产品。张掖甘绿脱水蔬菜集团有限公司引进德国、意大利设备生产的冻干脱水菜，年产干菜1 200t，98％销往欧盟和美国等发达国家；高台番茄酱厂年加工番茄酱6万多t，产品全部销往欧美市场；莫高酒业股份公司生产的葡萄酒在1999年全国果酒评比会上荣登榜首，莫高系列葡萄酒畅销全国。

三是一批农产品加工企业建立了现代企业管理制度。通过改革、改组、改造，完善企业法人治理结构，一部分企业已发展成为上市公司。武威荣华集团公司、黄河啤酒集团公司已经上市，莫高酒业、农垦啤酒已经结束辅导期，准备上市。

四是一批农产品加工企业重视原料基地建设，以“定单农业”的方式与农户建立紧密的利益关系，推动了当地农业产业化经营的发展，带动农户进入市场，确保了农产品的及时销售和农业收入的稳定增加。莫高酒业集团股份有限公司自建酿造葡萄基地1 333.3hm^2，带动周边2万多户农民种植酿造葡萄2 000hm^2。张掖脱水蔬菜公司与基地8 000多农户签订合同，建立了1 333.3多hm^2的青椒种植基地，不仅使企业有了稳定的优质原料生产基地，而且为农户稳定增收提供了保证。

二、主要问题

当前，甘肃省农产品加工业总的发展势头不错，但整体发展水平还不高，有些行业刚刚起步，还远远不能适应入世对农产品加工业的要求，目前存在的突出问题：

一是农产品加工企业总体规模还比较小，总体加工能力还比较弱，技术装备普遍比较落后。真正有实力、设备先进的大企业数量不多，大多数企业加工工艺比较落后，大量的农产品由于销售渠道不畅，加工转化又跟不上，造成资源浪费，农民增收困难。

二是农产品加工以粗加工为主，精深加工比重小。目前我省农产品加工转化率只占18％，农产品加工产业链条短，增值能力弱，在很大程度上影响了农业整体效益的提高。

三是利益机制不完善，产销衔接不紧密。多数农产品加工企业与农户还是一种市场买卖关系，企业与农户之间没有形成紧密的利益联结机制，签订了合同的，由于缺乏保证机制，合同履约率不高。

四是没有形成统一有效的管理体制。农产品加工业涉及多行业多部门，目前由于缺乏统一管理协调、统一规划指导、统一政策扶持，导致农产品加工项目重复建设，企业之间无序竞争，使农产品加工业整体效益不高。同时，农产品加工的质量标准、质量检测、质量认证体系以及信息网络体系不健全。

五是资金投入不足，缺乏有效的扶持。许多中小企业融资困难，普遍存在流动资金困难，企业开工不足，仅有的加工能力得不到充分的发挥。

三、下一步的打算

大力推进工业强省战略，积极发展农产品加工工业，提高农产品的加工转化率，增加农产品的附加值，以此为突破口，大力推进贸工农一体化的产业化经营，实现农业增效、农民增收，全面提高农业的整体素质，是今年省十次党代会确定的发展重点。最近，省委、省政府将出台《关于大力推进农业产业化经营的意见》，对发展以农产品加工为主的农业产业化龙头企业提出了具体的目标任务和工作措施。

一是按照“扶优、扶强、扶大”的原则，重点支持机制好、竞争力强、辐射带动面广、与农户利益关系密切的龙头企业，支持有条件的龙头企业，进行技术改造和资产的优化重组，通过参股、控股、兼并、合并、租赁等形式，扩大规模，增强实力，发展成为大型龙头企业集团。“十五”期间，在兰州、平凉、白银、定西、武威、张掖、酒泉等地培育出10个左右年销售收入在5亿元以上的奶制品、肉牛、肉羊、猪、淀粉、酿造等加工型龙头企业。其中，年销售收入10亿元以上的企业达到5个。并创出3～5个在全国市场占有一定份额的名牌产品。各市地州要从当地优势出发，培育出两三个年销售收入在亿元以上的龙头企业；县市区也要积极创造条件，培育出一两个年销售收入在1 000万元以上的龙头企业，使之成为具有较强产品开发能力和市场开拓能力的龙头骨干。

二是在全省大力推进农产品商品生产基地建设，在全省形成相对集中的、具有较大规模、较强竞争力的10大产业基地。即：以平凉、庆阳为主的肉牛和以白银、临夏、甘南为主的肉羊生产基地；以兰州、白银、定西为主的奶牛生产基地；以河西为主的瘦肉型猪生产基地；以河西、沿黄、渭河流域为主的高原夏菜，反季节蔬菜和脱水蔬菜原料生产基地；以定西、平凉、武威、张掖为主的马铃薯、玉米淀粉原料生产基地；平凉、庆阳、天水、张掖为主的优质鲜果及果酒、果汁原料生产基地；以武威、张掖、酒泉为主的葡萄、啤酒大麦酿造原料生产基地；以定西、陇南为主的当归、党参、红黄芪优质中药材生产基地；以张掖、酒泉为主的玉米、瓜菜、花卉制种基地；以中部和河西为主的苜蓿草产品生产基地。同时，各地要根据自已的资源优势，积极发展食用百合、油橄榄、花卉、食用菌，鲑鳟鱼等区域性特色产品，使其尽快形成规模。

三是在政策和资金上为农产品加工龙头企业提供支持。财政部门要把农业产业化经营列入年度财政预算，给予扶持。省里在每年继续安排 5 500 万元用于扶持重点产业、重点项目建设。市（地、州）、县（市、区）每年也要安排一定数量的扶持资金，支持农业产业化经营的重点项目。农业综合开发资金、乡镇企业发展基金要优先用于支持农业产业化经营项目。金融部门要大力支持农业产业化经营，加大对龙头企业的支持力度；农业银行要把支农信贷资金重点用于支持农业产业化经营；农村信用社要积极发放农户小额信贷和联保贷款，扶持农户发展种养业。大力开展招商引资活动，积极吸引省内外、国内外资金和民间资本投向我省农业产业化经营。工商行政管理部门要改善服务，放宽企业注册的条件，鼓励创办农业产业化经营企业；交通运输部门要建立大宗鲜活农产品流通的绿色通道，确保货畅其流；外贸部门要赋予有条件的龙头企业以自营进出口经营权，鼓励龙头企业扩大出口。有关部门要积极支持有条件的重点龙头企业上市，支持龙头企业参加国内外各种产品展示活动。新闻部门要加大对产业化经营的宣传力度，努力营造全社会支持农业产业化经营的氛围。有条件的重点龙头企业上市，支持龙头企业参加国内外各种产品展示活动。新闻部门要加大对产业化经营的宣传力度，努力营造全社会支持农业产业化经营的氛围。

青海省农畜产品加工业发展情况

青海省乡镇企业局

一、发展现状

近几年，我省根据农牧业经济发展的新变化和农牧民增收的要求，立足高原，“冷凉性”气候特色，依托丰富的无公害、无污染特色农牧业资源，大力发展农畜产品加工、储运、保鲜和营销业。初步建设了以小麦、油料为主的粮油加工业，以马铃薯、蚕豆为主的薯类加工业，以牛羊肉及其副产品为主的肉食品加工业，以毛绒皮为主的纺织、服装加工业，以青稞、水果为主的酒制品和饮料加工业，以辣椒、胡萝卜为主的蔬菜加工业，以枸杞、甘草、大黄、藏茵陈、黄芪、红景天、党参为主的中藏药加工业。截至 2001 年底，全省乡镇农畜产品加工企业达 80 多家，从业人员 3.7 万人，实现增加值 3 亿元。农畜产品初级加工逐步向中高级加工方向发展，加工产品结构开始向多样化、优质化迈进，特色加工体系渐露头角。

（一）农畜产品加工促进了农牧业增效、农牧民增收

农畜产品加工业的兴起和发展，有力地推进了高原农牧业的调整和升级，主要农畜产品如油菜、特菜、蚕豆、辣椒、胡萝卜、马铃薯、食用菌、亚麻及果品、中藏药、冷性鱼类、牛羊育肥等种养订单农牧业有了新的突破，品质不断提高，品种不断丰富。同时，农畜产品加工业的从业人员一直保持增长态势，成为吸纳农村牧区富余劳动力的主体。据对全省 16 户重点农畜产品加工龙头企业的统计，定单农业面积达 1.53 万 hm^2，辐射带动农户 15 万户约 60 万人，农户人均增收 200 元。

（二）农畜产品加工的科技含量不断提高

一些农畜产品加工企业积极开展“产学研”结合，加大科技投入，增强技术创新能力，引进先进适用新技术、新材料、新设备，积极开发新产品。创出了一些省内外名牌产品，其中“雪舟”牌跻身于“中国驰名商标”的行列，率先开创了我省驰名商标的先河；涌现出了一些特级、一级信用企业；培养、招聘了一些科技人才；产品质量标准，顺应当代科学技术发展的新趋势，努力创造条件，按照国家使用标准和国际通用标准生产，积极与国际标准接轨。

（三）农畜产品加工对外开放有新进展

一些地区和企业，围绕特色资源的开发利用，以比较优势创造条件，积极引进商家投资兴业，与省内外民营企业、外资企业和其他法人合资合作，相得益彰。同时，培育和发展了一批外向型农畜产品加工企业，产品打进国际市场，外贸出口额和经济效益不断增长。据对 5 户重点农畜产品加工企业的了解，2002 年可创汇 1 500 万美元。

（四）农畜产品加工的利益联结逐步完善

坚持把企业、基地（农牧户）、市场捆绑在一起的原则，一些农畜产品加工企业近两年来积极与农牧民（户）、村级组织签订农畜产品种植养殖收购合同，按最低保护价收购农畜产品，并提供优良农畜产品的品种，指导农畜产品的科学种植和养殖。农畜产品加工开始走产加销一条龙、贸工农一体化的路子，加工企业的带动效益逐步显现。

农畜产品加工业的发展，对于搞活县域经济，培植乡（镇）财源，增强农畜产品的竞争力，促进农牧业从单纯提供初级产品向增加后续效益、现代农牧业发展，调整优化农牧业经济结构，提高农畜产品出口创汇能力，转移农村牧区剩余劳动力，让农牧民分享农畜产品加工转化增值各个环节的市场利润和工资，增加收入，提高组织化、专业化、科学化程度，均大有裨益。同时也为乡镇企业加快经济结构调整，尽快退出不占优势的领域找到了新的出路，开辟了新的增长点。

由于，农畜产品加工受到自然、技术、市场等多重风险的影响，比较效益低。从总体上看，我省农畜产品加工业的发展还很不适应农牧业发展新形势的要求，处于起步阶段，主要有以下突出问题和困难困扰着农畜产品加工的持续健康发展。一是企业规模小，水平低，基础条件差，难以实现规模效益。二是资金投入不足，缺乏发展后劲。三是一些加工企业的技术水平、设备装备滞后，缺乏自主开发创新能力，新工艺、新材料、新技术的应用程度低，初级加工多，高附加值、高科技含量深加工少，产品更新换代慢。四是一些加工企业与农牧民（户）之间的利益机制不健全，在生产加工、储贮、运销上没有把农牧户带动起来。五是原料生产分散，规模化、标准化、产业化程度低。六是质量、服务体系建设滞后，不能适应发展要求。

二、主要工作

（一）加强对农畜产品加工业的宏观管理和政策指导

农畜产品加工业在我省刚刚起步，还是一项全新的工作。为了进一步加强领导，增强农畜产品加工业的发展观念、思路、方式和措施，近两年来，一是各级党委、政府和有关部门高度重视农畜产品加工工作，把农畜产品加工业纳入本地区社会、经济发展规划，列入政府工作的重要议程。省上制定出台了扶持农畜产品加工业发展的财政贴息、土地征用、信贷支持、税收减免、自营出口权申报等方面的优惠政策，成立了以省委、省政府分管领导为组长的农畜产品加工业发展领导小组，办公室设在省农业厅，具体负责其宏观管理。西宁市、海东行署以及一些州县结合实际，亦相应制定了一些扶持政策，组建了机构，落实了人员，明确了目标，强化了措施。农畜产品加工业形成了分级管理、上下联动、部门协调、齐抓共管的发展氛围。二是研究制定了《青海省农牧业产业化“十五”发展规划》，草拟了《青海省主要农畜产品加工业发展规划》（讨论稿），撰写了一些主要农畜产品加工发展的调查报告。重点规划明确了“十五”期间农畜产品加工业的指导思想、目标任务、发展原则、发展重点和发展布局等，促进了农畜产品加工业的持续、健康发展。三是组团赴省外考察学习，招商引资，开阔了眼界，拓宽了思路，广交了朋友，增强了加快发展、勇于创新的意识。四是充分利用报刊、广播、电视等新闻媒体，组织开展系列报道，重点宣传农畜产品加工企业尤其是龙头企业开拓市场、增强实力、带动农户的经验，收到了好的推动作用。

（二）加强对农畜产品加工企业的扶持和引导

一是继在2001年省财政安排农畜加工业发展贷款贴息1 733万元的基础上，2002年又确定每年安排3 000万元，西宁市、海东行署财政每年各安排100万元，用于重点骨干农畜产品加工项目贷款贴息，使农畜产品加工规模、新技术开发和服务性基础建设得到进一步增强。二是为了扶强扶大，发挥示范带动作用，既考虑加工规模、科技含量、带动能力，又考虑地区、行业分布，通过论证，近两年先后择优认定了三批21个省级农畜产品加工龙头企业。三是积极探索并引导农畜产品加工企业与农牧户、原料基地之间的经营机制、开发机制、激励机制的建设，涌现了一些“公司+农户”等多种形式的产业化农畜产品加工企业，“订单农业”有了新的突破。四是坚持“民办、民管、民受益”的原则，围绕主要农畜产品的发展和提高，组建了114个农牧民专业合作经济组织（协会），运行试点工作已全面、有序展开，成为农畜产品生产、加工、销售的桥梁和纽带，推动了农畜产品加工、原料基地与市场需求产业链的发展。五是建立了农畜产品加工企业生产效益统计制度，加强对农畜产品加工企业的经济运行监测和发展走势预测，及时为农畜产品加工企业提供科学管理、技术创新、新产品开发、投资融资、市场行情、市场营销、人员培训、对外合作和政策法律等方面的服务。

（三）加强对农畜产品质量标准的管理

把持续不断地提高农畜产品质量作为做好农畜产

品加工工作的重中之重，紧抓不放，强化措施。各级业务主管部门，积极引导农畜产品加工企业建立健全以技术标准为主体的企业标准体系，鼓励企业与大专院校，科研单位合作开发新产品，开展国家绿色食品，ISO9000系列质量管理体系认证，进行农畜产品质量监督和检查，使一些农畜产品加工企业的生产逐步标准化、制度化，以利涌现出一些省内外知名产品。

（四）加强对农畜产品加工企业的人员培训

近两年来，我省以短期培训为主，采取请进来、派出去等多层次、多渠道培训各类农畜产品加工企业和农牧民专业合作经济组织的人员，既突出理论学习，又强化农畜产品加工知识和技能，增强实战本领，为进一步加快特色农畜产品种植（养殖）和加工业的发展，全面提高其经济实力和竞争力奠定了一定的人才基础。

三、目标任务和措施

到2005年，全省乡镇农畜产品加工业增加值达到9亿元，5年年均递增25%，主要农畜产品加工转化率（粗加工以上）由目前的10%左右提高到20%以上。培育一批产业关联度大、技术装备水平高、经济实力雄厚、带动能力大、有较强竞争力的中小型农畜产品加工企业和外向型企业，年产值1亿元以上的企业达到3个，年产值0.5亿元以上的企业8个，形成10个以上在国内外市场有较大影响的品牌产品。建立一批比较规范和完善的贸工农一体化经营体系。骨干行业尤其是特色产品的主要技术经济指标达到全国平均水平。

为了全面完成上述目标任务，今后一个时期，发展农畜产品加工业，必须以市场为导向，依靠科技进步，完善经营机制，着力提高农畜产品的综合利用，加工转化增值的能力，逐步由初级加工向高附加值精深加工转变、由资源消耗型向高效利用型转变、由内向型向外向型转变。实行大中小全面发展，重点扶持农畜产品加工龙头企业。实现农畜产品加工原料基地化，农畜产品及其加工制成品的优质化、安全化，产加销经营一体化，经济效益最大化，加快农畜产品加工业的发展步伐。为促进我省农村牧区经济持续协调发展，主要做好以下几方面工作。

（一）努力为农畜产品加工业的发展创造宽松的政策环境

根据省委、省政府和省有关部门关于大力扶持农畜产品加工业发展的精神，结合我省实际，借鉴省外经验，在资金扶持上，围绕传统农牧业向现代农牧业转变，提高农畜产品综合加工增值能力，增加农牧民收入，切实用好财政对农畜产品加工业发展的支持资金，重点扶持一批骨干农畜产品加工企业，引导农畜产品加工企业的技术改造、基地建设和新产品开发。各级财政用于农村牧区生产性支出的资金、扶持社会化服务体系建设的专项资金、农牧业综合开发资金有偿周转部分要向农畜产品加工工业企业倾斜。同时，建立农畜产品加工财政贴息，重点引导扶持。在信贷支持上，积极开展银企之间的沟通和合作，争取各级金融部门对农畜产品加工企业的贷款，应视项目用途与实际需要，合理确定贷款期限，贷款利率按国家规定的浮动下限执行。对一批实力强、资信好、资产负债率低和发展前景好的农畜产品加工企业，通过资质评估，核定一定的授信额度，重点给予支持。对向农牧户季节性收购农畜产品所需的流动资金优先安排。对农畜产品加工企业申请固定资产贷款，适当放宽抵押担保条件，简化审批手续。在税收减免上，根据现行政策和实际发展情况，对新办农畜产品加工企业5年内免征所得税，农畜产品加工龙头企业从事科技养殖业和农林产品初加工取得的所得，暂免征收所得税，企业研究开发新产品、新技术、新工艺所发生的各项费用在企业所得税前扣除；增值税进项税抵扣全部提高到13%，进口国内不能生产的农畜产品加工设备和引进先进技术，免征进口关税和进口环节增值税。在其他一些政策优惠上，对农畜产品加工企业生产经营需征（使）用土地，各级土地管理部门优先审批，征（使）土地各项费用按最低标准收取；对农畜产品加工企业的用电，电力部门优先安排，电价视同大宗工业电价收取；对农畜产品基地及基地农户，其上交乡村集体经济组织的承包金及其费用标堆应与其他农户一视同仁；鼓励农畜产品加工企业发展外向型经济，扩大出口创汇。对具备国家规定自营进出口权条件的企业，在出口配额、许可证和外贸发展资金上给予支持。

（二）培育和发展农畜产品加工骨干企业

积极围绕牛羊肉、马铃薯，中藏药、油菜籽、水果、蚕豆、牛奶、蔬菜、绒毛、皮革、饲料、制种、花卉等高原特色资源，以市场为导向，大力开发和培育以产品加工、储藏、保鲜、销售、运输为主的骨干企业。形成下游产品企业带动上游产品企业，大企业辐射小企业，企业联动农牧业资源开发的良好发展态势。在培育和发展农畜产品加工龙头企业的过程中，一是创新组织形式、经营机制。大力推广定单农牧业、合同契约、合同加服务、股份合作、资产入股等经营方式，使农畜产品加工企业和农牧民建立稳定的利益连接机制，形成真正的利益共享，风险共担的经济共同体。最大限度地降低市场波动给农牧民带来的损失，增加农牧民收入。鼓励农畜产品加工企业主通过定向投入、定向服务、定向收购等方式，建立“小规模、大群体”的种养格局，同时兴办稳定的农畜产品原料基地，保证获得稳定的和规格、质量符合标准的加工原料。二是继续开展农牧民专业合作经济组织试点工作，总结经验，强化建设，充分发挥农牧民专业合作经济组织在推动农畜产品加工、实现农牧业产业化经营中的桥梁和纽带作用。三是组建企业集团。积极鼓励和引进“老板”投资农畜产品加工项目，实行强强联合、强弱联合，以资产为纽带，以拳头产品为龙头，以骨干企业为核心加快培植和组建一批生产经营规模大、技术含量高、辐射带动作用强，集生产经营、科研开发于一体的跨行业、跨地区、跨所有制的贸工农一体化的加工集团。四是面向国内外两个市场，建立完善市场营销、服务、信息收集处理机制。通过市场牵龙头带基地，基地联农户，使千家万户独立经营的小生产有组织地走向千变万化的大市场。

（三）促进农畜产品加工开发与农牧业优势资源调整的有机结合

按照农畜产品加工业特色化、优质化、标准化的要求，结合不同产区的比较优势，大力引导农牧民科学种养，调整优化结构，抓好适宜多种加工的农畜产品品种种子培育、繁殖、繁育、引进、推广，发展有机农牧业和绿色农牧业，建立优质、高产、规格化、标准化的原料产品，形成基地化、专用化，重点建设一批绿色、特色产品原料基地。实现由“生产什么就加工什么”到“加工需要什么就生产什么”的转变。农畜产品加工企业按照丰富内涵、讲究营养、保证卫生、提高质量、注重特色、符合保健、力求方便、崇尚美味、回归自然的要求，加快发展和提高，促进可持续发展。

（四）提高农畜产品加工业科技创新能力和水平

加大对农畜产品生产和加工科研开发的投入，鼓励科研单位、大专院校与生产企业加强联合与合作。深入开展农畜产品精深加工工艺、技术、品种和功能等方面引进消化吸收及开发的创新研究，加快科研成果转化，鼓励和扶持企业加快技术改造，加强现代生物技术、微电子、新材料等技术在农畜产品加工业中的运用。建立培育一批具有一定实力的生产型、科技型农畜产品加工企业，开发具有自主知识产权的技术和产品。引进先进适用技术装备，建立健全科技开发研究机构和技术推广服务体系，全面提升企业的技术水平和研究开发能力，大力实施名牌战略，重视“绿色”和“特色”，突出我省资源无污染的优良品质和加工产品的地域民族文化特征，用先进适用技术提升整体水平，发展核心竞争力。要坚决防止低水平重复建设，新上项目一开始就要做到高起点、高水平。

（五）加快企业管理体制和经营机制的创新

一是大力促进企业投资主体多元化。围绕经济结构的战略性调整，积极引进省外民营企业、外资企业以及其他法人投资，对农畜产品加工企业进行嫁接改造和改组。通过产权制度改革，扩大企业规模，优化产权结构，拓宽融资渠道，增强企业的生机和活力。二是规范法人治理结构。明确董事会、监事会、经理层的职责，形成责权统一、运转协调、有效制衡的公司治理机制。三是进一步深化企业内部改革。加快建立健全与现代企业制度相适应的用工、工资、财务会计、内部审计制度，不断完善自主快速的决策机制、能进能出的用人机制、能上能下的干部机制、酬劳挂钩的分配机制、奖惩分明的激励约束机制、自我积累的发展机制、优胜劣汰的竞争机制。四是切实加强企业信息管理。大力推进企业管理信息化，督促企业采用先进的信息技术，加快企业在产品开发、设计、制造以及资金管理、成本核算、物资核算、物资采购、市场营销、生产经营环节的信息化建设，提升企业经营管理水平。五是创建重信用企业。把信用评价与争取各方面的支持，改善企业发展条件有机结合起来，加快企业的信用建设。

（六）加强农畜产品加工业发展的宏观管理

要十分重视农畜产品加工业的发展和提高，并将其纳入本地区社会经济发展的计划列入重要议程。省农业厅统一负责对农畜产品加工进行规划、指导、监督、管理和服务，计委、经贸委、科委、外经贸、财政、税务、金融等部门紧密配合，分工协作，各司其职，齐抓共管。一是根据“十五”期间不同地区的发展阶段和具体情况研究制定切实可行的政策措施，认真实施“龙头工程”，强化动态管理，不断引导农畜产品加工业合理有序、健康发展。二是完善与农畜产品加工业发展相关的法律法规，进一步研究制定农畜产品加工管理办法，逐步将我省农畜产品加工业纳入法制管理的轨道。三是按照国家产业政策的要求，淘汰国家限定的落后工艺和设备，坚决制止低水平重复建设，积极发展先进生产能力，努力实现规模经营。四是建立健全以技术标准为主体的企业标准体系，加强农畜产品质量检验检测，积极实施 ISO9000 系列标准，重视农畜产品安全，打击假冒伪劣，强化产品质量。五是加快建立农畜产品加工的市场信息网络和各种中介组织，强化信息资源、技术推广、职业培训等社会化服务，加快农畜产品加工业的发展进程。

宁夏回族自治区农产品加工业发展情况

宁夏回族自治区经贸委、农牧厅

宁夏是一个地域较小、经济欠发达的少数民族自治区。农业在宁夏国民经济和社会发展中起着举足轻重的作用。改革开放以来，我区不断加强农业基础设施建设，大力发展以农产品为主要原料的加工业，提高了农产品的市场竞争力，促进了农业和农村经济结构战略性调整，加快了农业产业化进程，农业和农村经济保持了较好的发展势头。2001 年，全区农民人均收入 1 823 元，比上年增长 5.7%，总量和增幅均居西北五省之首。全区农村社会总产值达到 220.8 亿元，非农行业产值比重达 61.4%，比 1998 年上升了 8.3 个百分点。农产品加工业成为全区农业和农村经济发展的推动力量。

一、农产品加工业发展进程和环境条件

（一）发展现状

到 2001 年底，全区农产品加工企业发展到 1 300 家，实现产值 34.3 亿元（乡镇加工企业产值占 85%）。其中：粮油加工企业 650 个，形成年加工能力 300 万 t，实现产值 11.6 亿元；脱水蔬菜加工企业 60 个，形成年加工干菜能力 8 000t，实现产值 0.65 亿元。乳制品加工企业 40 个，形成年加工能力 50 万 t，实现产值 4.8 亿元；清真牛羊肉加工企业 15 个，形成年加工能力 3 万 t，实现产值 3.8 亿元；绒、毛、皮加工企业 84 个，形成年羊绒加工能力 500t，实现产值 6.2 亿元，年二毛羊皮加工能力 100 万张、羊皮加工能力 170 万张、牛皮年加工能力 50 万张；玉米、马铃薯淀粉加工企业 167 个，形成年加工淀粉能力 15 万 t，实现产值 1.5 亿元；葡萄酒加工企业 6 个，形成年加工能力 3 万 t，实现产值 2 亿元；果品加工企业 6 个，形成年加工能力 3 万 t，实现产值 0.3 亿元；枸杞及中药材加工企业 12 个，形成年加工能力 3 万 t，实现产值 2.4 亿元。在农产品加工企业的带动下，全区优质特色产业得到了全面发展，实现了资源优势向商品优势、经济优势的转化，促进了区域经济的整体平衡发展。目前，宁夏 40% 的大米、40% 的肉产品、80% 的奶产品、90% 的枸杞产品、85% 的水产品，销往自治区以外的市场。农产品加工业呈现出以下特点：

1. 企业发展粗具规模，技术装备不断提高　在自治区确定的 28 家重点骨干企业和 28 家非公有制重点骨干企业中，农产品加工企业分别有 6 家和 8 家。目前，全区已形成 10 多种农产品加工行业，产品达 30 多种。兴唐米业、黄河米业、法福来、农垦集团米业公司等 4 家现代化稻米加工企业，“塞北雪”等 3 家面粉公司，从日本或英国全套引进生产线或关键设备；夏进、北塔等乳品公司从荷兰、加拿大等国全套引进灭菌奶生产线；“圣雪绒”、“海圣”等绒业公司从国外引进绒条、绒纱生产线。这些企业引进的设备，在国内均属领先工艺技术，提高了产品质量和档次。以“圣雪绒”为主的羊绒制品已成为宁夏的标志性产品之一。“夏进”牌灭菌牛奶、“西夏、百新、兴唐、金夏”牌大米、“塞北雪”牌面粉、“纳氏、泾河”牌牛肉、“平惠乐”牌清真牛羊肉、“西夏王”葡萄酒、“宁夏红”枸杞酒等产品成为知名品牌，产品销往全国各地。宁夏羊绒制品、脱水蔬菜、枸杞制品已批量销往国外市场。

2. 龙头企业带动作用增强，特色农业初步形成　吴忠市利通区和银川市郊区的乳品加工业、石嘴山市的脱水蔬菜加工业、固原地区的马铃薯加工业、吴忠市和银川市的优质专用粮食加工业、清真牛羊肉加工业、彭阳县和利通区的果品加工业、中宁县的枸杞加工业、农垦集团的葡萄酒加工业等带动了特色农业的发展，形成了一村一品、一乡一业的产业化经营格局。定单农业迅速发展。2001 年初，我区大型现代化精米加工厂和面粉加工厂纷纷在稻麦主产区签订优质品种收购订单，面积达 0.67 万 hm^2。脱水蔬菜加工企业仅在平罗、惠农二县就签订蔬菜合同订单面积达 0.31 万 hm^2；夏菜已按订单优价收购。中宁县的 0.4 万 hm^2 枸杞，平罗县的 0.27 万 hm^2 优质地膜马铃薯已售出。对农业增效、农民增收起到了促进作用。

3. 政策引导显示威力，农业产业化经营迈出新步伐　自 2001 年起，我区提出实施农业产业化经营“三个十工程”，即重点扶持 10 个农业科技示范园区、

10个专业农产品生产基地、10个农产品加工重点龙头企业。自治区财政每年拿出3 000万元专项资金给予扶持。2001年12月自治区党委、政府召开规模空前的“全区乡镇企业工作会议”，做出《关于推进乡镇企业二次创业的决定》，提出实施乡镇企业“2321行动计划”，即到“十五”末，在全区建设20个产值过亿元的乡镇工业园区，培植30个产值过5 000万元的乡镇重点骨干企业、20个工业产值过4亿元的强乡富镇和100个二、三产业富集的专业村。以发展农产品加工业为突破口，加快我区农村工业区、城镇化和现代化进程。每年区财政拿出1 000万元专项扶持资金。同时开展“银地银企合作”加大信贷扶持力度。在政策的推动下，各市县兴产业、上项目、建园区、促发展的积极性高涨，今年全区乡镇企业新上项目400多个，计划总投资30亿元，建成各类园区200多个。

（二）环境条件

1. *有利条件* 宁夏发展农产品加工业的潜力较大。2001年全区有可耕地129.93万hm^2，人均2 333.3hm^2，居全国第4位，耕地面积15年连续净增；有宜渔荒滩13.3万hm^2；草原面积301.4万hm^2，是全国十大牧区之一。每年可利用灌溉水资源近40亿m^3，加之充足的光热条件，为发展优质高效特色种养业提供了有利条件。近年来，粮食产量稳定在270万t以上，人均占有量500kg，高出全国人均水平100多kg，居全国第5位；蔬菜产量180万t，人均占有量321kg，高于全国平均水平（308kg）；肉类产量21万t，人均占有量38kg，低于全国平均水平；鲜奶产量27.6万t，人均占有量47.5kg，居全国第4位；水产品产量4.7万t人均6.6kg，居西北之首。引黄灌区生产的大米口感好，具有食味品质优势。所产宁春4号、15号高筋春小麦加工的面粉，制作面食具有口感好、滑爽细腻、不糊汤等品质优势。饲料玉米品质好。还具有发展蔬菜产业的市场潜力和资源优势。山区具有生产优质马铃薯和小杂粮的自然优势。“宁夏滩羊”、“中卫山羊”是特有种质资源。清真羊肉更以其肉质细腻、味道鲜美、无膻味、无污染等特色，为海内外消费者所青睐。这些都为发展农产品加工业提供了丰富的优质原料。

我国加入世贸组织，有利于降低出口农产品的贸易成本和减少贸易壁垒。由于关税降低、市场开放，有助于我区脱水蔬菜、皮毛绒、枸杞、道地中药材、清真羊肉等深加工产品的出口。“入世”有利于吸引更多的国外资金、技术和管理经验进入我区农产品加工领域，以提高企业技术装备和现代化水平，改善经营管理，提高市场竞争力。

2. *不利因素和存在问题* 我区农产品加工业企业规模小、生产设备技术工艺相对落后，产品档次低，名牌产品深加工产品少；产业链条短、附加值低。农业经营生产规模小而分散，农产品品质、品种和生产方式与加工业的发展要求不适应。基地专业性差，造成加工成本增加和产品质量低劣。一些企业的品牌意识、科技意识、市场意识、效益意识淡薄。质量标准体系、技术推广服务体系、信息网络体系等建设滞后。“入世”后，一些传统产品受到国内外新技术新产品的挑战，面临严峻考验。结构调整、产业升级、技术创新的任务十分紧迫而艰巨。

二、发展目标和重点领域

（一）目标任务

根据我区“十五计划”总体要求，“十五”期间和未来十年，我区农产品加工业要努力实现以下目标：

到2005年全区农产品加工业产值达到60亿元，年均增长15%。到2010年，实现大多数农产品二次以上加工。农产品加工业产值与农业总产值之比提高到1:1；产后加工转化能力提高到60%以上；农区非常规饲料转化达到50%；高产值和高附加值的农产品市场占有率达到60%和80%；农产品加工“三废”实现达标排放。

到2010年，销售收入超过亿元的龙头企业达到10家，销售收入超过5 000万元的30家。形成10个特色突出的农产品加工基地；创30个名牌产品。建立起一批有自主开发创新能力的技术开发中心和技术推广服务中心，建立比较规范和完善的贸工农一体化经营体系。

（二）发展思路

引黄灌区要着力推进农业产业化经营，做大做强一批具有优势和带动力的龙头企业，建设一批优质农产品基地，培育一批具有市场竞争力的品牌，提升主导产业发展层次；南部山区把扶贫开发与生态建设和产业开发结合起来，发展特色农产品加工业，重新构筑一个自给型农业、致富型畜牧业、生态型林草业的农业生产新体系；中部干旱带重点加强生态环境建设，发展草畜产业，以草产品和牛羊肉加工业的发展带动畜牧业的发展，实现生态、经济与社会的可持续发展。

（三）发展的重点领域

按照发挥比较优势的原则，通过政府引导，市场选择，企业运作，以产业化、订单农业等多种形式组织好品种选育推广，加工转化增值，市场营销增效。

1. *优质专用粮食加工业* 依托引黄灌区商品粮

基地资源优势，发展深加工。粮食类产品加工制品以生产高质量、中高档、大众方便、特色食品、保健食品为重点，向综合利用方向发展。小麦加工要提高宁春4号、15号等高筋春小麦特精制面粉的加工比例，力争形成我区自产高精面粉大量外销，外省低价普通面粉补充区内消费不足的大流通、高效益的格局。稻米加工应改善品质、降低成本、完善订单、协调工农利益，提高整米率、精米率。玉米加工重点开发变性淀粉、酸味类、糖类、药类等系列产品，引进和改造混合饲料的加工技术装备。马铃薯加工以淀粉、冷冻粉条为重点，力争到2005年种植面积、产量、加工淀粉扩大到13.3万hm^2、150万t、20万t。

2.肉、蛋、奶制品及饲料（饲草）加工业　预计2005年和2010年，我区仅肉羊饲养量由现在的650万只分别增加到1 000万只和1 500万只，年产值可达20亿元和30亿元。应引进大型屠宰加工成套设备，重点发展清真牛羊肉深加工制品。鲜肉制品向预冷肉、细分割方向发展；熟肉制品向多品种、全营养方向发展；蛋制品向蛋清蛋黄分离提取、加工蛋粉方向发展。乳品加工以夏进、北塔乳品公司为龙头，走集团化经营的路子，重点发展液态奶。带动奶牛养殖，由现在的9万头，发展到2005年18万头，牛奶产量达到60万t。加快发展以苜蓿草为主的草粉、草块、草颗粒饲料，增加预混料、浓缩料和配合饲料。

3.蔬菜加工业　抓好蔬菜“无公害”种植、加工环节，提高蔬菜采后清洗、分级、包装等商品化处理水平，推行净菜上市，重点发展脱水蔬菜加工业，开发生产蔬菜汁、蔬菜粉、冷冻保鲜产品。今后，蔬菜生产的方向是实现集约化经营，产业化发展，以贸工农企业为主体，有条件的逐步走出口加工型的路子。带动蔬菜种植面积由现在的5.47万hm^2增加到2005年的6.67万hm^2，总产量由150万t增加到240万t，产值达到15亿元，脱水蔬菜出口1万t。

4.羊绒、皮革、皮毛加工业　要巩固发展同心、灵武、平罗、银川皮毛绒交易市场。羊绒加工抓好分流、绒条、制纱、刺衫、羊绒织呢5个环节，提高产品质量和档次，增加出口。重点扶持皮毛揉制和皮革深加工，提高产品附加值。

5.果品加工业　扶持酿酒葡萄、榨汁型苹果、肉用和仁用杏的加工生产。扩大浓缩果汁、天然果肉原汁及饮料加工能力。

6.枸杞及中药材加工业　枸杞今后要向系列深加工方向发展，加大科研加工技术的力度，向保健食品、饮料、药物和化妆品等行业扩展，增加枸杞汁、粉、酒等系列产品的生产。重点放在枸杞医用价值的开发利用上。甘草、麻黄、苦豆子等中药材产品的开发利用，要在打造品牌、精深加工上做文章。

三、加快发展农产品加工业的主要措施

（一）加强领导，营造良好的发展环境

发展农产品加工业是集农业、工业和市场于一体的系统工程，要求各环节协调发展。要树立系统发展的思路，采取措施，打破部门、地区界限，成立协调组织，加强领导。制定具体的发展规划和实施方案，典型示范，政策引导，企业带动。形成政府、企业、农民共同参与、多渠道投入的体系，提高整体素质。

（二）制订落实优惠政策、加大财政信贷扶持力度

要认真执行中央和自治区有关优惠政策，各项支农资金要向农产品加工业倾斜。建立扶持农产品加工业的发展资金，用于技术引进、项目考察、人员培训和市场开拓。

（三）培育壮大龙头企业，大力开拓市场

培育龙头企业，必须打破地域界限优化配置资源，相对集中发展，形成规模经营。要深化企业改革，优化产权结构，建立现代企业制度。加强小企业改组和联合，按产业形成一批各具特色的农产品加工工业区。要处理好龙头企业与农户之间的利益关系，通过合同契约、农民入股等方式，真正建立风险共担，利益均沾的机制。最大限度地降低市场波动给农民带来的损失，增加农民收入。

（四）强化措施，加快基地建设

从实际出发，因地制宜，发挥优势，确立支柱产业，给予重点扶持。把“生产什么，就加工什么”，改变为“加工需要什么，就生产什么”，推动加工企业与原料生产一体化建设。

（五）增加科技投入，推进技术创新和体制创新

要加大对农产品加工业的科技投入，实施人才战略，促进产、学、研的结合，加快转化吸收科研成果，提升企业的技术水平和研发能力。依托名牌开拓市场。组织跨地区的企业集团，择优扶强；培植品牌产品、优强企业。充分发挥全区830家农产品流通企业和480家各类专业技术协会及合作经济组织的作用，健全营销信息、监测网络，规范市场管理，扩大产品销售。

（六）建立健全农产品加工业的质量标准体系和社会化服务体系，促进全区农产品加工业的快速、健康发展

新疆维吾尔自治区农产品加工业发展情况

新疆维吾尔自治区经贸委

"十五"是我区经济发展的关键时期，大力发展农产品加工业，提高企业的技术创新能力和市场竞争实力，直接关系到农业增效和农民增收，关系到广大人民群众生活水平的提高和社会稳定。我委根据新疆经济发展的实际情况，结合国内外经济发展动态以及市场竞争形势的新变化，提出了《新疆"十五"工业结构调整总体意见》，对农产品加工相关行业与企业的发展提出了宏观指导意见和措施，并狠抓各项政策措施的落实，农产品加工业获得了较快发展。

一、农产品加工行业的基本情况

据2001年新疆统计年鉴，2000年全区独立核算的以农产品为原料的工业企业567家，其中亏损企业258家，当年销售产值138.3亿元，出口交货值20.8亿元，资产合计329.3亿元，应收账款净额33.3亿元。从农产品加工业整体水平看，亏损面高达45.5%，亏损企业亏损总额6.2亿元，全行业利润总额仅为0.73亿元，50%以上的企业缺乏市场竞争力。此外，全行业应收账款净额占当年销售产值的24%，说明企业产品适应市场的能力不强，企业在经销中赊销行为严重，经济效益不佳。主要表现为：一是行业小而全、全而散，无法形成优势，企业规模小，缺乏有竞争实力的企业集团。二是所有制结构单一。三是农产品加工企业整体素质不高，产品结构不尽合理，技术装备水平相对落后，生产粗放，资源消耗大，产品缺乏特色，专业化协作程度低，企业市场竞争能力弱。四是农产品加工企业地区布局不合理，各地区比较优势未能很好地发挥，各地州之间农产品加工业结构趋同，地方与兵团、地州与地州之间重复建设，既浪费了资源，又影响了行业整体的发展。

二、农产品加工业相关行业的现状和发展规划

1. 制糖工业　制糖工业曾为新疆自治区的经济发展做出过很大贡献。但近年来因多种原因，全行业经济效益欠佳。2000年，全区独立核算的制糖企业有15家，其中亏损企业7家，当年销售产值11.1亿元，亏损企业亏损总额0.39亿元，利润总额仅823.7万元。为此，要通过控制总量、调整布局、优化结构，推进贸工农一体化，加快制糖业结构调整步伐，实现制糖业的协调有序发展。首先，通过结构调整使我区制糖生产能力由日处理甜菜3.27万t调整到1.75万t，糖产量由55万t/年调整到30万～33万t/年；其次，根据生产经营、企业负债、管理水平、技术装备水平、区域分布、原料供应等情况，对全疆15家制糖企业进行重组和调整。

2. 罐头加工业（指占当地罐头行业95%的番茄制品）　新疆番茄制品加工业无论在产量、质量、出口量和装备水平上都位于全国第一。我区的番茄制品产业是以特色农业为依托，面向国际市场的外向型产业，发展很快。目前已形成年生产能力24.5万t，占全国番茄酱总量的83%，成为轻工业特色型出口创汇行业。资本结构也在不断调整，国有经济成分逐步退出，形成了多种经济成分积极参与资本运作的局面。新疆屯河集团、新疆中基股份有限公司已成为该产业的两大龙头企业。加快番茄制品加工业的发展，就是要在扶优扶强的原则下，继续加大产业结构调整力度，进一步推动两家龙头企业实施跨地区、跨系统、跨行业的兼并重组，扩大规模，调整结构，加强原料基地建设，形成有效参与国际市场竞争的规模效应和品牌优势。

3. 酿酒工业　新疆酿酒工业主要由白酒、啤酒、葡萄酒加工三部分组成，有白酒生产企业22家、啤酒生产企业5家、葡萄酒生产企业6家，已形成年产12万t白酒、35万t啤酒和3万t葡萄酒的生产能力，部分产品创出了品牌，在国内享有一定的知名度。但从行业发展的整体来看：新疆酿酒工业仍存在着生产规模小而散、资源转换水平低、各酒种发展失衡、技术创新能力差等问题。因此，要坚持"高度酒向低度酒转变，蒸馏酒向发酵酒转变，粮食酒向果露酒转变，普通酒向优质酒转变"的发展方针，扶优扶强，加快优势资源转换，实现规模化经营、产业化发展，力争到2005年达到年产白酒15万t、啤酒35万t、葡萄酒5万t的生产规模。

白酒业：以伊犁特实业股份公司为主体，对白杨酒厂、新安酒厂、哈密黄田班超酒厂进行资产重组，形成一个总资产达7.72亿元、总产量超过5万t、利润过亿元的大型企业集团，其白酒总产量将占我区白酒行业的62.5%，成为白酒行业的龙头企业。同时，重点扶持三台酒业有限公司（万吨级）等6家千吨级以上重点企业，通过与其他企业的优化重组，保持5万t生产规模。最终形成以“伊力”品牌为主导，年产量达10万t以上的新疆白酒产业。

啤酒业：继续支持2家10万t级重点啤酒集团的发展壮大，并最终实现强强联合，组建新疆啤酒集团。同时，利用新疆得天独厚的啤酒花、大麦、水等天然绿色资源，通过综合开发、加强管理、加速技术创新、开发新产品等方式，提高质量，降低成本，扩大市场占有率。

葡萄酒业：该行业是我区资源优势明显而发展严重滞后的行业。要重点扶持新疆石河子西域葡萄酿酒有限责任公司、玛纳斯新天国际葡萄酒业有限公司、中英合资鄯善楼兰酒业有限责任公司快速发展。通过加强技术创新，加强质量管理，加大市场宣传和经营策划，实施原料基地建设与葡萄酒酿造一体化工程，尽快形成生产能力过万吨的优势企业。

4.其他特色资源加工业　新疆红花是我区有特色的经济作物之一，红花系列产品（如红花油、红花乳液、红花氨基酸口服液等）具有广阔的市场前景。目前，新疆绿洲红花开发有限公司年产3万t红花油及系列产品的方案正在进行前期论证。

新疆曾有酒花之乡的美誉，有种植酒花的自然优势和丰富的栽培经验，发展酒花深加工业，调整和完善我国的酒花产品结构，加快啤酒花更新换代，是目前的当务之急。要大力支持酒花生产和加工企业推进技术进步，提高产品档次，以满足国内外市场对酒花制品的需求。

瓜果、蔬菜是新疆特色资源，享有盛名的哈密瓜、葡萄、香梨、杏子、石榴、胡萝卜、无花果、核桃、红枣、大蒜等远销国内外，但对产品的深加工不够。针对21世纪世界食品行业向保健、方便、绿色发展的主流，加大绿色食品开发力度，采用现代化新技术进行产品深加工，重点支持胡萝卜汁等系列绿色产品的技术改造，使其形成具有一定品牌、一定规模的特色产业。

三、进一步加快农产品加工业发展的意见和设想

1.加快结构调整和资产重组，促进全行业整体水平的提高　坚持以市场为导向，以经济效益为中心，以重点行业和企业集团为载体，加快建立现代企业制度，对整个行业实施战略性调整。通过联合重组、破产兼并、改组改造以及租赁、拍卖等多种形式，盘活存量资产，鼓励和支持有条件的企业向区内外骨干优势企业靠拢，引导企业走专业化分工协作的路子，提高集中度和关联度，发展规模经济。加大结构调整力度，合理布局区域生产力，在农产品加工行业中形成多种所有制经济优势互补、融合发展的新格局。

2.运用高新技术改造和提升农产品加工企业的技术水平，提高企业市场竞争实力　政府可从财政拨出专款，支持有发展前景的农产品加工企业进行新产品开发和技术创新。尤其要大力支持中小型农产品加工企业的技术创新与发展，通过融合社会科技资源为中小企业提供技术支持，建立中小企业服务体系，为中小企业提供项目咨询、信息服务、创新与发展策划，培育一批精、专、特、新的小巨人企业。同时，加大宣传力度，提高新疆特色产品的市场知名度。

3.推进现代流通组织形式建设，形成高效有序的产销经营体系　农产品加工企业要充分发挥自身优势，积极走产供销一体化的路子：可以逐步发展区域或全国型连锁销售网络，建立社会化的物流配送中心，面向各种企业提供加工、配置、包装、运输、销售服务；可以与“菜篮子”工程结合起来，利用其生产、销售体系，提高产品的加工率、包装率和优质率；可以与大型批发交易市场结合起来，利用其资源、网络的优势，直接为广大消费者提供加工、配置、运输服务；可以通过来料、来样、来技术、来品牌等方式，为大型物流中心、销售体系代加工、代包装、代配送；可以为大型连锁超市、销售中心餐饮企业加工各种食品，直接为消费者服务等。

4.加强各项管理制度建设，确保食品安全　建立健全加工农产品特别是食品的质量标准体系和检测检疫体系，进一步规范产品标准，加强农产品产前、产中、产后，加工前、加工中、加工后，消费前、消费中、消费后的监督，确保各种食品以及进出口产品的质量安全。可以考虑先从肉类、谷物类以及其他重要食品入手，将质量标准、检测检疫体系与实际管理方式紧密结合起来，形成周密细致的监督机制。同时，根据质量标准、检测检疫体系以及市场流通体系的需要，研究制定有关的法规，建立相应的法律体系，将加工农产品尤其是食品的监管纳入制度化、法制化、规范化轨道，从根本上保证食品安全。

5. 发挥相关协会的纽带作用，建立和完善社会化服务体系 发挥各种农产品加工业协会、商贸流通协会等中介组织在技术开发、市场营销、教育培训、法律咨询、国际合作等方面的作用，推动农产品加工业发展，提高农业产业化水平，建立比较完备的农业产业化社会服务体系。通过这个体系，政府可以有效地进行行业管理、政策监督和信息服务，企业可以及时得到技术、法律、营销、培训、管理等方面的帮助与指导，加快发展步伐。

6

第六部分

农产品加工业标准、专利

农产品加工业部分国家标准（2001—2002）

标准号	标准名称	代替标准
GB 18406.2－2001	农产品安全质量　无公害水果安全要求	
GB 18406.4－2001	农产品安全质量　无公害水产品安全要求	
GB/T 18407.2－2001	农产品安全质量　无公害水果产地环境要求	
GB/T 18407.3－2001	农产品安全质量　无公害畜禽产地环境要求	
GB/T 18407.4－2001	农产品安全质量　无公害水产品产地环境要求	
GB/T 18415－2001	小麦粉中过氧化苯甲酰的测定方法	
GB 50320－2001	粮食房式仓库设计标准	SBJ 03－1989
GB 50322－2001	粮食钢板筒仓设计规范	
GB/T 18353－2001	棉花加工企业基本技术条件	
GB 18399－2001	棉花加工机械安全要求	
GB/T 6975－2001	棉花包装	GB/T 6975－1986
GB/T 1027－2001	棉花打包用镀锌钢丝	
GB/T 18525.1－2001	豆类辐照杀虫工艺	
GB/T 18525.2－2001	谷类制品辐照杀虫工艺	
GB/T 18525.3－2001	红枣辐照杀虫工艺	
GB/T 18525.4－2001	枸杞干葡萄干辐照杀虫工艺	
GB/T 18525.5－2001	干香菇辐照杀虫防霉工艺	
GB/T 18525.6－2001	桂圆干辐照杀虫防霉工艺	
GB/T 18525.7－2001	空心莲辐照杀虫工艺	
GB/T 18526.1－2001	速溶茶辐照杀菌工艺	
GB/T 18526.2－2001	花粉辐照杀菌工艺	
GB/T 18526.3－2001	脱水蔬菜辐照杀菌工艺	
GB/T 18526.4－2001	香料和调味品辐照杀菌工艺	
GB/T 18526.5－2001	熟畜禽肉类辐照杀菌工艺	
GB/T 18526.6－2001	糟制肉食品辐照杀菌工艺	
GB/T 18526.7－2001	冷却包装分割猪肉辐照杀菌工艺	
GB/T 18527.1－2001	苹果辐照保鲜工艺	
GB/T 18527.2－2001	大蒜辐照抑制发芽工艺	
GB 18356－2001	茅台酒（贵州茅台酒）	
GB 18357－2001	宣威火腿	
GB/T 18395－2001	彭泽鲫	
GB/T 4928－2001	啤酒分析方法	GB/T 4928－1991
GB/T 8618－2001	制盐工业主要产品取样方法	GB/T 8618－1988

（续）

标 准 号	标 准 名 称	代替标准
GB/T 18517－2001	制冷术语	
GB/T 18518－2001	黄瓜　贮藏和冷藏运输	
GB/T 8867－2001	蒜薹简易气调冷藏技术	GB/T 8867－1988
GB/T 8588－2001	渔业资源基本术语	GB/T 8588－1988 GB/T 15808－1995
GB 18393－2001	牛羊屠宰产品品质检验规程	
GB 18394－2001	畜禽肉水分限量	
GB 18483－2001	饮食业油烟排放标准	
GB 8817－2001	食品添加剂　焦糖色	GB 8817－1988
GB 4480.1－2001	食品添加剂　胭脂红	GB 4480.1－1994
GB/T 18397－2001	复合预合饲料中泛酸的测定　高效液相色谱法	
GB/T 2543.1－2001	纺织品　纱线捻度的测定　第1部分：直接计数法	GB/T 2543.1－1989
GB/T 2543.2－2001	纺织品　纱线捻度的测定　第2部分：退捻加捻法	GB/T 2543.2－1989
GB/T 5708－2001	纺织品　针织物　术语	GB/T 5708－1985
GB/T 8424.1－2001	纺织品　色牢度试验　表面颜色的测定通则	GB/T 8424－1987
GB/T 8424.2－2001	纺织品　色牢度试验　相对白度的仪器评定方法	GB/T 8425－1987
GB/T 8424.3－2001	纺织品　色牢度试验　色差计算	
GB/T 8628－2001	纺织品　测定尺寸变化的试验中织物试样和服装的准备、标记和测量	GB/T 8628－1988 GB/T 13768－1992
GB/T 8629－2001	纺织品　试验用家庭洗涤及干燥程序	GB/T 8629－1988
GB/T 8631－2001	纺织品　织物因冷水浸渍而引起的尺寸变化的测定	GB/T 8631－1988
GB/T 8632－2001	纺织品　机织物　近沸点　商业洗烫后尺寸变化的测定	GB/T 8632－1988
GB/T 8745－2001	纺织品　燃烧性能　织物表面燃烧时间的测定	GB/T 8745－1988
GB/T 8746－2001	纺织品　燃烧性能　垂直方向试样易点燃性的测定	GB/T 8746－1988
GB/T 18318－2001	纺织品　织物弯曲长度的测定	
GB 18401－2001	纺织品　甲醛含量的限定	
GB/T 18412－2001	纺织品　有机氯杀虫剂残留量的测定	
GB/T 18413－2001	纺织品　2－萘酚残留量的测定	
GB/T 18414．1－2001	纺织品　五氯苯酚残留量的测定　第1部分：气相色谱　质谱法	
GB/T 18414．2－2001	纺织品　五氯苯酚残留量的测定　第2部分：气相色谱法	
GB/T 6002．3－2001	纺织机械术语　环锭纺纱　捻线锭子　术语对照表	GB/T 6002．3－1985
GB/T 18402－2001	纸浆滤水性能的测定（滤水时间法）	
GB 3544－2001	造纸工业水污染物排放标准	GB 3544－1992

（续）

标准号	标准名称	代替标准
GB/T 18422－2001	橡胶和塑料软管及软管组合件　透气性的测定	
GB/T 18423－2001	橡胶和塑料软管及非增强软管　液体壁透性测定	
GB/T 18424－2001	橡胶和塑料软管　氙弧灯暴晒　颜色和外观变化的测定	
GB/T 18425－2001	蒸汽橡胶软管试验方法	
GB/T 18426－2001	橡胶或塑料涂覆织物　低温弯曲试验	
GB/T 12584－2001	橡胶或塑料涂覆织物　低温冲击试验	GB/T 12584－1990
GB/T 12585－2001	硫化橡胶或热塑性橡胶　橡胶片材和橡胶涂覆织物挥发性液体蒸气透过速率的测定（质量法）	GB/T 12585－1990
GB/T 9572－2001	橡胶和塑料软管组合件电阻的测定	GB/T 9572－1988
GB/T 9875－2001	橡胶聚合物的鉴定　化学方法	GB/T 9875－1988
GB/T 12834－2001	硫化橡胶　性能优选等级	GB/T 12834－1991
GB/T 3511－2001	硫化橡胶或热塑性橡胶　直接自然气候老化试验方法	GB/T 3511－1983
GB/T 3512－2001	硫化橡胶或热塑性橡胶热空气加速老化和耐热试验	GB/T 3512－1983
GB/T 3513－2001	硫化橡胶与单根钢丝粘合力的测定　抽出法	GB/T 3513－1983
GB/T 8289－2001	浓缩天然胶乳　氨保存离心或膏化胶乳的规格	GB/T 8289－1987
GB/T 8292－2001	浓缩天然胶乳　挥发脂肪酸值的测定	GB/T 8292－1987
GB/T 8293－2001	浓缩天然胶乳　残渣含量的测定	GB/T 8293－1987
GB/T 8294－2001	浓缩天然胶乳　硼酸含量的测定	GB/T 8294－1987
GB/T 8297－2001	浓缩天然胶乳　KOH 值的测定	GB/T 8297－1987
GB/T 8298－2001	浓缩天然胶乳　总固体含量的测定	GB/T 8298－1987
GB/T 8299－2001	浓缩天然胶乳　干胶含量的测定	GB/T 8299－1987
GB/T 8300－2001	浓缩天然胶乳　碱度的测定	GB/T 8300－1987
GB/T 8301－2001	浓缩天然胶乳　机械稳定度的测定	GB/T 8301－1987
GB/T 18396－2001	天然胶乳　环法测定表面张力	
GB/T 18514－2001	人造板机械安全通则	
GB/T 15036．1－2001	实木地板　技术条件	GB/T 15036.15－1994
GB/T 15036.2－2001	实木地板　检验和试验方法	GB/T 15036.6－ 1994
GB/T 18810－2002	糙米	
GB 18824－2002	原产地域产品　盘锦大米	
GB/T 9697－2002	蜂王浆	GB/T 9697－1988
GB/T 18765－2002	野山参分等质量	
GB/T 18781－2002	养殖珍珠分级	
GB/T 10496－2002	糖料甜菜	GB/T 10496－1989 GB/T 10497－1989

（续）

标准号	标准名称	代替标准
GB/T 18738－2002	高蛋白速溶豆粉	
GB 18623－2002	镇江香醋	
GB 18624－2002	水井坊酒	
GB 10343－2002	食用酒精	GB 10343－1989
GB/T 18770－2002	食盐批发企业管理质量　等级划分及技术要求	
GB/T 18782－2002	调味品中 3－氯－1，2－丙二醇的测定	
GB/T 4789．32－2002	食品卫生微生物学检验　大肠菌群的快速检测	
GB/T 18625－2002	茶中有机磷及氨基甲酸酯农药残留量的简易检验方法（酶抑制法）	
GB/T 18626－2002	肉中有机磷及氨基甲酸酯农药残留量的简易检验方法（酶抑制法）	
GB/T 18629－2002	食品中扑草净残留量的测定方法	
GB/T 18630－2002	蔬菜中有机磷及氨基甲酸酯农药残留量的简易检验方法（酶抑制法）	
GB 18665－2002	蒙山茶	
GB 18745－2002	武夷岩茶	
GB 18862－2002	杭白菊	
GB/T 9833.1－2002	紧压茶　花砖茶	GB/T 9833.1－1988
GB/T 9833.2－2002	紧压茶　黑砖茶	GB/T 9833.2－1988
GB/T 9833.3－2002	紧压茶　茯砖茶	GB/T 9833.3－1988
GB/T 9833.4－2002	紧压茶　康砖茶	GB/T 9833.4－1989
GB/T 9833.5－2002	紧压茶　沱茶	GB/T 9833.5－1989
GB/T 9833.6－2002	紧压茶　紧茶	GB/T 9833.6－1989
GB/T 9833.7－2002	紧压茶　金尖茶	GB/T 9833.7－1989
GB/T 9833.8－2002	紧压茶　米砖茶	GB/T 9833.8－1993
GB/T 9833.9－2002	紧压茶　青砖茶	GB/T 9833.9－1993
GB/T 8302－2002	茶　取样	GB/T 8302－1987
GB/T 8303－2002	茶　磨碎试样的制备及其干物质含量测定	GB/T 8303－1987
GB/T 8304－2002	茶　水分测定	GB/T 8304－1987
GB/T 8305－2002	茶　水浸出物测定	GB/T 8305－1987
GB/T 8306－2002	茶　总灰分测定	GB/T 8306－1987
GB/T 8307－2002	茶　水溶性灰分和水不溶性灰分测定	GB/T 8307－1987
GB/T 8308－2002	茶　酸不溶性灰分测定	GB/T 8308－1987
GB/T 8309－2002	茶　水溶性灰分碱度测定	GB/T 8309－1987
GB/T 8310－2002	茶　粗纤维测定	GB/T 8310－1987

（续）

标准号	标准名称	代替标准
GB/T 8311－2002	茶　粉末和碎茶含量测定	GB/T 8311－1987
GB/T 8312－2002	茶　咖啡碱测定	GB/T 8312－1987
GB/T 8313－2002	茶　茶多酚测定	GB/T 8313－1987
GB/T 8314－2002	茶　游离氨基酸总量测定	GB/T 8314－1987
GB/T 18795－2002	茶叶标准样品制备技术条件	
GB/T 18798.1－2002	固态速溶茶　取样	
GB/T 18798.2－2002	固态速溶茶　总灰分测定	
GB/T 18798.3－2002	固态速溶茶　水分测定	
GB/T 18633－2002	饲料中钾的测定　火焰光度法	
GB/T 18634－2002	饲用植酸酶活性的测定　分光光度法	
GB/T 6436－2002	饲料中钙的测定	GB/T 6436－1992
GB/T 6437－2002	饲料中总磷的测定　分光光度法	GB/T 6437－1992
GB/T 13083－2002	饲料中氟的测定　离子选择性电极法	GB/T 13083－1991
GB/T 13091－2002	饲料中沙门氏菌的检测方法	GB/T 13091－1991
GB/T 18868－2002	饲料中水分、粗蛋白质、粗纤维、粗脂肪、赖氨酸、蛋氨酸快速测定　近红外光谱法	
GB/T 18869－2002	饲料中大肠菌群的测定	
GB/T 13882－2002	饲料中碘的测定（硫氰酸铁—亚硝酸催化动力学法）	GB/T 13882－1992
GB/T 14698－2002	饲料显微镜检查方法	GB/T 14698－1993
GB/T 18823－2002	饲料　检测结果判定的允许误差	
GB/T 7301－2002	饲料添加剂　烟酰胺	GB 7301－1987
GB/T 18695－2002	饲料加工设备术语	
GB/T 5605－2002	烟草和烟草制品　醋酸纤维滤棒	GB/T 5605－1996
GB/T 18767－2002	烟草和烟草制品　卷烟吸阻和滤棒压降　标准条件和测量	
GB/T 18771.2－2002	烟草术语　第2部分：烟草加工、烟草制品	
GB/T 18771.3－2002	烟草术语　第3部分：烟用材料、添加物	
GB/T 18771.4－2002	烟草术语　第4部分：质量评价和检测	
GB/T 18771.5－2002	烟草术语　第5部分：烟草机械	
GB/T 7568.1－2002	纺织品　色牢度试验　毛标准贴衬织物规格	GB 7564－1987
GB/T 7568.4－2002	纺织品　色牢度试验　聚酯标准贴衬织物规格	GB 7566－1987
GB/T 7568.5－2002	纺织品　色牢度试验　聚丙烯腈标准贴衬织物规格	GB 7567－1987
GB/T 7568.6－2002	纺织品　色牢度试验　丝标准贴衬织物规格	GB 7568－1987
GB/T 7573－2002	纺织品　水萃取液pH值的测定	GB/T 7573－1987
GB/T 8630－2002	纺织品　洗涤和干燥后尺寸变化的测定	GB/T 8630－1988
GB/T 18829.6－2002	纤维粗度的测定	
GB/T 18830－2002	纺织品　防紫外线性能的评定	
GB/T 18863－2002	免烫纺织品	

（续）

标 准 号	标 准 名 称	代替标准
GB/T 7111.1－2002	纺织机械噪声测试规范　第1部分：通用要求	GB/T 7111－1986
GB/T 7111.2－2002	纺织机械噪声测试规范　第2部分：纺前准备和纺布机械	GB/T 7111－1986
GB/T 7111.3－2002	纺织机械噪声测试规范　第3部分：非织造布机械	GB/T 7111－1986
GB/T 7111.4－2002	纺织机械噪声测试规范　第4部分：纱线加工、绳索加工机械	GB/T 7111－1986
GB/T 7111.5－2002	纺织机械噪声测试规范　第5部分：机织和针织准备机械	GB/T 7111－1986
GB/T 7111.6－2002	纺织机械噪声测试规范　第6部分：纺织机械	GB/T 7111－1986
GB/T 7111.7－2002	纺织机械噪声测试规范　第7部分：染整机械	GB/T 7111－1986
GB/T 14272－2002	羽绒服装	GB/T 14272－1993
GB/T 8878－2002	棉针织内衣	GB/T 8878－1997
GB/T 2667－2002	男女衬衫规格	GB/T 2667－1993
GB/T 2668－2002	男女单服套装规格	GB/T 2668－1993
GB/T 14304－2002	男女毛呢套装规格	GB/T 14304－1993
GB/T 18746－2002	拉链术语	
GB/T 5405－2002	纸施胶度的测定（液体渗透法）	GB/T 5405－1985
GB/T 5406－2002	纸透油度的测定	GB/T 5406－1985
GB/T 8942－2002	纸柔软度的测定	GB/T 8942－1988
GB/T 10739－2002	纸、纸板和纸浆试样处理和试验的标准大气条件	GB/T 10739－1989
GB/T 457－2002	纸耐折度的测定（肖伯尔法）	GB/T 457－1989
GB/T 458－2002	纸和纸板透气度的测定（肖伯尔法）	GB/T 458－1989
GB/T 459－2002	纸和纸板伸缩性的测定	GB/T 459－1989
GB/T 460－2002	纸施胶度的测定（墨水画线法）	GB/T 460－1989
GB/T 461.1－2002	纸和纸板毛细吸液高度的测定（克列姆法）	GB/T 461.1－1989
GB/T 461.2－2002	纸和纸板表面吸收速度的测定	GB/T 461.2－1989
GB/T 10336－2002	造纸纤维长度的测定（偏振光法）	GB/T 10336－1989
GB/T 5032－2002	纸、纸板和纸浆表示性能的单位	GB/T 5032－1985
GB/T 1540－2002	纸和纸板吸水性的测定（可勃法）	GB/T 1540－1989
GB/T 4688－2002	纸、纸板和纸浆纤维组成的分析	GB/T 4688－1984
GB/T 7974－2002	纸、纸板和纸浆亮度（白度）的测定（漫射/垂直法）	GB/T 7974－1987
GB/T 450－2002	纸和纸板试样的采取	GB/T 450－1989
GB/T 451.1－2002	纸和纸板尺寸及偏斜度的测定	GB/T 451.1－1989
GB/T 451.2－2002	纸和纸板定量的测定	GB/T 451.2－1989
GB/T 451.3－2002	纸和纸板厚度的测定	GB/T 451.3－1989
GB 18739－2002	宣纸	
GB/T 10740－2002	纸浆尘埃和纤维束的测定	GB/T 10740－1989

（续）

标　准　号	标　准　名　称	代替标准
GB/T 8940.2－2002	纸浆亮度（白度）试样的制备	GB/T 8940.2－1988
GB/T 10342－2002	纸张的包装和标志	GB/T 10342－1989
GB/T 452.1－2002	纸和纸板纵横向的测定	GB/T 452.1－1989
GB/T 452.2－2002	纸和纸板正反面的测定	GB/T 452.2－1989
GB/T 453－2002	纸和纸板抗张强度的测定（恒速加荷法）	GB/T 453－1989
GB/T 454－2002	纸耐破度的测定	GB/T 454－1989
GB/T 455－2002	纸和纸板撕裂度的测定	GB/T 455.1－1989 GB/T 455.2－1989
GB 18706－2002	液体食品保鲜包装用纸基复合材料（屋顶包）	
GB/T 14853.1－2002	橡胶用造粒炭黑倾注密度的测定	GB/T 14853.1－1993
GB/T 14853.2－2002	橡胶用造粒炭黑细粉含量的测定	GB/T 14853.2－1993
GB/T 14853.3－2002	橡胶用造粒炭黑粒子磨损量的测定	GB/T 14853.3－1993
GB/T 14853.4－2002	橡胶用造粒炭黑堆积强度的测定	GB/T 14853.4－1993
GB/T 14853.5－2002	橡胶用造粒炭黑粒子尺寸分布的测定	GB/T 14853.5－1993
GB/T 14853.6－2002	橡胶用造粒炭黑单个粒子破碎强度的测定	GB/T 14853.6－1993
GB/T 14853.7－2002	橡胶用造粒炭黑技术条件	GB/T 14853.7－1993
GB/T 18864－2002	硫化橡胶　工业用抗静电和导电产品　电阻极限范围	
GB/T 18865－2002	橡胶与橡胶制品　实验室间试验确定的重复性值和再现性值置信区间	
GB/T 18866－2002	橡胶　酸消化溶解法	
GB/T 3672.1－2002	橡胶制品的公差　第1部分：尺寸公差	GB/T 3672－1992
GB/T 3672.2－2002	橡胶制品的公差　第2部分：几何公差	GB/T 3672－1992
GB/T 3780.5－2002	橡胶用炭黑比表面积测定 CTAB 法	GB/T 3780.5－1991
GB/T 3780.21－2002	橡胶用炭黑筛余物测定　水冲洗法	GB/T 3780.21－1991
GB/T 9873－2002	橡胶中铅含量的测定　双硫腙光度法	GB/T 9873－1988
GB/T 11201－2002	橡胶中铁含量的测定　原子吸收光谱法	GB/T 11201－1989
GB/T 7528－2002	橡胶和塑料软管及软管组合件　术语	GB/T 7528－1987
GB/T 7758－2002	硫化橡胶　低温性能的测定　温度回缩法（TR 试验）	GB/T 7758－1987
GB/T 2438－2002	硬质橡胶 压碎强度的测定	GB/T 2438－1981
GB/T 3517－2002	天然生胶 塑性保持率（PRI）的测定	GB/T 3517－1991
GB/T 7123.1－2002	胶粘剂适用期的测定	GB/T 7123－1986
GB/T 7123.2－2002	胶粘剂贮存期的测定	GB/T 7751－1987
GB/T 4850－2002	压敏胶粘带低速解卷强度的测定	GB/T 4850－1984
GB/T 4852－2002	压敏胶粘带初粘性试验方法（滚球法）	GB/T 4852－1984
GB/T 18835－2002	谷物冷却机	
GB/T 18673－2002	渔用机织网片通用技术条件	
GB/T 18674－2002	渔用绳索通用技术条件	
GB/T 18662－2002	工业微波加热设备输出功率的测定方法	
GB/T 6759－2002	织物芯输送带的层间黏合强度试验方法	CB/T 6759—1986

农产品加工农业行业标准（2001—2002）

标准号	标准名称	代替标准
NY/T 443－2001	秸秆气化供气系统技术条件及验收规范	
NY/T 447－2001	韭菜中甲胺磷等七种农药残留检测方法	
NY/T 448－2001	蔬菜上有机磷和氨基甲酸酯类农药残毒快速检测方法	
NY/T 5019－2001	无公害食品　茶叶加工技术规程	
NY 5053－2001	无公害食品　草、青、鲢、鳙、尼罗罗非鱼	
NY 5056－2001	无公害食品　海带	
NY 5058－2001	无公害食品　对虾	
NY 5060－2001	无公害食品　大黄鱼	
NY 5062－2001	无公害食品　海湾扇贝	
NY 5064－2001	无公害食品　中华绒螯蟹	
NY 5066－2001	无公害食品　中华鳖	
NY 5068－2001	无公害食品　鳗鲡	
NY 5070－2002	无公害食品　水产品中渔药残留限量	NY5070－2001
NY 5071－2002	无公害食品　渔用药物使用准则	NY5071－2001
NY 5072－2002	无公害食品　渔用配合饲料安全限量	NY5072－2001
NY 5073－2001	无公害食品　水产品中有毒有害物质限量	
NY 467－2001	畜禽屠宰卫生检疫规范	
NY/T 468－2001	动物组织中盐酸克伦特罗的测定气相色谱—质谱法	
NY 5074－2002	无公害食品　黄瓜	
NY 5076－2002	无公害食品　苦瓜	
NY 5078－2002	无公害食品　豇豆	
NY 5080－2002	无公害食品　菜豆	
NY 5082－2002	无公害食品　萝卜	
NY 5084－2002	无公害食品　胡萝卜	
NY 5086－2002	无公害食品　鲜食葡萄	
NY 5089－2002	无公害食品　菠菜	
NY/T 5090－2002	无公害食品　菠菜生产技术规程	
NY 5091－2002	无公害食品　芹菜	
NY 5093－2002	无公害食品　蕹菜	
NY 5095－2002	无公害食品　香菇	
NY 5096－2002	无公害食品　平菇	
NY 5097－2002	无公害食品　双孢蘑菇	
NY 5098－2002	无公害食品　黑木耳	
NY 5100－2002	无公害食品　梨	
NY 5103－2002	无公害食品　草莓	
NY 5106－2002	无公害食品　猕猴桃	
NY 5109－2002	无公害食品　西瓜	

（续）

标　准　号	标　准　名　称	代替标准
NY 5112－2002	无公害食品　桃	
NY 5115－2002	无公害食品　大米	
NY 5118－2002	无公害食品　菜籽油	
NY 5119－2002	无公害食品　饮用菊花	
NY 5122－2002	无公害食品　窨茶用茉莉花	
NY 5129－2002	无公害食品　兔肉	
NY 5132－2002	无公害食品　肉兔饲养饲料使用准则	
NY 5134－2002	无公害食品　蜂蜜	
NY 5135－2002	无公害食品　蜂王浆与蜂王浆冻干粉	
NY 5136－2002	无公害食品　蜂胶	
NY 5137－2002	无公害食品　蜂花粉	
NY 5140－2002	无公害食品　巴氏杀菌乳	
NY 5141－2002	无公害食品　灭菌乳	
NY 5142－2002	无公害食品　酸牛奶	
NY 5143－2002	无公害食品　皮蛋	
NY 5144－2002	无公害食品　咸鸭蛋	
NY 5145－2002	无公害食品　鸡杂碎	
NY 5146－2002	无公害食品　猪肝	
NY 5147－2002	无公害食品　羊肉	
NY 5152－2002	无公害食品　大菱鲆	
NY 5154－2002	无公害食品　近江牡蛎	
NY 5156－2002	无公害食品　牛蛙	
NY 5158－2002	无公害食品　罗氏沼虾	
NY 5160－2002	无公害食品　虹鳟	
NY 5162－2002	无公害食品　三疣梭子蟹	
NY 5164－2002	无公害食品　乌鳢	
NY 5166－2002	无公害食品　鳜	
NY 5168－2002	无公害食品　黄鳝	
NY 5170－2002	无公害食品　克氏鳌虾	
NY 5171－2002	无公害食品　海蜇	
NY 5172－2002	无公害食品　水发水产品	
NY 5173－2002	无公害食品　荔枝	
NY 5175－2002	无公害食品　龙眼	
NY 5177－2002	无公害食品　菠萝	
NY 5179－2002	无公害食品　哈密瓜	
NY 5182－2002	无公害食品　杨桃	
NY 5184－2002	无公害食品　脱水蔬菜	
NY 5185－2002	无公害食品　速冻绿叶类蔬菜	

（续）

标 准 号	标 准 名 称	代替标准
NY 5186－2002	无公害食品　干制金针菜	
NY 5187－2002	无公害食品　罐装金针菇	
NY 5188－2002	无公害食品　粉丝	
NY 5189－2002	无公害食品　豆腐	
NY/T 5190－2002	无公害食品　稻米加工技术规范	
NY/T 5191－2002	无公害食品　粉丝加工技术规范	
NY 5192－2002	无公害食品　速冻葱蒜类蔬菜	
NY 5193－2002	无公害食品　速冻甘蓝类蔬菜	
NY 5194－2002	无公害食品　速冻瓜类蔬菜	
NY 5195－2002	无公害食品　速冻豆类蔬菜	
NY 5196－2002	有机茶	
NY/T 5197－2002	有机茶生产技术规程	
NY/T 5198－2002	有机茶加工技术规程	
NY 5199－2002	有机茶产地环境条件	

农产品加工业机械行业标准（1999—2001）

标 准 号	标 准 名 称	代替标准
JB/T 9808.1－1999	奶用真空泵　技术条件	
JB/T 9808.2－1999	奶用真空泵　试验方法	
JB/T 9810.1－1999	转子式茶叶揉切机　技术条件	
JB/T 9810.2－1999	转子式茶叶揉切机　试验方法	
JB/T 9811.1－1999	茶叶平面圆筛机　技术条件	
JB/T 9811.2－1999	茶叶平面圆筛机　试验方法	
JB/T 7863－1999	茶叶机械　术语	
JB/T 9812.1－1999	茶叶杀青机　技术条件	
JB/T 9812.2－1999	茶叶杀青机　试验方法	
JB/T 9813.1－1999	阶梯式茶叶拣梗机　技术条件	
JB/T 9813.2－1999	阶梯式茶叶拣梗机　试验方法	
JB/T 9814.1－1999	茶叶揉捻机　型式与基本参数	
JB/T 9814.2－1999	茶叶揉捻机　技术条件	
JB/T 9814.3－1999	茶叶揉捻机　试验方法	
JB/T 9816－1999	甩刀式切碎机切碎刀片	
JB/T 9820.1－1999	饲料混合机　型式与基本参数	
JB/T 9821－1999	饲料加工成套设备　型式与基本参数	
JB/T 51213－1999	饲料粉碎机　产品质量分等	
JB/T 51214－1999	饲料混合机　产品质量分等	
JB/T 51215－1999	饲料加工机组　产品质量分等	
JB/T 9822.2－1999	锤片式饲料粉碎机　锤片	
JB/T 9825.1－1999	小型小麦清理设备　技术条件	

（续）

标　准　号	标　准　名　称	代替标准
JB/T 9825.2－1999	小型小麦清理设备　试验方法	
JB/T 50062－1999	大豆磨浆机　产品质量分等	
JB/T 51241－1999	粮食清选机　产品质量分等	
JB/T 51235－1999	茎杆切碎还田机　产品质量分等	
JB/T 51243－1999	花生剥壳机　产品质量分等	
JB/T 5680－2000	小型辊式磨粉机　技术条件	
JB/T 5681－2000	小型辊式磨粉机　试验方法	
JB/T 51191－1999	小型辊式磨粉机　产品质量分等	
JB/T 8838.1－2000	小型面粉加工成套设备　技术条件	JB/T 8838.1－1999
JB/T 8838.2－2000	小型面粉加工成套设备　试验方法	JB/T 8838.2－1999
JB/T 51219－2000	小型面粉加工成套设备　产品质量分等	
JB/T 6678－2001	秸秆切碎还田机	
JB/T 8401.3－2001	根茬粉碎还田机	
JB/T 10267－2001	胶辊砻谷机	
JB/T 10268－2001	批式循环谷物干燥机	
JB/T 10289－2001	饲料膨化机	
JB/T 10290－2001	饲料膨胀机	

农产品加工业轻工行业标准（2000—2002）

标　准　号	标　准　名　称	代替标准
QB/T 2941－2000	低聚异麦芽糖	
QB/T 2942－2000	功能性低聚糖通用技术规则	
QB/T 1432－2001	果冻	QB 1432－1992
QB/T 2507－2001	复合薄膜制袋机	QB/T 3692－1999
QB/T 1103－2001	猪鬃漆刷	QB/T 1103－1991
QB/T 1173－2002	单晶体冰糖	QB/T 1173－1991
QB/T 1174－2002	多晶体冰糖	QB/T 1174－1991
QB/T 1214－2002	方糖	QB/T 1214－1991， QB/T 1215－1991
QB 2554－2002	食用氯化钾	
QB 2555－2002	食用硫酸镁	
QB/T 2544－2002	香豆素	QB/T 3761－1999
QB/T 2545－2002	桉叶素含量 80％的桉叶油	QB/T 3763－1999
QB/T 2546－2002	二甲苯麝香	QB/T 3768－1999
QB/T 2547－2002	葵子麝香	QB/T 3769－1999
QB 2553－2002	制糖机械　蒸发罐	
QB/T 2557－2002	制糖机械产品型号编制方法	
QB/T 2556－2002	造纸机械用铸铁烘缸设计规定	QB/T 3663－1999
QB 2551－2002	造纸机械用铸铁烘缸技术条件	QB 3662－1999
QB 2552－2002	造纸机械用钢制烘缸技术条件	

农产品加工业纺织行业标准（2001—2002）

标 准 号	标 准 名 称	代替标准
FZ/T 93058－2001	前纺设备自调匀整装置	
FZ/T 94048－2001	片梭织机	
FZ/T 96022－2001	化纤打包机	
FZ/T 96023－2001	假捻变形机	
FZ/T 93015－2001	转杯纺纱机	FZ/T 93015－1992
FZ/T 93059－2001	并纱机	
FZ/T 92018－2001	平面钢领	FZ/T 92018－1992
FZ/T 81010－2001	风雨衣	FZ/T 81010－1999
FZ/T 13001－2001	色织牛仔布	FZ/T 13001－1993
FZ/T 10002－2001	色织牛仔布布面疵点评分方法	FZ/T 10002－1993
FZ/T 20017－2001	毛纱试验方法	FZ/T 20017－1999
FZ/T 73018－2002	毛针织品	FZ/T 73003－1991 FZ/T 73004－1991 FZ/T 24006－1995
FZ/T 73005－2002	低含毛混纺及仿毛针织品	FZ/T 73005－1991
FZ/T 22001－2002	精梳机织毛纱	
FZ/T 22002－2002	粗梳机织毛纱	
FZ/T 32008－2002	针织用亚麻纱	
FZ/T 34003－2002	亚麻床上用品	
FZ/T 73007－2002	针织运动服	FZ/T 73007－1997
FZ/T 73008－2002	针织T 恤衫	FZ/T 73008－1997
FZ/T 01095－2002	纺织品氨纶产品纤维含量的试验方法	
FZ/T 81002－2002	水洗羽毛羽绒	FZ/T 81002－1991
FZ/T 80001－2002	水洗羽毛羽绒试验方法	FZ/T 80001－1991
FZ/T 80002－2002	服装标志、包装、运输和储存	FZ/T 80002－1991
FZ/T 93002－2002	纺纱和捻线用钢丝圈	FZ/T 93002－1991
FZ/T 93003－2002	纺纱和捻线用金属钩	FZ/T 93003－1991
FZ/T 93004－2002	纺纱和捻线用塑料钩	FZ/T 93004－1991
FZ/T 93008－2002	环锭细沙机用塑料经纱管	FZ/T 93008－1991
FZ/T 93010－2002	换梭式梭子用塑料纬纱管	FZ/T 93010－1991
FZ/T 90004－2002	经纱管和纬纱管检验规则	FZ/T 90004－1991

农产品加工业水产行业标准（2001）

标 准 号	标 准 名 称	代替标准
SC 1403-2001	黄河鲤	
SC/T 6001.3-2001	渔业机械基本术语 水产品加工机械	
SC/T 1045-2001	奥利亚罗非鱼亲鱼	
SC/T 2006-2001	牙鲆配合饲料	
SC/T 2007-2001	真鲷配合饲料	
SC/T 6007-2001	理鱼用带式输送机型式、基本参数与技术要求	SC/T 6007-1987
SC/T 6010-2001	叶轮增氧机技术条件	SC/T 6010-1987
SC/T 6011-2001	平模颗粒饲料压制机 技术条件	SC/T 6011-1987

农产品加工业内贸行业标准（2001）

标 准 号	标 准 名 称	代替标准
SB 10346-2001	糖果分类	
SB 10347-2001	压片糖果	
SB 10018-2001	硬质糖果	SB/T 10018-1992
SB 10019-2001	硬质夹心糖果	SB/T 10019-1992
SB 10020-2001	乳脂糖果	SB/T 10020-1992
SB 10021-2001	凝胶糖果	SB/T 10021-1992
SB 10022-2001	抛光糖果	SB/T 10022-1992
SB 10023-2001	胶基糖果	SB/T 10023-1992
SB 10104-2001	充气糖果	SB/T 10104-1992
SB/T 10344-2001	食品平板式冻结装置	

农产品加工业商检行业标准（2001—2002）

标 准 号	标 准 名 称	代替标准
SN/T 0988-2001	出口水煮笋马口铁罐检验规程	
SN/T 0998-2001	出口月见草油检验方法	
SN/T 1000-2001	出口冻鱿鱼检验规程	
SN/T 1001-2001	出口人参检验方法	
SN/T 1002-2001	进出口桂皮检验规程	
SN/T 1003-2001	出口即食海蜇检验规程	
SN/T 1004-2001	出口蘑菇罐头中尿素残留量检验方法	
SN/T 1005-2001	出口肉品中富拉磷残留量检验方法——杯碟法	
SN/T 1006-2001	进出口薇菜干检验规程	
SN/T 1007-2001	进出口鲜蒜薹检验规程	
SN/T 1016.1-2001	出口肉及肉制品中卡巴氧残留量检验方法——气相色谱法	
SN/T 1016.2-2001	出口肉及肉制品中甲酚残留量检验方法	

（续）

标 准 号	标 准 名 称	代替标准
SN/T 1017.1－2001	出口粮谷中环庚草醚残留量检验方法	
SN/T 1017.2－2001	出口粮谷中丁胺磷残留量检验方法	
SN/T 1018－2001	出口食品罐头中乙二胺四乙酸含量检验方法	
SN/T 1019－2001	出口宠物饲料检验规程	
SN/T 1020－2001	出口干菊花检验规程	
SN/T 1021－2001	进出口活沙蚕检验规程	
SN/T 1022－2001	出口食品中霍乱弧菌检验方法	
SN/T 1026－2001	出口配制酒检验规程	
SN/T 0993－2001	进出口商品重量鉴定规程　液体产品静态计重	
SN/T 1023－2001	出口绒绣制品检验规程	
SN/T 1008－2001	出口日用、运动皮手套检验规程	
SN/T 1009－2001	出口革皮裤、革皮裙检验规程	
SN/T 1010－2001	出口合成革鞋检验规程	
SN/T 1011－2001	出口被套检验规程	
SN/T 1012－2001	出口涤纶针织立绒检验规程	
SN/T 1013－2001	进出口棉、涤棉机织物的线密度测定方法	
SN/T 1025－2001	出口商品运输包装瓦楞纸箱用纸检验规程	
SN/T 1091－2002	进出口鱼糜制品检验规程	
SN/T 0213.5－2002	出口蜂蜜中氟胺氰菊酯残留量检验方法　液相色谱法	
SN/T 1101－2002	进出口油籽及粮谷中黄曲霉毒素的检验方法	
SN/T 1104－2002	进出境新鲜蔬菜检疫操作规程	
SN/T 1107－2002	出口蜂蜡检验规程	
SN/T 1108－2002	出口盐渍小虾检验规程	
SN/T 1111－2002	甘油含量的测定　毛细管气相色谱法	
SN/T 0273－2002	进出口商品运输包装木箱检验检疫规程	
SN/T 1096－2002	出口丝毯检验规程	
SN/T 1099－2002	进出口织物检验抽样方法	
SN/T 1103－2002	进出口纺织品检验规程、检验方法标准编写的基本规定	

农产品加工业其他行业标准（2000—2002）

标 准 号	标 准 名 称	代替标准
GH 1020－2000	梳棉胎	ZB B32001－1989
GH/T 1021－2000	喷胶棉	ZB B32001－1989
GH/T 1023－2000	棉短绒清理机	ZB B93004－1987
GH/T 1024－2000	风力清籽机	ZB B93012－1988
GH/T 1025－2000	轧花厂粉尘测定	
HG 2636－2000	饲料级　磷酸氢钙	HG 2636－1991
HG 2933－2000	饲料级　硫酸镁	HG　2933－1987

（续）

标 准 号	标 准 名 称	代替标准
HG 2934－2000	饲料级 硫酸锌	HG 2934－1987
HG 2935－2000	饲料级 硫酸亚铁	HG 2935－1987
HG 2940－2000	饲料级 轻质碳酸钙	HG 2940－1987
HG 2669－2000	食品添加剂 稳定态二氧化氯溶液	
HG 2919－2000	食品添加剂 磷酸二氢钠	HG 2919－1980
HG 2920－2000	食品添加剂 碳酸氢二钠	HG 2920－1987
YC/T 146－2001	烟叶 打叶复烤 工艺规范	
YC/T 147－2001	打叶烟叶 质量检验	
HY/T 053－2001	微孔滤膜	
HY/T 054－2001	中空纤维反渗透技术	
HY/T 055－2001	折叠筒式微孔膜过滤芯	
HG/T 3224－2001	试验用开放式炼胶机	HG/T 3224－1986
HG/T 3228－2001	橡胶塑料机械涂漆通用技术条件	HG/T 3228－1988
HG/T 2098－2001	釜用机械密封系列及主要参数	HG/T 2098－1991
HG/T 3693－2001	橡胶膜片式稳压阀技术条件	
HG 2938－2001	饲料级 氯化钴	HG 2938－1987
HG 2939－2001	饲料级 碘化钾	HG 2939－1987
LY/T 1011－2001	圆形摆动筛	LY/T 1011－1991 LY/T 1012－1991 LY/T 1013－1991
YZ/T 0069－2002	包件分拣机安装工程质量检验评定标准	
YZ/T 0070－2002	扁平件分拣机安装工程质量检验评定标准	
LS/T 1201－2002	磷化氢环流熏蒸技术规程	
LS/T 6101－2002	谷物糊化特性的测定（快速黏度分析仪测定法）	

农产品加工业发明专利（2000—2002）

以下是2000—2002年农产品加工业（含加工制品、加工技术与设备）部分专利选摘。

申请或批准号	发 明 名 称	申请人	通 讯 地 址	发明人
00112715.2	益寿颜容液（酒）	张华贵	（646001）四川省泸州市下工农路53号	张华贵
00112972.4	一种能调节人体细胞变异基因的绿色食品	箫 丙	（618000）四川省德阳西城小区四栋三单元	箫 丙
00258989.3	会演奏乐曲的饮料	王红星	（342100）江西省安远县五里街136号	王红星
00118214.5	一种脱水清真快餐方便汤料食品及其生产工艺	赵子文	（730050）甘肃省兰州市西津西路948号	赵子文
00110488.8	肉类食品的制作配方及工艺	郭连昆	（110031）辽宁省沈阳市皇姑区黄河南大街16号九州大厦308室	郭连强

（续）

申请或批准号	发明名称	申请人	通讯地址	发明人
00112337.8	米糠营养素健康食品的生产方法	无锡轻工大学	（214036）江苏省无锡市惠河路170号	姚惠源、陈正行等
00129636.1	活性钙饮料及其生产方法	陈　辉	（830011）新疆乌鲁木齐铁路局中心医院马英倩转	陈　辉
00107917.4	降糖玉米食品及其制备方法	孙天民、邵明银	（100088）北京市海淀区蓟门里东五楼907号	孙天民、邵明银
00117737.0	一种酒心食品生产方法	颜小林	（621105）四川省三台县黎曙二村一组	颜小林
00244374.0	料酒更新及专利技术运用	李茂楠	（610041）四川省成都市玉林小区玉林横街25号	李茂楠
00129138.6	枸杞茶及其制备方法	姚儒良	（835000）新疆伊宁市伊犁州人事局	姚儒良
00240653.5	转盘油热式威化饼干机	汪国驹	（224200）江苏省东台市东亭北路北顾巷1号	汪国驹
00266174.8	全自动快速高产酿醋机	张洪涛	(450052)郑州市陇海中路64号省科学院地理研究所47号信箱	张洪涛
00256802.0	一种立体喷射冲浪式洗碗消毒机	王大兴	（571100）海南省琼山市府城镇东门街九号017信箱	王大兴
00245006.2	能即时加热的食用液体容器	李光德	（650217）昆明东郊牛街庄邮电所6号信箱	李光德
00132302.4	全自动蜂窝纸板制造方法	梁　俊	（518026）深圳市福田区彩田南路海滨广场华轩大厦5A	梁　俊
00115748.5	利用椰壳纤维作纸浆原料的制造方法	夏百平、卢洪涛等	（200001）上海市金陵东路216号	夏百平、卢洪涛等
00261997.0	冲针型滚珠导轨式纸面草板制造机	赵耀池	（210008）南京市高楼门42号	赵耀池
00258674.6	瓜子包装袋	余志阳	（342600）江西省会昌县二中路114号	余志阳
00134194.4	微安防微波安全布料	微安美国公司	美国纽约州	吕明鉴
00134650.4	除臭灭菌丝、棉	董　森	（834032）新疆维吾尔自治区奎屯129团五五职业高中	董　森
00801633.X	耐磨纺制品	罗迪亚尼尔公司	法国库伯瓦	F·鲍奎利尔等
00115440.0	含有银杏叶提取物的聚丙烯纤维	上海石油化工股份有限公司	（200540）上海市金山区石化经一路	陈克权、郭永林等
00115439.7	含有银杏叶提取物的聚丙烯纤维的制造方法	上海石油化工股份有限公司	（200540）上海市金山区石化经一路	陈克权、郭永林等
00115441.9	含有银杏叶提取物的皮芯复合聚丙烯纤维	上海石油化工股份有限公司	（200540）上海市金山区石化经一路	陈克权、郭永林等
00116211.X	牛奶酪蛋白与丙烯腈接枝共聚纤维浆液合成的改进工艺	郑宝武	（200233）上海市宜山路655弄6号1707室	郑　宇 郑宝武

（续）

申请或批准号	发明名称	申请人	通讯地址	发明人
00115444.3	含有银杏叶提取物的皮芯复合聚丙烯纤维的制造方法	上海石油化工股份有限公司	（200540）上海市金山区石化经一路	陈克权，郭永林等
00132576.0	贴身衬衣	长谷川弥敏；株式会社嘉都丽西田	日本奈良县	长谷川弥敏
00303239.6	T恤衫（C3）（系列产品）	乔国伟	（030027）山西省太原市和平北路南巷2号楼1单元13号	乔国伟
00107557.8	轻爽型长抗菌提臀束裤	周　枫	（100055）北京市宣武区南滨河路31号华亨大厦401室王硕雪转	周　枫
00238408.6	两用鞋	郑　杰	（830002）新疆乌鲁木齐市民主西路36号自治区建设银行科技处	郑　杰
00121721.6	带升降装置的桌子	共荣工业株式会社	日本东京	李　丁
00129427.X	低毒香烟	符广凯	（233000）安徽蚌埠市治淮路省地矿局第一水文队东大院	符广凯
ZL00.3.07785.3	五彩香烟	芮永州	（467000）河南省平顶山市新华区光明路小学魏世忠老师收转芮永州	芮永州
00136510.X	无公害香烟的生产方法	钱　刚	（230026）安徽省合肥中国科大东区19楼106室	钱　刚
00106222.0	含纤维材料的立式粗粉碎装置及其刃部构造	西日本技术开发有限会社	日本国山口县	西冈荣末兼康正
00109490.4	家具	共荣工业株式会社	日本东京都	菊地旺
00101247.9	具有降血糖作用的膳食纤维百禾饼干	吴　铁	（524023）广东省湛江市文明东路2号	吴　铁
01103987.6	复合植物蛋制作豆奶、豆腐、五谷汉煲	张　杨	（100102）北京朝阳区望京南湖东园214楼1—002	张　杨
01118400.0	降糖健康茶（红景天药茶）	袁智家	（157100）黑龙江省海林市603信箱	袁智家
01112975.1	一种调解血脂和延缓衰老的保健食品	上海华源蓝科健康产品股份有限公司	（200063）上海市中山北路1958号19层	高明华
01114216.2	动物骨髓提取物与中药提取物配制成的保健食品	谢启安	（430040）湖北省武汉市东西湖区吴家山台商投资区26号	谢启安
01119215.1	新的功能性食品组分	蛋白质技术国际公司	美国密苏里	A.G.阿尔特穆勒等
01114015.1	明目抗炎保健食品	崔　浩	（150001）黑龙江省哈尔滨市南岗区邮政街23号哈医大一院眼科	崔　浩
01101794.5	营养浓缩型速食蔬菜	张士军	(056003)河北省邯郸市邯郸钢铁集团总公司自动化部检修工段	张士军

（续）

申请或批准号	发明名称	申请人	通讯地址	发明人
01318150.5	包装罐贴（蔬菜脆片）	王小鸿	（255000）山东省淄博市张店区沣水镇仇家村（昌国路东首）维克食品有限公司	王小鸿
01129415.9	三功能绿色饮料	胡承伟、潘维志	（134000）吉林省通化市光明路77号通化县运输管理所	胡承伟、潘维志
01114327.4	一种能增智、健脑、抗衰的复合保健品和饮料	刘仁健、游女士	（430018）武汉市大智路49号融兴大厦416室	刘仁健、游女士
01128302.5	一种新颖独特的美容保健品、功能饮料及小食品	刘仁健、游女士	（430018）武汉市大智路49号融兴大厦416室	刘仁健、游女士
01114328.2	用南瓜子制作保健品和功能饮料	刘仁健、游女士	（430018）武汉市大智路49号融兴大厦416室	刘仁健、游女士
01112677.9	菌类食用颗粒专利	吴道宏	（200041）上海市静安区南京西路101弄109号	吴道宏
01104156.0	营养精料—1种NPN饲料添加剂	唐　祯	（528000）佛山市广益牛羊饲料公司（筹建）佛山市佛平路51号706	唐　祯
01106967.8	保健食用油及其制备工艺	邓运春	（418000）湖南省怀化市鸭咀岩怀化植物油厂	邓运春
01113104.7	一种生米黄酒制造工艺	潘建海	（312030）浙江省绍兴县柯桥中梅县第三酒厂	潘建海
01131770.1	荆茶荣饮料及其制备工艺	刘　梅	（710065）陕西省西安市吉祥村280号	刘　梅
01121565.8	有色蔬菜面条及制法	杨　林	（155600）黑龙江省宝清县劳动局	杨　林
01114192.1	一种制做袋装高温保鲜中式食品快餐的方法	石春伟	（110014）辽宁省沈阳市沈河区南一经街103－3号辽宁专利事务所陈洁	石春伟
01112587.X	螺旋藻即溶食品的制造方法	谢新辞	（353200）福建省顺昌县城关好运楼	谢新辞等
01108454.5	麻辣月饼馅及其制作方法	刘贵权	（550400）贵州省瓮安县桂泉糕点屋	刘贵权
01122903.9	肉香豆腐的生产方法	郭子良	（025150）内蒙古赤峰市巴林右旗城建局	郭子良
01114228.6	二种组合式食品饮料及其生产方法	刘仁健、游女士	（430018）武汉市大智路49号融兴大厦416室	刘仁健、游女士
01101541.1	一种含硒营养补品的制备方法	王建良	（266700）山东省平度市城关（原李园）办事处西阁街295号	王建良
01128190.1	菜肴配料调料包装方法	张伟民	（116001）辽宁省大连市西岗区石葵路720－3－1	张伟民
01241323.2	环保式冰糕制冷机	陈云祥	（136200）吉林省辽源市集贸大楼工商局分局　王永祥　收	陈云祥
01114974.4	海洋活性肽食品添加剂的制备方法	山东大学	（250100）山东省济南市山大南路27号	张玉忠等
01117276.2	玉米年糕及其生产方法	云南省蒙自县年糕厂	（661100）云南省蒙自县环城北路18号	李国辅等

（续）

申请或批准号	发明名称	申请人	通讯地址	发明人
01117275.4	玉米饵块及其生产方法	云南省蒙自县年糕厂	（661100）云南省蒙自县环城北路18号	谭承德、鄢红等
01106675.X	非油炸玉米杂粮怪味薄脆饼及其生产方法	李克明	（461687）河南省禹州市顺店镇北街15号	李克明
01101374.5	用于制作改进的加工食品的方法	株式会社孔雀	日本新泻县	岩崎淳锐等人
01141253.4	高生产能力的α-淀粉酶	花王株式会社	日本东京	荒木裕行等人
01129865.0	非晶颗粒态淀粉及其制备方法	华南理工大学	（510640）广东省广州市天河区五山	张本山、高大维等
01127492.1	淀粉保健牙签的制作方法	赵方培、韩先进	（271600）山东省肥城市济兖路121号	赵方培、韩先进
01142535.0	淀粉原料粒的处理方法及发酵制品的制造方法	有限会社小西发酵研究所等	日本大阪府	小西康夫等人
01221189.3	履带式全自动削面机	韩全忠	（730020）兰州兰新无线电厂老干办候彦明收转	韩全忠
01327928.9	小型民用酱油机	姜如君	（110015）辽宁省沈阳市东陵区万柳塘路109号黄金大厦三楼谷正香公司	姜如君
ZL012 41327.5	节能型豆浆加热机	王德鹏	（116011）辽宁省大连市西岗区纪念街 46号6-1	王德鹏
01220958.9	粗粮（蔬菜）面条机	周树义	（061503）河北省南皮县乌马营镇乌马营村	周树义
01215510.1	翻转式食品搅拌机	高国栋	（511495）广东省广州市番禺区钟村镇顺景路4号	高国栋、陈志强
01215443.1	可快速拆装搅拌器的食品拌馅机	青海华鼎实业公司番禺恒联食品机械厂	（511447）广东省番禺市石楼镇砺江路29号	陈锦荣
01213296.9	微波食品灭菌设备	湘潭市科达高新技术开发有限公司	（411102）湖南省湘潭市建设中路10号	刘永年等
01119295.X	用于喂送双层食品的方法和装置	雷恩自动机株式会社	日本枥木县	田代康宪等
01202651.4	食品、果蔬防腐保鲜装置	武保义	（030800）山西省太谷县太谷纺织厂88楼2-3-3	武保义
01227617.0	倒钩链式输送机	李德安	（337014）江西萍乡矿业集团公司水泥厂	李德安
01254872.3	可拆装洗菜篮旋转式清洗装置	刘 汕	（200235）上海市龙漕路135弄6号807	刘 汕
01236741.9	方形面食成型装置	张东五	（256200）山东省邹平县邹平镇	张东五

（续）

申请或批准号	发明名称	申请人	通讯地址	发明人
01226362.1	雪花制备装置	吕建国	（450123）河南省荥阳市贾峪镇永丰路65号	吕建国
012037095	串肉器	卢女士	(066600)河北省昌黎县水泥厂	卢女士
01212322.6	节能型食用油连续脱酸脱臭器	武汉友谊食品工程有限公司	（430074）湖北省武汉市洪山区珞瑜路716号华乐山庄2号楼5楼	罗 骏
01217688.5	淘米器	钱存华	（225500）江苏省姜堰市花园村45号	钱存华
01212341.2	内燃式自动加热食品罐	李国锋	（476000）河南省商丘市东风二胡同53号	李国锋
01222412.x	环保餐盒	张海强	（518109）深圳市龙华镇政府宿舍13号	张海强
01214123.2	新型防爆啤酒瓶	杨燕艳	（650216）云南昆明市金马镇大树大营201号后楼2层	杨燕艳
01224049.4	饮料瓶	高锡才	（100102）北京朝阳区望京南湖东园217楼1110号	高锡才
01216390.2	椭圆烹饪炊具	崔晓巍	（250002）山东省济南市玉涵58号	崔晓巍
01216054.7	一种能同餐不共食的新型菜盘	刘 杰	（252000）山东省聊城市东昌西路119号东昌宾馆	刘 杰
01314048.5	食品包装盒（鱼肉蔬菜营养米粉）	亨氏联合有限公司	（510507）广东省广州市沙河燕塘	齐 松
01314047.7	食品包装盒（牛肉蔬菜营养米粉）	亨氏联合有限公司	（510507）广东省广州市沙河燕塘	齐 松
01314045.0	食品包装盒（DHA蔬菜营养米粉）	亨氏联合有限公司	（510507）广东省广州市沙河燕塘	齐 松
01314044.2	食品包装盒（鸡肉蔬菜营养米粉）	亨氏联合有限公司	（510507）广东省广州市沙河燕塘	齐 松
01328557.2	食品包装盒（荞麦香醋）	李 楠	（710061）陕西省西安市雁塔区曲江工业园区	李 楠
01315515.6	食用油包装箱（金龙）	陆丰市港大实业有限公司	（516500）广东省陆丰市东海镇后∴洋十三巷2号	刘吉龙
01216917.X	带手提把的包装纸箱	孙洪吾	（266032）山东省青岛市四方区海伦路45号1－3－302	孙洪吾
01107975.4	一种水果育袋内纸的制造方法及产品	李长增	（265200）山东省莱阳市丹崖路北侧市造纸厂	李长增、于少平等
01210114.1	一种长效芳香型驱蚊纺织物	上海惠尔婷高级内衣有限公司	（200333）上海市金沙江路2331号601室	刘海洋等
01311213.9	蔬菜包装袋（榨菜）	周雪林	（314511）浙江省桐乡市亭桥镇永宁村永宁酱菜厂	周雪林
01145108.4	一种双绉织物	邱利利	（050011）河北省石家庄市棉一宿舍11－4－502	邱利利

（续）

申请或批准号	发明名称	申请人	通讯地址	发明人
01107298.9	无纺织物和拉伸塑料膜片复合的高强度复合膜片	甘国工	（610041）四川省成都市高新区神仙树工业小区东泰（成都）工业有限公司	甘国工
01104655.4	在超临界流体中对纺织材料染色的方法	斯刀克-布拉邦特股份有限公司	荷兰博克斯梅尔	W.J.T. 弗格尔斯等
01104527.2	利用压缩空气和液体捻接纺织纱线的装置和方法	梅斯丹股份公司	意大利布雷西亚	法布里奇奥·拉格诺里等
01108006.X	纺织器材专用高频感应加热器	施越浩	（213144）江苏省武进市邹区镇	施越浩
01139938.4	棉花清杂机	赵庭义	（236500）安徽省界首市张楼新村一路六巷10号	赵庭义、赵　建
01201575.X	纺织机综框边杆结构	周宝田	中国台湾	周宝田
01220609.1	中华式围口保健套被	李于男	（330003）江西省南昌市八一大道赣江宾馆蓝春香转	李于男
01279159.8	长袖短身防晒衫	刘　晶	（300402）天津市河北区宜白路宜白楼1-2-311	刘　晶
01107710.7	领带图案区暗扣夏装	李光谦	（256801）山东省滨州地区沾化县古城镇洼李村	李光谦
01107847.2	麻纤维卫生巾	史　册	（266101）山东省青岛市市北区同安四路55号	史　册
01106319.X	玉米秆制造中密度纤维板的工艺方法	韩家荣	（114002）辽宁省鞍山市铁东区南中华路75号	韩家荣 韩国涛
01216598.0	新型电动无粉尘黑板	高树国	（251902）山东省无棣县水湾镇第二中学	高树国
01118799.9	鹅裘皮制作工艺及制剂	刘　杰	（066001）河北省秦皇岛市海港区外贸小楼62号	刘　杰
01108451.0	过滤嘴保洁无污染的香烟包装方法	肖建军	（615700）四川省盐源县卫生防疫站	肖建军
01104044.0	利用烟草粉末的设备和方法	豪尼机械工程股份公司	联邦德国汉堡	齐尔克·迪特马尔
01115844	烟草切割刀片的自动重磨方法和装置	豪尼机械工程股份公司	联邦德国汉堡	阿尔弗雷德·德伦吉斯
01104215.X	超临界多元流体萃取精馏烟草的工艺及装置	王振锟	（650032）云南省昆明市大观路150号省成套局宿舍楼	王振锟
01240019.	吸汗橡胶手套	汪向阳	（467001）河南省平顶山市三和热电有限责任公司人事工资科	汪向阳
02104824.x	胡颓子果酒	何先远	（623000）四川省阿坝洲文川县威州镇岷江路7号	何先远
02109017.3	蔬菜保健咀嚼片配方及生产方法	尚国顺	北京市朝阳区安贞西里五区2号仟村商务大楼A座8001室	尚国顺
02105842.3	装在梳毛机或梳棉机上的使纤维网或纤维条均匀化的装置	特鲁非舍尔股份有限公司及两合公司	联邦德国门兴格拉德巴赫	伯恩哈德·吕贝纳赫

7

第七部分

农产品加工业大事记

1月

5日 农业部发布第8号、第9号、第10号令，《农业转基因生物安全评价管理办法》、《农业转基因生物进口安全管理办法》和《农业转基因生物标识管理办法》，经农业部第五次常务会议通过，自2002年3月20日起施行。

7日 为期两天的中央农村工作会议今天在北京闭幕。会议讨论了《中共中央、国务院关于做好2002年农业和农村工作的意见（讨论稿)》；温家宝副总理作了题为《坚定不移推进结构调整、促进农民增收稳定增长》的报告，对当前农村形势、调整农业结构和增加农民收入的主要任务与政策措施作了全面的阐述。

9～11日 为期两天的全国农业工作会议在北京召开。会议提出，加快实施产业发展行动计划，提高我国农业的国际竞争力。农业部部长杜青林在会上作了题为《加快结构调整，促进农民增收，努力提高我国农业的国际竞争力》的报告。会议指出：当前农业面临农产品供求关系发生根本变化、进口农产品冲击和国际经济严峻形势三大考验，发展农业和农村经济必须把握增加农民收入和农业结构战略性调整等关键点。

会上齐景发副部长指出，农产品加工将成为乡企的主攻方向。全国乡镇企业中有35万家农产品加工企业，其中有5万家规模较大的企业，今后乡镇企业要重点发展农产品加工业。

从全国农业产业化联席会议在京举行的新闻发布会上获悉：235家企业被认定为第二批农业产业化国家重点龙头企业，在第一批151家国家重点龙头企业中有14家被取消国家重点龙头企业称号，农业产业化国家重点龙头企业已达372家。据统计，新认定的第二批国家重点龙头企业平均固定资产2.5亿元，销售收入6.7亿元，平均每个企业带动农户达6.4万户。从地区分布看，东部地区占43.8%，中部地区占26.0%，西部地区占30.2%。从产业类型看，粮棉油类占34.0%，水果、蔬菜等园艺产品类占30.2%，肉蛋奶等畜牧产品类占25.1%，水产品占4.7%，其他占6.0%。

22日 国家质量监督检验检疫总局和国家认证认可监督管理委员会在人民大会堂联合举行新闻发布会。按照世贸组织有关协议和国际通行规则，国家依法对涉及人类健康安全、动植物生命安全和健康，以及环境保护和公共安全的产品实行统一的强制性产品认证制度。我国由国家认证认可监督管理委员会统一负责国家强制性产品认证制度的管理和组织实施工作，规范性文件有：《强制性产品认证标志管理办法》、《第一批实施强制性产品认证的产品目录》、《实施强制性产品认证有关问题的通知》。

30日 国家发展计划委员会发布第19号令，根据《中华人民共和国对外贸易法》和《中华人民共和国货物进出口管理条例》，特制定《农产品进口关税配额管理暂行办法》，自2002年2月5日起施行。

2月

1日 中华人民共和国国家发展计划委员会、中华人民共和国对外贸易经济合作部、中华人民共和国海关总署令第20号，根据《中华人民共和国对外贸易法》和《中华人民共和国货物进出口管理条例》，特制定《天然橡胶进口配额管理暂行办法》，自2002年2月5日起施行。

4日 农业部部长杜青林在国务院新闻办举行的中外记者招待会上称：我国采取五项措施应对“入世”挑战，5年基本实现农产品无公害产销。

8日 受国家计委委托，由广西壮族自治区计划委员会组织的广西南宁凤凰纸业公司年产10万t漂白硫酸盐木浆项目建设工程通过了竣工验收。专家组评审认为：该工程设计合理，采用生产设备先进、成熟；工程建设质量合格，环境保护、劳动安全技术措施和消防设施均做到“三同时”，生产准备工作充分，竣工验收材料齐全，生产性能考核良好，并有两年多的试生产正常运行经历，各方面都符合竣工验收条件。

25～28日 全国烟草标准化农业分技术委员会会议在北京召开。这次会议的主要任务是通报2001年农业标准化分技术委员会工作情况，部署2002年工作，审定14项农业行业标准，研究讨论2002年农业标准化分技术委员会工作；为了应对“入世”后烟叶生产面临的发展机遇和严峻的挑战，邀请国家质量检验总局标准法规中心咨询部的专家讲授WTO有关知识。

3月

3日 烟草行业现代集成制造系统（CIMS）总体方案设计及关键技术攻关项目研讨会在北京紫玉饭店召开。国家烟草专卖局张保振副局长、中国科学院邓麦村副秘书长、国家863项目责任专家范玉顺教授、部分省烟草局和烟草企业及技术依托单位的代表共80余人参加了会议。

5日 九届全国人大五次会议在北京开幕。朱镕基总理在政府工作报告中强调："把加强农业和增加农民收入作为突出任务，以农产品加工业和农村服务业为重点，加快发展农村二、三产业"。

3～7日 "2002年泌阳国际香菇技术与营销研讨会"在河南省驻马店市举行，国外及地区的代表分别来自美国、加拿大、西班牙、瑞士、以色列、日本、文莱、纳米比亚、韩国、印度尼西亚、比利时、澳大利亚等12国家和香港地区。研讨的主题内容涉及香菇产业的现状及未来、产品加工、营销及入世后中国菇业的主攻方向与策略等。

13日 中国蜂产品协会届二次理事会今天在武汉湖北饭店召开。会议由中国蜂产品协会副会长徐逢贤主持，副会长杨寒冰、王振山分别作2001年中国蜂协工作总结和2002年工作要点报告，会长兼秘书长罗梦传通报了中国蜂产品协会和中国土畜食品进出口商会就中国蜂蜜出口欧盟受阻的有关问题沟通情况。

16日 中国食品和包装机械工业协会第三届会员代表大会在广东省汕头经济特区召开，理事长岳书学代表第二届理事会作了工作报告，总结了七年来协会工作和行业现状，提出了今后行业发展的思路及第三届理事会的工作建议。

23日 国家质检总局在北京人民大会堂召开"国家免检产品颁证大会"，食品行业中宣布了第一批获得"免检"的婴幼儿配方奶粉，包括三鹿、伊利、完达山、红星、秦俑等17家。

4月

15日 农业部发布第193号公告，公布了《食品动物禁用的兽药及其他化合物清单》共21类，所列产品截止到2002年5月15日停止生产、经营和使用。

17日 福建省建阳市莒口镇茶埠茶场生产的"沁香"牌茶叶通过中国农业科学院茶叶研究所检测，获得有机茶国家认证。

15～17日 "中国国际皮革生产及技术交易会"在东莞市广东现代国际展览中心举行。

20日 "中国发展高层论坛"2002年年会开幕。农业部部长杜青林在会上作了《农产品市场开放与农业结构的调整》专题演讲。他指出，中国的农业结构调整要突出四个重点：一是调整农业生产布局，充分发挥区域比较优势。二是发展优质、专用、无公害农产品，全面提高农产品质量。三是发展农产品加工业，提高农产品附加值。四是推进农村就业结构调整，加快农村剩余劳动力转移。

25～28日 "中国国际葡萄酒博览会"在北京国际展览中心举行。

29日 农业部、国家质量监督检验检疫总局发布第12号令，公布了《无公害农产品管理办法》。经农业部第5次常务会议、国家质量监督检验检疫总局第27次局长办公会议审议通过，自发布之日起施行。

5月

8日 中国精品名茶博览会在浙江展览馆开幕。本次博览会由全国农业展览馆、省农业厅、省茶叶产业协会、省茶叶学会联合主办。来自全国近150家茶叶生产单位、300多种名茶参加了博览会。本届茶叶博览会有两个显著特点：一是无公害茶叶成亮点；二是突出了茶文化。

9～12日 2002年中国国际果蔬、饮料峰会在北京召开。

20～24日 2002年"全国棉纺织行业首届技术改造研讨会、2002全国新型棉纺设备应用推广暨技术改造研讨会"在无锡召开。

21日 据《新疆日报》消息，新疆天彩科技股份有限公司天然彩色棉花及其产品日前获得第93届巴黎法国列宾国际发明展览会金奖。

22～24日 "第二届中国上海国际包装和食品加工技术展览会"在上海光大会展中心举行。

24日 农业部发布第13号、14号、15号令，公布了《动物免疫标识管理办法》、《动物检疫管理办法》和《动物防疫条件审核管理办法》，经2002年5月24日农业部第11次常务会议审议通过，自发布之日起施行。

6月

5日 农业部发布第199号公告，公布了《禁止使用的农药和不得在蔬菜、果树、茶叶、中草药材上使用的高毒农药品清单》。以从源头上解决农产品尤其是蔬菜、水果、茶叶等农药残留超标问题，促进无公害农产品生产。

6日 "2002年中国纺织品服装贸易展览会"在纽约贾维茨中心开幕，来自中国18个省市的170多家企业参加了展览。这是中国加入世界贸易组织后首次在美国举办纺织品服装贸易展览会。

8～9日 世界番茄加工联合会在土耳其伊斯坦布尔召开了第五届世界会议，新疆屯河投资股份有限公司番茄酱事业部丁生林总经理等代表中国罐头工业协会参加会议，并受中国罐头工业协会的委托向该联合会提交了入会申请，中国罐头工业协会正式加盟世界番茄加工联合会。

14日 为保证边销茶市场稳定供应，国家发展计划委员会、财政部发布第22号令，公布了《边销茶国家储备管理办法》，自发布之日起施行。

17～20日 中国产业用纺织品行业协会和中国纺织工程学会非织造布专业委员会会员大会在杭州萧山召开，170余位企业代表及相关人士参加会议，共谋加速纺织品产业升级之大计。

28日 为规范糖料收购秩序，国家发展计划委员会、国家经济贸易委员会、农业部和国家工商行政管理总局发布第23号令，公布了《糖料管理暂行办法》，自发布之日起施行。

7月

1日 中国商业联合会发布《糖果行业标准》。自发布之日起实施。该标准充分考虑了已变化的国内外情况，有利于中国糖果工业与国际接轨。

3日 国家科技部就“十五”科技重大专项“农产品深加工技术与设备研究开发”实施方案进行论证，以进一步缩小我国农产品深加工方面与发达国家的差距。

4日 农业部刘坚副部长在北京举行的新闻发布会上指出：我国力争用5年左右时间基本实现蔬菜、水果、茶叶等鲜食农产品的无公害生产，保障食用农产品的消费安全。到“十五”末，基本建立起一套既符合我国国情又能与国际接轨的农药残留标准体系。同时，加强农药市场监控，使农药市场产品质量合格率在目前的基础上再提高10个百分点。

23日 温家宝副总理在全国“菜篮子”工作会议上强调，新阶段“菜篮子”工作就是要让城乡居民长期吃上“放心菜”、“放心肉”，促进农业增效、农民增收。

24日 农业部农企函［2002］7号文件，批准在东西湖区设立武汉食品工业加工区，也是东西湖区的第二国家级经济发展区。新成立的武汉食品工业加工区阵容强大：包括“一啤”（华润啤酒）、“一乐”（百事可乐）、“两奶”（光明乳品、友芝友乳品）、“两面”（统一、华丰）。

25日 农业部发布第211号公告，公布了《无公害食品　黄瓜》等137项行业标准，自2002年9月1日起实施。

30日 科技部宣布：“十五”期间，总投资近200亿元支持12个国家重大关键技术攻关与产业化示范科技专项，“主要农产品深加工”、“食品安全”、“奶业发展”名列其中。

8月

3～5日 由中国茶叶流通协会主办，广西南宁地区行署、广西横县人民政府承办的“第三届全国茉莉花茶交易会”在广西横县举行，来自全国1 500多名客商参加会议。

9日 国家发展计划委员会2002年第3号公告，根据《农产品进口关税配额管理暂行办法》，特制定了《关于2002年重要农产品进口关税配额再分配的公告》，现予以公布。

12～15日 “中以两国蜂业生产、加工技术培训、咨询交流会”，由中华全国供销合作总社培训中心在北京举办。主要内容为：中以两国峰业经营基本情况介绍；中以两国养蜂生产管理制度、方法及条例；养蜂生产先进技术；蜜蜂授粉技术；蜂业新产品开发及国内外市场需求前景预测；对发展中国养蜂业的潜力进行可行性研究与论证等。

19～20日 农业部2002年农业科技跨越计划项目暨合同签字仪式在吉林举行。启动的19个项目，包括优质稻米开发项目3项、特色农产品生产3项、无公害蔬菜生产2项、高油大豆生产项目3项、畜牧业项目3项、可持续发展项目3项、其他类2项。

20日 农业部推出“农产品加工业发展行动计划”，旨在通过建设一批农产品加工一体化示范项目，发展一批上规模加工企业，促进优势农产品产业带建设。

21～27日 中国国际农产品深加工——食品工业成果展览暨发展战略研讨会在北京召开。21～23日在北京友谊宾馆举行研讨会，由政府论坛、国际交流和企业论坛三大板块构成，国务院副总理温家宝出席并作重要讲话。24～27日在北京展览馆举行中国国际农产品深加工——食品工业成果展览会。全面总结、展示、交流近十年来我国农产品深加工特别是食品工业所取得的成就。

28～31日 由中国食品工业协会、中国商业联合会、中国食用菌协会主办的“第三届中国（上海）国际食品博览会食用菌专题博览会”在上海国际展览中心、上海世贸商城隆重举行，来自世界各地的贸易代表团等专业人士达2万余人。

9月

1日 在北京人民大会堂举行的“中国名牌产

品"颁奖大会上，中国羽绒行业中的"波司登"、"雪中飞"、"雅鹿"、"雪驰"、"鸭鸭"、"寒思"六大品牌荣获2002年"中国名牌产品"称号。

2～6日 "2002中国国际啤酒、饮料制造技术及设备展览会"在北京国际展览中心举行。

11～13日 "2002年中国方便面制品产业发展研讨会"在郑州市召开。

12～15日 由中国茶叶学会、中国茶叶流通协会和福建省农业厅、福建省发展计划委员会等联合主办的"2002年中国（福建）国际茶、茶具、茶文化博览会"在福州举行。主要包括茶叶精品展、茶饮品展、茶具工艺及茶包装精品展、制茶机械技术展、台湾名茶展、都市茶馆及茶叶交易市场形象展、中国茶文化展和茶文化摄影图片展等。

16日 中国皮革工业协会第四届理事会第四次扩大会议在上海举行。会上，中国轻工业联合会和中国皮革工业协会授予浙江海宁、河北辛集、广东花都区分别为"中国皮革之都"、"中国皮革皮衣之都"、"中国皮具之都"荣誉称号。

17日 中国农产品市场协会正式成立，目前全国农产品市场已发展到2.7万家。

18～21日 "2002中国国际果蔬产品及加工技术与设备展览会"在北京锦绣大地展览中心举行。

24～27日 全国食品辐照技术交流研讨会在江西九江召开，会议的主题是"为解决食品安全问题做出我们的贡献"。

30日 国家发展计划委员会发布2002年第4号、第5号、第6号公告，根据《农产品进口关税配额管理暂行办法》，制定了《2003年重要农产品进口关税配额分配实施细则》；根据《天然橡胶进口配额管理暂行办法》，制定了《2003年天然橡胶进口配额分配实施细则》；根据《农产品进口关税配额管理暂行办法》，制定了《2003年羊毛、毛条进口关税配额管理实施细则》。

10月

9日 "农产品安全研讨会"在北京举行，研讨的重点是农产品质量和安全标准、全球化背景的动物检疫规定、生产和流通对农产品安全及贸易的影响、危险性分析的原则及其在食品安全中的应用、食品安全机制的良好实施典范及成功经验等。

10日 以"绿色纺织"为主题的"第三届中国纺织品博览会"在浙江绍兴县隆重举行。

11～13日 由农业部和中国食品土畜进出口商会联合举办的《首届无公害食品技术交流暨促进中国农产品出口研讨会》在深圳举办。其宗旨是加强无公害食品技术交流，扩大我国农产品出口，落实国家促进农产品出口战略研究任务。

14～15日 全国10大城市（北京、上海、天津、重庆、武汉、沈阳、哈尔滨、广州、西安、南京）第十四次"菜篮子"工作经验交流会在南京举行，会议的主题是，发展绿色流通、促进绿色生产、引导绿色消费。10个城市分管"菜篮子"工作的领导及有关部门的负责同志、有关协会、国家有关大型企事业单位负责人等共200余人参加了会议。

15日 "中国奶业协会第四次会员代表大会暨奶协成立20周年纪念大会"在北京隆重召开。

17日 "第四届国际果蔬博览会"在山东省烟台市开幕。全国人大常委会委员长李鹏致信祝贺。李鹏在贺信中指出："国际果蔬博览会是世界果蔬领域的重要科技和经贸活动，对中国农业适应加入WTO后的新形势，提高农副产品的加工技术水平，推动农业产业化进程，促进亚太地区果蔬领域的经济技术合作与交流具有重要意义"。

18日 国家科技部、农业部在人民大会堂联合举行了"十五"国家重大科技专项"奶业重大关键技术研究与产业化技术集成示范"项目启动签约仪式，投入"十五"奶业专项资金共4亿元。该项目实施后，将使我国奶业发展速度提高2～3个百分点，科技贡献率提高20%。

22～23日 中国农业经济学会在浙江绍兴召开年会，100多位专家学者和地方领导就"提高农产品国际竞争力"进行了专题研讨。

23日 国务院副总理温家宝在研究优势农产品区域布局规划工作会议上指出，优化农产品区域布局，进一步发挥农业比较优势，是推进农业和农村经济结构战略性调整的重大步骤，也是我国农业增长方式的重大变革。开展优势农产品区域布局工作要重点抓好五个关键环节：一是产业化；二是科技进步；三是质量安全；四是标准化建设；五是市场信息服务。

11月

2～6日 由农业部绿色食品管理办公室、中国绿色食品发展中心、中国绿色食品协会、福建省农业厅、福州市人民政府联合主办的"第六届中国绿色食品博览会"在福州国际会展中心举行。此次博览会以突出绿色食品洽谈、订货为主题。

5～7日 "中国国际乳业展览会"在北京农展馆举行。

5～9日 "2002青岛国际农产品交易会"在青

岛国际会展中心举行。

11～14日 由中国食品科学技术学会和美国食品科学技术学会主办的“中美食品业高层论坛”在上海举行。来自中美等国数百位食品界高层人士参加了此次会议。会上，中国轻工业联合会副会长潘蓓蕾介绍了中国食品工业的发展现状以及加入世界贸易组织后中国食品工业所面临的挑战及其应变措施。

14日 国家经济贸易委员会发布2002年第81号公告，公布了《中国葡萄酿酒技术规范》，自2003年1月1日起施行。

18～24日 由中国羽绒工业协会主办的“第八届中国羽绒制品及服装服饰博览会”在北京展览馆举行。

19～22日 “国际肉类加工、冷藏技术展及包装技术与设备展”在北京中国国际展览中心举行。

25～28日 由国家经济贸易委员会主持召开的“农产品深加工技术装备行业座谈会”在南京市召开。

12月

7日 由中国茶叶流通协会主办的“第十八届全国茶叶经济信息网年会暨全国茶叶商品交易会”在福建省安溪县举行。同时举行了中华茶产业国际合作高峰会论坛，邀请国外专家及国内知名茶界专家研讨了世界茶叶产销形势、2002年中国茶叶产销形势分析、乌龙茶市场现状与发展、茶产业发展的政策、科技进步与茶产业的发展等。

8日 “2002年中国肉业博览会暨放心肉展示交易会”在北京开幕，肉食品加工企业、屠宰与肉类加工机械设备厂商参加会议。同时召开了“中国肉食品安全论坛暨屠宰与肉类加工行业发展高层研讨会”、“全国定点屠宰企业改扩建项目和肉食加工企业设备采购发布会”和“中国肉食行业巨头与国外肉食专家茶话会”等。

9～10日 中央经济工作会议在北京召开。会议指出，在产业结构调整中，围绕发展优势农产品，调整区域布局，切实保证农产品质量安全。

13日 从北京晚报获悉：继北京市肉菜放心工程实施市场准入制度以来，从2003年1月1日开始，进入北京市场的牛羊禽肉、水产品、熟肉制品、奶制品、豆制品、调味品、饮用水、大米、面粉、食用油10大类食品，也将实施严格的市场准入制度。

14日 中国畜产品绿色产业联盟成立大会在北京举行。会上13家发起单位向广大畜牧养殖企业，饲料及肉食品加工企业发出倡议并向社会做出承诺，不生产、使用违禁药物和添加剂，生产无公害安全畜产品。

14～17日 首届“全国农产品质量安全与标准化论坛”在海南省海口市召开。

18日 国家计委、国家经贸委、财政部、中国农业发展银行联合发布了《关于下达2002/2003榨季国产糖收储方案的通知》，对收储量、基础价格、品种和质量、收储程序等都做了明确规定。

23日 经国务院批准，我国将进一步降低进口关税，从2003年1月1日起实施。农产品（相关，行情）平均税率由18.1%降低到16.8%，降幅为7.2%；工业品平均税率由11.4%降低到10.3%，降幅9.6%。其中，水产品平均税率为12.2%，木材、纸及其制品为7.0%，纺织品和服装为15.2%。

28日 全国人大常委会第三十一次会议修订通过《中华人民共和国农业法》，农产品加工和质量安全问题是这次修订增加的重要内容之一，该法将从2003年3月1日正式实施。修订后的《农业法》规定，国家支持发展农产品加工业和食品工业，增加农产品的附加值。对农产品的质量安全主要规定：一是国家采取措施提高农产品的品质和质量，建立健全农产品质量标准体系和质量检验检测监督体系。二是国家支持建立健全优质农产品认证和标志制度。

8 第八部分

附　　录

附录简要说明

1. 本部分统计资料数据主要包括：香港、澳门特别行政区和台湾省相关统计数据；世界和部分国家主要农产品收获面积、单产和总产量；禽畜产品产量；主要国家工业生产指数；农产品加工业主要经济指标；世界主要国家农、林、畜、禽产品进、出口情况；按营业额排序的世界最大500家企业中农产品加工工业企业。

2. 本部分统计资料数据主要来源于国家统计局、农业部、2002年联合国粮农组织数据库网上查询、2001年联合国工发组织出版的《国际工业统计年鉴》、2001年版《国际统计年鉴》、世界银行《世界发展指标》2001年版、联合国统计月报（1999年2月，2001年2月）、WTO、美国《财富》杂志2001年7月。未注明“资料来源”的数据，均采用国家统计局公布的数据。

3. 农业生产指数。是用农产品产量计算出的，包括粮食、牲畜产量，剔除种子、饲料。

4. 工业生产指数。量度本地制造业生产量的实质变动，即撇除价格调整因素后的本地生产量的变动。

5. 价格指数。指从生产者、购买者和市场的角度，分别把反映不同时期货物和服务商品价格总水平变动趋势幅度的相对数。目前编制的价格指数主要有居民消费价格指数、商品零售价格指数、农产品收购价格指数、工业品出厂价格指数、固定资产投资价格指数、房地产价格指数等。

6. 国民生产总值。(GNP) 指一个国家（或地区）所有常住单位在一定时期内收入初次分配的最终成果。它等于国内生产总值加上来自国外的净要素收入。与国内生产总值不同，国民生产总值是个收入概念，而国内生产总值是个生产概念。

7. 国内生产总值。(GDP) 指一个国家（或地区）所有常住单位在一定时期内生产活动的最终成果。国内生产总值有三种表现形态，即价值形态、收入形态和产品形态。国内生产总值有三种计算方法，即生产法、收入法和支出法。三种方法分别从不同的方面反映国内生产总值及其构成。

8. 本部分统计资料中符号使用说明：“空格”表示该项统计指标数据不详或无该项数据；“*”、“①”、“△”表示本表下面有注解。

表 1 世界和部分国家土地利用情况（2000） 单位：khm²

国家或地区	总面积	土地面积	耕地面积	多年生作物面积	永久性牧场面积
世界总计	**13 425 432**	**13 061 621**	**1 364 238**	**133 127**	**3 476 886**
埃及	100 145	99 545	2 825	466	
南非	122 104	122 104	14 753	959	83 928
加拿大	997 061	922 097	45 560	140	29 000
美国	962 909	915 896	176 950	2 050	239 250
巴西	854 740	845 651	53 200	12 000	185 000
中国	959 805	932 742	124 136	11 421	400 001
印度	328 726	297 319	161 800	7 900	10 910
日本	37 780	36 450	4 474	356	405
韩国	9 926	9 873	1 719	200	54
法国	55 150	55 010	18 440	1 142	10 124
德国	35 703	35 668	11 804	216	5 048
意大利	30 134	29 411	7 984	2 841	4 446
俄罗斯	1 707 540	1 688 850	124 975	1 845	89 970
英国	24 291	24 088	5 876	52	11 033
澳大利亚	774 122	768 230	50 304	296	404 900

资料来源：联合国粮农组织数据库。

表 2 世界和部分国家人口、从业人口、人均和劳均耕地面积（2001）

国家或地区	人口		从事经济活动人口			耕地（khm²）	人均耕地（hm²/人）	劳动力负担耕地（hm²/人）
	总数（千人）	农业人口（千人）	总数（千人）	务农人口（千人）	务农人口所占比例（%）			
世界总计	**6 134 138**	**2 575 340**	**2 993 067**	**1 326 642**	**44.3**	**1 364 238**	**0.222**	**1.028**
埃及	69 080	24 805	26 566	8 665	32.6	2 825	0.041	0.326
南非	43 792	6 035	18 247	1 690	9.3	14 753	0.337	8.730
加拿大	31 015	766	16 690	380	2.3	45 560	1.469	119.895
美国	285 926	6 162	146 635	2 968	2.0	176 950	0.619	59.619
巴西	172 559	27 458	80 302	12 949	16.1	53 200	0.308	4.108
中国	1 292 382	853 089	773 527	510 880	66.0	124 136	0.096	0.243
印度	1 025 096	545 254	451 384	267 125	59.2	161 800	0.158	0.606
日本	127 335	4 646	68 318	2 607	3.8	4 474	0.035	1.716
韩国	47 069	3 876	24 258	2 268	9.3	1 719	0.037	0.758
法国	59 453	1 896	26 893	857	3.2	18 440	0.310	21.517
德国	82 007	1 969	40 288	967	2.4	11 804	0.144	12.207
意大利	57 503	2 911	25 383	1 285	5.1	7 984	0.139	6.213
俄罗斯	144 664	14 779	78 069	7 975	10.2	124 975	0.864	15.671
英国	59 762	1 054	29 964	529	1.8	5 876	0.098	11.108
澳大利亚	19 338	871	9 872	444	4.5	50 304	2.601	113.297

资料来源：联合国粮农组织数据库。

表 3　香港特区土地利用情况和人口情况（1997—2001）

项　目	1997	1998	1999	2000	2001
总面积（km^2）	1 096	1 097	1 098	1 098	1 100
已发展土地（km^2）	177	181	184	189	184
未建设土地（km^2）	918	916	914	909	916
耕地（km^2）	62	61	59	57	55
林地（km^2）	220	220	220	190	190
草地和灌木地（km^2）	519	519	519	551	549
其他（km^2）	117	116	116	111	122
总人口（千人）	**6 489**	**6 544**	**6 607**	**6 665**	**6 725**
劳动力人口（千人）	3 235	3 276	3 320	3 374	3 427
就业人口（千人）	3 164	3 122	3 112	3 207	3 252
失业人口（千人）	71	154	207	167	175
失业率（%）	2.2	4.7	6.2	4.9	5.1

资料来源：表 3～表 5、表 7 数据由国家统计局提供。

表 4　澳门特区土地利用情况和人口情况（1997—2001）

项　目	1997	1998	1999	2000	2001
总面积（km^2）	**21.4**	**23.6**	**23.8**	**25.4**	**25.8**
总人口（千人）	**418.9**	**426.3**	**434.0**	**437.7**	**434.0**
劳动力人口（千人）	207.1	210.7	216.2	214.6	217.0
就业人口（千人）	200.6	201.0	202.5	200.1	203.0
失业人口（千人）	6.5	9.6	13.8	14.5	14.0
失业率（%）	3.2	4.6	6.4	6.8	6.4

表 5　台湾省土地利用情况和人口情况（1997—2001）

项　目	1997	1998	1999	2000	2001
总面积（万 km^2）	**3.6**	**3.6**	**3.6**	**3.6**	**3.6**
总人口（千人）	**21 743**	**21 929**	**22 092**	**22 277**	**22 406**
劳动力人口（千人）	9 432	9 546	9 668	9 784	9 832
就业人口（千人）	9 176	9 289	9 385	9 491	9 383
失业人口（千人）	256	257	283	293	450
失业率（%）	2.7	2.7	2.9	3.0	4.6

表 6 世界和部分国家农业净生产指数和人均净生产指数（2001）

（净指数，以 1989－1991＝100 为基）

国家或地区	农业		谷物		牲畜		食品	
	净生产指数	人均净生产指数	净生产指数	人均净生产指数	净生产指数	人均净生产指数	净生产指数	人均净生产指数
世界总计	**123.3**	**105.6**	**108.7**	**93.1**	**122.9**	**105.2**	**124.8**	**106.9**
埃及	152.2	123.9	164.0	133.6	158.0	128.6	156.7	127.6
南非	99.3	82.5	76.2	63.1	98.4	81.8	102.2	84.8
加拿大	120.2	107.4	82.5	73.7	133.2	118.9	120.5	107.6
美国	120.6	107.5	109.8	97.9	123.2	109.8	121.4	108.2
巴西	148.7	127.4	146.3	125.3	169.4	145.3	151.6	129.9
中国	173.5	155.9	101.8	91.5	227.6	204.6	179.5	161.3
印度	125.3	103.3	119.6	98.6	142.8	117.7	126.0	103.8
日本	91.0	88.3	91.1	88.4	93.3	90.6	91.6	88.8
韩国	134.4	122.4	92.2	84.0	165.0	150.3	135.8	123.6
法国	103.8	99.1	105.2	100.4	104.8	100.0	103.9	99.1
德国	98.0	94.9	136.2	132.0	87.7	84.9	97.9	94.8
意大利	105.2	103.8	115.0	113.4	107.1	105.6	105.8	104.4
俄罗斯	104.0	65.4	89.8	75.6	94.0	54.6	105.3	66.2
英国	94.0	90.8	86.0	83.1	97.0	93.8	94.0	90.8
澳大利亚	132.6	115.8	148.3	129.4	118.7	103.7	146.8	128.2

资料来源：本表数据来源于《世界农业》2002.1（总 273），由国家统计局国际统计信息中心提供。

表 7 台湾省农业生产指数（1997—2000）

1996 年＝100

年份	总指数	种植业	林业	畜牧业	渔业
1997	98.7	101.6	112.5	92.6	102.1
1998	93.3	93.2	142.5	85.7	101.6
1999	94.4	99.6	119.7	82.6	99.9
2000	97.2	96.8	122.8	87.3	109.1

表 8 部分国家国民生产总值和人均国民生产总值（1999）

国家或地区	国民生产总值（10 亿本币）	人均国民生产总值（美元）
埃及	306	1 380
南非	784	3 170
加拿大	914	20 140
美国	9 163	31 910
巴西	933	4 350
中国	8 058	780

（续）

国家或地区	国民生产总值（10 亿本币）	人均国民生产总值（美元）
印度	19 250	440
日本	500 626	32 030
韩国	478 251	8 490
法国	8 865	24 170
德国	3 840	25 620
意大利	2 111 290	20 170
俄罗斯	4 253	2 250
英国	896	23 590
澳大利亚	608	20 950

资料来源：世界银行《世界发展指标》2001 年版。

表 9 香港特区工业生产指数（1997—2001） 1986 年＝100

工业组别/组别内选定工业	1997	1998	1999	2000	2001
所有制造行业	120.6	110.1	103.1	102.5	98.0
食品、饮料及烟草制品业	158.3	143.9	141.6	137.2	134.9
服装制品业（除鞋类）	105.6	99.2	99.2	102.1	102.0
纺织制品业（包括针织）	106.4	95.1	89.9	93.3	93.1
纸品及印刷业	269.7	248.8	224.9	229.4	226.6
化学产品、橡胶制品、塑胶制品及非金属矿产制品业	63.9	55.5	47.2	40.4	37.3
塑胶制品业	34.1	27.4	22.3	19.9	16.9
基本金属及金属制品业	80.4	72.3	58.1	51.6	43.6
金属制品业（除机械及设备外）	76.8	63.1	49.7	40.5	36.4
电器及电子制品、机械、专业设备及光学用品制造业	166.0	154.7	151.7	153.0	140.9
电器及电子制品制造业	93.4	81.0	78.8	77.9	77.9
机械、设备、仪器及零件制造业	294.2	298.7	301.5	322.4	295.0
其他产品制造行业	84.3	74.4	65.7	68.5	65.0

资料来源：表 9、表 10 数据，由国家统计局提供。

表 10 台湾省工业生产指数（1997—2000） 1996 年＝100

年　份	总指数	矿　业	制造业	电、煤气、水	建筑业
1997	107.43	99.71	108.69	106.12	83.73
1998	110.26	77.99	111.25	114.23	84.17
1999	118.76	77.28	120.29	118.48	89.73
2000	127.52	72.12	129.87	130.32	76.21

表 11 世界和部分国家主要粮食收获面积、单产、总产量（2001）

国家或地区	小麦			稻谷		
	收获面积（khm^2）	单产（kg/hm^2）	总产量（kt）	收获面积（khm^2）	单产（kg/hm^2）	总产量（kt）
世界总计	**211 057**	**2 686**	**566 843**	**152 042**	**3 852**	**585 593**
埃及	1 035	6 342	6 564	659	9 103	6 000
南非	860	2 479	2 132	1	2 308	3
加拿大	10 971	1 886	20 695			
美国	19 964	2 691	53 720	1 304	7 015	9 150
巴西	1 634	1 988	3 248	3 195	3 224	10 301
中国	24 399	3 849	93 920	28 587	6 350	181 515
印度	25 000	2 740	68 500	44 500	2 964	131 900
日本	190	3 684	700	1 750	6 672	11 676
韩国	1	3 279	3	1 056	6 830	7 211
法国	4 825	6 646	32 065	19	5 790	110
德国	2 935	7 777	22 826			
意大利	2 270	2 864	6 500	220	5 916	1 300
俄罗斯	20 920	1 882	39 360	169	2 947	498
英国	1 650	7 309	12 060			
澳大利亚	11 000	1 818	20 000	130	9 531	1 239

国家或地区	玉米			谷子			高粱		
	收获面积（khm^2）	单产（kg/hm^2）	总产量（kt）	收获面积（khm^2）	单产（kg/hm^2）	总产量（kt）	收获面积（khm^2）	单产（kg/hm^2）	总产量（kt）
世界总计	**139 659**	**4 296**	**599 974**	**36 057**	**802**	**28 900**	**42 026**	**1 394**	**58 603**
埃及	843	7 680	6 474				163	5 789	941
南非	3 500	2 029	7 100	21	571	12	90	2 056	186
加拿大	1 191	7 501	8 934						
美国	28 041	8 381	235 000	235	1 860	437	3 584	4 045	14 500
巴西	12 819	3 237	41 497				459	1 870	858
中国	23 474	4 703	110 390	1 148	1 713	1 967	944	3 035	2 865
印度	6 600	1 818	12 000	12 000	946	11 350	10 300	874	9 000
日本	0	2 400	0		1 000		0	0	0
韩国	20	4 000	80	1	1 177	2	3	1 400	4
法国	1 902	8 664	16 478				66	5 955	393
德国	383	9 525	3 648						
意大利	1 200	9 417	11 300				35	6 176	214
俄罗斯	566	3 534	2 000	760	790	600	34	368	13
英国									
澳大利亚	85	4 941	420	40	1 500	60	596	2 388	1 423

资料来源：表 11－表 29 数据，来源于联合国粮农组织数据库。

表 12　世界和部分国家主要油料收获面积、单产、总产量（2000）

国家或地区	大豆			花生		
	收获面积（khm^2）	单　产（kg/hm^2）	总产量（kt）	收获面积（khm^2）	单　产（kg/hm^2）	总产量（kt）
世界总计	**73 553**	**2 209**	**162 480**	**23 925**	**1 307**	**31 277**
埃及	7	2 637	19	60	3 033	182
南非	94	1 586	149	83	2 008	166
加拿大	1 086	2 486	2 700			
美国	29 734	2 654	78 913	593	2 870	1 702
巴西	13 508	2 350	31 746	105	1 795	188
中国	9 031	1 562	14 101	4 530	2 554	11 568
印度	5 700	947	5 400	7 100	859	6 100
日本	108	1 730	187	11	2 336	26
韩国	98	1 480	145	7	1 841	14
法国	80	2 750	220			
德国	0	2 601	1			
意大利	259	3 867	1 000			
俄罗斯	480	677	325			
英国						
澳大利亚	52	2 000	104	25	1 560	36

国家或地区	芝麻			油菜籽			向日葵		
	收获面积（khm^2）	单　产（kg/hm^2）	总产量（kt）	收获面积（khm^2）	单　产（kg/hm^2）	总产量（kt）	收获面积（khm^2）	单　产（kg/hm^2）	总产量（kt）
世界总计	**7 559**	**390**	**2 944**	**26 845**	**1 472**	**39 519**	**22 012**	**1 202**	**26 468**
埃及	30	1 211	37				19	2 289	44
南非							394	1 340	528
加拿大				4 855	1 460	7 086	79	1 545	122
美国				592	1 520	900	1 123	1 532	1 720
巴西	24	625	15	25	1 320	33	179	700	125
中国	785	1 034	812	7 800	1 385	10 800	950	1 895	1 800
印度	1 750	335		6 320	968	6 120	2 100	571	1 200
日本				1	1 274	1			
韩国	44	715	32	1	1 208	1			
法国				1 220	2 948	3 596	757	2 673	2 025
德国				1 080	3 153	3 405	32	2 505	81
意大利				54	558	30	190		428
俄罗斯				170	853	145	4 380	731	3 200
英国				450	2 604	1 172			
澳大利亚				1 512	1 191	1 800	1 105	1 105	116

表 13 世界和部分国家籽棉、黄麻收获面积、单产、总产量（2000）

国家或地区	籽棉			黄麻及黄麻类纤维		
	收获面积（khm²）	单产（kg/hm²）	总产量（kt）	收获面积（khm²）	单产（kg/hm²）	总产量（kt）
世界总计	**32 114**	**1 581**	**50 777**	**1 944**	**1 711**	**3 326**
埃及	271	2 376	644	1	2 316	2
南非	85	820	70	1	1 000	1
孟加拉国	42	1 071	45	501	1 623	813
美国	5 300	1 809	9 590			
巴西	823	2 325	1 915	4.8	1 505	7
中国	3 190	3 009	9 600	67	2 776	186
印度	9 000	686	6 172	1 200	1 742	2 090
日本	18	3 578	64			
菲律宾	2 950	1 944	5 735	2.8	718	2
巴基斯坦	270	652	176	37	897	33
尼日利亚	514	400	206	1	900	1
阿根廷	326	1 359	443			
俄罗斯				21	2 143	45
伊朗	210	1 910	401	0.025	400	0.01
澳大利亚	487	3 667	1 786			

表 14 世界和部分国家籽棉、黄麻收获面积、单产、总产量（2001）

国家或地区	籽棉			黄麻		
	收获面积（khm²）	单产（kg/hm²）	总产量（kt）	收获面积（khm²）	单产（kg/hm²）	总产量（kt）
世界总计	**33 886**	**1 668**	**56 256**	**1 686**	**1 765**	**2 976**
埃及	271	2 277	617	1	2 316	2
南非	51	1 305	67	1	1 000	1
孟加拉国	36	1 500	54	409	1 741	712
美国	5 500	1 742	9 580			
巴西	881	2 362	2 082	6	1 560	10
中国	4 800	3 463	14 700	50	2 720	136
印度	8 800	597	5 250	1 066	1 785	1 903
缅甸	270	652	176	37	897	33
巴基斯坦	2 927	1 875	5 488	3	696	2
泰国	17	2 294	39	20	1 716	34
尼日利亚	538	400	215	1	900	1
阿根廷	450	1 067	480			
俄罗斯				22	2 091	46
伊朗	215	2 340	503			
澳大利亚	435	4 061	1 765			

表 15 世界和部分国家烟叶、茶叶产量（2000）

国家或地区	烟叶			茶叶		
	收获面积 (khm²)	单产 (kg/hm²)	总产量 (kt)	收获面积 (khm²)	单产 (kg/hm²)	总产量 (kt)
世界总计	**4 201.5**	**1 609.5**	**6 762.2**	**2 291.3**	**1 302.4**	**2 984.3**
印度尼西亚	168.7	803.7	135.6	110.0	1 449.1	159.4
南非	14.1	2 106.4	29.7	6.7	1 783.7	12.0
加拿大	25.0	2 335.1	58.4			
美国	191.2	2 498.2	477.6			
巴西	310.0	1 866.0	578.5	3.9	2 147.8	8.4
中国	1 441.5	1 778.6	2 563.9	898.0	783.6	703.7
印度	433.4	2 780.4	609.0	438.0	1 837.9	805.0
日本	24.0	2 534.4	60.8	50.0	1 700.0	85.0
韩国	24.3	2 806.5	68.2	1.6	924.4	1.4
法国	9.3	2 759.2	25.5			
德国	4.6	2 400.6	11.0			
意大利	46.9	2 780.4	130.4			
土耳其	257.2	734.8	189.0	76.8	2 317.7	178.0
巴基斯坦	56.4	1 909.6	107.7			

表 16 世界和部分国家烟叶、茶叶产量（2001）

国家或地区	烟叶			茶叶		
	收获面积 (khm²)	单产 (kg/hm²)	总产量 (kt)	收获面积 (khm²)	单产 (kg/hm²)	总产量 (kt)
世界总计	**4 182.3**	**1 517.5**	**6 346.9**	**2 288.9**	**1 336.7**	**3 059.6**
印度尼西亚	165.0	814.4	134.4	110.0	1 563.6	172.0
南非	14.1	2 106.4	29.7	6.7	1 783.7	12.0
加拿大	25.0	2 335.1	58.4			
美国	175.1	2 593.1	454.0			
巴西	302.1	1 871.4	565.3	4.0	2 125.0	8.5
中国	1 524.2	1 511.0	2 303.0	899.0	790.9	711.0
印度	450.0	1 355.6	610.0	427.5	2 000.0	855.0
日本	23.5	2 633.3	62.0	50.0	1 700.0	85.0
韩国	23.9	2 325.8	55.6	1.7	941.2	1.6
法国	9.1	2 709.9	24.7			
德国	3.0	2 833.3	8.5			
意大利	45.0	2 777.8	125.0			
土耳其	213.3	797.0	170.0	76.8	2 317.7	178.0
巴基斯坦	54.0	1 907.4	103.0			

表 17 世界和部分国家甘蔗、甜菜收获面积、单产、总产量（2000）

国家或地区	甘蔗			甜菜		
	收获面积（khm^2）	单产（kg/hm^2）	总产量（kt）	收获面积（khm^2）	单产（kg/hm^2）	总产量（kt）
世界总计	**19 368**	**66 179**	**1 281 767**	**6 236**	**40 071**	**249 889**
埃及	130	120 525	15 668	55	46 546	2 560
南非	321	74 580	24 008			
加拿大				17	42 759	744
美国	419	78 570	32 973	557	52 900	29 503
巴西	4 812	67 470	324 668			
中国	997	80 006	79 766	256	35 156	9 000
印度	4 200	75 024	315 000			
日本	23	68 304	1 571	70	54 100	3 787
法国				415	72 561	30 113
德国				452	55 807	25 225
意大利				265	46 355	12 300
俄罗斯				811	18 866	15 300
英国				150	63 400	9 510
澳大利亚	415	87 952	36 500			

表 18 世界和部分国家甘蔗、甜菜收获面积、单产、总产量（2001）

国家或地区	甘蔗			甜菜		
	收获面积（khm^2）	单产（kg/hm^2）	总产量（kt）	收获面积（khm^2）	单产（kg/hm^2）	总产量（kt）
世界总计	**19 180**	**65 124**	**1 249 054**	**6 218**	**39 926**	**248 247**
埃及	130	120 525	15 668	57	50 722	2 890
南非	322	74 232	23 896			
加拿大				15	56 233	821
美国	427	78 758	33 600	541	52 666	28 500
巴西	4 906	68 930	338 202			
中国	1 034	78 046	80 700	300	38 887	11 000
印度	4 050	70 617	286 000			
日本	23	69 565	1 600	70	57 143	4 000
法国				428	68 935	29 504
德国				452	61 659	27 870
意大利				270	44 444	12 000
俄罗斯				781	16 005	12 500
英国				151	66 225	10 000
澳大利亚	411	75 521	31 039			

表 19　世界和部分国家蔬菜、水果和坚果产量（2001）　　单位：kt

国家或地区	蔬菜和瓜类	水　果	坚　果
世界总计	**676 048**	**474 033**	**6 966**
埃及	13 662	6 734	6.65
南非	2 053	4 759	9.00
加拿大	2 156	785	
美国	37 698	30 833	941.20
巴西	7 048	36 094	212.08
中国	286 771	72 185	1 031.30
印度	60 872	44 298	531.00
日本	12 663	3 915	27.00
韩国	12 156	2 702	103.14
法国	7 805	11 248	50.50
德国	2 682	4 398	14.50
意大利	15 345	19 412	290.50
俄罗斯	12 783	2 759	38.00
英国	2 997	307	
澳大利亚	1 950	3 139	37.03

表 20　世界和部分国家甘蔗、番茄收获面积、单产、总产量（2001）

国家或地区	甘　蔗			番　茄		
	收获面积 (khm^2)	单产 (kg/hm^2)	总产量 (kt)	收获面积 (khm^2)	单产 (kg/hm^2)	总产量 (kt)
世界总计	**2 623.0**	**21 287.0**	**54 503.2**	**3 745.2**	**26 769.9**	**100 259.3**
埃及	19.8	29 031.3	574.8	189.1	34 795.6	6 579.9
南非	6.0	31 410.3	188.5	13.5	27 265.0	368.1
加拿大	8.3	20 143.1	167.5	7.8	89 443.9	701.3
美国	92.0	25 000.0	2 300.0	164.0	62 500.0	10 250.0
巴西				55.6	54 444.9	3 028.3
中国	1 121.6	18 900.6	21 198.0	779.7	25 824.0	20 135.0
印度	240.0	17 916.7	4 300.0	500.0	17 000.0	8 500.0
日本	61.0	42 623.0	2 600.0	12.7	62 992.1	800.0
韩国	55.5	61 591.6	3 420.2	3.3	77 658.3	260.0
法国	10.5	22 857.1	240.0	8.4	102 994.0	860.0
德国	13.0	57 793.3	751.3	0.3	140 625.0	45.0
意大利	24.4	19 646.7	479.6	123.2	51 406.1	6 334.5
俄罗斯	190.0	20 000.0	3 800.0	145.0	11 034.5	1 600.0
英国	9.5	29 294.0	278.3	0.3	370 000.0	111.0
澳大利亚	2.0	30 000.0	60.0	8.5	50 000.0	425.0

表 21 世界和部分国家茄子、青椒和辣椒收获面积、单产、总产量（2001）

国家或地区	茄子			青椒和辣椒		
	收获面积（khm^2）	单产（kg/hm^2）	总产量（kt）	收获面积（khm^2）	单产（kg/hm^2）	总产量（kt）
世界总计	**1 364 763**	**167 962**	**22 922 841**	**1 491 670**	**130 693**	**19 495 034**
埃及	29 500	191 525	565 000	27 449	163 332	448 331
墨西哥	2 000	295 000	59 000	150 287	130 496	1 961 191
加拿大				2 042	237 267	48 450
美国	2 620	295 000	77 290	28 590	309 709	885 630
荷兰	100	3 700 000	37 000	1 200	2 375 000	285 000
中国	651 515	187 690	12 228 300	443 400	185 792	8 238 000
印度	460 000	139 130	6 400 000	5 500	90 909	50 000
日本	13 000	366 846	476 900	4 400	388 409	170 900
韩国	300	166 667	5 000	76 253	49 834	380 000
法国	650	384 615	25 000	850	329 412	28 000
印度尼西亚	40 000	75 000	300 000	185 000	29 730	550 000
意大利	12 365	289 340	357 769	14 534	262 059	380 876
以色列	700	781 429	61 000	2 000	577 110	115 422
英国				50	2 320 000	11 600
澳大利亚				2 800	178 571	50 000

表 22 世界和部分国家西葫芦和南瓜、黄瓜收获面积、单产、总产量（2001）

国家或地区	西葫芦和南瓜			黄瓜		
	收获面积（khm^2）	单产（kg/hm^2）	总产量（kt）	收获面积（khm^2）	单产（kg/hm^2）	总产量（kt）
世界总计	**1 297 104**	**12 496.0**	**16 208 584**	**1 788 407**	**17 457.8**	**31 221 665**
埃及	40 480	17 764.1	719 090	19 000	13 684.2	260 000
南非	18 000	18 777.8	338 000	1 100	13 636.4	15 000
加拿大	3 216	11 310.9	36 376	4 086	42 978.5	175 610
美国				64 760	16 658.4	1 078 800
墨西哥	3 200	14 062.5	450 000	16 000	25 625.0	410 000
中国	244 505	15 522.0	3 795 200	1 003 320	18 006.7	18 066 500
印度	400 000	9 750.0	3 900 000	18 000	6 611.1	119 000
日本	18 000	14 088.9	253 600	15 000	51 113.3	766 700
韩国	8 145	26 637.0	216 958	7 692	54 445.7	418 796
法国	4 500	40 000.0	180 000	1 200	125 000.0	150 000
德国				3 203	50 092.7	160 447
意大利	15 135	28 013.8	423 989	2 007	29 200.8	58 606
俄罗斯				60 000	10 000.0	600 000
英国				200	396 500.0	79 300
澳大利亚	11 200	10 267.9	115 000	1 138	15 746.9	17 920

表 23 世界和部分国家干洋葱、大蒜收获面积、单产、总产量（2001）

国家或地区	干洋葱			大蒜		
	收获面积（khm^2）	单产（kg/hm^2）	总产量（kt）	收获面积（khm^2）	单产（kg/hm^2）	总产量（kt）
世界总计	**2 738 699**	**17 070.2**	**46 750 117**	**995 746**	**10 164.2**	**10 121 008**
埃及	25 480	25 625.6	652 940	9 298	23 168.4	215 420
南非	19 000	15 344.8	291 551			
加拿大	4 874	38 849.0	189 350			
美国	65 900	46 434.0	3 060 000	18 130	18 579.2	336 840
巴西	62 413	15 734.7	982 050	14 235	7 176.0	102 150
中国	600 850	20 700.7	12 438 000	489 200	13 491.4	6 600 000
印度	500 000	9 800.0	4 900 000	120 000	4 166.7	500 000
日本	27 000	37 037.0	1 000 000			
韩国	18 995	56 525.8	1 073 708	37 118	10 948.5	406 385
法国	8 800	40 909.1	360 000	5 500	7 454.5	41 000
德国	7 532	39 830.1	300 000			
意大利	14 069	30 119.8	423 755	3 879	8 885.3	34 466
俄罗斯	116 000	10 344.8	1 200 000	30 000	6 666.7	200 000
英国	9 100	42 791.2	389 400			
澳大利亚	5 300	47 169.8	250 000			

表 24 世界和部分国家西瓜、胡萝卜收获面积、单产、总产量（2001）

国家或地区	西瓜			胡萝卜		
	收获面积（khm^2）	单产（kg/hm^2）	总产量（kt）	收获面积（khm^2）	单产（kg/hm^2）	总产量（kt）
世界总计	**3 133.40**	**24 732.6**	**77 497.4**	**925.8**	**21 204.7**	**19 631.6**
埃及	60.50	28 583.6	1 730.5	4.2	27 629.8	116.0
南非	5.00	12 218.4	61.1	4.0	23 556.2	94.2
加拿大	0.12	13 166.7	1.6	8.0	34 226.0	273.5
美国	65.00	25 538.5	1 660.0	51.0	37 254.9	1 900.0
巴西	80.00	7 500.0	600.0			
中国	1 669.00	31 977.2	53 370.0	287.8	17 790.1	5 120.0
印度	20.00	12 750.0	255.0	24.0	14 583.3	350.0
日本	17.00	34 152.9	580.6	22.0	30 909.1	680.0
韩国	28.45	31 633.3	900.0	4.3	34 900.0	150.0
法国	0.28	32 142.9	9.0	12.0	41 333.3	496.0
德国				9.6	46 875.0	450.0
意大利	15.02	33 579.6	504.5	13.0	45 454.5	591.3
俄罗斯	160.00	2 718.8	435.0	92.0	14 782.6	1 360.0
英国				11.4	54 061.4	616.3
澳大利亚	5.00	17 200.0	86.0	6.7	39 552.2	265.0

表 25 世界和部分国家樱桃、葡萄收获面积、单产、总产量（2001）

国家或地区	樱桃			葡萄		
	收获面积（khm^2）	单产（kg/hm^2）	总产量（kt）	收获面积（khm^2）	单产（kg/hm^2）	总产量（kt）
世界总计	**358.86**	**5 025.8**	**1 803.60**	**7 305.4**	**8 480.1**	**61 950.0**
埃及				61.8	18 090.8	1 118.0
南非	0.23	5 434.8	1.25	116.8	13 103.7	1 530.2
加拿大	0.86	5 159.3	4.44	7.5	8 036.4	60.0
美国	25.59	8 158.7	208.74	395.8	14 835.1	5 871.2
巴西				61.8	16 339.4	1 009.5
中国	3.00	4 000.0	12.00	302.9	11 984.2	3 630.0
印度	1.70	4 588.2	7.80	42.6	26 760.6	1 140.0
日本	3.82	4 476.4	17.00	20.0	11 710.0	234.2
韩国				26.8	17 162.3	460.0
法国	12.00	4 875.0	58.50	870.0	8 965.5	7 800.0
德国	33.00	4 030.0	133.00	101.6	14 078.5	1 430.0
意大利	27.32	4 343.6	118.67	797.0	11 543.3	9 200.0
俄罗斯	27.00	3 259.3	88.00	63.0	4 444.4	280.0
英国	0.50	2 600.0	1.30	0.8	1 729.9	1 425.0
澳大利亚	1.33	4 210.5	5.60	115.1	12 384.0	1.4

表 26 世界和部分国家橙、芒果等产量（2001）

单位：t

国家或地区	橙	柑橘	柠檬、酸橙	芒果	菠萝	香蕉
世界总计	**61 093 736**	**98 731 751**	**10 884 975**	**25 104 058**	**13 738 735**	**68 651 267**
埃及	1 713 720	2 504 218	301 231	310 928		735 999
南非	1 041 270	1 420 614	105 720	31 889	145 441	268 026
墨西哥	3 885 961	5 906 614	1 547 403	1 458 867	535 000	1 976 664
美国	11 240 020	14 860 580	907 180	3 000	29 300	12 700
巴西	16 923 732	18 472 732	578 000	540 000	1 442 300	5 744 200
中国	2 860 000	9 633 000	283 000	3 215 000	1 284 000	5 393 000
印度	3 200 000	4 870 000	1 400 000	11 500 000	1 100 000	16 000 000
日本	102 000	1 894 000			13 000	500
韩国		640 000			1 800	
泰国	320 000	1 064 500	79 000	1 350 000	2 300 000	1 720 000
印度尼西亚	680 000	680 000		950 000	300 000	3 600 000
马来西亚	12 000	28 000	4 000	19 000	130 000	560 000
法国	1 000	33 500	600			
意大利	1 934 743	3 126 229	536 858			400
澳大利亚	470 000	604 000	34 000	28 000	140 000	275 000

表 27 世界和部分国家苹果、草莓等产量（2001）

单位：t

国家或地区	苹果	梨	桃、油桃	草莓	栗子	核桃
世界总计	**60 237 466**	**17 312 837**	**13 495 817**	**3 122 729**	**970 310**	**1 281 422**
埃及	486 072	51 641	249 232	69 106		
南非	565 109	304 372	218 031	6 312		
加拿大	532 222	15 070	30 420	25 000		
美国	4 336 520	880 690	1 355 050	760 000		254 010
巴西	705 515	17 000	183 000	2 600		2 650
中国	21 559 000	8 956 500	4 126 000	9 000	615 000	330 000
印度	1 550 000	188 000	120 000			31 000
日本	894 800	411 800	174 600	200 000	27 000	
韩国	403 583	417 160	175 000	175 000	90 000	1 079
法国	2 032 000	255 700	451 800	63 400	13 000	28 000
德国	2 500 000	468 231	12 000	100 000		14 500
意大利	2 255 000	906 213	1 680 022	180 915	50 000	12 000
俄罗斯	1 800 000	70 000	32 000	133 000	16 000	12 000
英国	203 700	32 200		34 900		
澳大利亚	310 000	160 000	90 000	15 000		85

表 28 世界和部分国家天然橡胶面积、总产量和单产（2000—2001）

国家或地区	面积（khm^2）		总产量（kt）		单产（kg/hm^2）	
	2000	2001	2000	2001	2000	2001
世界总计	**7 672.85**	**7 903.42**	**887.6**	**885.8**	**6 810.78**	**7 001.22**
中国	421.38	422.00	1 142.8	1 616.1	481.57	490.00
印度	395.00	390.00	1 575.4	1 616.4	622.27	630.41
印度尼西亚	2 400.00	2 600.00	670.6	634.6	1 609.51	1 650.00
越南	412.10	415.00	705.7	734.9	290.80	305.00
缅甸	52.43	61.98	507.3	575.4	26.60	35.66
柬埔寨	34.10	32.66	1 242.7	1 100.3	42.37	35.94
泰国	1 562.88	1 562.88	1 430.5	1 522.8	2 235.68	2 380.00
斯里兰卡	158.05	158.05	554.5	554.5	87.64	87.64
马来西亚	1 400.00	1 400.00	521.4	500.0	730.00	700.00
菲律宾	79.65	81.00	896.4	904.9	71.40	73.30
巴西	75.00	76.00	960.0	960.5	72.00	73.00
尼日利亚	297.50	297.50	359.7	359.7	107.00	107.00
喀麦隆	39.88	40.00	1 467.0	1 500.0	58.50	60.00
科特迪瓦	60.00	60.00	2 056.6	1 800.0	123.40	108.00
利比利亚	120.00	140.00	1 058.3	964.3	127.00	135.00

表 29　世界和部分国家生咖啡、可可豆收获面积、单产、总产量（2001）

国家或地区	生咖啡			可可豆		
	收获面积（khm^2）	单产（kg/hm^2）	总产量（kt）	收获面积（khm^2）	单产（kg/hm^2）	总产量（kt）
世界总计	**10 766.3**	**654.3**	**7 044.70**	**7 186.67**	**432.7**	**3 109.5**
尼日利亚	8.0	500.0	4.00	966.0	349.9	338.0
墨西哥	758.4	435.1	330.00	83.24	537.5	44.7
利比利亚	16.0	200.0	3.20	23.00	130.4	3.0
美国	2.6	1 352.9	3.45			
巴西	2 302.4	773.2	1 780.14	672.92	277.9	187.0
中国	5.5	1 363.6	7.50			
印度	310.0	971.6	301.20	7.50	800.0	6.0
越南	450.0	1 777.8	800.00			
印度尼西亚	891.0	422.9	376.80	360.00	944.4	340.0
泰国	65.0	1 384.6	90.00	0.80	500.0	0.4
缅甸	4.1	487.4	2.02			
马来西亚	15.5	806.5	12.50	126.00	793.7	100.0
菲律宾	136.0	954.3	129.79	12.00	550.6	6.6
古巴	72.0	208.3	15.00	7.50	240.0	1.8
加纳	10.0	195.6	1.96	1 350.00	303.7	410.0

表 30　台湾省主要农产品产量（1997—2000）　　单位：万 t

年　份	稻谷	小麦（t）	玉米	大豆	马铃薯	茶叶	甘蔗	烟叶
1997	166.3	85	33.8	0.5	5.2	2.4	390.2	1.0
1998	148.9	66	24.4	0.1	3.9	2.3	355.9	1.0
1999	155.9	88	20.1		3.6	2.1	325.6	0.9
2000	154.0	127	17.8		4.3	2.0	289.4	1.2

表 31　世界和部分国家牲畜、禽类的存栏数（2000）

国家或地区	牛（千头）	绵羊（千头）	猪（千头）	鸡（千只）	鸭（千只）	火鸡（千只）
世界总计	**1 346 430.2**	**1 057 827.4**	**908 166.3**	**14 460 809**	**886 996**	**238 570**
埃及	3 529.7	4 469.1	29 500.0	88 000	9 200	1 850
乌克兰	10 626.5	1 059.5	10 072.9	122 000	21 000	1 000
加拿大	12 815.0	694 800.0	12 254.0	158 000	1 150	5 000
美国	98 198.0	7 032 000.0	59 342.0	1 816 000	6 600	86 000
墨西哥	30 491.5	6 045 999.0	16 087.5	476 000	8 000	3 000

（续）

国家或地区	牛（千头）	绵羊（千头）	猪（千头）	鸡（千只）	鸭（千只）	火鸡（千只）
中国	104 581.9	131 095.4	437 551.2	3 625 012	611 899	262
印度	218 000.0	57 900.0	17 000.0	399 000		
日本	4 588.0	11.0	9 806.0	295 792		3
法国	20 527.1	10 004.4	14 635.0	232 970	23 800	42 000
德国	14 657.9	2 150.0	26 001.5	107 659	1 900	8 800
荷兰	4 097.0	1 308.0	13 139.0	105 550	1 020	1 450
俄罗斯	27 500.0	14 000.0	18 300.0	340 000	900	2 400
英国	11 133.0	42 261.0	6 482.0	157 052	3 500	9 500
澳大利亚	27 588.0	118 552.0	2 433.0	96 000	400	1 300

资料来源：表 31－表 53 数据 来源于联合国粮农组织据库。

表 32　世界和部分国家牲畜、禽类的存栏数（2001）

国家或地区	牛（千头）	绵羊（千头）	猪（千头）	鸡（千只）	鸭（千只）	火鸡（千只）
世界总计	**1 351 792.1**	**1 056 184.1**	**922 929.2**	**14 859 456**	**916 774**	**243 488**
埃及	3 635.6	4 545.1	29 500.0	88 000	9 200	1 850
乌克兰	9 914.0	995.0	9 078.0	108 000	20 000	1 000
加拿大	12 996.3	840.5	12 600.0	158 000	1 150	5 000
美国	97 277.0	6 965 000.0	59 138.0	1 830 000	6 650	88 000
墨西哥	30 600.0	6 150 000.0	17 750.0	495 700	8 100	3 000
中国	105 686.6	133 160.4	454 419.9	3 771 485	635 874	251
印度	219 642.0	58 200.0	17 500.0	413 400		
日本	4 530.0	11.0	9 785.0	297 000		3
法国	20 500.0	10 000.0	14 635.0	230 000	23 500	42 000
德国	14 567.7	2 140.0	25 766.8	108 000	1 900	8 800
荷兰	4 050.0	1 400.0	12 822.0	107 000	1 020	1 450
俄罗斯	27 300.0	14 000.0	15 700.0	325 000	900	2 400
英国	10 600.0	36 697.0	5 845.0	167 549	4 000	9 500
澳大利亚	27 588.0	120 000.0	2 433.0	96 000	400	1 300

表 33 世界和部分国家肉牛、绵羊、猪屠宰头数、每头胴体重和肉产量（2000）

国家或地区	肉牛			绵羊			猪		
	屠宰头数（千头）	胴体重（kg）	肉产量（kt）	屠宰头数（千头）	胴体重（kg）	肉产量（kt）	屠宰头数（千头）	胴体重（kg）	肉产量（kt）
世界总计	**282 905.7**	**202.0**	**57 136.3**	**486 703.5**	**15.6**	**7 596.5**	**1 171 544.9**	**77.7**	**91 030.0**
埃及	1 750.2	167.8	309.3	3 420.0	24.8	84.7	71.0	42.9	3.0
乌克兰	6 105.0	131.5	803.0	965.5	14.5	14.0	7 849.0	86.0	675.0
加拿大	3 940.0	319.8	1 260.0	491.7	21.4	10.5	19 950.0	84.0	1 675.0
美国	37 699.0	326.6	12 311.0	3 520.0	29.4	103.4	97 926.0	87.1	8 532.0
墨西哥	6 566.4	215.5	1 414.9	1 922.0	16.9	32.4	12 550.0	82.5	1 034.9
中国	35 790.6	140.3	5 023.0	96 650.0	15.0	1 450.0	556 213.7	77.4	43 052.6
印度	14 000.0	103.0	1 442.0	19 100.0	12.0	229.2	15 550.0	35.0	542.5
日本	1 315.0	406.1	534.0	5.0	30.9	0.2	16 980.0	74.8	1 270.0
阿根廷	13 100.0	213.7	2 800.0	4 335.8	10.4	45.0	2 697.4	67.3	181.4
法国	5 770.0	275.6	1 590.0	7 250.0	17.9	130.0	26 600.0	87.0	2 315.0
德国	4 750.0	312.9	1 430.0	2 180.0	20.2	44.0	44 300.0	86.9	3 850.0
荷兰	2 300.0	219.6	505.0	634.8	24.9	15.8	18 500.0	87.8	1 625.0
俄罗斯	15 600.0	136.3	2 126.0	8 176.0	17.0	139.0	15 508.0	80.6	1 250.0
英国	2 440.0	295.1	720.0	18 836.0	18.9	356.0	13 249.0	71.1	942.0
澳大利亚	8 340.0	238.4	1 988.0	30 610.0	21.2	648.0	4 800.0	75.6	363.0

表 34 世界和部分国家肉牛、绵羊、猪屠宰头数、每头胴体重和肉产量（2001）

国家或地区	肉牛			绵羊			猪		
	屠宰头数（千头）	胴体重（kg）	肉产量（kt）	屠宰头数（千头）	胴体重（kg）	肉产量（kt）	屠宰头数（千头）	胴体重（kg）	肉产量（kt）
世界总计	**278 950**	**204**	**56 786**	**788 920**	**14**	**11 296**	**1 185 250**	**78**	**91 965**
埃及	1 550	174	270	5 290	22	118	70	43	3
加拿大	3 920	318	1 250	520	21	11	21 500	84	1 800
美国	35 600	329	11 698	3 350	30	102	99 970	88	8 790
墨西哥	6 580	214	1 410	4 500	16	72	12 910	83	1 065
中国	37 390	143	5 337	191 810	14	2 689	566 220	77	43 462
印度	14 200	103	1 463	66 100	11	699	17 000	35	595
日本	1 280	406	520	9	27	0	16 530	76	1 250
阿根廷	13 500	219	2 950	5 780	10	59	2 740	78	214
法国	5 430	289	1 571	8 200	14	118	27 020	83	2 255
德国	4 280	318	1 363	2 180	21	46	42 900	91	3 900
俄罗斯	12 200	157	1 916	6 920	18	124	20 500	79	1 620
英国	2 180	298	651	13 490	20	268	10 610	73	778
澳大利亚	8 870	230	2 040	33 740	20	671	4 980	78	389

表 35 世界和部分国家鸡、鸭、火鸡屠宰只数、每只胴体重和肉产量（2000）

国家或地区	鸡肉			鸭肉			火鸡肉		
	屠宰只数（千只）	胴体重（kg）	肉产量（kt）	屠宰只数（千只）	胴体重（kg）	肉产量（kt）	屠宰只数（千只）	胴体重（kg）	肉产量（kt）
世界总计	**41 376 642**	**1.41**	**58 187.3**	**1 984 902**	**1.46**	**2 893 488**	**638 651**	**7.70**	**4 915.5**
埃及	342 208	1.50	513.3	16 100	2.60	41 860	2 100	5.00	10.5
乌克兰	136 000	1.42	193.0						
加拿大	590 431	1.53	901.5	3 600	2.06	7 400	22 430	6.80	152.6
美国	8 424 000	1.66	13 942.0	24 500	2.15	52 600	268 000	9.11	2 441.0
墨西哥	1 051 136	1.74	1 825.2	8 000	2.50	20 000	5 360	3.30	17.7
中国	6 600 276	1.37	9 025.6	1 516 614	1.31	1 991 896	500	3.98	2.0
印度	639 000	0.90	575.1						
日本	604 894	1.98	1 195.4				4	3.00	0.01
法国	921 000	1.33	1 222.2	82 500	2.86	235 700	115 800	6.37	738.0
德国	400 000	1.42	462.0	21 100	1.90	40 000	34 300	8.62	295.5
荷兰	570 000	1.23	703.0	7 000	2.00	14 000	8 500	4.94	42.0
俄罗斯	580 000	1.33	771.0						
英国	797 400	1.52	1 214.7	18 100	2.24	40 500	27 000	9.41	254.0
澳大利亚	400 175	1.53	613.4	3 800	2.12	8 038	6 500	3.51	22.8

表 36 世界和部分国家肉鸡、鸭、火鸡屠宰只数、每只胴体重和肉产量（2001）

国家或地区	鸡肉			鸭肉			火鸡肉		
	屠宰只数（千只）	胴体重（kg）	肉产量（kt）	屠宰只数（千只）	胴体重（kg）	肉产量（kt）	屠宰只数（千只）	胴体重（kg）	肉产量（kt）
世界总计	**42 755 618**	**1.40**	**59 848.7**	**2 014 674**	**1.46**	**2 936 687**	**660 563**	**7.70**	**5 085.9**
埃及	359 318	1.50	539.0	16 100	2.60	41 860	2 150	5.00	10.8
乌克兰	128 000	1.48	189.0						
加拿大	590 431	1.60	943.0	3 600	2.06	7 400	22 430	6.29	141.0
美国	8 612 000	1.65	14 210.0	23 000	2.29	52 600	273 000	9.10	2 485.0
墨西哥	1 090 550	1.74	1 897.5	8 100	2.50	20 250	8 255	3.30	27.2
中国	6 938 700	1.35	9 401.0	1 534 500	1.31	2 009 980	500	3.98	2.0
印度	661 500	0.90	595.4						
日本	565 000	2.09	1 180.0				4	3.00	0.01
法国	835 000	1.32	1 100.0	82 000	2.87	235 000	116 000	6.34	735.0
德国	400 000	1.20	480.0	21 100	1.99	42 000	34 300	9.91	340.0
荷兰	575 000	1.22	700.0	7 000	2.00	14 000	8 500	4.94	42.0
俄罗斯	585 000	1.33	778.0						
英国	818 100	1.54	1 257.5	20 500	2.2	45 800	27 000	9.48	256.0
澳大利亚	414 000	1.60	662.0	3 800	2.16	8 200	6 500	3.51	22.8

表 37　世界和部分国家肉类产量（2000—2001）　单位：kt

国家或地区	2000	2001	2001 年比上年增减（%）
世界总计	**233 218**	**236 335**	**1.34**
埃及	1 391	1 446	3.95
南非	1 333	1 560	17.03
加拿大	4 033	4 175	3.52
美国	37 636	37 282	－0.94
巴西	14 412	15 161	5.20
中国	61 246	63 339	3.42
印度	4 827	4 916	1.84
日本	3 015	2 961	－1.79
韩国	1 626	1 730	6.40
法国	6 360	6 316	－0.69
德国	6 217	6 239	0.35
意大利	4 146	4 145	－0.02
俄罗斯	4 299	4 518	5.09
英国	3 507	3 257	－7.13
澳大利亚	3 650	3 814	4.49

表 38　世界和部分国家牛奶产量（2000—2001）　单位：kt

国家或地区	2000	2001	2001 年比上年增减（%）
世界总计	**484 895**	**495 140**	**2.11**
埃及	1 639	1 679	2.44
南非	2 667	2 667	
加拿大	8 090	8 170	0.99
美国	76 067	75 025	－1.37
巴西	20 380	22 580	10.79
中国	8 647	9 785	13.16
印度	37 240	38 320	2.90
日本	8 497	8 450	－0.55
韩国	2 252	2 339	3.86
法国	24 897	24 890	
德国	28 332	28 300	－0.11
意大利	11 741	11 900	1.35
俄罗斯	31 555	31 675	0.38
英国	14 489	14 717	1.57
澳大利亚	11 172	11 398	2.02

表 39 世界和部分国家鸡蛋产量（2000—2001）

单位：kt

国家或地区	2000	2001	2001 年比上年增减（%）
世界总计	**50 678**	**56 057**	**10.61**
埃及	170	180	5.88
南非	339	318	-6.19
加拿大	357	363	1.68
美国	5 011	5 011	
巴西	1 400	1 582	13.00
中国	18 866	23 354	23.79
印度	1 782	1 906	6.96
日本	2 508	2 526	0.72
韩国	465	503	8.17
法国	1 050	1 047	-0.29
德国	880	880	
意大利	768	768	
俄罗斯	1 867	1 951	4.50
英国	588	635	7.99
澳大利亚	200	149	-25.50

表 40 世界和部分国家蜂蜜产量（2000—2001）

单位：kt

国家或地区	2000	2001	2001 年比上年增减（%）
世界总计	**1 216.00**	**1 262.78**	**3.85**
埃及	8.10	8.10	
南非	0.90	0.90	
加拿大	32.00	32.00	
美国	101.00	94.00	-6.93
巴西	18.20	20	9.89
中国	253.70	256.00	0.91
印度	51.00	51.00	
日本	3.06	3.48	13.73
韩国	8.50	20.00	135.29
法国	18.00	18.00	
德国	18.00	18.00	
意大利	11.00	9.70	-11.82
俄罗斯	50.00	50.00	
英国	4.10	4.10	
澳大利亚	22.02	18.85	-14.40

表 41 世界和部分国家羊毛产量（2000—2001） 单位：kt

国家或地区	2000	2001	2001 年比上年增减（%）
世界总计	**2 323.31**	**2 347**	**1.02**
埃及	7.31	7	−4.24
南非	52.67	53	0.63
加拿大	1.60	2	25.00
美国	22.33	22	−1.48
巴西	25.20	14	−44.44
中国	290.00	290	
印度	44.36	46	3.70
蒙古	20.00	20	
新西兰	255.70	260	1.68
法国	22.00	22	
德国	15.00	15	
意大利	10.50	11	4.76
俄罗斯	38.00	38	
英国	66.00	64	3.03
澳大利亚	672.00	700	4.17

表 42 世界和部分国家水产品产量（1998—2000） 单位：kt

国家或地区	水产品产量		
	1998	1999	2000*
世界总计	**117 728**	**126 177**	**126 177**
埃及	500	610	607
印度尼西亚	4 590	4 800	4 797
加拿大	1 100	1 140	1 136
美国	5 150	5 230	5 228
泰国	3 508	3 608	
中国	36 018	39 065	41 224
印度	5 240	5 350	5 352
日本	6 030	5 940	5 936
挪威	3 259	3 086	
法国	820	850	846
德国	330	310	312
墨西哥	1 220	1 250	1 251
俄罗斯	4 520	4 210	4 210
英国	1 060	990	993
澳大利亚	230	250	250

* 数据来自 2002 年国际统计年鉴。

表 43　世界和部分国家纸浆制造业纸浆产量（1999—2001）

单位：kt

国家或地区	纸浆产量		
	1999	2000	2001
世界总计	**178 784**	**187 472**	**180 519**
芬兰	11 579	11 919	11 168
印度尼西亚	1 725	3 726	3 726
加拿大	25 181	26 495	24 584
美国	57 609	57 178	53 040
中国	17 221	17 961	17 961
印度	2 543	2 603	2 603
日本	10 910	11 319	11 319
瑞典	10 693	11 903	11 386
法国	2 592	2 582	2 559
德国	1 731	2 215	2 103
挪威	2 354	2 435	2 406
俄罗斯	5 010	5 752	6 301
英国	517	517	492
澳大利亚	2 233	2 590	2 590

表 44　世界和部分国家纸浆制造业木浆产量（1999）

单位：kt

国家或地区	木浆总量	机制木浆	半化学制木浆	化学制木浆	其他纤维浆	可溶解木浆
世界总计	**182 591.4**	**35 461.7**	**6 390.6**	**118 625.9**	**19 260.9**	**2 852.3**
芬兰	12 208.0	4 602.0	539.0	6 977.0		90.0
印度尼西亚	1 725.0			1 646.0	79.0	
加拿大	25 653.0	11 213.0	551.0	13 608.0	40.0	241.0
美国	58 616.2	5 110.1	3 643.2	48 620.0	244.9	998.0
埃及	60.0				60.0	
中国	19 037.0	450.0		2 140.0	16 432.0	15.0
印度	2 578.0	223.0		1 080.0	1 020.0	255.0
日本	11 075.0	1 473.0	102.0	9 401.0	19.0	80.0
瑞典	10 693.0	3 029.0	257.0	7 407.0		
法国	2 762.5	760.0	125.0	1 875.0	2.5	
德国	1 907.0	1 192.0		706.0		9.0
挪威	2 425.9	1 644.4	54.7	654.8		72.0
俄罗斯	5 091.0	1 160.0	210.0	3 622.0		99.0
英国	474.0	411.0	63.0			
澳大利亚	866.0	350.0	125.0	391.0		

表 45 世界和部分国家纸浆制造业木浆产量（2000） 单位：kt

国家或地区	木浆总量	机制木浆	半化学制木浆	化学制木浆	其他纤维浆	可溶解木浆
世界总计	**190 181**	**37 138**	**8 201**	**122 609**	**19 524**	**2 709**
芬兰	12 009	4 319	500	7 100		90
印度尼西亚	3 726			3 626	100	
加拿大	26 736	12 340	562	13 553	40	241
美国	58 075	5 146	3 588	48 198	245	898
埃及	60				60	
中国	17 976	480	1 460	1 745	14 276	15
印度	2 858	223		1 112	1 268	255
日本	11 399	1 405	96	9 792	26	80
瑞典	11 903	3 304	262	7 979	358	
法国	2 581	651	113	1 817		
德国	2 216	1 342		873	1	
挪威	2 475	1 717	96	622		40
俄罗斯	5 842	1 196	361	4 195		90
英国	517	442	75			
澳大利亚	2 590	376	241	399	1 574	

表 46 世界和部分国家纸浆制造业木浆产量（2001） 单位：kt

国家或地区	木浆总量	机制木浆	半化学制木浆	化学制木浆	其他纤维浆	可溶解木浆
世界总计	**183 094**	**35 338**	**7 684**	**117 956**	**19 541**	**2 575**
芬兰	11 168	4 121	500	6 547		
印度尼西亚	3 726			3 626	100	
加拿大	24 825	11 409	530	12 605	40	241
美国	53 872	4 503	3 203	45 089	245	832
埃及	60				60	
中国	17 976	480	1 460	1 745	14 276	15
印度	2 858	223		1 112	1 268	255
日本	11 399	1 405	96	9 792	26	80
瑞典	11 386	3 089	257	7 682	358	
法国	2 559	628	113	1 817	1	
德国	2 103	1 229		874		
挪威	2 446	1 668	68	670		40
俄罗斯	6 401	1 590	352	4 359		100
英国	492	429	63			
澳大利亚	2 590	376	241	399	1 574	

表 47　世界和部分国家机制纸及纸板制造业产量（1999）　单位：kt

国家或地区	机制纸与纸板总产量	新闻纸产量	印刷纸+书写纸产量	包装纸+包装板产量	再生纸产量	家庭用纸+卫生纸产量	其他纸张+纸板产量
世界总计	**443 474**	**38 025**	**94 177**	**145 677**	**128 145**	**19 871**	**17 579**
芬兰	13 643	1 490	7 902	2 970	696	185	400
印度尼西亚	8 141	532	2 733	3 417	1 163	162	134
埃及	375		36	248	32	59	
加拿大	21 758	9 204	5 680	4 582	1 478	664	150
美国	129 879	6 513	23 221	50 675	41 103	6 212	2 155
中国	49 471	1 077	7 270	16 975	15 234	2 291	6 624
印度	4 595	500	1 510	1 675	750	35	125
日本	45 472	3 295	11 330	12 285	14 841	1 701	2 020
瑞典	11 455	2 508	2 617	4 527	1 384	294	125
法国	14 879	1 099	3 247	4 395	5 276	536	326
德国	27 049	1 645	6 756	6 217	10 307	954	1 170
挪威	2 534	870	851	494	293	26	
俄罗斯	5 895	1 622	566	1 705	1 360	106	536
英国	11 329	1 071	1 745	2 527	4 753	718	515
澳大利亚	4 100	405	497	1 475	1 536	187	

表 48　世界和部分国家机制纸及纸板制造业产量（2000）　单位：kt

国家或地区	机制纸与纸板总产量	新闻纸产量	印刷纸+书写纸产量	包装纸+包装板产量	再生纸产量	家庭用纸+卫生纸产量	其他纸张+纸板产量
世界总计	**458 788**	**39 325**	**97 965**	**147 889**	**135 297**	**20 288**	**18 024**
芬兰	14 194	1 394	8 416	3 125	685	174	400
印度尼西亚	8 140	477	2 818	3 411	1 163	161	110
埃及	375		36	248	32	59	
加拿大	22 399	9 221	6 313	4 585	1 478	652	150
美国	129 915	6 668	22 991	48 459	43 370	6 270	2 157
中国	50 903	1 529	7 710	17 315	15 374	2 316	6 659
印度	4 523	400	1 530	1 694	850	40	9
日本	46 635	3 419	11 740	12 822	14 841	1 701	2 112
瑞典	12 254	2 542	2 837	4 968	1 468	312	127
法国	15 781	1 039	3 435	4 601	5 775	578	353
德国	29 174	1 806	7 529	6 561	10 992	1 017	1 269
挪威	2 651	868	880	524	351	28	
俄罗斯	6 850	1 694	575	2 479	1 540	111	451
英国	12 233	1 100	1 747	2 554	5 365	724	743
澳大利亚	4 386	464	535	1 613	1 542	232	

表 49 世界和部分国家机制纸及纸板制造业产量（2001） 单位：kt

国家或地区	机制纸与纸板总产量	新闻纸产量	印刷纸＋书写纸产量	包装纸＋包装板产量	再生纸产量	家庭用纸＋卫生纸产量	其他纸张＋纸板产量
世界总计	**449 559**	**37 956**	**93 982**	**145 567**	**133 828**	**20 585**	**17 641**
芬兰	13 201	1 296	7 659	2 982	698	166	400
印度尼西亚	8 140	477	2 818	3 411	1 163	161	110
埃及	375		36	248	32	59	
加拿大	21 343	8 376	6 128	4 526	1 478	685	150
美国	122 741	5 771	21 065	46 356	41 212	6 362	1 975
中国	50 903	1 529	7 710	17 315	15 374	2 316	6 659
印度	4 823	700	1 530	1 694	850	40	9
日本	46 635	3 419	11 740	12 822	14 841	1 701	2 112
瑞典	11 989	2 463	2 791	4 857	1 454	305	119
法国	15 196	1 033	3 298	4 361	5 566	592	346
德国	29 405	2 046	6 877	6 737	11 526	1 027	1 192
挪威	2 661	886	811	443	441	27	53
俄罗斯	7 236	1 732	566	2 773	1 640	120	405
英国	11 832	1 090	1 537	2 453	5 365	738	649
澳大利亚	4 386	464	535	1 613	1 542	232	

表 50 世界和部分国家按人口平均的食物产量（1999） 单位：kg

国家或地区	谷物	油料	糖料	蔬菜	水果	肉类	蛋类	奶类
世界平均	**348.65**	**18.26**	**256.47**	**111.67**	**76.57**	**38.40**	**9.01**	**95.50**
埃及	290.89	2.93	264.98	204.06	101.83	19.94	2.39	55.82
匈牙利	1 139.89	47.01	291.14	200.24	140.77	108.78	18.03	213.75
加拿大	1 769.36	141.58	24.11	77.86	30.09	127.19	11.67	267.74
美国	1 196.58	56.69	225.69	139.26	100.07	132.83	17.52	263.18
阿根廷	921.89	182.58	456.57	91.66	183.00	107.75	7.81	290.67
中国	357.87	10.64	68.37	211.86	50.97	48.29	17.09	8.84
印度	238.58	8.52	296.28	66.10	46.10	4.82	1.75	79.50
日本	96.85	0.33	42.16	100.97	33.47	23.97	19.99	66.71
瑞典	557.21	7.16	309.56	33.14	3.74	66.66	12.09	372.77
法国	1 090.06	43.06	559.03	135.68	198.23	111.54	17.86	434.24
德国	542.03	21.70	335.59	29.75	65.93	77.99	10.66	345.70
丹麦	1 655.47	29.69	670.80	58.00	9.17	378.14	14.74	877.51
俄罗斯	368.27	12.50	103.45	87.74	16.10	29.50	12.70	220.72
英国	371.89	12.49	175.13	48.99	5.82	60.84	10.11	252.36
澳大利亚	1 852.16	62.27	1 974.33	95.04	154.12	193.98	7.80	553.69

表 51　世界和部分国家按人口平均的食物产量（2000）　　单位：kg

国家或地区	谷物	油料	糖料	蔬菜	水果	肉类	蛋类	奶类
世界平均	**340.70**	**18.10**	**247.44**	**114.24**	**77.01**	**38.46**	**9.15**	**95.44**
埃及	296.18	3.23	272.68	215.34	101.59	20.58	2.60	55.63
匈牙利	1 008.87	27.81	198.64	162.06	175.06	113.13	18.01	219.58
加拿大	1 668.40	115.59	26.69	74.91	25.47	129.36	12.16	263.03
美国	1 210.27	56.69	219.58	131.56	115.10	132.97	17.65	268.57
阿根廷	1 047.35	172.75	432.06	84.68	180.39	109.81	8.78	268.22
中国	317.63	11.82	61.89	228.31	50.38	49.30	17.77	9.65
印度	233.41	7.88	296.58	67.46	48.14	4.81	1.77	81.07
日本	100.68	0.40	41.80	99.81	30.08	23.65	19.89	66.85
瑞典	652.60	5.53	294.30	32.14	4.16	62.42	11.54	373.22
法国	1 110.14	36.50	530.98	135.21	188.31	109.15	17.54	432.63
德国	553.97	17.71	339.81	30.47	79.21	76.31	10.86	345.71
丹麦	1 770.80	20.97	628.72	58.10	9.78	373.34	13.97	887.18
俄罗斯	442.24	11.84	96.51	91.93	22.80	30.43	13.05	219.23
英国	402.20	7.45	156.54	50.35	5.14	58.93	10.20	242.97
澳大利亚	1 850.92	4.13	133.75	101.33	161.47	193.56	7.73	583.76

表 52　世界和部分国家按人口平均的食物产量（2001）　　单位：kg

国家或地区	谷物	油料	糖料	蔬菜	水果	肉类	蛋类	奶类
世界平均	**340.08**			**113.81**	**76.02**	**38.56**	**9.23**	**95.31**
埃及	281.77			204.36	105.41	21.13	2.89	55.56
匈牙利	1 500.55			164.26	186.33	118.89	16.08	220.22
加拿大	1 426.75			74.28	25.30	134.61	11.70	263.42
美国	1 137.76			124.20	104.44	132.00	17.77	262.39
中国	312.70			233.89	52.44	50.42	18.08	10.34
印度	224.97			66.39	47.38	4.80	1.86	81.91
日本	96.36			98.67	33.65	23.25	19.84	66.36
瑞典	628.14			32.12	4.17	61.26	11.09	373.60
法国	1 017.22			131.29	187.87	106.65	17.61	430.59
德国	610.39			29.84	65.56	78.88	10.85	345.36
丹麦	1 754.73			57.87	16.73	387.85	14.44	873.80
俄罗斯	578.05			86.64	23.81	31.23	13.52	223.18
英国	317.64			48.74	5.32	54.65	10.79	246.26
澳大利亚	1 886.80			100.86	162.32	197.25	7.71	589.41

表 53　部分国家和地区人均每天食物热值、蛋白质和脂肪含量（1997—2000）

国家或地区	食物热值（kJ）				蛋白质（g）				脂肪食量（g）			
	1997	1998	1999	2000	1997	1998	1999	2000	1997	1998	1999	2000
埃及	13 815.1	13 885.9	13 817.2	13 999.2	91.0	92.1	92.4	93.1	56.5	55.6	56.9	59.6
南非	12 089.7	12 053.3	12 034.0	12 073.8	74.4	74.2	74.3	74.0	74.1	72.6	71.6	73.2
加拿大	12 962.9	13 208.1	13 249.9	13 280.9	98.1	100.8	103.1	103.9	121.7	126.2	126.2	129.4
美国	15 405.5	15 470.3	15 675.8	15 782.1	112.2	112.9	114.9	114.0	141.6	144.8	147.7	151.3
巴西	12 254.5	12 229.4	12 395.5	12 489.2	76.8	76.9	79.2	79.9	84.6	85.1	87.1	88.6
中国	12 602.2	12 681.7	12 715.2	12 673.3	81.8	83.1	84.3	85.5	74.9	79.3	82.4	84.0
印度	10 447.0	9 970.9	10 314.4	10 158.3	60.9	57.2	59.1	57.1	44.4	45.6	48.0	47.9
日本	11 742.4	11 495.1	11 576.7	11 557.5	93.0	91.6	91.2	91.8	82.0	80.8	81.9	83.1
韩国	12 943.6	12 604.3	12 908.5	12 939.9	85.6	81.9	89.5	90.0	71.6	72.1	72.9	75.6
法国	14 870.4	14 967.0	14 959.9	15 024.7	114.8	116.6	116.2	116.6	165.7	164.8	163.8	166.2
德国	13 762.8	14 203.0	14 206.4	14 437.3	90.9	95.8	95.2	94.7	147.0	147.0	146.4	152.2
意大利	14 829.8	15 110.1	15 218.0	15 317.6	109.9	111.8	114.0	114.6	148.0	152.3	152.1	153.7
俄罗斯	12 007.7	12 030.7	12 105.6	12 206.4	89.5	89.0	86.3	86.0	78.6	77.8	75.5	77.4
英国	13 779.6	13 841.1	13 958.2	13 950.3	96.3	97.5	98.9	98.4	139.2	139.9	141.7	144.6
澳大利亚	13 154.5	13 000.5	13 146.5	13 287.5	104.3	104.9	107.5	107.0	128.2	129.3	133.8	138.4
中国香港	13 237.3	12 964.5	12 926.0	12 980.4	100.7	99.2	103.2	96.0	129.8	134.4	126.9	130.8

资料来源：联合国粮农组织数据库 2002 年 10 月查询。

表 54　我国农业主要产品产量居世界位次（1949—2001）

项　目	1949	1998	1999	2000	2001
谷　物		1	1	1	1
棉　花	4	1	1	1	1
大　豆	2	4	4	4	4
花　生	2	1	1	1	1
油菜籽	2	1	1	1	1
肉　类	3	1	1	1	1
甘　蔗		3	3	3	3
茶　叶	3	2	2	2	2
水　果		1	1	1	1

表 55 主要农畜产品世界最大生产国（1999）

农畜产品	第一位国家	产量（kt）	第二位国家	产量（kt）	第三位国家	产量（kt）
谷 物	中国	455 192	美国	335 563	印度	236 836
小 麦	中国	113 880	印度	71 288	美国	62 567
稻 谷	中国	200 403	印度	134 213	泰国	24 172
玉 米	美国	239 549	中国	128 287	巴西	32 038
小 米	印度	10 235	尼日利亚	5 960	中国	2 319
高 粱	美国	15 118	印度	8 415	尼日利亚	7 520
马铃薯	中国	56 141	俄罗斯	31 344	印度	23 610
大 豆	美国	72 223	巴西	30 987	中国	14 245
甘 蔗	巴西	333 848	印度	295 730	中国	78 108
甜 菜	法国	32 919	美国	30 318	俄罗斯	15 227
可可豆	科特迪瓦	1 306	印度尼西亚	443	加纳	397
茶 叶	印度	870	中国	697	肯尼亚	249
烟 叶	中国	2 478	印度	736	巴西	630
肉 类	中国	61 423	美国	37 251	巴西	13 872
牛 奶	印度	78 920	美国	73 804	俄罗斯	32 272
鸡 蛋	中国	18 510	美国	4 912	日本	2 535

资料来源：表 55、表 56 数据，来源于联合国粮农组织数据库。

表 56 主要农畜产品世界最大生产国（2000）

农畜产品	第一位国家	产量（kt）	第二位国家	产量（kt）	第三位国家	产量（kt）
谷 物	中国	407 335	美国	342 785	印度	235 494
小 麦	中国	99 636	印度	75 574	美国	60 757
稻 谷	中国	189 814	印度	129 444	泰国	25 608
玉 米	美国	251 854	中国	106 180	巴西	31 879
小 米	印度	8 684	尼日利亚	6 105	中国	2 126
高 粱	美国	11 952	印度	8 863	尼日利亚	7 711
马铃薯	中国	66 325	俄罗斯	34 000	印度	25 000
大 豆	美国	75 055	巴西	32 735	中国	15 411
甘 蔗	巴西	327 705	印度	299 230	中国	71 299
甜 菜	法国	31 131	美国	29 521	德国	27 870
可可豆	科特迪瓦	1 396	印度尼西亚	466	加纳	437
茶 叶	印度	805	中国	704	肯尼亚	236
烟 叶	中国	2 564	印度	609	巴西	578
肉 类	中国	63 227	美国	37 661	巴西	14 683
牛 奶	印度	81 790	美国	76 067	俄罗斯	31 895
鸡 蛋	中国	19 433	美国	5 000	日本	2 527

表 57 主要农畜产品世界最大生产国（2001）

农畜产品	第一位国家	产量（kt）	第二位国家	产量（kt）	第三位国家	产量（kt）
谷 物	中国	404 126	美国	325 315	印度	230 611
小 麦	中国	93 500	印度	68 458	美国	53 278
稻 谷	中国	181 515	印度	131 900	泰国	25 200
玉 米	美国	241 485	中国	115 805	巴西	41 411
小 米	印度	9 505	尼日利亚	6 105	中国	2 446
高 粱	美国	13 070	尼日利亚	7 711	印度	7 417
马铃薯	中国	64 045	俄罗斯	34 500	印度	25 000
大 豆	美国	78 668	巴西	37 675	中国	15 450
甘 蔗	巴西	339 136	印度	286 000	中国	79 700
甜 菜	法国	26 715	德国	24 398	美国	23 364
可可豆	科特迪瓦	1 200	加纳	410	印度尼西亚	340
茶 叶	印度	855	中国	711	肯尼亚	240
烟 叶	中国	2 303	印度	610	巴西	565
肉 类	中国	65 161	美国	37 741	巴西	15 161
牛 奶	印度	83 970	美国	75 025	俄罗斯	32 285
鸡 蛋	中国	19 884	美国	5 080	日本	2 526

表 58 部分国家国内生产总值的产业构成△（1999）

单位：%

国家或地区	第一产业（农业）	第二产业（工业）	第三产业（服务业）
埃及	17.4	31.5	51.0
南非	3.8	32.4	63.7
巴西	8.6	30.6	60.8
中国	17.6	49.4	33.0
印度	27.7	26.3	46.0
日本	1.7**	36.0**	62.3**
韩国	5.0	43.5	51.5
法国	2.8**	23.3**	73.9**
德国	1.1	28.4	70.6
意大利	2.8	26.2	71.0
俄罗斯	6.6	37.7	55.7
美国	1.7*	26.2*	72.0*
英国	1.0	25.2	73.7
澳大利亚	3.1**	24.7**	72.3**

注：△产业划分，第一产业包括农、林、牧、渔业；第二产业包括采矿业、制造业、建筑业、电煤气和供水行业；第三产业包括除第一、二类产业外的其他经济活动部门，即所有服务业。

*为 1997 年统计数字，**为 1998 年统计数字。

资料来源：世界银行《世界发展指标》2001 年版。

表 59　世界主要工业部门生产指数（1996—1999）　（1990 年＝100）

主要工业部门	1996 年	1997 年	1998 年	1999 年
世界总计	**114.6**	**120.7**	**124.1**	**129.4**
采矿业	113.0	114.3	115.0	114.3
制造业	114.5	122.1	125.3	131.4
食品、饮料、烟草	113.7	117.3	119.0	126.1
纺织	105.1	108.8	105.4	104.9
服装、皮革、制鞋	92.5	91.7	87.7	83.4
木制品及家具	102.9	106.0	107.4	109.0
造纸、印刷、出版	108.5	112.0	112.9	114.3

资料来源：联合国《统计月报》1999 年 2 月，2001 年 2 月。

表 60　世界部分农产品加工工业产值的部门构成　单位：%

工业部门	世界总计①		发达国家②		发展中国家③	
	1990	1999	1990	1999	1990	1999
世界总计	**100.0**	**100.0**	**100.0**	**100.0**	**100.0**	**100.0**
采矿业	9.8	8.66	5.4	4.73	24.7	20.28
制造业	81.6	82.86	85.0	87.07	69.4	73.26
食品、饮料、烟草	10.0	9.74	9.0	8.86	13.0	14.85
纺织	3.9	3.16	2.5	1.67	7.0	5.79
服装、皮革、制鞋	2.9	1.87	2.5	1.66	3.6	2.28
木制品及家具	1.8	1.52	1.9	1.79	1.2	0.76
造纸、印刷、出版	6.3	5.56	7.9	7.90	3.0	2.88

注：①总计中没有包括阿尔巴尼亚、中国、朝鲜、越南、原捷克斯洛伐克、原苏联和南斯拉夫。②发达国家包括北美（加拿大、美国）、欧洲、澳大利亚、以色列、日本、新西兰和南非。③发展中国家包括加勒比、中美和南美、非洲（南非除外）、亚洲（以色列、日本除外）、大洋洲（澳大利亚和新西兰除外）。

资料来源：根据联合国《统计月报》1999 年 2 月、2001 年 2 月的资料计算。

表 61　西方工业国家工业生产位次①

（按工业增加值计算）

位　次	1990		1995		1999	
	国家	占经合组织总计的%	国家	占经合组织总计的%	国家	占经合组织总计的%
1	美　国	34.0	美　国	36.68	美　国	34.20
2	日　本	18.3	日　本	16.51	日　本	14.16
3	德　国	10.2	德　国	9.46	德　国	8.83
4	意大利	6.7	意大利	6.77	意大利	5.53
5	法　国	6.2	英　国	5.86	法　国	5.24
6	英　国	5.9	法　国	5.77	英　国	4.55
7	西班牙	3.1	加拿大	3.05	墨西哥	3.16

（续）

位次	1990		1995		1999	
	国家	占经合组织总计的%	国家	占经合组织总计的%	国家	占经合组织总计的%
8	墨西哥	3.1	墨西哥	3.01	加拿大	2.79
9	加拿大	2.9	西班牙	3.00	西班牙	2.72
10	澳大利亚	1.7	澳大利亚	1.72	澳大利亚	1.57
11	荷兰	1.5	荷兰	1.50	荷兰	1.33
12	奥地利	1.0	葡萄牙	1.33	比利时	0.97
13	比利时	1.0	奥地利	1.22	瑞士	0.89
14	瑞士	1.0	瑞士	0.98	奥地利	0.86
15	瑞典	0.9	瑞典	0.96	葡萄牙	0.83
16	葡萄牙	0.7	比利时	0.92	瑞典	0.81
17	芬兰	0.5	挪威	0.60	芬兰	0.57
18	挪威	0.5	爱尔兰	0.59	爱尔兰	0.55
19	爱尔兰	0.4	芬兰	0.55	丹麦	0.50
20	希腊	0.3	希腊	0.28	挪威	0.48
21	卢森堡	0.1	卢森堡	0.10	希腊	0.30
22	经合组织	100.00	经合组织	100.00	卢森堡	0.10

注：①没包括新西兰、捷克共和国、匈牙利、波兰、韩国、土耳其。

资料来源：根据经合组织《主要经济指标》1996年2月和1997年1月及2000年10月的数据计算、整理。

表62 部分国家农产品加工业生产指数（1998） 单位：1990年=100

行业	美国①	日本	德国①	英国④	法国	意大利②	加拿大③	澳大利亚	印度	韩国①
制造业合计	**117**	**94**	**98**	**104**	**107**	**90**	**112**	**108**		**143**
食品	109	99	112		114	103	112	118	140	123
饮料	111		105			97				
烟草	101		95	98	81	89	88		121	99
纺织	118	60	75	85	86	95	96	81	172	84
服装	106	63	61	86	51	88	85		62	79
皮革制品	80	64	67		65	94	66		103	47
木材制品	105	64	115		100	109	107	114	126	87
纸及纸制品	115	106	100	100	117	100	111		196	143
印刷、出版	97	115	103	103	104	86	76	111		140
橡胶制品	121	93	90		119	87	140		146	136

资料来源：联合国工发组织《国际工业统计年鉴》2001年版。

注：①生产指数为1995年数据。②生产指数为1993年数据。③生产指数为1996年数据。④生产指数为1997年数据。

表 63 美国农产品加工业主要指标（1995）

按国际标准产业分类（第二版分类）	机构数*（家）	雇员数（千人）	产值（十亿美元）	增加值（十亿美元）	固定资本形成（百万美元）
制造业合计	**488 277**	**17 343**	**3 573**	**1 704**	**127 642**
食品	24 962	1 396	392	154	10 058
饮料	2 237	130	57	27	1 872
烟草	115	31	33	25	411
纺织	19 485	842	104	45	3 544
服装	19 032	724	56	29	607
皮革制品	2 073	36	5	2	72
木材制品	25 254	535	75	29	2 165
纸及纸制品	6 810	589	166	77	7 942
印刷、出版	95 664	1 534	188	126	5 615
橡胶制品	2 862	217	32	17	1 067

资料来源：联合国工发组织《国际工业统计年鉴》1998 年版。

注：*为 1992 年数据。

表 64 日本农产品加工业主要指标（1998）

按国际标准产业分类（第三版分类）	机构数（家）	雇员数（千人）	产值（十亿日元）	增加值（十亿日元）	固定资本形成（十亿日元）
制造业合计	**376 794**	**9 945**	**319 815**	**116 419**	**14 347**
肉类、鱼类、水果蔬菜、油类等	14 052	341	8 063	2 533	177
乳制品	809	44	2 272	597	50
谷物、淀粉及制品牲畜精饲料	1 386	30	2 694	525	67
其他食品	27 474	747	13 185	5 850	439
饮料	3 313	84	6 801	2 447	326
烟草制品	50	14	4 617	869	32
纺织品	9 680	155	2 457	1 086	92
服装	16 058	286	2 138	1 122	22
毛皮制品	62	1	11	4	
皮革制品	2 526	27	510	194	12
木材制品	13 151	143	2 584	1 007	72
纸及纸制品	10 349	256	8 164	3 032	527
印刷	24 644	417	8 455	3 886	324
橡胶制品	3 422	120	3 001	1 417	193

资料来源：联合国工发组织《国际工业统计年鉴》2001 年版。

表 65 德国农产品加工业主要指标（1998）

按国际标准产业分类（第三版分类）	机构数（家）	雇员数（千人）	产 值（亿马克）
制造业合计	**46 885**	**6 267**	**22 475**
肉类、鱼类、水果、蔬菜、油类等	1 718	152	648
乳制品	305	44	401
谷物、淀粉及制品 牲畜精饲料	314	21	161
其他食品	2 763	252	674
饮料	811	75	402
烟草制品	34	13	301
纺织品	804	72	172
服装	837	79	226
毛皮制品	9		1
皮革制品	138	10	21
木材制品	1 247	92	243
纸及纸制品	1 036	146	515
印刷	1 928	136	313
橡胶制品	291	78	218

资料来源：联合国工发组织《国际工业统计年鉴》2001 年版。

表 66 英国农产品加工业主要指标（1998）

按国际标准产业分类（第三版分类）	机构数（家）	雇员数*（千人）	产 值（百万英镑）	增加值（百万英镑）	固定资本形成（百万英镑）
制造业合计	**169 356**	**4 183**	**423 528**	**147 332**	**20 533**
肉类、鱼类、水果蔬菜、油类等	2 405	170	16 971	4 724	665
乳制品	666	39	7 086	1 441	237
谷物、淀粉及制品牲畜精饲料	730	33	7 323	1 706	289
其他食品	3 687	184	16 671	6 390	689
饮料	740	54	12 144	3 413	728
烟草制品	21	8	8 340	1 377	146
纺织品	1 525	60	3 427	1 355	153
服装	7 591	162	6 422	2 667	131
毛皮制品	39	1	27	7	1
皮革制品	746	13	721	258	20
木材制品	7 408	72	4 457	1 860	228
纸及纸制品	2 967	117	11 411	3 912	626
印刷	19 405	175	13 076	6 508	860
橡胶制品	811	52	3 686	1 653	162

资料来源：联合国工发组织《国际工业统计年鉴》2001 年版。

注：* 为 1997 年的雇员数。

表 67　法国农产品加工业主要指标（1998）

按国际标准产业分类（第三版分类）	机构数（家）	雇员数（千人）	产值（百万法郎）	增加值（百万法郎）	固定资本形成（百万法郎）
制造业合计	**21 792**	**2 733**	**3 439 898**	**983 858**	**134 624**
纺织品	671	52	50 593	13 095	2 085
服装	1 369	90	61 539	17 950	1 051
毛皮制品	14	1	454	80	4
皮革制品	176	14	8 431	3 705	191
木材制品	641	40	36 015	10 287	1 603
纸及纸制品	656	86	106 257	30 717	6 811
印刷	1 206	74	57 358	21 182	2 667
橡胶制品	174	68	55 965	21 730	2 991

资料来源：联合国工发组织《国际工业统计年鉴》2001 年版。

表 68　意大利农产品加工业主要指标（1994）

按国际标准产业分类（第三版分类）	机构数（家）	雇员数（千人）	产值（十亿里拉）	增加值（十亿里拉）	固定资本形成（十亿里拉）
制造业合计	**38 983**	**2 826**	**812 281**	**233 824**	**34 369**
肉类、鱼类、水果蔬菜、油类等	965	73	33 113	5 388	1 205
乳制品	368	32	17 914	3 442	678
谷物、淀粉及制品牲畜精饲料	243	13	10 500	1 520	303
其他食品	746	65	23 383	6 489	1 112
饮料	376	29	14 887	3 538	678
烟草制品	32	14	6 750	1 147	68
纺织品	1 812	130	32 170	10 412	1 473
服装	3 852	168	29 495	9 065	603
毛皮制品	36	1	142	70	2
皮革制品	778	31	11 696	2 536	222
木材制品	894	37	8 678	2 543	340
纸及纸制品	806	63	20 898	6 163	1 063
印刷	1 037	49	9 024	3 762	550
橡胶制品	272	33	7 458	3 826	385

资料来源：联合国工发组织《国际工业统计年鉴》1996 年版。

表 69 加拿大农产品加工业主要指标（1995）

按国际标准产业分类（第三版分类）	机构数（家）	雇员数（千人）	产 值（百万加元）	增加值（百万加元）
制造业合计	**32 708**	**1 715**	**465 170**	**173 560**
肉类、鱼类、水果蔬菜、油类等	1 195	95	24 390	6 930
乳制品	270	22	9 420	2 200
谷物、淀粉及制品牲畜精饲料	531	14	6 070	1 770
其他食品	961	59	13 420	5 820
饮料	233	24	8 200	4 280
烟草制品	16	4	3 880	1 660
纺织品	251	16	1 990	930
服装	1 524	71	6 500	3 080
毛皮制品	117	1	90	40
皮革制品	73	2	280	110
木材制品	1 330	46	7 800	3 270
纸及纸制品	668	103	39 070	18 160
印刷	3 153	74	8 900	4 770
橡胶制品	200	24	7 570	2 350

资料来源：联合国工发组织《国际工业统计年鉴》1999 年版。

表 70 澳大利亚农产品加工业主要指标（1997）

按国际标准产业分类（第三版分类）	机构数（家）	雇员数（千人）	产 值（百万澳元）	增加值（百万澳元）
制造业合计	**55 373**	**945 386**	**208 279**	**63 810**
肉类、鱼类、水果蔬菜、油类等	1 095	63 372	14 135	3 205
乳制品	235	17 213	7 024	1 380
饮料	439	15 628	6 955	2 134
烟草制品	5	1 569	963	369
纺织品	1 429	18 079	4 780	1 599
服装	4 915		3 673	1 289
毛皮制品	116		827	164
橡胶制品	296	8 154	1 559	579

资料来源：联合国工发组织《国际工业统计年鉴》2001 年版。

表 71 印度农产品加工业主要指标（1996—1997）

按国际标准产业分类（第三版分类）	机构数（家）		雇员数（千人）		产值（亿卢比）		增加值（亿卢比）		固定资本形成（亿卢比）	
	1996	1997	1996	1997	1996	1997	1996	1997	1996	1997
制造业合计	**127 403**	**128 643**	**8 670**	**8 717**	**61 409**	**71 841**	**12 200**	**12 667**	**5 953**	**5 249**
食品	22 025	22 803	1 272	1 334	9 240	1 036	1 157	1 158	312	283
饮料	622	624	67	62	491	681	126	163	79	34
烟草	8 048	7 988	517	538	718	803	234	221	20	13
纺织	15 950	16 233	1 518	1 529	6 824	8 355	1 165	1 217	658	677
服装	3 711	3 177	267	283	965	1 183	220	226	36	48
皮革制品	1 079	1 220	49	52	302	364	39	51	16	8
木材制品	3 279	3 458	70	66	202	177	52	29	14	8
纸及纸制品	2 847	2 938	181	181	1 215	1 162	195	175	222	136
印刷	2 201	3 371	152	156	668	706	198	176	81	113
橡胶制品	2 625	2 697	148	145	1 269	1 408	242	278	184	88

资料来源：联合国工发组织《国际工业统计年鉴》2001 年版。

表 72 韩国农产品加工业主要指标（1998）

按国际标准产业分类（第三版分类）	机构数（家）	雇员数（千人）	产 值*（十亿元）	增加值*（十亿元）	固定资本形成（十亿元）
制造业合计	**79 544**	**2 258.4**	**434 895**	**181 085**	**53 459**
肉类、鱼类、水果蔬菜、油类等	1 784	56.2	6 151	2 204	409
乳制品	100	10.7	3 520	1 407	134
谷物、淀粉及制品牲畜精饲料	953	18.9	8 351	2 181	448
其他食品	2 561	63.4	8 399	4 152	756
饮料	426	15.0	5 005	2 642	998
烟草制品	14	3.8	4 195	3 012	143
纺织品	4 352	137.7	15 565	6 626	1 536
服装	6 676	121.4	9 963	4 946	173
毛皮制品	105	1.9	351	141	3
皮革制品	893	17.8	2 853	836	61
木材制品	951	15.9	2 320	960	275
纸及纸制品	2 300	51.1	10 247	4 104	1 672
印刷	2 709	28.1	2 509	1 322	141
橡胶制品	814	31.8	4 046	1 899	392

资料来源：联合国工发组织《国际工业统计年鉴》2001 年版。

注：*为 1997 年统计数据。

表 73 世界和部分国家进口、出口商品构成（1999） 单位：%

国家或地区	合计		农业原材料		食品		燃料		制成品	
	进口	出口	进口	出口	进口	出口	进口	出口	进口	出口
世界总计	**100.0**	**100.0**	**2.1**	**1.9**	**7.9**	**7.6**	**7.2**	**5.5**	**76.5**	**79.1**
埃及	100.0	100.0	4.4	7.8	22.8	8.9	6.1	36.9	59.0	17.1
南非	100.0	100.0	1.5	3.2	5.4	10.2	10.2	9.7	73.0	55.0
加拿大	100.0	100.0	1.3	6.8	5.3	7.0	3.4	8.5	85.7	67.1
美国	100.0	100.0	1.7	2.1	4.6	7.9	7.5	1.5	79.9	83.2
巴西	100.0	100.0	2.0	4.5	7.9	28.9	11.4	0.8	75.7	54.1
中国	100.0	100.0	4.3	1.2	4.0	6.0	5.4	2.4	80.3	88.3
中国香港	100.0	100.0	1.3	0.2	4.9	1.7	2.1	0.3	89.7	95.0
中国澳门	100.0	100.0	1.0		11.1	0.8	6.4		80.8	99.2
日本	100.0	100.0	3.5	0.5	15.1	0.5	16.1	0.4	58.2	94.2
韩国	100.0	100.0	3.7	1.0	5.7	2.0	19.5	4.1	64.1	91.5
法国	100.0	100.0	1.9	1.0	9.2	12.2	6.6	2.2	79.6	80.6
德国	100.0	100.0	1.8	0.8	7.8	4.3	5.7	1.1	70.4	84.4
意大利	100.0	100.0	4.0	0.7	10.1	6.7	6.7	1.2	72.7	88.9
英国	100.0	100.0	1.7	0.5	8.9	6.1	2.7	5.6	82.7	83.5
澳大利亚	100.0	100.0	1.2	6.2	4.9	23.9	6.0	18.8	86.3	29.5

资料来源：世界银行《世界发展指标》2001 年版。

表 74 农产品加工业初级品出口价格指数（1996—2000）

单位：1980 年＝100

项目内容	1996	1997	1998	1999	2000
初级品					
世界	76	71	56	63	81
发达国家	94	87	78	76	80
发展中国家	68	63	46	57	82
食品					
世界	90	87	80	74	69
发达国家	99	90	84	80	75
发展中国家	73	80	70	60	55
肉类	99	104	95	97	89
牛肉	87	78	66	66	60
羊肉	109	129	111	108	96
猪肉	111	137	136	127	119
家禽肉	123	137	144	172	152
咸肉	105	108	85	89	94

（续）

项目内容	1996	1997	1998	1999	2000
奶产品	99	90	91	87	79
牛奶	78	68	66	64	58
黄油	107	107	110	100	90
奶酪	117	106	111	111	100
蛋	99	68	66	63	57
谷物	93	79	70	65	63
小麦	108	84	69	64	67
稻谷	93	91	100	93	74
大麦	69	62	60	58	59
玉米	79	73	63	58	54
燕麦	73	65	56	54	54
蔬菜	91	73	65	63	59
马铃薯	54	42	48	50	41
木薯	81	68	37	36	36
干菜豆	111	107	102	100	109
干豌豆	124	117	119	115	107
番茄	110	69	60	55	43
洋葱	67	41	37	36	34
饮品	64	83	71	56	46
咖啡	65	88	68	53	44
可可	54	57	62	47	35
茶	83	104	110	88	84
水果	140	130	135	126	105
柑橘类	138	130	137	132	93
柑橘	142	143	154	147	97
柠檬	157	113	112	118	99
葡萄柚	84	68	54	54	53
其他水果	141	131	134	119	116
香蕉	95	117	122	111	122
苹果	187	144	146	128	111
动物饲料	109	114	79	64	73
油粕	114	123	78	68	80
鱼饲料	89	78	83	48	43
胡椒	136	243	285	289	249
鱼	114	114	114	118	116
糖	43	40	32	23	28
葡萄酒	159	137	163	156	138
非食用农产品					
世界	98	90	81	73	72
发达国家	97	93	82	75	77
发展中国家	98	87	79	70	66

（续）

项目内容	1996	1997	1998	1999	2000
油料、油及脂肪	98	97	93	74	66
花生	84	77	67	57	58
大豆	101	97	80	67	70
豆油	94	95	106	72	57
棉籽油	126	125	139	113	99
花生油	105	119	107	93	84
橄榄油	81	90	89	98	94
棕榈油	91	93	115	74	53
椰子油	107	94	94	105	64
葵花籽油	91	92	116	81	62
动物油脂	93	106	96	76	67
林产品	94	85	76	72	74
木材	94	82	75	73	69
木材制纸浆	91	88	74	71	88
纺织原料	85	81	69	59	58
羊毛	73	76	56	51	47
棉花	90	82	74	61	62
黄麻	111	84	73	76	72
烟草	131	136	140	141	141
兽皮	178	172	142	138	149
天然橡胶	99	72	50	44	48

资料来源：《国际统计年鉴》2001 年版。

表 75 世界和部分国家农产品进口额和出口额（1999）

单位：百万美元

国家或地区	进 口 额	出 口 额
世界总计	**441 443**	**417 310**
埃及	3 508	585
加拿大	10 844	14 683
美国	43 251	52 705
巴西	4 106	13 824
中国	21 525	15 533
印度	5 236	4 604
日本	35 276	1 660
法国	25 240	36 813
德国	37 225	23 777
意大利	22 013	15 921
俄罗斯	7 914	611
英国	28 446	15 730
澳大利亚	3 076	14 607

资料来源：数据出自《世界经济统计年鉴》2000 年版。

表 76 世界和部分国家林产品进口额和出口额（1999—2001）

单位：百万美元

国家或地区	进口额			出口额		
	1999	2000	2001	1999	2000	2001
世界总计	**140 456**	**153 238**	**146 684**	**135 134**	**143 055**	**133 065**
埃及	997	796	796	12	9	9
墨西哥	2 106	2 729	2 729	281	267	267
加拿大	4 103	4 203	3 866	27 995	27 714	24 317
美国	24 403	25 706	24 026	14 645	16 532	14 065
巴西	830	1 003	1 003	2 806	3 218	3 218
中国	12 505	14 974	14 974	3 347	3 911	3 911
印度	791	1 037	1 105	69	76	70
日本	12 351	13 377	13 377	1 756	1 934	1 934
荷兰	4 894	4 839	4 709	2 749	2 821	2 723
法国	7 427	7 892	7 035	5 680	5 854	5 333
德国	10 778	12 583	11 338	9 924	11 341	10 605
意大利	6 035	6 605	5 796	1 689	1 811	1 683
俄罗斯	327	388	554	3 182	3 792	4 085
英国	8 983	9 006	8 936	2 192	2 194	2 022
澳大利亚	1 575	1 744	1 744	717	786	786

资料来源：2002 年 10 月网上查询联合国粮农组织数据库。

表 77 世界和部分国家牲畜进口数和出口数（1999）

单位：头

国家或地区	肉牛		绵羊		猪	
	进口数	出口数	进口数	出口数	进口数	出口数
世界总计	**8 273 281**	**9 464 263**	**17 258 202**	**17 923 607**	**15 947 031**	**16 060 186**
埃及	162 756		8 508			
印度尼西亚	278 922	1 206	833		7	292 907
加拿大	222 421	990 427	9 267	51 960	8 067	4 137 316
美国	1 949 566	329 437	51 999	445 307	4 135 663	177 089
巴西	19 952	7 477	111 084	357	695	174
中国	66 979	65 682	1 036	1 183	2 002 818	1 961 250
印度	3 728			20 000	12 148	
日本	13 477	3			909	
荷兰	504 943		471 382		444 525	
法国	303 559	1 597 459	767 192	951 818	479 824	328 360
德国	148 269	648 084	66 212	82 206	2 811 025	1 073 227
意大利	1 598 885	117 754	1 909 607	10 272	1 166 425	28 302
俄罗斯	3 564	19	974	202	5 502	102
英国	3 036	17	123 373	522 453	180 251	175 504
澳大利亚	81	1 387 184		5 086 442		658

表 78 世界和部分国家禽畜进口数和出口数（1999） 单位：千只

国家或地区	鸡		鸭		火鸡	
	进口数	出口数	进口数	出口数	进口数	出口数
世界总计	**741 275**	**698 907**	**15 892**	**14 924**	**39 770**	**75 570**
埃及	1 807	239	522	17	142	
马来西亚	9 680	54 001	2 656	8 409		
加拿大	34 603	4 053	120	815	5 519	6 471
美国	3 652	45 159	454	1 084	6 724	7 628
巴西	1 991	9 854	2		43	
中国	65 881	43 652	1 302	904	50	223
印度		1 626		1 612	2	
日本	1 338	125				
荷兰	88 366	121 618	43	2	205	1 904
法国	13 448	76 023	245	425	1 074	13 090
德国	69 191	65 313	27		494	4 353
意大利	13 970	15 628	53		1 395	966
俄罗斯	2 290	37				
英国	4 687	21 001			1 405	4 240
澳大利亚		592				

表 79 台湾省出口与进口商品分类（1999—2001） 单位：百万美元

年份	出口				进口			
	出口额	农产品	农产加工品	工业产品	进口额	农产品	农产加工品	工业产品
1997	122 081	382	2 169	119 529	114 425	77 132	21 735	15 558
1998	110 582	324	1 632	108 627	104 665	66 773	24 301	13 592
1999	121 591	381	1 572	119 638	110 690	70 978	29 239	10 473
2000	148 321	358	1 748	146 215	140 011	89 778	39 256	10 976
2001	122 870	300	1 660	120 910	107 240	70 480	26 860	9 890

表 80 全球纺织品进出口国（地区）前 15 名排序（1999） 单位：亿美元

排 序	出口			进口		
	国家或地区	金 额	占总（%）	国家或地区	金 额	占总（%）
	全 球	1 479.2	100.0	全 球	1 555.5	100.0
1	中国	130.4	8.8	美国	143.1	9.2
2	中国香港*	122.7	8.3	中国香港*	125.6	8.1
3	德国	118.9	8.0	中国	110.8	7.1
4	意大利	117.8	8.0	德国	98.9	6.4
5	韩国	116.2	7.9	英国	74.1	4.8
6	中国台湾省	109.9	7.4	法国	69.2	4.4
7	美国	95.1	6.4	意大利	58.3	3.7
8	法国	70.3	4.8	墨西哥	48.3	3.1
9	日本	65.9	4.5	日本	45.5	2.9
10	比利时	65.9	4.5	加拿大	40.0	2.6
11	巴基斯坦	45.6	3.1	比利时	36.9	2.4
12	印度	45.1	3.0	西班牙	32.9	2.1
13	英国	44.8	3.0	韩国	30.0	1.9
14	荷兰	38.6	2.6	荷兰	26.0	1.7
15	土耳其	34.8	2.4	波兰	25.0	1.6
	以上 15 国（地区）	1 222.0	82.7	以上 15 国（地区）	964.6	62.0

资料来源：WTO。

注：* 香港含转口。

表 81 世界主要国家（地区）成衣进口额（1990—1999） 单位：亿美元

年 份		1990	1995	1996	1997	1998	1999
全 球		**1 185.5**		**1 708.3**	**1 833.9**	**1 861.7**	**1 957.5**
中国内地		0.5	9.7	10.4	11.2	10.7	10.9
中国香港		69.1	126.5	136.3	150.2	143.0	147.6
中国台湾省		2.9	8.5	8.9	9.6	9.5	9.5
日本		87.4	187.6	196.7	167.3	147.2	164.0
澳大利亚		7.1	12.6	14.1	15.3	15.2	16.6
美国		269.8	413.7	433.2	503.0	557.2	587.9
加拿大		23.9	26.9	25.4	30.0	32.6	32.8
墨西哥		5.7	19.1	23.9	33.6	37.5	36.5
德国		204.1	245.4	246.5	224.9	230.8	207.7
英国		69.6	83.4	97.0	111.7	119.8	125.3
法国		83.8	102.8	108.9	107.5	116.4	115.8
意大利		25.8	46.5	50.3	53.1	58.6	58.4
卢/比		35.9	43.8	45.8	49.1	53.0	48.7
荷兰		47.7	50.1	54.4	59.2	52.7	51.4
欧盟(EU)	计	568.4	762.4	808.8	859.3	863.5	868.5
	EU 内部	285.5	333.4	354.3	399.4	365.4	358.7
	EU 外部	282.9	429.1	454.5	459.9	498.2	509.8

资料来源：F.GATT&WTO。

表 82 按营业额排序的世界最大 500 家企业中农产品加工业企业（2000）

企业名称	国家或地区	营业额位次	营业额（百万美元）	利润额（百万美元）	资产额（百万美元）	雇员数（千人）
食品						
雀巢	瑞士	59	48 225	3 413	40 434	225
联合利华	英、荷	72	43 974	1 021	54 115	261
康尼格拉	美国	175	25 386	413	12 296	85
萨拉·李公司	美国	236	20 414	1 222	11 611	154
艾奥瓦牛肉罐头公司	美国	291	16 950	135	4 426	50
蒙特爱迪生	意大利	392	13 216	240	19 824	30
达能集团	法国	393	13 204	666	16 179	87
阿彻－丹尼尔斯－米德兰公司	美国	405	12 877	301	14 423	23
农田工业公司	美国	420	12 239		3 282	15
雪印乳业公司	日本	499	10 318	－479	4 532	19
饮料业						
可口可乐公司	美国	233	20 458	2 177	20 834	37
百事可乐公司	美国	234	20 438	2 183	18 339	124
迪阿吉奥	英国	306	16 076	1 555	24 428	67
可口可乐事业	美国	347	14 750	236	22 162	67
安霍伊泽－布施公司	美国	419	12 262	1 552	13 085	24
三得利	日本	465	11 395	129	13 515	22
森林和纸制品						
国际造纸公司	美国	153	28 180	142	41 820	117
惠好公司	美国	309	15 980	840	18 195	47
金伯利—克拉克有限公司	美国	376	13 982	1 801	14 480	66
STORA ENSO	芬兰	429	12 030	1 326	20 019	42
王子制纸公司	日本	468	11 332	116	13 600	23
出版和印刷						
贝特尔斯曼公司	德国	299	16 558	430	14 084	76
大日本印刷公司	日本	424	12 138	302	11 889	34
拉加代尔集团	法国	433	11 948	537	15 312	44
凸版印刷公司	日本	447	11 702	133	11 013	32
橡胶和塑料						
布里奇斯通轮胎公司	日本	260	18 621	165	17 851	102
米其林	法国	353	14 591	369	16 094	128
固特异轮胎和橡胶公司	美国	360	14 417	40	13 568	107
烟草						
菲利普·莫里斯	美国	34	63 276	8 510	79 067	178
日本烟草公司	日本	230	20 621	395	25 441	40
英美烟草公司	英国	261	18 451	1 016	26 516	64
肥皂与化妆品						
宝洁	美国	89	39 951	3 542	34 194	110
欧莱雅	法国	446	11 710	896	12 801	48

资料来源：美国《财富》杂志 2001 年 7 月 30 日。

图书在版编目（CIP）数据

中国农产品加工业年鉴.2002/科学技术部农村与社会发展司，中国农业机械化科学研究院，中国包装和食品机械总公司编 . —北京：中国农业出版社，2003.7
ISBN 7-109-08436-1

Ⅰ.中… Ⅱ.①科…②中…③中… Ⅲ.农产品加工-加工工业-中国-2002-年鉴 Ⅳ.F326.5-54

中国版本图书馆 CIP 数据核字（2003）第 052943 号

ISBN 7-109-08436-1

9 787109 084360 >

中国农业出版社出版
（北京市朝阳区农展馆北路 2 号）
（邮政编码 100026）
出版人：傅玉祥
责任编辑　孟令洋　赵立山

中国农业出版社印刷厂印刷　　新华书店北京发行所发行
2003 年 8 月第 1 版　　2003 年 8 月北京第 1 次印刷

开本：787mm×1092mm 1/16　　印张：34　　插页：24
字数：1 150 千字　　印数：1～800 册
定价：240.00 元

光友
uangyou
光友薯业
四川光友薯业有限公司是一家以薯类深加工为主的高新技术型、科技产业型民营企业。主要从事以红薯、马铃薯为原料的方便粉丝生产、食品机械制造和食品工艺技术研究。下设光友薯类技术中心、光友薯类综合开发中心、光友方便粉丝厂、光友薯类食品机械厂等机构。光友薯业十年掀起了红薯粉丝三次革命：发明精白粉丝；发明方便粉丝；发明无明矾粉丝。
★ 农业产业化国家重点龙头企业
★ 高新技术企业认定证书
★ 科技产业型企业
★ ISO 9001 国际质量体系注册认证
总经理邹光友
20 世纪世界专业领域贡献大奖
全国食品行业质量管理优秀领导者
四川省优秀青年
绵阳市杰出青年企业经营管理者
绵阳市科技兴绵杰出贡献奖
绵阳市劳动模范
中国红薯大王
方便粉丝之父
四川光友薯业有限公司
地址：中国四川省绵阳国家高新技术开发区虹阳街 18 号
销售热线：0816－2534290 2533307 传真：0816－2535385
Http：//WWW.guang－you.com
E－mail：gyrj@my－public.sc.cninfo.net

西安银桥乳业集团

西安银桥乳业集团是陕西省农业产业化龙头示范企业和西部地区乳制品行业产销量最大的骨干企业。现拥有固定资产2.5亿元，员工1600多名，已发展成为拥有十个子公司和一个高科技新产品研究开发中心的企业联合体，并跨入了全国乳品十强企业的行列。集团主导产品、中国乳品十大名牌之一的“秦俑”牌系列奶粉，以其过硬的质量、优质的服务和良好的信誉而享誉海内外，深受广大消费者的喜爱和信赖，先后荣获部、省、市优质产品奖，且连续六年在国家质量技术监督局抽检中合格，并荣获陕西名牌、绿色食品、著名商标和国家免检产品等称号；集团也被国家有关部委认定为“中国学生饮用奶定点生产企业”和“农业产业化国家重点龙头企业”。2002年9月1日，“秦俑”奶粉又被国家质检总局评为“中国名牌产品”，成为陕西省乃至西北地区惟一获此殊荣的产品及企业，从而实现了陕西中国名牌零的突破。产品除畅销全国各地外，还远销到菲律宾、伊拉克、东欧等国家。

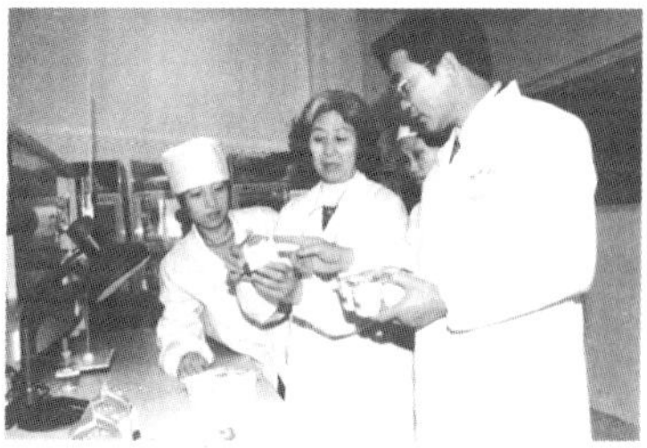

西部大开发，银桥大发展。面对加入WTO后的机遇和挑战，集团全体员工信心百倍，豪情满怀。为建设西部经济强省和实现陕西经济跨越式发展做出我们龙头企业应有的贡献。

- 中国乳品行业十强企业
- 中国农业产业化经营20大龙头食品企业
- 中国西部地区乳制品产销量最大骨干企业
- 全国十大乳品企业中率先通过ISO 9002 国际质量体系和产品质量认证
- 中国学生饮用奶定点生产企业
- 农业产业化国家重点龙头企业
- 陕西省乳品行业龙头企业、农业产业化龙头示范企业

地　址：西安临潼经济开发区　　邮　编：710600

电　话：029-3886868　　传　真：029-3886998

联系人：刘伟民

西北农林科技大学
食品科学与工程学院

西北农林科技大学食品科学与工程学院由原西北农业大学食品科学系与陕西省农产品加工研究所于2000年7月合并组建而成。设有食品工程与机械、食品工艺、食品化学与营养、食品质量与安全、食品贮运与营销、食品生物工程等6个教研室和1个中心实验室、1个教学实习工厂。

食品科学与工程学院现有食品科学博士点1个；食品科学，农产品贮藏加工工程，粮食、油脂与植物蛋白质工程3个硕士点和食品工程硕士授权点1个；食品科学与工程、食品质量与安全两个本科专业，本科设5个专业方向，其中食品质量与安全是教育部首设专业。另外还有食品科学研究生进修班、食品加工专业的成人教育和函授教育。目前在校本科生800多人，硕士生77人，博士生16人。学院已形成了在校生教育由本科教育到博士教育，成人教育由专科教育到工程硕士教育的多层次、多规格的办学格局。学院重视教学工作，狠抓师资队伍建设和教学质量，学院与法国第戎农业工程学院、生物技术与食品学院建立了教师交换代课制度、科研合作计划和2+2模式联合培养学生。学科建设、学生学习注重理论联系实际，一次就业率达90%以上。

学院现有教职工66人，其中教授11人、副教授13人，讲师16人，博士生导师5人、硕士生导师12人，具有博士、硕士学位的教职工占80%，有1人次获陕西省“五四”青年奖章、2人次获陕西省新长征突击手、6人次获省部级先进工作者等荣誉称号。

学院现设有陕西省农产品加工工程中心、农副产品加工研究所、中法食品加工研究交流中心、陕西省农学会粮食转化专业委员会、食品品质研究所、高压技术与食品研究所等研究机构和食品加工、食品化学、食品机械、食品保鲜、食品感官评价、食品微生物、发酵工程、食品质量检测与分析等8个教学实验室，实验设备投资3000余万元。学院注重与企业合作，与企业共建两个科研实验室，总投资300万元。

学院坚持“科学技术是第一生产力”的方针，注重科研成果转化，先后在江苏、福建、山东、陕西、甘肃、江西、宁夏、西藏等地与商贸集团联合开发科技成果，取得了显著的社会经济效益。学院拓展海内外科技合作关系，在学术交流方面与美国、德国、日本、加拿大、挪威、法国、以色利、保加利亚、俄罗斯等国家及台湾、香港地区的高校和科研机构建立了学术交流，承办国际、国内大型学术会议20多次，接待来华讲学的专家教授40余人次，共派出国外进修、访问、攻读学位的教师20余人次。

全院师生满怀信心，与时俱进，为把食品科学与工程学院

建成西北之最乃至全国一流水平的学院而努力奋斗

西北农林科技大学食品科学与工程学院

电话：029-7092486　　传真：029-7092346

黑龙江肇东成福食品有限责任公司

黑龙江肇东成福食品有限责任公司是以玉米深加工为主的大型产业化龙头企业，建于2000年12月份。下辖糖果公司、淀粉公司、糠醛润滑油公司、麦芽糖公司、麦芽糊精公司、高果糖浆公司、结晶糖公司、彩印包装公司、味精公司。拥有生产基地3处，总面积18万m^2，建筑面积2.8万m^2，总资产1.8亿，现有职工761人。我公司是省重点产业化龙头企业之一，全省农行系统18家“金龙”企业之一。

公司共拥有生产线18条，产品有高麦芽糖、低聚糖、浇注水晶糖、麦芽糊精、淀粉、高果糖浆等十大系列近百个品种，产品已覆盖全国各地，并远销俄罗斯等东欧国际市场。2001年，公司实现产值5 405万元，利税300万元。

几年来，公司的发展壮大得到了省、地、市农行给予的资金支持，更感谢绥化市、肇东市主要领导的关心和指导，给予很多的优惠政策和广阔的发展空间，对此我代表公司全体职工表示最忠心的感谢。成福公司决不辜负各级领导寄予我们的厚望，加强企业的科学管理，不断深化企业内部机制的改革，打造出更好的成福系列名牌产品，为地方经济的发展做出更大的贡献。

地址：黑龙江省肇东市昌五经济开发区88号　　邮编：151126

电话：0455—7746669　　传真：0455—7747433

浙江金大地生物工程股份有限公司

浙江金大地生物工程股份有限公司为原浙江金大地饲料有限公司联合中国万向创业投资股份有限公司、中国轻纺城集团股份有限公司等股东按股份公司要求改制，于2001年8月经浙江省人民政府上市办批准，浙江省工商局注册登记组建的股份有限公司，注册资本8200万元，总部设在杭州。公司于2001年被评为浙江省骨干农业龙头企业，2002年被认定为国家级高新技术企业，1994—2001年连续被评为资信AAA级企业，2002年通过ISO 9002国际质量体系认证。

主要饲料产品：

各类预混料：畜禽、水产、特种水产、反刍动物等系列复合预混料，各类多种维生素、多种矿物元素系列预混料。

特种水产饲料：甲鱼、鳗鱼、鲟鱼、河豚鱼、乌龟、珍珠贝、海水贝类等系列特种水产饲料。

配合饲料：畜禽系列配合饲料，鱼、虾、蟹等水产系列配合饲料。

饲料添加剂：饲料酶制剂，中草药及植物活性物质、酸化剂、有机铬、风味剂、抗氧化剂、防霉剂等饲料添加剂。

公司今后将着重致力于生物工程产品、绿色环保饲料、肉联产品、中华鳖及其他农产品深加工领域发展。其中总投资为3.2亿元年屠宰200万头生猪肉联深加工项目正在筹建中，本项目全部投产后可新增产值17亿元，实现净利润2亿元，税收约1亿元。公司通过本项目的建立，将把种植业、饲料业、养殖业、食品加工业有机结合起来，打响“金大地”品牌，提高农产品附加值，为中国的农业产业化、现代化做出更大的贡献。

地址：浙江省杭州市西湖大道259号青波商厦商务楼E座5F　　邮编：310002　　联系人：陆　凯

（总机）0571—87701617　　（办公室）0571—87701645　　传真：0571—87701650

陕西海升果业发展股份有限公司

陕西海升果业发展股份有限公司，由西安海升实业集团有限责任公司作为主发起人，联合其他企业法人及部分自然人共同发起设立，是我国中西部地区果汁加工行业设立的第一家股份公司。公司在乾县、澄城、大连各建果汁加工厂一座，在美国纽约设有营销公司。公司具有年加工苹果50多万t、生产浓缩苹果汁8万t的生产能力，其生产量占世界浓缩苹果汁产量的10%，中国苹果汁产量的四分之一，是国家农业产业化重点龙头企业、陕西省果业加工业龙头企业、陕西省高新技术企业和出口创汇先进企业。

海升公司在国内率先研究开发的苹果浓缩汁（AJC）安全性因子系统性立体型产业化控制技术，对消除和控制AJC农药残留、棒曲霉素和环脂芽孢杆菌提供了准确、有效的分析检测方法，产品质量完全符合美国FDA及NFL（美国国家食品实验室）、KFL（库克美国国家独立实验室）的检测要求。

目前，海升正积极创造条件，争取尽快上市，在产业经营和资本经营两大领域同步发展，创造更加辉煌的业绩，回报社会，回报股东，为农业产业化和振兴地方经济作出新的更大贡献。

地址：陕西省西安市育才路2号育才大厦B4-06

邮编：710061

http：// www.chinahaisheng.com

电话：029-5245869　5246457　　传真：029-5216521

湖北银欣集团有限公司

湖北银欣集团有限公司创立于1993年6月，是国家农业部等八部委评定的全国151家农业产业化国家重点龙头企业之一，是湖北省农业产业化示范企业。集团公司现辖一家食品公司、一家汽运公司、一家米业公司、一个科研稻种基地和一个绿色无公害优质稻基地。现有员工1200人，年产值2.63亿元。

近年来，银欣米业飞跃发展，由“世界杂交水稻之父”袁隆平选育的稻米连获殊荣。以大米加工和食品制造为主导产业，同时开展地方特色农产品的精加工和优质品种的改良工作，形成了“公司＋基地＋农户”的农业产业化经营格局。

面对强大的市场挑战，银欣集团将以实现“立足荆楚，面向全国，走向世界”为发展目标，向绿色食品、基因食品等高科技领域发展。

地址：湖北监利县新沟经济开发区　　邮编：433304

电话：0716-3784388　　E-mail：Fuwa@yinxingroup.com

浙江联盟食品工业有限公司

浙江联盟食品工业有限公司座落在82省道南面、黄岩食品园区内。凭借地理资源优势、改革开放的机遇，经全体员工十多年来的拼搏创业，现已建成为一个专业生产纯天然的浓缩果蔬汁、浆以及果蔬粒粒的大中型企业。由于设备精良、工艺先进、管理科学、品质上乘，故产品的色、香、味具佳，且基本上保持了果蔬原有的营养成分。是果蔬汁饮料、碳酸饮料、乳品、果冻、布丁、果汁酒、冷冻饮品、糖果、糕点等制造企业理想的生产基料，深受广大客户的好评。目前，浙江联盟食品工业有限公司的产品销往全国各大城市。

在当今世界经济已开始迈向知识经济时代之际，本公司将坚持实施科技兴厂战略，加大科技投入力度，进一步提高企业素质水平，创新产品，完善服务，以满足广大客户更多、更好的需求。我国已加入世贸组织，饮料工业将面临更新的机遇和挑战。公司总经理顾士谦率全体员工热忱欢迎广大客户来函、来电、来人商谈指导，为我国的民族饮料工业迈向国际市场而共同奋斗。

地址：浙江省台州市黄岩区北城下洋顾　　**邮编**：318020
电话：0576-4200888　　**传真**：0576-4200666

大理州四方集团有限责任公司

项目业主大理州四方集团有限责任公司是大理州、弥渡县的骨干股份制民营企业。公司已有20年的发展历史，现有总资产8742万元，员工329人。公司拥有企业自营进出口权，并通过了ISO9002国际质量体系认证，是农业部认定的基本建立现代企业制度的全省七家乡镇企业之一。

大蒜深加工项目是立足于大理州和弥渡县的大蒜资源丰富、大蒜素含量高、无公害污染、供应期长的比较优势，以市场为导向，采用高新技术及装备萃取生产大蒜素（医药级）等系列产品，产品主要销往国际市场。从而实现大蒜的加工升值和产业化发展，项目具有高、精、特、新的显著特征和优势。

项目已经省计委批准立项，并报国家计委申请专项支持。项目得到了省、州、县各级政府及有关部门的大力支持，多家中外客商已有投资意向及购买产品意向。

项目总投资1.71亿元人民币，一期工程投资4000万元人民币，可实现年销售收入1.1亿元，年利税2300万元。全部项目建成达产后，可实现年销售收入11亿元，年利税4.1亿元，年消化利用大蒜原料55000t。

地址：云南省大理州弥渡县弥城镇文笔路32号
邮编：675600
电话：0872-8164347
传真：0872-8162982

浙江衢州上洋机械有限责任公司

Zhejiang Quzhou Sunyoung Machine Co.,LTD

上洋机械公司是专业生产销售名优茶、优质茶、大宗粗精制茶、保健茶、乌龙茶等茶叶加工机械及果蔬脱水等农产品深加工机械的企业，坚持“科技创新、领先一步”的发展战略，致力于研究生产代表国内先进水平的茶叶机械。公司与中国农业科学院、浙江大学等国内知名研究院校长期真诚合作，以强大的科研力量为技术支持，在同行中率先成立茶机研究所及干燥设备研发中心，为中国茶叶加工及农产品深加工做贡献。

地址：浙江省衢州市巨化大道上洋

Adress:Shangyang,Juhua Av.,Quzhou City, Zhejiang Prov-ince

电话：（86）570-3866165　3866956

传真：（86）570-3866217

邮编：324000

武汉皇冠友谊油脂工程有限公司

CROWN　FEC

武汉皇冠友谊油脂工程有限公司（简称皇冠友谊或CFEC）是由美国皇冠钢铁工程公司、武汉金马食品工业技术公司共同成立的中外合资企业，主要从事油脂工程设计、设备制造、安装及技术咨询服务。

公司位于武汉市汉阳区经济发展区——武汉市汉阳区龙阳大道特8号B2号。公司建有设备制造厂，占地7 200多m^2，其中生产车间3 800多m^2。总员工数158名，工程技术人员78名（专业从事压力容器设计的技术人员9名），约占70%，其中高级工程师14名，3名外籍专家、32名工程师、24名助理工程师。

服务项目：

1、50~3 000t/d植物油工厂（预处理、浸出、精炼等）；
2、2 000kg/h磷脂干燥；
3、各种规模的植物油工厂改造；
4、大型粮油库储存、中转项目。

主要产品：

1、拖链刮板翻动式浸出器、皇冠环形浸出器、溶剂蒸脱机（DTDC）、磷脂干燥器、节能型脱酸脱臭器（CDD）、大豆调质机、皇冠分级器等设备；
2、植物油成套生产、加工设备；
3、各种粮食输送设备、干燥设备。

好产品、新技术、优质服务，今天好、明天更好，我们的追求

地址：湖北省武汉市汉阳区龙阳大道特8号B2号

电话：027-84628708　84628778　84628828

传真：027-84628818

甘肃荣华实业（集团）股份有限公司

甘肃荣华实业（集团）股份有限公司于1998年11月12日在甘肃省工商行政管理局注册成立的股份有限公司，注册资本为20 000万元，拥有总资产122 105.57万元，净资产99 422.80万元。2000年11月，被国家农业部等八部委确认为全国151家农业产业化重点龙头企业之一，中国质量服务信誉AAA级企业。公司董事长张严德是全国优秀青年企业家、全国农业科技先进工作者、全国优秀乡镇企业家、全国劳动模范、甘肃省九届人大代表、十届党代表、中国淀粉协会副会长。

本公司主营玉米淀粉及其副产品胚芽、蛋白粉、纤维渣、农用地膜、糊精、玉米精炼油的生产及销售，是西北地区最大的玉米淀粉生产企业。

甘肃荣华实业（集团）股份有限公司今后的发展思路是：以党的十六大精神为指针，以资本为纽带，通过市场逐步形成具有较强竞争能力的跨地区、跨行业、跨所有制的大型企业集团，做大做强主业，紧紧抓住西部大开发和我国加入世贸组织的机遇，围绕我们的主导产品玉米淀粉的深加工，以科技为先导，继续与全国各大专院校、科研院所密切合作，继续开发淀粉系列产品，发挥其综合效益，真正发挥农业产业化龙头企业的带动作用，为全面建设小康社会做出新的更大贡献。

本公司8000万股A股股票于2001年6月26日在上海证券交易所正式挂牌上市，共募集资金6.88亿元，募集资金重点用于已报请国家计委和省计委批准可研报告的项目有：(1)扩建年产10万t玉米淀粉项目；(2)新建年产3万t谷氨酸项目；(3)新建年产1万t赖氨酸项目；(4)新建年产1万t L－乳酸项目；(5) 新建年产1万t高级玉米精炼油项目；(6) 新建年产3万t麦芽糊精项目；(7) 新建年产10万t高蛋白饲料项目；(8) 新建年处理量为526万m^3污水处理厂项目。这些项目建成后年可消化玉米原料48万t，消化玉米淀粉27万t，将大大提高产品的附加值和技术含量，为公司今后的可持续发展奠定坚实的基础。

地址：甘肃省武威市东关街荣华路1号　邮编：733000
电话：0935－6151222　传真：0935－6151333

浙江东立食品有限公司

浙江东立食品有限公司位于风景秀丽的莫干山旁，占地2万多m^2，员工300余人，是浙江省计委批准并重点扶持的以鹅业产业化为主的龙头企业，由浙江东立集团公司投资设立，并被列为农业部利用冬闲田种草养鹅示范工程项目。

公司本着“信誉第一　客户至上”的宗旨，务实经营，运用先进的HACCP管理体系，严格管理。

公司以中华传统美食文化为基础，精选农家放养吃草长大的优质瘦肉型东立白鹅为原料，用国内外先进的生产设备和独特的配方和工艺，先后开发了风味独特、营养丰富、味道鲜美、品质上乘的东立风鹅等五大系列三十多个品种鹅肉等制品，畅销各大城市大卖场和星级宾馆、酒店。产品供不应求，在全国同行业中销量名列前茅，深受消费者赞誉。

地址：浙江省德清县城关镇三里塘　邮编：313216
电话：0572-8423666转8069，8045　直拨：0572-8426118
传真0572-8425045　8425045
http：//www.donglicom.

江西煌上煌集团有限公司

江西煌上煌集团有限公司创建于1993年2月，是江西省规模最大的以肉食品加工为主业的民营企业，是南昌市和江西省农业产业化龙头企业，是江西省率先惟一跻身中国肉类食品行业50强的企业。2002年2月被中共南昌市委市政府授予2001年度工业销售收入30强企业。目前，正在筹建国内最大的中式产品加工工业园区。在全国拥有烤卤专卖店200多个，在北京、上海、深圳、沈阳等十多个大中城市设立了分公司和烤卤制品加工厂5个，形成了遍布全国的营销网络。

煌上煌集团主要产品“皇禽”酱鸭，被中国食品协会誉为“中国第一鸭”，获得了“国际名优产品”、“国际博览会金奖”等20多项省级、国家级、国际级的大获。“皇禽”商标被评为江西省著名商标。

我们的目标是：到2005年力争实现产值、销售收入超6亿元，在全国肉类食品行业排名前移10位，跻身中国民营企业500强，成为江西省规模最大、技术最先进、经济效益一流的以肉食品加工为主业的集团化企业。

地址：江西省南昌市二七南路539号　　邮编：330002

电话：0791－6162169　　传真：0791－6162196

丽水市梅峰茶叶公司

丽水市梅峰茶叶公司依托大姆山基地茶场，在政府领导、社会各界的大力支持下，与浙江大学茶学系、中国茶叶研究所等单位联合开发出“梅中田”牌系列有机、无公害名优茶，并获国际、国家级多项金奖。同时，荣获国家级有机茶认证，浙江名牌产品、农业部茶业质量监督检验测试中心“无公害放心茶”定点企业等荣誉。

为了扩大公司规模，2002年1月公司组织召开了“莲都区333.3hm^2无公害、绿色、有机茶产业化”研讨会，带动了全市茶农加盟开发无公害绿色有机茶。目前公司已有茶叶生产基地近667hm^2，其中已通过有机茶认证的基地茶园67.9hm^2。

浙江省丽水市梅峰茶叶公司

地址：大洋路岗亭南侧

邮编：323000

电话：0578－2615019

传真：0578－2130842

浙江海通食品集团股份有限公司

浙江海通食品集团股份有限公司是一家农产品加工经营企业，创建于1984年，在董事长陈龙海的带领下，以致力于人类健康食品为己任，强调“健康、美味、方便和科学”的食品概念，从速冻蔬菜起家，产品拓展到脱水浓缩蔬果汁、罐头、保鲜、盐渍果菜、水产及调理等九类100多种，销往以日本、韩国为主体的东亚、东南亚市场及美国、西欧、国内各地，在国际上有一定的知名度，深受消费者青睐。股份公司占地面积11万 m^2，其中主体厂房占地56 600m^2。集团下设宁波通达食品有限公司、宁波路佑食品有限公司、宁海卡依之食品有限公司、余姚卡依之食品有限公司、上虞四海食品有限公司等子公司。同时在杭州、上海等地设立分公司。2000年11月，公司被农业部等八部委确认为“农业产业化国家重点龙头企业”。2001年实现产值2.5亿元，销售收入2.17亿元，实现利润4 026万元，出口创汇2 257万美元。“卡依之”系列产品被中国南极考察队选中，先后被评为“中国放心食品信誉品牌”、西湖博览会金奖和中国国际农业博览会优质农产品金奖，被命名为“浙江绿色农产品”。

地址：浙江省慈溪市海通路528号　　邮编：315300
电话：0574-63039988　　传真：0574-63039898
http：// www.kaiz.com

重庆葛恩生物科技开发有限公司

董事长 岳朝军

重庆葛恩生物科技开发有限公司是岳德堂生物科技有限公司的控股子公司，负责开发国家计委农产品深加工食品工业专项工程——国内规模最大的0.67万 hm^2 葛根产业化与深加工项目。公司已被确定为重庆市葛产业化龙头企业。公司依托西南农业大学等著名高校，具有雄厚的技术、科研实力。并创建了全国惟一葛根基因库，拥有一条超频提取、层析分离及真空冷冻干燥体系的多功能通用型生产线。公司主要产品有葛根异黄酮、葛根精淀粉、葛根素、葛根麦精粉、葛根养生精、速溶葛根晶及银杏第四代、第五代GBE和银杏内酯A、B、C等新一代高科技产品。

公司秉承“忠孝为本”的传统美德，恪守“诚信、务实、创新、高效”的企业宗旨，在董事长岳朝军先生带领下，全体员工愿为生物科技进步和增强人类健康贡献力量。

地址：重庆市渝中区陕西路9号基良广场A栋18楼　　邮编：400011
电话：023-61689589　61689590　　传真：023-61689591

大连华农

豆业集团股份有限公司

大连华农豆业集团股份有限公司，于2001年12月20日由原“有限责任公司”改制为现“股份有限公司”（目前正处于股票上市辅导期）。主营业务为大豆加工，年加工大豆180万t。主要产品分三大系列：食用油系列、磷脂系列、饲料蛋白系列，拥有覆盖全国的营销网络，1997年获得自营进出口权。2001年加工大豆133.2万t，实现销售收入26.6亿元，实现利税1.63亿元（比上年增长8.7%），综合实力位居中国油脂业的前列。

2000年，通过ISO 9002国际质量体系认证。食用油产品被中国粮食行业协会评为“放心油”；饲料蛋白大豆粕是辽宁省名牌产品；大豆磷脂系列产品开发被列为国家科技星火计划项目。系列产品中，有5种产品被中国绿色食品发展中心确认为“绿色食品”。

公司现有正式员工967人，被国家人事部批准为“博士后科研工作站”。2000年，公司被国家农业部等八部委审定为中国首批151家“农业产业化国家重点龙头企业”之一，通过了ISO 9002国际质量体系认证，曾被评为“中国著名企业管理科学案例重点研究单位”、“全国食品行业百强”、“全国乡镇企业建立现代企业制度先进单位”、“东北三省技术创新先进企业”等。

华农集团发展的总目标是：百年不衰，国际一流。主要分三步走：一是地区一流，二是中国一流，三是国际一流。2000年，胜利走完第一步，目前正在向中国一流、国际一流的目标挺进。集团推行“规模扩张和技术进步”并举的发展战略之路。在规模扩张方面，实施“三角两点”战略布局，目前已胜利完成大连、广东湛江和东莞主销区市场的布局，另两点正在运筹之中。在技术进步方面，华农积极推进大豆深加工，采取内研外联相结合的方式，内部成立科研所，外部与江南大学签订技术开发协议，共同致力于大豆深加工产品的开发和研究，不断增加产品品种，提高产品的科技含量和附加值，满足市场需求。

作为国家农业产业化重点龙头企业，集团制定了“百千亿大豆农业产业化工程”五年规划，该工程计划用五年时间，以华农集团为大豆农业产业龙头，带动我国大豆主产区的百万农户，提供产前、产中、产后系列化服务，创建千万亩绿色优质高效的大豆生产基地，实现农民大豆单品种创收突破20亿元的世纪性巨大工程，重振我国大豆产业在国际市场的地位，为繁荣农村经济服务，为华农集团搞大豆深加工提供丰厚的原料资源，以此打造中国油脂行业的“航空母舰”，努力成为实力强、信誉佳、发展前景广阔的领军“旗舰”。到2005年，集团的加工规模要达到300万t，销售收入要达到60亿元，年利税总额6亿元。

以大豆为主产业，以农业产业化为牵动，

创造新业绩，为振兴中国大豆产业做出新贡献！

大连华农豆业集团股份有限公司

电话：0411-7261888　　传真：0411-7260282

福建省农业机械化研究所

福建省农业机械化研究所，成立于1958年，是福建省属科技实力较雄厚的科研开发机构。全所在职人员225名，其中教授级高级工程师5名，高级工程师44名，工程师81名。全所占地面积近10公顷，内设收获加工、食品包装、田管机械、农用运输、水力机械、科技情报信息等专业研究室和农机性能、铸造合金及造型材料、金相及机械性能、化学分析、三座标测量等试验室。全国排灌机械产品质量监督检测中心福州分中心、省农机产品质量检验站、省泵类产品质量监督站、原机械部农用运输车鉴定试验福建检测二站、福建省农机学会、中国农机学会收获加工分会收获机械专业委员会等都挂靠在本所。

口福牌大豆色拉油荣获

全国供销合作社名牌产品

中华全国供销合作总社
一九九八年八月七日

新厂装机首选机型

（福州大昌盛饲料厂2002-6）

CWFL系列立式微粉碎机

几十年的辛勤耕耘，技术积累，立足本省面向全国开拓市场，自改革开放以来先后取得科研成果200多项，获得部级以上成果奖100余项。在农副产品加工机械、水产品加工技术与设备、食用菌栽培加工技术和装备、粮食加工机械、饲料加工机械、农用运输车、包装机械、工程机械、造型材料、排灌机械等系列产品的研究开发方面形成了自已的优势和特色，其中大量成果在生产中获得应用。最新农产品加工科研成果——CWFL系列立式微粉碎机，电耗低、温升低、细度好、产量高，广泛应用于食品、饲料、化工、医药、建材等行业。为国民经济建设做出了积极的贡献。

旧厂改造机型首选

（福清隆福饲料厂2002-5）

联系地址：福州市六一中路115号
电挂：0001（福州）　传真：0591－3352247
电话：0591－3359309　3352247
邮政编码：350005

燕北 Yanbei

燕北畜牧机械集团有限公司

主导产品："燕北牌"饲料、草类加工设备、畜禽养殖、通风供暖设备

SLHYS系列双轴浆叶混合机适用于预混料、畜禽、水产饲料、添加剂、化工、水泥等行业，用于各种粉状、片状、颗粒状、块状等物料的混合

SLHYS 系列双轴桨叶式混合机

燕北畜牧机械集团有限公司做为中国农业科学院和中国农业大学的科研基地，拥有雄厚的科研技术力量。公司以研制生产饲料、饲草加工设备，畜禽养殖设备，通风、供暖设备为主导产品，共10大系列120多种。1999年该公司通过ISO 9001国际质量体系认证，并拥有自营进出口经营权。

燕北集团的"燕北"牌系列产品以其优良的质量和完善的售后"三包"服务畅销国内各省、自治区、直辖市，并出口朝鲜、肯尼亚、贝宁、埃塞俄比亚、利比亚和尼日利亚等国。燕北集团是中国农业机械协会畜牧及饲料加工机械分会副理事长单位，享有"国家质量检测质量信得过产品"等荣誉。

通过 ISO 9001

国际质量体系认证

获取自营进出口经营权

9QS-1300 型青贮切碎机

SZLHc420型草颗粒饲料压制机适用于各种草粉和秸秆粉制粒。

主电机功率90kW，调质器电机功率7.5kW；生产率：2～3t/h（苜蓿草颗粒）。

采用联组窄V带传动环模，传动平稳、可靠；加长大直径调质器保证草粉与水（蒸气）混合均匀；强制喂料装置保证草粉可靠喂入至压粒腔内；配套草粉输送装置和添水装置无级调速。

SZLHc420 型草颗粒压制机

北京公司：北京月坛南街26号

联系人：杜国荣　祁亮

电话：010-68518783　68519731

传真：010-68596588

邮编：100825

董事长兼总经理：刘永怀

公司总部：河北省大厂县夏垫镇商业街　邮编：065301

总部电话：0316-8861120　8861864　传真：0316-8861984

Http://www.yanbei.com

E-mail:ybgroup@263.net　chqingqi@163bj.com

董事长兼总经理唐祥华

四川东柳醪糟有限责任公司

公司抓住大竹盛产糯米和醪糟这一传统优势，以科技为依托，与中国食品发酵工业研究所合作，研制开发了“东汉”牌玻瓶、易拉罐原汁型、饮料型醪糟、元宵原汁醪糟、女儿春饮料和元宵粉及汤元心子等。2000年通过ISO 9002国际质量体系认证，2001年获出口卫生注册。

四川东柳醪糟有限责任公司是生产醪糟和元宵粉的专业公司。2002年底资产达1100万元，员工550人，占地2.3万m^2，建有1000hm^2绿色食品糯稻生产基地，具有年产醪糟5000t、元宵粉500t的生产能力。

公司将坚持“以市场为中心，以农户为基础，以科技为依托，公司＋基地＋农户，共同求发展”的宗旨，充分发挥龙头企业优势，加速推进农业产业化进程，增加农业比较效益，促进企业稳步健康向前发展，把企业做大做强，真正成为大竹县的标志产品，为农业产业化结构战略性调整，为全面建设小康社会作出应有的贡献。

地址：四川省大竹月华新街168号　　邮编：635108　　电话：0818-6430218　6430175

四川广安松针实业有限责任公司

四川广安松针实业有限责任公司是以茶树栽培到茶叶加工、销售为一体的农业产业化股份制企业。公司总部座落在广安市经济技术开发区，办公面积800多m^2。公司下辖四个茶叶加工厂、两座茶楼及优质无公害高产茶园333.3hm^2，拥有先进成套茶叶粗、精加工机械及冷冻贮藏保鲜设备30余台（套），年生产毛茶1000多t，年加工能力5000多t。公司现有总资产3468万元，注册资本1000万元，职工50多人，季节用工达万余人次，银行信誉等级AA。2001年8月公司获得自营进出口经营权，2002年4月获得绿茶出口经营权。

公司生产的广安松针系列名茶曾先后获得四川省优质农产品“甘露杯”奖、第二届中国农业博览会金奖、中国茶叶学会“中茶杯”奖、第三届中国农业博览会“名牌产品”称号、2000年中国（成都）国际茶博览会金奖、2001年农业博览会“名牌产品”称号、全国优质茉莉花茶评比铜奖、省科技进步一等奖、省优秀新产品奖及无公害农产品标志使用证书（广安市技监局标准化委员会授予）。松针公司先后被评为市消费者满意单位、农业部茶叶质量监督检验测试中心“定点服务企业”、省企业商标管理先进单位、省农业产业化龙头企业及省旅游产品定点企业。

地址：四川省广安市经济技术开发区　　电话：0826-2348059　　传真：0826-2345516